广西教育科学"十四五"规划2025年度重大课题——用新时代广西发展实践上好"大思政课"的路径研究（课题编号：2025JD27）的研究成果

南岭民族走廊系列研究丛书

# 南岭走廊
## 教育资料汇编

### 桂林分部

刘丽英 ◎ 主编

·北京·

图书在版编目（CIP）数据

南岭走廊教育资料汇编．桂林分部 / 刘丽英主编．— 北京：科学技术文献出版社，2025.7．--（南岭民族走廊系列研究丛书）． -- ISBN 978-7-5235-2195-3

Ⅰ．G529

中国国家版本馆CIP数据核字第2024UW6610号

### 南岭走廊教育资料汇编——桂林分部

策划编辑：梅　玲　　责任编辑：王　培　　责任校对：王瑞瑞　　责任出版：张志平

| 出　版　者 | 科学技术文献出版社 |
| --- | --- |
| 地　　　址 | 北京市复兴路15号　邮编　100038 |
| 出　版　部 | （010）58882943，58882087（传真） |
| 发　行　部 | （010）58882868，58882870（传真） |
| 官方网址 | www.stdp.com.cn |
| 发　行　者 | 科学技术文献出版社发行　全国各地新华书店经销 |
| 印　刷　者 | 北京厚诚则铭印刷科技有限公司 |
| 版　　　次 | 2025年7月第1版　2025年7月第1次印刷 |
| 开　　　本 | 710×1000　1/16 |
| 字　　　数 | 630千 |
| 印　　　张 | 38.75 |
| 书　　　号 | ISBN 978-7-5235-2195-3 |
| 定　　　价 | 156.00元 |

版权所有　违法必究

购买本社图书，凡字迹不清、缺页、倒页、脱页者，本社发行部负责调换

# 前言 Preface

《南岭走廊教育资料汇编——桂林分部》以时间脉络为经、以行政区域为纬，梳理南岭走廊的教育资料。时间脉络是指南岭走廊教育发展的历史，涵盖南岭走廊从隋、唐、五代十国、宋、元、明、清、民国到新中国的整个历史，主体部分是1949年以后的新中国南岭走廊教育资料。行政区域是指南岭走廊在历史变迁中各个行政区域，其主体是新中国成立后南岭走廊的区域行政划分。教育资料是关于教育历史的固化成果，具有重要的史料价值。《南岭走廊教育资料汇编——桂林分部》是《南岭走廊教育资料汇编——贺州、梧州分部》的后继著作，聚焦桂林市12个县的教育资料。桂林市是世界著名的风景游览城市和中国历史文化名城，是广西东北部地区的政治、经济、文化、科技中心。全市辖6个城区11个县，即秀峰区、叠彩区、高新（七星）区、象山区、雁山区、临桂区和灵川县、兴安县、全州县、灌阳县、资源县、永福县、阳朔县、荔浦县（现已改为荔浦市）、平乐县和龙胜各族自治县、恭城瑶族自治县。2020年，全市总人口493.8万人。总面积2.78万平方千米，其中市区面积565平方千米，人口72万人。本书把桂林市的6个城区，即秀峰区、叠彩区、高新（七星）区、象山区、雁山区、临桂区的教育资料汇集到临桂县（现已改为临桂区）部分。

《南岭走廊教育资料汇编——桂林分部》系统梳理恭城瑶族自治县、灌阳县、荔浦县、临桂县、灵川县、龙胜各族自治县、平乐县、全州县、兴安县、阳朔县、永福县和资源县12个县各个历史时期的教育资料。本书包括12个部分，每个县一个部分。其中，荔浦县教育资料包含9章；恭城瑶族自治县、灌阳县、龙胜各族自治县、平乐县、永福县和资源县6个县的教育资料各包含8章；临桂县、全州县、兴安县、阳朔县4个县的教育资料各包含7章；灵川县的教育资料包含6章。各个县的旧式教育资料大体涉及县学、社学、私塾、义塾、书院和学宫。因区域发展不平衡，各个县的旧式教育内容的丰富程度有差别。总体而言，旧式教育的时间跨度大，内容相对单一。新中国成立后，各个县的教育资料大体包括师资队伍、教学研究、教育的类型（基础教育、普通教育、专业教育、业余教育、成人教育）、教育经费、设备和勤工俭学、教育管理和教育机构。在中国共产党的领导下，南岭走廊各个行政区域的教育有了质的飞跃。各个年龄阶段的毛入学率大幅提升，师资队伍持续壮大，教育资源不断丰富，教育发展走上了一条持续发展的健康之路。

《南岭走廊教育资料汇编——桂林分部》具有以下特征。

第一，正确的指导思想。本汇编坚持以马克思列宁主义、毛泽东思想、邓小平理论、"三个代表"重要思想、科学发展观、习近平新时代中国特色社会主义思想为指导，运用辩证唯物主义和历史唯物主义的基本观点，全面、系统、实事求是地梳理桂林市行政区域内各个行政县域的教育历史与现状。

第二，明确的历史时限。本汇编的历史上限追溯到有信史可考的教育史始端，最早为隋唐时期；下限迄至1990年左右，部分重要教育记述时间适当下延。

上限确定的理由为：桂林市历史悠久，在桂林市区甑皮岩洞穴发现的遗物经考证表明，距今约1万年的甑皮岩人已进入母系氏族社会阶段。夏商周时期，桂林是"百越"人的居住地，形成了著名的百越文化。临桂县的教育史料于唐朝有据可考。

下限确定的理由为：鉴于近30年来中国教育发展都有详细资料可供查询和参考，故1990年以后各县的教育资料不做特别交代。

第三，统一的区域称谓。桂林市的行政区建制历史悠久，秦始皇统一岭南后，设桂林、象、南海三郡。"桂林"名称起源于此。汉元鼎六年（公元前111年），桂林被设为始安县，隶属于荆州零陵郡。东汉时改属始安侯国。三国时先属蜀，后归吴。甘露元年（265年），置始安郡始安县，郡县治所都在今之桂林。隋唐时属岭南桂州总管府。唐武德四年（621年），李靖修城于独秀峰南。贞观八年（634年）改名为临桂县，属桂州始安郡。光化三年（900年）始，属静江节度。五代十国时先后属楚和南汉的桂州。宋时前属广南西路桂州，后属静江府。元时属广西行中书省静江路。明清时均属广西省桂林府。民国时属广西省。1914年改名为桂林县，1940年始设桂林市。历史上桂林长期为广西省（广西壮族自治区旧称）省会。

新中国成立后，桂林境内的行政区建设历经多次变化。1949年11月22日桂林解放，为广西省辖市，1958年改称广西壮族自治区桂林市，辖桂林城区和郊区。1981年7月、1983年10月阳朔、临桂分别划归桂林市管辖。1996年12月26日桂林市委、市人民政府按国务院、自治区批复的方案，实行区划调整，将郊区更名为雁山区。1998年9月8日经国务院批准，桂林市和桂林地区合并，组建新的桂林市。

本汇编把桂林境域统一称为桂林市，对恭城瑶族自治县、灌阳县、荔浦县、临桂县、灵川县、龙胜各族自治县、平乐县、全州县、兴安县、阳朔县、永福县和资源县12个县做统一称谓处理。

第四，规范的记述语体。本汇编的行文一律使用规范的语体文记述。用字、标点符号、数字用法、计量单位等遵照国家有关法规和标准，本汇编采用述、记、志、传、图、表、录等体裁，表随文设。

第五，本汇编的纪年方法，清代以前（含清代）使用朝代帝王年号，括注公元纪年；民国时期使用民国纪年，同一段落内首次出现括注公元纪年。"解放前""解放后"以1949年11月22日桂林解放日为界。

第六，本汇编的教育资料主要来源于有关的档案馆、图书馆（室）藏籍和桂林市各部门档案室资料及地方志，并在每一县域教育资料的开首标题处以脚注的形式注明出处。

# 目录 Contents

## 第一部分 恭城瑶族自治县教育 .................................................. 1

### 第1章 书院 社学 私塾 .................................................. 4
第一节 书院 .................................................. 4
第二节 社学 .................................................. 4
第三节 私塾 .................................................. 5

### 第2章 普通教育 .................................................. 6
第一节 幼儿教育 .................................................. 6
第二节 小学教育 .................................................. 7
第三节 中学教育 .................................................. 8

### 第3章 专业教育 .................................................. 12
第一节 师范教育 .................................................. 12
第二节 职业教育 .................................................. 13

### 第4章 成人教育 .................................................. 14
第一节 农民业余教育 .................................................. 14
第二节 职工业余教育 .................................................. 15
第三节 电大 函授教育 .................................................. 16
第四节 成人自学考试 .................................................. 16

### 第5章 教育改革 .................................................. 17

### 第6章 教师队伍 .................................................. 20

| 第一节 文化结构 | 20 |
| 第二节 政治状况 | 22 |
| 第三节 工资 福利 培训 | 22 |

### 第7章 经费 设施 ... 25
| 第一节 经费 | 25 |
| 第二节 设施 | 26 |

### 第8章 群众办学与勤工俭学 ... 28
| 第一节 群众办学 | 28 |
| 第二节 勤工俭学 | 29 |

## 第二部分 灌阳县教育 ... 31

### 第9章 县学 书院 社学 义学 私塾 ... 33
| 第一节 县学 | 33 |
| 第二节 书院 | 33 |
| 第三节 社学 | 35 |
| 第四节 义学 | 35 |
| 第五节 私塾 | 35 |

### 第10章 普通教育 ... 36
| 第一节 幼儿教育 | 36 |
| 第二节 小学教育 | 39 |
| 第三节 中学教育 | 59 |
| 第四节 人才输送 | 70 |

### 第11章 专业教育 ... 72
| 第一节 师范教育 | 72 |
| 第二节 县供销合作社职工学校 | 73 |
| 第三节 县职业中学 | 74 |
| 第四节 县农业机械化学校 | 75 |

## 第12章　成人教育 ... 76
### 第一节　农民教育 ... 76
### 第二节　职工教育 ... 78
### 第三节　电大　自学考试 ... 79

## 第13章　教师队伍 ... 80
### 第一节　教师的任用 ... 80
### 第二节　教师待遇 ... 81
### 第三节　教师素质 ... 83
### 第四节　师资培训 ... 84

## 第14章　勤工俭学 ... 87

## 第15章　教育经费 ... 89

## 第16章　行政机构 ... 93

# 第三部分　荔浦县教育 ... 95

## 第17章　机构 ... 96
### 第一节　行政机构 ... 96
### 第二节　教育辅导机构 ... 97

## 第18章　私学　官学　科举 ... 98
### 第一节　私学 ... 98
### 第二节　官学 ... 99
### 第三节　科举 ... 100

## 第19章　普通教育 ... 102
### 第一节　学前教育 ... 102
### 第二节　小学教育 ... 104
### 第三节　中学教育 ... 110

## 第20章　专业教育 ... 119
### 第一节　师范学校 ... 119
### 第二节　职业中学 ... 121

第21章　成人教育 ................................................................. 123
　　第一节　职工业余教育 ..................................................... 123
　　第二节　扫盲教育 ............................................................. 123
　　第三节　自学考试 ............................................................. 125
第22章　人才输送 ................................................................. 126
第23章　师资 ......................................................................... 129
　　第一节　教师队伍 ............................................................. 129
　　第二节　教师待遇 ............................................................. 133
　　第三节　教师培训 ............................................................. 136
第24章　经费　设施 ............................................................. 138
　　第一节　经费 ..................................................................... 138
　　第二节　设施 ..................................................................... 139
第25章　勤工俭学 ................................................................. 141

## 第四部分　临桂县教育 ..................................................... 143

第26章　学宫　书院　社学　义学　私塾 ......................... 145
　　第一节　学宫　书院 ......................................................... 145
　　第二节　社学　义学　私塾 ............................................. 150
第27章　普通教育 ................................................................. 153
　　第一节　学前教育 ............................................................. 153
　　第二节　小学教育 ............................................................. 156
　　第三节　中学教育 ............................................................. 164
　　第四节　教育改革 ............................................................. 172
第28章　职业技术教育 ......................................................... 182
　　第一节　师范学校 ............................................................. 182
　　第二节　卫生学校 ............................................................. 184
　　第三节　农技、农机学校 ................................................. 184
　　第四节　其他职业学校 ..................................................... 186

第29章 成人教育 ........................................................ 188
　第一节 扫盲 ........................................................ 188
　第二节 高等自学考试 ................................................ 190

第30章 教师 .......................................................... 192
　第一节 任用 ........................................................ 192
　第二节 素质　培训 .................................................. 195
　第三节 待遇 ........................................................ 198

第31章 经费　勤工俭学　设施 ......................................... 203
　第一节 经费 ........................................................ 203
　第二节 勤工俭学 .................................................... 207
　第三节 设施 ........................................................ 209

第32章 管理 .......................................................... 213
　第一节 机构 ........................................................ 213
　第二节 行政管理 .................................................... 214
　第三节 教学管理 .................................................... 215

## 第五部分　灵川县教育 .............................................. **217**

第33章 学宫　义学　书院　私塾 ....................................... 219
　第一节 学宫 ........................................................ 219
　第二节 义学　书院 .................................................. 219
　第三节 私塾 ........................................................ 223

第34章 普通教育 ...................................................... 224
　第一节 学前教育 .................................................... 224
　第二节 小学教育 .................................................... 226
　第三节 中学教育 .................................................... 235

第35章 专业教育 ...................................................... 248
　第一节 师范教育 .................................................... 248
　第二节 职业教育 .................................................... 249

## 第36章 成人教育 .................................................. 251
### 第一节 农民业余教育 .......................................... 251
### 第二节 职工业余教育 .......................................... 254
### 第三节 函授 电视大学 高等教育自学考试 ............ 255

## 第37章 教师 .............................................................. 258
### 第一节 来源与任用 .............................................. 258
### 第二节 素质 .......................................................... 259
### 第三节 待遇 .......................................................... 260
### 第四节 培训 .......................................................... 264

## 第38章 教育管理 ..................................................... 268
### 第一节 行政管理 .................................................. 268
### 第二节 教学改革 .................................................. 269
### 第三节 勤工俭学 .................................................. 271
### 第四节 经费 设施 .............................................. 272

# 第六部分 龙胜各族自治县教育 .......................... 277

## 第39章 普通教育 ..................................................... 278
### 第一节 私塾 .......................................................... 278
### 第二节 幼儿教育 .................................................. 279
### 第三节 小学教育 .................................................. 281
### 第四节 中学教育 .................................................. 283
### 第五节 人才输送 .................................................. 285

## 第40章 少数民族教育 ............................................. 286
### 第一节 民族高小寄读班 ...................................... 286
### 第二节 民族中学班 .............................................. 287
### 第三节 民族教育特殊措施 .................................. 288

## 第41章 专业教育 ..................................................... 289

  第一节 师范 ............................................................. 289
  第二节 农村技校 ...................................................... 290
  第三节 壮文学校 ...................................................... 291
  第四节 其他教育 ...................................................... 291

 第42章 业余教育 ............................................................. 293
  第一节 扫除文盲 ...................................................... 293
  第二节 业余初中班 ................................................... 294
  第三节 职工业余教育 ............................................... 294

 第43章 教师 ..................................................................... 295
  第一节 教师队伍 ...................................................... 295
  第二节 教职工待遇 ................................................... 297
  第三节 教师培训 ...................................................... 298

 第44章 教学研究与教学管理 ........................................... 300
  第一节 教学研究 ...................................................... 300
  第二节 教学管理 ...................................................... 302

 第45章 经费 ..................................................................... 304
  第一节 经费来源 ...................................................... 304
  第二节 经费管理 ...................................................... 307

 第46章 勤工俭学 ................................................................. 308

## 第七部分 平乐县教育 .................................................. **309**

 第47章 学宫 书院 ................................................... 311
  第一节 学宫 ............................................................. 311
  第二节 书院 ............................................................. 312
  第三节 义学 社学 私塾 ........................................ 313

 第48章 普通教育 ................................................................. 315
  第一节 学前教育 ...................................................... 315
  第二节 小学教育 ...................................................... 318

第三节　中学教育 ................................................................ 323
　　　第四节　教育改革 ................................................................ 332
　第49章　专业教育 ........................................................................ 337
　　　第一节　师范学校 ................................................................ 337
　　　第二节　卫生学校 ................................................................ 339
　　　第三节　职业学校 ................................................................ 339
　第50章　业余教育 ........................................................................ 341
　　　第一节　农民业余教育 ........................................................ 341
　　　第二节　职工业余教育 ........................................................ 342
　第51章　人才输送 ........................................................................ 345
　第52章　教师队伍 ........................................................................ 347
　　　第一节　教师素质 ................................................................ 348
　　　第二节　教师待遇 ................................................................ 349
　第53章　教育经费　学校设施　勤工俭学 .............................. 354
　　　第一节　教育经费 ................................................................ 354
　　　第二节　学校设施 ................................................................ 358
　　　第三节　勤工俭学 ................................................................ 360
　第54章　教育行政 ........................................................................ 363
　　　第一节　行政机构 ................................................................ 363
　　　第二节　小学管理 ................................................................ 363
　　　第三节　中学管理 ................................................................ 365

## 第八部分　全州县教育 ................................................................ 367

　第55章　州学　书院　义学　社学　私塾 .............................. 369
　　　第一节　州学 ........................................................................ 369
　　　第二节　书院 ........................................................................ 370
　　　第三节　义学　社学 ............................................................ 371
　　　第四节　私塾 ........................................................................ 372

## 第56章　普通教育 .................................................. 375
### 第一节　幼儿教育 .................................................. 375
### 第二节　小学教育 .................................................. 378
### 第三节　中学教育 .................................................. 386

## 第57章　成人教育 .................................................. 397
### 第一节　农民教育 .................................................. 397
### 第二节　职工业余教育 .............................................. 398
### 第三节　成人自学 .................................................. 400
### 第四节　电大辅导 .................................................. 400

## 第58章　专业教育 .................................................. 401
### 第一节　师范教育 .................................................. 401
### 第二节　其他专业教育 .............................................. 403

## 第59章　师资 ...................................................... 406
### 第一节　队伍 ...................................................... 406
### 第二节　培训 ...................................................... 409
### 第三节　待遇 ...................................................... 410

## 第60章　教育管理 .................................................. 414
### 第一节　管理机构 .................................................. 414
### 第二节　教学质量管理 .............................................. 415
### 第三节　教育经费 .................................................. 415

## 第61章　勤工俭学 .................................................. 420

# 第九部分　兴安县教育 .............................................. **423**

## 第62章　教育行政 .................................................. 425
## 第63章　普通教育 .................................................. 427
### 第一节　县学　义学　书院　私塾 .................................. 427
### 第二节　学前教育 .................................................. 429
### 第三节　小学教育 .................................................. 431

第四节　中学教育 ................................................................ 445

第64章　专业教育 ............................................................... 454

   第一节　师范 ........................................................................ 454

   第二节　职业技术学校 ........................................................ 455

第65章　业余教育 ............................................................... 456

   第一节　农民业余教育 ........................................................ 456

   第二节　职工业余教育 ........................................................ 457

第66章　教师队伍 ............................................................... 459

   第一节　素质 ........................................................................ 459

   第二节　培训 ........................................................................ 461

   第三节　待遇 ........................................................................ 462

第67章　勤工俭学 ............................................................... 463

第68章　经费　设施 ........................................................... 465

   第一节　经费 ........................................................................ 465

   第二节　设施 ........................................................................ 467

## 第十部分　阳朔县教育 ............................................................ **469**

第69章　私塾　县学 ........................................................... 471

   第一节　私塾 ........................................................................ 471

   第二节　县学 ........................................................................ 471

第70章　普通教育 ............................................................... 473

   第一节　幼儿教育 ................................................................ 473

   第二节　小学教育 ................................................................ 474

   第三节　中学教育 ................................................................ 479

第71章　专业教育 ............................................................... 487

   第一节　师范教育 ................................................................ 487

   第二节　其他专业教育 ........................................................ 488

## 第72章 业余教育 ... 490

第一节 农民业余教育 ... 490

第二节 职工业余教育 ... 491

## 第73章 管理 ... 492

第一节 行政 ... 492

第二节 经费 ... 492

第三节 教育设备 ... 494

## 第74章 教师队伍 ... 496

第一节 概况 ... 496

第二节 培训提高 ... 497

第三节 生活待遇 ... 498

## 第75章 勤工俭学 ... 499

# 第十一部分　永福县教育 ... 501

## 第76章 儒学　塾馆 ... 503

第一节 学宫　书院 ... 503

第二节 私塾 ... 504

第三节 社学　义学 ... 504

## 第77章 普通教育 ... 506

第一节 幼儿教育 ... 506

第二节 小学教育 ... 509

第三节 中学教育 ... 519

## 第78章 专业教育 ... 529

第一节 师范学校 ... 529

第二节 职业中学 ... 530

第三节 其他专业学校 ... 530

## 第79章 业余教育 ... 533

第一节 农民教育 ... 533

第二节　职工教育 ............................................................. 535

第80章　教师 ............................................................................. 537
　　第一节　队伍与素质 ......................................................... 537
　　第二节　培训 ..................................................................... 540
　　第三节　待遇 ..................................................................... 541

第81章　教育经费与勤工俭学 ................................................. 544
　　第一节　教育经费 ............................................................. 544
　　第二节　勤工俭学 ............................................................. 545

第82章　教育设施 ..................................................................... 547
　　第一节　校舍 ..................................................................... 547
　　第二节　教学仪器 ............................................................. 548

第83章　教学管理 ..................................................................... 550
　　第一节　管理机构 ............................................................. 550
　　第二节　行政职掌 ............................................................. 551
　　第三节　业务管理 ............................................................. 553

## 第十二部分　资源县教育 ......................................................555

第84章　私塾　义学　书院 ..................................................... 556
　　第一节　私塾 ..................................................................... 556
　　第二节　义学 ..................................................................... 558
　　第三节　书院 ..................................................................... 558

第85章　普通教育 ..................................................................... 560
　　第一节　学前教育 ............................................................. 560
　　第二节　小学教育 ............................................................. 563
　　第三节　中学教育 ............................................................. 569

第86章　专业教育 ..................................................................... 577
　　第一节　师范教育 ............................................................. 577
　　第二节　职业教育 ............................................................. 579

- 第 87 章　业余教育 .................................................. 581
  - 第一节　农民业余教育 ............................................ 581
  - 第二节　干部、职工业余教育 .................................... 583
  - 第三节　党校 ........................................................ 584
  - 第四节　成人高校 .................................................. 584
- 第 88 章　教师队伍 .................................................. 586
  - 第一节　教师的文化素质及培训 ................................. 586
  - 第二节　教师的社会地位 ......................................... 587
  - 第三节　民办教师 .................................................. 588
- 第 89 章　教学改革 .................................................. 591
  - 第一节　学制、升学及考试制度改革 ........................... 591
  - 第二节　教材改革 .................................................. 592
  - 第三节　教法改革和教学研究 .................................... 593
- 第 90 章　教育经费与设施 .......................................... 594
  - 第一节　教育经费 .................................................. 594
  - 第二节　教育设施 .................................................. 595
- 第 91 章　勤工俭学 .................................................. 596

**后记：在历史与现实的交汇处追寻教育之光 ......................... 598**

# 第一部分

# 恭城瑶族自治县教育[①]

---

[①] 恭城瑶族自治县地方志编纂委员会.恭城县志[M].南宁:广西人民出版社,1992:371-385.

明清时期，县内有书院、社学、私塾。自唐宋至明清，计有举人28人（其中武举人22人），恩贡52人，拔贡39人，副贡12人，岁贡299人，廪贡14人。《恭城县志》（民国版）记载："昭州四邑，唯恭城士人最多。"

清光绪三十三年（1907年），废科举，兴学堂，提倡西学，书院改为学堂，乡村社学改为小学堂。

辛亥革命后，推行国民基础教育，实施新学制，学堂改称学校。全县5个区先后办起初高两等小学，区以下每段办1所初等小学，人口众多者办2所，多以祠堂庙宇作校舍。民国31年（1942年），全县受高等教育的有97人，占总人口的0.08%；受中等教育的有1134人，占总人口的0.91%；受初等教育的有41 176人，占总人口的33.1%。1949年，全县有初中1所9个班，学生334人，教职工32人；小学60所，学生5618人，教职工241人。

解放后，恭城瑶族自治县教育事业经历了曲折的发展过程。1952年土地改革结束后，群众迫切要求学文化，各村设校董，自行解决师资、校舍、经费，实行民办公助办学，贯彻德育、智育、体育、美育全面发展的教育方针，改革旧教育制度和教学方法，教育事业稳步健康发展。1956年相比于1950年，全县初中由1所发展至3所，小学由76所发展到146所，在校中小学生由6704人增加至19 262人。

1958年秋，全县实现人民公社化，教育事业"大跃进"，公社、大队办学一哄而起，全县小学发展到313所，完全中学（简称"完中"）1所，初中2所，在校中小学生27 779人。在贯彻"教育为无产阶级政治服务，教育与生产劳动相结合"的教育方针时，一度偏重政治、生产劳动，忽视文化教育。当年冬，全县1200余名中学师生参加"大炼钢铁""大办水利"。其后，农忙季节学校师生都要"支农"，教学受到一定影响，学生文化素质下降。1963年，贯彻"调整、巩固、充实、提高"方针，至1965年小学调整为200所，中学由1960年的4所调整为3所，在校中小学生降为24 322人。

1969年"复课闹革命"。次年全县提出"读小学不出村，读初中不出大队"，再次出现扩大规模、提高规格办学的现象。当年，全县中小学增至539所（点），其中完全中学7所，初中135所，小学397所，在校中小学生29 674人。截至1975年，完全中学增至8所，初中113所，完全小学（简称"完小"）113所，初小311所，在校中小学生增至45 416人。"文化大革命"期间，教学强调"政治挂帅""走政治建校的道路"，学生

"不但学文,也要学工、学农、学军,也要批判资产阶级",取消入学文化考试,实行推荐入学;取消闭卷考试,实行开卷考试;大办工厂、农场,一度出现"以劳代学"现象。师生由于过多参加生产劳动和社会活动,教学任务完不成,质量下降。

1979年后,贯彻党的十一届三中全会精神,拨乱反正,逐步恢复和建立必要的教学规章制度,探索教育改革,建立起正常的教学秩序。但在贯彻"德育、智育、体育几方面都得到发展"的教育方针中,又一度出现偏重智育,忽视德育、体育现象,部分学生思想品德、身体素质下降。

1983年,在全县中小学中开展讲文明、讲礼貌、讲卫生、讲秩序、讲道德和心灵美、语言美、行为美、环境美,热爱党、热爱国家、热爱社会主义(简称"五讲四美""三热爱")活动,创建文明学校,使学校的"脏、乱、差"逐步得到改善。同年贯彻"调整、改革、整顿、提高"方针,105所(点)初中调整为25个点,解决了师资不足,教学质量低,中学规模"虚肿"现象。1985年,试行县、乡、村三级办学,分级管理,动员全社会的力量共同关心支持教育工作。次年,全县9个乡(镇)的117个行政村,有115个村基本普及五年初等教育,4个街委会提前普及五年教育。1985年,贯彻中共中央关于有步骤地普及九年义务教育的决定,在调整中等教育结构中,从人力、物力、财力上加强少数民族地区的初中点,使三江、黄坪、观音、上枧、岛坪、势江等瑶族乡、村初中点初具规模。1989年,全县有完全中学3所,初中17所,在校学生6968人;职业中学2所,学生295人;农业中学4所,学生357人;完全小学121所,初级小学175所,在校学生31 766人;业余高小59个班,学员1170人;业余中学4班,学员81人;科普班105个,参加学习的有3624人;县教师进修学校开办电大和中师函授;全县中小学专任教师1855人,其中少数民族教师1006人,占54.23%。基本形成普通教育、职业教育、业余教育网络,教育事业稳步健康发展。

# 第1章
# 书院 社学 私塾

## 第一节 书院

（一）凤岩书院

在县署西城隍庙右侧，清嘉庆十年（1805年）知县李著勋创建，道光十二年（1832年）知县颜尔枢重修，先后有临桂恩科举人汤宏业、恭城拔贡常峻荣、副举李舒华掌教。光绪三十四年（1908年）废。

（二）龙溪书院

清光绪十八年（1892年）武举常静纯创立于北乡常家村，光绪乙酉副榜范良金（灌阳人）两次掌管该院。光绪末年（1908年）废。

## 第二节 社学

（一）势江源社学

明万历年间（1573—1620年）瑶族贡生俸希贤等人联合创办，势江五姓瑶民——俸、卢、唐、陶、陈之子弟，得以进学，是恭城瑶族最早的自办社学。清宣统元年（1909年）废。

（二）黄土田社学

清雍正二年（1724年）知县方显（湖南巴陵人，贡生）建、光绪中期（1885—1890年）废。

（三）常家村社学

清康熙五十九年（1720年）知县王珒建（山西平阳人，贡生）创办。废时失考。

## 第三节　私塾

光绪初年（1875—1885年），城厢、北溪、西岭、杨溪、费村、秧家、太平、黄埠、陶庄、栗木、常家、上宅、莲花、势江、东寨、竹山等地都办有私塾馆。有白面寨莫远复（廪贡），自办"花滕书塾"，招生讲学历时10多年，自号"花滕遯叟"。民国期间莲花等地有私人办的补习班。

# 第2章 普通教育

## 第一节 幼儿教育

恭城第一所幼稚园，创办于民国22年（1933年），附属城厢高级小学，经费由学校负责。是年办1班，招收幼儿35人，教师1人。民国25年，全县6个乡均办幼稚班，入学儿童201人，各班配教师1人。有专用幼儿课本，课程设置与小学相似，特别重视图画、音乐和游戏课，次年停办。

1952年，县教育部门在城厢开办幼儿园，入园幼儿80人，教职工3人。1956年，办县直机关幼儿园，设大、中、小班各1个，实行全托，有教职工7人，入园幼儿70人。同年，莲花、栗木相继开办幼儿园，入园幼儿180人，教师5人。次年停办。1958年秋，全县实现人民公社化，县、社、大队共办幼儿园（包括托儿所）189所，入园幼儿4977人。各小学办学前班51个，在校儿童1978人。为提高幼儿教育质量，县教育部门举办短期培训班，培训幼儿教师100余人。20世纪60年代初，国民经济困难，除县直机关幼儿园外，各地幼儿园相继停办。1965年逐步恢复，是年共有幼儿园4所，教学点6处，入园幼儿226人，教职工10人。

1966—1976年"文化大革命"期间，除县直幼儿园外，其他幼儿园（班）又相继停办。1976年幼儿教育恢复发展，全县幼儿园共有465个班，入园幼儿10 172人，教职工243人（含民办，保育员不计在内）。1981年，贯彻教育部颁布的《幼儿园教育纲要（试行草案）》，对幼儿教育进行调整，仅保留幼儿园5所，教学点9处，入园幼儿236人，教职工18人。1985年，全县有幼儿园10所，教学点39处，入园幼儿1280人。教师文化素质相应提高，幼儿班开设语言、计算、美工、体育、音乐等课程，并开展游戏、讲故事、谜语、跳舞等活动。1989年，有幼儿班82个，入园幼儿3261人。

## 第二节 小学教育

清光绪三十三年（1907年）创办第一所县立高初两等小学堂。辛亥革命后，相继有县城附郭、中东、势江、莲花、栗木、振西、清平、植材及常家等10余所两等小学。民国15年（1926年）春，县办淑德女子小学，最初女教师2人，学生20余人，开恭城妇女享受教育之先声。民国17年改名为恭城县立第一女子小学校。后与县高小合并，设女子部，发展为7个班，学生350余人。从民国18年起，北溪、栗木、莲花、西岭顺德、杨溪淑慎女子学校亦相继成立。民国21年，两等学校改为中心校，初级小学改为国民基础学校，推行国民基础教育。民国22年，全县有中心校8所，13个班，学生456人；国民基础学校130所，177个班，学生4276人。学龄儿童入学率33%。民国28年，14个乡均建有中心校。民国33年，日军侵入县境，大部分学校停课疏散，56所学校遭到破坏。民国34年，全县恢复中心校14所，学生930人；国民基础学校128所，学生10 177人。1949年秋，全县有小学60所、127个班，在校学生5618人，教职工241人，恭城临解放时停课。

1950年秋小学恢复上课，有完全小学14所，初中62所，共160个班，学生6576人。1952年土地改革后，贫下中农迫切要求学文化，各村成立学董会，具体解决校舍、师资、经费等问题。完全小学发展到16所，初级小学149所，共322个班，学生11 530人，工农及其他劳动人民子女入学人数占95%。教师393人，其中民办教师215人。1956年，实行公办、民办"两条腿走路"的办学方针，是年有完全小学28所，初小118所，共439个班，学生19 262人。其中民办小学66所，在校学生4374人。教职工676人，其中民办教师134人。1958年，教育事业持续发展，小学发展到313所，其中完全小学39所，初小274所，共666个班，在校学生26 652人。教师725人，其中民办教师229人。当年，三江公社办15所民办小学，学生436人。1961—1962年，国民经济暂时困难，教育事业停滞不前。1963人，贯彻"调整、巩固、充实、提高"的方针，将18所公办小学转为民办小学，归并班级，充实学额。1964—1965年，贯彻全日制和半工（农）半读两种教育制度，全县计办全日制小学200所，其中民办小学44所，共615个班，学生23 419人。办半日制、隔日制、早午晚班78个班，学生2001人。对有困难的学生，允许迟来早走，允许带弟妹入学。对瑶族居住分散、学龄儿童少不能单独编班的山区，则办复式班和组织巡回教学，方便山区瑶族子弟入学。1969年，全县小学下放大队办，教师绝大部分回原籍大队教书。1970年，90%的大队小学附设初中班。1972年，重点普及小学五年教育和扫除青壮年文盲。当年，完全小学发展到113所，初小301所，共859个班，学生28 065人。1976年，教育持续发展，完全小学113所，初小313所，共1073个班，学生35 866人。教职工1216人，其中民办教师728人。

1980年，贯彻中共中央、国务院下发的《关于普及小学教育若干问题的决定》，进一步加强小学基础教育。为发展少数民族地区教育，县民委分期分批下拨51万元，教育局拨款35万元，兴办学校，维修校舍，添置教学用具，改善办学条件。截至1984年，全县学龄儿童23 496人，已入学22 728人，入学率为96.7%。1985—1986年学年度，全县7~11岁学龄儿童21 743人，入学21 199人，学年巩固率为98.8%；学年末小学毕业生4223人，应届毕业率为92.0%，12~15周岁的少年儿童17 958人，小学毕业、结业17 473人，普及率为97.3%。1986年，经桂林地区行政公署普及初级教育检查团检查验收，全县9个乡镇，117个行政村，有115个村基本普及5年初等教育，4个街提前普及五年初等教育。三江瑶族乡入学率、巩固率均在97%以上。莲花、观音、西岭8个瑶族乡，普及初等教育各项指标，均达国家规定标准。同年，试行县、乡、村三级办学，动员全社会的力量共同关心支持教育工作。截至1989年，全县有完全小学121所，初小175所，共1113个班，在校学生31 766人，其中少数民族学生17 027人，占53.6%。适龄儿童入学率99.16%，巩固率99.23%，普及率98.99%，毕业率93.49%，"四率"都达到国家规定标准。教职工1579人，其中民办教师36人，少数民族教职工845人。

## 第三节 中学教育

民国15年（1926年），恭城始于县立高小附设初中班，学生50人，因经费、师资困难，仅一年即停办。民国27年春，办县立国民中学，目的是培养基层公教人员，学制2年，开始招学生2个班共100人。民国

30年，国民中学招初中班，学制3年。民国35年，国民中学改为恭城县立初级中学，春秋两季招生，迄解放前夕，先后开办19个初中班。

1950年秋季，恭城中学恢复上课，有6个班，共128人，教职工30人。1955年，发展到9个班，共479人。1956年，增办栗木、莲花两所初级中学。1958年秋，恭城中学始招高中2个班。1960年，增办西岭初级中学。1964年，因师资不足撤恭城中学高中班，学生转到平乐中学就读。

"文化大革命"期间，提出"读初中不出大队，读高中不出公社"。1970年，全县完全中学发展到7所，初中135所，在校学生初中5153人，高中1630人。1973年办简易"茅棚"学校，恭城中学在鹅山崀农场设分校，并在虎尾村建立劳动基地，各公社中学亦办分校。至1976年，全县完全中学发展到8所，初中113所，在校学生高中2673人、初中10 095人。

1978年后，教育事业贯彻"调整、改革、整顿、提高"的方针，撤销小学附设初中班，增办恭城、城厢、栗木、莲花、西岭、平安、嘉会、观音、三江9所初中。1985年将原有高中调整为3所，初中调整为18所，西岭农业职业中学1所，在校学生高中1270人、初中5624人、农职中学生553人。1989年，完全中学3所，初中17所，在校学生高中1174人，初中5794人，共6968人（其中少数民族学生4250人，占61%）。农业职业中学6所，在校学生652人（其中少数民族学生351人），如表2-1所示。

1977年全国大中专招生恢复统一考试，至1989年，恭城县录取大专生1088人，中专生978人（其中1986—1989年考入大专院校的瑶族学生322人，占同期考入人数的64%，考入中专的120人，占53%），有17人被录取为研究生。未能升学的绝大多数初、高中毕业生走向工作和生产第一线，发挥其作用。平安乡马塘厂村李锦荣在1985年初中毕业回乡后，立志改变家乡的落后面貌，承包原生产队的果园场，又开荒种植果树800多株，年产果0.75万公斤，还积极发展家庭副业，全年纯收入1万多元。平安乡黄岭村知识青年龙长青通过沼气培训班学习后，刻苦钻研，精益求精，把技术学到手，积极为群众办沼气，1988年6月，被县录用为沼气专业技术干部。

表 2-1 1989 年中小学情况

| 乡镇 | 普通中学 | | | | | | | 职业中学（含农中） | | | | | | 小学 | | | | | | | |
|---|---|---|---|---|---|---|---|---|---|---|---|---|---|---|---|---|---|---|---|---|---|
| | 校/所 | 班/个 | 在校学生/人 | 小计 | 其中少数民族 | | | 校/所 | 班/个 | 在校学生/人 | 其中少数民族 | | | 完全小学 | 村小/所 | 班/个 | 在校学生/人 | 其中少数民族 | | | |
| | | | | | 瑶族 | 壮族 | 其他 | | | | 小计 | 瑶族 | 壮族 | | | | | 小计 | 瑶族 | 壮族 | 其他 |
| 恭城镇 | 3 | 40 | 1927 | 927 | 886 | 41 | | 1 | 4 | 110 | 45 | 41 | 4 | 17 | 7 | 134 | 4508 | 995 | 968 | 27 | |
| 平安乡 | 2 | 12 | 638 | 332 | 329 | 3 | | 1 | 4 | 158 | 45 | 40 | 5 | 15 | 19 | 163 | 4949 | 1807 | 1807 | | |
| 莲花乡 | 4 | 27 | 1460 | 1240 | 1148 | 92 | | 1 | 3 | 58 | 58 | 57 | 1 | 24 | 32 | 227 | 6728 | 6016 | 5563 | 453 | |
| 三江乡 | 2 | 7 | 242 | 242 | 242 | | | | | | | | | 9 | 18 | 77 | 1390 | 1390 | 1390 | | |
| 嘉会乡 | 2 | 12 | 695 | 324 | 317 | 7 | | 1 | 2 | 67 | 32 | 32 | | 15 | 18 | 119 | 3347 | 1659 | 1659 | | |
| 西岭乡 | 2 | 15 | 716 | 386 | 375 | 11 | | 1 | 6 | 185 | 107 | 105 | 2 | 17 | 39 | 166 | 4145 | 1720 | 1665 | 55 | |
| 栗木镇 | 3 | 21 | 935 | 572 | 562 | 10 | | 1 | 2 | 74 | 64 | 64 | | 19 | 35 | 158 | 4742 | 2134 | 1978 | 156 | |
| 观音乡 | 1 | 3 | 139 | 118 | 118 | | | | | | | | | 4 | 7 | 44 | 1019 | 1000 | 998 | 2 | |
| 栗矿 | 1 | 12 | 216 | 109 | 94 | 9 | 6 | | | | | | | 1 | | 25 | 938 | 306 | 299 | | 7 |
| 合计 | 20 | 149 | 6968 | 4250 | 4071 | 173 | 6 | 6 | 21 | 652 | 351 | 339 | 12 | 121 | 175 | 1113 | 31766 | 17017 | 16327 | 683 | 7 |

**附：恭城中学**

前身为"恭城县立国民中学"，建于民国27年（1938年）3月24日，学制两年，招收学生两个班共100人。初期借城厢镇中心校上课。民国29年秋，迁燕岩山麓新校舍。次年招普通初中班，学制3年。民国35年改为普通中学，易名为"恭城县立初级中学"，次年增招简师训练班2个班。民国37年，在县城公共体育场建新校舍（今址），用房面积1960平方米，1949年迁入。1958年初，始设高中班，发展为完全中学。

1989年，该校占地面积53 336平方米，有教学大楼3栋，教室6间，教工宿舍楼1栋及其他建筑面积共计13 210平方米，为1949年校舍面积的5倍。学校有图书1.8万册，教学仪器5960件。有教学班18个班，在校学生951人，教职员工102人。自1977年恢复高考、中考以来至1989年，大专院校录取818人，中专571人。曾被评为自治区民族团结先进单位、全国及自治区勤工俭学先进单位。

# 第3章
# 专业教育

## 第一节　师范教育

民国8年（1919年）秋，县办简易师范1个班，学生50人。入学为高小文化程度，学习半年，分到小学任教。民国16—33年五度办师范或简易师范班，男女学员228人，修业期限1～2年，毕业后为国民基础教育服务。其中民国22年，北溪女子学校在本校高小毕业生中招收18人办过一期女子简易师范班。民国36年，县立初级中学开办简师训练班2个。

解放后，为适应国民经济恢复发展的需要，1952—1966年，县办简易师范班和在中学附设二年制中师班6个班。毕业256人，均分配到小学工作。

1972年9月建立恭城县师范学校，初期借用恭城中学教室，招收中师班2个班，轮训班1个班，学员145人。1974年师范新校舍落成。1981年秋增设函授部，负责小学教师的轮训提高工作。自建校至1985年，开办中师班8期，学员335人；举办短期（半年至一年）培训班16期，培训在职教师809人次；培训小学校长、教导主任、图画、音乐、英语、理化教师6期，学员206人。累计到1985年，从该校毕业的中师、函授师专、函大和中师函授学员共706人。1985年12月，经自治区批准改为恭城县教师进修学校，有计划地培训提高小学教师。1986—1989年，办二年制中师班、中文电大班、四年制中师函授班、一年制中师函授班等20个班，共培训教师763人，现有教职工27人。

# 第二节 职业教育

## 一、西岭农业职业学校

原为西岭初中，建于1960年，1964年9月，改名为西岭农业职业学校，培养农业技术人员，实行"社来社去"，不包分配工作。当年招收初级农技生2个班，学生95人。1965年招收中级农技生2个班，102人，教职工15人，实行半农半读。1970年春，改名为西岭中学，停招农技生，招收普通高中生。1983年，恢复西岭农业职业学校，招收农业高中班，课程除文化基础课外，增设农艺、园艺、畜牧兽医、生物等专业课。1984年，有农业高中生200人。学校占地面积365亩，其中水田28亩，鱼塘10亩，果园20亩。学校教室、宿舍、礼堂建筑面积共4500平方米。1985年，有高、初中农技班13个班，学生670人，教职工50人。1989年，有高、初中农技班21个班，学生562人，教职工85人。

## 二、栗木锡矿技工学校

1980年创办，目的是解决职工子女就业，师资从技术员中调任，经费由本矿解决。至1988年共招生492人，有机电、冶炼、采矿、汽车驾驶、机修、化验等7个专业。已毕业学生353人，一般达到三级工的技术知识水平，毕业后由栗木锡矿分配工作。

## 三、"五·七"劳动大学

1975年秋创办，校址设于嘉会开花山（原县"五·七"干校），学农基地200多亩。学生由县分配招生指标，各公社负责推荐，学制一年，实行"社来社去"。当年招收果蔬、农学技术2个班共87人。次年办短训班，为农村培训初级技术人才。1977年，在峻山水库开办分校，招收水利班学员45人，主要学习水利测量、施工等基础知识和技能，学习时间半年，结业37人。至1979年，因师资短缺，设备简陋停办。三年共有结业学员220人。

# 第4章 成人教育

## 第一节 农民业余教育

清末，农村有"义学"和"冬学"教育。民国沿袭清制，曾在城厢、栗木、西岭、和平、莲花、势江等16个点兴办平民夜校，授以《平民千字课》及珠算、尺牍等课程。民国28年（1939年），广西省政府教育厅规定当年推行成人教育，下拨专款，每人0.5元，分期分批举办成人教育班。凡年满16周岁至45周岁的成人，不识字的一律入学两个月。是年，培养55名小学教师，充任专职成人教师，分期分批开办328个班，入学1968人。民国34年，全县仍有文盲、半文盲6万人，占总人口的50%。

解放后，县人民政府组织冬学。1950年，和平乡云峰村组织民校，学习文化，学习政治。1952年，全县推行速成识字法，组织农民识字班、妇女识字班，参加学习的有689人（其中妇女424人）。参加读报组的有1076人。1953年，办冬学56个班、1764人，转入常年学习的27个班、948人。1956年，贯彻中共中央、国务院《关于扫除文盲的决定》精神，恭城县制定在12年内完成扫除14~50周岁文盲半文盲80%的规划。当年，青壮年文盲半文盲45 868人，组织学习的有15 327人。1956年，转入常年学习的有8475人。本着"农闲多学，农忙少学，大忙放学"的原则安排学习。采用看图识字，见物识字，送字上门，包教包学，编扫盲山歌等方法进行。1957年，恭城县有扫盲专干梁刚等6人参加广西省扫盲积极分子大会。和平乡云峰村民校被评为扫盲工作先进单位。1958年，全县大部分青壮年集中于西岭峻山修水利，教育部门在工地选拔培训1448名兼职教师，组织9888人参加扫盲学习，获毕业证书的有2438人。还组织1851人参加业余高小班学习，巩固扫盲成果。同年，瑶族聚居的三江乡，全乡计有文盲2228人，参加学习的达70%以上。

"文化大革命"期间，扫盲处于低潮。20世纪70年代初，业余教育多以政治、文化、技术三结合的夜校出现。1976年，全县办夜校760所，参加学习的农民26 238人，其中扫盲班23个，学员418人。1978年，学校教师实行普通教育和业余教育两副担子一肩挑，动员1200名教师下队划片包干扫盲。1979年，全县组织青壮年文盲18 305人、半文盲7729人参加学习，当年脱盲1018人。经过几年努力，1981年12月，全县少青壮年中非文盲人数占少青壮年总人数的88.1%，经桂林行政公署组织验收，达到基本除文盲县标准。

1982年后，为巩固扫盲成果，续办扫盲班、农民业余高小、农民业余初中。1985年，办扫盲班10个，学员315人；业余高小15个班，学员234人；业余初中5所，学员177人。三江瑶族乡牛尾寨村，在基本扫除文盲的基础上，进一步组织青壮年参加科技文化夜校学习。到1985年，已有两届共43人经考试合格，取得业余高小毕业证书，其中41人，继续进修业余初中。牛尾寨科技文化夜校曾被评为桂林地区先进农民科技夜校。1989年，全县办业余小学59个班，学员1170人；业余初中4个班，学员81人；科技夜校105个班，培训3624人；组织科技讲座265期，受教育5387人次。办得较好的，如城厢乡天堂村科技文化夜校，1988年举办科技讲座96期，出版专栏36期，培训2537人次，人均受训12次。其中有134人掌握了果树栽培的全套技术，21人掌握了剪裁技术。村民何志武通过夜校培训，掌握了柑橘生产和培育果苗的全套技术，成为全村的首富。1987年出席了自治区人民政府召开的农村致富能手表彰大会。该村连续两年被地区、县评为先进文明村和成人教育先进单位。

## 第二节 职工业余教育

1952年秋，县直机关开始组织干部职工业余学习，当年，参加学习90人。1954年，办机关干部职工业余文化学校，有高小班2个，160人，初中班1个，60人，参加读报组学习1311人。1956年，参加文化学习的增至365人，配专职教师2人，兼职教师16人。1960年2月，增办高中、初中各1个班，每班招生50人。学习时间，每周8小时。"文化大革命"期间中断。1979—1985年，全县办职工业余中学12所，在校学员（包括函授）500人，职工业余小学25所，学员549人。

## 第三节  电大  函授教育

县师范于1978年秋招收第一届中师函授班,并在公社设教学点。1981年经考试,语文、数学两科结业12人;取得该两科单科结业的97人。1981年秋,县师范增设函授部,同时招收第二届中师函授班。1984年统考,取得双科和单科结业的86人。同年,招收第三届中师函授班,学员200人;增设栗木锡矿教学点。

1979年秋,县师范开办广西函授大学恭城教学辅导站,设中文、数学、物理、化学、英语5个专业,经过学习、考试、实习,1982年获毕业证书40人。1981年,设桂林地区师范学校(今教育学院)师专函授恭城教学班,设中文、数学两个专业,经学习、考试、实习,1983年获毕业文凭22人。

## 第四节  成人自学考试

1984年春,广西开办成人高等教育自学考试,当年上半年报考44人,及格7人,下半年报考71人。1985年上半年报考117人,下半年报考增加到125人,及格61人。1986年11月,恭城县已有2人获得广西高等教育自学考试毕业证书。至1989年,全县成人自学考试共开办专业16个、中专6个、本科1个,报考2647人次,实考2175人次,报考及格人数32人。

# 第 5 章
# 教育改革

解放初，中小学学制沿旧制，小学为"四二制"（初小四年、高小二年），中学为三年制。在课程设置方面，废除公民、童训两科，开设政治课。1952年，小学实行"五年一贯制"。同年，贯彻毛泽东的"十大教授法"，提倡"启发式"，废止"注入式"，举办"公开课""试验课"，开展以改进教学方法提高教学质量为中心的教改活动。1953年，中学学习苏联教育家普希金的教学经验，小学推广苏联凯洛夫的教学方法。从1954年起开展教育改革，要求每节课有明确的教学目的，强调教学的教育性和学生的积极性自觉性，注重教学内容的系统性和可接受性，注意教学的直观性和巩固性，并结合教材进行政治思想教育。同时，按照"组织教学，复习旧课，讲授新课，巩固新课，布置作业"5个环节进行教学，把重点放在课堂教学上，开展"文道结合""精讲多练""识字教学""作文教学""班主任工作""青少年思想工作"等教改活动，学生成绩考试采用"五级记分法"。县成立教研室，学校成立教研组，实行集体备课。同时，小学实施"四二制"。1955—1956年学年度第二学期，初中增设农业生产常识课，并要求学校结合有关学科的教学，建立校内实验园地。恭城中学在校园中建立测候站、动物饲养场及植物实验园地，强调德、智、体、美及综合技术教育。

1958年，贯彻"教育为无产阶级政治服务，教育与生产劳动相结合"的方针，按照"5个环节"进行教学。教学法，生搬硬套，平均使用时间，效果欠佳。随后，提出以教学为中心，围绕教学进行生产劳动和科学研究。同年，增设生产劳动课，1200名师生参加"大办钢铁矽，大办水利"的劳动课。政治课改为社会主义教育课，把汉语、文学合并为语文，代数、几何合并为数学。1959年，把英语课改为俄语课。1962年，搞开门办学、现场教学，强调政治挂帅、生产为纲，大破语文教学"三脱离"

（脱离生产劳动、脱离社会斗争、脱离学生思想实际和生活实际），县文教科提出"三结合"（教学结合政治、结合生产、结合实际）的教改原则，还提出"能者为师"，让成绩优秀的学生上讲台。同年，恭城中学结合茶江大桥的劳动任务，在工地组织政治、语文、数学、物理、化学、历史、地理等科的大型综合现场课。在城厢小学等学校进行九年一贯制试验，开设俄语课。还对中、小学课程设置进行了调整，对教材作了增、删、补、换。1965年，强调5/6的课时用于教学，着重抓语文、数学的"双基"（基础知识、基本技能）及推广串讲，重视字、词、句、篇章结构的教学，要求教育紧扣教材，联系实际，突出重点，克服"满堂灌""注入式"，注重"少而精""启发式"，积极引导学生思维，培养其分析问题、解决问题的能力。为了互教共学，制定了领导听课、教师听课，定期举行公开课、观摩课、试验课的制度。

"文化大革命"初期，学校教学改革一度中断。1968年，取消初、高中新生入学考试，实行由大队、公社推荐的办法。1969年，小学下放大队办，中学学制改为"二二制"（高中二年、初中二年）。提倡"官教兵、兵教官、兵教兵"，让学生走上讲台。强调自编乡土教材，原教材物理、化学合并为"工业基础常识"，历史、地理、自然三科视各校情况自定，体育课改为军体课，音乐、美术合并为革命文艺课。相继"学朝农，赶浦北"，各校订"百、千、万规划"（百头猪场或百亩甘蔗园、千株果树、年收万斤粮）。1976年，全县121所中小学共办起校办工厂17个，开辟农场3419亩，林场2096亩，果园场1135亩，文化知识有所偏废。

1977年，大中专招生，恢复统一考试，县教育局认真组织考生复习。当年，录取大专43人，中专124人，在桂林地区名列前茅。1978年，县教育局成立电化教育组，学校成立电化教学小组，利用幻灯、录音、电影、电视等现代化手段，提高师资水平，解决教学中的重点难点，提高教学质量。同年，中学恢复"三三制"（初、高中各三年），使用全国统编教材，并将恭城中学、西岭中学、恭城镇小学、乐湾小学、莲花小学确定为县重点学校，以点带面，开展"以教学为中心"的教学改革，注重德、智、体全面发展。1982年，进一步端正办学指导思想，坚持面向全体同学，积极开展各科教改试验，加强起始班级和基础学科的教学，认真抓好课堂教学，改"满堂灌"为"启发式"；改以教师为主体为以教师为主导学生为主体，培养学生的自学能力；改单纯传授知识为既传授知识，又注重提高学生智力培养能力；改单一的课堂教学为既提高课堂教学质量，又开辟

第二课堂，使学生在德、智、体几个方面生动活泼地、主动地得到发展。要求有条件的学校开辟"小饲养、小种植、小果园、小花圃、小手工、小气象"等基地及开展"小科研、小发明、小创造"活动。同年9月，小学"五年制"改"六年制"（高小二年、初小四年）。1984年，在小学低年级进行"口算、审题、算理并抓"教改试验，改变过去轻口算重笔算、轻审题重列式的做法。1985年，恭城镇小学及乡镇小学一年级推广"汉语拼音、学话、注音识字、提前读写"的教学方法。同年，中南地区举行小学数学通讯赛，全县有4名学生获奖。1986—1987年，县教育局电教组拍摄教学录像片《故宫博物院》《荷花》，英语教学片《A、B句型练习》，小学语文教学片《过河》，前3个录像片分别获地区优秀奖，《过河》代表桂林地区参加自治区录像片评比，获三等奖，并向全区发行。为培训师资，提高教学质量，1988年建立恭城县教育卫星地面接收站，同时建立平安、三江两个教学录像点。至1989年底，县电教组及各级各类学校有幻灯投影仪72台，各式录音机54台，电视摄像机1部，录像机7台，幻灯投影片3450套（片），教学录音带488盒，录像带115盒，电影放映机2部，电视发射设备2套，并投入电化教育经费12万元。1979年、1981年、1987年，恭城县先后三次被评为桂林地区电化教学先进单位。

# 第6章
# 教师队伍

## 第一节 文化结构

民国22年（1933年），全县小学教职员工共347人，其中受过2~5年师范学习培训或其他专科毕业的73人，占教职员工总数的21.0%；普通高中、初中毕业的77人，占22.2%；高初小毕业、肄业的197人，占56.8%。

1950年，全县小学教职员工272人，初中教职员工17人。1954年，据整顿小学的调查资料，全县小学教职员工517人中，专任教师479人，其中初级班教师400人，高级班教师79人。初级班教师中：中级师范毕业、肄业的4人，初级师范毕业、肄业的11人，高中毕业、肄业的11人，普通初中毕业、肄业的195人，高初级短训班结业的53人，小学毕业、肄业的126人。高级班教师中：高等学校毕业、肄业的3人，中级师范毕业、肄业的7人，初级师范毕业的4人，高中毕业、肄业的8人，初中毕业、肄业的57人。1985年，全县中小学教职工2264人，其中高中专任教师101人，初中专任教师380人，小学专任教师1451人。小学专任教师中，中师以上毕业的860人，中师肄业、初中毕业的448人，初师、初中以下肄业的143人。初中专任教师中，高等学校本科毕业的23人，专科毕业的109人，本科、专科肄业的15人，中师、高中毕业的212人，中专、高中肄业的21人。高中专任教师中，高等学校本科毕业的44人，高等学校专科毕业的50人，中专、高中毕业的7人。1989年，全县有中学专任教师667人（包括县教师进修学校教师、农职业中学教师），其中评聘为高级教师的17人，一级教师169人，二级教师293人，三级教师62人，尚有126人未参加评聘。小学专任教师1188人，其中有高级教师119人，一级教师677人，二级教师192人，三级教师83人，尚有117人未参加评聘（表6-1）。

第一部分 恭城瑶族自治县教育

表6-1 1989年中小学专任教师结构

单位：人

| 项目 | 教师总数 | 性别 | | 文化程度 | | | | 职称 | | | | | 年龄 | | | 民族 | | 党团员 | |
|---|---|---|---|---|---|---|---|---|---|---|---|---|---|---|---|---|---|---|---|
| | | 男 | 女 | 大专 | 中专 | 高中、初中 | 高级 | 一级 | 二级 | 三级 | 未评聘 | ≤30岁 | 30~50岁 | ≥51岁 | 汉族 | 少数民族 | 党员 | 团员 |
| 中学 | 667 | 521 | 146 | 357 | 241 | 69 | 17 | 169 | 293 | 62 | 126 | 227 | 351 | 89 | 337 | 330 | 149 | 771 |
| 小学 | 1188 | 751 | 437 | 30 | 703 | 455 | 119 | 677 | 192 | 83 | 117 | 218 | 755 | 215 | 512 | 676 | 217 | 95 |
| 合计 | 1855 | 1272 | 583 | 387 | 944 | 524 | 136 | 846 | 485 | 145 | 243 | 445 | 1106 | 304 | 849 | 1006 | 366 | 866 |

## 第二节 政治状况

1956年，开始在中小学教师中发展共产党员。同年，恭城中学成立党支部。至1989年，教师队伍中有党员414人，占教师数的15%，团员366人。至1989年，栗木小学黄瑞娟被评为全国优秀班主任。教育局吴嗣芳被评为全国先进教育工作者。恭城中学陈茂国、恭城镇小学钟泰基被评为全国优秀教师。钟泰基还被评为自治区特级教师。有35人被评为自治区先进教育工作者和优秀教师，有50人被评为地区先进教育工作者和优秀教师。145名优秀民办教师转为公办教师。此外，对有25年以上教龄的公办教师发"荣誉证书"及"桃李芬芳"纪念章。当选为自治区、县人民代表的教师68人次，担任县人大常委会委员、县政防委员的教师15人次。1985年，为第一个教师节，县委、县政府隆重举行庆祝大会，并赠教师纪念品。

## 第三节 工资 福利 培训

### 一、工资

民国时期，中学及县城小学教师工资由县教育经费开支，按月发给。各乡中心校及村国民基础学校，由村街统筹、学田校产提拨支付。其形式有现金和稻谷两种。民国22年（1933年），高级小学教员月薪分4等：11～15元（毫银），16～20元，21～25元，26～30元。民国30年，规定国民基础学校教员月支薪俸最高国币（下同）100元，最低12元，多数在22～24元。又依照学历支付薪金，师范毕业月薪51元，简师毕业月薪42元，师训班毕业月薪36元。由于物价上涨，每个教师每月补助稻谷25～50公斤。民国35年，对中等学校教职员采用叙薪办法，初级中学或同等教员合格者由12级（180元）起叙，不合格者低二级（140元）核叙，资历高或能力较优者，分别依各款规定超叙。

1950—1951年，教师工薪以稻谷折币支给。一般月支11～16元。1952年后改为工分薪给制，小学教师一般为80～130分，初中教师平均领205分。工分分值由省人民政府按月按地区公布。1952年，每分值

0.175～0.238元。1956年8月，教职工实行第一次工资改革，由工分制改为工资制。

1963年10月实行第二次工资改革，先套级后提级、按40%的调整面调整部分教职工的工资待遇。1971年10月，给月薪40元以下的教职工提高一级工资。1977—1979年3年间，分别按60%、2%、40%的调整面给教职工提高一级工资。1980年起，中小学教师（含民办）试行班主任津贴制，1981年，对公办教师普调一级工资；部分提两级工资。1985年1月起，对中小学教职工实行工龄及教龄补助工资，中小学教职工的生活水平逐步得到提高。1989年，中学教师年人均工资又由1985年的1043元提高为1607元，小学教师由757元提高为1363元。民办教师工资，1981年前由公社或大队统筹发给，各地工资标准各异。1982年后，采取各乡（镇）从包干经费中提取与学生统筹相结合的方法，工资得以按月发给。对病、产假期，照公办教师执行，工资照发。

二、福利

1953年起，中小学教职工一律享受公费医疗。1965年，国家规定按教职工工资总额的2.5%提取福利费，以解决教职工临时困难及病故抚恤、定补。1966年，对教职工按月发给粮价补贴。1978年后，提高教职工退休待遇，按规定发给退休费，继续享受公费医疗。1980年起，夏天发清凉饮料费，冬天发取暖费。迄1989年，为202名教师家属办理了农转非手续。

三、培训

1950年，县人民政府让原任中小学教师继续留用，曾多次分别集中学习《新民主主义论》、《为人民服务》和《社会发展史》，进行思想改造学习，提高认识。同年，县办简易师范两个班共90人，毕业后分配任教师。接着，组织教师参加清匪反霸，进行镇压反革命、抗美援朝、土地改革的宣传活动。1952年前后，通过培训吸收近百名城镇知识青年为人民教师，充实中小学师资。1954—1955年，中小学教师每周安排一定时间，学习《政治经济学》等，还结合全国形势，学习过渡时期总路线、农业合作化运动等文件。1956—1959年，县续办师资培训班、短训班、中师班4个班共161人。1972年，创办县师范学校，到1989年，办中师班8期，学员335人，轮训师资145人，函授师专、函大、中师函授学员结业累计706人。1982年，还与江苏吴县挂钩，先后派25名教师骨干到该县参观学习，同时请外地优秀教师来县讲学22次。

# 第7章

# 经费　设施

## 第一节　经费

明清时期，私塾经费由学生家长负担，有的由家长轮流供膳，并酌情给予报酬。书院、考棚、试馆等教学设施的修建，岁科考试和贫苦生的束脩膏火补助，以及举贡赴京考试的路费，均在义田学租中支付，不足部分捐资解决。县教谕、训导的年俸由政府支付。

民国时期，教育经费来源主要有：中央及地方政府拨款、学田租谷、公益社团房租及利息、学费，以及各种附捐，还曾提倡过"捐资兴学"。县岁出教育经费占地方总岁出经费的比例很小。民国20年（1931年），全县人口92 890人，政府支付初等教育经费为毫银43 319元，人均0.47元。按当时143所初等小学计算，每校平均303元。按在校学生5140人计算，人均经费8.43元。民国24年，全县教育经费岁入54 909元，其中中央补助1227元，省府拨款219元，县筹款31 841元，基金入息20 568元，其他1054元。岁支教员薪俸39 882元，设备费3498元，学杂费4526元，临时费用2602元，合计岁出50 508元。由于资金偏少，学校多以祠堂庙宇为校舍，设备简陋，课桌凳70%以上是学生自带的。

解放后，教育经费来源以政府拨款为主，集体筹资为次，辅以群众资助及勤工俭学，以充实办学资金。1950年，百废待兴，政府投入教育的经费较少。广西省文教厅提出"国家拨款，适当结合补助自筹，民办公助等方法解决经费困难问题"，1956年，全年教育经费30.60万元，约比1951年增加26万元。以后教育经费逐年增加。1985年，全县教育经费376.00万元，按全县人口平均，每人14.9元，按在校中小学生35 484人计，人均106元。1989年全年教育经费572.30万元，按全县人口平均，每人21.5元，按在校中小学生39 386人计，人均约145.30元（表7-1）。

表7-1　若干年份教育投资金额

单位：万元

| 年份 | 投资总额 | 年份 | 投资总额 | 年份 | 投资总额 |
|---|---|---|---|---|---|
| 1949 | 1.25 | 1961 | 37.24 | 1980 | 169.00 |
| 1951 | 4.66 | 1965 | 43.60 | 1983 | 227.00 |
| 1953 | 20.75 | 1968 | 53.10 | 1985 | 376.00 |
| 1955 | 20.42 | 1970 | 42.30 | 1987 | 415.00 |
| 1958 | 38.70 | 1975 | 83.87 | 1989 | 572.30 |
| 1960 | 50.80 | 1979 | 117.55 | 1949—1989 | 5110.00 |

注：1983—1989年中央拨款共172.9万元；1980—1989年自治区拨款共179.9万元。

## 第二节　设施

民国时期，农村校舍多借用祠堂庙宇，课桌凳多为学生自带。这种状况延续至1949年。

1952年，全县小学165所，学生11 530人，学校占地面积28 266平方米，人均占地面积2.45平方米。有教室444间，面积22 352万平方米，人均1.94平方米。1982—1985年，中央、自治区、县、乡及群众自筹共投资218万元，兴建教工宿舍楼2栋，教学楼27栋，面积24 388平方米。1986年底，全县中小学校舍总面积161 863平方米，是1952年校舍面积的5.7倍。1985—1989年，中央拨基建专款72.4万元，自治区拨63.8万元，县拨121万元，乡村及群众、学生集资536.6万元，建教学大楼19 675平方米，平房30 684平方米，维修校舍12万平方米。

1984年，全县中小学进行实验室建设，共投资54.09万元，其中地方财政拨款20万元，乡镇和群众筹款6.09万元，国家拨款28万元。新建仪器室148间，3700平方米，新建实验室25间，1125平方米，小学建科技活动室15间，750平方米。新制仪器柜172个，以旧翻新199个，新制实验桌凳2580套，维修旧桌凳1025套。当年，经桂林地区行政公署教育局检查验收，颁发了《恭城县中小学实验室建设试点县工作验收合格证》。1986年，从教育经费中拨出18.6万元（自筹资金不计在内），购置教学仪器和图书、文体设备。同年，有8000名学生坐上标准的单人课桌凳。1987年，自治区奖给价值2万元的教学仪器。同年，县仪器电教组获地区奖励，被评为先进单位。

1983年体育场地普查，全县中小学校有灯光球场1个，大小运动场10个，足球场6个，篮球场155个，排球场15个，共有场地面积128 165平方米。

# 第8章
# 群众办学与勤工俭学

## 第一节 群众办学

清光绪元年（1875年），白面寨（今北溪）廪贡莫远复，自办"花滕书塾"10余年，名闻乡梓。民国时期，栗木张明德首倡集资办栗木中心学校，占地10余亩，两侧建教室、办公室和宿舍共8栋40余间。民国36年（1947年），瑶族聚居的势江乡群众在乡公所的倡导下，捐粮捐钱捐物捐工，在黄坪村兴建了两幢校舍，办起了势江第二中心校，方便山区瑶族子弟入学。

1951—1952年，县、区发动群众，出钱出力，建校办学。小学由1950年的76所学生6576人，激增到1952年的165所学生11530人。

1958年，贯彻"两条腿走路"的办学方针，群众献工献料集资办学。至1960年，民办小学发展到66所，民办教师由1954年的7人增到134人，其工资福利待遇，概由社队负责，校舍兴修亦由社队统筹解决。1958年，莲花中学全部校舍用木材200多立方米，均由势江、龙围、杨梅等大队瑶族群众捐献。

1967—1976年，农村小学下放大队办，群众办学更为积极。仅1972年，全县50个大队自力更生共建教室121间，教师宿舍70余间。1980—1985年，莲花、西岭、三江、观音4个瑶族乡群众捐资24万元，占教育部门在该地区基建投资的39%，新建教学大楼11栋，建筑面积7850平方米，瑶族地区学校面貌焕然一新。

1985—1987年，乡村及群众集资81万元，1988—1989年，贯彻自治区人民政府下发的《关于抢修中小学危房的紧急通知》，县乡村三级及群众、学生共集资612万元（含上级拨款54.1万元），至1989年底兴建教学楼房27038平方米，维修扩建校舍123646平方米，添置课桌凳15100

套。其中，北溪村建教学大楼两幢，121平方米，14间教室，总投资16.4万元，上级拨款6万元，其余全部由村集资解决。三江乡双源自然村，全村仅有300多人，集资1.8万元，建校舍160平方米。原籍栗木六岭的香港同胞黄启元，回乡探亲期间，捐资4000元办学。机关厂矿都捐资办学，如恭城县水泥厂集资10.34万元，栗木锡矿捐资2.7万元。1989年，全县基本完成抢修危房任务，获自治区奖金9.4万元。

## 第二节　勤工俭学

1958年，贯彻"教育为无产阶级政治服务，教育与生产劳动相结合"的教育方针，全县中小学校逐步开展勤工俭学。当年，学校师生参加"大炼钢铁"。次年，把实行勤工俭学、开办农业中学作为推动教育事业发展的两条措施。1968年，贯彻"五·七"指示，要求办学经费逐步实现自给半自给。由于没有正确处理好教学与勤工俭学的关系，一度出现教师、学生参加勤工俭学劳动过多，教学任务完不成的现象。1976年，全县113所小学和8所中学，共开办校办工厂17个，年产值3.2万元，开辟农场3419亩，林场2096亩，果园1135亩，年收粮食16.6万公斤，农副业收入4.71万元，另有其他勤工俭学收入1.2万元。勤工俭学取得较好成绩，但教学质量下降。1978年后，调整校办工厂、农场，进一步探索教学与生产劳动相结合的规律。1979年，恭城中学开办教具厂，生产斜面小车、摩擦计、米尺、试管夹、漏斗架等，产值21万元，完成当年教育部下达的生产任务，产品销往全国各级各类学校。到1983年，该校勤工俭学年产值仍保持7万~8万元，按学生人数计，人均纯收入35元。1989年产值18万元。勤工俭学为教育积累了资金，改善了办学条件及师生福利，促进了学校工作的开展。1982年2月，县教育局设勤工俭学办公室，加强对学校勤工俭学的领导。1983年，贯彻国务院颁布的《全国中小学勤工俭学暂行工作条例》，县教育局一名副局长、乡镇教育组共配10人、中小学共配102人兼职或专职抓勤工俭学。1989年，全县兼职或专职抓勤工俭学人员124人，有校办工厂14个，果园场14个，种柑橙4.2万株，柿、茶场5个、面积2299亩，鸡场2个，共有鸡、鸭、鸽1200多只，鱼塘45亩，水田、旱地共433亩，勤工俭学总产值465.7万元（表8-1）。

表 8-1　中小学几个年份勤工俭学产值和收入

单位：万元

| 年份 | 总产值 | 总收入 |
| --- | --- | --- |
| 1976 | 6.6 | 6.4 |
| 1978 | 4.8 | 4.3 |
| 1980 | 23.8 | 10.4 |
| 1982 | 3.1 | 2.3 |
| 1985 | 56.5 | 25.7 |
| 1986 | 95.7 | 36.6 |
| 1988 | 208.7 | 50.2 |
| 1989 | 465.7 | 107.7 |
| 合计 | 864.9 | 243.6 |

# 第二部分

# 灌阳县教育[①]

---

[①] 灌阳县志编委办公室.灌阳县志[M].北京:新华出版社,1995:530-571.

隋大业十三年（617年），灌阳始建县学，为广西创办县学最早的县。此后，历朝均有县学和私塾。明洪武八年（1375年）始建社学，万历二十七年（1599年）将旧学归永亭改为观澜书院；清康熙五十八年（1719年）办义学，乾隆元年（1736年）创立龙川书院，光绪三十二年（1906年）改书院为县立两等小学堂，是年私塾改立初等学堂计58所。

建立民国后，灌阳先后创办县立女子完全小学，下乡区立高级小学（文市），二、三区区立高级小学（黄关），一、二区区立高级小学（城关）。民国20年（1931年），推行初等教育以普及为主、设施从简实用的原则，教育事业有一定发展。民国22年举办短期师范，培训师资，民国23年成立师范讲习所；民国26年创办国民中学。至民国37年，全县共有中小学校211所，学生7931人。

解放后，县委和县人民政府采取各种措施扶植工农子弟入学，农村教育事业发展较快，入学人数成倍增长。至1966年上半年，全县有全日制小学279所，学生17 128人；普通中学3所、农业中学9所，学生1320人。

"文化大革命"期间，全县中学由"三三"制改为"二二"制，小学改为五年制，取消升学考试，实行推荐入学；行政上取消校长制，农村由"贫下中农宣传队"、县城由"工人阶级宣传队"管理学校；在教学上砍掉基础课程，否定教学中心、教师主导等原则，搞所谓开门办学，并提出"读小学不出村，读初中不出大队，读高中不出公社，读大学不出县"等一套"左"的口号，教学秩序受到严重干扰，教育质量严重下降。

党的十一届三中全会以后，对教育进行了整顿、调整和改革，教育事业进一步发展。1982年达到脱盲县要求，1986年基本普及小学教育，中学教育亦有新的发展，为祖国社会主义建设事业培养、输送了大批人才。

# 第 9 章

# 县学　书院　社学　义学　私塾

## 第一节　县学

灌阳县于隋大业十三年（617年）在县治东创办县学，为广西创办县学最早的县。宋崇宁间（1102—1106年）谓其地隘迁于西门外一里许，自宋至清代，县学数度迁移东西两地，清乾隆四十八年（1783年）迁建西门外旧址，规制较前廓大且更为壮观。为灌阳县最古老的建筑群，占地约20亩，设有亭、堂、殿、阁等，整个殿堂造型庄严，巍峨壮观。解放后，县学建筑群尚存崇圣祠、大成殿、露台、东西庑、大成门、泮池、天子桥、棂星门等。后因灌阳中学修建新校舍，将县学旧建筑陆续拆除，现仅存大成门、泮池、天子桥等建筑。县学文学额15名，清同治七年（1868年）奏准加额3名，定为18名；廪生20名。岁支大米68石5斗9升8合8勺，润年加5石7斗1升6合5勺，两年一贡；增生20名。光绪三十二年（1906年）诏停科举，文学于光绪三十三年停考，光绪三十三年后，县学为地方官员、绅士春秋二季祭祀之场所。

## 第二节　书院

书院制产生于宋代，多为私人创办。灌阳的书院始于明代，为半民半官性质。明万历二十七年（1599年）将县旧学归永亭改为观澜书院。清乾隆元年（1736年）奉命在县城东门外创建龙川书院，乾隆二十四年移建于文庙左额，嘉庆四年（1799年）另建于文庙右边（今灌阳高中食堂一带），建有教斋3间、下过亭、中讲堂、厨房、学舍等，另有贮谷仓、经理寓所及馆人居室。其活动内容：一是藏书，二为供祀，三作讲学。光绪三年（1877年），曾建经古书院，清末还建立了湘门书院、湘西书院，均记载不详。

旧《灌阳县志》(民国3年版)记载：灌阳的书院"仿朱子白鹿洞规条，立之仪节，以检束其身心；仿分年读书之法，予之课程，使贯通乎经史；有不率教者，则摈斥勿留学"。南宋教育家朱熹为白鹿洞书院制定了《白鹿洞揭示》，提出了书院教育的根本方针是实施"五教"：父子有亲，君臣有义，夫妇有别，长幼有序，朋友有信。这实质上是尧舜早已奉行的教育方针。书院为实施这一方针，又提出了为学、修身、处事、接物的要目。为学之序是：博学之，审问之，慎思之，明辨之，笃行之。这5个步骤贯穿自学和自我修身的精神。修身之要是：言忠信，笃行敬；惩忿窒欲，迁善改过。处事之要是：正其谊，不谋其利；明其道，不计其功。接物之要是：己所不欲，勿施于人；行有不得，反求诸己。这些都是儒家道德修养的基本原则和方法。如能剔除其内容上的封建性糟粕，还是包含不少合理因素的，如言行一致、改过迁善，不谋私利、不计其功，宽以待人、严以律己等都是道德品质修养中应提倡的。

书院的主要教材是儒家经典。8～15岁读《大学》《论语》《中庸》《孟子》"四书"；15～20岁读《诗经》《尚书》《礼记》《周易》《春秋》"五经"。除上述书籍外，宋、明理学大师的著作、讲义、注疏及学作科举文章等，也是书院学习的重要内容。书院的教学，除教师讲授外，主要是学生自学。书院还沿用朱熹提出的"循序渐进，熟读精思，虚心涵咏，切己体察，着紧用力，居敬持志"等6项读书原则。

书院对学生采取极严格的管教措施，甚至进行体罚。学生必须做到居处必恭，步立必正；视听必端，言语必谨；容貌必庄，衣冠必整；饮食必节，出入必省；读书必专一，写字必楷敬；几案必整齐，堂室必洁净；相呼必以齿；接见必有定；修业有余功，游艺有适性；使人庄以恕，而必庄所听九条。教师讲席时，无论冬夏，都将书院外户上锁，由门斗看守。有学生不顺从老师或长者，便令其长跪受教，甚至用竹片抽打学生的手掌和屁股。

书院设山长（亦称堂长、院长，是书院的负责人）和教授、副讲、典谒、伙夫、门斗等员。经费收入主要靠田租，龙川书院每年可收田租3414桶，学田征银8.619两，供教学、生活和春秋二祭之费用。清光绪三十二年（1906年）改龙川书院为县立两等小学堂。

## 第三节　社学

社学为元、明、清三代的地方学校。元制50家为一社，每社设学校一所，灌阳于元代设立社学，择通晓经书者为师，农闲时令其子弟入学，农忙时停课。明洪武八年（1375年）下诏各州、县皆立社学，教育15岁以下之幼童。清初令每乡置社学一所，教师择"文义通晓，行谊谨厚"者充补。教学内容除读《孝经》《小学》《大学》《论语》《孟子》外，还有当朝律令及婚、丧、祭等礼节。县城在明、清时有社学4所，即东门的文昌、南门的义和、西门的兴贤、北门的朝元。

## 第四节　义学

旧时由私人集资或用地方公益金创办的免费的学校，亦称义塾。经费主要来源为地租。灌阳于清康熙五十八年（1719年）知县赵成章建义学1所（学址在东门内），置义田50亩，以资膏火。

## 第五节　私塾

私塾为旧时家庭、宗族或教师私人设立的教读场所，每所私塾一般只有教师1人，采取个别教学法，教材和学习年限无规定。灌阳在历朝均有私塾，多为启蒙教育。宋、元、明、清代私塾盛兴，稍大的村庄都办有私塾，有的多达五六所。教师薪俸由学生家庭负担，谁读书谁拿钱。因学费负担重，入学者多为富户子弟，贫困之家子女无法上学。学生多少不定，有的富绅亦请教师专教其子女。一般学习二三年。教学以识字为主，实行唱读，不作讲解。教材以《大学》《中庸》《论语》《孟子》"四书"为主，辅之以《三字经》《千字文》《百家姓》等。清光绪三十二年（1906年）全县将58所私塾改立学堂。民国时期，边远山村虽设私塾，但为数很少。据民国24年（1935年）记载，全县尚有私塾5所，教师5人，学生68人，其中男生59人，女生9人。解放后，1962年下半年文市的社拐、同仁等地还自发办起7所私塾，1963年经过整顿，根据群众的意见，有的转为民办小学，有的停办。

# 第 10 章
# 普通教育

## 第一节　幼儿教育

县内幼儿教育，于民国24年（1935年）广西省颁布各县实施强制教育办法时创立县幼稚园1所，园址在火神庙（今农业局院内），首次招收幼儿199人，其中男童154人，女童45人。幼童多为县府官员、县城商绅子女，有教师3人。民国33年，日军入侵县境时期停办，35年恢复，38年冬停办。解放后，于1951年度下学期创办县幼儿园，招收幼儿59人，属县教育科领导，园址在今灌阳镇一小内。1956年创办县直机关托儿所，属县人事科领导，所址在现农业局院内，当年招收幼儿20余人，有保育员3人，实行全托。1958年全民"大炼钢铁"，为解决广大妇女投身各种体力劳动，全县共办幼儿园277所、托儿所（组）1645个。托儿所（组）多由老人负责护理。1959年，县幼儿园与托儿所合并，改称灌阳县保育院，属县人委办公室领导。县保育院设本部、分部，本部在今县粮食局内，实行全托；分部在今灌阳镇一小内，实行走读。有全托班1个34人，走读班3个120人，教师5人，保育员3人；农村幼儿园多数解散。是年下半年，在中共八大精神鼓舞下，为适应生产发展的需要，农村幼儿园恢复251个班，入园幼儿6481人，教师288人。1960年有公办幼儿园10所，分别设在观音阁、西山、黄关、青箱、胡家、仁合、新圩、水车、文市等完小内，共14个班，幼儿589人。1962年对中小学和幼儿园进行调整与精简，撤销公社所在地10所幼儿园，仅留县直幼儿园。

"文化大革命"期间，幼儿教育同中小学教育一样遭到摧残。从1975年起，因开展"农业学大寨"群众运动，大搞农田基本建设，组织大批妇女上工地，农村幼教事业又有所发展。当年组织53个幼托班，965名幼儿入托。1976年上半年增至435个班，幼儿8430人。这一年6月中旬，桂林地区进行幼托工作大检查，灌阳有 497 个生产队办了幼儿班，占生产队总数的 35.1%，居全地区第 3 名。各公社生产队办幼托的比例是：城关占 90%，新街占 50.6%，文市占 46.8%，水车占 46.2%，黄关占 44.3%，红旗占 34.9%，新圩占 8.3%，观音阁占 7.6%，西山占 7.3%。地区检查后发展到 554 个班，入园幼儿 11 524 人。办班的生产队占生产队总数的 51%，其中红旗公社办托班 160 个，入托幼儿 2002 人；仁江、秀凤、福星、上王、徐源等 5 个大队实现了幼托化。是年，还办短期幼师训练班 12 期，约 600 人次受训；另办幼师骨干训练班 1 期，45 人参加培训。1977 年幼儿园减至 9 所，其中公办 1 所，集体办 7 所，部门办 1 所。

解放后至 1976 年，幼教事业时起时落的原因：一是群众运动一哄而起，场地、设施等办学条件未解决，校舍借用民房，教具全无；二是教师由群众推选，未经任何专业训练，业务水平低，不能胜任幼教工作；三是教师待遇不落实。1980 年以后，县直单位中建筑公司、商业局、氮肥厂自办幼儿园，让职工子女就近入园。乡镇直属机关亦办幼儿园。1990 年，全县有 3 种类型的幼儿园：一是教育部门直接管理的公办幼儿园，如县直机关幼儿园；二是民办公助幼儿园，教师的待遇国家补贴一部分，入园幼儿的学费解决一部分，乡镇幼儿园属此类；三是营业性质的幼儿园，谁入园谁负担教师的待遇，如县文艺宣传队办的幼儿园。全县共 8 所幼儿园，239 个班，入园幼儿 6725 人，教师 257 人，其中小学学前班 172 个班，学生 4851 人。

幼儿园儿童按年龄分设小班（3～4 岁）、中班（4～5 岁）、大班（5～6 岁）。设置语言、常识、计算、音乐、美术、体育等课程。每周课程小班 8 节、中班 12 节、大班 14 节，对幼儿进行体、智、德、美初步全面发展的教育，使幼儿身心健康成长，为上小学打下基础。

**附：县直机关幼儿园简介**

县直机关幼儿园前身是县幼稚园，创建于民国 24 年（1935 年）。解放后，1952 年上半年创办县幼儿园，1959 年与托儿所合并，改称保育院；1962 年县孤儿院合并到县保育院。1966 年，幼儿园与孤儿院分开，改称县直机关幼儿园，由今灌阳高中宿舍处迁至今址，修建教室 6 间、宿舍 1 座。1978 年 10 月，李先念副主席夫人林佳楣在区、地、县领导的陪同下，视察了该园。1984 年县财政拨款扩建了场地，1985—1990 年修建了教室和教工宿舍。今有教室、办公室、宿舍等建筑面积近 2000 平方米；有钢筋水泥大象滑梯1架、动物转盘1个、荡船1艘、攀登架1排、彩色电视机1台、收录机1台、各种风琴10架，教学用具及幼儿玩具齐全。该园1978年被评为自治区文明单位，1988年被评为桂林地区幼儿园文明单位。1990年有11个班，幼儿323人，教职工32人，其中幼儿园高级教师7人，一级教师11人（表10-1）。

表10-1 1951—1990年全县幼儿教育情况统计

| 年份 | 班数/个 | 幼儿数/人 | 年份 | 班数/个 | 幼儿数/人 |
| --- | --- | --- | --- | --- | --- |
| 1951 |  |  | 1971 | 6 | 210 |
| 1952 | 1 | 59 | 1972 | 7 | 231 |
| 1953 | 1 | 71 | 1973 | 7 | 254 |
| 1954 | 1 | 61 | 1974 | 8 | 263 |
| 1955 | 1 | 68 | 1975 | 53 | 965 |
| 1956 | 2 | 76 | 1976 | 554 | 11 524 |
| 1957 | 2 | 77 | 1977 | 9 | 304 |
| 1958 | 364 | 7768 | 1978 | 8 | 277 |
| 1959 | 13 | 348 | 1979 | 8 | 281 |
| 1960 | 83 | 2461 | 1980 | 10 | 334 |
| 1961 | 17 | 502 | 1981 | 18 | 542 |
| 1962 | 5 | 189 | 1982 | 18 | 562 |
| 1963 | 21 | 852 | 1983 | 39 | 1092 |
| 1964 | 7 | 253 | 1984 | 37 | 1253 |
| 1965 | 7 | 235 | 1985 | 53 | 1578 |
| 1966 | 8 | 273 | 1986 | 47 | 1397 |
| 1967 | 8 | 278 | 1987 | 36 | 1132 |
| 1968 | 7 | 224 | 1988 | 62 | 2043 |
| 1969 | 5 | 184 | 1989 | 64 | 2098 |
| 1970 | 7 | 210 | 1990 | 67 | 1874 |

注：班数、幼儿数不含学前班的班数和幼儿数。

# 第二节 小学教育

## 一、发展概况

清光绪三十二年（1906年）诏停科举，书院改立学堂。灌阳于是年2月将龙川书院改为县立两等小学堂，为全县兴办现代学堂之始。另乡村私塾亦改立初等小学堂，计58所，多分布在灌江两岸平原地区。宣统元年（1909年）据《广西省学务统计》记载，灌阳县共有学校56所，学生1446人。其中两等小学堂1所，学生57人；初等小学堂53所，学生1292人；半日学堂2所，学生97人。后因经费紧缺，学生人数不足而停办一批，保留到民国初年的仅38所。

民国10年（1921年）前，小学教育发展缓慢。民国10年后，先后创办了私立女子小学、县立女子完全小学及下乡区立、黄牛市区立、城厢区立高级小学和46所初级小学。据民国19年度下学期统计，全县有高级小学4所、女子完全小学1所，共10个班级，学生526人（其中女生71人），教师12人（其中女教师2人）；初级小学83所，85个班级，学生2463人（其中女生206人），教师85人（其中女教师1人）。全县高小和初小共88所，95个班级，学生2989人，占全县总人口的3.38%，居全省95个县市的第58位。其中女生277人，占学生总数的9.27%。全学年度收入18 305元，支出17 281元。县城内有县立高级小学，县立女子完全小学，一、二区区立高级小学，城厢初级小学和私立陶淑女子小学等5所学校（表10-2）。

表10-2 民国21年全县教育情况统计

| 单位 | 学校/所 | | | | 适龄儿童/人 | | | | | | 教师数/人 |
|---|---|---|---|---|---|---|---|---|---|---|---|
| | 高小 | 初小 | 合计 | 占全县学校比例 | 入学儿童数 | 入学率 | 失学儿童数 | 占县失学儿童比例 | 适龄儿童总数 | 占县儿童总数比例 | |
| 一区 | 3 | 26 | 29 | 26.9% | 1272 | 68.2% | 593 | 10.0% | 1865 | 18.8% | 40 |
| 二区 | | 32 | 32 | 29.6% | 1165 | 53.1% | 1029 | 17.4% | 2194 | 22.1% | 37 |
| 三区 | 1 | 19 | 20 | 18.5% | 775 | 35.1% | 1433 | 24.3% | 2208 | 22.2% | 25 |

续表

| 单位 | 学校/所 | | | | 适龄儿童/人 | | | | | | 教师数/人 |
|---|---|---|---|---|---|---|---|---|---|---|---|
| | 高小 | 初小 | 合计 | 占全县学校比例 | 入学儿童数 | 入学率 | 失学儿童数 | 占县失学儿童比例 | 适龄儿童总数 | 占县儿童总数比例 | |
| 四区 | 1 | 14 | 15 | 13.9% | 502 | 26.6% | 1385 | 23.5% | 1887 | 19.0% | 18 |
| 五区 | | 12 | 12 | 11.1% | 314 | 17.7% | 1461 | 24.8% | 1775 | 17.9% | 12 |
| 合计 | 5 | 103 | 108 | | 4028 | 40.6% | 5901 | | 9929 | | 132 |

民国23年（1934年），县立女子完全小学裁撤，实行男女同校；县高小改成师范讲习所，高小保留3所，初小发展到138所，为迅速普及国民义务教育创造了条件。民国24年公布《广西国民基础学校办理通则》后，全县17个乡（镇）中有15个乡（镇）成立了中心国民基础学校。城厢高级小学根据《广西表证中心国民基础学校设置办法》，更名为灌阳县龙岗镇表证中心国民基础学校；175个村（街）中有145所国民基础学校。全县适龄儿童18 536人，其中男童12 729人，占总数的68.67%；女童5807人，占31.33%。在校学童6620人，入学率为35.71%，其中男童5370人，入学率为42.19%；女童1250人，入学率为21.53%。在校学童中，入幼稚园儿童199人，前期初级班3782人，后期初级班367人，短期初级班1267人，原有初级班762人，高级班243人。教师352人。民国33年春，小学增至216所，其中中心校有龙岗表证中心校、龙江中心校（青箱）、英俊中心校（黄关）、平板中心校（新圩）、昭文中心校（文市）、巨望中心校（桂岩）等6所；初级小学本校111所，分校99所。是年9月20日，日军入侵，县境沦陷，师生离校，85所学校严重受损，仅图书古玩一项就损失折合法币2712.9万元，毁坏不能复课的学校甚多，被迫停学一年后才陆续复课。民国35年9月，龙江中心小学裁撤，增办碧营乡中心校（水车），全县仍保持中心小学6所，27个班级；乡村初级小学205所，210个班级，其中龙仁乡18所学校，18个班级；龙江乡19所学校，19个班级；东升乡18所学校，18个班级；狮龙乡25所学校，26个班级；英俊乡22所学校，23个班级；崇月乡19所学校，19个班级；平板乡26所学校，26个班级；昭文乡14所学校，14个班级；碧营乡21所学校，24个班级；巨望乡23所学校，23个班级。民国37年，全县有乡村初级小学204所，207个班级，学生6519人，教职工219人；中心

小学增设崇月乡中心小学，共7所学校，28个班级，学生1181人，教职工95人；教职工与学生之比为1：12.43；学生占总人口的6.44%。这一时期教育事业虽有一定发展，但因内战连年，人民生活终无宁日，在十分贫困和动荡的社会状态下，就学人数较少，教学亦无任何改进。

解放初期，根据"不打乱机构，维持原校，实行必要与可能的改革，稳步前进"的方针，全县小学在3个月内先后接管完毕。1950年上学期恢复初级小学138所，学生3882人，入学率约为25%；高级小学恢复了文市、桂岩、水车、城厢、黄牛市、崇月等6所，学生357人。1951年中央人民政府颁布《关于改革学制的决定》，采取各种措施扶植工农子弟入学，加之土地改革后农业生产蓬勃发展，农民生活日趋改善，农村教育事业发展较快，入学人数迅猛增长。例如水车中心校上学期有学生110余人，下学期增至312人；城厢中心校1949年有学生320余人，1952年超过一倍。工农子弟的入学比例逐年增加，1950年工农出身的学生有3124人，占学生总数（3882人）的80.47%；1951年工农出身的学生有4381人，占学生总数（4845人）的90.42%；1952年工农出身的学生有7218人，占学生总数（7801人）的92.53%。1954年4月21日，成立县整顿小学工作委员会，根据中央"整顿巩固，重点发展，提高质量，稳步前进"的方针，对全县小学分三批进行整改。通过整改，基本克服了学校中的混乱现象，初步建立了正常的教学制度，开始对学生进行爱祖国、爱人民、爱劳动、爱科学、爱护公共财物的"五爱"教育，使学生从小养成良好的社会风尚。

1955年开始实施教育部制定的《小学生守则》，提倡启发诱导、说服教育的教导方法，开展身体好、学习好、工作好的教育活动，各校评选"三好"学生，使学生养成良好的品德和习惯。1957年贯彻"使受教育者在德育、智育、体育几个方面都得到发展，成为有社会主义觉悟的有文化的劳动者"的教育方针，学校加强政治思想教育，开设政治课，并设立周会对学生进行时事政治和道德品质教育。

1958年根据国务院《关于教育工作的指示》精神，贯彻两条腿走路的方针，大办民办小学，全县小学猛增到340所，其中完全小学34所，公办小学158所，民办小学148所，适龄儿童入学率达90%。是年师生全部参加"大炼钢铁"和大搞勤工俭学活动，小学生亦参加捡矿、锤矿、积肥、捡茶子、采树种、收割水稻等劳动，学生劳动观念有所增强。但由于劳动时间过多占用教学时间，对学生身心健康有一定影响。在教学方面，对课程采取大砍大合，打乱了教学秩序，教学质量有所下降；小学发展过猛过急，教师、校舍及教学设备都很紧张。1959年对学校进行了调整，保留小学283所（含民办小学91所）。

从1960年10月上旬起，全县小学遵照县委的指示，一律实行半日制，历时3个月之久。县委还要求"小学生全年参加农业生产劳动不少于60天（不计假期）"，加之经常参加各种突击活动而随便停课，正确的教学制度被打乱，正常的教学秩序无法保持，影响了教学计划的完成。1962年教育事业再次进行调整，全县公办小学保留217所，其中完全小学15所。

1963年3月实行全日制和半工（农）半读两种教育制度，始办耕读小学。1965年9月，中共桂林地委、桂林专署派出农村小学普及教育工作队到灌阳，协助开展普及教育工作，用9个月的时间在全县范围内广泛进行宣传教育和思想发动工作，耕读小学进一步发展。据1966年5月下旬统计，全县共有耕读小学694所，818个班，学生17 854人，教师706人。耕读小学教学形式坚持因地制宜、灵活多样、方便走读的原则，采取农闲多学、农忙少学、大忙不学的方法和早班、午班、晚班、半日制及教师巡回教学等方式，由学生根据自己的实际情况安排上学时间，女孩子大量入学，改变了过去重男轻女的封建残余思想。

1969年提出"公办小学下放""学校办在家门口"，公办教师回原籍，由贫下中农推选聘用。还提出"读小学不出村，大队办初中"，实行"开门办学"，一时办学成风。全县112个大队有106个大队小学办戴帽初中，54个大队学校办起半耕半读的高中班；小学由1968年的313所增加到1976年的579所（含耕读小学89所）；在校学生由14 192人增加到36 905人。因学校增多，入学人数增加，合格的小学教师又被迫上戴帽初中课，小学教师数相应减少；小学则靠大量吸收民办教师充任，加重了农民的经济负担。学校利用大量的教学时间开办小工厂、小农场、小饲养场、小服务站，同生产队、工厂和政治文化夜校挂钩，聘请兼职教员、校外辅导员；广泛组织文艺宣传队、体育运动队、小武术队等，致使教学任务无法完成，造成部分学生升入初中不会写作文，不懂汉语拼音，不会小学分数、小数的计算。

从1977年起，把普及五年教育和提高教学质量作为中心任务。对普及率和巩固率低的山区，本着既方便儿童入学，又有利于提高教学质量的原则，对学校布局设点有计划、有步骤地进行调整，压缩83个教学点，复式班减少32个。小学低年级学生走读单程平原不超过1.5千米，山区不超过2.5千米；高年级学生走读单程平原不超过2.5千米，山区不超过4千米，以集中教学力量，提高教学质量。是年11月21日，撤出进驻学校的贫下中农管理委员会代表957人。党的十一届三中全会后，在"压缩高中、调整初中、发展农中、加强小学"方针指导下，全县小学健康发展。学校先后配齐了领导，恢复和健全了教研组织，开展教学改革和教研活动；改用全国统编教材，贯彻执行《全日制小学暂行工作条例》和桂林地区中、小学8项制度的规定及县教育局制定的提高教育质量的18条具体措施，同时还贯彻小教"五十条"和全县统一的"学生守则""学生奖惩条例"，恢复考试制度，按德、智、体全面衡量、择优录取的原则招收新生。建立健全师资培训机构，分期分批培训教师，提高教师的业务水平。抓"校风、教风、学风"建设，对学生进行"有理想、有道德、有文化、有纪律"的教育，开展学雷锋和"讲文明、讲礼貌、讲卫生、讲秩序、讲道德"、"心灵美、语言美、行为美、环境美"及"热爱中国共产党、热爱祖国、热爱社会主义"的"五讲四美三热爱"活动；认真组织课堂教学，组织公开课、示范课，举办各科专题讲座，召开教学研究会、经验交流会，开展各项竞赛活动；加强基础知识的教学和基本技能的训练，学校设备不断增加，教学条件逐渐改善，教学质量显著提高。1986年经自治区、地区验收合格，已完成基本普及初等教育任务。1990年全县有小学385所，其中乡（镇）中心校10所、村中心校133所、场站职工子弟学校2所、水上运动学校1所、村小学校239所，共1106个班，在校学生30 820人，7~11周岁儿童23 477人，已入学23 432人，入学率为99.81%，在校学生占总人口的11.53%。有教职工1545人（表10-3）。

表10-3　1949—1990年全县全日制小学情况统计

| 年份 | 学校/所 | | | 班级/个 | 在校学生/人 | 当年招生/人 | 当年毕业/人 | 普及率 |
|---|---|---|---|---|---|---|---|---|
| | 合计 | 其中 | | | | | | |
| | | 高完小 | 教学点 | | | | | |
| 1949 | 138 | 5 | 133 | 162 | 3494 | | | |
| 1950 | 138 | 5 | 133 | 162 | 3882 | 1200 | 340 | 25.00% |

续表

| 年份 | 学校/所 | | | 班级/个 | 在校学生/人 | 当年招生/人 | 当年毕业/人 | 普及率 |
| --- | --- | --- | --- | --- | --- | --- | --- | --- |
| | 合计 | 其中 | | | | | | |
| | | 高完小 | 教学点 | | | | | |
| 1951 | 151 | 5 | 146 | 166 | 4845 | 1397 | 511 | |
| 1952 | 174 | 5 | 169 | 249 | 7801 | 1900 | 432 | |
| 1953 | 188 | 6 | 182 | 277 | 11 333 | 3400 | 690 | |
| 1954 | 191 | 6 | 185 | 278 | 10 077 | 3327 | 1290 | 34.12% |
| 1955 | 193 | 8 | 185 | 289 | 9109 | 3153 | 1327 | 38.70% |
| 1956 | 193 | 12 | 181 | 301 | 12 765 | 3779 | 1726 | |
| 1957 | 193 | 12 | 181 | 333 | 12 296 | 5369 | 2801 | 46.70% |
| 1958 | 192 | 34 | 158 | 344 | 15 698 | 6350 | 2443 | |
| 1959 | 192 | 32 | 160 | 345 | 14 428 | 4006 | 3078 | |
| 1960 | 198 | 25 | 173 | 353 | 14 999 | 5372 | 3987 | |
| 1961 | 219 | 25 | 194 | 336 | 10 095 | 4124 | 2712 | 57.60% |
| 1962 | 217 | 15 | 202 | 318 | 9498 | 776 | 1879 | |
| 1963 | 224 | 15 | 209 | 319 | 10 343 | 4206 | 1562 | 61.00% |
| 1964 | 221 | 15 | 206 | 318 | 12 693 | 4999 | 1585 | 64.40% |
| 1965 | 238 | 45 | 193 | 478 | 14 189 | 5284 | 2161 | 86.78% |
| 1966 | 251 | 47 | 204 | 489 | 14 582 | 4054 | 886 | |
| 1967 | 311 | 70 | 241 | 491 | 21 780 | 2602 | | |
| 1968 | 313 | 70 | 243 | 479 | 14 192 | 3652 | 1459 | |
| 1969 | 323 | 112 | 211 | 552 | 17 649 | 7834 | 3013 | |
| 1970 | 336 | 112 | 224 | 573 | 25 841 | 5282 | 2196 | |
| 1971 | 369 | 112 | 257 | 573 | 23 104 | | 2000 | 71.50% |
| 1972 | 406 | 112 | 294 | 744 | 30 559 | 9192 | 2138 | 93.10% |
| 1973 | 475 | 113 | 362 | 990 | 34 485 | 8511 | 1865 | 97.60% |

续表

| 年份 | 学校/所 合计 | 其中 高完小 | 其中 教学点 | 班级/个 | 在校学生/人 | 当年招生/人 | 当年毕业/人 | 普及率 |
|---|---|---|---|---|---|---|---|---|
| 1974 | 499 | 112 | 387 | 1128 | 38 019 | 8387 | 3175 | 99.10% |
| 1975 | 499 | 112 | 387 | 1134 | 37 834 | 7455 | 4930 | 99.41% |
| 1976 | 490 | 112 | 378 | 1189 | 36 905 | 6121 | 5830 | 99.33% |
| 1977 | 543 | 112 | 431 | 1073 | 33 820 | 6878 | 6586 | 99.00% |
| 1978 | 468 | 114 | 354 | 1011 | 32 248 | 7045 | 6285 | 98.00% |
| 1979 | 414 | 114 | 300 | 990 | 29 831 | 5865 | 4933 | 97.70% |
| 1980 | 355 | 120 | 235 | 985 | 29 583 | 7034 | 5101 | 96.93% |
| 1981 | 364 | 120 | 244 | 979 | 29 644 | 7835 | 4937 | 96.10% |
| 1982 | 424 | 122 | 302 | 976 | 29 587 | 7877 | 4917 | 97.32% |
| 1983 | 415 | 122 | 293 | 973 | 27 616 | 4959 | 4803 | 97.68% |
| 1984 |  | 147 |  | 995 | 27 678 | 5475 | 5370 | 98.60% |
| 1985 | 424 | 145 | 279 | 1011 | 27 861 | 6245 | 4122 | 98.50% |
| 1986 |  | 136 |  | 1116 | 29 186 | 5210 | 4444 | 98.70% |
| 1987 | 396 | 144 | 252 | 1087 | 29 491 | 6508 | 5164 | 99.49% |
| 1988 |  | 145 |  | 1053 | 29 371 | 5208 | 5273 | 99.75% |
| 1989 | 374 | 145 | 229 | 1054 | 29 981 | 5756 | 5267 | 98.85% |
| 1990 | 385 | 146 | 239 | 1106 | 30 820 | 5650 | 5346 | 99.81% |

## 二、学制与课程

清朝末年，县内学堂推行"癸卯学制"，规定初等小学堂学制五年，高等小学堂学制四年。初等小学堂开设修身、读经、中国文学、算术、体操、图画等课，每周上29课时。高等小学堂除上述课程外，增设中国历史、地理、格致3门课程，每周上30课时（表10-4）。

表 10-4　清朝末年初等小学堂授课内容

| 年级 | 科目 | | | | | |
| --- | --- | --- | --- | --- | --- | --- |
| | 修身 | 读经 | 中国文学 | 算术 | 体操 | 图画 |
| 一年级 | 摘讲朱熹等人有益风化的诗歌 | 读《孝经》《论语》，每日40字 | 习字，附动、静、虚、实 | 20以内数之加减 | 运动游戏 | |
| 二年级 | 同上 | 读《论语》《大学》，每日60字 | 积字成句之法 | 百以下数之加减 | 同上 | |
| 三年级 | 同上 | 读《孟子》，每日100字 | 同上 | 常用之加减乘除 | 同上 | |
| 四年级 | 同上 | 读《孟子》《札记》，每日100字 | 同上 | 常用之加减乘除珠算 | 同上 | |
| 五年级 | 同上 | 读《札记》，每日100字 | 同上 | 教小数 | 同上 | |
| 每周课时 | 2 | 12 | 4 | 6 | 3 | 2 |
| 五年总计课时 | 400 | 2400 | 800 | 1200 | 600 | 400 |

民国元年（1912年）后，学堂易名学校，初等小学学制四年，实行义务教育；高等小学修业三年。初等小学开设修身、中国文学、算术、手工、图画、唱歌、体操等课程；高等小学除开设上列课程外，增设中国历史、地理、理科、农业四科。民国14年改小学七年制为六年制，小学初级四年，高级二年。是年，全国教育联合会课程标准委员会根据"新学制"制定课程简表。民国18年，增设三民主义一科，民国23年，开办一、二年制的短期小学，次年公布《广西国民基础学校办理通则》，全县实施强制教育办法。该通则规定基础学校分村（街）基础学校和乡（镇）中心基础学校。4~7足岁进幼稚园；8~12足岁受二年基础教育，亦称前期初级班；10足岁以上受二年继续基础教育，称后期初级班；12足岁以上儿童上高级班；12~16足岁失学儿童受一年期的基础教育，称短期初级班；16足岁以上之失学成人受6个月基础教育，称成人班。前期班、后期班开设国语、算术、常识、唱游、劳作等课，高级班开设国语、算术、自然、社会、音乐、体育、美术和劳作8科，短期班开设国语、算术、音

乐、体育、劳作等5科，成人班开设国语、算术、音乐3门课程。

解放后，国家颁布了《小学课程暂行标准初稿》，实行"四二"制。小学一、二年级开设国语、算术、唱游、美术、劳作5科，三、四年级除一、二年级课程中的算术分设笔算、珠算，唱游分设体育、音乐外，另增设常识，共8门课程；高小开设国语、笔算、珠算、政治常识、历史、地理、自然、体育、音乐、美术、劳作等11科。1953年实行秋季招生，停止春季招生。1954年曾在城关完小一年级一个班中试行五年一贯制，但不久即停止，仍恢复"四二"制。1960年5月，又在城关完小开始试行九年一贯制（小学5年，中学4年），秋季全县一年级都实行九年一贯制，另还在4所完小18个班中开设俄语课。由于试验面过宽，教材偏深，加之内容太多，进程又快，教师水平跟不上，学生接受不了，于1961年6月停止试验九年一贯制，秋季改为十年一贯制（小学6年，中学4年）。1963年3月贯彻全日制和半工（农）半读两种教育制度，始办耕读小学。

"文化大革命"期间，小学学制改为5年，小学课程设置较为混乱，主要开设语文（内容多为《毛主席语录》《为人民服务》《愚公移山》《纪念白求恩》等）、算术、学工、学农、音乐、军体等课。1976年粉碎"四人帮"后，课程设置的混乱状况逐步得到纠正。1980年起在四、五年级增设历史、地理课。1981年秋，小学开设思想品德课。1984年秋，灌阳镇中心小学及部分乡（镇）中心小学从一年级起招收六年制新生，出现了六年制与五年制共存阶段，由于条件不成熟，几年后又陆续由六年制改为五年制（表10-5、表10-6）。

表10-5 全日制六年制小学教学课时情况（1963年）

| 科目 | | 一年级 | 二年级 | 三年级 | 四年级 | 五年级 | 六年级 |
|---|---|---|---|---|---|---|---|
| 语文 | 讲读 | 13 | 13 | 11 | 11 | 9 | 9 |
| | 作文 | | | 2 | 2 | 2 | 2 |
| | 写字 | 3 | 3 | 3 | 3 | 2 | 2 |
| 算术 | | 8 | 8 | 8 | 9 | 10 | 9 |
| 历史 | | | | | | | 2 |
| 地理 | | | | | | 2 | |
| 自然 | | | | | | 2 | 2 |

续表

| 科目 | 一年级 | 二年级 | 三年级 | 四年级 | 五年级 | 六年级 |
|---|---|---|---|---|---|---|
| 农业常识 | | | | | | 2 |
| 体育 | 2 | 2 | 2 | 2 | 2 | 2 |
| 音乐 | 2 | 2 | 2 | 2 | 1 | 1 |
| 图画 | 1 | 1 | 1 | 1 | 1 | 1 |
| 手工劳动 | 1 | 1 | 1 | | | |
| 合计 | 30 | 30 | 30 | 30 | 31 | 32 |

表10-6  全日制五年制小学教学课时情况（1963年8月）

| 科目 | | 一年级 | 二年级 | 三年级 | 四年级 | 五年级 | 五年总课时 | 占比 |
|---|---|---|---|---|---|---|---|---|
| 思想品德 | | 1 | 1 | 1 | 1 | 1 | 180 | 3.9% |
| 语文 | 小计 | 11 | 12 | 11 | 9 | 9 | 1872 | 40.3% |
| | 讲读 | 10 | 11 | 8 | 6 | 6 | | |
| | 作文 | | | 2 | 2 | 2 | | |
| | 写字 | 1 | 1 | 1 | 1 | 1 | | |
| 数学 | | 6 | 6 | 6 | 7 | 7 | 1152 | 24.8% |
| 自然 | | | | 2 | 2 | 2 | 216 | 4.7% |
| 地理 | | | | | 2 | | 72 | 1.6% |
| 历史 | | | | | | 2 | 72 | 1.6% |
| 体育 | | 2 | 2 | 2 | 2 | 2 | 360 | 7.8% |
| 音乐 | | 2 | 2 | 2 | 2 | 2 | 360 | 7.8% |
| 美术 | | 2 | 2 | 2 | 1 | 1 | 288 | 6.2% |
| 劳动 | | | | | 1 | 1 | 72 | 1.6% |
| 每周总课时 | | 24 | 25 | 26 | 27 | 27 | 4644 | |
| 并开课目 | | 6 | 6 | 7 | 9 | 9 | | |

续表

| 科目 | | 一年级 | 二年级 | 三年级 | 四年级 | 五年级 | 五年总课时 | 占比 |
|---|---|---|---|---|---|---|---|---|
| 课外活动 | 自习 | 2 | 2 | 2 | 2 | 2 | | |
| | 科技娱乐活动 | 2 | 2 | 2 | 2 | 2 | | |
| | 体育活动 | 2 | 2 | 2 | 2 | 2 | | |
| | 周会班队活动 | 1 | 1 | 1 | 1 | 1 | | |
| 每周在校活动总量 | | 31 | 32 | 33 | 34 | 34 | | |

**附：灌阳镇中心小学简介**

位于县城偏西部，体育场前面。创建于清光绪三十三年（1907年），由原慧明寺改建而成，当时命名为城厢小学。民国20年（1931年）1月改建为一、二区区立高级小学，后更名为城厢高级小学。民国24年《广西国民基础学校办理通则》公布实施后，城厢高级小学根据广西表证中心国民基础学校设置办法，更名为龙岗镇表证中心国民基础学校。据民国25年12月统计，有学生3个班167人，其中女生123人，占73.65%，年龄11～17岁；教职员8人，其中校长1人，生活指导部主任1人，总务部主任1人，教员4人，图书馆馆员1人。学制2年，开设课程有三民主义、公民、国语、算术、历史、地理、自然、音乐、图画、体育、农业、卫生、工艺等。1949年有学生320余人，是民国时期学生最多的一年。

解放后，县人民政府接管该校，更名为灌阳县第一完全小学（后更名为城关完小）。在开展教学活动的同时，学校曾组织学生参观访问、座谈、讲故事、读革命书籍、读报、写感想等活动，开展向英雄模范人物学习及对学生进行热爱学习、艰苦劳动、爱护公共财物的教育，学生的学习积极性和道德品质有很大提高。

1963年，该校定为全县重点小学之一，是15所完全小学中规模最大的1所，有14个班，学生632人，教师26人，领导3人。1964—1965学年，为了正确地贯彻执行党的教育方针，减轻学生过重的课程负担，提高教学质量，使学生在德育、智育、体育诸方面都得到发展，适当减少了各年级的课程门类。一至四年级开设周会、语文、算术、体育、音乐、图画和手工（四年级不开），每周28~29课时，五年级比四年级增开地理、自然两科，六年级比四年多开历史、自然和农业常识三科，每周为30课时。周会主要进行传统教育和政策教育；语文包括讲读、习字和作文，算术包括珠算。1965年下学期，在该校试行五年制教育。1966年5月统计，学校有18个班，学生909人（其中高小学生247人），教职工27人。1970—1981年兼办附设初中班。

1978年以后，学校开展"一人一课一改一试验"（一个教师，一个学期上一节教改试验课，总结一条教学经验及体会）的教改活动；学习四通"以阅读为基础，以作文为中心，读写结合，精讲多练"的经验；探索电化教学，语文情境教学，说话能力培养；数学科目采取笔算珠算相结合、题组教学、一题多练等教学方法，达到章节过关的目的；组织教师到外地学习先进经验，教师将取得的经验应用于教学，学生的学习成绩明显提高，取得了良好的教学效果。1985年被列为自治区教改重点学校，1987年被评为全国少先队先进集体。

三、山区教育

灌阳地处都庞岭和海洋山之间，山区多为瑶族居住，故山区教育实为瑶族教育。瑶族有自己的语言，没有本民族的文字，使用汉字，他们除讲本族语言外，还会讲汉语。旧时因迁徙频繁，故受教育者甚少。

民国17年（1928年），省教育厅曾拟订苗瑶教育计划，旨在以教育启迪苗瑶人民，后因省局丕变，此项计划未能实行。民国22年，省政府制定《广西特种教育实施方案》，24年8月修正颁布实行，少数民族教育开始进行。省教育厅制定特种教育区域设校补助金办法，对山区教育有推进作用。灌阳县在民国23年度享有省边疆特种教育补助的有10所学校，补助金300元（法币，下同）；24年度补助14所学校，补助金1200元；25年度补助15所学校，补助金487元；26年度补助3所学校，补助金90元。每校享受此项补助以两年为限，尔后由县筹定资金维持。据民国26年上期调查，全县特种教育区域学校有中心校1所，基础学校14所，分校3所，在学儿童1009人；民国27年有基础学校19所，在学儿童598人，教员33人，经费2324元。绝大多数学龄儿童无钱上学，故瑶族文化落后。

解放后，党和人民政府多次发出加强少数民族教育的指示，学校为各族劳动人民开办。根据瑶族居住分散的特点，在瑶族地区增设学校。例如大小河江过去无学校，至1954年已在该地建立2所初级小学。20世纪六七十年代为普及山区小学五年教育，对边远山区采用巡回教学的办法，基本解决了居住分散、小孩上学读书要跋山越岭的问题。如大小河江大队25个生产队，200余户950余人散居在87.5平方千米的71处大小山岇中，最大的自然村只有15户，最小的仅1户。解放前，这里的瑶族同胞根本无法读书认字；解放后，至1963年虽然办起了4所学校，仅有45名学生，但绝大多数适龄儿童因山高路远无法上学读书，因而多数生产队找不到记工员和会计，也不懂农药、化肥的使用方法，严重地影响了农业生产的发展。1964年秋，根据上级指示在大小河江办起15个巡回教学点，由教师巡回到教学点教学，减少了小学生跋山涉水上学难的情况。另外，在教学点还开办半日班，让家庭困难的学生半日读书，半天搞家务；允许带弟妹上学，实行农闲多读、农忙少读及送教上门，包教包学等办法，方便了瑶族子女上学，在校学生由40余人增加到148人。是年全县专为少数民族地区设立的小学有56所，有少数民族学生1024人（含中学生40人）。由于重视发展少数民族教育，至1972年，全县平均36.8人中有中学生1人，6.6人中有小学生1人。其中少数民族38.0人中有中学生1人，6.8人中有小学生1人，基本改变了过去少数民族无文化的状况。

1979年10月，县教育局为了进一步发展山区教育事业，提高山区教育质量，在西山公社召开山区教育工作座谈会，有观音阁公社的大小河江、保良、野猪殿、盘江，西山公社的罗家、李家、和平、北江，黄关公社的陡水、正江，新街公社的娘北、烈溪涧，红旗公社的仁合、鱼塘、马头、翻身、大源，新圩公社的合力、解放、洪水箐，水车公社的泡江、合成，文市公社的同仁等23个山区大队的小学校长参加了会议。全县23个山区大队学校有教学点137个，228个教学班（其中初中28个班），教职工296人（其中公办120人，民办148人，代课28人），学生5183人（其中初中生984人，小学4199人）。适龄儿童4230人，入学4094人，除残疾、弱智儿童外，入学率为97.5%，其中保良、解放、洪水箐等3个大队入学率达100%；罗家、和平、烈溪涧、泡江、合成等5个大队入学率达98%以上；入学率达96%以上的有大小河江、北江、李家、仁合等4个大队，入学率达96%以上。

普及山区小学五年教育是整个教育事业的一部分。山区除县财政拨给正常的教育经费外，每年还给入学儿童发放"少数民族教育补助费"；学校根据学生家庭经济状况，适当减免学、杂费，解决瑶族子女上学的困难。有文化人数占总人数之比与平原地区大致相同,实现了各民族的真正平等。据1984年末统计,全县共有少数民族15 913人,占总人口的6.49%,其中在校小学生2089人,占小学生总数的7.55%;中学生507人,占中学生总数的6.32%;教师161人,占教师总数的7.31%。据1990年第四次人口普查统计,全县20个少数民族共18 032人,占总人口260 790人的6.91%。是年在校少数民族小学生2630人,占小学生总数31 418人的8.37%;中学生957人,占中学生总数11 186人的8.56%;少数民族教师190人,占教师总数1538人的12.35%(表10-7)。

表10-7　1990年全县小学一览

| 单位名称 | 乡镇(村、街)中心校名 | 辖教学点 | 学生数/人 | 教职工数/人 | | | |
|---|---|---|---|---|---|---|---|
| | | | | 小计 | 公办 | 民办 | 代课 |
| 洞井瑶族乡 | 洞井乡中心校 | | 308 | 27 | 15 | 4 | 8 |
| | 椅山村中心校 | | 167 | 8 | 2 | 2 | 4 |
| | 桂平岩村中心校 | | 81 | 5 | 1 | 2 | 2 |
| | 石家寨村中心校 | | 46 | 6 | 1 | 3 | 2 |
| | 保良村中心校 | 木楂塘、米江源、上坪、红珠岩 | 122 | 11 | 1 | 6 | 4 |
| | 野猪殿村中心校 | 架笕田、龙脉坪、代门底 | 67 | 6 | 4 | 2 | |
| | 太和村中心校 | 小盘、伍家湾 | 151 | 11 | 4 | 6 | 1 |
| | 小河江村中心校 | 水竹坪、庙里源 | 49 | 4 | 2 | 2 | |
| | 大竹源村中心校 | 官岭、岔路口、大板岭、狗爬界、中间田 | 84 | 6 | 2 | 2 | 2 |
| 观音阁乡 | 观音阁乡中心校 | 毛竹漕、大溪洲 | 323 | 25 | 15 | 9 | 1 |
| | 自振村中心校 | 马溪江 | 127 | 10 | 2 | 6 | 2 |
| | 立强村中心校 | 阴江 | 142 | 10 | 2 | 4 | 4 |
| | 大井塘村中心校 | | 58 | 5 | 2 | 2 | 1 |
| | 桃花村中心校 | 老屋场、茶坪 | 177 | 10 | 3 | 6 | 1 |
| | 盘江村中心校 | 太祖山 | 67 | 7 | 2 | | 5 |

续表

| 单位名称 | 乡镇（村、街）中心校名 | 辖教学点 | 学生数/人 | 教职工数/人 | | | |
|---|---|---|---|---|---|---|---|
| | | | | 小计 | 公办 | 民办 | 代课 |
| 西山瑶族乡 | 西山乡中心校 | 五马山、陶家桥、阳雀凹、江口 | 257 | 21 | 21 | | |
| | 罗家坪村中心校 | 砍菜园、罗家坪、下刘家、西岭、柑子岭、龙家 | 267 | 14 | 9 | | 5 |
| | 鹰咀山村中心校 | 白沙涧、上鹰咀山、下鹰咀山 | 41 | 5 | 4 | | 1 |
| | 盐塘村中心校 | 正东江、茶湾、江头 | 85 | 6 | 5 | | 1 |
| | 北江村中心校 | 北江、碑基菁 | 131 | 7 | 6 | | 1 |
| | 大坪村中心校 | 龙口箐 | 30 | 3 | 1 | | 2 |
| | 下涧村中心校 | 上涧、小箐、大江岭、小茶源 | 92 | 7 | 3 | | 4 |
| | 小源村中心校 | 小源一校、二校、三校 | 81 | 5 | 5 | | |
| | 南江村中心校 | 上五马山 | 103 | 5 | 4 | | 1 |
| | 茶源村中心校 | 李家湾、大洞田、次田口 | 83 | 6 | 6 | | |
| 黄关镇 | 黄关镇中心校 | | 303 | 22 | 22 | | |
| | 黄关村中心校 | 俊秀、正山、大堰上 | 376 | 15 | 9 | 5 | 1 |
| | 中秀村中心校 | 吕家洲、碗厂、南家岭 | 363 | 16 | 5 | 7 | 4 |
| | 唐官村中心校 | | 198 | 8 | 5 | 3 | |
| | 李官村中心校 | 小龙 | 293 | 13 | 8 | 4 | 1 |
| | 东阳村中心校 | 新民、四溪田 | 399 | 16 | 8 | 7 | 1 |
| | 大竹山村中心校 | 污泥塘、蛇形 | 80 | 8 | 3 | 3 | 2 |
| | 陡水村中心校 | | 136 | 11 | 4 | 4 | 3 |
| | 兴秀村中心校 | | 390 | 14 | 5 | 6 | 3 |
| | 正江村中心校 | 良田洞、南江、上村、下村、正兴、余家、罗家洞 | 384 | 18 | 8 | 6 | 4 |

续表

| 单位名称 | 乡镇（村、街）中心校名 | 辖教学点 | 学生数/人 | 教职工数/人 | | | |
|---|---|---|---|---|---|---|---|
| | | | | 小计 | 公办 | 民办 | 代课 |
| 黄关镇 | 联德村中心校 | 茶山口、珠笔洞、官田、邵家田 | 288 | 13 | 6 | 2 | 5 |
| | 猫儿石村中心校 | 狗骨堰、两田凹 | 136 | 10 | 3 | 4 | 3 |
| | 商家村中心校 | 隗家山 | 172 | 9 | 2 | 5 | 2 |
| | 顺溪村中心校 | 顺江 | 168 | 9 | 4 | 4 | 1 |
| | 大倚村中心校 | 大凹 | 261 | 12 | 5 | 3 | 4 |
| | 龙吟村中心校 | 白竹、下西湾、毛栗坪 | 502 | 19 | 9 | 7 | 3 |
| 新街乡 | 新街乡中心校 | | 309 | 17 | 15 | 2 | |
| | 新街村中心校 | | 116 | 5 | 2 | 3 | |
| | 青箱村中心校 | 江口 | 420 | 11 | 4 | 6 | 1 |
| | 上甫村中心校 | 坡脚、牛角岭 | 321 | 11 | 6 | | 5 |
| | 三江村中心校 | | 122 | 7 | 4 | 1 | 2 |
| | 叶官村中心校 | | 233 | 10 | 1 | 4 | 5 |
| | 飞熊村中心校 | 飞熊、杉木、王家 | 318 | 13 | 5 | 6 | 2 |
| | 葛洞村中心校 | 麻山脚、邓背 | 313 | 9 | 3 | 3 | 3 |
| | 龙炼村中心校 | 下宅湾子、马家坪、寨山头 | 285 | 9 | 1 | 5 | 3 |
| | 龙云村中心校 | 螺蛳塘、芝麻田 | 329 | 12 | 3 | 6 | 3 |
| | 烈溪村中心校 | | 50 | 4 | 2 | 1 | 1 |
| | 邓家村中心校 | 牛塘、卿家湾 | 361 | 12 | 7 | 5 | |
| | 龙中村中心校 | 富水坪 | 334 | 12 | 5 | 4 | 3 |
| | 坪涧村中心校 | 女儿桥 | 318 | 10 | 2 | 6 | 2 |
| | 石凤村中心校 | | 139 | 7 | 4 | 2 | 1 |
| | 虎坊村中心校 | 下王家 | 244 | 7 | 3 | 4 | |
| | 三树村中心校 | 新屋陈家 | 239 | 7 | 4 | | 3 |

续表

| 单位名称 | 乡镇（村、街）中心校名 | 辖教学点 | 学生数/人 | 教职工数/人 | | | |
|---|---|---|---|---|---|---|---|
| | | | | 小计 | 公办 | 民办 | 代课 |
| 新街乡 | 马山村中心校 | 马山 | 381 | 13 | 6 | 4 | 3 |
| | 娘北村中心校 | | 81 | 6 | | 3 | 3 |
| | 永富村中心校 | | 204 | 7 | 3 | 2 | 2 |
| | 车头村中心校 | 鸭婆山 | 290 | 9 | 3 | 4 | 2 |
| 灌阳镇 | 灌阳镇中心校 | | 809 | 66 | 60 | 6 | |
| | 灌阳镇第二小学 | | 392 | 24 | 22 | 2 | |
| | 莫家村中心校 | | 105 | 8 | 7 | 1 | |
| | 胡家村中心校 | | 201 | 13 | 10 | 3 | |
| 场站 | 灌阳县水上运动学校 | | 58 | 8 | 8 | | |
| | 林场职工子弟学校 | | 14 | 1 | | | 1 |
| | 水车电站子弟学校 | | 26 | 2 | 2 | | |
| 红旗乡 | 红旗中心校 | 下塘 | 213 | 20 | 15 | 5 | |
| | 排埠江村中心校 | 鸭脚、幸福 | 169 | 8 | 4 | 2 | 2 |
| | 苏东村中心校 | 香炉山 | 184 | 8 | 5 | 3 | |
| | 仁渡村中心校 | 峡口 | 238 | 8 | 4 | 4 | |
| | 大源村中心校 | | 121 | 7 | 2 | 4 | 1 |
| | 马头村中心校 | 坪箐 | 54 | 5 | 1 | 2 | 2 |
| | 徐源村中心校 | | 287 | 12 | 6 | 4 | 2 |
| | 翻身村中心校 | | 90 | 6 | 3 | 3 | |
| | 仁合村中心校 | 范家、九牛洞、横板桥 | 232 | 12 | 5 | 5 | 2 |
| | 雷坪村中心校 | | 57 | 4 | 2 | | 2 |
| | 仁狮村中心校 | | 137 | 7 | 2 | 5 | |
| | 仁江村中心校 | 戴家、卿家 | 403 | 18 | 11 | 6 | 1 |

续表

| 单位名称 | 乡镇（村、街）中心校名 | 辖教学点 | 学生数/人 | 教职工数/人 | | | |
|---|---|---|---|---|---|---|---|
| | | | | 小计 | 公办 | 民办 | 代课 |
| 红旗乡 | 鱼塘村中心校 | 麝羊箐、上湾、觅水岭、大花山、竹坪 | 246 | 12 | 6 | 5 | 1 |
| | 仁义村中心校 | | 434 | 14 | 7 | 7 | |
| | 三联村中心校 | 李家坡 | 336 | 13 | 5 | 7 | 1 |
| | 大仁村中心校 | 岩门前、朱安冲、孙家、三工田 | 231 | 10 | 7 | 3 | |
| | 长坪村中心校 | | 171 | 7 | 3 | 3 | 1 |
| | 鹅龙村中心校 | 排箐、种子源 | 196 | 8 | 6 | 2 | |
| | 上王村中心校 | | 317 | 9 | 7 | 2 | |
| | 福星村中心校 | 毛竹山、桃林湾、板栗山、茶子山 | 397 | 15 | 11 | 3 | 1 |
| | 秀凤村中心校 | 孔家、艾家 | 258 | 9 | 4 | 5 | |
| | 文化村中心校 | 瓦子坪 | 225 | 8 | 4 | 3 | 1 |
| | 车田村中心校 | 峡里 | 142 | 8 | 5 | | 3 |
| 新圩乡 | 新圩乡中心校 | | 269 | 13 | 6 | 7 | |
| | 新卫村中心校 | 长渡、大桥、月塘、铺门前、下塘 | 413 | 20 | 9 | 11 | |
| | 光明村中心校 | | 209 | 8 | 5 | 3 | |
| | 桂阳村中心校 | 龙母箐 | 97 | 7 | 4 | 2 | 1 |
| | 平田村中心校 | 李家田、平桂 | 297 | 11 | 5 | 3 | 3 |
| | 和睦村中心校 | 下立湾、岩门前 | 168 | 9 | 2 | 6 | 1 |
| | 共耕村中心校 | 罗塘、正竹 | 186 | 9 | 3 | 5 | 1 |
| | 龙桥村中心校 | 定复、坦复 | 143 | 8 | 3 | 5 | |
| | 龙塘村中心校 | 唐家、楠木山 | 163 | 8 | 4 | 4 | |
| | 潮立村中心校 | 潮水、湛水、羊田 | 237 | 10 | 5 | 3 | 2 |
| | 洪水箐中心校 | | 40 | 3 | 2 | | 1 |

续表

| 单位名称 | 乡镇（村、街）中心校名 | 辖教学点 | 学生数/人 | 教职工数/人 | | | |
|---|---|---|---|---|---|---|---|
| | | | | 小计 | 公办 | 民办 | 代课 |
| 新圩乡 | 大龙村中心校 | 上乌石江、下乌石江、下大龙、擂鼓岭、流浦源 | 273 | 12 | 6 | 5 | 1 |
| | 合力村中心校 | 火烧柴、鱼公箐 | 51 | 5 | 2 | 2 | 1 |
| | 解放村中心校 | 鱼岩 | 138 | 7 | 3 | 2 | 2 |
| | 国豪村中心校 | 丁家洞 | 80 | 6 | 1 | 4 | 1 |
| | 小龙村中心校 | | 134 | 6 | 2 | 3 | 1 |
| 水车乡 | 水车乡中心校 | | 328 | 25 | 21 | 3 | 1 |
| | 水车村中心校 | 下云、苏江 | 236 | 13 | 10 | 3 | |
| | 修睦村中心校 | 同燕头、长洲、蔡家洞、同岐、大塘、湾门口 | 392 | 15 | 5 | 9 | 1 |
| | 璃碧村中心校 | 等头 | 144 | 5 | 4 | 1 | |
| | 伍家村中心校 | 己比田 | 185 | 10 | 4 | 4 | 2 |
| | 官庄村中心校 | 蒋家、中村、上村、拐口、何家、赤岩 | 393 | 13 | 4 | 8 | 1 |
| | 合成村中心校 | 坝头上、立落、藤家湾、长箐、淮滩、红石头、竿头塘、搬迁户 | 174 | 14 | 3 | 5 | 6 |
| | 下泡村中心校 | 黄茅坪、火星山、香港箐、麻源 | 164 | 11 | 4 | 4 | 3 |
| | 上泡村中心校 | 肖家、五里冲 | 192 | 9 | 3 | 2 | 4 |
| | 德里村中心校 | | 235 | 8 | 4 | 3 | 1 |
| | 三皇村中心校 | 西江、六江源、茶子山 | 231 | 14 | 7 | 4 | 3 |
| | 大营村中心校 | 大营村中心校 | 342 | 15 | 8 | 6 | 1 |
| | 东流村中心校 | 茅铺、南花塘 | 123 | 7 | 3 | 2 | 2 |
| | 江塘村中心校 | 甘塘坪、鸟水、塘尾底 | 242 | 14 | 10 | 3 | 1 |
| | 同德村中心校 | 渣塘、秀水、山尾、宾家桥、腊尾底 | 335 | 15 | 8 | 7 | |

续表

| 单位名称 | 乡镇（村、街）中心校名 | 辖教学点 | 学生数/人 | 教职工数/人 | | | |
|---|---|---|---|---|---|---|---|
| | | | | 小计 | 公办 | 民办 | 代课 |
| 文市镇 | 文市镇中心校 | | 212 | 18 | 12 | 6 | |
| | 文市村中心校 | 筛了塘 | 333 | 11 | 5 | 5 | 1 |
| | 西就村中心校 | | 230 | 7 | 6 | 1 | |
| | 瑶上村中心校 | 古柳井 | 332 | 12 | 7 | 2 | 3 |
| | 联合村中心校 | 大竹山、白婆形、江西渡 | 302 | 13 | 8 | 2 | 3 |
| | 达溪村中心校 | 大坊 | 299 | 12 | 4 | 5 | 3 |
| | 马莲村中心校 | 大莲塘 | 93 | 7 | 4 | 1 | 2 |
| | 吉头村中心校 | | 72 | 4 | 1 | 2 | 1 |
| | 吉田村中心校 | | 156 | 5 | 3 | 1 | 1 |
| | 月岭村中心校 | | 219 | 7 | 2 | 4 | 1 |
| | 玉溪村中心校 | 新村、大岗头 | 155 | 8 | 2 | 3 | 3 |
| | 清塘村中心校 | 新村、枫木岭、老村 | 210 | 11 | 6 | 4 | 1 |
| | 北流村中心校 | | 112 | 6 | 2 | 2 | 2 |
| | 集全村中心校 | 小鲁、寨山坳、水晶坪、五里坪、立新、黑山 | 265 | 13 | 3 | 3 | 7 |
| | 桂岩村中心校 | 上村、下村、白竹坪、岩口 | 443 | 15 | 6 | 4 | 5 |
| | 勒塘村中心校 | | 136 | 6 | 1 | 5 | |
| | 大湾村中心校 | 社拐 | 228 | 8 | 7 | | 1 |
| | 同仁村中心校 | 祖山、宅塘、宅首 | 276 | 13 | 6 | 4 | 3 |
| | 王道村中心校 | | 152 | 7 | 3 | 3 | 1 |
| | 陈家坪村中心校 | | 116 | 7 | 2 | 5 | |
| | 昭仪村中心校 | 枣子山、石门山、三角塘 | 447 | 19 | 12 | 5 | 2 |
| | 会湘村中心校 | 广驿渡 | 278 | 8 | 3 | 5 | |

## 第三节　中学教育

### 一、发展概况

县内中学创办较晚，高小毕业生升学，要到桂林、全州和湖南零陵、道县等地就读，故上中学的人数不多。民国21年（1932年），县政府拟办初中1所，并推员筹备，后因省督学来县视察认为办学条件不具备而告吹。民国26年3月再次拟办县立国民中学，设立筹备处，改修原县立高等小学及文庙为国民中学校址，同年9月9日始招国中前期第一班，修业期限两年。33年春，奉令改为四年一贯制国民中学，是年9月20日，日本侵略军入境，县境沦陷，师生疏散，次年10月修复复课。

县立国民中学乃广西特创，主要培养基层建设人才。开设课程与普通中学不同，升学颇为不易。35年春，县参议会照案通过改县立国民中学为普通中学的提议，并上报省政府批准，于农历二月二十九日（1946年4月1日），将县立国民中学改为县立初级中学。据是年12月统计，该校有初中6个班，学生217人；简师1个班，学生32人；教职员29人。同年，唐孟壬在文市大觉寺创办私立中学1所，招收初中1个班，学生32人，至37年停办。县立初级中学自26年创立至38年8月，共招收国中前期班11个，学生485人，毕业362人；初中班14个，学生572人，毕业290人；基础师资训练班和简易师范班3个，毕业148人。

解放后，县人民政府接管了县立初级中学。随着人民生活的改善，招生人数逐年增加，从1950年春秋两季招生52人增加到1956年秋季招收初中学生281人。1956年前，因县里无高中，初中毕业生只能赴全州高中和兴安高中投考就读，亦有到桂林高中应考、就读的。1956年秋季，试办县高中，当年招收高中学生53人，学校更名为灌阳中学。后因师资条件不足，次年将高中学生合并到兴安中学学习。

1958年春，在文市西就村筹建初中1所，新建教室两间，后因土地问题改建到大觉寺，取名为文市初级中学，当年秋季招收新生3个班。是年灌阳中学除招收初中学生外，另招收高中2个班，学生92人；中师1个班，学生44人。

1960年县人委决定新建黄关初级中学，并在当年秋季开始招生。是

年 10 月下旬，中、小学开始简缩编制，下放人员。简缩前，全县中学 3 所，有高中 5 个班，初中 27 个班，共配备教师 74 人、行政人员 17 人、勤杂人员 7 人；简编后，3 所中学有高中 5 个班，初中 24 个班，按照高中每班教师 2.2 人，初中每班教师 2 人的编制规定，配备教师 59 人，精简教师 15 人，行政、勤杂人员未变动。1962 年 5—7 月，遵照上级党委对教育事业进一步调整和精简的指示，全县教育事业再次进行调整和精简。经调整后，中学仍保持 3 所，灌阳中学高中停止招生，班数比调整前减少 6 个班，学生比调整前的 1022 人减少了 352 人，精简教职工 8 人。

1966 年，灌阳县"文化大革命"首先从灌阳中学开始，很快波及其他中学，县委曾派联络员进驻学校。

1968 年《全国教育工作会议纪要》下达后，行政上取消校长负责制，文市中学、黄关中学由"贫下中农宣传队"管理，灌阳中学由"工人阶级宣传队"管理；并提出"读大学不出县，读高中不出公社，读初中不出大队"等口号，全县掀起大办中学的高潮。1969 年实行学校权力下放，下放前只有灌阳中学、文市中学、黄关中学 3 所完全中学，17 所初级中学；下放后增加新街中学、新圩中学、水车中学等 3 所完全中学，初级中学增加到 34 所，次年完全中学增加观音中学，创建红旗中学，后又增加西山中学，达到社社有高中。据 1977 年学年初统计，全县有完全中学 9 所，还有 54 个大队办起了半耕半读的高中班，112 个大队中有 107 个大队开办附设初中，计有高中 122 个班，学生 5722 人；初中 298 个班，学生 18 286 人。文市中学曾在牛头岭办"共产主义劳动大学"，灌阳中学到 30 千米以外的五·七干校办"茅棚"学校。据 1981 年对 1968—1978 年初中毕业的新职工进行文化考核统计，经过两个月文化补课后，1169 人参加桂林地区职工初中文化摸底统一考试，语文、数学、物理、化学四科均及格达到初中毕业文化程度的仅 125 人，占参加考试人数的 10.69%。1976 年粉碎"四人帮"后，经过拨乱反正和正本清源，才逐渐扭转过来。1977 年恢复高校升学考试制度。

1978 年，针对本县中学布局分散，设点过多，在教师、设备、校舍等方面都挖了小学的墙脚，造成了教育事业内部比例严重失调，不利于教学质量提高的状况，各公社开始抽调力量办社办初中，招收重点班。次年县教育局抽调骨干力量，加强灌阳中学、文市中学、黄关中学 3 所重点中学的工作，教育质量开始回升。

1980年，根据《1978年至1985年全国教育事业规划纪要（草案）》和《全日制中学暂行工作条例（草案）》精神及自治区教育工作会议提出的"压缩高中，调整初中，发展农中，加强小学"的方针，本着集中办学，有利于提高教育质量的原则，对全县中学网点布局作了合理调整：高中仅留灌阳高中、文市高中和黄关高中3所，面向全县招生；观音中学、西山中学、新街中学、红旗中学、新圩中学、水车中学维持原建制不变，从秋季起停止招收高中新生。另在县城增设初中1所；社办初中不变，改大队附设初中为联片办初中的办法，逐步减少教学点，至1985年，全县仅保留初中23所、高中4所，实行高中由县、初中由乡（镇）办学和管理的办法，相对集中合理使用师资、设备及经费。1990年全县有高完中4所，初中25所，在校学生初中9096人，高中1561人；教职工2885人。解放后共培养初中毕业生54 066人；高中毕业生16 556人，其中升入大专院校1632人，占毕业生总数的9.86%。

二、学制与课程

民国26年（1937年）9月创办县立国民中学时，制定修业期限为二年，春秋两季招生。民国33年春，奉令改为四年一贯制国民中学，前三年教以与初中大概相同之课程，后一年作分组专业训练。民国35年春，县参议会照案通过改县立国民中学为县立初级中学，原有四年一贯制国中班一律改为初中班，学制三年，仍实行春秋两季招生。国民中学办学宗旨是培养基层建设人才，以适应其政治、军事、经济及文化建设的需要。开设课程有公民、国文、算术、历史、地理、自然、艺术、劳作、军训、农村建设等科，普通中学则开设公民、国文、数学（含代数、三角、几何）、化学、物理、历史、地理、英语、生理卫生、博物、农业、音乐、图画、童军、党义等科，以利于学生升入高一级学校深造。

解放后，沿袭春秋始业制，1953年起实行秋季招生，学制三年，取消公民、党义、童军课，开设政治、语文、数学、自然（含植物、动物和生理卫生）、化学、物理、历史、地理、外语、体育、音乐、美术等课程。同时规定初中三年总教学时数为3600课时。生产劳动与社会活动有计划地配合正课进行（表10-8）。

表 10-8 1951 年初中教学科目每周课时

| 科目 | 第一学年 | 第二学年 | 第三学年 | 三学年合计 | 占比 |
| --- | --- | --- | --- | --- | --- |
| 政治 | 2 | 2 | 2 | 240 | 6.67% |
| 语文 | 7 | 7 | 7 | 840 | 23.33% |
| 数学 | 4 | 5 | 5 | 560 | 15.56% |
| 自然 | 4 | 1 |  | 200 | 5.56% |
| 化学 |  | 4 |  | 160 | 4.44% |
| 物理 |  |  | 4 | 160 | 4.44% |
| 历史 | 3 | 3 | 3 | 360 | 10.00% |
| 地理 | 2 | 2 | 2 | 240 | 6.67% |
| 外语 | 3 | 3 | 3 | 360 | 10.00% |
| 体育 | 2 | 2 | 2 | 240 | 6.67% |
| 音乐 | 1 | 1 | 1 | 120 | 3.33% |
| 美术 | 1 | 1 | 1 | 120 | 3.33% |
| 每周教学时数 | 29 | 31 | 30 |  |  |
| 每学年上课周数 | 40 | 40 | 40 |  |  |
| 教学总时数 | 1160 | 1240 | 1200 | 3600 | 100.00% |

1952年根据教育部颁发的《中学暂行规程（草案）》规定，政治课分为中国革命常识、社会科学知识、共同纲领、时事政治4科，自然课改为生物课。从1953年起，数学课分为算术、代数、几何、三角4科；历史课分为中国古代史、中国近代史、世界古代史3科；地理课分为中国地理、自然地理、中国经济地理、世界地理、世界经济地理5科；政治课分为中国革命常识、社会科学基本常识、共同纲领3科。1954年秋，根据省教育厅通知，停授外语课。1956年语文课分为文学、汉语2科。1957年，针对学校出现忽视政治的倾向，省教育厅提出恢复政治课，设立周会课，初中三年级还增设农业知识课。1958年，教育部提出加强劳动教育和外语教育；灌阳中学初、高中均增开生产劳动课和俄语课，文市初中因缺外语教师，未开外语课。同时，将汉语、文学两科合并为语文课，三角、几

何、代数合并为数学课，政治改为社会主义教育课，历史、地理原分科目分别合并。1963年，根据教育部通知，高中数学课恢复学习平面解析几何，是年，初中每周授课34节，高中每周授课32节。

1966年"文化大革命"开始后，各科教学无法按计划完成。1968年《全国教育工作会议纪要》下达后，学制由"三三制"改为"二二制"，新生实行推荐；在教学上砍掉基础课程，开设专业课，否定教学中心、教师主导原则，搞所谓开门办学。学生主要学习《毛主席语录》、"老三篇"、《工业基础知识》、《农业基础知识》、阶级教育课、革命文艺、军事体育等课程。1970年学校权力下放后，全县社社有高中，据1977年统计，全县112个大队有54个大队办起半耕半读高中班，107个大队开办附设初中。因中学发展过快，致使相当一部分课程无法开设，有的则采取交替开设的办法开课（表10-9）。

表10-9 1976年"二二制"中学课程

| 级别 | | 政治 | 语文 | 数学 | 英语 | 物理 | 化学 | 农基 | 卫生 | 体育 | 音乐 | 历史 | 地理 | 合计 |
|---|---|---|---|---|---|---|---|---|---|---|---|---|---|---|
| 初中 | 一年级 | 3 | 5 | 5 | 1 | 2 | | 3 | 1 | 2 | 1 | | | 23 |
| | 二年级 | 3 | 5 | 5 | 1 | 2 | 2 | 3 | | 2 | | 讲座 | 讲座 | 24 |
| 高中 | 一年级 | 4 | 5 | 5 | | | 3 | 3 | | 2 | | 讲座 | 讲座 | 23 |
| | 二年级 | 4 | 5 | 5 | | 4 | | 2 | | 2 | | 讲座 | 讲座 | 23 |
| 备注 | | 讲座为隔周一次 | | | | | | | | | | | | |

1977年，教育部统一规定全日制中学恢复全部课程和高校升学考试制度（表10-10）。

表 10-10　1978 年上学期中学课程课时

| 年级 | | 政治 | 语文 | 数学 | 外语 | 物理 | 化学 | 历史 | 地理 | 农基 | 体育 | 音乐 | 每周合计 |
|---|---|---|---|---|---|---|---|---|---|---|---|---|---|
| 初中 | 一年级 | 2 | 6 | 7 | 2 | 2 | | 2 | 2 | 2 | 2 | 1 | 28 |
| | 二年级 | 2 | 6 | 7 | 2 | 2 | 2 | 2 | | 2 | 2 | 1 | 28 |
| | 三年级 | 2 | 6 | 7 | 3 | 3 | 3 | | | | 2 | 2 | 28 |
| 高中 | 一年级 | 2 | 6 | 6 | 3 | 4 | 3 | | | | 2 | 2 | 28 |
| | 二年级 | 2 | 6 | 6 | 3 | 4 | 3 | | | | 2 | 2 | 28 |

中学每周活动总量 46 课时，其中上课 28 课时，早读 6 课时，劳动 3～4 课时，班级、团支部、文体、科技活动 5 课时，自习 3 课时。另晚自习 12 课时。1980 年，学校恢复"三三制"，使用全国统编教材至今（表 10-11）。

表 10-11　1990 年全日制 6 年制中学教学计划

| 科目 | 初中 | | | 高中 | | | | | 上课总时数 | |
|---|---|---|---|---|---|---|---|---|---|---|
| | 一年级 | 二年级 | 三年级 | 一年级 | 二年级 | | 三年级 | | 文科 | 理科 |
| | | | | | 文 | 理 | 文 | 理 | | |
| 政治 | 3 | 3 | 3 | 3 | 3 | 3 | 3 | 3 | 384 | 384 |
| 语文 | 6 | 6 | 6 | 5 | 7 | 4 | 8 | 4 | 1208 | 1000 |
| 数学 | 5 | 6 | 6 | 5 | 3 | 6 | 3 | 6 | 906 | 1086 |
| 外语 | 5 | 5 | 5 | 5 | 5 | 5 | 5 | 4 | 960 | 932 |
| 物理 | | 2 | 3 | 4 | | 4 | | 5 | 292 | 560 |

续表

| 科目 | 初中 | | | 高中 | | | | | 上课总时数 | |
|---|---|---|---|---|---|---|---|---|---|---|
| | 一年级 | 二年级 | 三年级 | 一年级 | 二年级 文 | 二年级 理 | 三年级 文 | 三年级 理 | 文科 | 理科 |
| 化学 | | | 3 | 3 | 3 | 4 | | 4 | 288 | 432 |
| 历史 | 3 | 2 | | 3 | | | 3 | | 350 | 266 |
| 地理 | 3 | 2 | | | 2 | 2 | 3 | | 318 | 234 |
| 生物 | 2 | 2 | | | 2 | | | 2 | 200 | 192 |
| 生理卫生 | | | 2 | | | | | | 64 | 64 |
| 体育 | 2 | 2 | 2 | 2 | 2 | 2 | 2 | 2 | 384 | 384 |
| 音乐 | 1 | 1 | 1 | | | | | | 100 | 100 |
| 美术 | 1 | 1 | 1 | | | | | | 100 | 100 |
| 每周上课时数 | 30 | 31 | 31 | 29 | 26 | 29 | 26 | 29 | 5554 | 5734 |
| 劳动技术 | 2 | 2 | 2 | 2 | 2 | 2 | 2 | 2 | | |

说明：政治3节中，包括时事政治1节，总时数384节不含时事政治教育时数

## 三、教学形式与方法

解放前，县立国民中学和县立初级中学的教学形式主要是课堂教学，采用"注入式"和"填鸭式"的满堂灌，多数学生读死书，食而不化，不会运用。除数、理、化和英语有练习作业，语文有作文外，其余各科很少有作业。

解放后，课堂教学虽然仍是主要形式，但逐步采用启发式教学。1953年学习苏联凯洛夫的教学经验，以课堂、教材、教师作为教学的三要素，实行"五级记分"（1分相当于100分制的20分），按四性（思想性、目的性、科学性、系统性）、五大原则（直观性原则、自觉性原则、系统性原则、量力性原则、巩固性原则）和五个环节（组织教学、复习旧课导入新课、讲解新课、巩固新课、布置作业）进行教学。要求教师备好课并写好教案，无教案不准上课。另外，还举行公开课、试验课、观摩课，促进教师

互相学习、取长补短，达到提高教学质量的目的。1956年遵照省教育厅的指示，加强对学生进行劳动教育、革命传统教育和纪律教育。各科教学都注意启发学生的思维和讲清基本概念，抓好复习巩固工作。1958年，为贯彻执行"教育必须为无产阶级政治服务，必须与生产劳动相结合，使受教育者在德育、智育、体育几个方面都得到发展，成为有社会主义觉悟的有文化的劳动者"的教育方针，自治区教育厅提出"一主（以教学为主）二辅（辅以生产和科学研究）三结合（生产、教学、科研相结合）"的教学原则。学校设立工厂、农场，老师在课堂讲理论，带领学生到工厂、农场进行操作，单一的课堂教学被打破，开门办学成为主要的形式和方法。1961年，运用毛泽东主席的"十大教授法"（启发式、由近及远、由浅入深、说话通俗化、说话要明白、说话要有趣味、以姿势助说话、后次复习前次的概念、要提纲、干部班要用讨论式）进行教学。1963年，贯彻理论联系实际的原则，加强对学生的思想政治教育，加强基础知识的教学和基本技能的训练，提高学生的认识能力、逻辑思维能力和空间想象能力，培养学生辩证唯物主义观点和良好的学习习惯，掌握良好的学习方法。1965年，毛主席发出减轻学生负担的"七·三"指示，全县三所中学根据毛主席这一指示精神，精简了课程和作业，改进了教学方法，讲课力求少而精，做到当堂学会，向45分钟要质量。这样既减轻了学生过重的负担，又提高了教学质量，教学改革出现了新的气象。1971—1973年，强调全面落实"五·七"指示，保证有70%的时间上好文化课，各校认真抓"双基"（基础知识和基本技能）教学，正确处理好主学与兼学的关系，充分调动教与学的积极性，培养学生独立思考、分析和解决问题的能力，教学质量有较大提高。1975年，区党委传达朝阳农学院的教育革命经验，各校大搞开门办学，教学内容根据需要由学校自编教材，忽视了系统的专业理论知识的传授。

1976年粉碎"四人帮"后，特别是1978年党的十一届三中全会后，教学改革出现了新的转机，强调吃透"双纲"（教学大纲和高考、中考大纲），狠抓双基教学。大力提倡学习外地中学成功的教学经验，开发学生智力，培养其思维能力和创造精神。1981年，以提高教学质量为中心，抓好课堂教学，加强电化教学；抓好双基，突出重点，解决难点；狠抓薄弱环节，过好章、节关；发展学生智力，培养能力，提高各科及格率、合格率，以及升学率、体育达标率，努力完成中学的双重任务，为祖国培养全面发展的合格人才。1982年，制定提高教学质量措施，上课要求抓住6

个要点（教学目的明确，重点突出；提倡启发式教学，精讲多练，讲练结合；精心设计讲课提纲和练习题；语言文字要规范化；发展智力，培养能力；采取多种形式和方法批改作业、进行教学）。1984年后，教学改革以《中共中央关于教育体制的决定》精神和"三个面向"（面向现代化、面向世界、面向未来）为指导，以全面贯彻党的教育方针，培养新型的、创造型的、开拓型的、一专多能复合型的、又红又专型的人才为目标，积极开展教育思想、教育理论、教材教法和学生的学习方法的研究，努力提高教学质量，为四化建设培养合格人才，为提高全民族文化素质贡献力量。教学改革主要改注入式为启发式，改以教师为主体为以教师为主导、以学生为主体，培养学生自学能力；改单纯传授知识为传授知识和培养能力、发展智力同步进行；改单一的课堂教学为既提高课堂教学质量，又开辟第二渠道，搞好课外活动，使学生德、智、体、美几个方面生动活泼地发展。1978年后，狠抓校风、教风、学风，建设文明学校、文明班级，培养文明教职工和学生。1990年又制定了教学管理常规并印成小册子发至各校，把教学管理逐步引向深入。

由于采取了上述一系列措施，中学的教学质量提高较快。1977年恢复全国统一高考制度，1978年全县被大专院校录取学生只有29人，1990年增至155人，为1978年的5.3倍。录取人数最高的1988年达224人，为1978年的7.7倍，其中灌阳高中被大专院校录取170人，为1978年录取4人的42.5倍。与此同时，灌阳高中数学教研组总结了"精讲多练教学法"，史地组总结了"问题教学法"，化学组总结了"程序启发式教学"等较好的经验（表10-12）。

表10-12　1949—1990年全县中学教育情况统计

| 年份 | 学校/所 | | | 当年招生/人 | | 当年毕业/人 | | 年份 | 学校/所 | | | 当年招生/人 | | 当年毕业/人 | |
| --- | --- | --- | --- | --- | --- | --- | --- | --- | --- | --- | --- | --- | --- | --- | --- |
| | 合计 | 初中 | 高完中 | 初中 | 高中 | 初中 | 高中 | | 合计 | 初中 | 高完中 | 初中 | 高中 | 初中 | 高中 |
| 1949 | 1 | 1 | | 48 | | 18 | | 1970 | 20 | 12 | 8 | 2086 | 792 | 1396 | 324 |
| 1950 | 1 | 1 | | 52 | | 17 | | 1971 | 36 | 28 | 8 | 1753 | 599 | 1509 | 315 |
| 1951 | 1 | 1 | | 107 | | | | 1972 | 32 | 23 | 9 | 2041 | 1038 | 1877 | 770 |
| 1952 | 1 | 1 | | 155 | | 10 | | 1973 | 34 | 25 | 9 | 2081 | 856 | 1754 | 595 |

续表

| 年份 | 学校/所 | | | 当年招生/人 | | 当年毕业/人 | | 年份 | 学校/所 | | | 当年招生/人 | | 当年毕业/人 | |
|---|---|---|---|---|---|---|---|---|---|---|---|---|---|---|---|
| | 合计 | 初中 | 高完中 | 初中 | 高中 | 初中 | 高中 | | 合计 | 初中 | 高完中 | 初中 | 高中 | 初中 | 高中 |
| 1953 | 1 | 1 | | 177 | | 72 | | 1974 | 37 | 28 | 9 | 2709 | 879 | 1981 | 969 |
| 1954 | 1 | 1 | | 110 | | 28 | | 1975 | 91 | 82 | 9 | 4933 | 954 | 1912 | 802 |
| 1955 | 1 | 1 | | 155 | | 100 | | 1976 | 110 | 101 | 9 | 5896 | 1677 | 2375 | 921 |
| 1956 | 1 | 1 | | 281 | 53 | 82 | | 1977 | 116 | 107 | 9 | 6792 | 2130 | 4463 | 1088 |
| 1957 | 1 | 1 | | 161 | | 84 | | 1978 | 118 | 109 | 9 | 6191 | 2106 | 5046 | 1796 |
| 1958 | 2 | 1 | 1 | 364 | 92 | 124 | | 1979 | 108 | 99 | 9 | 4374 | 1635 | 4814 | 1821 |
| 1959 | 2 | 1 | 1 | 358 | 95 | 224 | | 1980 | 20 | 11 | 9 | 3443 | 894 | 4814 | 1931 |
| 1960 | 3 | 2 | 1 | 350 | 49 | 120 | | 1981 | 21 | 18 | 3 | 2465 | 462 | 2050 | 815 |
| 1961 | 3 | 2 | 1 | 197 | 45 | 207 | 64 | 1982 | 22 | 19 | 3 | 2219 | 424 | 1701 | 20 |
| 1962 | 3 | 2 | 1 | 162 | | 167 | 57 | 1983 | 22 | 18 | 4 | 1899 | 500 | 1496 | 431 |
| 1963 | 3 | 2 | 1 | 291 | | 183 | 45 | 1984 | 28 | 24 | 4 | 1987 | 625 | 1569 | 494 |
| 1964 | 3 | 2 | 1 | 279 | | 98 | 42 | 1985 | 28 | 24 | 4 | 1912 | 590 | 1667 | 488 |
| 1965 | 3 | 3 | | 263 | | 112 | | 1986 | 28 | 24 | 4 | 2237 | 594 | 1769 | 571 |
| 1966 | 3 | 3 | | | | 251 | | 1987 | 28 | 24 | 4 | 2347 | 503 | 2139 | 577 |
| 1967 | 9 | 9 | | | | | | 1988 | 28 | 24 | 4 | 2265 | 512 | 2171 | 609 |
| 1968 | 20 | 17 | 3 | 1588 | | 446 | | 1989 | 28 | 24 | 4 | 2824 | 600 | 2231 | 544 |
| 1969 | 40 | 34 | 6 | 2563 | | 404 | | 1990 | 29 | 25 | 4 | 2770 | 554 | 2585 | 467 |

**附：灌阳中学简介**

灌阳中学创建于民国 26 年（1937 年），时名灌阳县立国民中学，把原县立高等小学及文庙的地址改为灌阳县立国民中学的校址。民国 33 年春，奉令改为四年一贯制县立国民中学，前三年教以与初中大致相同之课程，后一年作专业训练。是年 9 月日军入侵灌阳，学生疏散，校舍板壁墙垣被破坏，图书、仪器被捣毁，次年 10 月才恢复上课。民国 35 年农历二月二十九日（1946年4月1日）经省政府批准，将灌阳县立国民中学改为县立初级中学，并将原四年一贯制国中班改为县立初中班，学制三年。至民国38年8月止，该校共招收国中学生11个班、485人，毕业362人；初中13个班，学生540人，其中毕业7个班，学生290人；基础师资训练和简易师范共3个班，毕业学生148人。

解放后，县人民政府接管该校，招收初中班，1956年秋招收初中6班，始招高中1个班，学校改名灌阳中学。后因办学条件不足，遵照上级指示，次年将高中班并入兴安中学。1958年秋，除招收初中班外，另招收高中2个班，中师1个班，师生达800余人。1959年，师生开展勤工俭学，建成两幢砖瓦木结构教学楼，为国家节约开支4万余元。1975—1976年，修建办公楼1座。1980年将初中分出，改名灌阳县高级中学。

该校重视对学生进行政治思想教育，从1981年起，除贯彻《中学生手册》外，还制定《执行中学生日常行为规范细则》《课堂评分制》《先进班级奖励制》《劳动纪律制》《新生入学训练制》《体育活动制》《清洁卫生制》《食堂纪律制》《严重违纪处分和撤销处分制》《安全保卫工作条例》，使学生沿着正确的方向健康成长。学校总结完善了一套办学经验：1984年提出"爱国、勤学、律己、明理"之校训；1985年制订"为人师表、管教管导、严格要求、耐心细致、团结协作、求实创新"的教风，"专心听课、认真作业、联系实际、生动活泼、尊敬老师、奋发进取"的学风，"尊师爱友、勤奋学习、关心集体、遵纪守法、艰苦朴素、热爱劳动、讲究卫生、积极锻炼"的班风，使学校各项工作顺利进行。1982年被评为自治区长跑先进单位，连续5年通过自治区学校体育卫生《暂行规定》验收，连续5年等次被评定为优秀等次、自治区青少年爱科学月活动先进集体、自治区青少年科技活动先进集体，高66班、75班、79班被评为自治区先进班级；校长文永明被评为自治区优秀教师和全国优秀教师，副校长文庆城被评为自治区优秀科技辅导员、教育学会化学分会活动积极分子，教师肖自立被评为自治区优秀班主任、先进教育工作者；邓传宏被评为自治区三好学生，邓灵燕被评为自治区优秀团干。1984—1989年，蒋春临获全国中学物理赛广西赛区三等奖，王洁、郑有常、李翀、卿垂长获全国数学联赛广西赛区三等奖；参加自治区物理通讯赛获一等奖的有刘学、蒋春临，获二等奖的有时新德、刘学、李翀，获三等奖的有李翀、文丰喜、文衍集、周运和、吕甫学、范世有、时新德、唐太文、曹福新、蒋春临；蒋发正获自治区中学生化学比赛二等奖，名列桂林地区第一；蒋忠、王玉芳获自治区"中冠杯"化学竞赛三等奖；唐晓忠、蒋强发获第五届全区青少年科学创造发明竞赛二等奖，戴锋获三等奖；王炼翔获自治区"桂花杯"无线电制作知识竞赛三等奖；蒋曼涛获自治区"环境小报"竞赛三等奖；郑海娟获自治区第六届运动会女子铁饼第一名。1978—1990年，被大专院校录取的学生达1120人，其中被重点院校录取的有155人。

该校是县内规模最大的一所中学，是自治区15所教育改革试点中学之一。占地面积66亩，有两层教学楼2幢，办公楼1幢，三层教学实验楼1幢，四层教工宿舍楼1幢及平房多座，建筑面积共9463平方米。另有水田8亩及校办面包厂、饲料厂、冰室和小卖部。有物理仪器柜29个、实验桌56张、仪器1646件，价值约4.5万元；化学仪器柜14个、仪器架12个、实验桌56张、仪器及药品价值约0.65万元；生物仪器柜5个、仪器架3个、仪器365件，价值0.85万元；图书馆、阅览室藏书1.3万册。还有300米田径场1个、水泥篮球场4个、排球场2个。1990年，有15个教学班、学生792人，其中女生268人。教职工92人，其中本科毕业34人、专科毕业29人，高级教师12人、一级教师24人。1950—1990年，该校共培养初中毕业生4464人，高中毕业生4361人。

## 第四节　人才输送

灌阳古为楚地，受古文化影响很大，历代人才辈出。清代有"同胞三翰林"，民国有"哥俩双留美"，解放后有"兄弟两魁首"的佳话。

隋代废除九品中正后，推行科举制，改以考试选拔官吏。灌阳在宋朝中进士5人，明朝中进士8人，清代中进士21人，共计34人。其中进士34人（含武进士3人），恩进士3人，岁进士1人，成均进士1人。新街江口唐景崧及胞弟唐景崇、唐景封，分别于清同治四年（1865年）、同治十年和光绪三年（1877年）中进士，钦点翰林，在广西流传"一县八进士，同胞三翰林"之佳话。

宋至清代，灌阳考中举人的有455人，其中文举314人（包括副榜42人、恩赐举人4人、恩赐副榜1人）、武举141人。

清光绪三十一年（1905年）推行学校教育，科举制度遂废。

民国时期实行会考制，高中毕业生参加会考。灌阳因无高中，学生要到外地念高中，家庭负担加重，读书人数减少，故考入大学人数较少，有记载的仅15人。水车官庄何福照、何福煦两兄弟，因念高中时成绩优异，分别免试升入浙江大学、国立交通大学；1944年春，何氏兄弟俩参加广西省公费留学考试，同时考取留美。

　　解放后，在1961年以前，全县有部分在职职工考入大学深造，亦有部分青年到外地高中学习，考入大学深造。1961年，县第一届高中毕业生64人参加高考，被大专院校录取16人，其中本科6人。"文化大革命"时期实行推荐制，升入大学学生名额由上级分配到县，县根据名额按1：3扩大分配到公社，公社按分配推荐名额向县推荐，由县统一政审、体检，按上级分配名额1：1.1推荐到地区，地区与招生单位确定录取名单。1977年恢复高考招生制度后，新生文化程度渐趋一致。1978年，新街公社永富大队刘亚虎、刘亚平两兄弟同时参加高考，刘亚虎以桂林地区文科第一名，刘亚平以桂林地区理科第一名的成绩，分别被武汉大学中文系、华中工学院机械二系录取，被誉为"兄弟两魁首"。进入80年代，为照顾少数民族和边远地区文化落后状况，采取分别降低20分、10分录取的办法，录取少数民族及边远地区新生。1982年灌阳高中理科班50人毕业，有43人被大专院校录取，录取率达86%；1985年灌阳高中62个班，应届毕业生50人参加高考，被重点院校录取15人，占30%；被普通院校录取20人，占40%；被专科学校录取1人，占2%；还被中等专业学校录取6人，占12%，总共被大专、中专院校录取42人，录取率达84%。1958—1990年，全县共培养高中毕业生16 556人，其中考入大专院校1632人（不含"文化大革命"期间推荐生），占毕业生总数的9.86%。

# 第11章
# 专业教育

## 第一节　师范教育

　　清代以前，无专门培养师资机构，学校教师均由秀才担任。现代新式学堂兴起后，学童增加，师资缺乏。清光绪末年，县劝学所曾在龙川书院举办传习师范，有50余人卒业于此，为灌阳师资培训之始。宣统二年（1910年）八月，有58人在县立两等小学堂附设之教育研究所修业。传习师范和教育研究所，均以知识、道德二者为唯一要素，为区立初等小学堂培养教员。

　　民国19年（1930年）5月11日，设县立师范讲习所，招收讲习师范生40人。民国21年曾拟办初小教员养成所，后因经费欠缺而告吹。民国22年5月，广西省督学到灌阳视察认为各区初小教师多数为小学毕业生充任，未经师范专业训练，故学识肤浅，对于训教事项诸多不谙。为适合地方需要起见，应将已筹办的初中改办乡村教师养成所，以改善乡村教育基础。次年3月，省政府核准成立灌阳县立师范讲习所，上半年招收二年制短期师范1班，学生65人（其中女生14人）。至民国24年12月，57人毕业（其中女生11人）。民国30年2月，招收基础师资训练班1个班，学生52人，附设在县立国民中学内，招收对象为高小毕业生，学制一年。民国32年8月，从国民中学毕业生中招收简易师范科一班，学生49人，修业期限一年，48人毕业。翌年8月，又从国民中学毕业生中招收简易师范科一班，学生47人，上课不足1个月，因日军入侵灌阳，被迫停学。民国35年2月回校复课，次年1月有36人毕业。

　　民国期间，全县先后招收一年制、二年制短期师范班、基础师资训练班、简易师范科共5个班，学生253人，毕业233人。其学膳费由县财政补贴，毕业后充任小学教员。

解放后，党和人民政府致力于学校为工农子女开门，入学儿童不断增加，所需师资不相适应，曾在灌阳中学附设师范班。1952年10月，从全县高小毕业生中招收一年制初师1个班，学生50人，有48人毕业；1958年9月，从初中毕业生中招收一年制速成师范1个班，学生44人，次年7月有42人毕业；1960年，从高小毕业生中招收二年制简易师范1个班，学生40人，1962年春因国民经济困难，遵照上级指示而精简停办，其中37人动员回乡参加农业生产，3人属城镇人口转入初中相应年级学习，1985年根据教育部〔84〕教计字255号文件精神，由县教育局补发了中师毕业文凭。

1971年春，为适应普及小学教育工作的需要，在灌江大桥东岸之上300米处筹建灌阳县师范学校，1972年秋从应届高中毕业生中招收二年制普通师范1个班，学生50人。1973年秋从民办教师、代课教师中招收1个班，学生50人。1977年国家恢复招生文化考试，学校择优录取新生，当年招收学生45人。

1952—1990年，灌阳中学附设一年制初师、中师各1个班，学生84人，毕业81人；二年制初师1个班，学生40人；县师范学校招收二年制普通师范7个班，学生285人，毕业281人。二年制开设普通师范课程，学生在校期间，学膳费由县财政补贴，毕业后由县教育局分配工作，享受中专毕业生待遇。1990年县师范学校有教职工33人，其中高级讲师4人、讲师10人、初级职称5人、教员5人。

## 第二节　县供销合作社职工学校

全县在20世纪50—70年代无职工学校，基层单位为提高干部、工人的政治思想、业务水平，采取白天上班，晚上学习的方法，学习政治理论和业务文化知识。1952年9月，县供销合作社开办了首期合作干部训练班，有20人参加学习。1956年10月16日，任命专职教师和兼职教师，巡回到各基层供销合作社辅导职工学习政治文化和业务技术。

1979年5月，县供销合作社按照党的十一届三中全会关于"学业务，学技术"的精神和总社关于"加强职工教育，积极开展培训工作；采取多种形式，认真加强在职职工的政治理论、业务技术和文化教育"的要求，经县革委批准，在县土产公司榨菜厂（新街乡丁塘口）建立县供销合作社职工学校，由县供销合作社1名副主任兼管学校工作，配备了专职副校长、教员及管理人员，每期容纳60~100人学习。学校采取能者为师，互教互学的办法，专职教师与兼职教师相结合，坚持干什么学什么，缺什么补什么的原则。至1980年底，共举办各种类型的专业培训班14期，培训职工445人，占职工总人数的58%。1981年，对刚分配的职工和抵班的职工采取先培训后上岗的方法，先后开办新职工、多种经营生产人员、财会人员、冰机手等培训班，培训职工106人，其中新职工40人，学习时间56天；会计14人，学习时间150天；其他班学习时间20~30天。

1985年6月，县供销合作社职工学校迁移到县城，以县供销合作社会议室作教室。为适应商业部新颁发的会计制度，是年12月在县生资公司举办财会人员学习班，45人参加学习，为实行新的财会制度打下了基础。

按照商业部和自治区供销社的要求，1990年要有60%以上的职工达到中级业务技术水平。1986年8月，县供销合作社在文市供销社举办一期中级业务技术培训班，并印发中级营业员统考复习资料，辅导基层社职工业余学习"供销社基础知识""顾客心理""百货商品经营知识""店组核算知识""商品陈列知识""市场信息与预测"等6门课程。至1990年末，县供销合作系统已取得职称的职工有208人，其中中级职称6人，初级职称202人。

## 第三节　县职业中学

1958年4月，县委发出"乡乡办中学，社社办小学"的号召。5月，先后有黄关、大仁、新圩、城关、江口、新街、文市、水车、商家等地办起了10所农业中学，共12个班，学生498人。是年8月人民公社化后，合并为7所农业中学。9月农中扩大招生，学生达15个班，人数增至789人。1959年1月，对农业中学进行初步调整，动员63名学生回家生产；同年3月对农业中学进行第二次调整，动员220名学生回家生产。三年困难时期，先后停办6所农业中学，只剩城关1所农业中学。1963年下学期恢复了新街、文市、黄关3所农业中学。1966年，再次兴办农业中学，全县共办9所（其中新街、文市各2所，观音、黄关、城关、新圩和水车各1所），共17个班，有学生516人，教职工20人。"文化大革命"期间，农业中学改成普通中学，开设农技、卫生、电工等专业班。1985年2月，改新街高中为县职业高中，面向全县招生。1989年，新街乡龙炼、红旗乡仁义、新圩乡、水车乡竹园、文市镇等乡镇办起了5所职业初中。1990年末，全县有职业初中学生242人，职业高中学生287人，教职工50人。

农业中学为民办公助学校，由公社1名领导兼任校长，并负责上政治课，为工农业生产培养技术人才。职业中学为公办学校，课程设置有畜牧、兽医、农学、园艺、建筑等专业。

## 第四节　县农业机械化学校

县农业机械化学校于1974年5月27日成立。第一期培训中型拖拉机驾驶员60人，学习时间为4个月。次年3月1日至8月31日，举办第二期中型拖拉机驾驶员培训班，招收学员80人，其中女学员28人。1976年，在水车知青农场举办第三期中型拖拉机驾驶员培训班，招收学员52人，学习时间为6个月。

1978年在仁江村卿家湾建校，占地面积22.74亩，至1990年底修建教室163.8平方米、宿舍1062.1平方米、食堂84.5平方米、实验室190平方米、修理车间83.16平方米、训练场地16.5亩。该校开办后至1990年，共培训中型拖拉机驾驶员、手扶拖拉机驾驶员和农机管理员1360人。这些学员经过系统学习和训练，均能掌握拖拉机驾驶和常见的故障分析与排除方法及一般的修理知识，经车辆管理机关和业务主管部门考试与考核，全部取得驾驶证和结业证书。

1990年，该校有教职工11人，其中领导、教师5人，教练员4人，实验员2人。有教练车5台（中型拖拉机1台、手扶拖拉机3台、摩托1台）、推土机1台，中、手拖耙各1架及车床、钻床、电焊机等修理设备。教学设备有工农——12型拖拉机解剖车1台，收录机、放像机、投影仪、幻灯机各1台及教具、教学片、示教板等68台（件）。上级业务主管部门每年均拨给一定的办学经费，学校建立了独立的财务管理制度，具备了县内中等成人学校的办学条件。

# 第12章 成人教育

## 第一节 农民教育

清康熙五十八年（1719年），知县赵成章曾在东门内建义学，置义田50亩。民国4年（1915年），教育部曾颁布社会教育令，通行各地，重在通俗讲演及图书馆之设立。讲演内容有鼓励爱国、劝勉守法、增进道德、灌输常识、启发美感、提倡实业、注重体育、劝导卫生等8项。民国21年，县内社会教育以开办平民夜校为主，各区设备较完全的小学，多附设平民夜校，亦有单独设立者。民国22年，设区立民众学校19所，590人参加学习。次年参加学习人数达817人。民国24年，实施强制教育，16足岁以上的失学成人都要参加成人班，接受6个月的基础教育。是年参加成人班学习的有5003人，其中男4921人，女82人。

解放后，社会教育有很大发展。1950年冬开办业余补习学校198所，有6334人参加学习，其中妇女识字班65个班，学员3053人。经费由各村自筹，学习内容有《农民文化》课本、《妇女文化》课本、《革命三字经》、农业常识及政策、时事等。小学教师和聘请的当地知识分子义务教学。1951年11月，各村建立了冬学委员会，开展冬闲扫盲。学员按水平分为高级班、初级班。是年开办工农业余夜校383个班，参加学习的青壮年有16 116人，义务教师388人。1952年推行速成识字法，组织农民集中识字，全县共办常年民校339所，参加学习的初级班374个班，学员15 838人，其中女学员5648人；高级班1个班，学员37人，其中女学员9人。有民校教师224人、兼任教师225人、群众教师及小先生591人，实行义务教学。1953年成立县扫盲办公室，县、区配备专职扫盲干部，采取分散与集中等多种形式，对农村青壮年进行扫盲。是年有民校初级班257个班，学员6545人，占全县总人口的4.7%；中级班5个班，学员

164人。冬学427个班，11 495人参加学习。1954年，有农村业余文化班901个班，19 858人参加学习，其中青年10 232人，壮年7543人，老年2083人。1957年全县青、壮年文盲、半文盲共43 409人，当年参加扫盲学习的有23 376人，占应参加学习人数的87.7%；占文盲、半文盲总数的53.85%，其中脱盲1833人，占文盲、半文盲总数的4.22%。

1958年，在"大跃进"的形势下，出现了学政治、学文化、学技术的热潮。水利工地以营、连为单位，统一学政治、学文化，分工种学技术。中小学生争当小先生，在交通要道设立识字岗，采用挂牌识字的方法，在家具、农具、用具等上面粘贴名称标签，见物识字和送教上门，协助扫盲，是年参加学习人数达30 755人。1959—1961年三年困难时期，农村业余教育处于停顿状态。1963年业余教育稍有恢复，1964年业余教育以学习时事政治和毛主席著作为主。是年有业余夜校94个班，学员1804人，其中高小班学员360人。

"文化大革命"初期，业余教育机构被撤销，业余教育停办。1973年恢复业余教育，配备业余教育专干，是年有扫盲班721个班、业余小学117个班、初中2个班，学习人数达20 154人。1974年推广"小靳庄经验"，业余夜校更名为政治文化夜校，夜校成了说说唱唱、蹦蹦跳跳的场所。

1976年以后，业余教育转为以技术教育为主，1977年参加学习人数达52 666人。1978年9月普查统计，全县少、青、壮年97 841人中，有文盲、半文盲28 619人，占29.25%。在文盲、半文盲总数中，25岁以下的占37%左右。针对这一情况，采取"一堵、二扫、三提高"的办法，即抓好普及小学五年教育，堵住新文盲；扫除12～45周岁的文盲，使少、青、壮年中非文盲人数达85%以上；对已脱盲的群众进一步巩固提高。是年各公社及重点大队均配备了扫盲专干，采用集中学习与分散学习相结合及分工包干的办法，办起业余夜校759个班，学员24 474人，其中扫盲班523个班，参加学习的有11 973人，占文盲、半文盲总数的41.84%。当年经过考核，城关公社成为全县第一个"无盲公社"。1979年11月23日成立县工农教育委员会，各公社相应成立了工农教育领导小组，是年又有21个大队扫除了文盲。1980年采取"短期突击，长期坚持，分片包干，任务到人"的方法，扫除文盲、半文盲9610人，有109个大队基本扫除文盲。1981年，全县12～45岁的少、青、壮年共106 378人，其中具有大专文化的5人，中专79人，高中10 919人，初中29 498人，小学52 792人，共93 293人，占87.7%；文盲、半文盲13 085人，

占12.3%。全县脱盲公社8个，脱盲大队110个，基本达到了脱盲县的要求。1982年11月，桂林地区行政公署写的检查验收报告为："灌阳县自1977年以来，积极组织农民少、青、壮年参加扫盲学习，先后扫除文盲16 861人，加上自然脱盲1063人，共计17 924人，非文盲人数上升到95 661人，占少、青、壮年总数106 282人的90%；全县112个大队，非文盲人数达90%以上的有30个大队，其余82个大队非文盲人数均在85%以上。经抽样5个公社9个大队的543个脱盲社员，有488人接受了检查，通过认、读、写3个方面的测验，有486人符合脱盲要求，合格率为99.59%。"根据国务院及自治区教育局的规定，行署批准灌阳县为基本扫除文盲县，并颁发了基本脱盲县证书。

## 第二节 职工教育

解放后，为培养工农出身的职工，较大的单位先后创办了速成班、扫盲班，组织职工学习文化科学知识，开展扫盲工作。1954年，县总工会成立"职工业余文化学校"，开办扫盲班、初小班和高小班各1个班，每班30~50人，主要学习语文、算术两科，采取白天上班晚上学习的办法，学习积极性很高。1955年，全县机关、企事业单位在职职工909人，其中高中及以上文化程度的85人，占9.35%；初中文化的349人，占38.39%；高小文化的377人，占41.47%；初小文化的98人，占10.78%。是年有职工学校1所，有初书班2个班，高小班1个班，扫盲班1个班。1958年，各部门、企事业单位办起了"红专业余学校"，掀起学习文化知识的高潮。三年困难时期，职工业余学校停办。1970年，各部门、各单位均办起"政治文化夜校"，主要学习毛泽东主席的部分文章。

1979年底，对5609名职工的文化情况进行统计，约80%的职工是初中及以下文化水平，如经委系统职工1449人，初中及以下文化程度的有1079人，占74.47%。1981年中共中央、国务院《关于加强职工教育工作的决定》下达后，按规定要对1968—1978年的初、高中毕业的新职工进行文化考核。5月，县人民政府召开职工教育工作专题会议，并成立了县职工教育管理委员会，由一名副县长抓这一工作，各系统各单位均建立了组织机构。职工文化补课工作4月底在县城开始，五六月在全县城镇普遍展开，先后办起初中文化补习班 32 个班，参加学习人员达 1697 人，占补课对象 1907 人的 88.99％；聘请教师 117 人。其中县直机关办班 19 个班，公社办班 13 个班。是年应参加地区职工初中文化摸底统一考试的 1417 人，实际参加考试的 1169 人，占总数的 82.5％。其中参加语文考试的 1169 人，及格的 396 人，及格率为 33.88％；参加数学考试的 1065 人，及格的 321 人，及格率为 30.14％；参加物理考试的 495 人，及格的 297 人，及格率为 60.00％；参加化学考试的 472 人，及格的 333 人，及格率为 70.55％。语、数两科及格的 219 人，占 18.73％；三科及格的 117 人，占 10.01％；四科均及格的 125 人，占 10.69％；近 10％的青壮年职工达到初中毕业文化程度。

## 第三节　电大　自学考试

根据自治区成人高校招生要求，由县教育局成教股创办县广播电视大学班，班址设在教育局院内，1985 年 9 月招收第一班，注册学员 28 人，属业余性质，学制 3 年，年龄最大的 43 岁，最小的 18 岁，专修汉语言文学专业课程，开设必修课 11 门，选修课 3 门，聘请县教师进修学校、县高级中学、县委党校和教育局 4 个单位有教学经验的老师上课。1988 年 7 月，通过地区电大辅导站的严格考试和答辩，除中途退学的 6 名学员外，坚持学习的 22 人全部获自治区电大分校颁发的毕业证书。1986 年，该班被评为桂林地区唯一的先进班。1988 年 9 月，开办第二届汉语言文学专业电大班，经过自愿申请和挑选，录取 42 名学员。

1984—1990 年底，全县共有 1274 名职工参加高等教育自学考试，已有 159 人获得大专毕业证书。1983—1988 年，全县有 372 名干部到大专院校进修。1990 年，有中国人民警官大学、北京广播学院、华中师范大学、华中理工大学、上海机械学院、广西师范大学等 27 所院校 37 个专业在灌阳县招收成人高校本科生 21 人，专科生 15 人，函授生 54 人，业余学习的 39 人。县党校从 1986 年开始招收三年制中专函授职工班，至 1990 年共举办中专函授班三期，学员 138 人。

# 第13章
# 教师队伍

## 第一节 教师的任用

明清时期,私塾老师由学生家长选聘;书院主讲多为名士,自行设馆聚徒讲学;县儒学教谕、训导则系朝廷命官,均为进士、举人出身。民国时期,小学校长由县遴选委任,教员由校长聘请报县批准任用;中学校长由县报省政府批准任命,教员由校长聘请报县政府批准任命。高师、简师、师训班毕业生无试验任用期,高、初中毕业生或同等学力者,经试验合格方可任用。中小学教师由县教育科(局)统一管理和调配。

解放初期,对原有中小学教师予以保留使用,1950—1953年,从社会上吸收了一批闲散知识分子到学校任教,以适应教育事业发展的需要。中学校长先由专署任命,后改由县政府任命;小学校长由县政府任命。中小学教师由县教育科(局)统一管理任用。1958年2月2日至3月6日,全县中小学教师集中于县城搞"整风反右"斗争,有46名教师被划为"右派",有27名教师因有"右派"言行而受到行政处分。

1980年,贯彻《中共中央、国务院关于普及小学教育若干问题的决定》(中发〔1980〕84号)文件,对小学民办教师比重过大,超编过多的状况进行整顿;对业务水平低,工作不负责任,教学效果差,群众不欢迎的民办教师,通过文化考试、业务考核,在做好思想工作的基础上予以辞退。至1981年10月,计辞退民办教师91名。经整顿后,还有民办教师643名,民办工友54名,占全县教职工总数的33%。此后,有一部分民办教师考入师范学校,一部分转为公办教师。1990年,全县有教职工2825人,其中公办教师1809人,民办教师564人,顶编452人。

# 第二节　教师待遇

## 一、政治待遇

明清时期，教师多为有才学的举人、贡生、秀才及地方绅士，均受地方政府的重视。民国时期，小学校长由县政府任命，教师亦经政府备案后才能任教。民国24年（1935年）后，由乡（镇）长兼任国民中心小学校长，村（街）长兼任国民小学校长。私塾、书院中的先生及中、小学教师，均为雇佣劳动者，乡村民众对教师很尊敬，每逢吉庆喜事，均恭请教师居首席就宴；逢农事佳节，常给教师送鸡鸭蛋品及肉粽、炒米、花生或糍粑等礼品。

解放后，1950年1月22—24日，教师代表出席了全县第一届各界人民代表大会。1951年，中学、小学教师先后参加了工会组织，成了工人阶级的一员。1956年，灌阳中学建立了中共党支部。1958年"反右"斗争扩大化，部分教师被伤害。1963年，全县公办小学教师394人，其中共产党员22人，共青团员132人。党的十一届三中全会后，经过"百年大计，教育为本"和"尊师重教"的宣传教育，教师的政治地位逐步提高，有467人教龄在25年以上，自治区教委颁发了荣誉证书和纪念章；县人民政府每年召开教育系统先进工作者表彰大会；每年春节、元旦，县领导向中小学和幼儿园教师拜年，对老教师进行慰问；每年9月10日"教师节"给全县教师赠送纪念品。历次党代会均有教师党员代表参加。县人大代表、县政协委员均有一定数额的教师代表。至1990年，全县有180余名教师被提拔担任领导职务；1名教师获特级教师称号，1名教师被评为全国模范班主任，3名教师被评为全国优秀教师，1名教师获全国教育工会先进工作者；14名教师分别被评为自治区优秀班主任、优秀教师、优秀工作者、先进工作者、先进个人、优秀少先队辅导员和扫盲积极分子。1990年全县教职工2825人，有共产党员508人、共青团员744人。

## 二、经济待遇

明清时期蒙学先生的待遇，由学生家长负担，一年要十几担学米钱；有的则实行供膳制，由学生家庭轮流供饭。书院经学先生则靠义田学租。

县儒学教谕、训导，年俸纹银40两。民国时期，小学教师月薪多数在22～24元。后因物价上涨，生活费用日高，除原有薪俸外，从民国30年（1941年）1月起，另给教师每人每月稻谷25～50公斤，中学教师每月另给生活费50元。民国32年，小学教师实行免役、免子女学费津贴米谷，供给食宿，实行养老金、恤金、年功加俸办法。因物价飞涨，仍不能维持基本生活，县立初级中学曾于民国35年11月14日举行罢课，迫使政府增加薪俸。

解放后，1950年实行供给制，村小学教师每人每月供给稻谷125公斤，高小校长月支150公斤，教师140公斤。从1952年下半年起实行工分制，完全小学教职工平均为120分，中学教师205分，职员150分，每人月支薪俸一律折合人民币发给。是年还实行公费医疗制度，生活有困难者，可享受福利补助。1956年，实行工资改革，教师实行货币工资制，小学、幼儿园行政人员工资分为13级，最高级93.5元，最低级24元；教师工资分为12级，最高级93.5元，最低级31元。中学行政人员分为15级，最高级147元，最低级31.5元；教师分为12级，最高级141.5元，最低级31.5元。此次工资改革，教师工资普遍得到提高。以后又进行了多次工资调整。1979年，全县有正式教职工1157人，其中1974年底以前参加工作的867人，按45%升级，应得升级指标390人，实际升级476人，升级面为54.9%；1975年元月至1978年底之间参加工作的265人，按2%升级应得升级指标5.3人，实际升级9人，升级面为3.4%，都高于全县平均调升工资比例。1981年，全县中小学教职工普遍提升一级工资，部分教职工提升二级工资。1985年进行工资改革，调整了教职工的工资，并实行教龄津贴、技术津贴、书报费、洗理费等，教职工收入均有较大提高。工资改革前，全县中小学公办教职工月平均为49.89元（1984年12月），改革后月平均工资达73.76元（1985年12月），平均月增23.87元，提高47.85%。1989年公办教职工又普调工资一级或两级，1990年12月月平均工资达98.13元。民办教师工资待遇，最初与生产队同等劳动力相靠，工资由生产队统筹发给。从1966年起，民办教师评定工资为15～30元不等，县财政补贴13.50元，其余部分由生产大队统筹解决。1981年以后，县财政补贴增加到19.5元；由生产大队统筹部分改由中、小学学生家长负担，每个学生每学期交1.5～3.5元；民办教师月工资50～75元，代课教师月工资45元。

公办教师自1952年起实行公费医疗，治病费用由国家负担，长期患病者，按工龄长短分别发给70%~90%工资。1985年后，按工龄长短分别给予80%~95%的药费报销，1989年改为90%~100%的药费报销。女教工分娩，给予产假56天。教职工病故或因公伤亡，按规定给予安葬费和安家费，其配偶（指农村）及子女由国家按规定发给一定抚养费。教职工到退休年龄，办理退休手续后，按工龄分别发给原工资75%~100%的退休金和一定数量的房屋修缮费。民办教师医疗费由乡镇包干，退休后同样享受一定数额的退休金及房屋修缮费。

## 第三节　教师素质

民国前期，聘用教职员比较注重学历。民国22年（1933年）下期，全县教职员278人中，受五年师范训练的5人，受三年师范训练的3人，受二年师范训练的6人，受短期师范训练的14人，其他专科以上毕业的1人，旧制中学毕业2人，普通中学毕业20人，其他中等学校毕业10人，初等学校毕业202人，非学校毕业12人，不详的3人。民国23年下期，全县教职工363人中，师范毕业的3人，专科以上学校毕业的5人，中学毕业的13人，民团干训队毕业的116人，其他226人。

解放后，随着中、小学教育的发展，中、小学教师的文化结构不断改变。1950年暑假统计，224名教师中，高中肄业9人，简师毕业37人、肄业11人，初中毕业77人、肄业35人，师训班毕业9人，高小毕业28人、肄业3人，其他15人。1955年小学教师324人中，中等师范学校毕业或相当于中等师范学校毕业的27人，占8.33%；初师毕业或相当于初师毕业的147人，占45.37%；初中文化水平的150人，占46.3%。中学教师18人中，师专毕业的1人，相当于师专毕业的3人；不及师专水平的14人，占77.78%。1963年全县公办小学教职员394人，其中师专毕业及肄业的37人，中师和高中毕业的135人，高中和中等专业学校肄业及初中毕业的179人，初中肄业的34人，高小毕业及以下的9人。"文化大革命"期间，因各级学校猛增，造成师资不足，民办教师大量增加，1966—1976年，中小学民办教师由156人增加到942人。由于绝大部分民办教师没有经过师范教育的专门训练，有的教师是高中毕业教高中，初中毕业教初中，中师毕业教初中或高中；小学骨干教师"拔"来教初中，初中骨干教师"拔"来教高中。结果出现老教师新任务，许多人不适应，小学的教学力量受到严重削弱，造成"两败俱伤"，致使教师队伍素质下降。按大学本科毕业教高中，大学专科毕业教初中，中师毕业教初小的规定，据1978年调查统计，全县1902名公办、民办、代课教师中，能胜任本职工作的420人，仅占22.08%，基本能胜任教学工作的765人，占40.22%；不能胜任教学工作的717人，占37.7%。原有文化程度：小学毕业44人，初中毕业630人，高中毕业745人，中师毕业383人，大专毕业17人，大学本科毕业83人。实际文化水平是：小学毕业27人，初中毕业837人，高中毕业454人，中师毕业369人，大专毕业127人，大学本科毕业88人。1982—1983年，为进一步提高教学质量，根据"考核学历、资历与实际工作能力、教学效果相结合，以实际工作能力、工作效果为主；业务考核与文化测验相结合，以业务考核为主；考核教学能力与工作态度相结合，以工作态度为主；群众评议与组织考核相结合，以组织考核为主"的原则，对中小学教师进行考核，合格者发给任用证书。全县公办中小学教职员1314人中有1253人接受了考核，其结果是能胜任的230人，占18.36%；基本胜任的851人，占67.92%；对教学有困难的160人，占12.77%；不能胜任的12人，占0.96%。同时还考核了民办教师636人、代课教师118人。

## 第四节　师资培训

民国29—31年（1940—1942年），县内曾多次举办国民基础学校校长、教员假期讲习会，训练班培训师资，成绩及格者由县长签发证书。

解放后，县人民政府采取下列措施加强师资队伍建设。

一、短期培训

为提高师资水平，县教育局号召教师参加业余学习。在20世纪50年代，小学教师每逢星期六下午，以学区为单位，学习教学大纲、钻研教材及教学方法。还利用寒暑假，举办短期培训班，解决教学中一两个难题。1960年，县文教局与卫生局联合举办初师短期培训班，有91人参加培训。1971—1972年上学期，在县师范学校举办培训班4期，共培训210人，每期学习2个月；第五期为半年制，学员48人。1974年，从小学民办教师、代课教师中招收一年制短训班，学员35人，结业后回原单位工作。

至1990年底，县教师进修学校共举办汉语拼音、笔珠结合、土法测量、优选法及英语、体育、行政管理等短训班21期，其中一年制短训班3期，学员127人；半年制及两个月短训班18期，受训人数达1461人次。还举办了高中数学教师短训班、初中数理化教师短训班，学员301人。

二、函授学习

灌阳函授教育始于1962年，由县教育局教研室主办，设专职辅导教师和聘请兼职教师分点面授辅导。至1966年，共有学员158人，后经地区教育局出题统一考试，有129人成绩及格，取得中师函授毕业文凭。1979年，县教育局函授部举办第二期中师函授教育，据1982年统计，有中师函授学员406人，另有广西函大学员33人，师专函授学员34人，广西师院82级中文本科函授学员7人，共480人参加函授学习。1984年，函大33名学员获毕业证书，其中数学专业2人、化学专业1人、中文专业2人共5人获得优秀学员称号。是年还有师专函授学员27人，本科函授学员9人，中师函授学员487人。至1990年底，先后已有7人获得本科函授毕业文凭，135人获得专科函授毕业文凭，392人获得中师函授毕业文凭。

三、离职进修

为了尽快提高师资业务水平，以适应教育事业发展的需要，从1953年起，分期分批抽调部分中小学领导、教师离职到广西师院、广西教育学院、桂林地区师范学校等院校深造，时间1~2年。"文化大革命"期间，仍抽调部分教师到师专、师院、教育学院轮训进修，1969年冬，有40名中学教师在雁山举办的培训班学习；1972年下半年，抽调高完中领导、教师14人到广西师院进修。

1981年，县师范学校两年制普通师范班停止招生，学校转为一年制、半年制师资培训和行政干部培训，主要任务是提高小学在职教师的政治、文化、业务水平；提高小学教育行政干部的领导管理水平，开展教学研究。1983年，招收在职公办教师离职进修班1个班，学员32人，学制二年，毕业后发给中师毕业文凭，享受中师毕业生待遇。1984年，经地区、自治区教育机关领导检查验收批准，灌阳县师范学校改为灌阳县教师进修学校，属成人中等师范专业学校，是年招收第2个班，学生39人；另有37名在职教师到大专院校进修业务。至1990年，全县先后有268名教师到县教师进修学校深造，系统学习语文、小学语文教材教法、数学、小学数学基础理论和教法、教育学、心理学及自然、历史、地理、美术、音乐、体育等学科，其中186人取得中专毕业文凭回乡任教。

# 第14章
# 勤工俭学

灌阳中小学勤工俭学始于1957年，当年灌阳初中到新街坪涧开荒种地。1958年，全县有2万多名中小学师生投入大炼钢铁、兴修水利和"双抢"等劳动；还兴建校办工厂244家，耕种水田、旱地1247.75亩；厂、场总产值24 853元，其他劳动收入25 913元，共50 766元，占全年经费收入的25.9%。1960年，全县中小学师生广泛开展群众性的农副业生产，大搞粮、菜、肉、油生产，争取实现部分自给或半自给，计办有小农场186个、水田166亩、旱地2674.6亩（其中开荒地1388亩、砍火地614亩、熟地672.6亩）；种水稻166亩、红薯921亩、小杂粮425亩、豆类43亩、蔬菜99亩、其他作物1186亩；产主粮30 750公斤，杂粮折主粮12 100公斤，蔬菜98 960公斤，价值21 239元。因劳动时间过多，影响了教学计划的完成，是年下半年的教学计划一般只完成2/3左右。1962年后，校办厂、场逐渐减少。据1969年统计，全县各中小学只有水田120.5亩、旱地161亩。

1970年，毛泽东主席发出"五·七"指示，全县中小学广泛开展学工学农活动，小学办有小工厂11家、小农场328个，有水田109亩、旱地315亩，其收入用于减免学生学杂费。是年有142所小学半免学杂费，66所小学全免学杂费；中学办有21家小工厂、20个小农场，有水田177亩、旱地335亩。1973年，全县112所小学、11所中学都建立了学工学农基地，办有小工厂5家，小农场351个，勤工俭学总产值91 498元，纯收入22 939.7元，小学三年级以上平均每个学生收入2元。水车公社江塘大队小学，是年复收茶籽9325公斤得茶油550公斤，总收入1430多元，每人平均3.38元，基本做到全免费或半免费入学。1974年，开展学"朝农"，两次组织中小学领导到浦北学习，争取把学校办成"农业学大寨"的先进单位。很多学校开办小工厂、小农场、小饲养场、小服务站，每个教学点都有学农基地。新街中学试制成功5千伏高压黑光灯,水车中学算盘厂从无到有、由小到大,建有裁子、车子、制框、油漆、装配5个车间,16台机械,年产算盘5000余架,另有年产3万公斤的酱油厂。城关完小办有泥炉厂、镜屏厂。文市中学曾到牛头岭办"五·七"劳动分校,灌阳中学到水车"五·七"干校办分校,组织师生轮流到分校劳动。1978年以后,恢复以教学为主,兼顾勤工俭学。勤工俭学转向以种养为主要内容,主要种植柑橙、山苍子及用材林,亦办一些小商店、加工厂等。是年有校办工厂5家,产值3852元;农场932.3亩,林场333.8亩,果园71.8亩,养牛5头,养猪52头;生产粮食118 910公斤,农副业纯收入36 509元,其他勤工俭学收入23 018元。1980年,水车中学、水车公社江塘大队小学和城关完小被评为桂林地区勤工俭学先进单位。1984年,县教育局成立"勤工俭学服务公司",专管勤工俭学工作。

# 第15章
# 教育经费

教育经费来源,清末有产业租、公款提充、乐捐、官款拨给和派捐五项。据宣统元年学务统计记载,全县当年岁入(折合桂平银圆计算)产业租550元,公款提充181元,乐捐1628元,官款拨给1286元,派捐2387元,合计6032元;是年岁出教员薪俸4167元,职员薪金373元,仆役工食900元,租息粮税125元,图书、标本、器具112元,服食用品74元,营建修缮88元,杂用78元,合计支出5917元,略有节余。岁出按学生平均计算,两等学堂每生15.473元,初等学堂每生3.719元,半日学堂每生1.134元,全县平均每生支出6.775元。

民国时期,因政局不稳,县财政拮据,经费来源主要靠田地租、租息、杂捐、附加捐及省款补助等。民国21年(1932年)收入附加捐10 583元、租息6041元、杂捐710元、省款补助2173元,共计19 507元,比上年增加7026元;支出教育行政经费5082元,初等教育经费9600元,社会教育经费3820元,其他事业经费1004元,共计19 506元,比上年增加6063元。是年度预算收入教育经费仅付教育局和县高小、女子小学及津贴各项社会教育事业之用,各区新旧积欠教育经费为数颇巨。民国23年略有好转,收支持平。民国34年以后,县财政奇绌,教师生活极为困苦,县立初级中学外籍教师9人曾于35年11月14日罢课,要求政府增加薪俸。民国36年2月后,因县财力有限,筹措不及,县初中教师待遇照原薪金八成支付,教师生活无法维持,当月有7名教师辞职。为维持教师生活,学校向学生征收学米,以补经费之不足。为增筹各级教育基金,发展地方教育事业,县政府于是年3月决定提拨庵堂寺庙产业及各宗族祭产为县教育基金。庵堂寺庙产业由县尽量提拨充作教育经费;宗族祭产用派捐方式,祭产田租不足100桶(每桶22斤)者免派,祭产田租在100桶以上者派捐30%,其中15%充作当地村街国民学校经费,10%充作该乡中心学校经费，5%充作县教育经费。民国37年5月，县参议会曾令饬县立初级中学裁减班次，少聘教师，节余经费来提高教师待遇。

解放后，教育经费来源主要有：财政拨款、民办统筹、收缴学费、勤工俭学、单位集资、群众捐资等。以政府拨款为主，收费筹募为辅。公办学校经费由人民政府包下来，列入国家财政计划。从1958年开始，贯彻"两条腿走路"的办学方针，在坚持以国家办学为主的原则下，发动群众办学，减轻国家财政负担。民办学校教师的工资主要靠群众统筹或学校自己解决。"文化大革命"期间，民办教师大量增加，小学教师中有一半是民办教师，群众负担过重。

据统计，1950—1990年，全县支出教育经费50 368 217元，占同期财政总支出的24.5%。由于各级政府对教育事业的重视，灌阳县多数年度教育支出占财政总支出比例都在20%以上。教育支出逐年上升，其中1969—1979年平均每年增长24.26%，1979—1990年平均每年增长30.96%。

开展勤工俭学，是解放后新开辟的教育经费来源的一条渠道。1988—1990年，全县中小学勤工俭学纯收入62.4万元。

集资办学是群众关心教育、发展教育事业的一种有效办法。县内自古以来就有捐资办学的传统。清乾隆四十八年（1783年），罗允华等入籍捐租105桶，后陆续收入籍捐租667桶，作科举用费。道光十六年（1836年），义妇范孔氏捐资田租700桶；同治六年至十年（1867—1871年），知县王炳绅捐廉置租50桶；光绪十四至十七年（1888—1891年），知县潘绍岳捐廉置租45桶，作为书院田租。20世纪50年代初，大仁村第九片修建小学，群众无偿捐工800多个工日、2400公斤石灰和数千块砖，70多岁的老人蒋仲清也积极参加建校义务劳动。五区（水车）完小修礼堂、教室，大营、水车、合成3乡群众捐杉木80多两（约100立方米），其他各乡捐足了砖瓦、石灰，很快完成建校任务。1985年，颁发灌政布字（1985年）1号《关于抢修中小学危房的布告》，全县人民踊跃捐资、捐工、捐料抢修中小学危房，至1990年底，单位捐资204 454元，干部、工人、群众捐款924 612元，学生捐款458 596元，农民捐工、捐料折币2 193 227元，其他捐款328 311元，共计币410.92万元，全部用作学校建设，共抢修中小学教室43间，教学条件得到改善（表15-1）。

表 15-1　1950—1990 年全县教育支出情况统计

单位：元

| 年份 | 银行支出数 | 实际支出 合计 | 工资 | 补助工资福利 | 民办补助 | 助学金 | 修缮费 |
|---|---|---|---|---|---|---|---|
| 1950 | 11 960 | 11 960 | | | | | |
| 1951 | 18 557 | 18 557 | | | | | |
| 1952 | 111 250 | 111 250 | 48 666 | 60 | | 2116 | 35 241 |
| 1953 | 135 851 | 153 779 | 96 124 | | | 6790 | 17 927 |
| 1954 | 124 340 | 136 266 | 103 811 | 3731 | | 4960 | 11 925 |
| 1955 | 144 549 | 146 449 | 115 534 | 8293 | | 3356 | 1900 |
| 1956 | 168 290 | 177 458 | 127 522 | 11 046 | | 3350 | 9168 |
| 1957 | 225 928 | 225 928 | 165 640 | 9844 | | 5321 | 20 912 |
| 1958 | 186 076 | 195 600 | 165 709 | | | 5261 | 9524 |
| 1959 | 225 028 | 243 028 | 173 633 | 11 444 | | 9362 | 18 000 |
| 1960 | 284 595 | 365 205 | 210 790 | 4353 | | 15 133 | 100 632 |
| 1961 | 288 254 | 271 765 | 213 795 | 8869 | | 15 751 | 720 |
| 1962 | 295 715 | 298 003 | 222 306 | 10 474 | | 5840 | 967 |
| 1963 | 276 860 | 279 370 | 218 901 | 10 605 | | 2488 | 13 866 |
| 1964 | 313 875 | 313 117 | 230 671 | 18 528 | | 4234 | 19 221 |
| 1965 | 337 674 | 338 041 | 233 542 | 17 538 | | 4790 | 24 608 |
| 1966 | 367 350 | 364 744 | 234 090 | 25 413 | 36 634 | 5635 | |
| 1967 | 431 288 | 439 575 | 238 807 | 36 811 | 59 402 | 8107 | |
| 1968 | 345 725 | | 235 869 | 40 054 | 15 306 | 4205 | |
| 1969 | 369 864 | | 248 546 | 33 098 | 565 | 420 | |
| 1970 | 364 637 | | 241 460 | 36 712 | 34 486 | 3855 | |
| 1971 | 403 492 | | 257 966 | 48 492 | 33 616 | 12 739 | |
| 1972 | 708 244 | 705 709 | 341 481 | 54 830 | 62 954 | 22 071 | 90 290 |

续表

| 年份 | 银行支出数 | 实际支出 | | | | | |
|---|---|---|---|---|---|---|---|
| | | 合计 | 其中 | | | | |
| | | | 工资 | 补助工资福利 | 民办补助 | 助学金 | 修缮费 |
| 1973 | 679 470 | 678 511 | 367 222 | 56 695 | 75 116 | 18 025 | 51 196 |
| 1974 | 778 100 | 784 222 | 369 480 | 63 558 | 86 180 | 27 927 | 80 095 |
| 1975 | 805 900 | 806 075 | 397 102 | 76 865 | 108 023 | 22 176 | 55 563 |
| 1976 | 886 300 | 886 177 | 425 631 | 91 927 | 126 964 | 30 403 | 54 519 |
| 1977 | 951 800 | 925 166 | 440 750 | 92 350 | 145 519 | 40 073 | 77 067 |
| 1978 | 1 108 200 | 1 105 560 | 511 134 | 91 626 | 151 512 | 45 887 | 150 580 |
| 1979 | 1 267 189 | 1 220 252 | 609 019 | 157 550 | 147 979 | 39 506 | 77 067 |
| 1980 | 1 466 882 | 1 514 642 | 685 884 | 405 879 | 178 273 | 36 895 | 176 305 |
| 1981 | 1 741 200 | 1 674 455 | 754 344 | 531 367 | 165 642 | 30 956 | 142 173 |
| 1982 | 1 876 700 | 1 862 738 | 912 101 | 527 274 | 156 873 | 29 615 | 195 232 |
| 1983 | 2 048 352 | 1 945 394 | 962 809 | 655 510 | 223 417 | 15 938 | 147 006 |
| 1984 | 2 748 833 | 2 492 011 | 941 665 | 884 540 | 179 300 | 19 092 | 291 297 |
| 1985 | 3 582 863 | 3 425 429 | 1 325 806 | 1 009 098 | 283 562 | 15 215 | 721 155 |
| 1986 | 3 722 435 | 3 749 037 | 1 524 988 | 1 276 446 | 366 549 | 19 400 | 471 554 |
| 1987 | 4 170 671 | 3 931 423 | 1 679 253 | 1 274 763 | 383 028 | 20 839 | 385 747 |
| 1988 | 5 076 920 | 5 303 514 | 2 051 226 | 1 978 572 | 604 403 | 20 845 | 482 469 |
| 1989 | 5 191 000 | 5 229 206 | 1 758 052 | 2 183 788 | 589 627 | 15 620 | 353 631 |
| 1990 | 6 126 000 | 6 020 000 | 2 309 000 | 1 696 000 | 597 000 | 24 000 | 384 000 |

注：表中之"其中"为教育支出中5个主要部分，还有其他支出因篇幅有限未列出。

# 第16章
# 行政机构

  县教育行政机构，汉唐无考。隋大业十三年（617年）在县治东设立学宫。从北宋崇宁二年（1103年）起，各地设置管理地方教育之官，县设儒学教谕、学录。学官由朝廷委派，负责管理教育所属生员，其级俸与县丞同。元代设儒学教谕、训导，明代增设司吏1名，门子1名，祭器库门子1名，明伦堂门子1名。

  清代执掌教育者正学为教谕，副学为训导。顺治十六年（1659年）儒学训导裁撤，康熙三年（1664年）奉令复设。光绪三十二年（1906年）设立县劝学所，为专管教育的行政机关。设总董1人（兼县视学），综核各区教育事务；每区设劝学员1人，任一学区内劝学之责。宣统二年（1910年）学部奏请修改劝学章程，确定劝学所为厅州县管理教育行政的机关，左理官办学校。同时将劝学所总董改称劝学所长，另设劝学员及书记1～3人，劝学所长及劝学员均由知县（县长）提请学使派充。

  民国初年，沿袭清末旧制，设县劝学所，置所长1人，受管于知事。迨马君武任省长时，劝学所曾改为督学局，然亦为时无几，旋随马君武的去职而恢复劝学所。民国15年（1926年）6月1日，奉令设立县教育局，设局长1人，督学2人，事务员2人，局长由教育厅直接任免。每区设教育委员1人，受教育局之指挥，办理本区教育事务。民国17年后学校逐渐增加，增设书记1人。民国18年，国民政府规定县政府设教育局，掌管学校事宜，设局长1人。民国20年冬增设课长员等。民国21年夏奉令课长由局长或督学兼任，课员以原有事务员改充。并遵令分为一、二两课，第一课掌理教育行政事宜，第二课掌理学校教育、社会教育事宜。县教育局设局长1人，下设督学兼课长2人，课员3人分隶两课；办事员1人，任庶务及书报管理，并帮办第一课所属统计事务；书记1人兼收发。因局务事繁，另增加司书1人。全县新划自治区域分为五区，学区因重划困难，仍照旧分为三区。每区设教育委员1人，可随时商询县督学决定一区的教育设施办法，并辅导区内各项教育事业的进行。民国22年教育局裁撤归并县政府，设教育科（属第三科），由教育科长掌理教育行政事宜；各乡（镇）公所设文化股，办理国民教育、社会教育及文化活动。同年6月中旬，县设立教育委员会，由县长、教育科长、财务科长、县督学及教育会代表等5人为当然委员，另聘任委员5人组成，负责审议县教育方针及计划、教育经费之筹集及分配、教育经费之预算和决算等事项。民国36年，县教育科设科长1人，副科长2人，科员2人，督学3人。

  中华人民共和国成立以后，1950年11月县人民政府设文教科，任副科长1人，科员3人，助理科员1人；区设文教干事，管理区内教育事宜。1955年10月，文教科分为教育科和文化科，教育科下设教研室，专管学校教育有关事宜。1958年11月21日，复将教育科、文化科合并为文教局下设教育股、文化股、扫盲股。1960年秋，局增设教研室、中小学教师函授辅导站。1963年，将文教局分为教育局、文化局，教育局设局长1人，秘书1人，工作人员3人。1966年"文化大革命"开始，教育机构被打乱，1967年成立县人民武装部抓革命促生产指挥部复课闹革命办公室。1968年4月成立县革命委员会，下设政治工作组，管理教育有关事宜。1970年8月20日，县革命委员会政工组文教小组成立，设组长、副组长各1人。1972年5月复设文教局，置局长1人，副局长3人，秘书1人，下设教研室。1978年11月25日，文化教育机构分开，重设教育局，任局长1人，副局长3人，秘书1人；下设教研室、后勤组；公社设教育领导小组，任辅导员1人，工作人员4~5人。1990年底，教育局设局长1人，副局长4人；下设人事股、计财股、办公室、教研室、普教股、成教股、职教股、电教股、招生办、勤工俭学服务公司、保卫监察股、职改办、教育工会等13个股室，共有职工55人。

# 第三部分

# 荔浦县教育[①]

---

① 荔浦县地方志编纂委员会.荔浦县志[M].北京：三联书店，1996：769-790.

# 第17章 机构

## 第一节 行政机构

宋政和年间（1111—1118年）诏令知县兼任学官，执管教育行政。元至元三年（1266年），荔浦县始立学署，设教谕1员为正学官，训导1员为副学官。元贞元年（1295年）裁撤。至正年间（1341—1367年），复设教谕、训导。明代沿元制。清顺治元年至光绪二十九年（1644—1903年）照旧设置。光绪三十年裁教谕，留训导。光绪三十一年废科举，撤学署，成立学务公所，设总董事1人，董事若干人，三十四年改称劝学所，设学董1人及劝学员若干人，兴办学堂。

民国元年（1912年）撤劝学所，并裁训导，县署置教育课，设课长1人，视学员若干人，司理教育行政。民国4年教育课下设劝学所，配所长1人，所员若干人。民国12年教育课改称教育局，劝学所并入，设局长1人，视学员若干人，督促各乡（镇）学区教育事务。民国22年裁局，于县政府设第三科，置科长、科员、督学、办事员各1人，管理行政事务。民国30年第三科改称教育科。

1950年3月，县人民政府设文教科，置科长1人，工作员数人，综理全县文化、教育工作。1952年，各区人民政府设文教干事（旋改称文教助理）辅佐教育。1956年5月，分设文化科，同年8月，文教科改称教育科。1958年7月，文教、卫生合并称文教卫生科。1959年5月，又分设文教局和卫生科。1960年10月，文教局改称文教科。1963年6月，文教再次分设称教育科。1968年4月，改称荔浦县教育科革命领导小组。1969年10月，更名为荔浦县革命委员会政治工作组文教小组。1972年6月，复称文教局。1973年10月，分设文化局和教育局。1985年，教育局内设人事秘书股、业务股、计财股和招生办公室。1986年3月，将业务股分设普通教育股和成人教育股。

## 第二节 教育辅导机构

民国27年（1938年）在乡（镇）中心小学设辅导主任，负责辅导全乡（镇）学校。1954年，以县辖区划分学区，学区设辅导员1人辅导该区学校教学业务。1955年设县教研室，在教育科领导下，负责组织教师业务学习，研究教育教学理论和各种教材教法。当年有工作员4人，指定1人主持日常工作。1962年，教研室始设主任1人。1967—1971年教研室名存实亡。1972年，恢复教研室，人员逐渐充实。到1979年教研室设主任、副主任、教研员共11人，1980年增至14人。1981年10月，各公社成立教育组，设组长、副组长各1人，出纳、会计、语文、数学工作员、扫盲专干各1人。1984年机构改革，县将人事管理权下放乡（镇），1986年，县财政将教育事业费下放乡（镇）包干管理。1988—1990年，教研室有主任1人，副主任2人，设中学组语、数、理、化、政治、英语教研员各1人，小学组语、数教研员各2人，体育专干、幼教专干、资料员各1人，电教组3人，共19人，业务机构渐趋完善。

# 第18章
# 私学 官学 科举

## 第一节 私学

荔浦私学，有家传与师授两种形式。百工技艺以家传为主；师授形式一般应科举之所需教学，就程度而言，可分蒙学与经学。

一、蒙学

即蒙馆，由教师自设或由地方人士合办，也有由某姓以田租开办的。一所蒙馆一般只有一个教师。教材是《三字经》《百家姓》《千字文》《增广贤文》《幼学琼林》等。学童几个或几十个，年龄从五六岁到十来岁，也有十七八岁的。学习内容视各生程度循序而进。因此，虽是同窗共砚，却是分别面授，个别指导。要求学生对教材读熟、背诵。属于蒙学范畴的还有义学和社学。义学，是民办公助的学馆，康熙四十七年（1708年）荔浦知县许之豫创议，教谕周天衢、邑人潘鸣高、龙图光、徐昌芝、覃绍宗等襄办义学，地方士绅捐资购置田产、房屋，以岁租为延师倡脯及学生膏火之资，免收贫寒子弟入学费用。馆址在县城东南梓潼观。社学，是地方集资办的学馆，带有地方基层普及义务教育性质。雍正元年（1723年）知县姜济泰在县城北门外接引寺旧址办社学，规定凡15岁以下者按人头征集统筹办学经费。社学与一般蒙学不同，在教学内容上除识字外，侧重于伦理教化；在教学时间上，不是全年入学，而是农隙上学。因适应于农庄村社办学，故名。

二、经学

即经馆，是为参加科举考试作准备的。学童在蒙馆攻读2~4年后上读经馆，主要学习儒家的经典著作，其中以"四书"（《大学》《中庸》《论语》《孟子》）、"五经"（《诗经》《周易》《礼记》《春秋》《尚书》）为基本教材。要求学生习文、吟诗、作对。教师是名师巨儒，荔浦县私学经馆教师有道光乙巳科举人陈应台，咸丰辛酉科举人陈应启，同治庚午科贡生钟毓德，同治癸酉科拔贡陈达聪等，他们设帐讲授，得人甚众。

蒙学、经学教师酬金由教师和学生家长双方议定。

蒙馆开设，城镇农村都有，荔浦县城不下六七所。经馆因教授经典著作，为数不多。

## 第二节　官学

荔浦官学，以学宫为主书院为辅，对学生"习道传经"，以应科举考试，培育人才。

### 一、学宫

学宫是文庙、儒学、学署三位一体的并称。建筑定制亦相连合，原以文庙为主体，以明伦堂为中心的儒学建筑群。荔浦文庙，清嘉庆十七年（1812年）改建于县南，与儒学、学署建筑虽不相连，但庙学合一精神不变，尊孔崇儒以圣贤为典范，使受教育者通过儒家纲常的教化，成为维护封建社会道德的人才。

荔浦县儒学学官分正副署，教谕为正，训导为副。自元代至清，荔浦县历届教谕48人，训导44人。师资实行官师制，即由官兼师，学官到明伦堂讲授，知县常到明伦堂讲学。

官学的教材以儒家经典为主，基本教材是"四书"、"五经"；此外，《史记》《资治通鉴》《楚辞》《唐诗三百首》《唐宋八大家文选》也属于讲读中的内容。写作教学以八股文为主，吟诗、作对次之。教学管理立学规教约，严奖惩，重考核。经费来源于学田收租，荔浦儒学田岁收租谷41 600斤，学地租银22.60元由官学开支办学，为修缮、学官薪俸及对贫寒学生膏火资助之用。

### 二、书院

荔浦书院始建于康熙四十七年（1708年），设在荔城东南梓潼观，名"荔川书院"，嘉庆五年（1800年）迁建城西南隅，改名"正谊书院"。原修仁县于乾隆三十五年（1770年）建修江书院，嘉庆年间建"敬修书院"，均设在建陵（今修仁镇）。当时书院规定教学儒家经典，纳入科举轨道，成为辅县学之所不及的学习场所。书院设山长，主持教务并任主讲。"讲席"由山长聘任。主讲、讲席聘举人贡生担任。经费由学田收入支配，荔浦书院年有学田租谷107 095斤，屋租银24元，地租钱217 240文。

## 第三节　科举

参加科举考试，是士子进身获取官禄的主要途径；是国家选取人才的基本来源。科举考试以"四书""五经"等儒家经典为主要内容，考试分童试、乡试、会试、殿试四级，录取者分称庠生、举人、贡士、进士。

### 一、入学定额

荔浦学额明代以前无考。明岁科两试各取进生员5名，廪、增生各10名。清康熙二年岁科取进生员7名，七年取进生员6名，外瑶童1名。十年取进生员5名，四十九年岁科取进文生8名，岁考取进武生8名，廪、增各10名（三年一贡，后沿此额）。光绪卅二年废科举，考保选。宣统元年举孝廉方正，考保选。己酉科考拔，各府州县照原额加倍，荔浦拔贡府学取3名，县学2名。修仁学额，明岁科两试取进文、武生员各6名，廪、增各6名。康熙二年岁科取进生员7名，七年取进生员6名，十年取进生员4名，廪、增各6名。四十九年岁科取进文生8名，岁考取进武生8名，廪、增各6名，三年一贡，廪生6名。

### 二、录取人数

荔浦县历代被录取的进士：宋代政和三年（1113年）癸巳科李发若，宣和三年（1121年）辛丑科李申，绍兴二年（1132年）壬子科周孝杰、龙次山、周孝，绍兴五年（1135年）乙卯科莫应龙共6人。清代乾隆十年（1745年）乙丑科文谟，嘉庆二十二年（1817年）丁丑科李佩莲，二十五年（1820年）庚辰科李佩蘅，道光二十四年（1844年）甲辰科莫炽，二十五年（1845年）乙巳科陈应台，同治十年（1871年）辛未科徐步月，咸丰六年（1856年）丙辰科武进士李时德共7人。辟荐：清代1人；明通榜：清代1人。举人：明代15人，清代36人，另武举24人。贡生：明代71人，清代235人。原修仁县被录取的举人：明代10人，清代4人，另武举15人。贡生：明代50人，清代107人。

# 第19章
# 普通教育

## 第一节　学前教育

民国21年（1932年）冬，政府拨银圆800元为基金，地方人士捐资约500银圆，筹建荔浦县幼稚园。选定县城城隍庙旧址为园址，稍事修葺于22年春开学，招两个班，教师2人。是年，收3~6周岁幼儿共60人。23年入园幼儿达163人，其中男童99人，女童64人。开设课程有语言、算术、常识、唱歌、游戏、美术、手工（剪纸、自制教具）。民国25年8月，省派幼师5人来荔浦任教，由县分配到荔城、青山、栗木、马岭、大塘等中心校开办幼稚班。此后，县幼稚园每年都招收两个班，每班60人左右，教师2人。中心校幼稚班列为附设，均在民国33年日军侵荔时停办。

解放后，1956年荔浦县在县工会俱乐部开设幼儿园两个班，入园幼儿60余人，保教员3人。1957年教育部、卫生部、内务部联合通知：工矿、企业、机关、团体、群众和农业合作社要开办幼儿班，于是县直各企事业单位办起幼儿班15个班，入园幼儿达525人。1958年荔浦县"大炼钢铁"，劳动力全部投入，为适应"大跃进"需要，幼儿园突增至416所，入园幼儿16 393人，占适龄儿童的70%以上。1960年，一些幼儿园停办，尚有124所，计166个班，入园幼儿降至5129人，保教员185人。1963年，全县幼儿园仅存4所，保教员11人，招收幼儿12个班学生574人。1966—1971年，县内幼儿园停办。1972年恢复2所，入园幼儿203人，保教员5人。1973年幼儿园增至5所，入园幼儿289人，保教员10人。1974年，地方自治区要求办好幼托组织，至1978年全县增至277所，入园幼儿7296人，保教员355人。1980年，农村实行了以家庭为单位的联产承包责任制，幼托组织受到影响，全县幼儿园只剩3所，入园幼儿491

人，保教员 18 人。1983 年又恢复到 17 所，入园幼儿 1275 人，保教员 79 人。1986 年 20 所，入园幼儿 1218 人。1987 年 21 所，入园幼儿 1553 人。1988 年 20 所（连学前班在内），入园幼儿 1587 人。1989 年，学前班 219 个班，入学幼儿 6624 人；幼儿园 4 所，43 个班，入园幼儿 1223 人。1990 年，全县办学前班 224 个班，入学幼儿 7480 人；幼儿园 4 所共 45 个班，入园幼儿 1342 人。

县幼儿园简介

1956 年，荔浦县幼儿园开设于县工会俱乐部，两个班，属半日制。入园幼儿 60 余人，保教员 3 人，设备简陋。1957 年，荔浦县在荔城西街一间旧屋试办托儿所，1958 年秋与县幼儿园合并，称"荔浦县干部职工子女幼儿园"，园址设在县供销合作社大院。1963 年春，幼儿园迁到荔城镇第三小学分部，入秋后解散。1965 年秋复办，校址借用城关公社旧房，有保教员 14 人，入学幼儿 80 余人。1966 年再停办。1972 年恢复为公助民办性质。1980 年春，县人民政府在荔柳路建成一幢 600 多平方米的楼房，称"荔浦县幼儿园"。1982 年，县幼儿园用节余款 45 000 元、县财政拨款 20 000 元新建一幢 660 平方米的二层楼房，开设 11 个班，入园幼儿 470 余人，保教员 31 人。1984 年开设 14 个班。1986 年缩编为 12 个班，入园幼儿 459 人。1988 年设学前班共 13 个班，入园幼儿 605 人。其中幼托班 3 个班 118 人，小班 2 个班 86 人，中班 3 个班 145 人，大班 4 个班 202 人，学前班 1 个班 54 人。人员编制设主任 1 人，保教员 33 人。至 1990 年连同后勤人员共 43 人。为遵循儿童身心发展的规律，在普遍开设体育、语言、常识、计算、美术课程的基础上，注意内容与教学时间的配置，在掌握知识获得技能的同时，顾及了儿童心理活动的改变和儿童体质的增强。把课程内容融于游戏、故事、手工、劳作、谜语、舞蹈等活动之中；同时，增加风琴、玩具、摇船、木马、转轮、滑梯、跳板、秋千等设备，寓教于乐，以促进儿童身体和智力的发展。

1990 年，县幼儿园贯彻国家教委颁发的《幼儿园工作规程》《幼儿工作管理条例》，进一步建立健全了保健卫生制度。制订了 1990—1991 学年度实施计划。定期向家长汇报幼儿在园学习、生活情况，力求配合家长对幼儿进行教育。

## 第二节 小学教育

清光绪三十二年（1906年），废科举，兴学堂，荔浦县城区有官立高等、初等小学堂各1所，都设在文昌宫内。三十四年，北区设有公立龙坪初小1所。宣统元年（1909年），县城有简易学塾2所、官立女子初小1所、中区有初小1所。东区汉田有公立第一初小，北区有公立普益、普新、花簪、大塘初小及孟氏私立初小。宣统二年，东区有公立第二初小，西区有公立青山初小，北区有公立马岭初小。宣统三年，南区有公立第一初小。至此，全县有简易学塾2所，高等小学堂1所，初等小学堂14所。

民国元年（1912年），荔浦县城区初等、高等小学合并，称"荔浦县两等小学校"，继续开办城区女子初小，东区、南区的初小，北区的龙坪、马岭、普新、普益与孟氏私立小学校，西区的青山初小及新开办的西区茶香、光裕初小，城区的端本小学、培基小学及基督教会办的育才小学共15所。民国17年，城区女子初小改为县立女子小学，招收高级班。民国18年，城区建立区立三民女子小学、五权初级小学。民国22年，县城湖南会馆开办宝善小学，江西会馆开办豫立小学，福建会馆开办福民小学。是年县城已有10所小学；东、南、西、北区小学已开设高级班。天主教会在三河乡莲塘村办约瑟小学1所。

修仁于光绪末年已办小学，民国初年县城建陵镇有高等、初等小学各1所，女子小学校1所，桐木镇及四排也各有高小1所。

民国23年（1934年）7月，颁布《各县办理村街乡镇民团后备队、村街国民基础学校及乡镇村街公所之准则》，各乡（镇）小学点作统一规定：乡（镇）所在地设中心国民基础学校1所，村（街）设国民基础学校1所。学校由乡（镇）、村（街）长兼校长。是年，荔浦全县有中心国民基础学校13所，国民基础学校139所，共有178个班，学生6726人，教职员248人。民国26—30年，先后开办瑶族村的国民基础学校，有镇西乡的马蹄，定西乡的福民、民良、和清、万福、万全，安东乡的民化。各校以复式班教学，教员1人，学生20~30人。民国38年，荔浦全县小学共287所，学生12 066人，教师503人。

原修仁县在民国23年（1934年）有中心国民基础学校7所，国民基础学校41所，共有73个班，学生共3118人，教职员152人。民国30年把全县乡（镇）划分为5个乡，每乡设中心国民基础学校1所，与1村或与他村联办国民基础学校各1所。

1949年，荔浦县人民政府接管全县小学。1950年始有民办小学，1952年，全县小学增加到305所，公办、民办教师623人，学生21944人。1958年，"大跃进"运动开始，是年9—11月，全县学校师生停课参加大炼钢铁。冬天，全县大办共产主义学校，各乡中心小学均占用街道民房，学生集中在校食宿，教学活动强调参加农业生产，劳动成为学校主课。因机构庞大，不便管理，共产主义学校停办。1959年恢复小学148所，公办、民办、代课教师共1197人，学生29917人。1964年，为了改变农村、山区学龄儿童入学率低的状况，办起了简易小学56个班、学生1546人。1965年，全县贯彻"全日制和半耕半读"两种教育制度，在全日制小学附设耕读班、"五·七"班。同时，为方便群众子女入学，各大队增设小学高级班。全县基本普及了高小教育。是年全县有307所小学，有公办、民办、代课教师1345人，有学生39329人。1969年，农村公办小学下放给大队办，并附设初中班。1979年，党的十一届三中全会后，贯彻"调整、巩固、充实、提高"八字方针，压缩高中，调整初中，发展农中，加强小学，逐步取消小学附设初中班，至1982年全县小学附设初中班全部撤销。1984—1985年度，全县普及初等教育，各校狠抓"四率"。1985年12月，自治区人民政府委托桂林地区行署教育局来县检查验收，荔浦县当年全县小学149所，1525班，学生49577人，毕业生数5016人，招生数7763人，入学率达97.5%，巩固率为98.2%，普及率达97.9%，应届毕业率为94.2%。荔浦县获普及初等教育合格证书。1986—1990年，教育步入稳定、健康发展轨道，教学秩序正常。1990年，全县有小学158所，另有176个教学点，共1594个班，学生48619人，毕业生6272人，招收新生6615人。

一、学制

清末，荔浦县小学施行光绪二十九年（1903年）颁发的"癸卯学制"，初等小学年限5年，高等小学为4年。课程有修身、读经、中国文学、体操、图画等，高等小学还增设格律诗、地理和历史。后又在高等小学开选修科，有手工、农桑常识。民国2年（1913年）荔浦县小学实行"壬子癸丑学制",初等小学4年,高等小学3年,有修身、国文、算术、手工、图画、唱歌、体操等课,高等小学增设历史、地理、农业、理科、英语。女生设缝纫课。民国11年,荔浦县的小学教育实行国民政府教育部颁布的"壬戌学制",小学修业年限定为6年:初级小学4年,高级小学2年。课程增设公民训练。民国15年则设党义1科,后改称公民课。此后,这个学制曾经做过一些修改,但没有根本上的变动,一直沿用到解放初期。

1959年,全县小学曾试行九年一贯制,即小学年限5年,学毕入初中、高中各2年。初在荔城第一小学、马岭小学作试点,由于师资校舍设备条件不足,只试行到五年级,1962年停止试行。1969年秋,荔浦县全日制小学全部实行五年制,小学连贯五年,不分高小、初小。课程主要是语文、算术,此外设图画、音乐、军事体育、劳动等课。教材内容混乱,语文多为有关阶级斗争的文章;算术授笔、珠结合课;音乐课唱毛泽东"语录歌""样板戏"。至1976年,课程设置才逐步得到改善。1977年,荔浦县小学课程设政治、语文、数学、常识、音乐、体育、图画等课及班会、少先队活动。1978年秋季开始使用全国统编教材,从1981年起小学高年级增设历史、地理。1983年,荔浦县逐步推行小学六年制,在改革学制过程中,五年制与六年制并存。使用教材分为3种,1983年秋以后入学的学生,使用全日制六年制统编教材,六年级学生使用湖南省编教材,其余年级学生仍使用全日制五年制统编教材,直至1987年,荔浦县所有小学才统一为六年制学校。

二、教学

清末民初,荔浦县小学教学已开始注意到体操和自然学科的教学。民国11年(1922年),荔浦县推行新学制,各小学采用新学制教科书,教育行政机关委托专员编写《教授法》,启示教法,县派员到学校视察、督促学校推行新学制。民国22年,教育部公布《小学规程》,规定:"小学教学,应力求适应儿童之身心,以启发其自动能力并培养民族精神,指导其运用补充读本。自然、劳动等科,应注重实验及实际工作",并相应地编订新时代教科书。荔浦县小学一律采用新时代教科书进行教学。但课堂教学则属注入式,未能达到"启发其自动能力"的目的。1950年,小学课堂教学仍以注入式为主。1953年,荔浦县各学校开始学习苏联凯洛夫教育学,进行教学改革,开始在教学中采用五级记分法及课堂教学5个环节。1957年秋，小学开始设劳动课，将劳动锻炼和劳动教育正式列入教学计划。1958年，荔浦县各小学师生走出课堂，走出学校，参加大炼钢铁、秋收、秋种等劳动。学校办小工厂、小农场。由于劳动太多，教学任务无法完成，严重地影响学校正常教学秩序。1959年下半年，县教育科提出学校以提高教学质量为中心的口号，开始克服任意停课搞劳动的现象。1960年秋，根据桂林地委宣传部教改会议精神，减轻教师在教学外的工作负担，使教师有充沛的精力用在教学上。1963年开展以教师为中心，课堂为中心，课本为中心的"三中心"教学活动。1964年贯彻全国教育厅、局长会议精神，在作业、考核、教学方面实行改革，以减轻学生负担。1965年，调整课程和教学时间，将原来45分钟一节课缩为40分钟，课间休息由原来10分钟延长到15分钟。1977年各小学开始纠正轻视文化的偏向，在课堂教学中，注意基础知识和基本技能的训练。1979年，荔浦县把全面提高教学质量当作抓教育工作的中心环节。推广宾阳四通小学语文、教学"以读为基础，读写结合，精讲多练，以作文为中心"的教学经验。1981年，根据全国统编教材实行讲读课、阅读课、独立阅读课的教学研究实践。1982年，学习全州城关完小数学教学经验，进行数学教学中一题多解、一题多变的教学活动。1983—1984年，全县小学进一步掀起学"四通"热潮，进行全县大评比，在小学中评出甲等奖18名，乙等奖49名。总结了1979年以来学"四通"的成绩，并指出了它的局限性，如"重写作、轻阅读"的偏向。1985年，在荔城一小开展小学语文"注音识字，提前读写"的教学实验，学生44人，经第一轮实验5年完成6年课程，全班40人参加县升学统一考试，重点中学录取3人，普通中学录取38人。1990年，于蒲芦瑶族乡蒲芦中心校办一个"注音识字，提前读写"实验班，1991年7月学年终统一考试，效果良好。同年，普遍推行注音识字，提前读写教学。

### 三、管理

民国时期，县政府施行国民政府颁布的《小学法》，全县小学设校长综理全校事务，除担任教学外，并指导教职员分掌教务及训导事宜。民国23年（1934年），全县实行"三位一体""政教合一"的编制，乡（镇）长、村（街）长兼小学校长，还兼任民团后备队队长。民国33年恢复校长专任制。1949—1950年，荔浦县各小学设校务委员会，管理全校工作。1951年，县人民政府开始任命各小学综理校务的校长。1963年，根据教育部颁发的全日制小学《暂行工作条例（草案）》，县人民委员会制定《荔浦县全日制小学规章制度（草案）》，规定：校长、副校长受党和政府任命，是学校负责人。教导主任、副教导主任是校长的有力助手，与学校教师在职责上是领导和被领导关系。1969 年秋，由工农兵毛泽东思想宣传队、贫下中农管理委员会管理学校，同时又成立了革命委员会或革命领导小组，设主任、副主任或组长、副组长各 1 人。1977 年，贫下中农管理委员会退出学校。1978 年，恢复党支部领导下的校长分工负责制，由校长、教导主任管理学校行政及教学。1980 年，县教育局制定了各级学校岗位责任制细则，印发全县贯彻执行。

1989 年，根据《中共中央关于教育体制改革的决定》、中共广西壮族自治区党委桂发〔1989〕16 号文件精神和中共县委、县人民政府关于简政放权的措施，全县施行分级办学、分工管理的教育管理体制，县教育局将中小学的办学和管理从原来由县教育局全面统揽的旧格局中解脱出来，即实行县办高中、完中和职业中学，乡镇办初中、小学的县、乡（镇）两级管理制。从 1989 年冬开始，各乡（镇）教育组正副组长、中学校长，由县教育局任免；乡（镇）中学副校长、教导主任、总务主任、中心小学、村完小校正、副校长等由乡（镇）人民政府任免，报教育局备案。1990 年秋，乡（镇）教育组正、副组长、乡（镇）中、小学校长、教导主任等由乡（镇）任免，教师在乡（镇）内调动，由各乡（镇）决定；乡镇之间的教师调动由教育局负责。乡（镇）教育经费，于 1987 年已下放到乡镇，实行财政包干。县直属高中、完中和职业中学所需费用由县财政开支，其教学业务均由教育局管理。1990 年春，全县中小学实行校长负责制、教师聘任制、教学岗位责任制。

四、荔城镇第一小学简介

民国 8 年（1919 年），原两等小学堂已附设初级中学，小学则称小学部。民国 17 年小学部搬到城西街单独设校，定名为荔浦县立第一高等小学。

民国 23 年（1934 年），端本小学、县立女子小学与县立第一高等小学合并，称为城厢中心国民基础学校，有高小 4 个班，初小 6 个班，学生 530 人，教师 22 人，是县内最大的一所完全小学。民国 31 年，与尚书乡中心校合并更名为荔城镇中心国民基础学校。民国 33 年，改名为荔城镇表证中心校。1952 年，改称荔城镇第一小学。1958 年冬，与荔浦县中学及县城的小学合并称共主义学校，1959年春天恢复原建制和校名。

1968—1975年，曾在校内附设初中班。

1973年，建办公楼及教学楼1栋，共15间教室。1984年，建校长办公楼和教师宿舍楼及一栋四层的教学楼。1988年建钢混水泥教学楼2栋，平房教室13间，教师宿舍31间，总面积4900平方米。学校设有仪器室、电教室、体育室、卫生室、印刷厂。全校32个班，学生1800人，教职工69人。

该校自1978年被县教育局定为重点小学后，每年县教研室都在这里举行各种类型的公开课。1980年以后使用电化教学。1988年，获广西农村青少年科技活动先进单位称号；同年国家少工委授予荔城一小少先队"红旗大队"锦旗一面。1990年，学校深入贯彻执行《自治区中、小学德育工作条例》《小学生日常规范20条》，还制订、实施《小学生思想品德评分标准》，学生思想品德好，教学研究活跃，被评为地区德育工作先进单位、自治区爱科学月先进集体、自治区电教工作先进单位（表19-1）。

表19-1　1949—1990年荔浦县小学教育发展情况

| 年份 | 学校数/所 | 班数/个 | 学生数/人 | 毕业生数/人 | 招生数/人 | 年份 | 学校数/所 | 班数/个 | 学生数/人 | 毕业生数/人 | 招生数/人 |
|---|---|---|---|---|---|---|---|---|---|---|---|
| 1949 | 287 | — | 12 066 | — | — | 1960 | 300 | — | 30 383 | — | — |
| 1950 | 49 | 95 | 4269 | — | — | 1961 | 322 | 873 | 30 292 | | |
| 1951 | 237 | 360 | 16 030 | | | 1962 | 322 | | 32 876 | | |
| 1952 | 305 | 515 | 21 944 | | | 1963 | 353 | | 33 924 | | |
| 1953 | 284 | — | 21 517 | | | 1964 | 307 | | 35 375 | | |
| 1954 | 259 | 545 | 24 378 | | | 1965 | 307 | | 39 329 | | |
| 1955 | 225 | 474 | 19 361 | | | 1966 | 212 | | 38 007 | | |
| 1956 | 259 | 474 | 24 960 | | | 1967 | 252 | | 38 002 | | |
| 1957 | 212 | — | 25 554 | | | 1968 | 300 | | 33 761 | | |
| 1958 | 212 | | 27 373 | | | 1969 | 350 | | 33 991 | | |
| 1959 | 148 | | 29 917 | | | 1970 | | | 36 046 | | |

续表

| 年份 | 学校数/所 | 班数/个 | 学生数/人 | 毕业生数/人 | 招生数/人 | 年份 | 学校数/所 | 班数/个 | 学生数/人 | 毕业生数/人 | 招生数/人 |
|---|---|---|---|---|---|---|---|---|---|---|---|
| 1971 | 371 | — | 38 003 | — | — | 1981 | 147 | 1517 | 44 815 | 6202 | 9472 |
| 1972 | 402 | — | 42 276 | — | — | 1982 | 145 | 1381 | 46 078 | 5970 | 10 092 |
| 1973 | 453 | — | 50 594 | — | — | 1983 | 159 | 1411 | 47 001 | 6497 | 8937 |
| 1974 | 141 | 1450 | 54 037 | 5176 | 11 015 | 1984 | 162 | 1552 | 48 746 | 3697 | 8975 |
| 1975 | 142 | 1530 | 55 388 | 7464 | 10 880 | 1985 | 149 | 1525 | 49 577 | 5016 | 7763 |
| 1976 | 172 | 1548 | 53 905 | 10 808 | 10 236 | 1986 | 159 | 1556 | 50 334 | 5774 | 7275 |
| 1977 | 153 | 1524 | 50 996 | 10 320 | 9659 | 1987 | 159 | 1561 | 49 483 | 6184 | 7124 |
| 1978 | 202 | 1441 | 48 162 | 10 768 | 10 133 | 1988 | 159 | 1618 | 49 634 | 5494 | 7586 |
| 1979 | 144 | 1468 | 46 550 | 7710 | 9406 | 1989 | 159 | 1587 | 48 978 | 6072 | 6452 |
| 1980 | 147 | 1538 | 46 865 | 7331 | 10 061 | 1990 | 158 | 1594 | 48 619 | 6272 | 6615 |

## 第三节 中学教育

民国8年（1919年），荔浦县两等小学校附设中学，招生1个班，学制4年。14年后改为三年制，扩大到3个班。至17年单独设校，称荔浦县立初级中学，增至5个班，30年增至7个班。因校舍不敷使用，校长陈雨甘等筹募建校，择县城东面长生岭一片土地为校址，32年建成迁校。33年增至11个班。抗日胜利后，民国34年秋复课，编为8个班。35—38年逐渐增到12个班。30年间共招收初中46个班，毕业学生750人。

民国27年（1938年）秋，修仁成立国民中学，招生1个班60人，其中女生6人，学制为两年（该校未办后期班）。29年始，招初中班，减少招收国中班。34年始，专招初中班，校名改为修仁县立初级中学，为秋季始业，各年级两个班。民国38年，在校学生约300人。

1950年，荔浦县立初级中学与荔浦县立简易师范合并，共10个班，学生总数为353人。1951年秋撤修仁县并入荔浦县。荔浦县境有荔浦初中、修仁初中各1所，共14个班625人。1953年，荔浦初中改为完全中学，称"荔浦中学"，招收高中学生两个班共106人。1956年，在马岭开办初中。1958年，修仁中学招高中2个班，次年，高中班合并到荔浦中学。1963年，城关、青山各办民办中学1所，面向全县共招4个班。1965年，改为农业中学。这段时间县内中学教育在教学上强调联系生产实际、联系阶级斗争实际、联系学生实际，重视基础知识和基本技能教学。

当年高中学生199人，初中学生1681人，教工125人，先后离校，学校被迫停课。1967年各中学师生分成两派，自立组织，互相攻击。此后，修仁中学、荔浦中学校内发生武斗，校长被斗，教师被打，学校秩序混乱。此种状态持续至1969年元月。1969年秋，荔浦中学、修仁中学、马岭中学招高中生，但学校教学秩序仍未正常。

1970年春，由于极"左"思潮的影响，荔浦县盲目发展中学教育，各公社小学都附设初中班。大部分公社办高中班，全县有高中14所，学生2094人。1972年各公社均办初中，大队小学办戴帽初中，80%的中学教师都从小学教师中抽调，小学教师中的骨干被抽空，于是，吸收大量的民办教师填补小学教师空位，1978年全县民办教师增至1851人，占教师总数的一半以上。师资使用的混乱，严重影响教学质量。当年全县应届高中毕业生2179人参加升学考试，只录取43人入大专院校，146人入中等专业学校。

1980年，荔浦县根据师资、学校设置等实际情况对全县中学作了调整和压缩。1981年，高中压缩为4所，高中、初中招生数分别由1980年的1028人和5032人，减到700人和4101人。同时，从高中调129名教师到初中任教，从公社中学调183名教师到小学任教。1984年，全县有高中2所，高完中2所，初中26所。高中、初中招生数分别为626人、2279人，共有高中专职教师135人，初中专职教师474人。1985年，应届高中毕业生538人，初中毕业生2137人，高中、初中在校学生分别为1938人、7790人。是年，全县有183人考上大专院校，137人考上中专。1986年，荔浦县中等教育布局设点稳定，师资得到进一步充实，全县初中24所，高中4所，高中、初中教职员工共869人，初中177个班，学生7649人；高中41个班，学生1938人。当年参加高考文、理共13科，9科分数名列地区前3名。自此，中学教育走上了健康发展的道路。1987年中考，6科均名列地区前3名。1988—1990年，中学开展各科教学目标管理实验，以青山乡和平中学为试点，通过实验取得显著成效。获地区、自治区有关部门表彰。中考、高考分数在全地区仍保持领先地位。

一、学制

民国8年（1919年），荔浦县始办中学时采用"四二制"，即初中4年，高中2年。初中开设修身、国文、外国语、历史、地理、数学、博物、物理、化学、法制知识、图画、手工、乐歌、体操等科。民国11年，改行"三三制"，即初中、高中各3年。初中课程中原法制知识改为公民，手工改称劳作并增加生理卫生及童子军。其余课程不变。

1950年，仍沿初中3年制，取消公民、童子军课，开设政治课。1953年，县办高中，实施三年制。开设语文、数学、物理、化学、生物、地理、历史、中国革命常识、社会科学基础知识、共同纲领、时事政治、外国语、体育、音乐、美术、制图等科。1958年，文学、汉语分家，教学各授其文，放松了对学生进行思想政治教育。

1969年实行"二二制"，即初中、高中修业各两年。1975年，在高中开设农医、农机、农技、财会等专业课。

1978年，城、镇中学实行初中、高中三年制。1982年全县中学恢复"三三制"。课程设置有政治、语文、数学、外语、物理、化学、历史、地理、生物、生理卫生、体育、音乐、美术、劳动技术等科，至今不变。

二、管理

民国时期，县内中学由校长掌理校务，教导主任协助校长处理教导工作、事务主任协助校长处理教导工作以外的事务。

解放后，荔浦县人民政府接管学校，实行校务委员会制。1952年，实行校长责任制，学校校长对人民政府负责。

1958年，实行中共党支部领导下的校长负责制。1963年，根据国家教育部颁布的《全日制中学暂行工作条例（草案）》的规定，实行校长负责全校行政，党支部对学校行政工作负有保证和监督的责任制。

"文化大革命"期间，学校被群众组织夺权。1968年9月18日，工人宣传队进驻和管理学校，成立学校革命委员会（革命领导小组），校长和教导处的名称被取消。

1978年，实行党支部领导下的校长分工负责制，即校长是学校负责人，党支部统一领导学校各方面的工作。1984年，实行校长任期目标负责制，校长对学校教育及行政全面负责；党支部主要负责组织建设和思想政治工作，保证党的教育方针在学校的贯彻实施。

## 三、教学

民国初期，学校主要采用呆读死记注入式的教学方法。民国11年（1922年）始改变学制课程安排，处理教材逐渐注意实验、观察，用以启发学生的积极性和思考力。

1950年，中学提倡理论与实践相结合的教学方法，启发学生学习的自觉性和积极性。1953年，学习苏联教育，采用普希金、凯洛夫的教学方法，课堂上讲究量力性原则、系统性原则、直观性原则、循序渐进原则和课堂教学的5个环节（组织教学、复习旧课、讲授新课、巩固知识、布置作业）及五级记分法（五分为满分，四分为优秀，三分为及格）。

1958年，贯彻"培养有社会主义觉悟的有文化的劳动者"的方针，县内学校掀起搞勤工俭学、大炼钢铁、办工厂、办农场的高潮。1960—1963年强调课堂教学联系生产实际，联系当前的斗争实际，联系学生实际；教学上提倡少而精，精讲多练，讲练结合的原则。1964—1966年教育局组织调查组，调查荔浦中学学生负担过重的情况，在全县中学开展"启发式"教学方法的研究。1978年党的十一届三中全会后，教育部颁布《全日制中学工作条例》及教学计划和各科教学大纲，县内各中学贯彻施行，教学秩序开始走上正轨。县教育局教研室设中学教研组，研究中学教学改革，要求教师把精力集中在培养学生分析问题和解决问题的能力上。

1980年，县教育局成立了电教队，放映教学影片，组织、辅导部分学校开展录音、投影、幻灯教学。1981年，荔浦中学使用了现代化教学手段——电化教学，购置幻灯机、投影机、录音机等设备。1984年，于青山中学一班试行区编实验教材，其特点是各科教学要求提得细致而明确，学生凭借教材基本可以自己学会，有利于培养学生独立阅读能力。同年，在重点中学开展微型电子计算机（简称"微机"）课外活动。

1985年，在全县中学生中进行"有理想、有道德、有文化、有纪律"的四有教育，对学生进行坚持社会主义道路，坚持无产阶级专政，坚持共产党的领导，坚持马克思列宁主义、毛泽东思想这四项基本原则的教育。开展"五讲、四美、三热爱"活动，执行《中学生守则》，以培养学生思想品德，以"教育要面向现代化，面向世界，面向未来"为指导思想，在教学上开展学科专题教学试验。1986年，在荔浦中学开始上微机选修课。1989年秋，在青山乡和平初中三年级进行教学目标管理试验。教学目标管理对各学科教材各学段、各单元乃至每小节每课时的教与学都提出具体的标准。施行目标管理教学，克服教学中的盲目性和随意性，有利于培养学生的自学习惯，调动学生的学习积极性，最终提高教学质量（表19-2）。

表 19-2  1977—1990 年荔浦县初中毕业生录取中专、高中人数概况

单位：人

| 年份 | 初中毕业生数 | 录取中专、高中人数 | | | 占毕业生人数的比例 |
|---|---|---|---|---|---|
| | | 合计 | 中专 | 高中 | |
| 1977 | 5894 | — | — | — | — |
| 1978 | 7363 | — | — | 2948 | 40.0% |
| 1979 | 9180 | — | — | 1898 | 20.7% |
| 1980 | 2699 | — | — | 1028 | 38.1% |
| 1981 | 3092 | — | — | 700 | 22.6% |
| 1982 | 2502 | — | — | 654 | 26.1% |
| 1983 | 2315 | — | — | 662 | 28.6% |
| 1984 | 2115 | — | — | 626 | 29.6% |
| 1985 | 2137 | — | — | 710 | 33.2% |
| 1986 | 2570 | 791 | 124 | 667 | 30.8% |
| 1987 | 2075 | 856 | 110 | 746 | 41.3% |
| 1988 | 2298 | 702 | 122 | 580 | 30.5% |
| 1989 | 2615 | 815 | 127 | 688 | 31.2% |
| 1990 | 2575 | 660 | 110 | 550 | 25.6% |

### 四、荔浦中学、修仁中学简介

#### （一）荔浦中学

民国 8 年（1919 年），荔浦县两等小学校附设初中班，当年招收四年制初中 1 个班。1926 年改为"三年制"，初中扩大到 3 个班。1928 年单独设校，校名是"荔浦县立初级中学"。此后陆续增班，1941 年发展到 7 个班。因原校舍不敷使用，于是，动员县内各界人士捐款，在县城东面长生

岭建校。1943年秋建成迁校，1944年激增至11个班。当年秋日军入侵荔浦，学校迁定西乡甲板屯设本部，1945年2月，招收新生1个班，坚持上课；汉田大古西屯所设分部，后因学生疏散回家而停课。1945年夏荔浦光复，秋，返原校复课，编为8个班。1946—1949年逐渐增到12个班。1949年下学期，学生总数478人。至此办校30年来，共招收学生46个班，毕业学生750人。

1949年11月荔浦解放。1950年元月与荔浦简易师范合并开设初中8个班，附设简师两个班，学生总数353人。1951年开设11个班（含简易师范两班）学生448人。1953年秋增设高中班，校名改称荔浦县中学。该学年度招收高中新生两个班，初中两个班，共12个班，学生总数675人。1954年招收高中1个班。1955—1957年每年均招收初、高中各两个班。1957年初、高中合计19个班，学生1081人。1958年招收初、高中各4个班，在校学生共20个班，学生1124人。下半年在全校掀起大炼钢铁、大办工厂热潮，停课劳动达半年之久。1958年冬一度与荔城一小等校合并，更名为"荔浦县共产主义学校"，全校突增到40余个班，学生总数1800余人，分设高中部、初中部、师范部、小学部、幼儿部。1959年春撤销共产主义学校，恢复原建制，原校名。1960年开设21个班，学生1038人。1962年调整班级合为14个班，1965年又增至18个班。1966—1976年，先是停课"闹革命"，后复课亦大办农技、农机、农数、农医、农电等专业班，以下乡、下厂劳动为主。1976年秋招收二年制高中新生10个班，全校开设18个班，学生1005人。1977年招收二年制高中8个班，初中2个班，全校共20个班，学生1009人。1978年该校定为桂林地区重点中学，全校21个班，学生1120人。1979年，全面贯彻落实党的知识分子政策，在教学上撤销专业班，减少劳动时间，教学秩序逐步正常。是年高考该校461人参加考试，录取入大专院校54人，入中专45人，升学率为21.5%。自此，荔浦中学认真贯彻以课堂教学为中心，强调加强基础培养能力，发展学生智力。1982年教育质量得到大幅提高。同时，恢复"三三制"。是年高考，录取入大专院校106人，录取入中专44人，升学率达50.7%。1985年261人参加高考，136人录取入大专院校。1986年高考文理科13个科次中有8个科次在地区各重点中学中获第1名。同年该校被评为自治区体育、卫生先进学校。1988年评为自治区文明学校，并获国家教委授予的"德育先进校"光荣称号。该校占地115.5亩，建筑面积16 703平方米，有三层教学楼1栋，四层办公楼1栋，三层学生宿舍楼1栋,三层教师宿舍楼1栋,三层实验楼1栋,校友楼1栋;另有礼堂、食堂、医疗室、300米环形跑道、椭圆形体育场等设施。有近百个座位的阅览室1座。藏有图书50 000册,现代化语音室、微机室、物理、化学、生物实验室,仪器近1000件,已开始用录像机进行教学。学校有教职工122人,其中高级教师19人,一级教师37人,占教师总数的70%;有22个教学班,其中初中10个班,高中12个班,共有学生1231人。

(二)修仁中学

1938年秋,修仁县在建陵镇建南街创办修仁县国民中学(简称"国中"),定为四年制,前后期各2年。只办过前期,开设科目除不设英语科外,其他与普通中学相仿。自开办至1944年都招收国中班新生,其中1940年开始招收初中班。1945年,停招国中班,专招初中班。校名改为"修仁县立初级中学"。是年全校6个班学生约300人;另外增设四年制师范两个班(后并为1个班,学生50人)。

1949年11月修仁解放,修仁县人民政府接管学校,组织师生继续上课。1951年8月撤修仁县并入荔浦县,荔浦初中称荔浦县第一初级中学,该校称荔浦县第二初级中学。1958年该校试办高中两个班,校名改称"修仁中学",次年高中班拨入荔浦中学。

1966—1968年学校停止招生。1969年秋复办高中,学生来源于推荐。班级按连、排编制。学科设毛泽东思想、化工、理工、农业基础知识、军体、革命歌曲,学生成绩考核采用开卷考试。1970年该校更名为修仁中学。

党的十一届三中全会以后,荔浦县落实党对知识分子政策,平反冤、假、错案,妥善处理"文化大革命"遗留问题,从而调动了教师积极性,加之高考制度的恢复,从1977年起恢复高校招生制度,直至1990年,13年间,该校培养高中毕业学生2800人,考上大学283人,升入中专209人。1990年全校高中12个班,学生共720人,教职员工63人。其中高级教师6人,一级教师19人。

修仁中学创办时只建有砖木楼房两座,其余均为清代敬修书院陈旧房舍。1977年拆除危房维修校舍,新建钢混结构楼房5栋计7293平方米。至1987年学校建筑面积达10 412平方米,有教学楼、教工宿舍楼、礼堂、膳厅、实验室、图书室、阅览室、卫生室(表19-3)。

表 19-3　1949—1990年荔浦县普通中学发展概况

| 年份 | 学校数/所 | | 班级数/个 | | 学生数/人 | | 毕业生数/人 | | 招生数/人 | |
|---|---|---|---|---|---|---|---|---|---|---|
| | 初中 | 高中 | 初中 | 高中 | 初中 | 高中 | 初中 | 高中 | 初中 | 高中 |
| 1949 | 2 | — | — | — | 700 | — | — | — | — | — |
| 1950 | 2 | — | 6 | — | 553 | — | 21 | — | 91 | — |
| 1951 | 2 | — | 14 | — | 625 | — | 24 | — | 191 | — |
| 1952 | 2 | — | 16 | — | 923 | — | 66 | — | 530 | — |
| 1953 | 1 | 1 | 18 | 2 | 941 | 106 | 87 | — | 263 | 108 |
| 1954 | 1 | 1 | 19 | 3 | 952 | 216 | 212 | — | 253 | 55 |
| 1955 | 1 | 1 | 18 | 5 | 928 | 432 | 275 | 73 | 408 | 93 |
| 1956 | 2 | 1 | 24 | 5 | 1166 | 432 | 205 | — | 688 | 106 |
| 1957 | 2 | 1 | — | — | 1172 | 486 | — | — | — | — |
| 1958 | 2 | 1 | — | — | 1099 | 548 | — | — | — | — |
| 1959 | 2 | 1 | — | — | 1932 | 416 | — | — | — | — |
| 1960 | 2 | 1 | — | — | 1699 | 344 | — | — | — | — |
| 1961 | 2 | 1 | 31 | 7 | 1364 | 316 | 382 | 88 | 281 | 82 |
| 1962 | 2 | 1 | — | — | 1256 | 280 | — | — | — | — |
| 1963 | 2 | 1 | — | — | 1143 | 248 | — | — | — | — |
| 1964 | 2 | 1 | — | — | 1020 | 195 | — | — | — | — |
| 1965 | 2 | 1 | — | — | 1250 | 202 | — | — | — | — |
| 1966 | 2 | 1 | — | — | 1681 | 199 | — | — | — | — |
| 1967 | 2 | 1 | — | — | 1723 | 198 | — | — | — | — |
| 1968 | 2 | 1 | — | — | 1723 | 198 | — | — | — | — |
| 1969 | 2 | 1 | — | — | 6129 | 438 | — | — | — | — |
| 1970 | 5 | 14 | | | 7556 | 2094 | | | | |
| 1971 | 5 | 14 | | | 7319 | 2471 | | | | |
| 1972 | 5 | 14 | | | 7254 | 2531 | | | | |
| 1973 | 5 | 14 | | | 7244 | 2653 | | | | |

续表

| 年份 | 学校数/所 | | 班级数/个 | | 学生数/人 | | 毕业生数/人 | | 招生数/人 | |
|---|---|---|---|---|---|---|---|---|---|---|
| | 初中 | 高中 | 初中 | 高中 | 初中 | 高中 | 初中 | 高中 | 初中 | 高中 |
| 1974 | 6 | 14 | 159 | 49 | 7712 | 2597 | 3591 | 1573 | 4291 | 1528 |
| 1975 | 5 | 14 | 221 | 60 | 10 391 | 3141 | 3359 | 1072 | 6360 | 1621 |
| 1976 | 4 | 17 | 316 | 73 | 15 261 | 3984 | 4060 | 1379 | 9060 | 2415 |
| 1977 | 4 | 16 | 389 | 107 | 17 901 | 5732 | 5894 | 1540 | 9222 | 3450 |
| 1978 | 1 | 19 | 381 | 117 | 17 052 | 6225 | 7363 | 2179 | 8283 | 2948 |
| 1979 | 41 | 19 | 427 | 93 | 19 231 | 4869 | 9180 | 3090 | 7895 | 1898 |
| 1980 | 27 | 9 | 309 | 63 | 14 152 | 3337 | 2699 | 1627 | 5032 | 1028 |
| 1981 | 31 | 4 | 263 | 38 | 11 334 | 1943 | 3092 | 663 | 4101 | 700 |
| 1982 | 29 | 4 | 228 | 45 | 9814 | 2332 | 2502 | 328 | 3490 | 654 |
| 1983 | 29 | 4 | 217 | 42 | 9042 | 2278 | 2315 | 792 | 3071 | 662 |
| 1984 | 26 | 4 | 180 | 39 | 7844 | 1916 | 2115 | 628 | 2279 | 626 |
| 1985 | 24 | 4 | 214 | 37 | 7790 | 1938 | 2137 | 538 | 2721 | 710 |
| 1986 | 24 | 4 | 177 | 41 | 7649 | 1938 | 2570 | 635 | 3380 | 650 |
| 1987 | 23 | 4 | 189 | 40 | 9322 | 2342 | 2075 | 589 | 3127 | 746 |
| 1988 | 24 | 4 | 186 | 37 | 9350 | 1980 | 2298 | 687 | 3251 | 580 |
| 1989 | 24 | 4 | 202 | 37 | 9773 | 1960 | 2615 | 675 | 3765 | 688 |
| 1990 | 24 | 4 | 222 | 33 | 11 055 | 1745 | 2575 | 691 | 4350 | 550 |

# 第 20 章

# 专业教育

## 第一节　师范学校

民国 10 年（1921 年），荔浦县开办教员养成所培训小学，师资 80 人。民国 29 年，荔浦县立初级中学附设简易师范科（班），共招生 4 个班。民国 33 年单独设校，校址设在县城学宫内，称荔浦县立简易师范学校。是年，因日军入侵荔浦而停课。翌年复课。该校自开办至民国 38 年共招收师范生 10 个班，培育小学教师 200 余人。

原修仁县于民国 16 年（1927 年）开办师范讲习所，招收 1 个班。民国 34 年，在修仁县立初级中学招收四年制师范班两个班，后并为 1 个班共 50 人。

解放后，1950 年荔浦简易师范学校与荔浦县立初级中学合并，并入的师范班于 1951 年全部毕业。1952 年，荔浦县立初级中学代培师训班两个班，学生 144 人。1958 年，成立荔浦县立初级师范，校址设在关帝庙内，当年招收一年制中师、初师各 1 个班共 79 人。1959 年春，荔浦县立初级师范有学生 253 人。1962 年停办。

1959 年，桂林地区在荔浦开办中级师范 1 所，校址设在新坪乡境的金鸡坪，面向荔浦、阳朔、平乐、恭城四县招生，当年招收中师 3 个班，学生 140 人，学制两年。1960 年招收中师 3 个班，初师 1 个班。全校合计中师学生 185 人，初师 45 人。1961 年该校并入平乐县师范学校。

1972 年 5 月，荔浦县于金鸡坪复办师范学校，招收新生 50 人，师训班 1 个班，学员 50 人。1973 年招收中师 1 个班 31 人。1976—1978 年每年均招收中师 1 个班，学生共 139 人，学制均为两年。

1979 年秋，桂林地区教育局把荔浦师范学校改为荔浦、阳朔、平乐、恭城四县联办，定名为桂林地区荔浦师范，学生从四县民办教师中择优录取，当年招收 5 个班，学生 230 人，学制二年。1980 年，从高考考生中

招收高中毕业生入学。1981年,从四县招收初中毕业生入学共3个班,称普通中师班,学制三年。另外招收民办教师1个班,学制两年。1982年,阳朔划归桂林市辖,荔浦师范学校转向临桂县招生。1983年,招普通中师班两个班。1984年,临桂划为桂林市辖县。是年荔浦师范学校仅向平乐、恭城、荔浦三县招生。1985年,该校新建宿舍和实验楼相继落成,当年招收普通中师班3个班103人,二年制进修班2个班72人,一年制中师班2个班90人,在校学生共12个班524人,有教职工70人。

1972—1983年,荔浦师范学校为荔浦县办语文、数学小学教师半年制短训班14个班,培训小学教师611人;小学行政干部训练班2个班,培训行政干部76人。

1986年,学校发展到13个教学班,学生526人。1988—1990年,均为15个班,学生620人,教职员工增至99人;毕业14个班,毕业生549人。桂林地区荔浦师范学校自1959年办校至1990年,总计招生86个班,为荔浦、平乐、恭城、阳朔、临桂等县培养了师资3671人(表20-1)。

表20-1 桂林地区荔浦师范学校历年招生一览

| 年份 | 三年制中师班 | | 二年制中师班 | | 一年制中师班 | | 半年制短训班 | | 备注 |
| --- | --- | --- | --- | --- | --- | --- | --- | --- | --- |
| | 班级/个 | 学生数/人 | 班级/个 | 学生数/人 | 班级/个 | 学生数/人 | 班级/个 | 学员/人 | |
| 1959 | — | — | 3 | 140 | — | — | — | — | |
| 1960 | — | — | 4 | 185 | — | — | — | — | |
| 1972 | — | — | 1 | 50 | — | — | 1 | 50 | |
| 1973 | — | — | 1 | 31 | — | — | 1 | 45 | |
| 1974 | — | — | — | — | — | — | 1 | 50 | |
| 1975 | — | — | — | — | — | — | 1 | 50 | |
| 1976 | — | — | 1 | 53 | — | — | 2 | 90 | |
| 1977 | — | — | 1 | 43 | — | — | 1 | 45 | |
| 1978 | — | — | 1 | 43 | — | — | 2 | 74 | |
| 1979 | — | — | 5 | 230 | — | — | — | — | |
| 1980 | — | — | 3 | 133 | — | — | 1 | 37 | |

续表

| 年份 | 三年制中师班 | | 二年制中师班 | | 一年制中师班 | | 半年制短训班 | | 备注 |
|---|---|---|---|---|---|---|---|---|---|
| | 班级/个 | 学生数/人 | 班级/个 | 学生数/人 | 班级/个 | 学生数/人 | 班级/个 | 学员/人 | |
| 1981 | 3 | 130 | 1 | 57 | — | — | 2 | 90 | |
| 1982 | 2 | 100 | 1 | 38 | — | — | 2 | 76 | |
| 1983 | 2 | 92 | — | — | — | — | 2 | 80 | |
| 1984 | 2 | 92 | 1 | 38 | — | — | — | — | |
| 1985 | 3 | 130 | 2 | 72 | 2 | 90 | — | — | |
| 1986 | 3 | 124 | 1 | 34 | — | — | — | — | |
| 1987 | 3 | 117 | 2 | 78 | — | — | 1 | 47 | |
| 1988 | 3 | 130 | 2 | 77 | — | — | 2 | 74 | |
| 1989 | 4 | 176 | 2 | 71 | — | — | 2 | 93 | |
| 1990 | 4 | 161 | 1 | 39 | — | — | 1 | 43 | |
| 合计 | 29 | 1252 | 33 | 1412 | 2 | 90 | 22 | 944 | |

## 第二节 职业中学

1958年，荔浦县开办农业中学21所，511个班，学生2050人，1960年停办。1964—1965年恢复农业中学15所，共32个班，学生1501人，教职工63人。"文化大革命"时期先后停止招生，自然停办。

1979年重办青山农业中学。1980年又办马岭农业中学。1981年两校共4个班，学生145人，教职工23人。1984年古屯初中改办农中，10月改为古屯职业中学。1985年青山农业中学改为青山职业中学。

### 一、古屯职业中学

位于大塘乡境。1984年10月开学，招收初中毕业生，录取59人，入学注册者只16人。当年开设养殖专业试点班。同时还开办了畜禽水产养殖班，属于短期培训。学校聘请专业教师、技术人员自编教材上课。办起的教学实习基地有腐竹厂、猪场、鸭场、果场。北京大兴区种鸭场师傅亲临学校传授经验，指导学生实习。学期末，学生增加到24人，学校有教职工14人，兼职教师3人。

1985年1月8日，桂林地区农业中学、中等职业学校办厂现场会在古屯职业中学召开，自治区教育厅、国家教委于1985年、1986年先后亲临视导，并拨170 000元作该校基建经费。

1985—1986年，招生分别为64人、74人。1987年增至329人，分9个教学班，开设畜牧、兽医、果树、家用电器维修等专业。教职工增至47人。

学校占地80多亩，建筑面积为6330平方米，有实验室、仪器室、卫生室、图书室、阅览室、灯光球场等设施。

1988年元月，国家教委、区党委、区教育厅、桂林地委的领导到该校视察，视察后拨给经费100 000元，建有钢筋混凝土结构楼一栋两层，总面积1192平方米。

该校88届毕业学员有些回农村开兽医药店，受到社会欢迎，现在东镇、新坪等乡都有古屯职业中学学生服务于养殖业、果树园艺业。

1991年全校有教职工35人，9个班，其中职业高中3个班，有学生75人，其余6个班是普通初中班，有学生255人。

二、青山职业中学

位于青山乡境，1985年由青山农业中学改为青山职业中学。有教学楼、宿舍楼各1栋。自开办至1988年，办家用电器班14期、畜牧兽医班1期、缝纫班1期。

1991年，学校开设6个班，在校学生192人，学生来源于高小毕业生。课程设置以初中教材为主，与普通初中教学类似。

# 第21章
# 成人教育

## 第一节 职工业余教育

1982—1985年，县内商业系统、供销系统、外贸公司举办文化补习班、职工业余学校，聘请中学的语文、数学教师授课，对职工进行文化培训。供销社学员脱产半年住校学习；商业、外贸学员利用业余时间自学与面授相结合的方式完成学习任务。学习结束，由上级主管部门协同教育局命题考试，及格者发给初中语文、数学单科结业证书。1985年举行考核，商业系统参加者233人，初中语文、数学双科合格者198人，合格率达85%；供销系统248人、外贸系统13人语数双科全部及格，合格率达100%。

1984—1987年，县内商业系统、供销系统举办中专技术培训班、中专技术培训学校。县供销社于1984—1985年还开办汽车司机培训班两期，每期4个月，由县交通监理站命题考试，经业务技术考核合格者24人，由监理站发给汽车驾驶证。1986—1987年，县内商业系统对职工进行技术培训，课本采用自治区统一教材，学习方法为自学与面授相结合，学习时间半年，学习期满由自治区商业厅命题考核、评卷。两年时间参加学习的学员320人，合格者145人，合格率达45.3%。

## 第二节 扫盲教育

民国22年（1933年），荔浦采取由当地学校利用冬天农闲对农民进行"冬学"，教农民识字，还在各圩镇设问字处。

民国28年（1939年），广西省定为"成人教育年"，县辖名乡（镇）、村（街）开展对成人识字教育，由省教育厅统一发行农民识字课本。荔浦县有17 591人接受教育。

1952年11月4日，荔浦县以青山松林作试点开办工农干部速成识字班和师资班，有教师3人，试点班学员44人。师资班学员由各区选送，共42人，其中小学教师11人，积极分子31人。学习20天，11月24日结束。学员回到原区负责扫盲工作。到年底全县共有168人脱盲。

1953年，全县开办工农干部速成识字班1个班，学员32人；农民识字班6个班，学员211人；工农业余高小班3个班，学员110人；工农业余初级班16个班，学员387人。共有专职教师6人。1954年秋，荔浦县开办县直机关干部文化学校，开设初小、高小各2个班，初中1个班，每班50余人。1955—1958年，全县参加学习的农民，每年在1000人以上。教学采取夜校、登门教学或包教包学等多种形式。1958年全县文盲半文盲43 940人，参加学习人数达40 229人，扫除文盲31 859人，占文盲半文盲人数的72.5%。1959年各公社、生产大队、生产小队分别成立扫盲委员会、分会、小组。各公社配备业余教育辅导员。当年扫除文盲11 700人。后因国民经济困难而停办。1963年恢复成人教育。1964年全县办有业余学习班85个班，参加学习人数达2035人。1978年县成立扫盲领导小组以推进扫盲工作。1985年县成立成人教育委员会，乡（镇）设成人教育领导小组以加强成人教育工作的领导。1986年县内有5个乡（镇）办了成人文化科技中心校，聘请科技人员讲课，全县有49个班，学习人数达74 345人次。1987年全省有文盲半文盲318人参加学习文化，脱盲206人；业余小学有2919人参加学习，达小学毕业程度的有201人；全县有839人参加业余中学学习，毕业67人；参加普及型初级短训班学习的有19 889人，有1227人结业；参加提高型中级技术培训班学习的有737人，有170人结业。是年有61个农民青年报考农民成人中专，被录取11人。1988年，中共荔浦县委、县政府加强对扫盲工作的领导，统筹规划，制定措施，采取办班、包干到人（民师或小学教师）等多种形式扫盲，至1990年，文盲率由1979年的12.1%下降到0.012%，全县141个行政村基本扫除文盲。经地区检查验收，已达到脱盲县。1988年全县还举办成人教育中心10个，培训人员16 690人。至1990年已有177 823人接受文化科技培训。掌握一项以上农业技术的已达9000多人。获得食品、畜牧、柑橘农业技术员职称的达2009人。有6个乡（镇）的388人参加自治区举办的绿色证书试点（农民技术资格证书）学习。自1986年起，连续5年被评为地区成人教育先进县。

## 第三节　自学考试

1984年10月，荔浦县成立自学考试办公室，配工作员2人，与县招生办公室合署办公。当月举行第一次考试，分党政干部专业、中文专业、英语专业。全县53人报考，19人及格，课程分25科。

1985年4月，县举行第二次考试，分党政干部专业、汉语语言文学专业、英语专业、政治教育专业、哲学专业、数学专业，共有97人报考，31人达到合格，课程分48科。同年10月举行第三次考试，考试专业与第二次考试相同，64人报考有37人及格，课程分52科。

1986年4月举行第四次考试，分党政、中文、英语、哲学、数学、政教、统计、工艺、企业管理9个专业，有72人报考，42人及格，及格课程164科。10月举行第五次考试，专业与第四次相同，另加价格专业，94人报考，53人及格。

1987年4月、10月分别举行第六、第七次考试，有党政干部、汉语语言文学、英语、哲学、数学、政治教育、统计、工业企业管理、价格、法律10个专业，200人报考。第六次考试及格者70人，及格课程110科。第七次考试及格者96人，及格课程164科。

1987—1990年，全县有31人按照国家教委规定的课程，各科考试及格，获得大专毕业证书，国家承认学历。

1987年10月，荔浦县开始举行中等师范教育自学考试。考试科目设文选、语文基础知识、教育学、心理学，报考人员系代课教师、民办教师，也有少数公办教师，当年61人报考，单科及格者9人。1988—1990年参加自学考试的有46人，其中1990年27人。

# 第22章
# 人才输送

民国35年（1946年），全县具有高等文化程度的179人，中等文化程度的1756人，初等文化程度的50706人，总人口是144102人。每万人口中有大学生12.42人，中学生121.85人，初等文化的3518.75人。据1982年全县人口普查统计：全县总人口328205人，其中大学生577人，中学生75520人，初等文化的154910人，每万人口中有大学生17.58人，中学生2301人，初等文化的4719.9人。1990年，据全县第4次人口普查统计，总人口数352256人，其中大学文化程度1350人，中等文化程度97791人，初等文化程度188641人，每万人口中有大学生38.32人，中学生2776人，初等文化的5355.22人。比1982年每万人口中大学生数、中学生数、初等文化人数分别增长了133％、29％和21％，较民国35年则分别增长了6.54、54.69和2.72倍。

1956年，县首届高中毕业生99人，升入大学的有29人，占毕业人数的29.3％。1958年全县高中毕业生97人，升入大学的有58人，占毕业人数的59.8％，是"文化大革命"前录取率最高的一年。1961年高中毕业生213人，升入大学的仅7人，占毕业人数的3.3％。1966—1976年"文化大革命"期间，高校停止招生，高中毕业生大部分回乡和下乡参加农业生产劳动，在校学生亦因学工学农，干扰正常的文化学习。1977年秋恢复高考，全县高中毕业生1540人参加考试，大专录取64人，仅占毕业人数的4.16％。1978年，高中毕业2179人，大专录取43人，占毕业人数的2.0％。1980年后，教学质量逐步回升。1982年，高中毕业生328人，重点院校录取49人（含北京大学5人）、普通大专院校录取91人，占毕业人数的42.7％，另有75人被中专录取。此后，每年大专、中专录取人数都超过200人，1985年高达320人，占毕业人数的59.5％。1990年，691个高中毕业生被大专、中专录取的合计221人，占毕业人数的32.0％。解放后自1956年至1990年来（"文化大革命"10年除外），全县共培养了15 683名高中生，为工农业生产建设输送了12 165名有文化的劳动者，又为高一级学校输送了3518名合格的新生。其中大专院校2069人，中专1449人（表22-1）。

表22-1 1956—1990年荔浦县高中毕业生大专、中专录取人数统计

单位：人

| 年份 | 高中毕业生数 | 录取大专、中专人数 | | | 占毕业人数 |
| --- | --- | --- | --- | --- | --- |
| | | 合计 | 大专 | 中专 | |
| 1956 | 99 | 29 | 29 | — | 29.3% |
| 1957 | 57 | 14 | 14 | — | 24.6% |
| 1958 | 97 | 58 | 58 | — | 59.8% |
| 1959 | 111 | 44 | 44 | — | 39.6% |
| 1960 | 98 | 43 | 43 | — | 43.9% |
| 1961 | 213 | 7 | 7 | — | 3.3% |
| 1962 | 125 | 5 | 5 | — | 4.0% |
| 1963 | 71 | 9 | 9 | — | 12.7% |
| 1964 | 87 | 26 | 26 | — | 29.9% |
| 1965 | 93 | 39 | 39 | — | 41.9% |
| 1977 | 1540 | 218 | 64 | 154 | 14.2% |
| 1978 | 2179 | 189 | 43 | 146 | 8.7% |
| 1979 | 3090 | 183 | 64 | 119 | 5.9% |
| 1980 | 1627 | 243 | 80 | 163 | 14.9% |
| 1981 | 633 | 132 | 72 | 60 | 20.9% |
| 1982 | 328 | 215 | 140 | 75 | 65.5% |
| 1983 | 792 | 213 | 129 | 84 | 26.9% |
| 1984 | 628 | 268 | 163 | 105 | 42.7% |
| 1985 | 538 | 320 | 183 | 137 | 59.5% |
| 1986 | 635 | 272 | 176 | 96 | 42.8% |

续表

| 年份 | 高中毕业生数 | 录取大专、中专人数 | | | 占毕业人数 |
|---|---|---|---|---|---|
| | | 合计 | 大专 | 中专 | |
| 1987 | 589 | 263 | 176 | 87 | 44.7% |
| 1988 | 687 | 268 | 181 | 87 | 39.0% |
| 1989 | 675 | 239 | 161 | 78 | 35.4% |
| 1990 | 691 | 221 | 163 | 58 | 32.0% |
| 合计 | 15 683 | 3518 | 2069 | 1449 | |

# 第23章

# 师资

## 第一节 教师队伍

民国 23 年（1934 年）上学期，荔浦县有幼稚园 1 所，教员 2 人；国民基础学校 139 所，教员 151 人，职员 7 人；中心国民基础学校 13 所，教员 7 人，职员 1 人；县立初级中学 1 所，教员 9 人，职员 2 人，全县共有教职员 179 人。

民国 29 年（1940 年），有幼稚园 1 所，教员 2 人；国民基础学校 157 所，中心国民基础学校 18 所，共有教职员 788 人；初级中学 1 所，教职员 23 人，全县共有中小学教职员 813 人。比民国 23 年增加 2 倍多。

民国 35 年（1946 年），县内有村（街）国民基础学校 276 所，乡（镇）中心国民基础学校 17 所，共有小学合格教师 119 人，代用教师 196 人，未检定教师 156 人；初级中学 1 所，教师 39 人；简易师范 1 所，教师 18 人。计全县教师 528 人。

民国 37 年（1948 年），县内有村（街）国民基础学校 272 所，教员 346 人；乡（镇）中心国民基础学校 15 所，教员 157 人；初中 1 所，教员 43 人；师范 1 所，教员 20 人。全县共有教师 566 人。

1950 年，县境初解放，土匪猖獗，社会秩序尚未安定，许多乡村小学不能正常开课，是年全县任教的中小学教师仅有 221 人。

1952 年，荔浦教育处于恢复时期，全县开办小学 305 所，配备教师 623 人；初级中学 2 所，配备教师 69 人。全县共有中、小学教师 692 人。

1953 年，县内学校随着政区的变更而变更，当年有初小 259 所，完小 25 所，小学教师 708 人；初、高中各 1 所，教师共 78 人。计全县中、小学教师 788 人，比上年增加 96 人。

1956年，创办县幼儿园和马岭初级中学，当年增加幼儿园教师3人，小学教师调整为700人，比1953年减少8人；中学教师增至114人，中、小学代课教师31人。全县共有教师845人。比1953年增长7.2%。

1958年，大办民办小学，教师队伍人数激增，主要增加代课教师和民办教师，是年小学公办、民办、代课教师增至1078人，中学教师增至118人，全县共有中、小学教师1196人。另有工人23人，合计1219人。

1963年，县内教师队伍进行调整，小学公办教师调整为826人，民办教师增加到320人，代课教师增至208人；中学教师维持原状。是年中、小学教师增至1472人，另有工人29人。

1965—1973年，荔浦县普及小学五年教育，发展中学教育，9年间，全县小学学生由33 924人增至50 594人；中学生由1452人增到9897人。随之，小学教师由1345人增加到2213人。在此期间，把小学骨干教师调到中学任教，小学则大量聘用民办教师，因此由1965年的263个民办教师猛增到1973年的988人，年均增加90.6人。1974—1976年，中学教师由146人增加到509人，全县中、小学教师由2361人上升到2836人，3年间增加教师475人。

1978年，荔浦县人民政府对被错划为右派、精简下放回乡及在历次运动中被错处分回家的教师安排工作，共289人。

1979年，县内有初中教师330人，高中教师264人，小学教师892人，中、小学代课教师27人，民办教师1195人，共2708人。至1981年，荔浦县各乡（镇）停办高中班，初中教师增至538人，高中教师减至166人，小学公办教师990人，代课教师2人，民办教师1185人，全县教师合计2881人。

1986年，全县中、小学教职员工已发展到3535人。其中：初中教师454人，高中教师158人，小学教师2439人（含民办教师1090人），中、小学校职工484人。在中、小学公办教师中具有大专以上学历的296人，中专、高中的1102人，初中以下的607人。

1988年，全县中学教师812人，小学公办教师1362人。由于采取脱产培训：函授及大、中专毕业生逐年分配到县城中、小学。在全县中、小学教师中，教师学历结构变化明显：大专以上学历的由1986年的296人上升到435人，中专、高中的也从1986年的1102人上升到1415人，初中以下的则由1986年的607人下降到401人；获高级职称的有34人，中级职称的有282人，初级职称的有1674人。

1990年，全县共有中、小学教职员工3950人。其中：小学教师2350人（含民办教师740人），初中教师667人，高中教师180人，中、小学代课教师408人。在中、小学公办教师中，有大专以上学历的达542人，中专、高中学历的1389人，初中以下的432人；获高级职称的43人，获中级职称的327人，初级职称的1262人。在全体教职员工中，有中共党员549人，共青团员344人（表23-1）。

表23-1　解放后历年中、小学教职员工人数统计

单位：人

| 年份 | 中学教职工 | | | | | 小学教职工 | | | | | 总计 |
|---|---|---|---|---|---|---|---|---|---|---|---|
| | 合计 | 初中教职工 | | 高中教职工 | | 合计 | 其中 | | | 职工 | |
| | | 小计 | 其中：教师 | 小计 | 其中：教师 | | 公办教师 | 中、小学代课教师 | 民办教师 | | |
| 1949 | 50 | — | — | — | — | 326 | 136 | — | 168 | 22 | 376 |
| 1950 | 52 | — | — | — | — | 169 | 153 | — | — | 16 | 221 |
| 1951 | 58 | — | — | — | — | 198 | 185 | — | — | 13 | 256 |
| 1952 | 69 | — | — | — | — | 638 | 623 | — | — | 15 | 707 |
| 1953 | 78 | — | — | — | — | 741 | 708 | 2 | — | 31 | 819 |
| 1954 | 89 | — | — | — | — | 696 | 668 | — | — | 28 | 785 |
| 1955 | 97 | — | — | — | — | 875 | 828 | 3 | — | 44 | 972 |
| 1956 | 114 | — | — | — | — | 753 | 700 | 31 | — | 22 | 867 |
| 1957 | 116 | — | — | — | — | 808 | 769 | 16 | — | 23 | 924 |
| 1958 | 118 | — | — | — | — | 1101 | 773 | 165 | 140 | 23 | 1219 |
| 1959 | 114 | — | — | — | — | 1227 | 878 | 173 | 146 | 30 | 1341 |
| 1960 | 153 | — | — | — | — | 1271 | 854 | 182 | 200 | 35 | 1424 |
| 1961 | 143 | — | — | — | — | 1376 | 854 | 189 | 298 | 35 | 1519 |
| 1962 | 125 | — | — | — | — | 1363 | 835 | 197 | 309 | 22 | 1488 |
| 1963 | 118 | — | — | — | — | 1383 | 826 | 208 | 320 | 29 | 1501 |
| 1964 | 103 | — | — | — | — | 1447 | 804 | 254 | 354 | 35 | 1550 |
| 1965 | 110 | — | — | — | — | 1383 | 802 | 280 | 263 | 38 | 1493 |

续表

| 年份 | 中学教职工 | | | | | 小学教职工 | | | | | 总计 |
|---|---|---|---|---|---|---|---|---|---|---|---|
| | 合计 | 初中教职工 | | 高中教职工 | | 合计 | 其中 | | | | |
| | | 小计 | 其中：教师 | 小计 | 其中：教师 | | 公办教师 | 中、小学代课教师 | 民办教师 | 职工 | |
| 1966 | 125 | — | — | — | — | 1459 | 842 | 280 | 302 | 35 | 1584 |
| 1967 | 128 | — | — | — | — | 1454 | 842 | 285 | 302 | 25 | 1582 |
| 1968 | 125 | — | — | — | — | 1571 | 801 | 277 | 468 | 25 | 1696 |
| 1969 | 132 | — | — | — | — | 1727 | 877 | 225 | 583 | 42 | 1859 |
| 1970 | 132 | — | — | — | — | 1763 | 912 | 231 | 583 | 37 | 1895 |
| 1971 | 132 | — | — | — | — | 1764 | 913 | 231 | 583 | 37 | 1896 |
| 1972 | 148 | — | — | — | — | 2063 | 1170 | 50 | 798 | 45 | 2211 |
| 1973 | 148 | — | — | — | — | 2260 | 1175 | 50 | 988 | 47 | 2408 |
| 1974 | 496 | 341 | 292 | 155 | 124 | 1889 | 810 | | 1009 | 70 | 2385 |
| 1975 | 545 | 365 | 245 | 180 | 148 | 2102 | 778 | — | 1258 | 66 | 2647 |
| 1976 | 582 | 374 | 331 | 208 | 178 | 2400 | 757 | 48 | 1522 | 73 | 2982 |
| 1977 | 707 | 411 | 311 | 296 | 266 | 2589 | 674 | 39 | 1825 | 51 | 3296 |
| 1978 | 593 | 311 | 251 | 282 | 197 | 2589 | 671 | 49 | 1851 | 18 | 3182 |
| 1979 | 813 | 508 | 330 | 305 | 264 | 2131 | 892 | 27 | 1195 | 17 | 2944 |
| 1980 | 917 | 693 | 515 | 224 | 183 | 2117 | 895 | 2 | 1151 | 69 | 3034 |
| 1981 | 818 | 629 | 538 | 189 | 166 | 2235 | 990 | 2 | 1185 | 58 | 3053 |
| 1982 | 842 | 686 | 544 | 156 | 132 | 2151 | 1025 | 2 | 1084 | 40 | 2993 |
| 1983 | 808 | 651 | 533 | 157 | 138 | 2145 | 1030 | 2 | 1070 | 43 | 2953 |
| 1984 | 745 | 552 | 474 | 193 | 135 | 2271 | 1171 | 2 | 1054 | 44 | 3016 |
| 1985 | 932 | 675 | 505 | 257 | 125 | 2246 | 1155 | 2 | 1056 | 33 | 3178 |
| 1986 | 869 | 506 | 454 | 363 | 158 | 2666 | 1349 | — | 1090 | 227 | 3535 |
| 1987 | 908 | 558 | 515 | 350 | 176 | 2411 | 1304 | — | 866 | 241 | 3319 |
| 1988 | 899 | 632 | 620 | 267 | 192 | 2448 | 1362 | — | 843 | 243 | 3347 |
| 1989 | 983 | 681 | 633 | 302 | 179 | 2669 | 1324 | 317 | 798 | 230 | 3652 |
| 1990 | 942 | 685 | 667 | 257 | 180 | 3008 | 1610 | 408 | 740 | 250 | 3950 |

# 第二节 教师待遇

## 一、政治待遇

解放前,县内绝大多数教师职业不稳定,随时有失业的可能。解放后,教师是工人阶级的一部分,是社会主义建设力量的重要组成部分。教师被誉为"人类灵魂的工程师"。

1954年,在各区中心校先后建立新民主主义青年团,吸收先进青年师生入团。1955年,在荔浦中学建立中国共产党支部。接着各区学校共发展共产党员53人,并以学区建立支部。

从1953年起,历届县人民代表大会都有教师代表参加。后来由于极左思潮的影响,特别是1957年反右斗争扩大化,有的教师被错划为右派。1976年10月粉碎"四人帮"后,教师在政治上又一次获得了解放。1978年,荔浦县召开县先进教师代表大会,对26个先进集体、461名先进个人进行表彰。1982年1月30日,中共中央在《关于检查一次知识分子工作的通知》中指示,"对知识分子要真正做到:政治上一视同仁,工作上放手使用,生活上关心照顾",中共荔浦县委、县人民政府认真贯彻落实了这一指示。同年7月,荔浦教育工会组织先进教师到南宁、北海旅游。次年给25年以上教龄教师颁发了"园丁纪念章"。1984年,全县教师评选出荔浦县先进教育工作者107人。其中34人被评为地区先进教育工作者,荔浦中学教师郑灼球、小学教师刘凤琼分别获全国"五讲四美先进个人"和全国"优秀班主任"荣誉称号。1985年9月第一个教师节,县党政领导到各校对教职工进行慰问,并在县城召开教师节大会,会上表彰了优秀教师175人,并给25年以上教龄的教师颁发了荣誉证书和纪念章。至1987年,全县有542名教师加入了中国共产党。1990年教师队伍中有中共党员549人、共青团员344人。

## 二、经济待遇

明、清时期,县内所有蒙馆、经馆教师的束脩由学生供给,数量则由家长与教师议定,标准不一。民国5年(1916年)县境乡、村中20多个学生的蒙馆,教师年薪银圆约66元,少者44元。60个学生的蒙馆,教师年薪银圆180~230元。9年,公立大塘乡蓝峒村普新高小教员,月薪银圆14元。13年,公立青山高小教员年薪银圆180元,另加津贴银圆20元。15年,荔浦中学教师月薪约银圆44元。

民国23年(1934年),广西推行国民基础教育(全日制小学及农民的全民教育)。当年,荔浦积极筹措就绪。翌年春各乡(镇)、村(街)小学一律改称该乡(镇)、村(街)国民基础小学。各乡(镇)相应成立教育协进委员会,各村(街)则设教育协进委员1人,为学校筹集办学经费(含教员薪俸),中等教育经费方由县财政开支。据民国23年荔浦县教育概况统计:原有初级小学教员164人,中心小学教员79人。教员月薪均以稻谷计发,最低稻谷150市斤,最高500市斤,200~300斤居多。开始数年尚能按月支付。32年以后,则不能如期兑现,常常拖欠。

解放后,1949—1952年6月,中学及乡(镇)中心校教员工资由县财政开支,以稻谷折币支付;村(街)小学教师工资一律由村(街)群众筹捐学谷或米支给,月薪最低稻谷100斤,最高150斤。

1952年7月,教育部颁发了《全国各级教职员工工资标准》,改稻谷供给为工分制,分等评分。23级工资为210分,24级195分,25级180分,26级165分,27级150分,28级140分,29级130分,30级120分,31级110分,32级100分,33级90分,34级80分,35级70分。工资新标准从当年8月起执行。荔浦县教师最低工资34级,支人民币18万元(旧版人民币),最高工资26级,支人民币38万元。

1956年7月,中小学教师工资,改工分制为货币工资制,并进行工资调整,分行政级、中教级、小教级。各类均为1~10级。荔浦县行政最高为3级,月薪80.5元;最低为10级,月薪34.5元。中教最高为3级,月薪81元;最低为9级,月薪39元。小教最高为4级,月薪64元;最低为10级,月薪26.5元。

1963年10月,全县中小学教师工资进行第二次改革。此次工资改革先套级,然后每人提高工资一级,部分教师提高二级,教师经济待遇逐步改善和提高。1971年10月,给月薪不达40元的教师提工资一级,逐步缩小工资差距过大的问题。

1977—1979年,分别给59.18%、2%、40%的教职工提高一级工资。并从1979年11月起在普通中小学公办教师中试行班主任津贴,从1980年1月起民办教师试行班主任津贴,班主任津贴按所任班级学生的多少计发。小学4~6元,中学5~7元;班级学生20人以下,小学发2元,中学发3元。

1981年10月，中、小学及幼儿园教职工进行工资调整，普遍先补后靠，然后给1978年前参加工作的教职员工提高一级工资。贡献较大，教龄较长，与同类人员相比工资偏低的教职工连升两级。

1985年，根据中共中央、国务院发布的《国家机关和事业单位工作人员工资制度改革方案》对全县教职工工资进行改革，改为由基础、职务、工龄工资组成的结构工资制。2148名教职工工资获得改善与提高，占全县公办教职工总数2263人的95％，每人增资23.18元，人均月工资达78.76元。较改革前人均月工资55.58元增长41.7％。同时对教师另发教龄津贴，对1985年以前退休的教职员工每人每月补助17元。

1987年10月，按国务院通知，给全县中、小学、幼儿教师提高标准工资10％。2210名教职员工提高了工资，月增资16 943.94元，平均每人月增资7.67元。同年，根据自治区工改办的文件，还先后4次共给281名教职工提高了工资。

1989—1990年，根据国务院批转人事部、国家计委、财政部《一九八九年调整国家机关、事业单位工作人员工资的实施方案》〔国发（1989）82号〕文件精神，给全县2357名教职工提高了一级工资，部分教师提高2级。月增资27 734元，人均月增资11.77元。另据区工改办会议及区工改办〔1990〕7号文件精神，先后4次共给1708名教职工提高工资。1990年末，全县中、小学教职工共2560人（其中工人192人），月工资366 592.79元，月人均工资达143.2元，较1985年人均月工资78.76元增加了64.44元，增长了81.82％。中学教师最高工资146元，最低工资62.5元；小学教师最高工资136.5元，最低工资56.5元。

其他补助工资。1966年，发给每人每月粮食差价补贴3元。从1985年1月起，发洗理费每人每月4元，后增至9元（女教职工另加卫生费0.5元）。1986年4月，发民族地区生活补助费每人每月10元；7月，发在职人员奖励工资每人每月7.5元，1988年增至11元。1987年5月，发书报费每人每月4元，后增至9元。1988年5月，每人每月发副食品补贴9.8元，后增至14.8元；8月，发食油补贴每人每月1.5元。自1980年起，每年夏季和冬季还有清凉饮料费和烤火费30～40元。自1953年起，中、小学教师全面实行了公费医疗。

民办教师的经济待遇。1958—1968年，由群众筹捐学谷或米支给。1970—1979年，由所在生产队记工分，年终分红支薪。1980年，地方财政拨款补助部分，另一部分从中、小学生中统筹。小学民办教师每人每月

28~32元，中学民办教师每人每月30~34元。小学，地方财政补助每人每月11~12元；中学，每人每月补助14~15元（在蒲芦、茶城、三河、新坪四乡工作的民办中、小学教师每人每月增加1元）。余额则由所在大队统筹支给。此外，其他补助工资为：每月每人物差补助5元，福利补助10元，医药费2元。

1985年，全县民办中、小学教师工资地方财政补助部分的标准分级支给：小学，5年以内（含5年）每月每人11元，5年以上至10年13元，10年以上至15年15元，15年以上至20年17元，20年以上20元；中学，5年以内（含5年）每月每人15元，5年以上至10年17元，10年以上至15年19元，15年以上至20年22元。是年，全县中、小学民办教师1260人增资205 328元，人均月增资13.58元。

1987年，按教龄长短及在小学或中学的区别，地方财政补助部分工资，标准为27~34元；统筹部分工资，标准为16~20元。同年10月，给民办教师增加基础职务工资10%的工资。民办教师的寒、暑假，病、产假，工资照发。班主任津贴与公办教师相同。

## 第三节　教师培训

民国期间，县政府开办教员养成所、师范讲习所，还采取试验检定、无试验检定、短期集训等办法培训教师。

解放后，1952年县人民政府委托文教科利用暑期组织小学教师学习，开办语音、语文教学备课班；同年还由平乐师范培训部分小学教师。1954年由平乐师范轮训不及中师程度的小学行政领导。自1962年秋，县内不达中师文化而具有初中文化的小学教师参加桂林师范函授部举办的语文、数学函授班，经考试双科及格后发给中师毕业证书。至1966年前停办。1972—1983年在荔浦师范开办半年制小学语文、数学教师培训班共14个班，共培训小学教师611人；开办小学行政干部训练班2个班，培训小学行政领导76人。同时荔浦师范函授部又举办语文、数学函授学习班，不达中师文化的小学教师参加学习，考试及格者颁发中师毕业文凭。1979年7月广西函授大学招收不及大专水平的现任高中教师参加函授学习，经考试在荔浦县录取110名，获中文专业毕业者19人，数学专业1人，物理专业2人，化学专业4人。1981年春，桂林地区教师进修学院招在职初中教师参加中文、数学专业函授学习，1985年6月学习期满，经考试荔浦县获中文专业毕业者18人，数学专业5人。1981年荔浦师范选送1名语文教师到广西教育学院学习，6名初级中学领导到桂林地区教师进修学院行干班学习。1982年有26名、1984年有43名中学教师分别到桂林地区教师进修学院进修。1985年有23名中学教师分别到广西师范大学及广西教育学院本科进修。1983年广西师范大学招收大专起点本科函授班，1986年学习期满，荔浦县有3名中学教师本科毕业。1987年荔浦县有4名中学教师参加广西师范大学地理专业函授学习顺利毕业。

1988—1990年，全县教师中参加中师函授学习的共212人，参加中师进修的有84人，参加成人高校考试的有97人。三年间共培训中小学教师393人。

# 第 24 章
# 经费 设施

## 第一节 经费

民国初年，教育经费的支付主要靠清末设置的学堂公产田租及田赋、契约、税收、杂捐留成部分维持。

民国 21 年（1932 年），全县教育经费约需桂币 56 000 元，各级学校的田租及基金占 45 180 元，其余 10 800 元均由烟、酒、糖、契、屠宰等税附加开支。23 年，县财政预算教育文化经费支出为桂币 17 815 元。29 年支出教育经费为法币 69 846 元。35 年支出教育经费为法币 5 995 000 元。37 年支出教育经费为法币 22 375 000 元。

解放初期，荔浦县初级中学及乡（镇）中心小学经费由县财政支出，村（街）国民基础学校经费主要由群众筹捐。1954 年后，县内中小学校教育经费纳入县财政预算。

1955 年教育支出人民币 339 521 元，1956 年教育支出 387 508 元，1957 年教育支出 485 112 元，1966 年增至 715 268 元，1978 年 1 733 485 元，1983 年 3 553 340 元，1984 年 3 742 623 元，1985 年 5 260 418 元，1988 年 7 079 000 元，1989 年 8 442 000 元，1990 年增到 9 135 000 元，是 1955 年教育经费的 25.91 倍，比 1985 年增涨了 3 874 582 元。

在教育经费不断增加的情况下，荔浦县实行了以国家办学为主体，以厂矿企业及群众自筹、学校勤工俭学为辅的集资办法，使全县中小学教育事业沿着社会主义道路健康发展。同时，荔浦县人民政府对山区少数民族教育经费给予额外补助。1952 年补助 5335 万元（旧版人民币），1972 年补助 20 000 元，1973 年补助 12 000 元。1980—1987 年各年均补助 12 000 元。

## 第二节 设施

### 一、校舍

民国时期，荔浦中学及各乡中心小学校舍先后由群众集资建造，均属土木结构。乡、村初级小学校舍多利用祠堂、庙宇改建，极其简陋。

解放后，自1955年始，县人民政府每年由财政拨款用于校舍修建。1955—1956年每年拨款20 000元。1964年后，为了进一步改善办学条件，贯彻"两条腿走路"的办学方针，采取群众捐献、国家补助的原则，改建了一部分学校危房。1964年县财政拨基建费18 140元，1965年拨款16 191元，两年总共建筑校舍18 272平方米，每平方米国家投资1.9元。1982年荔浦县在财政相当困难的情况下拨款300 000元用于改善办学条件。厂矿企业、干部、群众1982—1987年捐款共达4 269 630元。6年间全县拆除校舍危房62 534平方米，建成钢混结构楼房114幢，面积76 039平方米；建砖木结构平房148幢，面积25 675平方米，占全县校舍总面积的37%，其中教室853间，住房1288间。新建和修建两项共160 255平方米，占现有校舍总面积的58%，总投资为8 497 000元。教学条件逐渐改善。

1988—1990年，全县共集资2002.75万元。其中县、乡财政拨专款208.6万元，占总额的10.42%；社会集资1611.35万元，占总额的80.46%；勤工俭学投入78.4万元，占总额的3.91%；献工献料折款104.4万元，占总额的5.21%。全县人均集资56.17元。全县共拆除校舍危房6.17万平方米，回建、扩建、新建校舍10.9万平方米。其中钢混结构楼房8.94万平方米，砖木结构平房1.96万平方米，维修加固旧校舍9.7万平方米。全县中小学校舍现有面积33.25万平方米。其中钢混结构楼房254幢，面积20.58万平方米，占总面积的61.9%。小学生人均有校舍4.3平方米，初中生人均达8.4平方米，高中生达9.2平方米。学校仪器柜、仪器保管室、实验室、图书室、阅览室、教师办公室逐步完备。

### 二、仪器

解放后，县内各学校逐年添置教学仪器。1981—1987年财政拨专款470 419元，添置一般教学仪器34 063件。

1979年始，推广电化教学，成立县电教队，有电影放映机、摄像机、收录机、投影机等现代化教学设备。1984年荔浦中学开展微型电子计算机课外活动。1986年开始上微型电子计算机选修课。同年秋被定为自治区微型电子计算机教学试验校,区电化教育馆拨微机16台至荔浦中学。至1990年全县有微机25台。其中：中华学习机clc-I 3台,w·w 1台,紫金1台,lasir310号5台,comx pc-I 15台。另有16毫米电影放映机2套,松下m7大1/2摄录一体机1台,索尼200P小1/2摄录一体机1台,东芝大1/2 98C录像机2台,L-15 1台,三洋小1/2录像机1台,松下G10大1/2录像机1台,松下180大1/2录像机1台。135型幻灯机3台,投影仪50台,录音机45台,高速复录机1台,教学用照相机5台,彩色电视机2台,影片10部,录像带50盒,录音带120盒,幻灯投影片2800多张。

# 第 25 章
# 勤工俭学

1958年之前，荔浦县学校勤工俭学，主要是组织师生修建校舍、修路、修运动场、种花木以美化学校环境等。

1958年，根据"教育必须同生产劳动相结合"的指示，全县学校办起工厂162个，农场155个，种植面积达2158亩。1959—1961年国民经济困难时期，校办农场大多转入自救性的生产劳动，以改善师生生活。1960年，全县学校种蔬菜500亩，粮食作物653亩，养猪151头，家禽2000只，兔子400只，鱼3310尾。1966年后由于"文化大革命"，勤工俭学遭到破坏。

1975年，受"左"的思想影响，中、小学师生走出课堂，下厂下乡劳动。全县学校自办小工厂49个，耕种水田294亩，旱地303亩，栽果11 998棵，养猪69头，耕牛16头，养鱼12 450尾。全县勤工俭学纯收入45 709元。但由于劳动过多，影响教学任务的完成。1979年学校工作重点开始转移到以教学为中心的轨道上来。接着全县农村实行家庭联产承包责任制，多数生产队原拨给学校做勤工俭学的土地又收回部分或全部承包给社员，学校农场面积相应缩小。1982年，荔浦县教育局配专人管理勤工俭学，并组织各校参观学习荔城镇中学、荔城第一小学勤工俭学经验。当年全县勤工俭学收入达105 000元。1983年县内全面开展勤工俭学，中学为100%，小学为90%，是年收入增至178 000元。1984年荔浦县教育局成立"勤工俭学公司"，作为指导全县各校勤工俭学工作的机构。当年全县勤工俭学总产值为655 000元，纯收入为270 000元。1985年荔浦县学校勤工俭学转入以种养为主相应发展加工业和第三产业，全县中小学共种柑、桔、橙4000多株，泡桐木13 000株，蘑菇、凤尾菇3000多平方米。还有校办工厂15个，竹木林场、茶场共63亩，鱼塘28亩，商店28个，养猪300头，鸡5000只。当年总产值达820 000元，纯收入达 276 000 元。1986 年增加了养鸭、种青麻等，当年全县勤工俭学纯收入达 352 925 元，比上年增长 27.87%。1987 年由于上年收入在改善办学条件、师生生活中起到了好的作用，调动了师生勤工俭学的积极性。加上所种果树已有部分挂果，是年全县勤工俭学收入达 406 100 元，评出了勤工俭学先进学校 48 所。1988—1990 年，荔浦县勤工俭学活动走上正常轨道，平衡发展。全县开展活动的学校从 164 所增到 181 所，从占学校总数的 88% 上升到 96%。15 个校办工厂得到了稳定发展，农、林、牧、副、渔种养面积从 640.45 亩增加到 1082.05 亩。1988 年收入降至 347 200 元，1990 年达到 715 000 元。学生人均勤工俭学收入为 11.25 元。

# 第四部分

# 临桂县教育[①]

---
① 临桂县志编纂委员会.临桂县志［M］.北京：方志出版社，1996：629-673.

唐大历年间（766—779年）观察使李昌巙在县城桂林始办州学（后改称府学）。宋代，义宁县在县城（今五通镇）南隅创办县学。元代，临桂县在县城桂林创办县学。由宋至清，临桂建有书院13所，义宁建有书院5所。此外，还开办过社学、义学和私塾。据旧志载，唐代至清代临桂县考取进士301人（含武进士22人），其中状元5人，榜眼2人，科甲鼎盛，为广西之冠。

清末开始兴办小学，至民国有了发展。民国15—16年（1926—1927年）各乡均建立中心小学，部分村庄建立初级小学。15—35年，先后创建义宁县立师范讲习所、桂林县立师范讲习所、桂林县立国民中学（后更名为临桂县立第一中学）、省立临桂初级中学（后改办为临桂县立第二初级中学）、义宁县立国民中学、私立榕门中学和私立道慈中学。30年代，国民基础教育兴盛一时，但整个民国时期战乱频发，学校时兴时衰，穷人子弟能上学的不多。据统计，31年，临桂县已受高等教育337人，中等教育3274人，初等教育84 404人，分别占总人口的0.14%、1.39%和35.77%；义宁县已受高等教育73人，中等教育566人，初等教育15 348人，分别占总人口的0.15%、1.14%和30.90%。

解放后，人民政府对教育的投资逐年增多，教育事业迅速发展。新建和扩建了许多学校，小学校遍布城乡，工农子弟普遍入学。1956年开始办完全中学。1965年全县已有完全中学1所，初级中学3所，在校学生2117人；小学及教学点共324所（个），在校学生31 353人。1968年后，原有几所初中改办为完全中学，备公社大办初级中学，后又改办高中、完中，同期各完全小学纷纷附设初中班。1977年全县有高中、完中16所，112所小学附设初中班，在校中学生达21 490人。"文化大革命"结束后，大抓普及初等教育和扫除文盲教育。1980年整顿教育，公社高中、完中改办为初中，同时收缩小学附设的初中班。1982年全县12~45周岁的脱盲人数达87.6%，经两年的巩固提高，1984年临桂成为基本扫除文盲县。1988年经桂林市人民政府验收合格，成为普及初等教育县。1990年，全县有小学168所，教学点352个，在校学生57 238人；完全中学6所，初级中学14所，在校学生13 261人；另有教师进修学校、农业机械学校、卫生技术培训学校和职业中学各1所。同年，全县受教育程度达初等的有187 173人，占总人口的46.08%；达中等的有89 265人，占总人口的21.98%；达高等的有1605人，占总人口的0.4%。解放40多年来，还向全国各地输送了3000多名有文化的各种人才。

# 第26章
# 学宫　书院　社学　义学　私塾

## 第一节　学宫　书院

一、学宫（文庙）

（一）桂林府学

唐大历年间（766—779年），观察使李昌巙于县城桂林独秀山下颜延之读书堂址兴建州学。北宋熙宁年间（1068—1077年），迁址城东南隅。南宋绍兴三年（1133年）改称静江府学。乾道二年（1166年）府学毁。三年（1167年）重建于城西始安郡故址。元至元十四年（1277年）府学毁于兵灾。十七年（1280年）重建，改称静江路学。明洪武五年（1372年）改称桂林府学。此后多次重修扩建，至万历九年（1581年）有大成殿28间，东西2庑20间，戟门1座11间，棂星门3座，明伦堂7间，东西4斋，门楼1座，神厨1座3间，宰牲房1座3间，射圃亭1座3间，膳堂1座5间，膳厨1座3间，仓1座2廒，生员号房东西各10间。清康熙十一年（1672年），府学向西南移建，将相邻的临桂县学旧基地并入。清朝的康熙、雍正、乾隆、嘉庆、道光、咸丰、同治、光绪皇帝，分别御书"万世师表""生民未有""与天地参""圣集大成""圣协时中""德齐寿载""圣神天纵""斯文在兹"匾，均悬于学宫中。清代桂林府学原学额20名，每年选拔贡生1名，后设廪生40名，增生40名。有教授1人，训导1人。

（二）义宁县学

建于宋代，初在义宁县城南隅。南宋咸淳六年（1270年）迁香林寺东。元元贞元年（1295年）迁城西。明天顺年间（1457—1464年）崩毁，5年后重建。明末清初遭兵火，只存正殿。雍正四年（1726年）重建。后于雍正七年（1729年）、乾隆十年（1745年）、十三年（1748年）、十五年（1750年）、嘉庆二十一年（1816年）多次重修扩建。有崇圣祠、东西两庑、戟门、棂星门、明伦堂、忠义祠、节孝祠及泮池。清代学额为廪生12名，增生12名，两年选拔贡生1名。清末废。

### （三）临桂县学

元代以宋贡院改建，位于桂林城东南。皇庆年间（1312—1313年）迁城南。明洪武二十八年（1395年）迁府学右侧宋宣成书院旧址（亦唐状元赵观文故宅址）。万历二十四年（1596年）迁旧军门东古田县学旧址。明末崩坏后，"附府学合祀"。清康熙二十四年（1685年）重建县学于南谯楼西前靖江王宗室故宅。后于康熙四十二年（1703年）、乾隆七年（1742年）、嘉庆四年（1799年）、道光二十一年（1841年）、光绪十九年（1893年）多次重修。建有圣殿、东西庑、戟门、名宦祠、乡贤祠、棂星门、崇圣祠、尊经阁、明伦堂及照墙等。有教谕、训导各1人。县学学额，清定例岁科两考，各取进县学生员20名。于取足定额之外，拨入府学10名或10余名不等。岁考取进县学武生15名。文生员中设廪生20名，增生20名，两年选拔贡生1名。咸丰四年（1854年），因临桂绅民守城出力，朝廷赐文武生员各加额2名。同治元年（1862年），绅民捐输军饷，朝廷再赐文武生员各加额10名。至此，文生（廪生）额增至32名，武生额增至27名。光绪二十七年（1901年）停止武科、武试。清末，推行新学制，县学废。

### （四）学制

府学、县学入学年龄无统一规定，一般在14~20岁。清代，童生须经"童试"合格方可入学。入学后称生员（秀才），分为廪膳生、增广生、附学生3个等次。无修业年限规定，生员学完主要儒经课程可应"乡贡"科考即算结业。

### （五）教学

府学、县学教材主要为"四书""五经"，注重死记硬背。取入府学、县学的生员须熟背《论语》《孟子》《书经》《诗经》《礼记》《左传》等，共40多万字。此外还须熟读百万字以上的注释和其他典籍、史书和文学书籍。生员不一定要在学肄业，只需领取所习课题，回家自学作文（主要为阐明经书辞句的八股文），按期参加月课、季考，获得乡试的资格即可。

## 二、书院

临桂境内,自南宋至清代先后开办有宣成、桂林、秀峰、经古、桂山、阜成(栖霞)、漓江、壶山、留恩等书院13所,其中以宣成、秀峰、经古、桂山四大书院最为著名。义宁县由宋至清,先后开办有连城、南宫、觐日、义江、文昌5所书院,其中连城、南宫、觐日3所书院于清道光前已废。

### (一)宣成书院

又名华掌书院,宋景定三年(1262年)经略使朱祀孙建,理宗御赐"宣成书院"匾额。清代专课童生,设正课生25名,额外正课生8名,附课生20名,院址在桂林榕湖北岸。光绪三十一年(1905年)改建为临桂两等小学堂。

### (二)义江书院

明嘉靖十年至二十八年(1531—1549年),义宁县令蔡邦圯建于县城南隅。清乾隆初年改为文昌祠。道光元年(1821年)知县谢云劝谕乡绅集资重建于祠旁隙地,有奎星阁、讲堂各1座,学舍8间,后厅3间。清末又名"桂枝书院"。光绪三十二年(1906年)改建为义宁县立高等小学堂。

### (三)秀峰书院

清雍正十一年(1733年)创建,面向全省招收生员(秀才)。设正课生50名,额外正课生15名,附课生无定额。院址在桂林叠彩山前,清末改建为法政学堂。

### (四)经古书院

又名榕湖经舍,清道光十四年(1834年)布政使郑祖深创建,专课生员,院址在桂林丽泽门内。光绪二十五年(1899年)改建为体用学堂。

### (五)桂山书院

又名孝廉书院,清道光年间(1821—1850年)建于桂林叠彩山前就日门内,为省内最高学府。面向全省招生,专课举人。光绪二十八年(1902年)裁撤书院。三十年(1904年)院址改建工艺厂。

### （六）文昌书院

又名文昌阁，清同治五年（1866年）义宁县文昌会筹资兴建，教谕当地童生，院址在五通高田。光绪三十二年（1906年）改为初等小学。

### （七）学制

无修业年限规定，一般学完规定课程，可参加相应级别的科举考试，即算结业。

### （八）教学

清以前，以学生自学为主，并与教师讲授、指导相结合。多采用"问难论辩式"，注意启发培养自学能力。教师授课或延请名师巨儒讲学，学生须一一作记，提倡"温故而知新"。清代，朝廷严禁书院聚众讲学，下令实行官学化，教学方法逐渐与府学、县学等同。

**附：科举及第**

进士　由唐至清，临桂县应进士科中式进士279人，特赐进士1人，中式武进士22人。义宁县应进士科中式进士12人。

唐代临桂进士1人：赵观文。乾宁二年（895年），赵观文廷试第一，为广西第一个状元。

宋代临桂进士36人：秦荣、李材、蒋颖、陈秉直、周华国、秦宗周、诸葛尚、裴虞卿、黄齐、李守卓、李守柔、秦吁、石安民、周炎、石安特、粟旁、唐廙、伍褒、蒋三畏、唐丙开、蒋用丁、秦应寅、秦养浩、邓冠、唐逢年、蒋拱寅、赵震文、蒋梦璧、唐必先、蒋汝霖、蒋来叟、邓应龙、周椿、唐复、唐鹗荐、唐骑。义宁进士9人：唐仁恭、唐肃宗、唐询宗、唐桐宗、唐子方、唐叔问、唐义问、唐恕、苏济。（一说唐子方、唐叔问、唐义问三父子为江陵人。）

明代临桂进士52人：吴文、王溥、李迪、刘渊、魏暹、邓汶、傅诚、贺敬、秦瓒、徐贤、郑宏、刘本、刘策、傅金、包裕、胡倬、王时、傅乾、徐淮、刘天麒、徐乾、萧淮、张云、张星、廖㝷、杨鏊、张全节、邓琬、方策、屠楷、拱廷臣、王文儒、胡俸、钱璧、白浚、董德明、罗大用、殷从俭、张言、宋廷表、彭登瀛、徐可相、吕调阳、周时中、张孙绳、张孙振、吕兴周、张文熙、洪敷诰、周之鼎、张茂梧、魏自滋。另有特赐进士1人：朱履躁。义宁进士1人：肖九成。

嘉靖二十九年（1550年），吕调阳廷试第一甲第二名，榜眼及第。

清代临桂进士190人：李棠、黄裳吉、张汝贤、陈若沂、粟千钟、李梅宾、陈宏谋、杨嗣璟、冷时松、吕炽、童其澜、梁秉睿、蒋契、黄明懿、朱若炳、张绳祖、廖方莲、胡天培、朱若东、曹槐、廖乘时、黄元圯、朱一深、胡德琳、龚麒万、陈兰森、拱翊勋、何三畏、周位庚、刘映、朱一玠、莫异兰、左方海、朱依鲁、周琢、周琼、许霖、王铠、周之适、朱依炅、周维坛、熊兆璜、朱桓、赵宜本、唐维锡、周宏纲、张傅霖、周玺、胡长庆、莫宗华、朱奕森、许双翊、李嘉佑、陈兰策、朱荣、萧应荃、周贻组、廖爵、秦伯度、粟作贡、顾涛、王宗焘、朱应诏、阳宗城、朱绍恩、唐仁、黄暄、周炳绪、周贻徽、李光瀛、廖重机、唐琳枝、陈继昌、况澄、顾椿、郑荣九、邓锡畴、朱一琼、周因培、谢树琼、况澍、粟穗、胡元博、朱庭芬、朱楷、蒋瑾、朱琦、周贻缨、左乾春、朱为霖、朱懋勋、梁宝书、郑庆崧、龙启瑞、蒋达、陈泰熙、王恩祥、邹崇孟、戴臣法、粟增煟、朱瑄、周必超、陈继仁、徐步云、陆仁恬、朱绁、靳邦庆、刘昭文、黄湛昌、周瑞清、周益、刘绍向、唐启荫、邓开运、王耀文、周干臣、周德润、唐国翰、刘泽远、谢树棠、徐登云、况桂森、刘曾、周为翰、文翰、于建章、陈衍昌、周璜、胡功祁、熊凤仪、邓明、王必名、谢元福、曹驯、赵炳熏、张瑄、丁镛、石成峰、吴锡璋、靳元瑞、刘本植、王维翰、龙朝言、张仲良、傅超衡、马鉴、杨泳春、黄俊熙、刘名誉、林承泽、谢启华、卢煦春、左盛均、李秉瑞、李务滋、周绍刘、凌芬、金鹏、唐则璲、谢元麒、张建勋、曹树藩、黄炳辰、张其锱、郭以诚、许晋祁、关榕祚、刘福姚、范家祚、陈福荫、吕森、王家骥、阳顗、秦士麟、郑揆一、朱远缮、朱远绶、龙焕纶、陈智伟、王希贤、张书云、朱德垣、唐树彤、邓荣辅、马骏昌、徐培、谢启中、张其锽、陈敉功、周安康。义宁进士2人：秦镇藩、林时蕃（道光元年后无记载）。

临桂武进士22人：林士宽、邱侃、朱纯录、程武、罗光杰、周之凤、李文蔚、汤绍良、马佶龙、白宝、宋廷标、关瑞龙、龙金源、阳焕东、黄瑞鹏、马定邦、赵之瑞、陈桂梁、秦步升、朱行鹤、程癸、李天英。

嘉庆十三年（1808年），朱荣获殿试第二甲第一名，传胪出身。十八年（1813年），陈继昌乡试中解元，二十五年（1820年）会试中会元，接着殿试夺状元，是清代两个连中三元者之一，也是科举历史上第13位和最后一位三元及第者。道光二十一年（1841年），龙启瑞殿试第一甲第一名，状元及第。同治四年（1865年），于建章殿试第一甲第二名，榜眼及第。光绪十五年（1889年），张建勋殿试第一甲第一名，状元及第。十八年（1892年），刘福姚殿试第一甲第一名，状元及第。

**制举** 宋代临桂县应经明行修科中式1人：唐叟。

明代临桂县应人才科中式1人：邹彰。应经明行修科中式1人：唐耕。

清代临桂县应才学出众孝悌著闻科中式1人：黄嗣宪。应孝廉方正科中式10人：杨家修、周尚兆、陈兰策、李成玛、汤绍尹、胡柽、唐安仁、区钟骥、黄赞尧、汪庆征。应经济特科中式4人：曹穗、唐则禹、刘进、汪鸾翔。义宁县应孝廉方正科中式1人：李希棠。

**举人** 广西乡试于明洪武十七年（1384年）开科。明代，临桂县中式举人873人，其中第一名解元29人；义宁县中式举人38人。

清代广西乡试分文举、武举。文举：临桂县中式举人1140人，其中第一名解元30人；义宁县至道光元年（1821年）止，中式举人43人（道光元年后无记载）。武举：康熙四十一年（1702年）开科，临桂县中式武举人262人，其中第一名解元9人；义宁县至道光元年（1821年）止，中式武举人13人（道光元年后无记载）。

**贡生** 明代桂林府学和临桂县学从生员中选拔入贡（岁贡、选贡、恩贡、纳贡）的贡生36人；义宁县学选拔入贡的贡生5人。

清代桂林府学和临桂县学从生员中选拔入贡（恩贡、拔贡、副贡、岁贡、优贡、例贡）的贡生460人；义宁县学至道光元年（1821年）止，选拔入贡的贡生60人（道光元年后无记载）。

## 第二节 社学 义学 私塾

一、社学

明万历年间（1573—1620年）设社学2所，一所在桂林宁远门外富义桥下，一所在西乡两江口，教育15岁以下儿童。

二、义学

亦称义塾、书塾，是清代一种免费让贫家子弟接受初等教育的学校。康熙二十四年（1685年）临桂知县张遴奉广西布政使之命，在桂林宁远门内首建义学 1 所。五十四年（1715 年），广西巡抚金鉷令在县内各图建义学 17 所。雍正九年（1731 年），巡抚金鉷再令知县骆为香在县境东、南、西各图增建和复建义学 20 所。十年（1732 年）令桂林同知徐德秩在拱辰门外增建义学 1 所。同年，名臣陈宏谋在家乡西乡横山村办义学 1 所。乾隆年间（1736—1796 年），义学曾减至 11 所。官府每年从府学和县学中选择品学兼优的生员担任教师。嘉庆年间（1796—1820 年），巡抚成格复修义学，在城内的有蒙泉、兑泽、爱日、培风义学。光绪九年（1883 年），巡抚倪文蔚创立清节堂，内设义学 2 所，专门教育节妇子弟。十年（1884 年），巡抚徐延旭在宣讲堂内设义学 1 所。二十四年（1898 年）巡抚黄槐森在就日门、东门外、东洲、左营、桂林营各设义学 1 所。

### 三、私塾

县境私塾始于何时无考。清道光二十年（1840 年）较大的圩镇、村屯已设有私塾。家族在祠堂办的族塾，村人共办的村塾，富绅家设的家塾及塾师收徒开馆的馆塾几种形式并存。清末至民国初，临桂有私塾 119 所。民国 24 年（1935 年）当局开始对私塾采取限制、转化措施，或改组为小学，或督令改良教授方法及增设算术。这年临桂县经政府登记的私塾有 8 所，学童 126 人；义宁县经登记的私塾有 15 所，学童 224 人。僻远地区尚有部分私塾躲避登记或漏登记。此后，随着国民基础学校的发展，私塾逐渐减少。解放初山区尚有少量私塾存在，50 年代中期才完全被小学取代。

### 四、学制

社学、义学修业年限无统一规定，一般以各科课本教授完竣为结业。私塾修业时间最长者以读完较高课程，参加童试录取入府学、县学为限。但不少学生在粗通文墨，能应付社会交际后即辍学。清末废科举后，修业年限一般在 3~6 年。

### 五、教学

明清时的社学、义学采用个别教授方法，"集闾里之童子而教之，或诵经书，或肄习制义，勤加讲解"，偏重于教会学生读书识字。清至民国时期的私塾，通常为一塾一师，学生年龄大小、人数多少不等。课堂采用复式教学，个别传授，教师督促学生死记硬背，背不下来的以责打处罚。

学生启蒙一般教授《三字经》《百家姓》《增广贤文》《传家宝》《传家训》，女生增读《四字女经》。从师3～4年后开讲"四书""五经"《幼学琼林》等，以讲解生字词为主，兼传授对联和各种应用文作法。程度较高的学生，还课诵经书，肄习八股文、试帖诗。民国时期政府督令改良私塾，一些私塾增设了国语、算术。

# 第 27 章
# 普通教育

## 第一节 学前教育

民国14年（1925年）广西省立第二师范学校附设幼稚园于县城桂林王城东南侧，后改为省立实验小学幼稚园。25年，开办桂林县五美街幼稚园、六塘镇幼稚园（附设于小学）、白龙镇幼稚园各1所。26年，于桂林王辅坪中山纪念学校内成立中山纪念学校幼稚园。同期，两江国民基础学校也附设有幼稚园1所，有幼儿20多人。至28年，桂林县共有幼稚园6所。32年两江小学和六塘小学附设的幼稚园，分别有幼儿30人和22人。日军侵入县境期间，幼稚园停办。35年各主要圩镇中心小学复设幼稚园，其中两江、大圩、良丰、大埠各设1个班，六塘设2个班。

解放初，人民政府接管幼儿园1所，幼儿35人，教养员1人。1953年，幼儿园发展至3所，教师3人，招收幼儿107人。为解放妇女劳动力，在农村开办季节性幼儿园、托儿所一批，招收幼儿1700人。1954年基本村村开办托儿所和幼儿园。1955年全县有6个区办有幼托组织，其中长年托儿组6组，儿童50人；季节性托儿组14组，儿童100人；临时托儿组25组，儿童153人。1956年大力提倡群众自办幼儿园、托儿所，全县（含灵川）办起幼儿班305个，托儿所571所，入园入托儿童20 311人。1958年执行广西教育厅关于在农村迅速发展、巩固、提高幼儿教育工作的指示，大办幼儿园。县成立县幼儿园1所，全县（含灵川）幼儿园增至411所，有保教人员819人，招收幼儿25 075人。1960年因国民经济困难，幼儿园、托儿所分别减至13所和7所。这些幼儿园、托儿所并入集体营养食堂、敬老院和妇产院一段时间后，也先后解散。1968年，县幼儿园停办。

1968年后，农村生产队时续时断开办幼儿班。1973年全县仅会仙公社有农村幼托组织2个，入托幼儿21人。1975年，为配合"农业学大寨"

运动，县委号召大办"红幼班"。至1976年，全县幼托园发展到417所，入园入托幼儿达9315人。保宁公社所有大队和半数以上生产队办了"红幼班"，成为"幼托化"公社。11月，在保宁公社召开经验交流现场会，县委要求各级领导层层蹲点办幼托班，年底至次年初又开办幼托班一批。由于盲目发展，条件不具备，至1977年5月，幼托班减至94个。6月，县委再次召开幼教工作会议，提出"为我县今年基本实现幼托化而奋斗"的口号。县、公社、大队、小队层层建立领导小组，但所办幼托班难以巩固，年底办有幼托班的生产队仅余91个，占全县生产队总数的5%。同年，县幼儿园在县城二塘重新开办。1978年全县有幼儿园17所、托儿所7所，入园入托幼儿505人。1979年后农村幼托班所剩无几，其中两江公社两江大队第八生产队和茶洞公社茶洞大队垠头村两所幼托班坚持开班6~7年之久，多次受到县妇联和县、乡人民政府表彰。

1981年，县、公社成立幼托工作领导小组，县、公社妇联负责组织发动，年底全县办起76个幼托班，入班幼儿2195人。1986年全县有农村幼托班15个，入班幼儿521人，保教人员32人。同期，南边山、六塘、庙岭、茶洞、两江、五通、保宁、中庸8个乡镇先后兴办了乡镇直属机关幼儿园。1987年，庙岭乡水口村陈英琼租用临桂镇临政路水泥厂公房创办佳佳幼儿园，为县境个体办幼儿园之首例。当年秋招收混合班1个班幼儿10余人，期末增至50余人。1988年佳佳幼儿园在人民大道北段自建园舍，占地面积550平方米（其中临时用地400平方米），建两层楼房一栋，建筑面积200平方米。1990年全县有幼儿园6所，其中县直机关幼儿园有幼儿7个班200人，保教人员22人；南边山乡幼儿园有幼儿1个班47人，保教人员1人；六塘镇幼儿园有幼儿1个班30人，保教人员2人；庙岭乡幼儿园有幼儿1个班30人，保教人员1人；五通镇幼儿园有幼儿1个班27人，保教人员2人；佳佳幼儿园有幼儿3个班128人，保教人员7人。

1980年，部分完全小学开始附设学前班，招收未满七周岁儿童入学，当年招生63个班2580人。此后10年间全县已有81所小学附设过学前班。1990年有学前班75个班，招生3335人（表27-1）。

表 27-1　1980—1990 年学前教育情况

| 年份 | 幼儿园 | | | | 学前班 | | |
|---|---|---|---|---|---|---|---|
| | 所数/所 | 班数/个 | 在园幼儿数/人 | 保教人员数/人 | 班数/个 | 入学人数/人 | 教师数/人 |
| 1980 | 4 | 6 | 132 | 17 | 63 | 2580 | 63 |
| 1981 | 4 | 8 | 184 | 20 | 58 | 2528 | 58 |
| 1982 | 4 | 9 | 196 | 21 | 47 | 1967 | 47 |
| 1983 | 4 | 11 | 277 | 14 | 47 | 1843 | 47 |
| 1984 | 5 | 11 | 281 | 14 | 47 | 2065 | 47 |
| 1985 | 5 | 9 | 253 | 23 | 54 | 2520 | 54 |
| 1986 | 4 | 10 | 295 | 24 | 65 | 2662 | 65 |
| 1987 | 6 | 12 | 326 | 28 | 76 | 3011 | 76 |
| 1988 | 8 | 16 | 430 | 33 | 77 | 3022 | 63 |
| 1989 | 7 | 16 | 490 | 35 | 68 | 2904 | 57 |
| 1990 | 6 | 14 | 462 | 35 | 75 | 3335 | 73 |

**附：县幼儿园简介**

临桂县幼儿园创办于 1958 年，原址在桂林市丽君路。初办时为 3 个班，全托寄宿制，教职工 20 人，入园幼儿 120 人，皆为县直属机关干部子女。1968 年受"文化大革命"冲击停办。

1977 年，在县城慧元路 6 号重建县幼儿园，占地面积 6.5 亩，建有砖木结构教室和职工宿舍各 1 栋，建筑面积 598.6 平方米。当年有教职工 4 人，招收干部、职工及居民子女 36 人，组成混合班进行教学。1985 年入园幼儿达 6 个班 260 人，有保教人员 18 人。1988 年在临政路增设分园（教学点），占地面积 6 亩，建钢筋水泥教学楼和职工宿舍楼各 1 栋，建筑面积 1248 平方米。1990 年，县幼儿园 2 个教学点共有保教人员 22 人，入园幼儿 7 个班 200 人。大型玩具及体育设施有小型篮球场、地洞篮球架、大转盘、攀登架、鱼形钻爬架、爬网、滑梯、跷跷板、荡船、秋千、木马、小三轮车、手摇玩具型小汽车等。小型玩具有积木、积塑、棋类、纸牌等。此外，还有脚踏风琴、手风琴、黑白电视机、录音机、洗衣机、缝纫机等教学和保育器材。

## 第二节 小学教育

清光绪二十九年（1903年），清廷颁布《奏定学堂章程》，推行新学制，开办学堂。三十年（1904年），桂林文昌门外广西高等学堂内附设临桂境内第一所小学堂。三十一年（1905年）宣成书院改建为临桂两等小学堂，广东同乡会于桂林东华路开办公益小学堂，蒙泉义学改建为蒙泉小学堂。三十二年（1906年）义宁县义江书院改建为义宁县高等小学堂。三十三年（1907年）六塘圩创办持养高等小学堂和公益初等小学堂。同期，桂林5个警察区和一些较大圩镇也相继开办了小学堂。三十四年（1908年）临桂县已办有两等小学堂9所、初等小学堂9所，学生961人。义宁县已办有两等小学堂2所，学生162人。

民国元年（1912年）学堂改称学校。15—17年，各地奉令毁除菩萨，将寺庙改建为学校，庙产拨为学款。15年，桂林县南三区开办良丰第二和第四初级小学校、启智初级小学校、马皇小学校、开明小学校，南四区开办诚正初级小学校，南八区开办第五初级小学校，西五区开办益智初级小学校，西八区开办第一小学校。16年，桂林县开办的县立小学有：灵溪、育贤、教本、庸民、乐育、寿世、永宣、保慈、训蒙、兴义、陶淑、萃英、霍秀、醒民、楞严、正蒙、文化、广益、花岭、邦山、周民等小学校，以及同心第一、第二初级小学。各区开办的小学校有：东二区的振俗初级小学校，南四区的开化初级小学校，西五区的凤凰小学校，西六区的信果、思庆、夏泽初级小学校。17年，桂林县各区开办的小学校有：西五区的黄田初级小学校、油麻小学校，西六区的贺村初级小学校，南三区的夏庄初级小学校。同期，义宁县增设小学30余所，由私塾改良的代用初级小学校20余所，各乡均建立了中心小学。21年，桂林县有小学校301所，学生11 387人；义宁县有小学校69所，学生2170人。

民国22年（1933年）9月开始兴办国民基础教育，乡所在地学校改称中心国民基础学校，经费由县拨给；村（街）校改称国民基础学校，经费由村（街）自筹。6足岁至9足岁学龄儿童强迫受2年期基础教育，10足岁至16足岁失学儿童强迫受一年期基础教育。年底，桂林县小学生达19 121人，义宁县小学生达1907人。23年，桂林县有中心国民基础学校43所，国民基础学校413所，学生16 548人，占学龄儿童总数的38.53%；义宁县有中心国民基础学校8所，国民基础学校94所，学生2249人，占学龄儿童总数的38.27%。两县均达到乡乡有中心校，村村有国民基础学校。

民国33年（1944年）11月至34年7月日军侵入县境，小学校舍遭到严重毁坏。之后，由于内战，小学教育恢复和发展缓慢，至1949年11月解放前夕，临桂、义宁共有小学91所，在校学生6422人，教师328人。

1949年11月下旬，临桂、义宁解放，人民政府接管了旧政权遗留的91所小学，任命第一批校长，一个月内小学全部恢复上课。解放初期，县委、县人民政府为满足工农子弟入学，在财政困难的情况下，公办、民办并举，积极发展小学教育事业。

1951年，公办小学有28所，学生99个班3908人；民办小学有132所，学生118个班4973人。同年贯彻"教育向工农开门"的方针，招收了一批青年（不少人为受优待的军、烈属）入学启蒙。1952年起，分批将民办小学收为公办。同年在黄沙山区办起小学5所（其中蓬莱片3所，后划归五通），结束了黄沙山区无学校的历史。1954年在农业合作化高潮中，农民踊跃送子女入学，小学在校学生首次超过2万人。1955年，公办小学增至199所，学生17 011人；民办小学减至6所，学生291人。1956—1960年，在发展公办小学的同时，再次发展民办小学。1958—1959年，在各行各业"大跃进"形势中，突击发展民办小学班点近400个。1959年全县有公办小学184所，在校学生556个班22 781人；民办小学143所，在校学生397个班13 016人。1960—1961年国民经济困难，农村粮食不足，学生流失量大，1961年在校学生降至19 684人，比1959年减少45.01个百分点。1964年调查，全县7~12岁适龄儿童入学率57.1%。同年开始试办半农半读（半日上课，半日在家帮农）的耕读小学，作为全日制公办、民办小学的补充。7月已开办50个班，招收学生1227人。1965年耕读小学增至537个班，学生10 850人。1966年春增至662个班，学生12 690人。当年5月统计，全县公办、民办小学和耕读小学在校学生中，7~12岁儿童共32 202人，适龄儿童入学率达到87.9%。

大多数大队将小学一、二年级放到自然村办，吸收了一大批民办教师和代课教师，大队小学腾出师资和教室办附设初中班。1970年全县小学增至592所。1972年后以大队为单位设校，村小学成为大队小学下属教学点。1976年，全县有小学157所，下属教学点644个。

"文化大革命"结束后,教育走上正轨。从1980年起,逐步减少小学附设初中班和自然村教学点,相对加强了小学师资力量。1981年农村实行家庭联产承包责任制,出现部分学生流失现象,与1980年相比在校生减少4542人;适龄儿童入学率由上年的95.3%降至87.4%。同年开始抓普及小学义务教育,1982年在校学生回升至43 870人,适龄儿童入学率上升到94.7%。此后小学在校学生数逐年稳中有升,平均每年增加1671人。1985—1987年冬季,县人民政府组织检查验收团对各乡镇小学的入学率、巩固率、毕业率和普及率进行检查验收,均达到国家规定标准。1988年5月,经桂林市人民政府验收合格,临桂县成为"普及初等教育县"。1990年,全县有中心小学32所,村级小学136所(表27-2)。

表27-2 1950—1990年全日制公办、民办小学情况

| 年份 | 学校/所 | 教学点/个 | 招收新生/人 | 在校学生/人 | 毕业学生/人 | 7~11周岁适龄儿童入学率 | 公办、民办教职工/人 |
|---|---|---|---|---|---|---|---|
| 1950 | 91 | 91 | | 6400 | | | 328 |
| 1951 | 160 | 160 | | 8881 | | | 473 |
| 1952 | 244 | 244 | | 15 153 | | | 513 |
| 1953 | 228 | 228 | | 17 961 | | | 551 |
| 1954 | 246 | 246 | | 20 093 | | | 602 |
| 1955 | 205 | 205 | | 17 302 | | | 585 |
| 1956 | 228 | 228 | | 25 503 | | | 565 |
| 1957 | 241 | 241 | | 25 686 | | | 617 |
| 1958 | 261 | 261 | | 33 306 | | | 906 |
| 1959 | 327 | 327 | | 35 797 | | | 1072 |
| 1960 | 275 | 275 | | 29 458 | | | 1005 |
| 1961 | 34 | 277 | 5569 | 19 684 | 1230 | | 930 |
| 1962 | 38 | 311 | 3326 | 18 970 | 3194 | | |
| 1963 | 329 | 329 | 7425 | 21 536 | 1014 | | 701 |
| 1964 | 326 | 326 | | 26 756 | 1388 | | 912 |
| 1965 | 324 | 324 | | 31 353 | 1565 | | 912 |

续表

| 年份 | 学校/所 | 教学点/个 | 招收新生/人 | 在校学生/人 | 毕业学生/人 | 7~11周岁适龄儿童入学率 | 公办、民办教职工/人 |
|---|---|---|---|---|---|---|---|
| 1966 | 118 | 723 |  | 26 455 | 2127 |  | 722 |
| 1967 | 118 | 605 | 9520 | 34 212 | 3255 | 84.0% | 1296 |
| 1968 | 442 | 442 | 2756 | 25 852 | 392 |  | 1285 |
| 1969 | 443 | 443 | 12 827 | 29 278 | 5044 |  | 1260 |
| 1970 | 592 | 592 | 11 548 | 29 521 | 3553 | 86.9% | 1188 |
| 1971 | 314 | 314 | 10 933 | 31 042 | 3628 | 98.5% | 1126 |
| 1972 | 171 | 314 | 11 138 | 38 347 | 3628 | 99.0% | 1617 |
| 1973 | 171 | 573 | 143 | 45 854 | 3886 | 100.0% | 1643 |
| 1974 | 158 | 573 | 11 720 | 50 800 | 4199 | 99.3% | 1624 |
| 1975 | 159 | 616 | 14 048 | 56 066 | 6779 | 98.3% | 1850 |
| 1976 | 157 | 644 | 11 706 | 54 357 | 10 099 | 97.1% | 1927 |
| 1977 | 158 | 550 | 11 233 | 51 633 | 9491 | 98.2% | 1730 |
| 1978 | 158 | 530 | 11 860 | 50 018 | 8385 | 96.6% | 1663 |
| 1979 | 158 | 451 | 10 600 | 48 562 | 6722 | 96.3% | 1922 |
| 1980 | 160 | 422 | 10 316 | 45 724 | 6439 | 95.3% | 1953 |
| 1981 | 160 | 363 | 9123 | 41 182 | 5244 | 87.4% | 1985 |
| 1982 | 160 | 372 | 11 251 | 43 870 | 4986 | 94.7% | 2001 |
| 1983 | 160 | 377 | 11 435 | 45 399 | 5130 | 96.7% | 1946 |
| 1984 | 165 | 374 | 9953 | 45 550 | 5211 | 97.4% | 1962 |
| 1985 | 167 | 322 | 9656 | 45 568 | 5589 | 97.9% | 2032 |
| 1986 | 167 | 335 | 10 035 | 46 952 | 5944 | 98.0% | 2007 |
| 1987 | 167 | 263 | 9094 | 47 722 | 6841 | 98.6% | 1922 |
| 1988 | 166 | 352 | 9397 | 49 625 | 4673 | 98.2% | 1817 |
| 1989 | 168 | 352 | 9421 | 54 610 | 3056 | 97.8% | 1797 |
| 1990 | 168 | 352 | 9587 | 57 238 | 6014 | 98.6% | 1845 |

注：1963—1966年的耕读小学未统计在内。

一、学校分布

（一）县直属

县城第一小学、县城第二小学。

（二）临桂镇

大律中心小学（附山枣、岭上）、二塘小学（附五谷、侯寨、太平）。

（三）南边山乡

中心小学有塘头、南新；村级小学有朗联、钱村、东山、五敬、富汴（附民族小学）、军洞（附野鸡）、永平（附陂石、白沙瑶）、升平（附纯厚、鸡司寨）、永中、靖远（附白鸡岭、红岗、香草岩、新路）、玉联（附豹山口）、朗村。

（四）六塘镇

中心小学有六塘镇、清塘；村级小学有清泰（附桃子坪）、小江、保联、诚正、汉山、刘家庄、皇望、大中（附羊田、上塘）、三塘（附陂山）、岩岭（附铁岭底）、船岭、罗塘、道莲（附道村）、广洞、大村。

（五）会仙乡

中心小学有会仙、马面、矮山（附下炉、新寨）；村级小学有东山、陶淑、燕山（附厄底、下高桥）、大联（附老寨、林湾）、四益（附下庄、高桥、高岸）、睦洞（附五福）、新立（附白滕、秦村）、新民（附冯家、上渣塘底、马头塘、镇德）、文全（附独龙）、寺山（附甑底）、同助（附廖家、竹陂）、陂头（附杏外、邦山）、七里（附栗塘、莲塘）。

（六）四塘乡

中心小学有四塘（附龙山、老骆家、绕江）、太平（附鱼陂畬、塘北）、界牌；村级小学有大约（附竹枝脉、大约村）、横山（附油塘尾、池头、元田）、刘村、江西（附官亭、塘村），自信、面村（附道村）、岩口（附四合、旗山、赵家、全洞）、五联（附土桥）、大湾（附官庄、江北）、新村。

（七）庙岭乡

中心小学有庙岭、秧塘（附大雄）；村级小学有独峰（附马山、黄洞、大桥、井头）、兰塘（附咸陂）、花堽（附上蔡塘、下蔡塘、陆家）、水口、凤凰（附黄塘）、上全、天华（附邓村、上留）、灵山、麒麟、塔山（附硚头、沧头）、沙塘、乐和。

### （八）两江镇

中心小学有两江镇（附下山尾）、信果；村级小学有二圳（附独塘、二圳口）、山口、保全、古定（附白岩）、宝山、大洲（附咸进）、城联、高寨、琅琥、车梁（附梁村、田北）、培塘（附西宅）、高妙（附旸谷岭）、洲村、大厦（附凤凰林场）。

### （九）茶洞乡

中心小学有茶洞、江洲（附龙江寨）；村级小学有鹿角坡、富合、护山、定安、花岭、三合（附屯桥、里旺、板圳）、保合（附塘基、滩头）、安乐（附水礁、坪舍）、温良（附平厄、白石口、石板、茶贝、九江尾、安治）、仁义（附慈洞、六茶、大江、千百两）。

### （十）渡头乡

中心小学有渡头（附大山图）、油麻；村级小学有谢家（附高桥）、河沙、粟村、高塘（附律塘）、宿塘、上宅、罗城（附江门）、贺村。

### （十一）五通镇

中心小学有五通镇、西南（附龙寨）、仁和；村级小学有桐山、泗江、罗江（附桑田）、柳山（附柳山村）、三友（附塘底、岭欧）、板屋（附望塘、汤家）、西山、杨梅、大塘（附大塘口）、江门、蓬莱。

### （十二）保宁乡

中心小学有保宁（附赵家、渠龙）、浔江（附杨梅、浔江村）；村级小学有保宁、上祥、白马、步厄、西塘（附透江、泉水妙）、北塘（附华岩坪）、伍家（附大屋、军营）。

### （十三）中庸乡

中心小学有中庸、文昌；村级小学有合峰、穴田（附穴田、泗林、仓库岭）、江泉（附中间岭、王者坪）、华境（附葡萄、上侣、境头、古落）、三联（附王家山）。

### （十四）宛田瑶族乡

中心小学有宛田（附大埠、东宅、东宅江）、庙坪（附高枧、牛江）；村级小学有中江（附清江、摆脚、王能）、柳厄（附罗江）、河北（附河北尾、湾江、青草江）、陶善（附界头）、瓮洲（附瓮潭、樟村、司坪）、合作（附高枧）、小河（附葛麻塘）、楠木（附羊古山、山岔、向阳）、永安（附白石、下山）、平水（附叭吓、石灰窑）、洞头（附洞头村）、流峰（附江头）、东江（附茅针）。

### （十五）黄沙瑶族乡

中心小学有黄沙、滩头（附平江、荒田、三岔河）；村级小学有九滩（附大喇友）、黄沙村（附上黄沙、上朝塘、下朝塘）、翻水（附枫木坪、白竹根、龙口）、围岭（附上宇庙、单江、大坪、蕨菜坪）、宇海（附罗江、下槽、大村）。

## 二、学校选介

### （一）县城第一小学

位于临桂镇西南端。1972年10月开办，原名"临桂县小学"，初建时有小学5个班和初中1个班，学生200多人。1972—1980年，曾附设7届共10个初中班，培养初中生达500多人。1981年10月，获自治区团委授予的"红花集体"称号。1983年，在全县最先达到教育部、卫生部和体委颁发的《体育卫生工作条例》标准。1984年，更名为临桂县城第一小学。多年来，学校的入学率保持100%，升学率均在90%以上。1989年，临桂县委、县人民政府授予"文明单位"称号。1990年，全校有小学1~6年级12个班学生494人，学前班2个班71人；教职工40人，其中小学高级教师15人，小学一级教师17人，小学二级教师5人。

### （二）县城第二小学

位于临桂镇临政路西端，建于1984年。当年有1~5年级5个班，学生262人，教师14人。学校占地面积28亩，建筑总面积3411平方米，总投资39.3万元，其中自治区拨款4万元，县财政拨款25.3万元，群众及厂矿企业单位集资10万元。建校以来，入学率为100%，每年升学率均达90%以上。1986年9月，临桂县委、县人民政府授予"文明学校建设先进单位"称号。1990年，全校有1~6年级学生1216人，学前班3

个班154人；有教职工64人，其中小学高级教师18人，小学一、二级教师43人。教学仪器主要有投影机、手风琴、脚踏风琴、电子琴、收录机等，价值8000元。

（三）六塘中心小学

清光绪三十三年（1907年）废文昌庙设持养高等小学堂。宣统三年（1911年）公益初等小学堂和上街、下街两所初等小学堂并入，更名为六塘小学校。有高级班2个班、初级班4个班，学生215人，教师8人。民国16年（1927年）更名为桂林县第四区区立六塘小学。18年更名为县立第二小学。28年，六塘女子小学（22年建）并入，原女子小学校址设校分部。29年更名为六塘中心校。35年更名为六塘表证中心小学。1950年有学生10个班700多人，教师20多人。1954年12月定为桂林专区重点小学。1955年11月定为县重点小学。1958年称六塘小学，同年六塘清真小学并入。1969—1982年曾附设初中班。1976年，受县体委委托开办少年乒乓球训练队，1982年停办。1986年更名为六塘中心小学。1990年有1～6年级学生816人，学前班学生151人，教师47人。

（四）两江中心小学

民国7年（1918年），合并两江圩5所私塾改为高国合校，学生60多人，借用梁家祠堂授课。后更名为桂林县立第一小学。9年由乡绅捐资，并获李宗仁先生捐款200元，于圩旁龙头寨（今址）建校舍。同年更名为县立第四小学。16年更名为桂林县两江公立高国合校。21年更名为县立两江国民基础学校。22年更名为两江中心校。民国时期曾两度附设幼稚班。1951年为临桂县三区一小，有高级部3个班，初级部4个班，学生280人，教师11人。1958年更名为两江小学。1986年更名为两江中心小学。1990年有1～6年级学生736人，学前班学生86人，教职工30人。

（五）五通中心小学

光绪三十二年（1906年）由义江书院改建。原名义宁县立高等小学堂，初设2个班，学生60多人。民国元年（1912年）更名为义宁县立高等小学校。24年更名为桑江附廓两乡镇中心校。31年称义宁县桑江附廓两乡镇表证中心校。解放初更名为义宁县五通完小。1951年迁文庙故址。1954年，天铭小学、榕门小学、伊斯兰小学并入，更名为临桂八区一小。1962年，更名为五通公社中心校。1969—1973年和1975—1982年，曾两度附设初中班。1976—1978年附设高中班1个班。1979年组建少年举重训练班,同年由自治区体委命名为"广西壮族自治区体育传统项目学校"。1990年,全校有1~6年级学生978人,学前班学生207人,教师56人。

## 第三节　中学教育

清光绪三十一年(1905年),桂林府中学堂成立于县城桂林文昌门内副爷守备署旧址。

民国元年(1912年),李任仁、靳汝端等发起,在桂林西门黄泥井、亦塘等处开设私立临桂、务本、崇实中学校3所。次年三校合并,于叠彩山下桂山书院旧址开办桂林县立桂山中学。同年桂林府中学堂改为桂林县中学校,7年改为省立第三中学佼。15年省立第三中学校高中、初中分立,高中部改为省立第三高级中学,初中部改为省立第三初级中学。16年桂林中山公学成立于桂林副爷巷,18年改名为广西私立三民初级中学。同年省立第二女子师范改为省立第二女子中学校,校址在王城西侧。23年省立第三高级中学改为省立桂林高级中学。同年,桂林县立桂山中学并入省立第三初中。25年桂林县立国民中学成立于桂林七星岩前(后迁潮田、大圩)。27年2月,南京私立汉民中学迁至桂林穿山村。7月,广东旅桂同乡会于桂林东华路广东会馆开设私立逸仙中学。同年,广西大学附属第二高级中学(26年由桂林高级中学更名)与省立第三初级中学合并,改名为省立桂林中学。28年省立桂林中学初中部迁会仙乡和永福县罗锦乡。同年,桂林县有中学6所,学生近3500人。

民国29年(1940年)桂林县复名临桂县,县内有省立桂林中学会仙分校1所,校址在会仙圩,有初中学生13个班668人,教职员39人(含罗锦分校);临桂县立国民中学1所,校址在大圩,有前期班(相当于初中)学生6个班278人,教职员24人。此外,在良丰十里坪还开办有私立景崧中学。同年,义宁、龙胜县在义宁宛田圩合办义宁龙胜两县联立国民中学,招收前期班学生2个班84人,有教职员9人。30年省立桂林中学会仙分校与永福罗锦分校合并,改为省立临桂初级中学。31年,义宁龙胜两县联立国民中学停办,原址改办义宁县立国民中学。同年,吕竞存在六塘大中圩开办私立道慈中学。日军侵入县境后,各校停课,师生疏散。

抗日战争胜利后，私立景崧、道慈中学停办。民国34年（1945年）秋，义宁县立国民中学迁校至县城（今五通镇）。10月，临桂县和义宁县3所公立中学先后恢复教学。35年李宗仁、李济深、李任仁、粟豁蒙、黄钟岳等发起，在四塘横山村创办私立榕门中学，招收学生1个班约50人。同年春，临桂、义宁县立国民中学，分别改为临桂县立初级中学和义宁县立初级中学。36年3月，省立临桂初级中学与临桂县立初级中学合并，称为临桂县立初级中学，校本部设在会仙（原省立临桂初级中学校址），分部设在大圩（原临桂县立初级中学校址）。8月临桂县立初级中学分设二校，原大圩分校改为临桂县立第一初级中学，会仙校本部改为临桂县立第二初级中学。37年临桂县立第一初级中学有学生250多人；临桂县立第二初级中学有学生10个班455人，教职员44人。同年义宁县立初级中学有学生5个班247人，教职员22人。38年私立榕门中学有学生4个班138人，教师6人。

1949年11月县境解放，临桂县人民政府接管县立第一、第二初级中学和私立榕门中学，义宁县人民政府接管县立义宁中学。3所公立初中共有学生680人；私立榕门中学有学生138人，教师6人。1951年，私立榕门中学停办。1956年，增设两江初级中学和六塘初级中学。同年会仙中学设高中部，招收高中新生159人。1957年，会仙中学高中部拨给灵川中学。1958年，在"大跃进"形势下，各中学扩大招生，增班增人。同年会仙中学重设高中部，招高中新生193人。1959年，创建临桂中学（校址在四塘横山），招收初中新生3个班153人。1960年，临桂中学增设高中部，同年会仙中学高中部停招新生。

1958年发动社会办学，每乡兴办农业中学（民办）1所，全县共17所，招收学生84个班3314人（含灵川）。1959年农业中学有25所，在校学生67个班3028人，有教师128人（含灵川）。1960年国民经济出现困难，农业中学先后停办。

1963年，两江初级中学改为民办中学。1964年改为农业中学。同年，再次发动社会办学，先后兴办羊田、朗联、会仙、四塘、秧塘、庙头、两江、渡头、信果、五通、中庸、宿棠和五通第二农中等13所农业中学（又称耕读中学）。农业中学实行半天上课半天劳动，以劳养学。当年共有学生791人，教师34人。1965年，两江农中改为农业技术学校。当年，全县1所完全中学和3所初级中学共有高中学生213人，初中学生1904人。农中在校学生增至1390人。1966年后受"文化大革命"冲击，各农中陆续停办。

1966—1967年，停止招生和毕业。1966年前，入校的高中、初中学生全部于1968年12月结业。1968年，会仙中学、六塘中学、五通中学开始设立高中部，加上临桂中学，完中发展为4所；12个公社均创建了独立初中；部分小学开始附设初中班，全县附设初中的小学有7所。当年高中、初中招生废除考试制度，改为按政治条件推荐，招收初中新生2127人。1969年，两江农技校改为完全中学，六塘中学停办高中1年。同年上级下达"读初中不出大队，读高中不出公社"的指示，小学附设初中点增至41个。1970年，小学附设初中点增至51个，高中、完中增至7所。次年高中、完中增至12所。1971年，临桂中学改为四塘中学。1972—1974年，保留四塘（原临桂中学）、会仙、六塘、两江和五通5所完全中学，其余公社中学仍恢复为初中。1975年，根据桂林地区"批林批孔教育革命经验交流会"提出的"力争1980年基本实现农村普及初中，城镇普及高中"的要求，各公社抽调一批小学教师教初中，抽调一批初中教师教高中。9月，在县城重建临桂中学。年底全县有高中、完中9所，独立初中7所，小学附设初中点69个。至1977年，高中、完中增至16所，小学附设初中点增至112个，初中在校学生16 347人，高中在校学生5143人。

1977年，恢复考试招生制度。1980年，贯彻"压缩高中、调整初中、加强小学"的方针，将各公社所办高中改为初中，撤销一大批小学附设的初中班。当年完全中学压缩为6所，独立初中为10所，小学附设初中点降为71个。1981年，秋四塘中学停办高中。1986年，在临桂镇创建临桂县第一中学（完全中学）。

1990年，全县有完全中学6所：临桂中学、县第一中学、六塘中学、会仙中学、两江中学、五通中学；初级中学14所：南边山初中、六塘镇中、会仙初中、四塘初中、四塘联中、庙岭初中、两江镇中、茶洞初中、渡头初中、五通镇中、保宁初中、中庸初中、宛田初中、黄沙初中；另有9所小学附设有初中部：南边山塘头小学、六塘清塘小学、会仙矮山小学、会仙马面小学、四塘界牌小学、四塘太平小学、庙岭秧塘小学、渡头油麻小学、五通西南小学。

解放以来，临桂县共培养初中毕业生73 380人，高中毕业生21 280人。1980—1990年，高中、初中学生升入高等院校1474人，中等专业学校2334人。其中1982年高考，临桂中学考生李桂青以总分533分获自治区理科第一名，录取入中国科学技术大学；1985年高考，临桂中学考生张光彩以总分602分获自治区理科第三名，录取入清华大学（表27-3、表27-4）。

表27-3 1950—1990年全日制普通中学情况

| 年份 | 高中、完中校数/所 | 初中校数/所 | 小学附设初中数/所 | 初中招生数/人 | 初中在校学生数/人 | 初中毕业生数/人 | 高中招生数/人 | 高中在校学生数/人 | 高中毕业生数/人 | 教职工/人 |
|---|---|---|---|---|---|---|---|---|---|---|
| 1950 | — | 3 | — | — | 680 | — | — | — | — | 56 |
| 1951 | — | 2 | — | 211 | 366 | 74 | — | — | — | 42 |
| 1952 | — | 2 | — | 462 | 838 | — | — | — | — | 54 |
| 1953 | — | 2 | — | 361 | 802 | 171 | — | — | — | 59 |
| 1954 | — | 2 | — | 329 | 934 | 217 | — | — | — | 68 |
| 1955 | — | 2 | — | — | 847 | — | — | — | — | 63 |
| 1956 | 1 | 3 | — | — | 1026 | — | 159 | 159 | — | 92 |
| 1957 | — | 4 | — | 553 | 1566 | 313 | — | — | — | 97 |
| 1958 | 1 | 3 | — | 750 | 1717 | 317 | 193 | 193 | — | 173 |
| 1959 | 1 | 3 | — | 751 | 1703 | 619 | 175 | 346 | — | 176 |
| 1960 | 2 | 3 | — | 910 | 1998 | 300 | 241 | 487 | — | 230 |
| 1961 | 1 | 4 | — | 273 | 1178 | 342 | 46 | 329 | 87 | 183 |
| 1962 | 1 | 4 | — | 427 | 1084 | 385 | 46 | 186 | 101 | |
| 1963 | 1 | 4 | — | 495 | 1087 | 270 | 82 | 148 | 104 | 115 |
| 1964 | 1 | 4 | — | 558 | 1338 | 207 | 88 | 167 | 59 | 138 |
| 1965 | 1 | 3 | — | 452 | 1904 | 240 | 85 | 213 | | 120 |
| 1966 | 1 | 3 | — | 497 | 1852 | 328 | 81 | 245 | 71 | |
| 1967 | 1 | 3 | — | — | 1333 | 392 | — | 244 | 71 | 111 |
| 1968 | 4 | 12 | 7 | 2127 | 2764 | 189 | — | 269 | 121 | |
| 1969 | 4 | 12 | 41 | 3650 | 4219 | — | 502 | 502 | — | 115 |
| 1970 | 7 | 5 | 51 | 2111 | 3857 | 1721 | 1037 | 1226 | | 301 |

续表

| 年份 | 高中、完中校数/所 | 初中校数/所 | 小学附设初中数/所 | 初中 | | | 高中 | | | 教职工/人 |
|---|---|---|---|---|---|---|---|---|---|---|
| | | | | 招生数/人 | 在校学生数/人 | 毕业生数/人 | 招生数/人 | 在校学生数/人 | 毕业生数/人 | |
| 1971 | 12 | | 55 | 2856 | 5189 | 1876 | 672 | 1315 | 172 | 364 |
| 1972 | 5 | 12 | 65 | 3488 | 6169 | 2348 | 1180 | 1815 | 675 | 217 |
| 1973 | 5 | 12 | 60 | 3141 | 6514 | 2856 | 1035 | 1752 | 672 | 247 |
| 1974 | 5 | 11 | 61 | 3690 | 6131 | 2584 | 1218 | 2079 | 1198 | 522 |
| 1975 | 9 | 7 | 69 | 5989 | 9372 | 2546 | 1467 | 2488 | 917 | 560 |
| 1976 | 13 | 3 | 88 | 8265 | 14 094 | 5829 | 2138 | 3326 | 1188 | 780 |
| 1977 | 16 | | 112 | 8474 | 16 347 | 5761 | 3014 | 5143 | 1318 | 846 |
| 1978 | 14 | 2 | 114 | 6396 | 16 470 | 5143 | 2271 | 5084 | 2232 | 1051 |
| 1979 | 13 | 2 | 101 | 5224 | 13 327 | 6492 | 1946 | 4222 | 2652 | 986 |
| 1980 | 6 | 10 | 71 | 4834 | 13 496 | 2822 | 975 | 3020 | 1523 | 1002 |
| 1981 | 6 | 11 | 60 | 3109 | 9466 | 2597 | 692 | 1841 | 1658 | 970 |
| 1982 | 6 | 11 | 30 | 3401 | 9162 | 2246 | 702 | 2106 | 726 | 908 |
| 1983 | 6 | 11 | 22 | 4200 | 8486 | 2855 | 704 | 1989 | 568 | 845 |
| 1984 | 6 | 11 | 21 | 3198 | 8857 | 1827 | 610 | 1978 | 491 | 888 |
| 1985 | 6 | 12 | 19 | 2898 | 9543 | 2079 | 702 | 2018 | 680 | 995 |
| 1986 | 6 | 15 | 14 | 3637 | 10 669 | 2324 | 731 | 2071 | 649 | 1048 |
| 1987 | 6 | 15 | 13 | 4136 | 12 197 | 2688 | 597 | 1977 | 694 | 1101 |
| 1988 | 6 | 14 | 10 | 4189 | 12 482 | 3364 | 807 | 2053 | 721 | 1126 |
| 1989 | 6 | 14 | 9 | 3382 | 12 138 | 4380 | 842 | 2204 | 567 | 1095 |
| 1990 | 6 | 14 | 9 | 2875 | 10 769 | 4005 | 1031 | 2492 | 572 | 1036 |

注：① 1950 年为临桂（含大圩片）和义宁两县合计数。

② 1951—1960 年为今临桂县境数（已剔除灵川及大圩片）。

③ 农业中学未统计在内。

表27-4　1980—1990年高中、初中毕业生升入大专、中专院校情况

单位：人

| 年份 | 高中 | | | | | 初中 | | |
|---|---|---|---|---|---|---|---|---|
| | 毕业人数 | 录取人数 | | | | 毕业人数 | 考上中专 | 录取率 |
| | | 合计 | 考上大学 | 考上中专 | 录取率 | | | |
| 1980 | 1523 | 245 | 95 | 150 | 16.1% | — | — | — |
| 1981 | 1658 | 185 | 82 | 103 | 11.2% | — | — | — |
| 1982 | 726 | 260 | 93 | 167 | 35.8% | 2246 | 64 | 2.8% |
| 1983 | 588 | 204 | 113 | 91 | 34.7% | 2855 | 37 | 1.3% |
| 1984 | 491 | 260 | 145 | 115 | 53.0% | 1827 | 57 | 3.1% |
| 1985 | 680 | 332 | 186 | 146 | 48.8% | 2079 | 77 | 3.7% |
| 1986 | 649 | 256 | 142 | 114 | 39.4% | 2324 | 127 | 5.5% |
| 1987 | 694 | 256 | 163 | 93 | 36.9% | 2688 | 193 | 7.2% |
| 1988 | 721 | 285 | 205 | 80 | 39.5% | 3364 | 216 | 6.4% |
| 1989 | 567 | 185 | 123 | 62 | 32.6% | 4380 | 199 | 4.5% |
| 1990 | 572 | 185 | 127 | 58 | 32.3% | 4005 | 185 | 4.6% |

**附：学校选介**

**临桂中学**　1959年在四塘横山村建校，秋季招收初中新生3个班153人，有教职工15人。1960年招收高中新生6个班241人，初中新生3个班151人。年底接收会仙中学高中二、三年级学生6个班。1964年郭沫若为学校书写"临桂中学"校名（校牌于"文化大革命"初期被毁）。60年代，高中部除招收本县学生外，还面向灵川、阳朔、永福招生。"文化大革命"初期停止招生及教学活动。1968年恢复招生，1971年临桂中学更名为四塘中学（后改办为初级中学）。

1975年，在县城重建临桂中学，校址在慧元路西段。当年招收高中新生1个班50人。1978年，开始面向全县择优录取高中新生。1980年增设初中部。1984年发展至25个班，学生1346人。建校以来，学校坚持社会主义办学方向，培养了大批德、智、体全面发展的人才。1985年以

来，连续6年保持桂林市"文明单位"称号。1990年，被评为桂林市"德育工作先进集体"和"双拥"工作先进集体。1980—1990年，高中毕业生考入大专院校1166人，高中、初中毕业生考入中专137人。1990年有高中16个班、初中5个班，学生共1386人；教职工122人，其中中学高级教师7人，中学一级教师46人，中学二、三级教师50人。学校占地面积65 766平方米，建筑面积13 700平方米。有20 997平方米体育运动场1个，教学仪器齐备，总价值7.2万元，校图书馆藏书1.5万册。

  **临桂县第一中学** 创建于1986年11月，位于临桂镇东侧金山脚下。第一期建校投资153万元，其中自治区拨款15万元，县财政拨款112.8万元，县教育局拨款5.2万元，各厂矿企业单位捐助20万元。校园占地面积48亩，建筑总面积8380平方米。初建时有教职工52人，招收初中4个班、高中4个班，学生共426人。1988年，学校被评为桂林市"综合治理先进单位"。至1990年，高中毕业生考入大专院校26人，考入中等专业学校22人；初中毕业生考入中等专业学校38人。1990年，全校有初中11个班、高中10个班，学生1128人；教职工101人，其中中学高级教师6人，中学一级教师24人，中学二、三级教师61人。

  **六塘中学** 位于六塘镇西部，1956年创建。当年招收初中新生3个班166人，有教师7人。1967年前只办初中部，校名为临桂县六塘初级中学。1968年首次招收高中新生2个班102人。1969年高中班拨入会仙中学。1970年再次设高中部。1971年秋停招初中生。1972年更名为六塘中学，高中部、初中部并设。1990年全校有学生634人；教职工58人，其中中学高级教师2人，中学一级教师18人，中学二、三级教师25人，未评职称10人，代课教师3人。学校图书室藏书0.9万册。教学仪器齐备，价值3万元。

  **会仙中学** 民国28年（1939年）9月，桂林中学初中部8个班疏散至会仙，8个班疏散到水福罗锦，两处分别称广西省立桂林中学会仙分校和广西省立桂林中学罗锦分校。30年2月，省政府将两分校合并，成立省立临桂初级中学。会仙为本部，有学生8个班，罗锦为分部，有学生5个班，共650人。同年5月4日，学生在会仙圩头公路上设路障，竖立"一滴汽油一滴血，坐小车来游玩的是亡国奴"的标语牌，拦截广西桂林警备司令吕竞存之弟吕兆兴夫妇及随员的两辆小轿车，斥责他们不顾抗战前方危难，浪费国家宝贵汽油来游玩。当晚全体学生举行火炬游行，抗议校方压制学生爱国行动。次日，吕兆兴赔礼认错，学生才放行车辆。33年罗锦分校并入会仙校本部。36年2月，省立临中改为县办，更名为临桂县立初级中学，同时与大圩原临桂县立初级中学合并，会仙设本部，大圩设分部。因合校编班引起学潮，8月仍分设二校，会仙校本部更名为临桂县立第二初级中学。1949年底有学生10个班263人。解放后，1956年首次招收高中学生，次年高中学生并入灵川中学。1958—1959年再招两届高中生。1959年校名定为会仙中学。1960年高中学生并入临桂中学后，学校只办初中。1968年恢复招收高中学生。1990年有学生558人；教职工55人，其中中学高级教师2人，中学一级教师19人，中学二、三级教师16人。图书室藏书0.82万册。各种教学仪器1808件，价值1万余元。

**两江中学** 1956年秋创办于两江区大岭心村原桂林师范学校旧址，称临桂县第五初级中学。当年招收一年级新生3个班150多人，至1962年已培养出4届初中毕业生共410人。1963年春有学生400人，教师30人。8月，第五初中停办，师生并入临桂中学。同年9月，校址改办县立两江民办中学。1964年改为临桂枫桥农业中学，有学生10个班，教师20多人。1965年秋改为临桂县农业技术学校。学校除农技班4个班170名学生外，还附属有原农中学生4个班近200人。1969年更名为临桂县两江中学，秋季招收高中新生4个班，初中新生2个班。1983年改为县农业中学，招收农业高中班学生，原有普通中学班仍附属在校。1985年在招农中新生的同时，恢复招收普通高中、初中新生，两江中学与两江农中两校名并存。1988年，农中搬迁至临桂镇改为职业中学，两江中学恢复为完全中学。1990年全校有学生580人；教职工58人，其中中学高级教师2人，中学一级教师12人，中学二、三级教师19人。图书室藏书0.43万册。主要教学仪器有电影放映机、显微镜、天平、天文望远镜等，价值2.3万元。学校占地面积13.2万平方米，建筑面积3174平方米。

**五通中学** 民国29年（1940年）秋，义宁县、龙胜县合办义宁龙胜两县联立国民中学，校址设宛田圩。义宁县负担经费60%，龙胜县负担40%，招收学生2个班，按6：4从两县招考。31年7月由义宁县独办，更名为义宁县立国民中学，学生2个班75人，教职员10人。34年7月抗战胜利，学校迁义宁县城，有中学2个班，师资训练班1个班，学生共124人，教职员16人。35年5月更名为义宁县立初级中学。解放后，1950年有学生6个班300人。次年更名为灵川二中。1954年更名为临桂县第四初级中学。1959年更名为临桂县五通初级中学。1968年秋招收100名高中新生，学校从此成为完全中学，更名为临桂县五通中学。建校至 1987 年，在校就读过的学生达 8700 多人。1990 年有学生 956 人；教职工 82 人，其中中学高级教师 5 人，中学一级教师 16 人，中学二、三级教师 14 人，未评职称的 22 人，代课教师 4 人。学校图书室藏书 0.5 万册。教学实验仪器及化学药品齐备。校园占地 53 亩，建筑面积 6591 平方米，为解放前夕的 10 倍。

**私立榕门中学**　抗战期间由李宗仁、白崇禧、黄旭初、李济深、粟豁蒙等军政及各界人士 119 人发起，为纪念清代名宦陈宏谋（号榕门）而创办，校址择于陈宏谋故里四塘横山村。办校经费来源为：机关捐赠有广东省银行、云南省政府、湖南省政府、粤西盐务管理局、广西省政府、广西绥靖主任公署、广西银行、广西地产公司、西南建业公司、广西企业公司等；个人捐赠有孔祥熙、缪秋杰、李锦涛，以及柳州、八步的各界人士等；秧塘乡潘村潘秦氏年老无嗣，将全部家产 13 亩 3 分 2 厘稻田，1 座三开间住房、1 间灰房和 1 块园地捐赠给学校；陈宏谋生前在永福购置的 420 余亩学田，经省政府批准拨充办学基金；每个学生每学期交学米 400 市斤。民国 32 年（1943 年）6 月，筹得捐款 100 余万元（旧币），开始建校。33 年夏建成礼堂、教职员宿舍、学生宿舍各 1 座。沦陷期间，校舍门窗及桌椅、架床、图书毁坏殆尽。抗战胜利后修复校舍，36 年正式开办，粟豁蒙任校长。当年秋招收学生 1 个班 50 人。此后每学期招生 1 个班，至解放前夕共招 5 个班，在校学生最多时近 200 人。1950 年秋，学校迁至两江大岭心村原桂林师范学校旧址，有初中一、二、三年级各 1 个班，学生 138 人，教师 7 人。1951 年春学校停办，师生并入会仙中学。

## 第四节　教育改革

一、学制

（一）幼儿园

民国 22 年（1933 年）推行国民基础教育，规定 4 足岁至未满 8 足岁儿童入幼稚园，不久改为 4 足岁至未满 6 足岁。学制 2 年，幼儿每日在园 6 小时。解放后，农业社和生产大队、小队办的幼儿园，招生年龄在 3～6 岁，儿童在园无年限规定。1958—1968 年，县幼儿园招收 3～6 周岁儿童入园，按年龄大小分设小班（3～4 岁）、中班（4～5 岁）、大班

（5~6岁）。实行全托寄宿制，儿童每日在园24小时，学制三年。1977年重建县幼儿园，规定3周岁以上儿童入园。学制3年，为全日制，幼儿每日在园9小时。1982年后，小学附设学前班，招收6周岁儿童入学。县幼儿园招生年龄略有提前，2.5周岁儿童即可入园。

（二）小学

清末，初等小学堂修业5年，高等小学堂修业4年。凡年满7岁儿童均可免试免费入初等小学堂，毕业后升入高等小学堂肄业。

民国2年（1913年），改制为初等小学4年，高等小学3年。12年县属小学统一改为6年制，实行"四二"分段，即初小4年，高小2年。民国初年至民国21年（1932年）实行秋季始业。初等小学为义务教育，国民政府规定6~13周岁儿童不分男女均应受初等小学教育。入高等小学须初等小学毕业。22年，广西推行国民基础教育，改为春秋两季始业，学制不变。

1950年后仍沿用6年制，实行"四二"分段，春秋两季招生。满7周岁儿童即可入学，不举行入学考试；初级小学毕业学生经考试择优录取升入高级小学。1952年改行秋季招生，并延续至今。1968年9月，全县小学实行5年制，取消初、高小分段。完全小学附设有初中班的，实行"五二"学制，即小学5年，初中2年。1978年，小学附设初中班改为3年学制。1984年9月，小学改为6年学制（不分段），当年开始招收6年制新生。1980年，原有的5年制学生全部毕业，全县实现小学6年一贯制。

（三）中学

光绪三十一年（1905年），桂林府中学堂开办初期分设4个班，两班4年毕业，两班5年毕业。后按《奏定中学堂章程》定为5年毕业，由高等小学堂毕业生升入肄业；高等小学堂毕业生数超过招生名额，则须经考试后选取入学；无小学毕业文凭的，经过招考程度及格亦准入学。

民国2年（1913年）桂林县中学、桂林县立桂山中学定学制为4年，秋季始业。12年按省教育厅指示，改行"三三"新学制，即初中修业3年，高中修业3年。17年桂林县各中学按省教育厅《中学暂行条例》规定，曾一度试行分科教学，采用学分制，学生以修满180学分为毕业。22年改为春秋两季始业。分别于25年和29年建立的桂林县立国民中学和义宁、龙胜两县联立的国民中学均定学制为2年（只办前期班）。30年省立临桂初级中学定学制为 3 年。35 年临桂县、义宁县 3 所初级中学学制均为 3 年。民国时期，初级中学入学资格为高级小学毕业及具有同等学力者，入学年龄 13 岁以上 19 岁以下。入学考试国文、算术 2 科，17 年增考三民主义，非高小毕业生另加考历史、地理。

1950—1966 年，初级中学学制为 3 年，完全中学实行"三三"分段制，即初中、高中各为 3 年。1952 年秋停止春秋两季招生，改为每年秋季招生。学生入学年龄为初中 13～18 岁，高中 16～22 岁，新生经统一考试录取。初中招收高级小学毕业生或具有同等学力者，考试语文、算术。高中招收初中毕业生或具有同等学力者，考试语文、政治、数学、物理、化学、英语。

1966—1967 年，学校"停课闹革命"，各中学停止招生。1968 年秋，初中、高中学制改为"二二"分段制，即初中、高中各修业 2 年。同时取消了考试招生制度，改为推荐与选拔相结合，根据学生的家庭出身、社会关系、家庭成员和本人政治表现、健康状况、文化基础等方面考查录取。

1978 年，中学恢复考试招生制度，初中、高中分别从小学、初中毕业生中招考。同年，初中恢复 3 年学制。1981 年高中恢复 3 年学制，至 1984 年全县中学改制完成。初中、高中招生考试科目、入学年龄与 1965 年前基本相同，但报考高中加试生理卫生（不计入升学成绩）。1989 年，自治区教委决定：区辖五市初中毕业年级实行毕业考试与升学考试合一的会考，临桂属市辖县也参加会考，考试科目有语文、政治、数学、物理、化学、英语、生理卫生。

二、课程设置

（一）幼儿园

民国 14 年（1925 年），省立第二师范学校附属幼稚园教学科目设识字（看图识字）、数数、讲故事、儿歌、游戏、图画、手工，高年级适当参加种植活动，教材多由教师自行选编。18 年增设社会和自然课。25 年后，各幼稚园统一采用教育部审定的课本，开设课程有升旗、讲故事、国语、算术、写字、常识、自然、图画、演讲、唱游、手工等。抗日战争时期，采用广西自编的幼儿教材，课程基本相同。

50 年代，农业社、生产队办的幼儿园一般为混合班，以照管孩子为主。幼儿在园，多为自由活动，间或教学话、数数、唱歌、游戏。1958—1959年"大跃进"时期，县幼儿园的计算课教至积为百以内的乘法，增加汉语拼音和注音识字等，1960年后修正。

1977年后，县城、公社所在地幼儿园，重视幼儿营养保健，注意开发智力和培养能力，分大、中、小班教学。每周课时为大班14节，中班12节，小班8节。中午午睡3小时。课程有语言（包括讲故事、读儿歌等）、计算、音乐、体育、美工、常识、游戏。1981年后，根据教育部颁发的《幼儿园教育纲要（试行草案）》，县幼儿园采用人民教育出版社统编教材进行教学。

（二）小学

清光绪三十一年（1905年），临桂两等小学堂的教授科目有修身、读经讲经、中国文学（初小为文字）、算学、中国历史、地理、格致、图画、体操。每周授课时数以36小时为限。

民国元年（1912年），初等小学设修身、国文、算术、手工、图画、唱歌、体操、缝纫（女生），高等小学增设本国历史、地理、理科、农业（或商业）、英语（列为随意科）。22—29年，国民基础学校前期和后期班（初小）开设国语、算术、常识、唱游、工作、集团活动，每周授课分别为1410分钟和1770分钟；高级班（高小）开设国语、算术、社会、自然、体育、美术、劳作、音乐和集团活动，每周授课1920分钟。35—38年，小学设置科目有国语、算术、自然、社会、党义、劳作、音乐、图画、体育和童子军训练，均采用国定和经教育部审定的教材。

解放后，取消党义和童子军训练等科目。1950年，教材采用上海大东书局、上海联合出版社或中原新华书店印行的课本。1952年，按教育部颁发的《小学暂行规程》，开设课程有语文、算术、自然、历史、地理、体育、图画、音乐。开始使用教育部审定或改编的新教材。1955年增设手工劳动。1963年增设周会和生产常识。

1966年秋学校卷入"文化大革命"，原教材被废除，各校以毛泽东著作、《毛主席语录》、中共中央《关于无产阶级文化大革命的决定》为主要教材进行教学。1968年后统一使用自治区编的九年制（小学五年，中学四年）语文、算术、常识试用教材。

1977年，毛泽东思想课改为政治课，每周增设一节革命文艺。1978年，恢复"文化大革命"前课程，并使用教育部统编的十年制（小学五年,中学五年)试用教材。1984年,开始实行六年制小学课程方案,科目有思想品德、语文、数学、自然、地理、历史、体育、音乐、美术和劳动(表27-5)。

表27-5 1984—1990年全日制小学(六年制)课程设置及授课时数

单位:节

| 科目 | 一年级 | 二年级 | 三年级 | 四年级 | 五年级 | 六年级 |
|---|---|---|---|---|---|---|
| 讲读 | 8 | 8 | 7 | 6 | 7 | 7 |
| 作文 | — | — | 2 | 2 | 2 | 2 |
| 写字 | 1 | 1 | 1 | 1 | 1 | 1 |
| 说话 | 1 | 1 | — | — | — | — |
| 数学 | 6 | 6 | 6 | 6 | 7 | 7 |
| 自然科技常识 | — | — | 2 | 2 | 1 | 1 |
| 唱游 | 1 | 1 | — | — | — | — |
| 体育 | 2 | 2 | 2 | 2 | 2 | 2 |
| 图画 | 2 | 2 | 2 | 2 | 1 | 1 |
| 音乐 | 2 | 2 | 2 | 2 | 2 | 2 |
| 思想品德 | 1 | 1 | 1 | 1 | 1 | 1 |
| 劳动 | — | — | 1 | 1 | 1 | 1 |
| 每周总课时数 | 24 | 24 | 26 | 25 | 25 | 25 |

注:①每节课40分钟。

②语文包括:讲读、作文、写字、说话。

(三)中学

光绪三十一年(1905年),桂林府中学堂开设科目有修身、读经讲经、中国文学、外国语、历史、地理、算学、博物、理化、法制及理财、图画、体操共12门,教材为文言文。每周授课时数为36小时。

民国2年(1913年),中学开设课程有修身、国文、外国语、历史、地理、数学、博物、物理、化学、法制经济、图画、手工、乐歌、体操共14

门。各科采用教育部指定商务印书馆和中华书局出版的国定本与审定本共和制新教材。12年改修身为公民，各科教材改为语体文。高级中学分普通科和职业科，分别设课。18年增设党义课，初中加授童子军课，高中加授军训。26年桂林县立国民中学开设的课程有公民训练、农村建设概要、劳作、青年军训、国文、历史、地理、算学、自然（包括生物、生理卫生、理化常识）、艺术。36—39年县内中学未分文理，开设的主要学科有公民、国文、英语、数学、物理、化学、历史、地理、生物、体育、军训。

50年代初，初级中学开设课程有语文、数学、物理、化学、生物、生理卫生、地理、历史、外语、体育、音乐、美术，均采用中央教育部审定或指定的教材。1953年增设中国革命常识。1956年中国革命常识改为政治常识，初中三年级增设工农业生产知识。1957年工农业生产知识改为农业基础知识。1958年增设劳动课，政治常识改为社会主义教育。同年，会仙中学高中部除不设音乐、图画外，其余科目与初中相同。1961—1965年，初中课程同前，高中不设音乐、图画，另设选修课。各中学生产劳动时间为1个月。

1966年"文化大革命"开始后，中学全部停课。1968年底新招初中、高中学生恢复上课。政治、语文以毛泽东著作、《毛主席语录》、毛泽东诗词，以及"两报一刊"（《人民日报》、《解放军报》和《红旗》杂志）的社论文章为主要教材。早读改为"天天读"，体育课改为军事体育，音乐、图画改为革命文艺。1969年秋，各中学开始使用自治区编试用教材，在突出政治的前提下，以"革命"和生产的需要安排教学。初中、高中设毛泽东思想教育、数学、工业基础知识、农业基础知识、军体、劳动，部分学校还设英语。1972年初中、高中均开设政治、语文、数学、物理、化学、农业基础知识、军体、音乐、劳动，高中和部分初中开设英语。

1973年恢复使用全国统一教材，初中开设语文、数学、政治、英语、物理、化学、中国历史、中国地理、生物、生理卫生、体育、音乐、美术、劳动14门课。高中从二年级起实行文、理分科设班进行教学。政治、语文、数学、英语、体育为公共课，文科班另设历史、地理，理科班另设物理、化学、生物（表27-6）。

表27-6　1981—1990年全日制中学课程及授课时数

单位：节

| 科目 | 初中 | | | 高中 | | | | |
| --- | --- | --- | --- | --- | --- | --- | --- | --- |
| | 一年级 | 二年级 | 三年级 | 一年级 | 二年级 | | 三年级 | |
| | | | | | 文 | 理 | 文 | 理 |
| 政治 | 2 | 2 | 2 | 2 | 2 | 2 | 2 | 2 |
| 语文 | 6 | 6 | 6 | 5 | 7 | 4 | 8 | 4 |
| 数学 | 5 | 6 | 6 | 5 | 3 | 6 | 3 | 6 |
| 英语 | 5 | 5 | 5 | 5 | 5 | 5 | 5 | 4 |
| 物理 | — | 2 | 3 | 4 | — | 4 | — | 5 |
| 化学 | — | — | 3 | 3 | 3 | 4 | — | 4 |
| 历史 | 3 | 2 | — | 3 | — | — | 3 | — |
| 地理 | 3 | 2 | — | — | 2 | 2 | 3 | — |
| 生物 | 2 | 2 | — | — | 2 | — | — | 2 |
| 生理卫生 | — | — | 2 | — | — | — | — | — |
| 体育 | 2 | 2 | 2 | 2 | 2 | 2 | 2 | 2 |
| 音乐 | 1 | 1 | — | — | — | — | — | — |
| 美术 | 1 | 1 | — | — | — | — | — | — |
| 每周上课时数 | 30 | 31 | 29 | 29 | 26 | 29 | 26 | 29 |
| 劳动技术课 | 每周半天 | | | 每周半天 | | | | |

## 三、思想教育

清末的新学堂，提倡"忠君、尊孔、尚公、尚武、尚实"，以孔孟之道为准则，向学生施行封建伦理教育。民国元年（1912年），教育部公布教育宗旨为"注重道德教育"。17年确定教育宗旨为"三民主义的教育"，并以"忠孝仁爱信义和平"八德作为学生必须信守的准则。28年，蒋介石提出将"四维八德"（四维：礼、义、廉、耻；八德：忠孝、仁爱、信义、和平）作为各校校训。抗日战争胜利后，国民政府饬令对学生进行"一个党（国民党）、一个主义（三民主义）、一个领袖（蒋介石）"的教育。

解放后，50年代即对学生进行无产阶级世界观教育、共产主义理想和共产主义人生观教育、爱国主义和国际主义教育、革命传统教育、阶级和阶级斗争教育，各学校把对学生进行思想政治和道德品质教育放在十分重要的地位。1958年，执行"使受教育者在德育、智育、体育几个方面都得到发展，成为有社会主义觉悟的有文化的劳动者"的教育方针。1978年后，重新落实党的教育方针，并针对为"四个现代化"培养人才的需要，对学生进行革命传统教育、社会主义和共产主义思想教育、四项基本原则教育、"五讲四美三热爱"教育、社会主义民主和法制教育等。

### 四、教学方法

#### （一）幼儿园

民国时期，幼稚园分高、低两个年级，按单元进行教学。教师指导看图识字，教师讲故事后由学生复述主要内容。唱歌、游戏由教师弹脚踏风琴指挥。美术、手工劳作课在教师示范下，让学生模仿操作剪贴。民国14年（1925年），省立第二师范学校附属幼稚园曾设过一间小黑房，用来惩罚大班顽皮学生。

解放后，50—60年代，农业社、生产队办的幼儿园以看管孩子为主，教学无统一要求。80年代，县城、公社（乡镇）所在地幼儿园按教育部《幼儿园教育纲要（试行草案）》开展教学，注意开发智力和培养能力。坚持直观教学，将上课、游戏、体育、劳动、绘画、郊游、参观和日常生活等紧密结合，以游戏为基本形式，让学生玩中带学，手脑并用，寓教育于各项活动之中。

#### （二）中小学

清末的新学堂，废除了私塾的复式组合、个别传授的形式，仿照欧美实行班级制教学。

民国时期，教学普遍偏重注入式，国文逐句逐段讲解，要求学生熟读或背诵；数、理、化等科讲解和演示相结合，要求学生牢记公式、定理。不少教师课堂教学计划性较差，上课时逐章逐节往下讲，时间到便中断下课，下节课又从中断处讲起。民国20年（1931年），建立视导制度，提出用启发式、问答式、自学辅导式等教学方法，并要求小学"低年级采用注入式,中年级采用问答式,高年级采用启发式"。但在一般学校中仍以死记硬背为主,只有部分教师重视实践和实验,注重多练多作。22—29年,广西开展国民基础教育运动,曾在国民基础学校(小学)推行"小先生制",运用"互教共学""以做为学""教训合一"三者结合的集体教育方法;在国民中学推行"从做中教,做中学,期能一面学,一面用"的教学方法。

解放后,逐步改注入式为启发式。1953年,学校建立教研组和备课组,学习苏联教学经验,开展互相听课、评教评学等教学研究活动。按照凯洛夫提出的"五个原则"(直观性、自觉性与积极性、系统性与一贯性、量力性、巩固性原则)和课堂教学的"五个环节"(组织教学、检查复习、讲授新课、巩固新知、布置作业)备课与组织教学。1955年,县文教科设教学研究室,负责指导各小学教学研究工作。1956年,以区为单位,以中心校或较集中的乡村小学为中心,成立各种教学研究组和备课站。同期,县内各中学也开展学习苏联经验的教研活动。1958—1959年,在"教育大革命"的形势下,小学曾以公社为单位集中重新编班教学。中、小学均出现一课时教完一单元教材,甚至几天上完一本书的"卫星课",作业量增多。1961年,纠正了"大跃进"年代违反教学规律的做法。1963年后,以毛泽东的"十大教授法"为指导,探索和推广"双基"(基础知识、基本技能)教学,要求教师在教学中注意突出政治和抓重点、难点,精讲多练。

1966年夏"文化大革命"开始,中、小学"停课闹革命",教学停顿。1972—1976年,县城小学(一小)和一些公社所在地小学曾试验将"笔(算)珠(算)结合"应用于数学教学。由于传统的珠算方法与笔算方法差异太大,难以有机结合,各校试教一段时间后先后终止。

1979年后,各校教研组织恢复正常活动,大抓"双基"教学,注重发挥教师在教学中的主导作用,探索启发式教学。50年代流行的苏联教学模式仍被借鉴。1986年,开始在县城第一、第二小学进行珠算、笔算、口算"三算"结合的数学教学试验。其中的珠算摒弃了依口诀拨珠的传统计算方法,将加法简化为"直加"、"加五减凑"、"减补进一"和"加补凑减五进一";将减法简化为"直减"、"加凑减五"、"退一加补"和"退一加五减补凑"。由于将珠算、笔算、口算的计算方法相统一,教学时学生眼、脑、手、口并用,从而达到从动作思维到具体形象思维再到抽象逻辑思维逐步深化的效果,符合小学生的认识规律。1987年,在县城第一小学、县城第二小学、六塘中心小学、五通中心小学、会仙中心小学、渡头中心小学、两江中心小学进行"注音识字、提前读写"的语文教学实验。其特点是用直呼音节的方法进行汉语拼音教学，节省出大量时间进行组词、扩词和造句等能力训练。一些教师还用"汉字夹拼音"的方法，从一、二年级开始引导学生学习写日记或短文，经对比表明，实验班学生的语言表达能力和书面表达能力，均比非实验班学生显现出明显优势。同年，"三算"结合的数学教学试验开始向乡镇小学推广，至1990年全县各中心小学的一、二年级均已从事这项教学实验。同期，电影放映机、电视机、录音机、电子计算机也先后引进中学课堂教学。

几十年来，教育工作者常用的教学方法有讲授法、讲读法、实习法、练习法、演示实验法等。

# 第28章
# 职业技术教育

## 第一节 师范学校

清光绪三十年（1904年），广西高等学堂于桂林文昌门外附设师范简易科，学制一年。三十一年（1905年），开办师范传习所。三十二年（1906年），广西高等学堂改为简易师范学堂。三十三年（1907年），广西女子师范学堂开办于桂林守备衙门旧址。同年，简易师范学堂改为优级师范选科学堂。三十四年（1908年），桂林区第二初级师范学堂开办于陆军小学堂旧址。以上学校存在时间较长的有优级师范选科学堂和桂林区第二初级师范学堂，分别开办至宣统三年（1911年）和民国初。

民国元年（1912年），广西省立第二师范学校开办于桂林，招师范学生60人。至5年，共招生5个班228人。6年，桂林道立师范讲习所开办于桂林。10年，桂林道女子讲习所开办于桂林，同年9月改名为桂林二十县合立桂林道女子师范讲习所，14年改名为省立第二女子师范学校。15年，义宁县在县城开办县立师范讲习所，专门培养小学师资，有教职员9人，第一期招生60人（22年改建为简易师范学校，有教员6人，职员4人，学生45人。26年停办）。16年，桂林县在桂林开办县立师范讲习所。22年，桂林县开办简易乡村师范学校。

民国27年（1938年），省立桂林师范学校创办于两江大岭心村，开设师范班、简易师范班、师训班共3个班，学生100多人。33年9月至34年8月，师生曾疏散到百寿县、罗城县复课。解放战争时期，学校地下党组织领导学生开展了"抗暴"斗争和"反饥饿、反内战、反迫害"游行。38年6月，国民党政府强令学校停办。桂林师范开办11年间，共培养了900多名学生（毕业700多名，余为肄业）。

民国31年（1942年），临桂县立国民中学附设简易师范1个班。33

年1月，义宁县立国民中学附设师资训练班1个班，35年1月结业，毕业学生43人。

解放后，1956年在各区成立小学教师业余师范进修学校17所（含灵川），聘请中学教师和小学中文化程度较高的教师负责教学，吸收未及初师水平的小学教师645人，利用星期六晚和星期日学习文化与业务知识，当年结业。

1958年8月15日，临桂师范学校在雁山创办，有教师16人，职员5人，工人3人。当年接收桂林师范拨来的二年级3个班118名学生，另招收三年制中师新生2个班和一年制速成师范新生2个班共282人。1959年，招收中等师范学员3个班140人。为适应教育"大跃进"形势，1960年春将三年级学生编为语文、生物、地理3个初中教师短训班，培训几个月后，考试合格的92名毕业生分配到中学任教。秋季又将升入三年级的学员分为文科、理科2个班，1年后毕业，大多数任中学教师。同年，招收中等师范班3个班143人。另从小学教师中招收短训学员40人，学制半年。1961年，招收短训学员40人。1962年秋学校停办。毕业生由桂林专区统一分配工作，未毕业的转到桂林师范学校中师部学习，教职工安排在临桂各中小学工作。

1969年秋，县"五七"劳动学校设师范专业班，招收学生40多人，1971年毕业。

1972年，"五七"劳动学校撤销后，利用其校舍重建临桂师范学校，校址在庙头公社二塘大队大坪堡。秋季招收二年制中等师范班2个班，学生100人。到1976年，共招收二年制中等师范学员6个班255人，均由各公社推荐保送入学。1977年冬恢复高考招生制度，从全县考生中录取1个班46人，主修数学、化学两科，培养初中教师。1977—1980年，从高考考生中招收二年制中等师范学员6个班260人。1981年，面向临桂、龙胜、永福、灵川4县招生，其中从高中毕业生中招收两年制中等师范学员2个班77人，从初中毕业生中招收三年制中等师范学员2个班82人。历年县内所招学生毕业后由县教育局分配工作。1981年，招收的学生毕业后各自回所在县分配工作。1982年，停止从初中、高中毕业生中招生。

1972—1984年，临桂师范学校不定期开办在职教师短期培训班6个班，学员共249人，培训时间3个月、半年、1年不等。

1984年，临桂师范学校开始从公办、民办教师和临时代课教师中招收二年制进修学员，发给中专文凭。1985年秋，临桂师范学校迁至临桂镇西原县医院址。9月更名为临桂县教师进修学校。1984—1990年，共开办公办、民办、代课教师进修班 10 个班，培训 368 人。1985—1990 年，招收四年制中专函授学员 4 期共 303 人，已毕业 226 人。

## 第二节　卫生学校

民国 25 年（1936 年），广西省立医学院附属医院于桂林叠彩山南麓开设助产护士班，31 年改为省立桂林高级护士助产职业学校。

1958 年 8 月，在县人民医院内始建临桂卫生学校，抽调 2 名医生任教师，招收保健员 1 个班 46 人，次年 3 月毕业分配到各公社卫生院（所）工作。1959 年 3 月办中医班，招收学员 45 人，授业半年。1960 年，在灵川潭下建临桂县卫生学校，有教职员 8 人，工人 4 人。3 月，招收医士、护士、助产士 3 个专业二年制新生共 207 名；招收半年制中医进修班 27 人。1962 年，撤销临桂卫校，挑选 21 名学员送桂林地区卫生学校学习，其余动员回乡。

1976 年 8 月，县成立"五七"大学，内有卫生分校（附设于县人民医院），招收农村、厂矿医生共 32 人，授课 8 个月，实习 4 个月。

1988 年，在临桂镇老街南端建县卫生技术培训学校，有教师 5 人，工人 2 人。当年招收乡村医生提高班 1 个班 36 人，学习时间为 4 个月。1989 年，招收乡村医生提高班 1 个班 34 人，学习时间为 4 个月；招收乡村医生牙科班 1 个班 36 人，学习时间为 2 个月。1990 年，招收乡村医生初训班 1 个班 48 人，学制 1 年。历届学员毕业后，择优录用 8 人到乡镇卫生院工作，其余回村级卫生所或个体开业行医。

1956—1990 年，县卫生局和各医院共举办农村卫生人员短期培训班 23 期，培训卫生人员 785 人。1958—1990 年，县卫生局和县人民医院共举办国家医护人员短期培训班 6 期，培训医护人员 197 人。

## 第三节　农技、农机学校

清光绪三十四年（1908 年）正月，广西农林试验场附设讲习所开办于临桂县城桂林东郊湖塘。次年，改为广西第三中等农业学堂。民国元年（1912 年）停办。

民国元年（1912 年）省立农业学校在桂林开办，招收 2 个班，学生

120人。2年，在广西第三中等农业学堂旧址开办广西省立第一甲种农业学校。

1958年秋，县属第一所中等农业技术学校在雁山开办，招收初级班2个班100人。1959年，有中级班1个班54人，初级班2个班83人，教师6人。1960年停办。

1964年，在会仙中学内开办农业技术学校，招生2个班86人。

1965年，开办两江林业技术学校，招收学生1个班40人，学生毕业后学校停办。

同年，两江农中改为县农业技术学校，校址在两江大岭心村，招收农技高级班2个班90人，同时将会仙农业技术学校初级班2个班80人并入。开设作物栽培、植物保护等课程。除教学外还耕种水田、旱地，饲养猪、牛、羊。1968年底，学生毕业后停办。

1969年，在庙头公社二塘大队东南3.5千米的大坪堡，利用原桂林地区耕读中学校舍办县"五七"劳动学校，招收农机班1个班，学生50人，学制1年；招收师范班1个班，学生40多人，学制2年。次年招收农技、农医各1个班，学生共100多人，学制1年。1972年学校停办。

1974年，开办县农业机械化学校，至1990年已培训各类农机人员7294人。

1976年，在大坪堡办"五七大学"，设电气、农机、畜牧、卫生、农业5个专业，分配实行"社队来社队去"，各专业的教学和管理分属各有关局。几个月后学校解体，各有关局自行办学满一届后不再招生。

1983年冬，开办中央农业广播学校临桂分校，至1990年共招收农学、果树、畜牧专业学员271人。

附：**学校选介**

**农业机械化学校**　1974年2月，在会仙山尾开办，有教职工10人。8月，迁校至庙头公社二塘大队大坪堡。1979年10月，再迁至县城慧元路。1976—1979年和1989—1990年，在南边山、会仙、四塘、两江、庙岭、五通、宛田分设7个点加速培训工作。培训时间为：中型拖拉机手每期6个月，手扶拖拉机手每期3个月，动力机（柴油机）手每期1个月，插秧机手每期7～10日，汽车驾驶员每期6个月。1974—1990年，培训了中型拖拉机手1066人，手扶拖拉机手3957人，动力机和动力农具手423人，插秧机手326人，农机修理工304人，农村电工15人，公社（乡镇）、村农机管理员203人，汽车驾驶员950人，农用运输车驾驶员50人，共

7294人。1984—1990年，复训了拖拉机手950人。

1990年，全校有教职工12人，学校占地面积10 384平方米，建筑面积640平方米。教练机具主要有中型拖拉机3辆、手扶拖拉机4辆、方向盘式小型拖拉机1辆、教练汽车8辆、汽车整车教具1辆、解剖用手扶拖拉机1辆、中型和手扶拖拉机配套农具各1套，另有投影仪、放像机、幻灯机等电化教学设备1套，教学模具、教具30件。

**中央农业广播电视学校临桂分校** 1983年冬开办，始称中央农业广播学校临桂分校，校址在县农业局院内。1984年春招收农学专业学员108人，使用农业部编发的统一教材，采用广播、自学和辅导几种形式向学员传授专业知识。学员每星期收听中央农业广播学校授课2次，每次半小时，每月来临桂分校集中辅导7～10日。全部科目考试及格者由中央农业广播学校发给中专毕业文凭。1986年冬，农学专业毕业57人。1987年改为秋季始业，招收果树专业学员65人。1988年，校名改为中央农业广播电视学校临桂分校，增用电视形式教学。有收视条件的学员每星期收看中央电视台授课2次，每次半小时。同年秋招收畜牧专业学员52人。1989年招收农学专业学员46人。同年10月1日，学校被评为全国农业系统成人教育先进集体。1990年，果树专业毕业38人。年底，有教职员3人，在校学员98人。设备主要有教室3间，宿舍楼1栋（床位60个），食堂1座，电视机、录像机、收音机、录音机各1台。

## 第四节　其他职业学校

清光绪三十三年（1907年），临桂县城桂林开办了艺徒学堂2所。宣统年间（1909—1911年），还开办过速成工业学堂、女子实业学堂。

民国2年（1913年），广西省立第一甲种工业学校在桂林王城开办，设土木、染织2科，后增设矿业科（13年停办）。4年，桂林县甲种工业学校开办，学生64人。同期，还开办过桂林县女子机织科传习所和桂林公立振坤女子实业学校。17年，省立桂林职业学校开办。21年，桂林县借用县教育会房舍开办桂林县工读学校，分三期办学：第一期举办染织、金工、骨工3科；第二期举办应用化学、缝纫2科；第三期举办机械、制造2科，各科学制均为二年。办学第一年有学生40人。23年，桂林军团眷属工读学校开办，招生150人，按高小、初小、文盲程度编为甲、乙、丙、丁班级教学,学习专业分工科(缝纫、刺绣、编织、洗染)、文科(国文、算术、公民)、术科(国技、体操)。27年,扩大招生,军团眷属以外的普通女子亦可报名入学。

1958年,县初级工业余技校在甘棠(今属灵川)开办,招收学生2个班101人。1959年招生2个班94人,有教师4人。1960年停办。

1988年,两江农业中学迁至临桂镇西原县医院旧址,改为县职业中学。1988年8月,招收种养班1个班47人。1989年6月毕业。同年8月,招收财会专业1个班41人,建筑专业1个班32人,畜牧兽医专业1个班31人,服装工艺专业1个班43人,均于1990年毕业。毕业后被有关单位招收就业达100余人,占当年毕业生的70%。1990年,学校有教职工18人,教学仪器主要有电化教学设备1套、电动缝纫机和脚踏缝纫机31台,以及各科教学演示仪器一批,价值共3万元。同年,已择定新校址于临桂镇榕山路212号,并着手筹建。

# 第29章 成人教育

## 第一节 扫盲

清光绪三十三年（1907年）春，县城桂林的20多所小学堂内附设有半夜学堂，夜间为平民补习书、算。宣统二年（1910年），临桂县在桂林及近郊开办简易识字学塾41所，兼收失学成人和贫寒子弟入学，后改为专收失学成人。教师由小学教员兼任。第一期农历五月开学。下半年开办第二期，入学人数221人。宣统三年（1911年）春开办第三期，入学人数254人。入学概不收费，应用书籍物品由学塾发给。后学塾随清廷倾覆而停办。

民国21年（1932年），桂林县开办民众学校4所，招收成人学生175人。22年，桂林县有民众教育馆1所，民众学校7所，学生205人，问字处332处；义宁县有民众教育馆1所，民众学校4所，学生222人，问字处54处。24年，桂林县政府令每一中心校及村（街）国民基础学校设成人班1个班，女校设女子成人班1个班，限于7月1日设置完竣。25年，桂林县失学成人经统计6万多人，其中1万人陆续入成人班受训。26年，桂林初中学生自治会开办平民夜校，招收学员80人。同年，白龙镇、培风镇、东江镇也陆续开办成人班。27年，桂林初中学生自治会继续开办平民夜校，招收学员60人，所需书籍、笔墨由学校发给。28年，广西省政府下令开展"成人教育年"运动，规定"凡年满18足岁以上至45足岁以下之男女失学成人，及尚不能阅读并了解教育部颁发之《民众学校课本》第一、第二两册者，应一律入学"。当年扫盲分四期进行，从3月16日开始，至12月31日结束，每周上课570分钟。5月，省发给桂林县民校课本6400册，发给义宁县民校课本1800册。

解放后，1950年12月至1951年春，县、区人民政府和土改工作队、农会结合土改工作兴办冬学。以自然村为单位开班，冬学教师由小学教师、土改工作队员、农会干部及贫下中农中有文化的人员担任。教学内容主要宣讲土地改革政策和阶级划分、谁养活谁等政治常识，兼顾识字，时间持续5个月。1951年，再次掀起冬学高潮，乡村中、小学教师及小学三年级以上学生担任民校教员。

1952年，县成立扫盲办公室，负责组织广大工农群众扫除文盲。12月，除办冬学外，还办速成识字班，入学共2400人，脱盲（识1000字）400人。1953年，改办长年民校，各区配扫盲中心校长1人，各小乡配民校校长1人。县、区培训了大批民校教师，有民校课本，按文化程度编班教学。但大多数民校未能坚持长年教学，后仍以冬季办学为主要形式。当年参加民校学习共7794人，脱盲72人。1954年入学15867人。另以乡为单位开办业余高小班8个班，招生94人。业余高小"农闲多学、小忙少学、大忙放学"，坚持长年教学。1955年，入民校共14111人，脱盲226人。1956年，入民校学习共30911人，脱盲364人。业余高小有学生510人，业余初中有学生799人。1957年，秋收秋种结束即投入扫盲，提出了"田头学、见物学、丈夫教妻子，儿女教母亲"的口号，见物识字卡片到处张贴，各个圩头建立拦路识字站，形成了千人教、万人学的局面。当年入民校的有6607人，脱盲673人。业余高小有学生228人，业余初中有学生360人。

1958年，县成立扫盲指挥部，8月下旬扫盲工作在全县铺开。农村中凡认识一些字的都指定为群众教师，出现了"百字先生""十字先生"（识百字、十字的老师）。干部下乡身背小黑板，走到哪儿教到哪儿。各地总结推广了"生产工地学，休息互相学"，"开会学一课，无会晚晚学"，"黑板上工地，课本随身带，有空就学"等一套识字方法。当年全县入扫盲班64518人，脱盲40174人。业余高小发展至76个班1703人，业余初中发展到18个班579人。1959年，入扫盲班26681人，脱盲10661人；业余高小和业余初中分别有学生2723人和763人。1960年4月，县委、县人民委员会在《关于加速扫盲和大办业余教育的指示》中认为，1958年和1959年扫盲工作存在"一轰二松三空"的现象，提出当年要"既轰轰烈烈又扎扎实实地扫除文盲和大办业余教育"。春季扫盲班学员达17887人。下半年由于国民经济困难，扫盲工作和业余教育全部停止（1954—1960年含灵川）。

1963年11月,五通棕绳社和六塘道莲公社率先成立业余文化夜校。"文化大革命"期间,绝大多数街道和生产队成立了政治文化夜校,夜校强调学习政治理论,进行阶级斗争和路线斗争教育。

1977年7月,组建临桂县扫盲委员会。7—12月,全县扫盲教师集中在渡头设立扫盲试点,半年扫除文盲1200人,谢家、油麻两大队首先成为脱盲大队。1979年,县成立农民教育委员会,设办公室于文教局,随后文教局成立业余教育股(后更名为工农教育股),各公社配备1~2名扫盲专干。当年,全县扫盲专干集中在南边山公社进行扫盲试点,先后召开16次现场会带动全县扫盲工作。当年脱盲标准提高到识1500字,能看懂通俗书刊,记简单的账,写简单便条。年底,全县脱盲3000人,南边山成为全县第一个脱盲公社。1980—1981年,从落实政策重新安排工作的教师中,抽调70多人充实扫盲队伍。两年中,对南边山以外的11个公社分3批进行扫盲,每批突击半年,形式有速成班、集中办班、联户办班、包教包学、送字上门。至1982年底,共扫除文盲15 957人,全县12足岁至45足岁的脱盲人数达87.6%,超过国务院提出的85%的标准。1984年,开办扫盲班、业余高小班、业余初中班和农技班,参加学习人数共4251人。同年10月,经桂林市验收团验收合格,临桂县成为"基本脱盲县"。1985年后,成人教育的重点由扫盲转移为普及科学技术,向农民传授农、副、土特产品的种植、养殖、加工等科技知识。

## 第二节　高等自学考试

1984年,开始举办高等教育自学考试。凡未达大专学历的中、小学教师,以及行政和企事业单位的干部、工人,不限年龄、学历、名额,报名后均可参加考试。县教育局成人教育股负责接纳报名、分发教材和组织考试。每年上半年和下半年各举行考试1次,开考的专业先后有:党政、汉语言文学、英语、政教、哲学、数学、统计、工业经济管理、法律、会计、财政、税收、政治管理、行政管理、海关管理、新闻、法律司法、机电一体化工程等。考试及格者由广西师范大学、广西民族学院、广西大学、广西师范学院、江西财经大学、上海海关专科学校等主考院校发给大专毕业文凭(表29-1)。

表 29-1 1984—1990 年高等自学考试情况

| 年份 | 报考人数/人 | 报考科数/科 | 及格科数/科 | 单科及格率 | 获大专毕业人数/人 |
|---|---|---|---|---|---|
| 1984 | 211 | 414 | 72 | 17.4% | — |
| 1985 | 279 | 602 | 226 | 37.5% | — |
| 1986 | 250 | 587 | 263 | 44.8% | 11 |
| 1987 | 392 | 1042 | 216 | 20.7% | 14 |
| 1988 | 625 | 1409 | 266 | 18.9% | 11 |
| 1989 | 400 | 942 | 255 | 27.1% | 12 |
| 1990 | 385 | 769 | 202 | 26.3% | 14 |

# 第 30 章
# 教师

## 第一节　任用

清及清以前，县学（学宫）的教谕、训导由礼部、行省、宣尉司任命，书院的院长由地方官员选聘，私塾的塾师由主办者聘请。

清末民初的新学堂，教师多由举人、秀才或退职官员充任。民国9年（1920年）前后，乡村普遍设立小学，各校成立校董会，在董事中遴选校长1人，再由校长聘任教员。14年后，小学校长、教师由教育局提名，县政府委任。教师分正式教师、代用教师、试用教师三类。20年，县教育局组成教师考试委员会，考试选拔合格人员充任教师。22年后的国民基础教育时期，国民基础学校校长由乡（镇）、村（街）长兼任。中学校长由县长遴选，教师由校长遴选，呈报省政府核准委任。小学教员实行荐委制，由校长提名经乡（镇）村（街）教育协进会通过，呈报县政府委任。22年，桂林县有中学教师105人，职员94人；简易师范教师8人；小学教师645人，职员486人。义宁县有简易师范教师6人，职员4人；小学教师91人，职员83人。抗战胜利后，小学校长由县政府委派，教导主任及教师由校长遴选，经乡（镇）村（街）教育协进会通过，呈请县政府委任。36年，临桂县有中学2所，教职员共71人；中心小学38所，教师332人；村街小学330所，教师384人；私立中学1所，教师6人；私立小学4所，教师36人。

解放初期，各级学校绝大多数教师被吸收为公办教师，属国家事业干部。1952年，有公办教师451人。1954年增至615人。中学校长、教师由专员公署管理和调配；中心小学校长、教师由县人民政府管理，具体由组织部和人事科调任；乡村小学教师由区政府和县教育行政管理调任。"肃反""反右"运动后，从各部门抽调了24名中共党员、共青团员担任各级学校领导,并在各中学和小学学区成立中共支部。1958年教育"大跃进",大办农业中学和民办小学,民办教师由1957年的75人猛增至336人。1959年再增至406人。1959—1961年教育萎缩,民办教师全部辞退。1962年,"精简"100多名公办教师回乡。1968年清退、开除一批教师。1969年发展小学和初中教育,吸收民办教师400多人,此后逐年增加。1972年,270多名民办教师转为公办教师,仍继续招聘民办教师。1976年,民办教师达1420人,占教师总数的54.6%。到1985年,共提拔400多名中青年骨干教师担任学校领导。1985—1990年,吸收了部分民办教师和临时代课教师转为公办教师,其中评为市(地)级先进个人后转为公办教师的有169人,经考核、考试转为公办教师的有291人,考入教师进修学校转正班培训两年后转为公办教师的有115人。

从1980年起,恢复高考后入学的大、中专师范院校毕业生按生源分配到各县任教。1980—1990年,县教育局接收大专院校毕业生259人,中等师范学校毕业生502人,加上民办教师和临时代课教师转为公办教师,公办教师年增约100人。每年老教师离、退休约70人(表30-1)。

表30-1 1950—1990年教职工人数

单位:人

| 年份 | 教职工总人数 | | | | | 公办教职工人数 | | | | | 民办教职工人数 | | | | |
|---|---|---|---|---|---|---|---|---|---|---|---|---|---|---|---|
| | 合计 | 师范 | 高中 | 初中 | 小学 | 合计 | 师范 | 高中 | 初中 | 小学 | 合计 | 师范 | 高中 | 初中 | 小学 |
| 1950 | 384 | — | — | 56 | 328 | 359 | — | — | 49 | 310 | 25 | — | — | 7 | 18 |
| 1951 | 515 | — | — | 42 | 473 | 370 | — | — | 42 | 328 | 145 | — | — | — | 145 |
| 1952 | 567 | — | — | 54 | 513 | 465 | — | — | 54 | 411 | 102 | — | — | — | 102 |
| 1953 | 610 | — | — | 59 | 551 | 584 | — | — | 59 | 525 | 26 | — | — | — | 26 |
| 1954 | 670 | — | — | 68 | 602 | 636 | — | — | 68 | 568 | 34 | — | — | — | 34 |
| 1955 | 648 | — | — | 63 | 585 | 642 | — | — | 63 | 579 | 6 | — | — | — | 6 |
| 1956 | 657 | — | 共92 | | 565 | 596 | — | 共92 | | 504 | 61 | — | — | — | — |
| 1957 | 714 | — | 97 | | 617 | 639 | — | 97 | | 542 | 75 | — | — | — | 75 |
| 1958 | 1103 | 24 | 共173 | | 906 | 731 | 24 | 共137 | | 570 | 372 | — | — | 36 | 336 |
| 1959 | 1275 | 27 | 共176 | | 1072 | 820 | 27 | 共127 | | 666 | 455 | — | — | 49 | 406 |
| 1960 | 1267 | 32 | 共230 | | 1005 | 905 | 32 | 共179 | | 694 | 362 | — | — | 51 | 311 |

续表

| 年份 | 教职工总人数 ||||| 公办教职工人数 ||||| 民办教职工人数 |||||
|---|---|---|---|---|---|---|---|---|---|---|---|---|---|---|---|
| | 合计 | 师范 | 高中 | 初中 | 小学 | 合计 | 师范 | 高中 | 初中 | 小学 | 合计 | 师范 | 高中 | 初中 | 小学 |
| 1961 | 1144 | 31 | 69 | 114 | 930 | 1002 | 31 | 69 | 114 | 788 | 142 | — | — | — | 142 |
| 1963 | 816 | — | 36 | 79 | 701 | 816 | — | 36 | 79 | 701 | — | | | | |
| 1964 | 1050 | — | | 102 | 912 | 822 | — | 36 | 87 | 699 | 228 | — | | 15 | 213 |
| 1965 | 1032 | — | 38 | 82 | 912 | 816 | — | 38 | 82 | 696 | 216 | — | | — | 216 |
| 1966 | | — | | | 722 | | | | | | | | | | |
| 1967 | 1407 | — | 30 | 81 | 1296 | 833 | — | 30 | 81 | 722 | 574 | | | — | 574 |
| 1968 | | — | | | 1285 | — | | | | | — | | | | |
| 1969 | 1375 | — | 35 | 80 | 1260 | 881 | — | 35 | 80 | 766 | 494 | — | | — | 494 |
| 1970 | 1489 | — | 130 | 171 | 1188 | 976 | — | 130 | 121 | 725 | 513 | — | | 50 | 463 |
| 1971 | 1490 | — | 146 | 218 | 1126 | 921 | — | 140 | 162 | 619 | 569 | | 6 | 56 | 507 |
| 1972 | 1859 | 25 | 127 | 90 | 1617 | 1199 | 25 | 127 | 90 | 957 | 660 | — | | — | 660 |
| 1973 | 1915 | 25 | 163 | 84 | 1643 | 1255 | 25 | 163 | 84 | 983 | 660 | — | | — | 660 |
| 1974 | 2167 | 21 | 151 | 371 | 1624 | 1317 | 21 | 151 | 308 | 837 | 850 | — | | 63 | 787 |
| 1975 | 2430 | 20 | 179 | 381 | 1850 | 1366 | 20 | 179 | 324 | 843 | 1064 | | | 57 | 1007 |
| 1976 | 2731 | 24 | 228 | 552 | 1927 | 1311 | 24 | 228 | 365 | 694 | 1420 | | | 187 | 1233 |
| 1977 | 2603 | 27 | 225 | 621 | 1730 | 1325 | 27 | 225 | 384 | 689 | 1278 | | | 237 | 1041 |
| 1978 | 2737 | 23 | 329 | 722 | 1663 | 1342 | 23 | 329 | 413 | 577 | 1395 | — | | 309 | 1086 |
| 1979 | 2940 | 32 | 360 | 626 | 1922 | 1661 | 32 | 360 | 433 | 836 | 1279 | | | 193 | 1086 |
| 1980 | 2990 | 35 | 339 | 663 | 1953 | 1789 | 35 | 339 | 521 | 894 | 1201 | | | 142 | 1059 |
| 1981 | 2991 | 36 | 278 | 692 | 1985 | 1951 | 36 | 278 | 610 | 1027 | 1040 | | | 82 | 958 |
| 1982 | 2944 | 35 | 274 | 634 | 2001 | 2069 | 35 | 274 | 572 | 1188 | 875 | | | 62 | 813 |
| 1983 | 2829 | 38 | 227 | 618 | 1946 | 1954 | 38 | 227 | 561 | 1128 | 875 | | | 57 | 818 |
| 1984 | 2874 | 24 | 243 | 645 | 1962 | 2009 | 24 | 243 | 596 | 1146 | 865 | | | 49 | 816 |
| 1985 | 3051 | 24 | 280 | 715 | 2032 | 2205 | 24 | 280 | 654 | 1247 | 846 | | | 61 | 785 |
| 1986 | 3088 | 33 | 254 | 794 | 2007 | 2295 | 33 | 254 | 727 | 1281 | 793 | | | 67 | 726 |
| 1987 | 3054 | 31 | 250 | 851 | 1922 | 2469 | 31 | 250 | 796 | 1392 | 585 | | | 55 | 530 |
| 1988 | 2975 | 32 | 267 | 859 | 1817 | 2447 | 32 | 267 | 830 | 1318 | 528 | | | 29 | 499 |

续表

| 年份 | 教职工总人数 | | | | | 公办教职工人数 | | | | | 民办教职工人数 | | | | |
|---|---|---|---|---|---|---|---|---|---|---|---|---|---|---|---|
| | 合计 | 师范 | 高中 | 初中 | 小学 | 合计 | 师范 | 高中 | 初中 | 小学 | 合计 | 师范 | 高中 | 初中 | 小学 |
| 1989 | 2923 | 31 | 267 | 828 | 1797 | 2458 | 31 | 267 | 802 | 1358 | 465 | | | 26 | 439 |
| 1990 | 2912 | 31 | 252 | 784 | 1845 | 2489 | 31 | 252 | 760 | 1446 | 423 | | | 24 | 399 |

注：① 1962年统计数字缺失。

② 1980年后聘用的临时代课教师未统计在内。1986年中学代课教师23人，小学代课教师387人。1990年中学代课教师120人，小学代课教师918人。

## 第二节 素质 培训

### 一、素质

清以前，府学、县学教官多从贡生和举人中聘用。康熙十九年（1680年）至光绪三十年（1904年），临桂县学历任教谕32人，其中贡生11人，举人16人，未详科第者5人；历任训导42人，其中贡生21人，举人8人，未详科第者13人。书院、山长亦从知名学人中聘用。学塾塾师多为举人、贡生、生员或落榜老童生充任。

清末至民国初新学堂创建初期，教师多为秀才、举人。这些人长于文科，但缺乏新科学知识，不胜任理科教学（表30-2）。

表30-2 民国22年（1933年）桂林县和义宁县小学教师学历构成

单位：人

| 县别 | 曾受高等师范训练 | 曾受6年师范训练 | 曾受5年师范训练 | 曾受4年师范训练 | 曾受2年师范训练 | 曾受短期师范训练 | 其他专科以上学校毕业 | 普通高中毕业 | 旧制中学毕业 | 普通初中毕业 | 其他中等学校毕业 | 初等学校毕业 | 非学校毕业 | 合计 |
|---|---|---|---|---|---|---|---|---|---|---|---|---|---|---|
| 桂林 | 4 | 5 | 61 | 6 | 32 | 40 | 6 | 25 | 42 | 34 | 43 | 132 | 217 | 647 |
| 义宁 | — | 3 | 2 | 1 | 20 | 4 | — | 1 | 4 | 26 | 3 | 20 | 7 | 91 |

民国36年（1947年），临桂县立第一、第二初级中学共有教师54人，其中大学本科毕业20人，大学专科毕业17人，大学肄业7人，中等专业

学校毕业5人，高中毕业2人，其他学历3人。义宁县立初级中学有教师13人，其中大学本科毕业1人，大学专科毕业2人，大学肄业6人，中等专业学校毕业3人，高中毕业1人。

解放后，1950—1960年吸收一大批高中、初中和小学毕业生加入教师队伍。据1961年统计，中学专任教师119人，其中大学本科毕业18人，占15.1%；专科毕业和本科肄业共49人，占41.2%；中专、高中及以下学历52人，占43.7%。小学专任教师895人，其中大学专科毕业17人，占1.9%；中专和高中毕业247人，占27.6%；初中毕业560人，占62.6%；小学程度71人，占7.9%。1978年后，注重教师业务考核，加强师范教育和函授教育。1981年7月，对全体教师进行文化考试，公办教师约500人不及格，占公办教师总数的25.6%。1983年，对全县初中、小学教师进行业务考核，参加考核教师共2080人，其中胜任和基本胜任教学的1907人，占91.7%；教学有困难的160人，占7.7%；不胜任教学的13人，占0.6%。

1980—1990年，经过逐年函授和离职进修，加上各级师范院校毕业生不断充实教师队伍，师资力量有所加强。但由于教育的发展超过了正式教师的增长速度，1987年后教师中代课教师的数量逐年增多，具有合格学历的教师比例仍较低（表30-3、表30-4）。

表30-3 几个年份普通中学、小学专任教师文化程度

单位：人

| 年份 | 高中 | | | | | 初中 | | | | | 小学 | | | | |
|---|---|---|---|---|---|---|---|---|---|---|---|---|---|---|---|
| | 专任教师人数 | 本科毕业 | 本科肄业、专科毕业 | 本科、专科肄业未满两年 | 中专、高中毕业及以下 | 专任教师人数 | 本科毕业 | 本科肄业、专科毕业 | 中专、高中毕业 | 中专、高中毕业以下 | 专任教师人数 | 大专毕业 | 中专、高中毕业 | 初中毕业 | 小学毕业、肄业 |
| 1961 | 27 | 12 | 12 | — | 3 | 92 | 6 | 37 | 40 | 9 | 895 | 17 | 247 | 560 | 71 |
| 1981 | 162 | 44 | 64 | 3 | 51 | 633 | 8 | 147 | 437 | 41 | 1809 | — | 1212 | 500 | 97 |
| 1987 | 184 | 86 | 77 | 1 | 20 | 701 | 16 | 165 | 492 | 28 | 1865 | — | 1337 | 445 | 83 |
| 1990 | 215 | 117 | 79 | 5 | 14 | 717 | 39 | 284 | 380 | 14 | 1837 | — | 1374 | 412 | 51 |

表30-4  几个年份师范学校、劳动（职业）中学专任教师文化程度

单位：人

| 年份 | 师范学校 | | | | 劳动（职业）中学 | | | |
|---|---|---|---|---|---|---|---|---|
| | 教师人数合计 | 大学本科 | 大学专科 | 中专 | 教师人数合计 | 大学本科 | 大学专科 | 中专 |
| 1961 | 16 | 7 | 9 | — | — | — | — | — |
| 1976 | 11 | 6 | 3 | 2 | — | — | — | — |
| 1983 | 23 | 8 | 13 | 2 | 37 | 5 | 19 | 13 |
| 1990 | 26 | 8 | 11 | 7 | 15 | 5 | 6 | 4 |

注："劳动（职业）中学"栏中，1983年为劳动中学统计数，1990年为职业中学统计数。

## 二、培训

民国17年（1928年）7月，省政府在桂林组织夏令讲习所，聘请马君武、邱大年、黄宾虹等主讲，桂林县教育局长和部分中等学校教职员参加学习。24年，桂林县举办由各校校长、教员参加的暑期国民基础学校教师研究会，会期10天，到会543人。26年和27年，县举办国民基础学校教职员暑期讲习会各一期，时间均为1个月，到会分别为200余人和238人。28年5月，县举办成人教育师资训练班，时间10天，受训教师80人。

解放初期，文教科多次利用暑期集训，通过政治学习，帮助教师转变思想、改变立场、转变观点，加强教师对新政权的各项政策的认识，勉励他们"做一个合格的人民教师"。1953年8月，组织全县小学教师学习新的教育方针并推行五级记分法。1956年，各区成立小学教师业余师范进修学校17所（含灵川），利用星期六晚和星期日学习文化与业务知识，培训未及初等师范水平的小学教师645人。同年12月，组织全县小学教师学习汉语拼音。1960—1961年，临桂师范先后开办小学教师短训班2期，每期培训40人，学制半年。1972—1984年，临桂师范开办在职教师短训班6个班，培训学员249人。1984—1990年，临桂师范开办公办、民办、代课教师二年制进修班10个班，培训368人。1985—1990年，县教师进修学校（原临桂师范）通过函授培训在职教师303人。

# 第三节 待遇

## 一、经济待遇

### （一）工资

清光绪年间，秀峰书院院长聘银 8 两，每年束脩薪水银 420 两；监院官 1 名，每季薪水银 9 两；书识 1 名，每季工食银 1 两 8 钱；门役 2 名，每季工食银各 3 两；更夫 2 名，每季工食银各 3 两。宣成书院院长聘银 4 两，每年束脩薪水银 360 两。经古书院院长每年束脩薪水银 420 两，监院官每季薪水银 7 两。孝廉书院院长每年束脩薪水银 420 两，监院官每季薪水银 10 两。宣成、经古、孝廉三家书院的书识、门役、更夫工食银与秀峰书院基本相同。

清至民国的塾师，教家塾的，由塾师与东家商定酬金，塾师由东家供给食宿，年终获稻谷 10 数担。开馆授徒的塾师，开学前由塾师与学生家长商定报酬，或于 6 月课程授至一半时举行"贺学"（聚餐），席间家长根据各自经济状况报缴学谷，每生 1~3 担，塾师逐月预支，年终结算，一般年收入稻谷数十担。

清末，小学堂教师的报酬来自学田租谷及学生缴的学谷。清宣统元年（1909 年），《临桂县小学简易科章程》规定：每班设教员 1 人，薪膳费月支 10 元（银圆）。民国 14 年（1925 年）后小学校由政府管理，但教师薪金仍由学校付给，因各学校财力不均，教师薪金无统一规定。22 年，中心国民基础学校（完全小学）教师薪金由政府发给，国民基础学校（初级小学）教师拟订薪级后，由所在村街集资付给。当年，桂林县各小学有教职员 794 人，其中月薪 1~5 元（国币，下同）185 人，6~10 元 201 人，11~15 元 157 人，16~20 元 54 人，21~25 元 30 人，26~30 元 1 人，31~35 元 3 人，46~50 元 12 人，56~60 元 5 人，61~65 元 2 人，另有义务职 144 人；义宁县各小学有教职员 91 人，其中月薪 1~5 元 51 人，6~10 元 25 人，11~15 元 15 人。

民国 30 年（1941 年），小学教师月薪最高 100 元（法币，下同），最低 12 元，多数在 22~24 元。师范专业毕业生定薪有如下规定：师范学校毕业至少 51 元，简师科毕业至少 40 元，国民教育师训班毕业至少 36

元。抗日战争后期物价上涨，小学教师每月另支给稻谷50～100市斤，中学教师每月另补发200斤糙米（折货币发给）。34年8月至35年停发实物，按工资额发给"关金券"。36～38年物价飞涨，货币严重贬值，除按原工资额发给货币外，另支给实物，小学教师支给200～240斤稻谷，中学教师略高。

　　解放后，公办教师报酬由政府支付。1950—1952年10月，小学教师平均每人每月发给75公斤稻谷，中学教师平均每人每月发给125公斤稻谷。1952年11月实行工资分制，小学校长每月140分，教导、事务主任每月130分左右，小学教师120分左右，中学教师160～180分，比照当地农贸市价折算工资。当年，小学教师每人每月平均收入28元，中学教师平均收入40元，比改革前分别提高32.1%和67.5%。1956年10月进行工资改革，教师工资实行固定工资制。给每个教师评定了工资级别，全县教师平均工资比原来增长40%。1963年工资调整，原则上每个教师在1956年基础上调升一级，个别二级。1977年按教工60%的比例，给工资较低的教师进行调整。1978年按2%的比例，给成绩优秀的教师提升一级。1979年按40%的比例，对前两年未提过级的部分教师调升一级工资。1981年全体公办教职工普调一级，少数升二级，全县升资1732人，人均月增6.4元。1983年进行工资套改，每个教职工普遍提升一级。1985年进行工资改革，2066人增加了工资，人均月增50元。1986年，又对1952年底前和1956年底前参加工作，月工资达不到对应的102.5元和94.5元的教师提升一级工资。1987年为中、小学教师评定职称，聘任后按技术职务级别领取工资。

　　民办教师工资一向由农业社、人民公社、生产大队和群众负担，且低于公办教师。1954年，民办教师工薪由农业社支付，政府号召群众自愿捐柴薪、蔬菜等物，以解决其生活困难。1958—1959年，"大跃进"时期增加的600多民办教师，在公共食堂吃饭，不用交钱，未获其他报酬。1966—1976年"文化大革命"期间，民办教师报酬以生产大队统一筹集和国家补助相结合。大队统筹14元，国家补助10元；一些大队不统筹，将财政补助的10元交生产小队，民办教师回队记工分参加年终分配。1978年，部分大队无法统筹资金，共欠民办教师工资34 600多元，423位民办教师不能领到统筹工资。1980年，提高民办教师工资，按教龄、能力、成绩分为28元、26元、24元三等，另加副食品补贴5元。县财政每人每月补助15元，生产大队统筹部分改由学生交费。1986年后，民办

教师工资公助部分占50%，由县财政支付；民办部分占50%，由全县统一收缴由学生承担的民办统筹费，中学每生每期缴2.5元，小学每生每期缴2元。1990年，县财政拨给民办教师补助费人均495元，中、小学生民办统筹费分别提高至每生每学期6元和5.5元。同年，全县民办教师月平均工资76元。

（二）津贴、福利

民国15年（1926年），国民政府颁布《学校职教员养老金及恤金条例》，对连续工作15年以上，年龄逾60岁的教职员实行退休制度；对连续工作10年以上因公死亡的教职员的家属发放抚恤金。当时，够退休条件的人员不多，会仙乡黄焱、莫自矜、李藏等教师曾获省养老金待遇。养老金每年发给一次，约折合稻谷4000斤。22年后，教师子女就读于公立学校可免学费、杂费，或享受公费待遇（按其父母从教年限定级）。

解放后，公办教师实行公费医疗和退休制度。1979年开始实行班主任补贴，中、小学每班每月补贴4~6元。1985年发放教龄补贴，根据教师教龄长短每月补贴3~10元。1987年，对全体教职工增发原标准工资额的10%，作为教育工作者的特别补贴。

二、社会地位

县境群众历来有尊师传统。民间供奉的香火牌上，"师"与"天地君亲"并列，称"天地君亲师"。

新学堂开办之初，教师受到社会推崇，中学校长的地位与县知事或县长相等。中小学校长和资历深厚的教师，多被各种群众性集会邀请就坐于主席台，政府例行议事会上也多被邀为座上客。民国22年（1933年），广西省政府发布《广西省教育人员褒奖规则》，规定对连续任职3年以上的教育行政人员和教师，视任职时间长短分别颁发奖状和奖章。29年，教育部颁布《教育服务奖励规则》，规定：专任教员或校长，连续在一校服务满10年、15年、20年以上，分别授予三等、二等、一等奖状。当年，临桂县获一等奖状1人，获二等奖状8人，获三等奖状17人。

解放后，教师有"人民教师"和"人类灵魂工程师"之称，教师职业受到全社会的尊重。教师属国家干部。不少青年教师加入了共产党或共产主义青年团。历年均按5%~10%的比例评选县级先进教师，1954年在中小学教师中评选优秀教育工作者甲等9人，乙等15人，丙等113人。

1950—1963年，县召开各界人民代表会议和一至五届人民代表大会，都有教师代表出席会议。

20世纪80年代，知识分子被确定为工人阶级一部分，教师的社会地位有明显提高。1981年，县人民政府召开30年教龄教师座谈会。1983年，教育部、全国妇联联合给25年教龄以上的教师颁发园丁纪念章。从1985年起，每年9月10日定为教师节。当年教师节，县内414名25年以上教龄的教师获自治区颁发的荣誉证书；县人民政府拨款1万元庆祝教师节，县委和教育局给全体教师赠送节日纪念品，县城和各乡镇分别召开庆祝会，各行业和部分单位纷纷到学校慰问教师。此后，每年教师节都举行庆祝活动。1985—1990年，将168名教师的家属478人由农村户口转为城镇居民户口。

1980—1990年，第七、第八、第九、第十届县人民代表中，当选为代表的人民教师分别有12人、22人、14人和8人，平均占代表总人数的5.6%。1984年，中国人民政治协商会议临桂县委员会成立，至1990年已历三届，被邀聘为委员的人民教师第一届有9人，第二届有23人，第三届有19人，平均占委员总人数的14.5%。其中，当选为副主席（兼职）的有2人，常务委员有5人。

党和人民政府还注重对先进模范教师进行奖励和表彰。1979年，县召开"文化大革命"后第一次教育工作者先代会，到会先进教工代表554人。会上，县委、县人民政府分别授予饶怀莹、黄玉琼和王春发"小学模范教师"、"中学模范教师"和"模范教育工作者"光荣称号。1985—1990年，县内评选教育先进集体、先进个人6次，表彰县级先进教育工作者1590人。

1983—1989年，县内被评为桂林市先进教育工作者达120人。1990年，中共桂林市委、市人民政府给梁碧星记二等功1次。

1980—1990年，县内教育工作者获自治区人民政府及自治区教委、团委、体委表彰17人（次），其中秦允中被评为自治区劳动模范，吴家庆被评为自治区优秀班主任，唐红玉、黎茂文被评为自治区优秀教师，王延平、饶怀莹、刘云松、龚仲新、王经文被评为自治区教育先进工作者，滕永东被评为自治区职工教育先进工作者，周恩沛（两次）、肖长恩被评为自治区农民教育先进工作者，王为民被评为国际扫盲年扫盲先进工作者，陈爱桃被评为自治区优秀少先队辅导员，关铮被评为自治区先进少年儿童工作者，李松怀被评为自治区优秀体育篮球教练员。

1989年,自治区教委授予李作勋、常榕森特级教师称号。

1981—1990年,县内教师获国家及国家教委表彰7人,其中王若彦、唐运桂被评为全国劳动模范,陈爱桃被评为全国优秀班主任,贲桂英、唐红玉、唐红光被评为全国优秀教师,朱小佑获全国农村千名先进体育教师奖。

# 第 31 章

# 经费　勤工俭学　设施

## 第一节　经费

一、解放前教育经费

（一）县学经费

清初，临桂县学和桂林府学原有学田 11 顷 76 亩 2 分 7 厘，除荒芜外，实有学田 8 顷 30 亩 1 分。学田出租所得经费，约按临桂县学占 1 份，桂林府学占 2 份的比例使用。乾隆二十八年（1763 年），大学士陈宏谋将其在永福的水田 170 亩 1 分和旱田 253 亩捐给临桂县学。光绪年间（1875—1908 年），除荒芜外，实有水田 158 亩 1 分，旱田 168 亩，年收租谷共 16 846 斤。义宁县学有学田 26 亩 9 分，年收租银 4 两 5 钱 6 分，不足部分由县库支给。

（二）书院经费

宋代设立的宣成书院初有学田 30 亩，明弘治年间（1488—1505 年）增至 110 亩。清代临桂境内有书院 4 所，雍正十三年（1735 年）秀峰、宣成 2 书院获世宗赏银 1000 两买田，加上犯人的充公田、学田租谷及官府拨给的道库盐余银，年共有银 1692 两，米 77 石。乾隆四十七年（1782 年）又买田 98 亩 2 分，年租谷 1 万斤，折米 50 石。每年所收租银和米按 4 家书院所需支给，其中以秀峰书院数额最高。义宁县义江书院有学田 80 亩，文昌书院有学田 140 余亩。

（三）义学经费

由主办者支给。清代，蒙泉、兑泽、爱日、培风、宣讲堂 5 所义学束脩银、节仪银由桂林府支给。清节堂义学、广仁堂义学束脩分别由所属堂支给。东洲义学束脩由东洲公捐。左营、桂林营义学束脩由所属营支给。

### （四）私塾经费

由学生家长认捐，一般每生每年交米 50~100 斤，富有家庭为争取塾师对其子弟多加照应往往多捐。所收学米用于塾师报酬，一般无其他开支。

### （五）中小学校经费

清末，临桂两等小学堂每年提县盐规津贴银 2000 两，每年拨团练局屠灯捐银 100 两作学堂经费。

民国初年，县属小学经费来源与清末基本相同。村（街）所办学堂（校），经费主要来源于寺庙田产、富户乐捐、民众筹集和学费收入，政府仅拨给少量。会仙小学初创时接管云台寺"和尚田"约百亩，又有民众捐谷万斤。两江信果小学接管下寺田产近百亩，学生每人每年交学谷 1.5 石。宛田由乡绅出资在公正圩搭建简易圩棚，以所收摊租充本乡崇实小学经费。其余各学堂情形大同小异。

民国 15 年（1926 年）后，公办学校主要靠县拨款，同时鼓励乡民捐资助学。义宁县王于氏捐赠园地一块作建校用地，价值银圆 150 块；临桂两江山口朱奉先捐资也较多，两人均获教育部颁发的银质奖章。22 年至日军陷境前夕，经费由县款支给和向民众筹集两方面解决。乡（镇）中心国民基础学校的经费主要由县款支给；村（街）国民基础学校的经费，除校长（村、街长兼）生活费由县款支给外，其余均由各村（街）自行筹集（表 31-1、表 31-2）。

表 31-1　民国 22 年（1933 年）初等教育经费收支情况

单位：元（国币）

| 县别 | 收入部分 | | | | | | | | 支出部分 | | | | |
|---|---|---|---|---|---|---|---|---|---|---|---|---|---|
| | 学费 | 公款 | 田地租 | 房屋租 | 利息 | 附捐 | 其他 | 合计 | 教职员薪俸 | 图书 | 仪器标本 | 办公及杂用 | 合计 |
| 桂林 | 650 | 20 615 | 10 855 | 900 | 2150 | 34 450 | 1575 | 71 225 | 49 702 | 5083 | 2821 | 13 619 | 71 225 |
| 义宁 | 1120 | 2735 | 900 | | | | | 4755 | 4078 | 230 | 160 | 262 | 4730 |

表 31-2　民国 29 年（1940 年）教育经费使用情况

单位：元（国币）

| 县别 | 基础教育 | 中学教育 | 社会教育 | 补助费 | 其他 | 第一预备金 | 合计 |
|---|---|---|---|---|---|---|---|
| 临桂 | 165 600 | 27 810 | 410 | 1574 | 2458 | 1417 | 199 269 |
| 义宁 | 21 424 | 1161 | 480 | 738 | 360 | 238 | 24 401 |

## 二、解放后教育经费

解放后，经费来源有国家各级财政拨款、教育事业费附加、学杂费、勤工俭学收入、单位集资、群众捐资等。

1950—1952 年，中学和区中心小学由财政拨款，农村小学均为民办，仍由校田租谷和群众集资维持。1953 年 2 月，大部分乡村小学转为公办，教师工资均由县财政支付，小学办公费靠学杂费解决。

1958 年，民办中、小学经费由"民办社助"解决，借用民房上课。1964—1976 年，社队办的耕读小学、民办小学和农业中学，经费来源于收缴学杂费和向各生产队统筹，或拨田地给学校，以生产收入补充经费。1981 年，由于农村经济体制的变革，民办教师工资中统筹部分由公社统筹。1986 年，改为全县统筹，小学生每人每学期缴民办教师统筹费 2 元，中学生每人每学期缴 2.5 元。1990 年，小学生每人每学期增至 5.5 元，中学生每人每学期增至 6 元。

1980 年，实行"国家拿一点、群众拿一点、学校勤工俭学拿一点"的办法解决教育经费，个别情形采取摊派办法筹集资金。当年就读于临桂中学、临桂县小学（县城一小）的学生，其家长所在单位分别按每生 5 元、3 元，以公款付给学校。1984 年建县城第二小学，1986 年建县城第一中学，两校第一期投资共 192.3 万元，其中，自治区拨款 19 万元，县财政拨款 138.1 万元，县教育局拨款 5.2 万元，群众及厂矿企业单位捐助 30 万元。

1986 年 7 月 1 日，开始征收教育事业费附加，附加率为 1%，所得资金由财政局统一转拨教育局，用于改善办学条件。当年收入 2.2 万元，至 1990 年共收入 32.2 万元。

1950—1987 年，中、小学生每人每学期按规定数额交学杂费，作为教学经费的补充。1952—1953 年，学费收入上交县财政，1954 年后由教育部门自行管理，多为各校自收自支，也曾按比例交一部分给教育行政部门统一调剂。1969年，中学收学、杂费每人每学期1.5元，小学每人每学期1元。1973年，高中每人每学期学费3元，杂费2元；初中每人每学期学费2.5元，杂费1.5元；小学四、五年级每人每学期学费2元，杂费1元；一至三年级每人每学期学费1.5元，杂费1元。1988年后，小学、初中免收学费，农村小学低年级每人缴杂费3.5元，高年级每人4.5元，农村初中每人8.5元；县城学校的初中、小学学生，每人缴杂费比农村学生标准提高1元。高中每人缴学费4.5元，农村高中每人缴杂费9.5元，县城高中每人缴杂费10.5元。1990年，农村小学每人缴杂费6元，县城小学每人缴杂费10元；农村初中每人缴杂费11元，县城初中每人缴杂费15元；农村高中每人缴学费12元，杂费16元，县城高中每人缴学费15元，杂费20元。

1950—1990年，县财政在预算内支出教育经费7619.23万元，占财政预算内支出的27.02%；预算外支出教育经费84.92万元（表31-3、表31-4）。

表31-3　1980—1990年集资办学经费收入情况

单位：万元

| 年份 | 农村教育附加费 | 勤工俭学净收入 | 学杂费收入 | 城镇单位集资 | 农村集体集资 | 其他集资 | 合计 |
|---|---|---|---|---|---|---|---|
| 1980 | — | 1.8 | 34.5 | 6.0 | 5.0 | 1.0 | 48.3 |
| 1981 | — | 2.5 | 27.0 | 15.0 | 27.0 | 78.0 | 149.5 |
| 1982 | — | 3.0 | 28.0 | 10.0 | 25.0 | 50.1 | 116.1 |
| 1983 | — | 4.0 | 28.0 | 6.0 | 7.2 | 59.1 | 104.3 |
| 1984 | — | 6.3 | 30.0 | 7.0 | 11.0 | 34.0 | 88.3 |
| 1985 | — | 9.0 | 33.0 | 1.5 | 1.8 | 11.7 | 57.0 |
| 1986 | — | 2.4 | 50.3 | 12.0 | 11.2 | 1.3 | 77.2 |
| 1987 | 2.2 | 5.2 | 70.0 | 13.0 | 12.1 | 3.2 | 105.7 |
| 1988 | 5.7 | 47.0 | 33.6 | 30.0 | 70.0 | 10.0 | 196.3 |
| 1989 | 10.3 | 74.3 | 69.3 | 1.4 | 55.0 | 7.0 | 217.3 |
| 1990 | 14.0 | 50.6 | 84.0 | 12.6 | 60.0 | 11.0 | 232.2 |

注：各项集资收入不含单位和个人献工献料折款。

表 31-4  部分年份教育投资情况

单位：万元

| 年份 | 县级财政支出 | 教育事业费支出 | 普通教育支出 | 其中 | | | | 教育事业费支出占县级财政支出比例 |
|---|---|---|---|---|---|---|---|---|
| | | | | 小学 | 中学 | 职业中学 | 中等师范学校 | |
| 1952 | 82 | 16 | 16 | 13 | 3 | — | — | 19.5% |
| 1965 | 220 | 54 | 49 | 35 | 14 | — | — | 24.5% |
| 1980 | 774 | 231 | 182 | 92 | 84 | | 6.0 | 29.8% |
| 1981 | 857 | 292 | 252 | 143 | 102 | | 7.0 | 34.1% |
| 1982 | 835 | 306 | 266 | 181 | 74 | | 11.0 | 36.6% |
| 1983 | 983 | 328 | 274 | 180 | 80 | 7.0 | 7.0 | 33.4% |
| 1984 | 1045 | 339 | 291 | 197 | 83 | 6.0 | 5.0 | 32.4% |
| 1985 | 1203 | 415 | 338 | 223 | 103 | 7.0 | 5.0 | 34.5% |
| 1986 | 2086 | 368 | 323.9 | 203 | 101 | 10.4 | 9.5 | 17.6% |
| 1987 | 2439 | 598 | 547.7 | 346 | 179 | 13.5 | 9.2 | 24.5% |
| 1988 | 2308 | 795 | 792.9 | 445 | 311 | 18.0 | 18.9 | 34.4% |
| 1989 | 3320 | 765 | 638.5 | 389 | 214 | 26.0 | 9.5 | 23.0% |
| 1990 | 3567 | 893 | 791.2 | 471 | 277 | 27.7 | 15.5 | 25.0% |

## 第二节  勤工俭学

民国22—30年（1933—1941年），一些村（街）公所组织人力开垦公有荒山荒地进行造林和种植作物，收入拨充教育经费。

解放后，1958年开始勤工俭学。在"大跃进"浪潮影响下，各中小学15天办起工厂400多个（含灵川），当年整顿后保留76个；农场74个，耕地面积1467亩，种植稻谷、花生、蔬菜、薯、麻等，产值37 527元；养猪825头，加上喂养的鸡鸭，产值达753 930元。1960年，国民经济困难，县委号召各级各类学校生产自给，要求中等学校学生及高小内宿生每人种地5分，中等以上学校每班养猪3头，每两人养鸡（或鸭、鹅）1只，小学三年级以上学生每人种1株南瓜、2株猫豆、3株蓖麻、4株芭蕉芋。1960—1962年，各学校大量种植粮食、蔬菜和油料作物。有条件的还养猪、鸡、鸭、鹅、鱼、兔、蜂、羊等，对度过饥荒起了积极作用。1963—1965年，各校农场继续开办，由师生直接参加生产劳动，收入归学校。

1968—1969年，全县因陋就简新办中小学42所，新办学校的师生将建校作为主要劳动任务，挑沙、运石、挖土、填地等均自己动手。1974年，实行"开门办学"，办起小工厂13个，小农场237个，小饲养场26个，小服务站72个。各中学和大队小学均有几亩至几十亩水田或旱地，部分学校有几百亩荒山，全县学校共有水田、旱地1548.4亩。一般每星期安排2个下午劳动，农忙季节半天上课半天劳动或停课整日劳动。1970—1975年，六塘中学种植稻谷、甘蔗、蔬菜、花生和饲养生猪，总共收入7826.3元。1976年，全县勤工俭学纯收入达34 760元，占教育经费的2%。各校办工厂有所扩大，较具规模的有六塘小学藤筐厂、六塘大中小学水泥瓦厂、会仙中学玻璃厂、渡头中学充电池厂、两江初中浆糊厂、茶洞中学鞋刷厂、四塘中学制药厂等。但这些厂都存在原材料供应紧张和产品滞销等困难，个别厂管理制度不健全，存在谁管谁收费的经济混乱状况。1976年前后，这些厂先后停办。

1977年恢复高考后，一段时间内忽视勤工俭学，又因农村经济体制改革，学校大部分勤工俭学基地被生产队收回，勤工俭学处于低潮。1981年，县文教局对勤工俭学作了部署，并下拨周转资金予以扶持。当年恢复和兴办的校办企业共72个，其中工厂15个，农场15个，林场3个，牧场2个，果茶场10个，养鱼场4个，小卖部3个，照相服务部2个，全年纯收入34 848元，学生人均收入0.66元。1982年4月17日，县人民政府出台的《关于中、小学开展勤工俭学的几点意见》规定，勤工俭学企业人员可来自两个渠道：一是在现有教职工中调剂配备一定数量的管理人员、技术员和工人；二是向社会招雇，根据实际需要的劳动力数量，不需纳入国家劳动计划，可报当地劳动部门解决。此后，勤工俭学企业陆续实行承包责任制，由本校或校外承包者招聘人员进行生产和经营活动，学校按合同向承包者收缴承包费。1984年11月17日，县教育局成立勤工俭学服务公司。之后，教育局增设勤工俭学办公室，乡镇教育组也配备勤工俭学专职干部。各校可抽出5%的教职工专门从事勤工俭学活动，并规定勤工俭学搞不好的学校不能评为先进集体。勤工俭学收入的40%用于扩大再生产，20%用于改善办学条件，30%用于师生福利，3%作积累，2%

作评优奖金，5%作机动基金。1985年，全县中小学有农场、林场和果园场9个，加工厂29个，实现利润12.9万元。1990年，实现利润76.7万元。其中，教师进修学校0.7万元，中学35.5万元，小学36.0万元，勤工俭学公司4.5万元。

## 第三节　设施

### 一、校舍

清末至民国初，除临桂两等小学堂、义宁县高等小学堂等承用书院校舍外，其余各小学创建之初多以庙宇、会馆、祠堂作教室。民国20年（1931年）后，省立临桂初级中学（会仙）、义宁县立初级中学（五通）、私立榕门中学（四塘横山），以及地处圩镇的几所小学，由群众捐料捐工和政府拨款，新建一批木结构或砖木结构校舍。

解放初期，新增设的小学多用公房作教室。各小学增人增班扩建教室，多为木结构或泥木结构平房。1956年创建的两江初中，承用原省立桂林师范校舍，六塘初中新建砖木结构平房。1959年，在四塘横山村创立临桂中学，建有砖木结构二层教学楼1栋，教室16间，为县内第一栋楼房校舍。1968—1978年，中小学教育迅速发展，由群众献工献料新建了一大批砖（或泥春墙）木（多为杂木）结构平房。1975年，临桂中学在县城建有1栋两层砖混凝土结构教学楼，为县内建砖混结构楼房校舍之始。1980年，县成立改善中小学办学条件领导小组，教育局成立改善中小学办学条件委员会，通过自治区补贴一点，县、乡财政拨一点，群众、单位捐助一点筹集资金，对全县50—60年代修建并已破损的危房逐年进行维修和改建。至1986年底，新建和改建中小学校舍4万多平方米。但中小学校舍缺、破、危的状况仍未得到彻底改善，同时又出现了一批新危房。1988年4月，自治区人民政府发出《紧急行动起来抢修中小学危房》的通知，县成立抢修中小学危房领导小组，下设办公室，乡、村也成立相应领导机构。经调查，年初校舍总面积251 363平方米，其中危房面积70 416平方米，占校舍总面积的28.01%。1988—1990年，共筹集抢修中小学危房资金370万元，其中自治区拨款57万元，县财政拨款63万元，乡镇财政拨款27万元，群众、单位集资223万元。3年修复一般危房45 397平方米，推倒严重危房并重建41 608平方米，新建校舍35 674

平方米。1990年底,中小学、师范学校、职业中学共有校舍 289 188 平方米,平均每个学生占有 4.09 平方米。已建成砖混凝土结构楼房 32 栋。其中教学楼 22 栋,教师宿舍楼 7 栋,学生宿舍楼 2 栋,教师办公楼 1 栋(表 31-5、表 31-6)。

表 31-5　几个年份学校建筑面积统计

| 年份 | 中学 | | | 小学 | | |
|---|---|---|---|---|---|---|
| | 学校数/所 | 占地面积/亩 | 建筑面积/平方米 | 学校数/所 | 占地面积/亩 | 建筑面积/平方米 |
| 1981 | 16 | 557.60 | 36 051.5 | 160 | 1115.17 | 134 127.0 |
| 1986 | 21 | 669.00 | 91 446.0 | 167 | 1824.22 | 108 855.0 |
| 1990 | 20 | 773.00 | 108 624 | 168 | 1637.00 | 179 664.0 |

表 31-6　1980—1990 年教育基建投资情况

单位:万元

| 年份 | 县基建投资总支出 | 教育基建投资支出 | 其中 | | | | 教育基建投资支出占县基建投资总支出比例 |
|---|---|---|---|---|---|---|---|
| | | | 小学 | 中学 | 职业中学 | 师范学校 | |
| 1980 | 431 | 20 | 10 | 10 | — | — | 4.64% |
| 1981 | 241 | 51 | 26 | 25 | — | — | 21.16% |
| 1982 | 416 | 61 | 43 | 18 | — | — | 14.66% |
| 1983 | 216 | 60 | 39 | 20 | 0.94 | 0.06 | 27.78% |
| 1984 | 301 | 34 | 25 | 8 | 1 | — | 11.30% |
| 1985 | 347 | 21 | 10 | 8 | 2 | 1 | 6.05% |
| 1986 | 1219 | 42 | 20 | 15 | 5 | 2 | 3.61% |
| 1987 | 1544 | 81 | 30 | 28 | 20 | 3 | 5.25% |
| 1988 | 1644 | 68 | 20 | 28 | 20 | — | 4.26% |
| 1989 | 1547 | 38 | 8 | 10 | 20 | — | 2.46% |
| 1990 | 862 | 90.4 | 30.7 | 37 | 20 | 2.7 | 13.23% |

## 二、教学仪器

### （一）中学

民国 28 年（1939 年），桂林中学初中部迁会仙，带来一批教学仪器，主要有显微镜、托盘天平、全套化学仪器、收音机、脚踏风琴，以及动物、植物、矿物标本等。同期，义宁县立中学也购置有少量教学仪器，可作部分演示实验。

解放后，临桂中学（四塘）和六塘、会仙、两江、五通 4 所初级中学经过逐年添置，至 60 年代，各校仪器主要有：手摇抽气机、交直流发电机模型、天平、安培计、伏特计、气体发生器、干燥器、显微镜、人体解剖模型、地球仪、经纬仪、幻灯机，以及一批力学、化学仪器和药品，可完成大部分演示实验及供少量学生实验。1966 年"文化大革命"开始后，各中学仪器均不同程度被盗和毁坏，且 10 年未添置新仪器。"文化大革命"结束后，教育走上正轨，在县城重建的临桂中学和六塘、会仙、两江、五通 5 所完全中学，在经费不足的情况下仍注重教学仪器的添置。1986 年新建的县城第一中学，5 年内购置教学仪器 4 万元。1990 年，一些完全中学已拥有电影放映机、电视机、录像机、放像机、收录机等一批电化教学设备。各完全中学教学仪器基本齐备，并设有实验室，能基本满足高中、初中教师的演示实验，能完成学生实验项目 50 个以上。6 所完全中学教学仪器总价值 21.9 万元，其中临桂中学 7.2 万元，其余 5 所完全中学平均 2.94 万元。

各乡镇初级中学教学仪器普遍不足。1990 年，14 所乡镇初中教学仪器总价值 11.9 万元，平均每校 0.85 万元，仅四塘初级中学设有实验室。各校教学中可完成的演示实验与应作实验的比例不等，最低为 30%，最高为 90%。

### （二）小学

教学仪器历来不多。20 世纪 50—60 年代，六塘、两江、五通 3 所重点小学配备有脚踏风琴，各中心小学有地球仪、数学教学模型和一些挂图。70 年代，一些小学开始购置收音扩音两用机用于播音。1990 年，县内大多数小学已置有音响设备（主要有扩音机、收音扩音两用机和录音扩音两用机几种）。县城和乡镇所在地小学，一般还置有收录机、脚踏风琴、手风琴、电子琴和投影机。教学必需的模型和挂图也基本具备。

## 三、图书

### （一）中学

六塘、会仙、两江、五通等中学和临桂中学建校后即设有图书室和阅览室。1965年，各校有藏书2000~1万余册不等。"文化大革命"期间，各校图书被盗被毁，所存无几。1977年后，逐年购书充实图书室，至1990年全县6所完全中学和教师进修学校共有藏书5.17万册，其中临桂中学1.5万册，县一中0.28万册，六塘中学0.9万册，会仙中学0.82万册，两江中学0.43万册，五通中学0.5万册，教师进修学校0.74万册。

乡镇初级中学各校有图书数百至数千册不等。1990年，仅茶洞、四塘、中庸3所初中专设图书室，藏书分别为0.7万册、0.3万册和0.2万册。

### （二）小学

向来无专设图书室，但各小学备有少量图书，由教师向学校统一借取分发学生传阅。

# 第 32 章
# 管理

## 第一节 机构

临桂由唐至明末建教育行政机构。清道光十六年（1836年），县学建教谕署，学署成为县学的教育行政机关，县学教谕既是教育行政长官，又是学校的教师。县学还设训导1人，为教谕的助理。光绪三十年（1904年），撤学署设学务公所，负责办理新学堂。光绪三十二年（1906年），学务公所改为劝学所，设总董1人。

民国4年（1915年），桂林县劝学所设所长1人，劝学员2～4人。10年，劝学所改为督学局，不久仍改为劝学所。12年，撤劝学所设教育局。22年，裁局设科，称第三科。29年，临桂县与桂林市分治，县第三科有科长1人，科员9人，办事员6人，国术指导员2人，成人教育视导员2人。30年，增设督学数名。

1950年春，县设教育科。1952年7月，撤教育科设立文教科。1956年10月，撤文教科复设教育科。1958年3月，教育科、文化科合并成立文教局。1963年6月，撤局复设教育科。1966年，教育科、文化科再次合并成立文教局。1967年，受"文化大革命"冲击，局机构瘫痪。1969年7月，县革命委员会政工组下设文教小组，管理文化教育。1972年6月，恢复文教局。1979年9月，撤销文教局成立教育局。1990年，教育局内设有办公室、普通教育股、成人教育股、计划财务股、人事股、教研室、职称改革办公室、勤工俭学办公室、招生办公室，有行政人员11人，事业人员49人。14个乡镇教育组各有人员4人。

## 第二节　行政管理

清末，官办或地方公办的学宫、社学、义学、书院、学堂等由县劝学所直接管理，私塾由主办者自行管理。

民国期间，县立中学、县办小学和幼稚园由县教育行政部门直接管理，中心国民基础学校、村（街）国民基础学校分别由所属的乡、村公所管理，私立中、小学由主办者管理。

解放后，各级学校实行分级管理。1950—1967年，完全中学、初级中学、师范学校、重点小学、县办农业中学、县直属机关幼儿园由县直接管理，各区（公社）中心小学、村级小学、社办农中和幼儿园由所在区（公社）直接管理。1968—1990年，完全中学、教师进修学校、农（职）中、县直属小学、县直属幼儿园由县直接管理，初级中学、公社（乡镇）中心小学、村级小学、公社（乡镇）幼儿园由公社（乡镇）直接管理。1950—1990年，企事业单位开办的技术学校、中学、小学及单位或个体开办的幼儿园，由企事业单位或主办人管理。

教师队伍归口教育部门管理。学校教职工定编、公办教师在县内调动、自然减员的补充、教师的晋级和记大过以上处分，由县教育局按上级有关政策办理。民办教师的聘任、辞退及在本乡（镇）内调动由乡（镇）决定，报县教育局备案。

教育经费实行分级管理。国家拨给的教育事业费，以县当年安排的预算对乡（镇）实行包干。国家增加的教育事业费，重点用于发展基础教育。教育包干经费的安排使用，教育费附加的征收和使用，地方、群众集资的教育经费的使用和校舍的修建，由乡（镇）根据上级有关规定作出决定。县直属学校的经费由县直接安排。

在业务上，教育方针、教学计划的实施，教学改革的规划，教育质量的评估，中小学的招生办法，中小学的教师工作和师资培训，由自治区、市（地）、县负责宏观管理和指导。县直属中小学和乡（镇）属中小学的教学管理，师资的在职提高，分别由县、乡（镇）负责落实。

各乡（镇）设有教育组，负责宣传、贯彻上级有关的方针、政策；领导所辖学校实施上级教育行政提出的计划、任务；制定本乡（镇）普及初等教育的规划、措施；领导学校开展政治教育工作；检查执行规章制度的情况；做好所属单位领导班子的配备和教职工的考核、调配；抓好扫盲工作；协助有关部门办好各种技术班；合理使用上级下拨的教育经费，审查所属学校使用经费情况，以及管理教师的工资、福利；发动群众集资办学；指导各校开展勤工俭学活动；协助县教育局做好中小学的学生毕业、升学考试和招生工作。

## 第三节　教学管理

解放前，各校基本实行教师责任制，学校行政对教学的管理主要依赖于教师。校方选聘合适的教师后，由教师就其班级及科目独立开展教学。

解放后，教学管理已成为学校工作的中心，主要有德育管理、教师教学工作管理、学生学习成绩考查与学籍管理几个方面。

德育管理的主要内容：贯彻党的教育方针，坚持开展创"三好"（德、智、体全面发展）活动，严格执行各项规章制度和奖惩制度；中小学分别上政治课、思想品德课，并要求将德育有机地渗透于各种教学；组织校会、班会和各种集会，正常开展团、队活动和升、降国旗活动；选配班主任，加强班级管理工作，每学期对学生进行一次操行评定，并写学期评语。德育管理的目的在于培养学生的爱国主义、集体主义精神和社会主义公德，养成良好的行为习惯，40年来力抓不懈。1986年，完全中学设政教处，同期各中、小学成立德育领导小组，中学由校长、政教处主任、团委书记和班主任组成，小学由校长、少先队大队辅导员和班主任组成。

教师教学工作管理的主要内容：①教学研究。解放至今，各校均有教研组，除经常进行教学理论和教学方法的学习与研究外，还统一协调教学工作步调。②备课。教师授课前须认真备好课，包括钻研教材、确定教学内容和教学目的，编写课堂教学计划。③相互听课。始于20世纪50年代，80年代县教育局规定，每学期校长听课不少于15节，教导主任不少于20节，教师不少于10节。④考核教学。对教师教学工作的考核向无完善标准，大多以所任班级、所任科目的学生考试成绩为主要依据，同时参照课堂秩序及班级在集体活动中的表现进行综合评估。⑤建立教学档案。1985年以前未进行此项工作，各校有关教学实施的文籍和记录多有损毁与遗失。1985年后，各校逐步建立教学档案，以便总结经验，并作为考核教师教学工作的依据。档案以教师个人立卷，集存教师的学期工作计划、所任科目的考试成绩、教学总结、编写的补充教材、撰写的教学研究论文，以及举行公开课、观摩课的评议记录等。

学生学习成绩考查与学籍管理的主要内容：①考查、评定学业成绩。平时考查包括口答、笔答两种方式，随时记分，每月至少两次，每学期总结两次。定期考查包括学期考查、学年考查和毕业考试。②决定升留级及毕业。学生修完一学年，各科成绩及格准予升级。不及格的准予补习，补习后小学生语文、算术仍有一科不及格，中学生仍有三门主科不及格，给予留级。留级人数一般不超过学生总数的5%。中、小学生修业期满，经毕业考试成绩合格准予毕业。成绩不合格的准予补考，补考后仍不合格的给予结业。结业人数一般不超过毕业生总数的10%。③休学、退学、转学。学生因身体或家庭特殊情况，不能继续学习或须转他校学习，可请求休学、退学或转学，由校长核准后发给休学、退学或转学证书。

# 第五部分

# 灵川县教育[1]

---

[1] 灵川县地方志编纂委员会.灵川县志［M］.南宁：广西人民出版社，1997：745-783.

灵川毗邻历史文化名城——桂林，得中原风气之先。宋代始建学宫。明、清书院兴起，私塾遍及城乡。历代科举中文武进士共51名，文武举人506名；宋朝有秦姓两对兄弟同登进士，清代有周姓两家父子先后进入翰林；明清有进士、举人人数分列桂林府第四及第三。

灵川于光绪二十八年（1902）始兴新学，并废除科举教育制度。"云雾既拨，风气大开"（廖中翼《康有为第二次来桂讲学概况》手稿）。至30年代初，广西当局推行雷沛鸿的教育主张，全县国民基础教育曾蓬勃一时。但因地方经济、学校师资、居民生活等条件的制约，中学教育起步较晚。直至民国26年（1937年）8月，始办国民中学1所，招收学生1个班，其余部分小学毕业生则投考桂林中等学校就读。40年代战事频仍，经济萧条，教育败落。迄至解放前夕，全县小学校数（含教学点）和学生人数分别比民国24年减少1/3和2/3；仅有初级中学2所，学生730人，按全县人口算，平均每246人才有初中生1名。其中，广大工人、农民的子弟所占比例更小。

解放后，灵川教育迅速恢复和发展。随着生产发展和贯彻"教育为工农服务，各级各类学校为工农开门"的方针，至1952年，全县小学校数和学生数超过历史最高水平。1957年，全县初中在校学生增至1386人，比1949年增加近1倍。但因1957年"反右派"斗争扩大化，教师队伍受到摧残。在1958—1960年的"大跃进"运动中，学生数量陡增，教学质量下降。1963—1966年，教育在调整中发展。

党的十一届三中全会后，在"拨乱反正"的基础上，贯彻"百年大计、教育为本"和"面向现代化、面向世界、面向未来"的指导方针，1985年以后，经自治区先后验收，批准为"基本脱盲县""普及初等教育合格县""抢修中、小学危房合格县"。至1990年，全县有中学26所，学生10 349人（含小学附设初中班），中学生数为1949年的13倍。在1950—1990年的41年中，全县为大专院校输送新生1891名，中等专业学校新生1446名；共培养近10万名具有中等文化水平的劳动者；职业教育初步发展，教育结构逐步调整，全县教育逐步进入全面发展的轨道。

# 第33章
# 学宫 义学 书院 私塾

## 第一节 学宫

建于南宋建炎年间（1127—1130年）。位于灵川旧县城（今三街行政村）西约一里，与吕仙山相对。每岁科试录取诸生40名。由县令主管教学和管理。教授"四书"（《大学》《中庸》《论语》《孟子》）"五经"（《诗经》《尚书》《周易》《礼记》《春秋》）。经费主要靠学田租收入。清雍正三年（1725年），计有学田334亩。从元朝到清朝乾隆年间，学宫凡四迁：一因房舍倒塌，迁至旧县城东南大象山；二遭火焚，迁至旧县城东街；三因水患，迁至旧县城南门外高阜；四因缺饮水，仍迁回东街。从明至清，校舍曾先后修缮18次。于光绪二十六年（1900年）停办。

## 第二节 义学 书院

### 一、义学

由地方绅士捐资举办，称"乡学"或"义塾"。清康熙五十五年（1716年），知县楼俨捐建"义学"于县署之东（今三街镇凤北街）。"原仅竹屋三间，难避风雨"，后发动捐资扩建。由教谕吴朝佐、训导朱兴让主持义学管理及教学工作。其课程及教学方法，均与"县学"或"乡学"相同。至乾隆十九年（1754年），知县王引楷捐资重修"义学"，并分期对学员进行考核。

## 二、书院

### (一) 文笔书院

清乾隆二十年(1755年),知县王引楷再度捐资重修"义学",并改名为"文笔书院"。学员一般为十五六岁男生。经费一部分来源于山场租,每年收租银25元。以学生自修为主,辅以教师指导。该院历史长达98年,至清咸丰三年(1853年)遭火焚毁。

### (二) 培英书院

同治四年(1865年),知县江正本与官绅捐资重建文笔书院,并改名"培英书院"。院址在三街凤凰圩南。院宽6丈,深20丈,内外讲堂各1间,有前后廊房。经费来源于学田租谷和田租银。光绪二十六年(1900年)停办。

### (三) 博约书院

光绪二十六年公平下江村人龙时乘,念该乡人才缺乏,发动乡人捐资办学。置田90多亩为院产,在公平圩关帝庙创建"博约书院",开县境西部山区办学之先河。8年后改为博约两等小学堂。

灵川县宋至清代进士情况如表33-1所示。

表33-1 灵川县宋至清代进士情况

| 朝代 | 姓名 | 籍贯 | 中试时间 | 任职 | 备考 |
|---|---|---|---|---|---|
| 宋朝 | 欧阳辟 | | 元祐六年辛未科 | 石康县令 | |
| | 蒋褒 | | 建炎二年戊申科 | | |
| | 秦方 | 灵田西岸 | 绍兴二年壬子科 | | |
| | 秦言 | 灵田西岸 | 绍兴二年壬子科 | | |
| | 秦时立 | 灵田西岸 | 宝祐元年奏丑科 | | |
| | 唐奇震 | | 开庆元年己未科 | | |
| | 易体乾 | | 咸淳四年戊辰科 | | |
| | 秦时荐 | 灵田西岸 | 咸淳十年甲戌科 | | |
| | 秦时敏 | 灵田西岸 | 咸淳十年甲戌科 | | |

续表

| 朝代 | 姓名 | 籍贯 | 中试时间 | 任职 | 备考 |
|---|---|---|---|---|---|
| 元朝 | | | | | 无考 |
| 明朝 | 全赐 | 三街 | 嘉靖廿年辛丑科 | 南京户部主事 | |
| | 秦致恭 | | 隆庆二年戊辰科 | 应天通判 | |
| | 莫在声 | 灵田大村 | 万历四十一年癸丑科 | 兵部尚书带职管总制山海关总制 | |
| | 全在兹 | | 崇祯四年辛未科 | 昆山知县 | |
| | 李膺品 | 灵田迪塘 | 崇祯十六年癸未科 | 兵部左侍郎 | |
| 清朝 | 黄瑞鹏 | | 乾隆四年己未科 | 知府 | |
| | 文兆严 | 三街北街 | 乾隆四年己未科 | 知县 | |
| | 易凤庭 | 三街小溶江 | 嘉庆七年壬戌科 | 知州 | |
| | 秦基 | 灵川镇新宅 | 嘉庆十年乙丑科 | 翰林院庶吉士 | |
| | 秦锡九 | | 道光二年壬午科 | 知县 | |
| | 周启运 | 九屋江头洲 | 道光六年丙戌科 | 按察使、布政使 | |
| | 李际昌 | 潭下镇黄柏 | 道光廿五年乙巳科 | 知县 | |
| | 廖宗文 | 原五都廖家塘现属兴安县 | 道光廿五年乙巳科 | 知县 | |
| | 唐守道 | 潭下镇新宅 | 道光廿五年乙巳科 | 知县 | |
| | 周冠 | 九屋江头洲 | 咸丰十年庚申科 | 翰林院编修 | |
| | 黄善福 | 定江乡道光 | 咸丰十年庚申科 | | |
| | 汤献祥 | 原三都塘边现属桂林市 | 同治三年甲子科 | 翰林院庶吉士 | |
| | 周杰 | 九屋乡大塘 | 同治三年甲子科 | 知县 | |
| | 周廷揆 | 九屋江头洲 | 同治四年乙丑科 | 户部主事 | |
| | 赵德麟 | 潭下镇潭市 | 同治四年乙丑科 | 主事 | |
| | 秦钟简 | 潭下镇雷家村 | 同治七年戊辰科 | 翰林院编修 | |
| | 苏汝恒 | 九屋乡苏村 | 同治七年戊辰科 | 户部主事 | |

续表

| 朝代 | 姓名 | 籍贯 | 中试时间 | 任职 | 备考 |
|---|---|---|---|---|---|
| 清朝 | 熊风仪 | 定江乡熊家村 | 同治七年戊辰科 | 主事 | |
| | 阳肇先 | 定江乡车头洲 | 同治七年戊辰科 | 知县 | |
| | 张永熙 | 三街镇陂田村 | 同治七年戊辰科 | 知县 | |
| | 阳成章 | 定江车头洲村 | 同治十年辛未科 | 知县 | |
| | 唐德俊 | 潭下镇岭底村 | 同治十三年甲戌科 | 内阁中书 | |
| | 周绍刘 | 九屋乡江头洲 | 光绪九年癸未科 | 翰林院庶吉士 | |
| | 周 安 | 潭下镇黄田村 | 光绪九年癸未科 | 主事 | |
| | 唐国珍 | 潭下镇半埠村 | 光绪十二年丙戌科 | 知县 | |
| | 汤汝和 | 原三都上塘边现属桂林市 | 光绪十五年己丑恩科 | 知县 | |
| | 苏 岱 | 九屋乡大塘村 | 光绪十六年庚寅科 | 知县 | |
| | 黎元熙 | 定江乡家园村 | 光绪廿年甲午科 | 知县 | |
| | 周绍昌 | 九屋乡江头洲 | 光绪廿年甲午科 | 翰林 | |
| | 文同书 | 潭下镇勘桥村 | 光绪廿一年乙未科 | 刑部主事 | |
| | 邹承绪 | 灵川镇 | 乾隆廿年乙亥科 | 宜化镇中守备 | |
| | 阳焕东 | 定江乡金桂山 | 道光十四年甲午科 | | 武科 |
| | 文占魁 | 潭下镇查林村 | 同治二年癸亥科 | 钦点蓝翎侍卫 | 武科 |
| | 张鹏翼 | 灵川镇陈家园 | 同治四年乙丑科 | | 武科 |
| | 苏汝泰 | 九屋乡东桥 | 同治四年乙丑科 | | 武科 |
| | 石秉珪 | 九屋乡东桥 | 光绪三年丁丑科 | 蓝翎侍卫 | 武科 |
| | 唐国璋 | | 光绪十五年已丑科 | 蓝翎侍卫 | 武科 |

注：不含东片。

## 第三节　私塾

有村塾、家塾两种。清末民初，有塘底村、大桥村等村塾30多处，家塾更多。九屋乡江头洲村举人周廷冕为专课族中子弟而设的通致、中正、蒙正三学堂，以及进化、保粹两所乡塾均曾称著一时。私塾经费多由生员筹集，也有由祠堂田租支付。塾师报酬一般每月1～2担稻谷。教材一般是《三字经》《百家姓》《千字文》《千家诗》《幼学琼林》《声律启蒙》《重订增广》《唐诗三百首》等启蒙读物；也有自编实用教材。如清代县人全廷抡编著《乡塾捷径》一书，取社会普通习用事物汇为一编，七言，押韵，凡8000余字；并标以教法，木刻刊行，旧志称：县境城乡"几于家有其书"，"实开近世国民教科书之先"。因全系黄兰坪村人，乡民多尊称为"读黄兰坪"，可见影响之一斑。

# 第34章
# 普通教育

## 第一节 学前教育

### 一、幼儿园

灵川县立幼稚园于民国17年（1928年）建于旧县城。当年招收两个班，35人。保教人员5人。民国25年，又建大圩幼稚园和潭市幼稚园（街办），至解放前夕均停办。

灵川区幼儿园于1956年3月开办，入园幼儿98人。灵川、临桂合县以后，于1958年2月，建临桂县立幼儿园于桂林市丽君路。3个班，200人。同时，农村社队建立的季节性、临时性幼儿园和幼托班（含临桂）共411所，25 075人。季节过后多数停办。

1962年，临桂县分置临桂、灵川两县。临桂幼儿园亦分为"临桂县幼儿园"和"灵川县幼儿园"，但同一园址。灵川幼儿园于1965年3月从桂林市迁回灵川县城。1966年有5个班，140人，工作人员17人。1971—1976年，灵川钢铁厂（今铁合金厂）、地区农械厂（今联合收割机厂）、地区电解锌厂（今陶瓷建材厂）、地区通用机械厂（今矿山机械厂）等厂幼儿园相继开办。1976年，成立"灵川县幼托领导小组"，先后举办幼师培训班14期，培训幼师300余人。全县1423个生产队中，有季节性幼托混合班1032个，入园（班）幼儿达18 448人。但由于缺乏管理经验和正常经费，至1979年，全县仅存幼儿园21所，1081人，幼托领导小组亦随之消失。1981年以后，重视办园条件和质量，到1990年，全县总计幼儿园31所，83个班，幼儿2014人（含民办），教职工179人，其中教师89人。

## 二、学前班

1981年秋,县属各小学开始招收6岁左右的儿童入学,名"学前班"。课程设置为:语言、计算、故事、班会、美工、音乐、体育、常识、游戏。1982年,有34个班,1078人。到1990年,全县77%的小学校(计101所)均办有学前班,共143个班,10 243人,相当于全县小学生数的21%。

## 三、灵川县幼儿园简介

"灵川县幼儿园"始建于1958年,原名"临桂县幼儿园"。于1962年分设。1965年3月,从桂林市丽君路迁灵川县城育才街今址(原为棉纺厂旧厂房)。1980年以来,县财政先后3次拨款共9万元改造和新建园房,至1990年全园有教学楼、幼儿宿舍、阅览室、膳厅等总建筑面积达2478平方米。教学设备有转盘、滑梯、小篮球场、攀登架、电动和磁性玩具、计算器、七巧板、积木、幻灯机、手风琴、电子琴、脚踏风琴、录像机、彩色电视机、照相机、收录机、扩音机、木哑铃、操棒、被子等,共计价值25万元。该园规模逐步扩大:1958—1965年,有3个班,幼儿最多105人;教师、保育员11人;全托。自1965年以后,改为全托、走读和全日、走读;1987年改为全日制。至1990年,全园增至11个班,幼儿368人,保教人员34人,师、生人数比例约为1:10。

在教学方面,根据毛泽东"好好保育幼儿"的指示,遵照《幼儿园教育工作指南》,开设6门课程,实行"保教合一"。"文化大革命"期间,教学秩序混乱。党的十一届三中全会后,幼儿教育拨乱反正。自1981年起,落实教育部颁发的《幼儿教育纲要》,幼儿大班开设幼儿故事会、识字、计算、美工、音乐、常识、表图讲述、看录像录、诗歌和体育、智力游戏等课程,并开展向雷锋叔叔学习,评比"三好孩子"等活动。全园保育人员中的幼师毕业生达50%。1985年,附设"家长学校",向社会传播幼儿培养的有关知识;采用公开课、短训班等形式,为社会培训幼儿师资。仅全县幼儿师资短训班结业学员就有178人,曾多次受到地、县的表彰,先后被评为自治区文明幼儿园和自治区家庭教育先进单位。

## 第二节 小学教育

### 一、规模分布

清末和民国初年,学校分布极不均衡,平原地区如县治所在的一区,有32所;地处山区的七区(今公平乡)仅有3所。民国22年(1933年)以后,村设小学,乡设中心校;民国30年,县设南藩表证中心校,以起实验、示范作用。解放后,贯彻"方便学生,就近入学"的原则,学校布局多经调整,1990年全县有中心校34所,各乡镇均有1~4所中心校。布局日趋合理。

清光绪二十八年(1902年),知县高忠藩始办新式小学堂,在培英书院设初等小学1个班。光绪三十年(1904年)十月,建县立高初两等小学堂于三街镇南门外,招收高初两等小学生各1个班,共80人。自此新学之风渐盛,至宣统三年(1911年),全县有高初两等全日制小学堂45所、简易小学堂3所、简易识字学塾9所、半日制学堂2所。

民国初期,改县立高初两等小学堂为高等小学堂。民国11年(1922年),学堂改称学校。至民国17年,全县小学发展到93所。民国23年,广西当局推行"政教合一"政策,兴办国民基础教育,乡设中心国民基础学校,村设国民基础学校,实行"三位一体"制(乡长、村主任分别同时兼任小学校长和民团后备队队长),基础教育迅速发展。据民国24年《广西教育调查统计报告》载,灵川有中心国民基础学校27所,村(街)国民基础学校241所。5年间小学校数增加1.5倍,在校学生16 938人(均含成人识字班)。

民国33年(1944年)秋至民国34年(1945年)秋,因日军入侵县境,教育被破坏殆尽。仅有灵川抗日政工队创办的"抗日小学"(设于九屋莲竹村)和"青年补习班"(设于公平松树江村)先后招收学生共70人。于1945年光复前夕停办。

民国35—38年(1946—1949年),国民党全面发动内战,教育严遭摧残,至1949年7月,全县仅有小学178所,在校学生5392人。自民国24年以来的14年间,小学校数减少63所,学生数减少11 546人。

解放初,人民政府采取"维持现状,立即开学"措施,在一个月内,全县小学全部恢复上课。1951年,贯彻"教育为工农服务,各级各类学校为工农开门"的方针，工农子女入学人数激增，至1952年，有小学283所，学生15 410人。1954年，贯彻中共中央"整顿巩固、提高质量、稳步前进"的方针和关于整顿与改进小学教育的指示，县组织100多人的"整小工作队"，对全县小学分期分批进行整顿，建立健全各种规章制度。1956年，贯彻"加速发展、提高质量、全面规划、加强领导"方针，全县有小学204所，其中中心校32所，小学生增加到20 492人，比1952年增长33%。

1958年，在"大跃进"的影响下，学校数量迅猛发展。桂林专区专员公署派桂林师范学校毕业班学生134人到县支援普及小学教育工作，仅7天（4月13—20日），全县（不含临桂）办起民办小学班（点）210多个，增加民办教师200余人，全县小学生数骤增至27 963人。教学质量普遍下降。1959—1961年，因国民经济困难致使学生大量流失，在校学生流动率近20%。

1962—1965年，随着国家实行"调整、巩固、充实、提高"方针，采取合班并校的措施，清理超龄学生；并推行"两种教育制度"。于1964年，在九屋祠堂坪试点建立"简易小学"（后称耕读小学），以贯彻"两条腿走路"的方针。除全日制小学以外，全县先后建立各种形式的简易小学（包括半日制、隔日制、早晚班、巡回班等）450个班（点），招收学生8438人。至1965年，全县有小学371所，另有教学点371个；学生人数总计34 536人，入学率为93%，比上级要求的95%尚差两个百分点。

1969年3月，县革委政工组负责人参加自治区革委会政工组召开的自治区中、小学教育革命座谈会，根据会议精神，将全县农村公办小学（一、二年级）下放到自然村办；并要求"读小学不出村""读初中不出大队"。1976年，全县有小学555所（含教学点），在校学生42 249人；小学附设初中班（俗称"戴帽初中"）117处，214个班，学生7814人。

党的十一届三中全会后，进行拨乱反正。从1979年起，收缩和调整小学布局。至1987年，全县108所"戴帽初中"，仅保留9所；把原下放到自然村办的227个教学点收回校本部。同时，认真贯彻教育部颁布的《关于普及初等教育基本要求的暂行规定》，努力做好"四率"达标工作；1986年，经自治区检查验收，被评为"普及初等教育县"（入学率98.84%，巩固率98.87%，毕业率95.7%，普及率99.28%）。到1990年，全县有小学132所，教学点208个，学生41 700人。1949—1990年小学基本情况如表34-1所示，1990年小学分布如表34-2所示。

表 34-1　1949—1990 年小学基本情况

| 年份 | 小学/所 | 教学点/个 | 招生人数/人 | 小学毕业人数/人 | 在校学生人数/人 | 7~11周岁适龄儿童人数/人 | 适龄儿童已入学人数/人 | 入学率 |
|---|---|---|---|---|---|---|---|---|
| 1949 | 78 | — | — |  | 5392 | — | — | — |
| 1950 | 88 | — | — | 640 | 7976 | — | — | — |
| 1951 | 207 | — | — | 640 | 8726 | — | — | — |
| 1952 | 283 | — | — | 680 | 15 410 | — | — | — |
| 1953 | 231 | — | — | 680 | 15 642 | — | — | — |
| 1954 | 228 | — | — | 800 | 14 582 | — | — | — |
| 1955 | 207 | — | — | 800 | 14 134 | — | — | — |
| 1956 | 204 | — | — | 900 | 20 492 | — | — | — |
| 1957 | 172 | — | — | 900 | 20 510 | — | — | — |
| 1958 | 394 | — | — | 1000 | 27 963 | — | — | — |
| 1959 | 295 | — | — | 1000 | 22 662 | — | — | — |
| 1960 | 180 | — | — | 1150 | 18 232 | — | — | — |
| 1961 | 180 | 285 | 9736 | 1245 | 22 249 | — | — | — |
| 1962 | 204 | 378 | 8000 | 1530 | 23 444 | — | — | — |
| 1963 | 225 | 365 | 7038 | 3930 | 23 344 | — | — | — |
| 1964 | 227 | 393 | 10 634 | 4089 | 20 058 | — | — | — |
| 1965 | 371 | 371 | 8591 | 1648 | 34 536 | — | — | — |
| 1966 | 124 | 400 | 7792 | 1945 | 23 636 | — | — | — |
| 1967 | 124 | 400 | 7792 | 1945 | 28 400 | — | — | — |
| 1968 | 124 | 424 | 8200 | 4300 | 29 200 | — | — | — |
| 1969 | 124 | 454 | 8680 | 12 000 | 36 753 | — | — | — |
| 1970 | 124 | 554 | 9968 | 3910 | 38 923 | — | — | — |
| 1971 | 124 | 480 | 9311 | 4672 | 37 952 | — | — | — |
| 1972 | 124 | 447 | 10 263 | 4073 | 38 604 | 32 824 | 30 490 | 92.89% |
| 1973 | 125 | 490 | 9296 | 3945 | 42 703 | 37 900 | 37 293 | 98.40% |
| 1974 | 125 | 416 | 8374 | 4956 | 43 878 | 39 963 | 39 312 | 98.37% |

续表

| 年份 | 小学/所 | 教学点/个 | 招生人数/人 | 小学毕业人数/人 | 在校学生人数/人 | 7~11周岁适龄儿童人数/人 | 适龄儿童已入学人数/人 | 入学率 |
|---|---|---|---|---|---|---|---|---|
| 1975 | 128 | 454 | 9265 | 7219 | 43 884 | 37 838 | 37 351 | 98.71% |
| 1976 | 124 | 431 | 8174 | 8077 | 42 249 | 36 171 | 35 740 | 98.80% |
| 1977 | 124 | 433 | 7613 | 7913 | 39 898 | 34 378 | 33 797 | 98.00% |
| 1978 | 124 | 379 | 8157 | 7065 | 39 139 | 33 457 | 32 906 | 98.35% |
| 1979 | 123 | 356 | 7421 | 6239 | 38 058 | 33 294 | 32 571 | 97.83% |
| 1980 | 122 | 357 | 7408 | 5912 | 36 999 | 29 150 | 28 573 | 98.02% |
| 1981 | 123 | 323 | 7075 | 5304 | 35 890 | 30 287 | 29 361 | 96.94% |
| 1982 | 122 | 287 | 7270 | 5055 | 34 532 | 28 267 | 27 526 | 97.38% |
| 1983 | 122 | 266 | 4836 | 5170 | 33 209 | 27 206 | 26 765 | 98.38% |
| 1984 | 122 | 248 | 6552 | 5016 | 32 488 | 26 470 | 26 111 | 98.64% |
| 1985 | 125 | 280 | 6347 | 4945 | 32 474 | 27 429 | 27 136 | 98.93% |
| 1986 | 128 | 229 | 6499 | 5158 | 33 600 | 26 839 | 26 717 | 99.54% |
| 1987 | 130 | 225 | 6356 | 5443 | 34 066 | 27 412 | 27 261 | 99.45% |
| 1988 | 130 | 224 | 6431 | 5553 | 33 636 | 28 442 | 28 099 | 98.79% |
| 1989 | 132 | 234 | 7429 | 1927 | 37 619 | 30 972 | 30 561 | 98.67% |
| 1990 | 132 | 208 | 7864 | 2966 | 41 700 | 32 480 | 32 106 | 98.85% |

表34-2  1990年小学分布

| | 村街数/条 | 学校 | | 其中：中心小学 | | | | |
|---|---|---|---|---|---|---|---|---|
| | | 完全小学/所 | 教学点/个 | 校名 | 班数/个 | 学生数/人 | 教师数/人 | 创办时间 |
| 县城 | | 2 | | 城关第一小学<br>城关第二小学 | 30<br>20 | 1740<br>1038 | 93<br>50 | 1964年<br>1986年 |
| 灵川镇 | 12 | 12 | 9 | 排楼小学<br>双潭小学<br>同化小学 | 8<br>14<br>14 | 331<br>631<br>493 | 14<br>12<br>12 | 1952年<br>1907年<br>1911年 |
| 三街镇 | 12 | 12 | 10 | 三街小学<br>广化小学 | 16<br>6 | 831<br>213 | 27<br>7 | 1904年<br>1910年 |

续表

|  | 村街数/条 | 学校 | | 其中：中心小学 | | | | |
|---|---|---|---|---|---|---|---|---|
|  |  | 完全小学/所 | 教学点/个 | 校名 | 班数/个 | 学生数/人 | 教师数/人 | 创办时间 |
| 灵田张 | 10 | 10 | 23 | 灵田小学<br>镇义小学<br>四联小学 | 13<br>11<br>11 | 497<br>471<br>492 | 17<br>13<br>14 | 1910年<br>1908年<br>1941年 |
| 定江乡 | 7 | 7 | 10 | 定江小学<br>法源小学 | 15<br>9 | 642<br>329 | 20<br>8 | 1927年<br>1946年 |
| 潭下镇 | 15 | 14 | 13 | 潭下小学<br>枣木小学<br>大泉小学<br>薛家小学 | 14<br>10<br>12<br>12 | 653<br>440<br>497<br>432 | 25<br>13<br>13<br>10 | 1900年<br>1910年<br>1920年<br>1908年 |
| 九屋乡 | 13 | 12 | 30 | 九屋小学<br>祠堂小学<br>西岭小学 | 14<br>13<br>7 | 526<br>405<br>213 | 21<br>13<br>7 | 1908年<br>1905年<br>1909年 |
| 青狮潭乡 | 3 | 2 | 7 | 青狮潭小学 | 11 | 415 | 20 | 1960年 |
| 蓝田瑶族乡 | 3 | 3 | 13 | 蓝田小学 | 7 | 253 | 12 | 1907年 |
| 公平乡 | 10 | 9 | 11 | 公平小学<br>岩山小学 | 8<br>7 | 344<br>305 | 15<br>8 | 1908年<br>1936年 |
| 大圩镇 | 18 | 18 | 23 | 大圩小学<br>熊村小学<br>西马小学 | 15<br>12<br>7 | 1134<br>427<br>280 | 32<br>14<br>7 | 1920年<br>1925年<br>1920年 |
| 潮田乡 | 11 | 10 | 18 | 潮田小学<br>南圩小学<br>寨底小学 | 15<br>13<br>7 | 770<br>500<br>302 | 22<br>16<br>9 | 1927年<br>1925年<br>1928年 |
| 海洋乡 | 14 | 13 | 19 | 海洋小学<br>小平乐小学<br>水头小学 | 13<br>8<br>8 | 520<br>291<br>360 | 17<br>7<br>8 | 1914年<br>1927年 |
| 大境乡 | 8 | 8 | 22 | 大境小学<br>黄泥江小学 | 8<br>6 | 408<br>168 | 12<br>10 | 1950年 |
| 合计 | 136 | 132 | 208 | 34 | 394 | 17351 | 598 |  |

## 二、学制课程

清光绪二十九年（1903年），开始实行《奏定学堂章程》：初等小学堂的学制为5年，高等小学堂的学制为4年。民国元年（1912年）9月，实行"壬子学制"：初等小学4年毕业，高等小学3年毕业。民国11年，改小学7年制为6年制；民国22年，又实行"四二"分段制（前4年为初级小学，后2年为高级小学，初小升入高小必须通过招生考试录取）。此学制一直延续至1956年，执行时间长达23年。

解放后，对小学的"四二"制曾几度改革。1953年，贯彻政务院《关于整顿和改进小学教育的指示》，在灵川中心校（今三街小学）试行五年一贯制，招收3个班作为试点。1953年11月停止试行。1962年，又在大圩小学、三街小学分别招收五年一贯制试点班，一年后奉令停办。1968—1984年7月，全县全日制小学一律实行五年一贯制。从1984年秋季开始，全县全日制小学从一年级招收六年制新生，不分高初级，至1990年全部完成将五年制改为六年制。1985年5月，中共中央作出《关于教育体制改革的决定》。1986年，开始贯彻执行普及九年制义务教育（包括小学、初中）。

课程设置根据各个时期教育宗旨的不同而有所改变，并进行思想品德教育。清末的教育宗旨是"以立其明伦理、爱国家之根基"，提倡"忠君、尊孔"：书院的课程主要有"四书""五经"。新兴小学堂设修身、读经讲经、国文、算术、格致等课，民国时期废除忠君、尊孔、读经，提倡"自由、平等、博爱"，进行"四维"（礼、义、廉、耻）八德（忠孝、仁爱、信义、和平）教育，并以此作为校训和学生准则。其间，民国22年（1933年），广西当局推行"三自"政策（自治、自卫、自给），学校教育亦以此为中心，发展国民基础教育，并开展公民训练；抗日战争开始之后，注意培养学生的民族意识和国家观念，实行劳武合一；抗日战争胜利之后，国民党发动内战，大肆鼓吹"戡乱救国"。在小学课程设置上，民国11年取消"读经"课；民国13年高等小学堂设历史、地理、博物；民国14年改"修身"为"公民"，改"博物"为"自然"；民国25年以后，初小设国语、算术、音乐、体育、图画、劳作、战时常识，高级小学设国语、算术、地理、历史、自然、公民、音乐、体育、图画、劳作等10门功课，并增设"社会服务"等课外活动内容。如民国28年夏，万正乡（属今大圩镇）8所村校200多名学生，在新安旅行团乡村工作队的发动组织下，积极开展砍柴义卖献金活动，在半个月内砍柴义卖5000多斤捐献给县抗敌后援会；并组织"救国儿童团"，进行抗日宣传活动，受到社会各界的赞扬。

解放后，注重对学生进行阶级教育、劳动教育、爱国主义和国际主义教育。废除"公民"课；其余课程的教材均由国家统一改编；当时初级小学设置的课程有语文、算术、体育、唱歌、图画、劳作；高级小学设置的课程有语文、算术、历史、地理、自然、体育、唱歌、图画、劳作。结合"土地改革""抗美援朝，保家卫国"运动，组织学生参观"地主剥削发家史展览"、开展学习志愿军黄继光、邱少云、罗盛教等英雄事迹的活动等。于1956年开展"五爱"教育（爱祖国、爱人民、爱劳动、爱科学、爱护公共财物）；1963—1965年，大力开展"向雷锋同志学习"活动。学校中尊师爱生、团结友爱、勤奋好学、助人为乐蔚然成风。1958年，贯彻"教育必须为无产阶级政治服务，教育与生产劳动相结合"的党的教育工作方针，在校内则大办工厂、农场。至当年12月底，全县办有竹器、农药等校办工厂30多个，有农场基地数百亩。1959年，全县各校贯彻1958年12月中共中央批转教育部党组的《关于教育问题的几个建议》，劳动过多的情况有所改变。1958年冬至1959年春，农村人民公社实行"组织军事化"，县人民委员会决定全县小学生实行"四集中"（吃、住、学习、劳动）。具体办法是：根据各公社的范围大小分片设点；按军事序列编成连、排、班，实行"军事化管理"；学生粮、菜全由生产队调拨，实行"吃饭不要钱"。如潭下公社分成潭下、大庙、枣木三片，其中潭下片集中在码头村，学生达2000余人（包括潭下农中学生）。后因粮食供应紧张，学生多难于管理，群众反映大，仅实行4个月，全县各集中点即陆续解散，学生仍回学校上课。课程仍按解放初期的设置。至于历史、地理、图画等课则一度停开。

1976年粉碎"四人帮"后，坚持以教学为主的原则。1977年，各校恢复了1966年以前所开设的课程。1978年，全县执行教育部《全日制中、小学教学计划》（试行草案）；1981年，教育部颁布施行《全日制五年制教学计划》（修订草案）。1981年后，各校开展"五讲"（讲文明、讲礼貌、讲道德、讲卫生、讲秩序）、"四美"（心灵美、语言美、行为美、环境美）、"三热爱"（热爱祖国、热爱社会主义、热爱中国共产党）和"学雷锋"、创"三好"（身体好、功课好、品德好）等活动。1983年后，贯彻邓小平提出的"教育要面向现代化、面向世界、面向未来"的教育发展战略方针，坚持党的"一个中心，两个基本点"的基本路线，全面贯彻党的教育方针，教学质量普遍提高。城关一小教学成绩显著，被自治区评为"文明学校"；1991年6月1日，灵川镇同化小学五年级女学生、少先队员文春梅，奋勇抢救1名落水儿童而光荣牺牲，中共灵川县委和县人民政府追授文春梅为"雷锋式的模范少先队员"称号，共青团桂林地委追授文春梅"赖宁式英雄少年"称号。

三、小学简介

（一）城关第一小学

位于县城育才街。为全县规模最大的一所小学，也是县重点小学。创建于1964年，初名"甘棠完小"。1968年，附设初中班后改名为"灵川城关学校"，1980年，初中发展到10个班，学生608人。1981年，初中班分出另立"城关中学"，该校改用今名。1990年，全校占地面积15 411平方米，建筑面积6470平方米；有教学班30个，学生1740人；有教职员工93人。其中有小学高级教师27人，小学一级教师40人，共占教工总数的72%。教学设备比较齐全，有用于各科教学的图片370套，教学模型、仪器340多台（件），图书3600册；有电教室1间，用于电化教学的幻灯机33部，收录机17部，单放机4部，音像录放机1部，24寸彩电1台，照相机2部，电唱机1部，扩大机2部，有脚踏风琴3架，手风琴1架，电子琴1架，军鼓号1套和篮球场、乒乓球台、单双杠等体育设施。

该校创建26年来（1964—1990年），为国家培养了一批优秀的青少年。世界技巧冠军印武、"芬兰世界儿童画展"金牌获得者谭阿西均为该校学生。1979—1983年，在县组织的学期统一考试中，各年级各科成绩均列全县前茅；1990年，全县初考语文、数学双科成绩均获全县第一。该校学生写出科技论文645篇，科技小制作700多件，1985年被评为自治区"爱科学活动月"先进集体；1989年、1990年连续获自治区"小星火杯先进集体"；数学竞赛辅导班获中南五省区小学数学竞赛二等奖1人，三等奖18人，指导教师获自治区优秀辅导员；在地区全能竞赛中，该校三年级获地区第1名。自1981年以来，在全国和自治区基层小足球、小篮球、小排球的比赛中，先后获得冠军，获国家体委、团中央、教育部的奖状、奖金和自治区的奖励；为自治区体校和地区体校输送8名合格运动员。1987—1990年，连续被评为地区、自治区"文明学校"和"爱国卫生先进集体"。

(二) 三街小学

创办于清光绪三十一年(1905)三月,原名灵川县立高初两等小学堂,为灵川最早建立的小学校。知县刘文蔚、梁正麟和乡绅李康年、苏继轼、易复先后倡捐建校舍。校址几度迁移,数易校名。迄至民国25年(1936年),共毕业22个班,学生1100余人。民国30年,改名为灵川县南藩表证中心校,并迁校址于三街镇区东南紫竹庵。沦陷期间,学校曾停课。民国34年秋,县境光复后复课,时有高初级各5个班,学生420余人。学校经费主要来源有:学田300余亩,收租银300元,培英书院田200亩,收租谷2万余斤,堡田捐银600余元,后增加凤凰圩摊位捐等。解放后,改名为"灵川县立第一完全小学校",并定为县重点小学。1954年,改名为灵川中心校。1961年,改名为三街小学,相沿至今。学校经费统一由国家拨给,1990年有教室、仪器室、教师宿舍楼等,面积2258平方米,教学仪器基本齐备。学校规模逐渐扩大。

三街小学有着光荣的革命历史。30年代初期,有中共党员和进步教师在此从事革命活动,传播革命思想,1937年、1938年先后北上延安、大别山参加革命的灵川青年——毕荣程、全惠英(女)、全碧珍(女)、张绍仪等,均曾在该校就读。该校学生俸新民(李明)、肖继云(肖雷)、阳雄飞、吴培梅、张俊等20余人参加了广西学生军。1945年县境光复后,该校成为中共灵川特支"隐蔽精干、积蓄力量,长期埋伏,以待时机"的重要阵地之一。全昭毅(中共党员)出任校长,灵川抗日政工队骨干李运广(即李裕平)、李荫浓、秦万家等人担任教师,以进步思想教书育人,民主、进步风气较浓,师生关系密切,学生学习勤奋,追求进步。后来许多学生参加了桂北游击队,原中共桂林市委副书记、桂林市政协主席秦洪曾是该校的学生。在该校校友中,解放后属地师级以上军政人员(含享受厅级待遇)共12人,占全县地、师级以上军政人员总数(32人)的38%。

该校从1970年开始附设初中班。1974年,曾招收高中一个班(一年后停办)。1990年,全校有16个班,学生831人。教师27人,其中大专2人,中师21人;小学高级教师4人,一级教师12人。教学质量也较高。

### (三) 三岔尾小学

位于桂林北郊，距市区7千米。于民国16年（1927年）2月由地方热心教育人士李康年、苏继轼、王沛等17人发起并筹办建成。初名"四区区立第一高级小学"。当时学校建筑面积4000平方米，教育基金年固定收入稻谷240担。实行校长负责制，校长有权提请聘任或解聘教师。学校教师全部在校食宿，并不准带家眷，白天认真教学，晚上辅导学生复习；改革教学方法，改"填鸭式"为"启发式"。并制订《校歌》以激励师生："尧山巍巍，漓水滔滔，可爱的四区高小。如旭日初升，如皓月高照。开始新生命，播种光明子。改革、创造，把一切黑暗扫除干净，走上那大同正道。高小！高小！快把那职责尽了，勿负地方父老。"

该校自民国16年（1927年）至民国38年（1949年）的22年中，共毕业学生1100多人，其中女生90余人（1938年开始招收女生）。他们中的大多数都能考入中学就读。如1947年毕业的高八班42名学生中，考入国立汉民中学（即桂林一中前身）的就有28人，其录取率超过桂林市所有小学；尤以数学成绩为各校之冠。据不完全统计，该班毕业生中，解放后担任地委书记1人，教授（副）5人；原中共桂林地委书记蒋毅、北京大学地质系教授廖志杰等都曾在该班毕业，在5名女生中，有县（处）级干部3人。

解放后，该校有更大的发展。1950年，更名"灵川县第二完全小学校"，并重新编班。1952年秋，高六班40多名学生中，以3个学期肄业学历考取省立桂林中学的达30多人。1956年改办大面初中。

## 第三节 中学教育

### 一、规模分布

民国25年（1936年）以前，县内生员多进入桂林市的中等学校就读。据民国22年《广西教育督察报告》载，桂林5所中学的灵川籍学生（不含东片4个乡镇）有92人，仅次于桂林市籍学生人数。当年统计全县受过高等教育的182人，受过中等教育的644人，也多曾就读于桂林中等学校。如民国32—33学年度下学期，桂林市立初级中学的灵川籍学生就有34人，占该校学生总人数的13.4%。

民国26年（1937年）秋，灵川根据25年颁布的《广西国民中学办法大纲》，将县立简易师范改办为县立国民中学，当年招收两个班，学生

110 人，教职工 12 人。民国 27 年，桂林县立国民中学从桂林栖霞寺迁潮田街，开设 4 个普通班，1 个"师训班"（只办了两期，后改办"简易师范科"，招收初中毕业生入学），学生 100 余人，教职员工 10 余人。民国 35 年春，两校同时改为县立初级中学。此前，灵川国中招收国中班共 13 个班，从民国 31 年起，共兼招初中班 4 个班。桂林国中招收国中班共 17 个班，从 1945 年秋起，共兼招初中班 2 个班。另，民国 31 年，由疏散来桂的外地人士在双潭圩开办私立武穆中学 1 所，同时招收高中班和初中班。但设备简陋，规模亦小，民国 33 年因日军入侵县境而解散。至 1949 年 11 月灵川解放，全县有中学 2 所，16 个班，730 人。

解放后，两所中学及时复课。1956 年，创办潭下初中和大面初中。时全县有初中 4 所，学生 1247 人。

1956 年秋，随着国民经济的恢复和发展，灵川开始办高中。是时灵川初中增设高中部。1957 年，据教育部"适当收缩，保证重点"的方针和桂林专署有关文件精神，有阳朔中学、临桂会仙中学的高二年级 4 个班、189 人并入灵川中学。1958 年，在全国"大跃进"形势影响下，仅两年时间，初中生人数骤增 73.9%（当年初中生 1609 人），高中生人数增长 2.9 倍（当年高中生 410 人）。1962 年秋，根据党的八届九中全会提出的"调整、巩固、充实、提高"八字方针，贯彻《全日制中学暂行工作条例（草案）》。一是停办大面初中；二是动员超龄学生回农村；三是发展半耕半读学校，减少全日制招生数。经调整后，至 1965 年，初中在校学生 998 人，高中学生 264 人，分别比 1961 年减少 20% 和 10%。

"文化大革命"期间，教学秩序遭到破坏。1966—1968 年，中学停止招生和办理毕业事宜，将 1966 年以前招收的学生，全部移到 1968 年底结业。在"读初中不出大队""读高中不出公社"口号的影响下，全县的大队小学普遍附设初中班。据 1970 年统计，全县共有小学 544 所，其中附设初中 105 处，214 个班，学生 7814 人。为了达到"社社有高中，队队有初中"的要求，从 1969 年开始，潮田、灵田、海洋、甘棠、九屋、定江、青狮潭、大境等公社各办"五·七"高中 1 所；甚至甘棠莫家、海洋国清、大圩西马、三街等大队也各办高中班 1 个（一年后停办）。至 1972 年底，全县有高中 11 所，52 个班，2790 人；有初中 4 所，小学附设初中班 72 处，187 个班，7435 人。教职员工 659 人；而且，根据国务院教科组和教育部关于"普及七年义务教育"的要求，县革委在 1974—1975 年间，又提出"初中要发展，高中扩班增人"。到 1977 年，全县高中发展到12所，学生4487人；独立初中5所，小学附设初中班117处。学生15 141人。高中、初中在校学生人数分别为1965年的17倍和15倍。大大超过师资、校舍等客观条件。这种盲目发展的结果，造成中、小学两败俱伤，许多课程只授完一半，教学质量低下，正如群众反映：中学牌子，小学底子。

1979年以后，全县教育工作进行了一系列的拨乱反正，根据国民经济"调整、改革、整顿、提高"的方针，灵川县采取"压缩高中，调整初中，加强小学"的措施。对中学的规模、布局进行了较大的调整，从1981年以后，确定了县直辖4所中学，其布局为以下内容。

灵川中学：县重点中学。校址在县城西凤凰岭。面向全县招生。

潭下中学：校址在潭下镇的大山堰，其学区包括潭下镇、青狮潭乡、公平乡、九屋乡，称"北片学区"。

三街中学：校址在三街镇的象山。其学区包括三街镇、灵川镇、定江乡、灵田乡，称"中片学区"。

大圩中学：校址在大圩镇的佛岗岭。其学区包括大圩镇、潮田乡、海洋乡、大境乡，称"东片学区"。

初级中学原则上每个乡（镇）1所，设于乡（镇）政府所在地或附近地方。但根据学生来源情况和方便学生就读，也可选择适中地点设置独立初中，如旺塘初中、东江初中等5处；还可在小学附设初中部，如熊村、镇义等8处。

至1990年，全县有高中1所，完全中学4所（含灵川铁合金厂中学），共有学生1715人；有独立初中21所（含化肥厂初中），小学附设初中6所，共有学生8634人。

解放41年来（1949—1990年），灵川县共培养初中毕业生71 982人，高中毕业生22 160人。

二、学制课程

按照民国25年（1936年）7月7日公布的《广西国民中学办法大纲》规定，灵川国中修业期限为2年。课程设国文、算术、公民、地理、动物、植物、图画、音乐、历史、教育概论、童军、劳作等。初中学制为3年，增设数学、物理、化学、英语，不设"教育概论"，其余与国中课程相同。解放后，灵川初中开设政治、语文、数学、自然、地理、历史、化学、物理、英语、体育、音乐等科目，并全部采用教育部改编的教材。1951年10月1日，教育部颁布《关于改革学制的决议》，按规定，灵川高中、初中修业年限各为3年。"文化大革命"期间，毛泽东指示"学制要缩短，教育要革命"，从1968年秋季开始，中学学制改为两年，名"二二"分段制。课程设置也有改动，如将"中国革命常识"改为"政治常识"，又改为社会主义教育课；取消物理、化学，改设"工业基础知识"和"农业基础知识"；停授英语、地理、历史等课。高校招生曾废除考试制度，1971—1976年的6年中，实行"群众推荐，领导批准，学校复审相结合的办法"，灵川推荐上大学的共80人，其中部分学员仅有小学文化程度，造成教育思想和教学秩序的紊乱。党的十一届三中全会后，实行拨乱反正。1978年，从灵川中学招收的4个高中班开始恢复3年制（共招收5个班，其中一个班仍沿用2年制）；1981—1990年，全县中学一律恢复"三三"分段制，并大力整顿教学秩序，教学质量逐年提高；但曾一度出现片面追求升学率倾向，发现后逐步纠正。

对中学生的政治思想教育，多依各个时期教育宗旨的不同而有异，并贯穿于课程设置、校训、学生守则及社会活动之中。在小学思想品德教育的基础上，根据中学生的年龄、文化等特点，多增加政治教育内容，其形式和方法也有所不同。民国26年（1937年）以后，根据广西当局提出的"建设广西，复兴中国"的口号，推行"三寓"政策，对中学生进行军事训练和童军训练。灵川初中除以共同的"校训"作为思想政治教育内容外，还先后制定了"训导纲要"，"训导纲要"中有"反自私、反封建、化除县内地域观念""养成法治精神""训练民主习惯"等。民国35年国民党发动内战后，强行所谓"戡乱救国""一个党、一个主义、一个领袖"的反共奴化教育。

解放后，党和政府重视中学的思想工作。曾设"时事政治课"，结合土地改革、抗美援朝等中心工作，对学生进行阶级教育、爱国主义和国际主义教育、辩证唯物论世界观教育等，学生革命热情高涨。如临桂第一初级中学（大圩中学前身）初六班学生纷纷参军参干，以至于1950年夏毕业时仅有6人。1955年，进一步开展"五爱"教育（爱祖国、爱人民、爱科学、爱劳动、爱护公共财物）。1963年开展"向雷锋同志学习"活动。

1976年10月至1990年，通过揭批"四人帮"的罪行，学校思想政治工作得以拨乱反正，特别是党的十一届三中全会后，更加强"坚持四项基本原则"的教育。1983年，邓小平提出"教育要面向现代化、面向世界、面向未来"的发展战略方针。1979年，结合"学雷锋、树新风"，全县各中学贯彻执行《中学生守则》。1981年，普遍开展"五讲四美三热爱"和法制教育。1985年，在精神文明教育、理想及法制教育活动中，三河渡初中及九屋初中获县人民政府奖励。1987年，全县99%的高中生1700人参加普法测验，及格率为100%。

据1977—1985年高考总结记载，全县升入大学的共681人，其中录取理科501人，文科104人，体育24人，外语37人，文艺6人，军事院校9人。1983年高考录取114人，其中考入重点大学的25人（灵川中学20人，三街中学2人，潭下中学2人，社会青年1人），占22%（表34-3至表34-5）。

表34-3　1949—1990年初级中学情况

| 年份 | 独立初中校数/所 | 附设初中班校数/所 | 招生人数/人 | 毕业人数/人 | 在校学生人数/人 | 升入高中人数/人 | 升学率 | 升入中专人数/人 |
|---|---|---|---|---|---|---|---|---|
| 1949 | 2 | — | — | — | 730 | — | — | — |
| 1950 | 2 | — | — | — | 730 | — | — | — |
| 1951 | 2 | — | — | 160 | 754 | — | — | — |
| 1952 | 2 | — | — | 160 | 734 | — | — | — |
| 1953 | 2 | — | 180 | 161 | 802 | — | — | — |
| 1954 | 2 | — | 295 | 260 | 882 | — | — | — |
| 1955 | 2 | — | — | 260 | 866 | — | — | — |
| 1956 | 3 | — | — | 260 | 925 | 106 | — | — |
| 1957 | 3 | — | — | 252 | 1386 | 156 | 62% | — |
| 1958 | 3 | — | 606 | 260 | 1609 | — | — | — |
| 1959 | 3 | — | 750 | 309 | 1508 | — | — | — |
| 1960 | 3 | — | — | 350 | 1231 | — | — | — |
| 1961 | 3 | — | 295 | 393 | 1468 | 78 | 20% | — |
| 1962 | 2 | — | 338 | 300 | 1211 | 140 | 47% | — |
| 1963 | 2 | — | 421 | 249 | 814 | 40 | 16% | — |

续表

| 年份 | 独立初中校数/所 | 附设初中班校数/所 | 招生人数/人 | 毕业人数/人 | 在校学生人数/人 | 升入高中人数/人 | 升学率 | 升入中专人数/人 |
|---|---|---|---|---|---|---|---|---|
| 1964 | 2 | — | 382 | 214 | 914 | 45 | 21% | — |
| 1965 | 2 | — | 419 | 203 | 998 | 84 | 41% | — |
| 1966 | 2 | — | — | 431 | 1006 | — | — | — |
| 1967 | 2 | — | — | 431 | 1006 | — | — | — |
| 1968 | 2 | 60 | 4300 | — | 4300 | — | — | — |
| 1969 | — | 98 | 4228 | — | 8528 | 784 | | — |
| 1970 | 4 | 98 | 4603 | 4570 | 8561 | 2135 | 47% | — |
| 1971 | 4 | 103 | 3688 | 3716 | 8933 | 1354 | 36% | — |
| 1972 | 4 | 72 | 3858 | 3809 | 7435 | 1783 | 47% | — |
| 1973 | 5 | — | 3286 | 3010 | 6275 | 1003 | 33% | — |
| 1974 | 5 | — | 4250 | 3282 | 7353 | 1353 | 41% | — |
| 1975 | 5 | — | 6476 | 3039 | 10 596 | 1282 | 42% | — |
| 1976 | 5 | 117 | 7483 | 3739 | 14 196 | 1950 | 52% | — |
| 1977 | 5 | 117 | 7266 | 6256 | 15 141 | 2580 | 41% | — |
| 1978 | 5 | 117 | 6151 | 6131 | 14 650 | 1995 | 33% | — |
| 1979 | 6 | — | 5083 | 5751 | 13 141 | 1753 | 30% | — |
| 1980 | 9 | 59 | 3950 | 3194 | 10 932 | 2261 | 71% | — |
| 1981 | 23 | 35 | 2412 | 1834 | 9309 | 546 | 30% | — |
| 1982 | 20 | — | 2894 | 2480 | 8989 | 607 | 24% | — |
| 1983 | 18 | 13 | 3202 | 1945 | 7321 | 655 | 34% | 30 |
| 1984 | 18 | 12 | 3016 | 1564 | 7641 | 655 | 42% | 30 |
| 1985 | 20 | 9 | 2882 | 1596 | 8325 | 843 | 53% | 30 |
| 1986 | 21 | 5 | 2971 | 2131 | 8952 | 638 | 30% | 33 |
| 1987 | 19 | 5 | 3089 | 2337 | 9151 | 588 | 25% | 104 |
| 1988 | 19 | 6 | 3433 | 2250 | 9679 | 750 | 33% | 99 |

续表

| 年份 | 独立初中校数/所 | 附设初中班校数/所 | 招生人数/人 | 毕业人数/人 | 在校学生人数/人 | 升入高中人数/人 | 升学率 | 升入中专人数/人 |
|---|---|---|---|---|---|---|---|---|
| 1989 | 19 | 6 | 2414 | 2314 | 8808 | 547 | 24% | 111 |
| 1990 | 21 | 6 | 2794 | 2381 | 8634 | 507 | 21% | 110 |

表34-4 1956—1990年高级中学情况

| 年份 | 高完中校数/所 | 招生人数/人 | 毕业人数/人 | 在校学生人数/人 | 升入大专院校人数/人 | 升入中专人数/人 |
|---|---|---|---|---|---|---|
| 1956 | 1 | 106 | — | 106 | — | — |
| 1957 | 1 | 156 | | 249 | — | — |
| 1958 | 1 | 240 | | 410 | — | — |
| 1959 | 1 | 191 | 197 | 447 | — | — |
| 1960 | 1 | 77 | 143 | 646 | — | — |
| 1961 | 1 | 90 | 138 | 294 | — | — |
| 1962 | 1 | 140 | 111 | 285 | — | — |
| 1963 | 1 | 40 | 49 | 258 | — | — |
| 1964 | 1 | 45 | 75 | 214 | — | — |
| 1965 | 1 | 84 | 121 | 264 | — | — |
| 1966 | 1 | 停招 | 延迟毕业 | 294 | — | — |
| 1967 | 1 | 停招 | 延迟毕业 | 294 | — | — |
| 1968 | 1 | 停招 | 294 | — | — | — |
| 1969 | 7 | 784 | 无毕业生 | 784 | — | — |
| 1970 | 11 | 2135 | 无毕业生 | 2993 | — | — |
| 1971 | 11 | 954 | 439 | 3169 | 7 | — |
| 1972 | 11 | 1783 | 2040 | 2790 | — | — |
| 1973 | 12 | 1006 | 1099 | 2722 | 23 | — |

续表

| 年份 | 高完中校数/所 | 招生人数/人 | 毕业人数/人 | 在校学生人数/人 | 升入大专院校人数/人 | 升入中专人数/人 |
| --- | --- | --- | --- | --- | --- | --- |
| 1974 | 12 | 1353 | 1550 | 2357 | — | — |
| 1975 | 12 | 1282 | 1004 | 2567 | 19 | — |
| 1976 | 11 | 1950 | 1232 | 3190 | 31 | — |
| 1977 | 12 | 2580 | 1244 | 4487 | 32 | — |
| 1978 | 12 | 1995 | 1927 | 4479 | 103 | — |
| 1979 | 12 | 1753 | 2454 | 3797 | 61 | 84 |
| 1980 | 9 | 1063 | 1586 | 2969 | 35 | 74 |
| 1981 | 5 | 564 | 828 | 1919 | 55 | 65 |
| 1982 | 5 | 628 | 697 | 1840 | 75 | 84 |
| 1983 | 5 | 655 | 129 | 1696 | 114 | 86 |
| 1984 | 5 | 607 | 493 | 1840 | 107 | 95 |
| 1985 | 5 | 643 | 434 | 1931 | 99 | 120 |
| 1986 | 5 | 558 | 594 | 1800 | 119 | 61 |
| 1987 | 5 | 552 | 649 | 1717 | 138 | 69 |
| 1988 | 5 | 473 | 629 | 1545 | 145 | 77 |
| 1989 | 5 | 520 | 528 | 1590 | 202 | 43 |
| 1990 | 5 | 673 | 521 | 1715 | 199 | 41 |

注：1971—1976年升入大专院校的为工农兵学员。

表34-5 1990年普通中学一览

| 校名 | 校址 | 创办时间 | 初中 | | 高中 | | 合计 | | 教职工数/人 | | |
|---|---|---|---|---|---|---|---|---|---|---|---|
| | | | 班/个 | 人数/人 | 班/个 | 人数/人 | 班/个 | 人数/人 | 公办 | 民办 | 合计 |
| 灵川中学 | 县城凤凰岭 | 1937年8月 | — | — | 14 | 831 | 14 | 831 | 98 | 1 | 99 |
| 潭下中学 | 潭下大山堰 | 1956年9月 | 4 | 175 | 6 | 271 | 10 | 446 | 52 | 2 | 54 |
| 大圩中学 | 大圩佛岗岭 | 1938年秋 | 6 | 286 | 6 | 296 | 12 | 582 | 51 | — | 51 |
| 三街中学 | 三街镇象山 | 1973年2月 | 7 | 334 | 2 | 62 | 9 | 396 | 27 | — | 27 |
| 城关中学 | 灵川县城南 | 1980年9月 | 13 | 703 | — | — | 13 | 703 | 64 | 1 | 65 |
| 三街初中 | 三街镇南街 | 1985年3月 | 4 | 224 | — | — | 4 | 224 | 23 | 2 | 25 |
| 灵川镇初中 | 蒋家岭坡上 | 1988年9月 | 6 | 361 | — | — | 6 | 361 | 30 | 2 | 32 |
| 三岔尾初中 | 三岔尾 | 1956年9月 | 9 | 377 | — | — | 9 | 377 | 34 | — | 34 |
| 甘棠初中 | 灵川镇周家岭 | 1977年 | 6 | 293 | — | — | 6 | 293 | 21 | — | 21 |
| 灵田初中 | 灵田乡印塘 | 1969年 | 9 | 452 | — | — | 9 | 452 | 37 | 2 | 39 |
| 定江初中 | 社塘村 | 1970年8月 | 9 | 419 | — | — | 9 | 419 | 29 | 3 | 32 |
| 三河渡初中 | 潭下三河渡口 | 1973年9月 | 12 | 725 | — | — | 12 | 725 | 56 | 1 | 57 |
| 大庙初中 | 蒋家大庙内 | 1982年9月 | 4 | 190 | — | — | 4 | 190 | 17 | 2 | 19 |

续表

| 校名 | 校址 | 创办时间 | 初中 班/个 | 初中 人数/人 | 高中 班/个 | 高中 人数/人 | 合计 班/个 | 合计 人数/人 | 教职工数/人 公办 | 教职工数/人 民办 | 教职工数/人 合计 |
|---|---|---|---|---|---|---|---|---|---|---|---|
| 枣木初中 | 枣木圩东面 | 1988年9月 | 4 | 169 | — | — | 4 | 169 | 20 | — | 20 |
| 九屋初中 | 九屋圩街上 | 1969年9月 | 10 | 466 | — | — | 10 | 466 | 53 | 2 | 55 |
| 东江初中 | 九屋乡西岭村 | 1970年8月 | 3 | 134 | — | — | 3 | 134 | 9 | 2 | 11 |
| 青狮潭初中 | 青狮潭老蒲岭 | 1970年9月 | 4 | 192 | — | — | 4 | 192 | 13 | 2 | 15 |
| 蓝田初中 | 蓝田圩南面 | 1988年 | 3 | 104 | — | — | 3 | 104 | 14 | 4 | 18 |
| 公平初中 | 公平圩南面 | 1981年9月 | 6 | 225 | — | — | 6 | 225 | 18 | 3 | 21 |
| 大圩初中 | 大圩虎岩观 | 1980年9月 | 12 | 620 | — | — | 12 | 620 | 50 | 3 | 53 |
| 潮田初中 | 潮田街 | 1969年9月 | 7 | 341 | — | — | 7 | 341 | 31 | 3 | 34 |
| 旺塘初中 | 潮田乡旺塘村 | 1981年9月 | 6 | 245 | — | — | 6 | 245 | 20 | 3 | 23 |
| 海洋初中 | 海洋乡龙母山脚 | 1969年3月 | 7 | 274 | — | — | 7 | 274 | 20 | 4 | 24 |
| 大境初中 | 大境乡毛林洲 | 1970年9月 | 6 | 284 | — | — | 6 | 284 | 25 | 1 | 26 |
| 铁合金厂中学 | 铁合金厂内 | 1974年 | 6 | 278 | 5 | 161 | 11 | 439 | 52 | — | 52 |
| 化肥厂初中 | 化肥厂内 | 1985年9月 | 4 | 179 | — | — | 4 | 179 | 16 | — | 16 |

## 三、中学简介

### （一）灵川中学

于民国26年（1937年）秋创办。原为灵川县立国民中学，校址在旧县城（今三街镇）南门外。当年招生两个班，学生110人。有教职工12人。民国28年，为避日机空袭而迁九屋祠堂坪。民国31年迁回三街原址，并附设初中班。民国33年秋，日军入侵灵川，该校迁两江乡东奈村。县境光复后迁回三街。因原校舍被日机炸毁，暂借城隍庙上课。民国36年始，迁至象山新址并更名为灵川县立初级中学。至1949年解放前夕，有8个班，学生380人，教职工48人。1952年，改名为灵川县立第一初级中学。1956年增设高中部，当年招收新生2个班，学生106人，成为完全中学。1954—1960年，该校曾四易校名。1961年改名为灵川中学。1973年3月，迁至灵川县城西凤凰岭新址。1978年，定为县办重点中学。1980年，停招初中班。

该校逐年扩建。到1990年底，有新教学大楼一幢，五层共23个教室，教工宿舍楼1幢，共26套间，每套3房1厅；平房宿舍50套间；学生宿舍82间。另有办公室、图书室、阅览室、仪器室、实验室、大小会议室、医疗室、保管室、广播室、打字室、门卫室等27间。运动场地有篮球场5个，排球场1个，足球场1个（内设400米环形跑道）。全校占地面积8.58万平方米，建筑面积13 133平方米。学校设备和各种教学仪器912种，3794台（件），价值约6万元；图书室藏书近2万册；体育器材及设施亦较齐备。

该校重视开展科技和体育活动。在20世纪70年代中期，曾办过茯苓厂，生产茯苓菌种1万多瓶，支持农村发展茯苓生产。教师王化育指导学生开展生产科研试验，1972年曾获高产：1个凉薯9公斤，1个萝卜8公斤，1蔸淮山16公斤。并向生产队推广其高产经验。80年代，科技活动更加活跃，曾多次被评为自治区、地区、县青少年科技活动先进单位。学生李小红、蒋元青两人撰写的《猪肝中酶的催化作用》一文获自治区优秀科技论文二等奖；学生唐红明获全国高中数学竞赛广西赛区二等奖；学生涂灵刚获自治区青少年"桂花杯"无线电制作知识竞赛三等奖；学生徐京辉、覃辉耀、苏雪明、李朝林等先后获自治区小发明奖；学生李罡获自治区青少年化学奥林匹克竞赛二等奖。14人先后在地区以上的英语、数学、作文、化学等竞赛中获奖。1985年，学校获自治区颁发的"贯彻教育部、卫生部关于学校体卫工作《暂行规定》良好标准证书";同年,获国家体委"体育科技成果"二等奖,该成果是关于《国家体育锻炼标准》年龄分组、项目和评分评级标准研究方面的。

党的十一届三中全会以后,通过大力整顿校风、教风和学风,对学生加强"四项基本原则"教育,积极开展"五讲四美三热爱"活动,教学秩序逐步恢复正常。同时狠抓教学改革,加强"双基"教学,特别注重对学生自学能力的培养,充分调动学生学习积极性,使教学质量显著提高。1986年,被评为地区文明学校。1989年,参加高校升学考试,大专录取率名列桂林地区各县重点中学前茅。教师姚子奇、刘达秀分别于1984年和1989年,被评为全国优秀班主任和自治区特级教师。从1956年到1990年,该校为大专院校输送合格新生1319名,其中8人出国留学深造。1990年全校有14个班,学生831人,教职工99人。教师中有中学高级教师10人,一级教师36人,二级教师26人,三级教师1人。

1992年,该校首次隆重举行建校55周年校庆活动,广西壮族自治区人民政府原副主席、灵川籍人骆明应请题书校名:灵川中学。刻石镶嵌于校门东墙。

(二)九屋初中

创建于1969年秋,其前身是九屋"五·七"高中。校址在九屋圩东北角。1971年增招初中班,改名九屋中学。1981年停招高中班,改名九屋初中。到1990年,高中毕业共24个班,学生1080人,其中升入大专院校15人;初中毕业共41个班,学生2050人,其中升入地、县重点高中115人,升入中专76人。

1976年以来,该校积极开展勤工俭学活动,曾办酊醇厂、锯木厂、砖厂、米粉加工厂及农场、果园场、猪场等厂场。到1990年底止,纯收入13万元。其中用于建教室、师生宿舍、食堂、校园围墙及购置教学设备、体育器材、图书资料等10万元;用于改善师生福利3万元。

该校对体育卫生工作极为重视。1973年,解放军某连"拉练"时曾驻扎该校,他们的"团结、紧张、严肃、活泼"和讲究整洁、卫生的优良作风,对师生影响很大。1973年以来,学校经常请解放军对学生进行军事训练和纪律、卫生教育。师生们继承和发扬了解放军的优良传统,在学校中形成了每周上好两课、两操、两活动及每天一小扫、三天一中扫、一周一大扫的体育清洁卫生制度。这种优良作风坚持届届相传。1979年,获自治区新长征象征性长跑先进单位；1981年，被评为自治区"学雷锋、五讲四美"先进集体；1981年5月，国家体委群体司选择该校作推行《国家体育锻炼标准》试点，1982—1984年，学生体育锻炼达标率均在80%以上，1983年被评为全国群众体育先进单位；1986年被评为自治区文明卫生先进单位，1988年被评为自治区文明学校，1989年获县"推标"先进单位。

1990年，校园占地总面积26 666平方米，建筑面积5440平方米；该校房舍布局合理，环境优美；全校10个班，学生466人，教职工55人，教师中有大学本科3人，专科18人，中师12人；中教一级教师7人，二级19人，三级3人。

# 第35章
# 专业教育

## 第一节 师范教育

清光绪三十四年（1908年），始办灵川简易师范。当年招生1个班，一年半毕业后停办。民国16年（1927年），为改造旧学，培养新学师资，开办灵川教员养成所。民国24年，为推行国民基础教育造就师资，重建灵川县立简易师范，招生1个班，学生82人。民国26年秋，抗日战争爆发，省财政困难，通令停办。

1958年秋，在雁山兴办临桂师范学校。当年招生4个班，学生200人。灵川与临桂分治后，灵川的师范教育处于空白状态达10年之久。

1972年秋，灵川又开办师范学校，校址在甘棠公社粑粑厂大队原"五·七"劳动学校旧址。当年招生1个班，学生54人。招收对象为高中毕业生，学制两年。从1973年起，校址曾3次变迁：1973年12月，迁至县城原纺织厂内；1976年，迁往三街中学；1979年3月，迁回县城新址。

1981年秋，停招普通中师班，只负责培训在职小学教师。1985年11月，改为灵川教师进修学校。其任务主要是提高未达中师毕业程度的小学教师能力和培训小学行政领导。

该校从创办至1990年的18年间，共培养普通中师毕业生288人；中师函授毕业生266人；两年制进修班毕业生57人；一年制代培生101人；英语培训班85人；幼师培训班75人；小学领导轮训班7期，学员共181人。

1990年，该校有教职工35人，其中高级讲师2人；学校占地8940平方米，建筑面积3006平方米；教学设备、生活设施较为齐全。

## 第二节 职业教育

1958年,根据上级指示精神,全县先后兴办农业中学(简称"农中")14所,当年共招收23个班,学生914人。实行秋季始业,学制三年。教材以全日制初中的教材为主,不设英语课,增设农业常识课。实行半耕半读,每天上午上课,下午劳动。由公社领导和管理,县教育局负责业务指导。经费来源主要靠收学费和勤工俭学收入,县教育局适当给予补助。教师多为民办教师,每所学校只配备1~2名公办教师作为骨干。校址多设在有土地耕种的偏僻地方,校舍则利用旧房子或师生通过劳动建造。由于设备简陋,办学经费困难,师资力量较弱,加上劳动时间较多,因而学生流失很大。到1965年,有黄泥江、熊村、旺塘、海洋、公平等5所农中停办。其余9所,到1968年,因各大队小学先后办起了附设初中班,农中无学生来源而停办。

1958年,除发展农中外,还兴办了初级工业学校1所,由县工交局主办。校址在甘棠渡。招生2个班,学生90人,至1961年停办。农业学校1所,由县农业局主办。校址在九屋村,招生1个班,学生40人,1962年停办;1960年4月,办卫生学校1所,由县卫生科主办。校址在三街圩。招收医士、护士班各1个,学生90余人,1962年停办。

1965年,贯彻中央提出的"实行两种劳动制度和两种教育制度"的指示,在大面良种示范繁殖场办农业技术学校1所,在同化寺田村建农林高中1所,两校都在当年秋季招生开学。招收初中毕业生入学,学制3年。课程开设语文、数学、理化、政治,农知(技)和农机等。学生实行半农半读、社来社去。农业技术学校开设2个班,学生95人;农林高中招生1个班,学生54人。两所学校的学生于1968年毕业后停办。

1969年秋,创办灵川县"五·七"劳动学校于粑粑厂鱼种场。招收初中毕业生1个班,学生50人。学制2年,实行半耕半读,社来社去。文化课与全日制中学相同,另增农技、农械两科。属教育局主办,1971年学生毕业后停办。

1975年,三街公社恢复原办的农业中学,校址改在五里排。当年招收初中毕业生2个班,学生100余人。由县教育局和公社派公办教师任教。因办学条件差,学生流动大,1980年秋,改由教育局主办,易名灵川县农业高中，面向全县招生。1982年，曾向县城招收2个班初中新生。

1987年7月10日，农业高中改名为灵川县柑橘学校，学制3年，面向全县招生。当年招生3个班，学生132人。课程设高中文化课，不开英语，增设专业知识课。其宗旨是为适应全县柑橘种植业的发展而培养初级专业技术人才。但学生毕业后不包分配。到1990年，该校共培养家禽饲养、作物栽培、服装剪裁等专业知识人才342人。1990年，全校有学生206人，占全县高中在校学生数的12%，教职工26人，其中专任教师17人；学校占地102亩，建筑面积5635平方米；有柑橘25亩，鱼塘6亩。另有铸造厂、酒厂、猪场各1个。教学和生活设施已初具规模，成为全县培养农村初级人才的基地。

1988年，城关中学曾开办医疗卫生和畜牧兽医职业班各1个，毕业学生66人。后因缺乏专职教师而停办。

1990年，桂林地区技工学校从永福县苏桥镇迁来灵川，校址在灵川镇下窑村。占地面积18 342平方米，校舍建筑面积4500平方米。1990年，开设汽车驾驶、钳工专业，招生169人，毕业61人；在校生169人，教职工22人，其中专任教师11人。

# 第36章
# 成人教育

## 第一节　农民业余教育

民国17年（1928年）秋，中共东乡区委领导下建立的毛村劳农协会（今大圩、朱家一带）在农民中积极开展扫盲活动。曾在毛村、宣梵寺两地成立农民夜校。由农协会正副主席任教师。学员共70多人。次年冬，中共组织遭国民党破坏，农协会解体，夜校停办。

民国23—29年（1934—1940年），广西当局推行国民基础教育运动，多数农村组织成人识字班（夜校），有统一的识字课本。据民国24年《广西教育调查统计报告》载，灵川参加农村识字班的学员有6315人。民国32年，识字班停滞。

1950年春、冬两季，县、区人民政府根据全国教育会议关于"开展识字教育，逐步减少文盲"的精神，为满足翻身农民学习文化的迫切要求，结合"土地改革"工作，组织发动老、壮、青、少年文盲学文化、读夜校、上冬学。学习内容和形式多样化，有识字课本、有"土地改革"政策、见物识字等。除夜校教师外，提倡能者为师，互教互学，夫教妻、子教母，形成学习高潮。据统计，1950—1951年，全县参加识字班的人数达3.7万人，扫除文盲630人。1952年6月，县成立扫盲办公室，配专职干部3名，在全县推行"速成识字法"。同时，中南区派人来同化乡搞速成识字法试点。7月，桂林专区专员公署在六灵村培训各县速成识字法教师。据统计，全县有学员5.2万人，当年扫除文盲884人。

1953年3月，速成识字班转为常年民校，主要对象是青少年。民校有统一的课本，按文化程度编班，并选聘有教学能力的教师上课。全县10个区均配备扫盲中心校校长，各乡配民校校长。12月，县成立"扫盲指挥部"，动员小学教师利用晚上到民校兼课。全县民校有301个班，学员 8064 人。开办业余高小班 6 个，学员 154 人。学员采取"农忙少学，农闲多学，大忙放假"的学习办法。据 1956 年统计（含临桂县），民校学员有 32 726 人；业余高小班 48 个，学员 718 人；业余初中班 30 个，学员 1079 人。1958 年，根据中央发布的《关于人民公社若干问题的决定》，全县组织以小学教师为主的扫盲队伍，开展突击性的扫盲运动，要求限期扫除 40 岁以下的文盲和半文盲。实行"白天工地学，晚上夜校学，赶圩圩上学"，曾有自编顺口溜，印成册子，随口唱读。如灵川公社自编的顺口溜："1、2、3、4、5，天天出工我都有；6、7、8、9、10，窝工不得吃；锄头撮箕锹，扁担肩上挑"。另办业余高小班 95 个，学员 2182 人；业余中学班 24 个，学员 695 人。1960—1962 年，因群众生活普遍困难而停止。1963 年国民经济开始好转，有些村队又陆续恢复。1966—1969 年，扫盲工作停止。1970—1976 年，有的生产队挂了"政治文化夜校"的牌子，实际是开各种批判会，很少学文化。1978—1979 年，贯彻国务院发布的《关于扫除文盲的指示》，县教育局恢复业余教育组，印发扫盲识字课本 3800 册。县以三街公社为重点，集中扫盲专干 13 人，突击一个月扫除文盲 372 人，占应扫除文盲总数的 90% 以上，成为全县第一个基本脱盲公社。1983 年，县成立"农民教育委员会"。1984 年，扫盲工作全面铺开。到 1984 年底统计，办扫盲班 30 个，学员 1935 人；业余小学班 52 个，学员 2147 人；业余初中班 7 个，学员 445 人；技术班 28 个，学员 194 人。经两次文化普查，全县 12～40 岁的少、青、壮年为 13.0169 万人。其中，具有小学以上文化程度的 12.2510 万人，占农村少、青、壮年总数的 94.1%。1985 年 4 月，经桂林地区行署复核验收，自治区颁发了基本脱盲县合格证。根据农村实行生产责任制的新情况，积极发展业余小学、业余初中和成人文化技术学校，提高群众的文化科技水平。从 1985 年开始成立乡镇成人中心校，扫盲则根据学员分散的特点，采取包教保学。到 1990 年止，全县共扫除文盲、半文盲 68 977 人，被评为自治区扫盲先进县和双学双比先进单位。公平乡农民文化技术学校被评为自治区一级学校。

从 1987 年以后，成人教育主要抓农村实用技术培训。几年来，重点举办了白果、水稻丰产，科学饲养家畜、家禽等技术培训班。到 1990 年，培训白果人工授粉、幼苗嫁接学员 4189 人次，推动了经济的发展（表 36-1）。

表36-1 1978—1990年农民业余教育情况

| 年份 | 扫盲 | | | 业余小学 | | 业余初中 | | 农业技术 | | 讲座 | | 乡镇成人中心校 | |
|---|---|---|---|---|---|---|---|---|---|---|---|---|---|
| | 班/个 | 学员/人 | 脱盲/人 | 班/个 | 学员/人 | 班/个 | 学员/人 | 班/个 | 学员/人 | 次数/次 | 听众/人 | 所数/所 | 学员/人次 |
| 1978 | 82 | 978 | 372 | 3 | 112 | — | — | — | — | — | — | — | — |
| 1979 | 79 | 1623 | 212 | 12 | 207 | — | — | — | — | — | — | — | — |
| 1980 | 78 | 1683 | 137 | 9 | 166 | 6 | 185 | — | — | — | — | — | — |
| 1981 | 65 | 1417 | 415 | 7 | 144 | — | — | — | — | — | — | — | — |
| 1982 | 23 | 498 | 109 | 4 | 99 | — | — | — | — | — | — | — | — |
| 1983 | 92 | 1621 | 54 | 78 | 1563 | 21 | 762 | — | — | — | — | — | — |
| 1984 | 300 | 1935 | 53 | 52 | 2147 | 7 | 445 | 28 | 2194 | — | — | — | — |
| 1985 | 7 | 215 | 18 | 24 | 575 | 15 | 772 | 9 | 258 | 16 | 903 | — | 1424 |
| 1986 | — | — | — | 4 | 85 | 2 | 81 | — | — | — | — | 8 | 7327 |
| 1987 | 4 | 236 | 107 | 31 | 749 | 8 | 258 | — | — | — | — | 6 | 9030 |
| 1988 | — | 358 | 195 | 37 | 921 | 8 | 306 | 301 | 16252 | — | — | 7 | 19121 |
| 1989 | 29 | 1733 | 1176 | 32 | 828 | 12 | 267 | 441 | 27420 | — | — | 10 | 32412 |
| 1990 | 34 | 1468 | 1414 | 26 | 666 | 12 | 387 | 588 | 46323 | — | — | 10 | 53805 |

## 第二节 职工业余教育

1952年初,大圩镇总工会开始办工人夜校,开设3个扫盲班,学员260多人。"文化大革命"期间,职工正常业余教育一度中断。

1972年,灵川钢铁厂开办职工扫盲班,当年脱盲23人。次年开办职工文化补习夜校,有小学班1个,初中班2个,学员共150人。到1978年,全县办有职工业余学校6所,学员753人。其中扫盲班3个,初中班9个,高中班1个,英语班1个。有兼职教师22人。

1981年,中共中央、国务院发布的《关于加强职工教育工作的决定》和1982年全国职工教育管理委员会等5个单位发布的《关于切实搞好青壮年职工文化、技术补课工作的联合通知》下达后,各级工会和厂矿企业加强了对职工教育的领导,较大型的厂矿成立职工教育办公室,配备专职干部抓职工教育,有的配备了专职教师。从此,加快了职工补习文化课的步伐。据1981—1988年的不完全统计,全县开办扫盲班1个,脱盲22人;小学班4个,学员161人;初中班39个,学员1581人,其中获得合格证书的801人;高中班4个,学员96人。

1972—1982年,灵川铁合金厂和桂林矿山机械厂曾办过"七·二一"工人大学和"电大"班。"工人大学"结业60人;"电大"班结业12人。

为了提高职工的业务素质,总工会和厂矿工会及职教部门共同负责,积极开办职工技术培训班。到1990年,全县共举办初级技术培训班78期(班),学员1812人,其中合格1671人,占培训人数的92.22%;中级技术培训班54期(班),学员1941人,合格1249人,占培训人数的64.35%。此外,还开办现代企业管理、质量管理、财务管理等专业培训班,学员达3807人次。灵川化肥厂工会由于抓职工文化补课和技术培训成绩显著,1989年被自治区总工会授予"模范职工之家"称号;1990年,该厂被评为自治区职工教育先进单位。

此外,有些厂还选派职工到外地参加对口培训和大专院校深造。如灵川铁合金厂从1969年起到1986年,先后派出10批共300多人次,到安徽、湖南等地培训;灵川汽车修配厂从1985年起,派出70多人次到广州、深圳等地学习进口汽车修理技术及先进工艺;灵川铁合金厂从1983

年开始,陆续选送66名职工到区内外大专院校学习;桂林矿山机械厂有12名职工上大专、6名上中专学习深造。为企业培养了一批生产技术骨干。

## 第三节 函授 电视大学 高等教育自学考试

### 一、函授

#### (一)中师函授

1955年,桂林师范学校函授部到定江区始办中师函授数学试点班,对象是未达中师毕业的小学教师。有学员50多名,学制3年。学员除自学函授资料外,每周定期集中面授一次。1956—1961年秋,灵川12个公社都自发聘请教师,开办中师函授班。后因学习不正常,大多数先后停办。1962年,县教育局成立函授站,由教研室主任兼站长,配有专职教师4人。各公社成立函授组,由教育辅导员兼组长。有潭下公社语文班1个,学员55人;大圩公社数学班1个,学员35人。均使用自治区编写的中师函授教材。1963年秋,增设灵田、三街、大面、潮田、定江、海洋、青狮潭、九屋等公社8个点,学员增至375人。函授教师增至6人。1965年,单科结业:语文35人,数学20人。均由桂林师范学校颁发单科结业证书。1966年,有潮田、定江、九屋等公社的一批学员结业。

"文化大革命"期间,函授工作一度中断。1975年春,县教育局从县师范学校抽调语文、数学教师各1人,负责管理未达大专文化的初中教师进修,以公社为班,每月集中学习2~3天,请高中教师上课,使用广西师范学院(今广西师范大学)编写的师专函授教材。到1976年7月停止。

1979年秋,县教育局成立中师函授部,各公社设立函授站。1980年,各公社同时开设语文、数学班。全县共有学员1020人,专职函授教师10人,使用桂林师范学校编的中师函授教材。后于1982年通过文化测验进行甄别,留下学员490人。

1983年,县教育局函授部并入县师范,由师范统一领导,增设函授部副主任1人,专门负责函授工作。根据上级规定,1984年秋对全部函授学员进行文化统考。共录取230名,授课一年。至1990年,经考试合格发给中师函授毕业证书的学员218人。

1986年，灵川党校附设函授站，当年招收函授中专班1个班，68人。学制3年。每月集中面授4天。按广西党校统一规定的12门课程授课。1989年毕业64人。1990年9月，招收政治专业函授中专班1个班，学员38人。

（二）大专函授

1979年，广西师范学院、广西民族学院举办师专函授。灵川函授学员参加学习的科目有语文、数学、物理、化学4科。由县函授部负责组织和批改作业。到1984年秋，毕业15人，其中语文10人、数学2人、物理2人、化学1人。1985年秋至1987年，广西高等院校录取灵川的本科和专科函授学员共229人。

二、电视大学（简称"电大"）

始办于1979年，当年录取理科班学员20多名。其中大部分是未达大专毕业的中、小学教师，也有少数工人。因学习效果不好，一年后停办。1983年以后，由于电视事业的发展，机关、学校、工厂等都有人报名参加电大班学习。分脱产、半脱产和业余等形式。

三、高等教育自学考试

始办于1984年。按规定每年上半年和下半年各举行一次考试。开考专业：本科段有汉语言文学、机电一体化工程；专科段有党政基础、汉语言文学、英语、政治教育、哲学、数学、统计、工业经济管理、法律、会计、财政、税收、政治管理、行政管理、海关管理、新闻学、法律（司法）、物价学、会计（物资）、公安管理、物资经济、市场营销。1988年起，增加中等专业教育自学考试，开考专业有：中等师范、物资经济管理、公安、乡镇企业经济管理、乡镇企业会计、财税、会计。

各专业考试由自治区自学考试指导委员会命题和编印试卷。考场设于县城，由县教育局招生办公室组织考试，地区一级以上指导委员会组织阅卷评分。凡及格者，由自治区自学考试指导委员会发给毕业文凭，国家承认学历。至1990年，全县获大专毕业文凭81人；获中专毕业文凭13人（表36-2）。

表 36-2　1984—1990 年高等教育自学考试情况

单位：人

| 年份 | | 报考人数 | 报考科数 | 合格人数 | 合格科数 | 合格率 | 获毕业文凭人数 |
|---|---|---|---|---|---|---|---|
| 1984 | 上半年 | 92 | 171 | | 35 | 20.6% | |
| | 下半年 | 121 | 312 | | 115 | 36.9% | |
| 1985 | 上半年 | 139 | 324 | | 106 | 32.9% | |
| | 下半年 | 131 | 319 | | 154 | 48.3% | |
| 1986 | 上半年 | 140 | 326 | | 115 | 35.3% | 5 |
| | 下半年 | 148 | 354 | | 155 | 43.8% | |
| 1987 | 上半年 | 270 | 555 | | 167 | 30.1% | 10 |
| | 下半年 | 287 | 726 | 139 | 230 | 31.7% | |
| 1988 | 上半年 | 440 | 1124 | 167 | 261 | 23.2% | 11 |
| | 下半年 | 361 | 826 | 172 | 297 | 36.0% | |
| 1989 | 上半年 | 324 | 824 | 137 | 269 | 32.7% | 24 |
| | 下半年 | 312 | 741 | 170 | 291 | 39.3% | |
| 1990 | 上半年 | 286 | 701 | 145 | 232 | 33.1% | 31 |
| | 下半年 | 301 | 699 | 144 | 218 | 31.2% | |

# 第 37 章

# 教师

## 第一节 来源与任用

学宫和书院属官办性质,由教谕署教谕或聘请当地有声望的儒生讲学。而民间的私塾,则由学东延请塾师授课。清末民初,兴办新式学堂后,校长及教师由地方绅士推荐,经县劝学所提名,呈报县公署批准委任。

民国 14 年(1925 年),教师有代课教师、试用教师和正式教师之别,多选用具有简师或初中以上学历者充任。民国 22 年,广西推行国民基础教育,教师多数是广西民团干部学校毕业或具有中等学校以上学历者。为补充教师之不足,采取试验检定和无试检定办法,使经验和学问足以充任教师者,通过无试检定为政府录用。校长、教师的任用,实行"荐任制",校长由县政府推荐委任;教师则由校长提请乡(镇)、村(街)教育协进会通过,呈报县政府委任。

解放初期,根据上级指示,对所有学校的教职人员,除少数反动分子外,一律留用。1950 年,全县有小学教师 348 人,中学教师 48 人。同时,陆续吸收部分旧职人员和社会知识青年,经短期培训后,分配到学校任教。到 1956 年,全县中、小学教师发展到 779 人。此后,教师来源主要靠各级师范院(校)培养输送。1958 年,开始发展民办小学和农业中学,为解决师资缺额,新吸收民办教师 200 余人。民办教师由生产队贫下中农推荐,大队和公社审查,上报县教育局备案后任用。"文化大革命"期间,曾吸收部分复退军人和农村干部参加教师队伍。1974—1975 年,中、小学教育进一步发展,吸收民办教师较多。到 1977 年,中、小学教师发展到 2386 人。1980—1981 年,也曾吸收一批离退休教师子女,谓之"顶职"。1980 年以后,调整教师结构,逐步减少民办教师,增加公办教师。

到1990年，全县中、小学教职工（职业中学）共2623人，其中民办教师598人。另有代课教师437名。

解放后教师的任用和管理，1968年以前中学校长和教师由桂林专区专员公署管理和调配；小学校长和教师由县政府人事部门与县教育局调任。1969年以后，县办中学下放到县管理，社办中学由县、公社双层领导；中、小学领导和中学教师由县教育局和党委组织部门统一调任；小学教师在公社范围内由公社调配，报教育局备案。自1986年起，实行"分级办学，分级管理"办法，除灵川中学的校长由县人民政府任命外，其余高完中、教师进修学校、独立初中、乡镇所在地中心小学正副校长、乡镇教育组正副组长由县人事局任免，教师由县教育局调任；各乡镇村级以下小学教师，由乡镇政府调配。1990年，灵川县人民政府发出《关于加强干部管理的若干规定》文件，规定灵川中学副校长、大圩中学、潭下中学、三街中学等校的校长改由县人民政府任命。

## 第二节　素质

解放前，当教师的有些人只求"混碗饭吃"，但在思想上对旧社会的黑暗则深为不满。1927年后，中共地下组织派区崇武、黄志雄（女）、钱兴、阳雄飞等到中、小学校以教师的身份作掩护，从事革命工作，播下了革命种子。抗日战争胜利后，中共地下组织将原灵川抗日政治工作队的领导和队员，分别安排在县属中学和大部分中心校任教，对全县教师的思想影响很大。

解放后，党和政府十分尊重和关心教师工作。广大教师通过接受马列主义教育，政治觉悟不断提高，积极配合党在各个时期的中心工作，如办农村夜校，参加土改，宣传"抗美援朝保家卫国"等工作。不少教师要求加入中共组织和共青团组织。1954年，灵川县立初级中学和三街中心校，分别建立中国共产党支部委员会，在教师中发展了第一批党员。1956年后，各中、小学陆续建立党组织。1987年，全县教育系统有党总支委员会1个，中、小学党支部25个，党员447人。到1990年，全县教师中有中共党员512人，占教师总数的26.7%。

1951年8月，开始在灵川县立初级中学建立中国新民主主义青年团。1962年，教师中有共青团员214人。1976年发展到622人。1990年，全县教师中有共青团员406人。

教师的文化业务能力状况：清末民初，教师多为科甲出身的儒生。一般擅长诗、词、歌、赋，缺乏现代自然科学知识。

民国时期，小学教师大部分是初级中学或初级师范毕业（或肄业）生，中学教师一般为大专院校毕业或肄业生。

解放初期，留用原中、小学教师，有少数补充和调整。据1962年统计，普通中学的专任教师中，具有大专以上学历的58人，占教师总数的50%；小学教师中，具有中师（含高中）以上学历的213人，占教师总数的22.7%。1984年，中学教师具有大专以上学历的215人，占教师总数的35.7%；小学教师具有中师以上学历的861人，占教师总数的51%。到1990年，中学教师中，大专以上学历的414人，占教师总数的49.8%；小学教师具有中师以上学历的818人，占教师总数的76.1%（1990年中、小学教师数均不含民办教师）。

1983年，对全县中、小学教师（含幼儿园教师）的业务能力进行考核、整顿，其状况是：中学教师中，能胜任教学的75人，基本胜任的328人，教学有困难的110人，不能胜任教学的2人；小学教师中，能胜任教学的80人，基本胜任的1056人，教学有困难的80人，不能胜任教学的462人。

1987年，在全县公办教师中进行"专业技术职务"评聘。到1990年底，全县有中学高级教师42人，一级教师293人，二级教师369人，三级教师210人；小学高级教师165人，一级教师698人，二级教师244人，三级教师33人。

## 第三节　待遇

一、政治待遇

灵川居民素有尊师的传统。但解放前，由于国民党当局政治腐败，视教师职业为穷途末路，政治上受歧视，职业无保障。

解放后，党和政府赋予教师以"人民教师"和"人类灵魂工程师"的光荣称号。并有教师代表参政议政，从第一届（1962年）至第七届（1990年）县人民代表大会的代表中，有教师66人（不含灵川、临桂合并期间的第三、第四届）；第一届至第三届政协委员中，共有教师39人。从

1980年以来，当选为县人民代表大会常务委员的教师有秦英玉（女）、陈忠郁（女）、李俊生。城关中学副校长伍国祥当选为副县长；灵川中学教师姚子奇（女）兼任县政协副主席。担任政协常务委员的有秦志义和孔庆平。大圩中学校长韦昌任和灵川中学校长廖英杰分别于1985年和1990年被选为自治区中共党代会代表。

解放后，在教师中经常开展评选优秀教师和先进工作者活动。1955年，周韵笙被评为广西省优秀教育工作者。到1990年止，获自治区以上荣誉称号的教师共9名。其中，有全国三八红旗手刘小勤（女），全国优秀班主任姚子奇（女），自治区特级教师刘达秀，全国优秀教师秦景麟、涂凤妹（女）、阳顺海，全国优秀教育工作者俸成旺，全国推标先进个人张尚辉，全国优秀体育教师苏锡民。

1983年，教育部给25年以上教龄的教师颁发了"园丁"纪念章；1985年，自治区人民政府又给25年以上教龄的教师颁发了荣誉证书和纪念章。1985年9月10日首届教师节，县、乡、村都举行了隆重的庆祝活动。从此，每逢教师节县四家班子领导到学校慰问教师、开展评选奖励教育系统先进分子活动，已成为工作制度。至1990年，已有512名教师加入中共组织。

党的十一届三中全会以后，认真落实知识分子政策。对历次运动造成的冤假错案给予平反昭雪。错划的"右派"已全部改正，并作了妥善安排。

## 二、经济待遇

清代的塾师酬金，多与学东面议，按学童所学程度深浅付与酬金。有的终身"救馆"仍穷困潦倒。民国以来，教师薪金主要由地方社产供给，政府少量补助。小学教师月薪一般200～240斤稻谷，中学教师稍高。但一遇通货膨胀，货币贬值，则难以糊口。

解放后至1952年上半年，小学教师月支薪一般为100公斤稻谷，中学教师可达150公斤。从1952年8月开始，工资实行"工分制"（当时每个工分约值0.2元）。初中教师支165～180分，小学教师月支80～110分，校长略高。1956年进行工资改革，评定教师工资级别，实行货币工资制。工资平均增长40%左右。

从1963年起，多次进行工资调整。1963年一般调升一级，个别的升二级。1977年，对教职员工中工资较低者调一级，调级面为40%。1978

年，对工作成绩突出的提升一级，增资面为2%。1979年又按教职工人数的40%，对前两次没提过级的教师调升一级。同时试行班主任补贴，小学每月补贴4元，中学每月补贴6元。1981年，全体教职工普遍调升一级，少数提升二级。1985年进行工资套改，每个教职工又普遍提升一级。1984年发放教龄补贴，按教龄长短每月补贴3~10元。1986年，又对1952年底前和1956年前参加工作，月工资分别不达102.5元和94.5元的教师，提升一级工资。

1987年，对全县教师评定专业技术职务。其中，对达不到专业技术职务起点档工资标准的，都提升到规定的职务工资标准。同时，对全体教职工按原标准工资提高10%的生活补贴。从此，教师的工资收入已超过同级行政干部的工资水平。教师的生活待遇有了明显改善。

此外，学校教职工同国家行政干部一样，享受探亲假、产假、公费医疗、离退休及其他补贴等福利待遇（表37-1至表37-3）。

表37-1　民国24年（1935年）灵川县教职员待遇统计

| 级薪/元（国币） | 1~4.9 | 5~9.9 | 10~14.9 | 15~19.9 | 20~24.9 |
|---|---|---|---|---|---|
| 薪级人数/人 | 83 | 152 | 51 | 2 | |
| 级薪/元（国币） | 25~29.9 | 30~34.9 | 未评 | 合计 | |
| 薪级人数/人 | | | 52 | 340 | |

表37-2　民国30年（1941年）灵川县国民基础学校教师职员薪级

| 级别 | 第1级 | 第2级 | 第3级 | 第4级 | 第5级 | 第6级 | 第7级 | 第8级 |
|---|---|---|---|---|---|---|---|---|
| 级薪/元（国币） | 51 | 46 | 45 | 42 | 39 | 36 | 33 | 30 |

说明：①专科以上学校毕业者支第4级薪；②高级中学或同等学校毕业者支第6级薪；③初级中学或同等学校毕业者支第8级薪；④以上3项学历如属师范科毕业后，曾受师范训练或曾任教职著有成绩的晋升一级支薪。⑤初级中学或同等学校肄业准为代用，照第8级薪8折支给，但曾任教员满一年，核其成绩优良的与毕业者同待遇。

表37-3 1990年全县中、小学（含教育局、幼儿园）教职工人数和工资情况

| 人员类别 | | 职工人数/人 | 工资标准/元 | | | | | | | | | | | | | |
|---|---|---|---|---|---|---|---|---|---|---|---|---|---|---|---|---|
| | | | 156 | 146 | 136.5 | 127.5 | 119 | 110 | 102.5 | 94.5 | 86.5 | 80 | 74 | 68.0 | 62.5 | 56.5以下 |
| 教育局行政人员 | | 5 | | | 1 | | 1 | 1 | 1 | | 1 | | | | | |
| 教师 | 普通中学 | 801 | 1 | 3 | 26 | 52 | 45 | 84 | 46 | 78 | 104 | 160 | 123 | 60 | 19 | |
| | 小学、幼儿园 | 1070 | | | | 18 | 40 | 83 | 130 | 248 | 211 | 120 | 83 | 90 | 44 | 3 |
| | 教师进修学校 | 28 | | 1 | 3 | 7 | 2 | 3 | 3 | 2 | 3 | 3 | 1 | | | |
| | 职业学校 | 20 | | 1 | 1 | | 1 | 1 | 2 | 1 | 4 | 4 | 6 | | | |
| 工人 | | 164 | | | | | | | 1 | 13 | 15 | 13 | 42 | 56 | 18 | 6 |
| 其他人员 | | 6 | | | | | | | 2 | 1 | 1 | 1 | | 1 | | |
| 总计 | | 2094 | 1 | 4 | 31 | 77 | 89 | 172 | 185 | 343 | 339 | 301 | 255 | 207 | 81 | 9 |

# 第四节 培训

民国14年（1925年），在大圩成立塾师研究所，对塾师进行培训，以适应新兴学堂的需要。开设国语、算术、常识、国音字母等新式科目，培训时间为40天。民国16年，灵川开办师范养成所，培训在职教师147人。民国27年，举办教师暑期讲习会，培训学员73人。

解放后，县人民政府重视教师的培训。培训的办法主要有以下几种。

（一）短期培训

1950年暑假，全县中、小学教师分别集中到桂林师范学校和今三街中学，学习政治、业务，历时28天。1954年，县初级中学开办附设速成师范班，学员40多人，时间半年。1956年暑假，县教育科在桂林逸仙中学举办汉语、文学讲习班，100多名中、小学教师参加学习，时间1个月。1959年2月，在灵川中学举办俄语训练班，70多名教师参加学习，时间半年。1960年暑假，在六塘中学办英语培训班，学员300人，时间两个月。同年，在雁山临桂师范学校举办小学数学教师培训班，时间半年。在这两年内，还利用寒暑假时间，县或公社举办汉语拼音学习班，以适应推广普通话教学的需要。

（二）轮训

从1954年起到1966年，小学的大部分领导成员先后到桂林师范学校轮训过。中学的领导则送自治区教育学院进修，时间为一年或半年。1981年以后，灵川师范学校改为培训小学、初中的领导和教师。

（三）进修

从1984年起至1990年，共有288人通过考试或选送，分别进入广西师范大学、广西教育学院、桂林地区教育学院等院校学习进修。

另通过教研室（组），采取示范课、公开课、组织观摩等，实行以"老"带"新"，以"高"带"低"，取长补短，共同提高（表37-4、表37-5）。

## 表37-4 几个年份中、小学专任教师学历情况

单位:人

| 年份 | 小学教师 | | | | 初中教师 | | | | | | 高中教师(包括师范、职中) | | | | | |
|---|---|---|---|---|---|---|---|---|---|---|---|---|---|---|---|---|
| | 合计 | 大专 | 中师或高中毕业 | 高中肄业及初中毕业以下 | 合计 | 高校本科 | 高校专科 | 高校肄业 | 中师或高中 | 初中 | 合计 | 高校本科 | 高校专科 | 高校肄业 | 中师或高中 | 初中 |
| 1962 | 864 | 12 | 192 | 660 | 65 | 10 | | 30 | 19 | 6 | 23 | 10 | 4 | 4 | 5 | |
| 1979 | 1455 | 63 | 150 | 1242 | 580 | 11 | 12 | 7 | 447 | 103 | 196 | 59 | 67 | 5 | 61 | 4 |
| 1984 | 1487 | 13 | 850 | 624 | 476 | 10 | | 92 | 308 | 66 | 127 | 50 | 50 | 13 | 12 | 2 |
| 1990 | 1297 | 25 | 916 | 356 | 573 | 31 | 187 | | 311 | 44 | 156 | 85 | 55 | 2 | 14 | |

表 37-5　1949—1990 年各级各类学校教职工情况

单位：人

| 年份 | 总计 | 中等学校 | | | | | | 小学 | | | 备注 |
|---|---|---|---|---|---|---|---|---|---|---|---|
| | | 小计 | 普中 | | 师范 | 农中 | 职中 | 小计 | 公办 | 民办 | 代课教师 |
| | | | 合计 | 其中民办 | | | | | | | |
| 1949 | 396 | 48 | 48 | — | — | — | — | 348 | 348 | — | |
| 1950 | 396 | 48 | 48 | — | — | — | — | 348 | 348 | — | |
| 1951 | 517 | 44 | 44 | — | — | — | — | 473 | 473 | — | |
| 1952 | 687 | 52 | 52 | — | — | — | — | 635 | 635 | — | |
| 1953 | 652 | 56 | 56 | — | — | — | — | 596 | 596 | — | |
| 1954 | 594 | 66 | 66 | — | — | — | — | 528 | 528 | — | |
| 1955 | 659 | 62 | 62 | — | — | — | — | 597 | 597 | — | |
| 1956 | 768 | 79 | 79 | — | — | — | — | 689 | 689 | — | |
| 1957 | 876 | 113 | 113 | — | — | — | — | 763 | 763 | — | |
| 1958 | 1213 | 214 | 120 | — | 14 | 70 | 10 | 999 | 799 | 200 | |
| 1959 | 1277 | 224 | 128 | — | 16 | 70 | 10 | 1053 | 853 | 200 | |
| 1960 | 1297 | 297 | 179 | — | 32 | 70 | 16 | 1000 | 800 | 200 | |
| 1961 | 1229 | 275 | 179 | — | 16 | 70 | 10 | 954 | 744 | 210 | |
| 1962 | 1108 | 184 | 114 | — | — | 70 | — | 924 | 733 | 191 | |
| 1963 | 1165 | 189 | 119 | — | — | 70 | — | 976 | 784 | 192 | |
| 1964 | 1198 | 145 | 119 | — | — | 26 | — | 1053 | 837 | 216 | |
| 1965 | 1105 | 133 | 91 | — | — | 42 | — | 972 | 723 | 249 | |
| 1966 | 1135 | 148 | 101 | — | — | 42 | 5 | 987 | 668 | 319 | |
| 1967 | 1163 | 148 | 101 | — | — | 42 | 5 | 1015 | 744 | 271 | |
| 1968 | 1271 | 150 | 101 | — | — | 44 | 5 | 1121 | 750 | 371 | |
| 1969 | 1226 | 115 | 110 | — | — | 5 | — | 1111 | 744 | 367 | |
| 1970 | 1594 | 148 | 143 | — | — | 5 | — | 1446 | 765 | 681 | |
| 1971 | 1674 | 196 | 191 | — | — | 5 | — | 1478 | 766 | 712 | |

续表

| 年份 | 总计 | 中等学校 | | | | 师范 | 农中 | 职中 | 小学 | | | 备注 |
| | | 小计 | 普中 | | | | | | 小计 | 公办 | 民办 | 代课教师 |
| | | | 合计 | 其中民办 | | | | | | | | |
|---|---|---|---|---|---|---|---|---|---|---|---|---|
| 1972 | 1979 | 672 | 659 | 89 | | 13 | — | — | 1307 | 645 | 662 | |
| 1973 | 2036 | 583 | 568 | 50 | | 15 | — | — | 1453 | 674 | 779 | |
| 1974 | 2075 | 546 | 538 | 32 | | 8 | — | — | 1520 | 690 | 839 | |
| 1975 | 2297 | 695 | 680 | 87 | | 7 | 8 | — | 1602 | 687 | 915 | |
| 1976 | 2284 | 848 | 829 | 166 | | 11 | 8 | — | 1446 | 531 | 915 | |
| 1977 | 2386 | 938 | 916 | 193 | | 14 | 8 | — | 1448 | 510 | 938 | |
| 1978 | 2425 | 977 | 957 | 201 | | 12 | 8 | — | 1448 | 494 | 954 | |
| 1979 | 2526 | 978 | 952 | 168 | | 18 | 8 | — | 1548 | 588 | 960 | |
| 1980 | 2679 | 968 | 941 | 147 | | 15 | 12 | — | 1711 | 757 | 954 | |
| 1981 | 2528 | 921 | 889 | 76 | | 18 | 14 | — | 1607 | 737 | 870 | |
| 1982 | 2545 | 900 | 866 | 49 | | 18 | 16 | — | 1645 | 868 | 777 | |
| 1983 | 2485 | 903 | 863 | 57 | | 19 | 21 | — | 1582 | 853 | 729 | |
| 1984 | 2580 | 876 | 828 | 42 | | 22 | 26 | — | 1704 | 885 | 819 | |
| 1985 | 2548 | 962 | 912 | 44 | | 24 | 26 | — | 1586 | 862 | 724 | |
| 1986 | 2578 | 987 | 922 | 77 | | 33 | 32 | | 1591 | 890 | 701 | 157 |
| 1987 | 2556 | 995 | 939 | 65 | | 31 | | 25 | 1561 | 957 | 579 | 175 |
| 1988 | 2558 | 1016 | 950 | 67 | | 33 | | 33 | 1542 | 989 | 583 | 199 |
| 1989 | 2625 | 1065 | 1001 | 56 | | 34 | | 30 | 1560 | 1011 | 549 | 311 |
| 1990 | 2623 | 1018 | 957 | 51 | | 35 | | 26 | 1605 | 1107 | 498 | 437 |

注：中小学代课教师数未计入"总计"。

# 第38章

# 教育管理

## 第一节 行政管理

明清时期，灵川县设教谕署。设教谕、训导"以督课之"。清雍正十一年（1733年），文笔书院始设院长一员。清光绪三十三年（1907年）改教谕署为劝学所。并在县境内分设若干学区，学区设劝学员1人，负责讲习教育，扩充学校，详绘图表等。清末始设级任教师。民国15年（1926年），劝学所改教育局，设局长"以重其权责"，主持一县教育工作。民国23年，教育局改为教育科并在科内设督学2人，负责到各校进行视察督导工作。民国初期，各校均设校长，负责领导全校工作。由县长委任。民国22年，广西推行"三位一体"制，学校校长由乡（镇）、村（街）长兼任。民国30年，曾在中心校设辅导主任。

解放后，县人民政府设文教科。1956年，改文教科为教育科。1958年，并教育科为文教局。下设秘书股、学校教育股、教学研究股、工农教育股、文艺股。1963年，撤文教局设教育科。取消下属各股，只设秘书、科员和会计。"文化大革命"期间几经易名，于1973年定名为教育局。1990年，教育局下设人事股、计财股、成教股、普教股、招生办、教研室、监察室。

在解放初成立文教科的同时，各区人民政府设文教助理1人，并由1名副区长兼管文教工作。1954年，各区设教育辅导员1人，受县文教科和区政府双层领导。"文化大革命"开始后，1968年由县革命委员会派工宣队进驻中学；小学则由贫下中农学校管理委员会管理。1970年1月，撤出原进驻中学的工宣队和撤销管理小学的贫下中农学校管理委员会。1980年，各公社成立教育辅导组，在县教育局和公社领导下协助公社抓好小学与初中的管理工作。

解放后，中、小学设专任校长，规模较大的大圩、三街、潭下等小学则增设副校长。1968年，在中学成立"革命委员会"，小学成立"革命领导小组""贫下中农学校管理委员会"，取代学校行政。1979年，学校中的3个组织机构取消，恢复校长制。此外，1950年学习苏联经验，在中、小学设班主任。另有教育基层工会、共青团、少先队、班委会等群众组织，配合学校行政工作。1961年，灵川县人民委员会制定了《学校财务管理试行办法》《教职工守则》《教职工考勤、成绩考核及奖惩试行办法》《各级工作人员职责试行办法》《民办小学章程试行办法》等。1985年，县教育局制定《中、小学领导、教职工岗位责任制试行办法》及奖励制度。1987年7月，广西教育厅颁布《广西壮族自治区普通中学学籍暂行规定》，其中对新生入学、成绩考核、升级、留级、跳级、结业、毕业、肄业、休学、复学、退学、转学、借读、奖励、处分等均作了明确规定。据此，各中学建立文书档案并对贯彻执行情况记录在案。学校管理制度日趋完善。

## 第二节　教学改革

一、组织机构

1955年9月，临桂县教育局始设教学研究室（简称"教研室"）。1962年，灵川县教育局设教研室，专事教学改革和指导教学工作。设主任、副主任各1人，教研员10人，1968年被撤销。1972年恢复。

1990年，县教研室有主任1人，副主任2人，分中学组、小学组、电教仪器组。共13人。

1984年，始建教研组。分设县中心教研组、乡镇中心教研组，由7~10名各科骨干教师组成。初中教研组则按地域分为3片（北片、中片、东片），分别成立中心组。还有规模较大的初中和小学，按年级分科成立教研组。至1990年，已形成全县教学研究和指导网络。

二、教研活动

旧式教育多采用"讲授法"，教师照本宣科，学生死记硬背，谓之"填鸭式"教学法。民国时期，教学有所改革，注重启发和实践。灵川国民中学曾试行"九十分钟制"（每节课为90分钟，复习旧课、讲解新课、自习新课各占30分钟）；每年派高年级学生到小学进行教学实习等。

1953年，开始学习苏联凯洛夫和普希金的教育理论与教学方法。在教学中贯彻"五大教学原则"（量力性、自觉性、系统性、巩固性、直观性）和"五个环节"（复习提问、引入新课、讲授新知、复习巩固、布置作业）。1957年，推广毛泽东提倡的"十大教授法"。强调教学中的主要内容，阅读启发学生独立思考。1960—1965年，探索中、小学语文教学的"文道结合"（语文知识与政治思想教育相结合）和"双基"（基础知识与基本训练）教学等专题。并分别在潭下、灵川、大圩等中心校召开研究会。

1966—1971年，县教研室因"文化大革命"冲击而被撤销。1972年虽恢复活动，但因一切工作均以"阶级斗争为纲"，教师不敢教，学生无心学，教学研究不敢抓。

1980年以后，县教研室恢复正常教研活动。县教育局先后组团赴长沙、南宁、宾阳等地参观学习。之后，在全县各中、小学普遍加强"双基"教学的基础上，分别在城关学校、大圩小学、三街小学、潭下小学、灵川中学、三河渡初中等学校试验推广"发展智力，培养学生的创造思维能力"的教学活动；语文教学"以阅读为基础，以作文为中心，读写结合，精讲多练"；1985年，改革课堂教学结构，提出"四改"，要求课堂教学要将传授知识与培养能力相结合，重视教师的主导作用和必要的课外教育。在小学语文教学中，推广黑龙江省首创的"注音识字，提前读写"的经验等。经过一系列教学改革，教学质量不断提高。例如：1983年上半年，中小学期末统考语文平均成绩比前两年同期提高10分以上；三河渡初中从1982年起，连续6年名列全县升学考试的榜首；1987年，该校学生秦俊生获全国数学竞赛广西赛区一等奖，该校数学教研组被自治区评为"优秀数学辅导组"，其教学经验曾于1987年在河南洛阳市召开的中南五省中学数学教学研究会上交流；全县中学物理教学质量稳步上升。1982年，灵川县高考成绩为：平均分35.8分，及格率19.6%，优秀率14.3%。1987年高考成绩为：平均分67.8分，及格率66.0%，优秀率53.4%。英语成绩显著提高。1983年，中考的平均成绩18.0分，及格率4.2%；1987年平均成绩66.1分，及格率63.2%，优秀率36.0%；在自治区、地区英语竞赛中获奖的共计26人。另外，内部出版《灵川教育》（后改《教育简报》）共30多期。

1988年，中、小学的数学教学实行"教学目标管理"。教学手段日益现代化：灵川中学1985年有微型电子计算机1台，1990年有中华学习机

5台。1987年,桂林地区教育学院赠给城关中学微机主机6台,自置显示器6台及微机教学配套课件。1990年,县教育局建成教育卫星接收装置,录制教育科技节目。

## 第三节 勤工俭学

根据"教育与生产劳动相结合"的方针,桂林专区专员公署于1958年3月下达《关于在中学开展勤工俭学的意见》,全县中学开始"勤工俭学"活动,安排在每周劳动课进行,主要是开荒种地、办农场、饲养场、办小工厂等。以培养学生的劳动观念和理论联系实际的学风。

1970年,贯彻执行毛泽东"五·七"指示,全县中、小学开展"学工、学农、学军",要求师生大办农场。据统计,全县学校有学农基地842.5亩。其中,水稻234.4亩,油料作物351.5亩,桐茶13亩,其他作物243.6亩。另种果树8516株,养牛13头,生猪60头。

1978年,经过拨乱反正,强调学校要以教学为主,提高教学质量,学校的勤工俭学要转到以经济效益为主,有利于改善办学条件为目的。因而开始缩减校办厂、场,重点办好经济收入较好的厂、场。1979—1984年,全县勤工俭学收入共56.26万元。其中以三岔尾初中、九屋初中和灵川中学办的酊醇加工厂收入较多。在勤工俭学总收入中,用于新建和维修校舍、购买图书仪器和体育器材的有20.59万元;用于改善师生福利的有12.28万元。

1984年,县教育局成立勤工俭学公司,负责指导全县中、小学开展勤工俭学活动。到1987年,全县129所小学开展勤工俭学的有86所,占学校总数的67%;中学23所全部开展了勤工俭学。有农场基地58亩,林场60亩,果树12 000多株,养猪200多头;校办工厂11个。1990年,全县中、小学勤工俭学收入共计86.90万元。其中,用于改善办学条件的有53.20万元,师生福利费有26.50万元(表38-1、表38-2)。

表 38-1　1990 年中、小学勤工俭学情况

| 校别 | 校办工厂 | | 校办农场 | | | | | 饲养 | | 总收入/万元 |
|---|---|---|---|---|---|---|---|---|---|---|
| | 总产值/万元 | 纯收入/万元 | 农场/亩 | 林场/亩 | 果树/亩 | 粮/公斤 | 农林收入/万元 | 其他/万元 | 牛/头 | 猪/头 | |
| 小学 | 17.30 | 3.10 | 20 | 55 | 134 | — | 5.50 | 36.70 | — | 164 | 45.30 |
| 中学 | 4.80 | 1.00 | 20 | 118 | 58 | — | 2.00 | 38.50 | — | — | 41.50 |

表 38-2　1979—1990 年中、小学勤工俭学收支情况

单位：万元

| 年份 | 总产值 | 纯收入 | 支出 | | | | | 合计 |
|---|---|---|---|---|---|---|---|---|
| | | | 扩大再生产 | 校舍新建维修及置桌椅 | 购图书体育用品 | 师生福利 | 其他 | |
| 1979 | 17.11 | 9.38 | 1.05 | 1.46 | 1.46 | 1.44 | 0.45 | 4.40 |
| 1980 | 14.97 | 10.45 | 2.68 | 1.14 | 1.14 | 1.68 | 0.25 | 5.75 |
| 1981 | 8.40 | 6.40 | 1.47 | 2.54 | 2.54 | 2.46 | | 6.47 |
| 1982 | 11.96 | 8.02 | 2.00 | 4.00 | 0.85 | 1.37 | — | 8.22 |
| 1983 | 15.03 | 9.32 | 1.34 | 4.68 | 0.41 | 1.03 | — | 7.46 |
| 1984 | 9.55 | 12.69 | 1.10 | 4.54 | — | 8.78 | | 14.42 |
| 1985 | 32.30 | 24.61 | 2.95 | 4.54 | 3.31 | 8.78 | | 19.58 |
| 1986 | 18.60 | 12.29 | 1.39 | 3.24 | 3.24 | 5.03 | 0.16 | 9.82 |
| 1987 | 5.70 | 12.25 | 0.72 | 4.30 | — | 7.20 | | 12.22 |
| 1988 | 67.12 | 31.40 | 1.40 | 24.77 | 24.77 | 5.22 | — | 31.39 |
| 1989 | 64.56 | 43.49 | 1.25 | 36.10 | 36.10 | 6.13 | — | 43.48 |
| 1990 | 136.10 | 86.90 | 7.20 | 53.20 | 53.20 | 26.50 | | 86.90 |

## 第四节　经费　设施

一、经费来源

清代，教育经费来源于田租和附捐。另有少量热心教育人士捐田、捐款。据民国 18 年（1929 年）《灵川县志》载，有学田 308 亩 8 分 3 厘；征

银26两1钱3分1厘。除学田外，另有培英书院田地山场租谷27 814斗，租银37.68元，其他租银25.48元；堡田捐679.44元，潭下圩竹木捐400元。

民国时期，经费来源有政府拨款、学田租、收学费及其他等项。据统计，民国22年（1933年）灵川初等教育经费中，收学费85元、公款4863元、田地租5224元、房屋租166元、利息5212元、附捐1127元、其他1100元，合计17 777元。据民国24年《广西省教育调查统计报告》载，灵川县民国24年基础教育岁入经费合计44 463元，其中：有中央补助662元，省款183元，县款18 736元，各校自筹（含基金人息22 494元）24 882元。

解放后，教育经费的来源有以下几种。

①国家财政拨款。1950—1953年，中学和各区中心校的经费由县财政拨给，农村小学经费仍来源于原学田租谷、农仓谷及会田谷收入。从1954年起，中、小学教师的工资及中学的设备费、办公费等，由政府财政拨款。小学的办公费由收学费包干使用。为适应教育事业发展需要，1980年，县人民政府决定：第一，除给足每年的包干经费和规定的追加费外，每年从地方农业附加税中，拨给农村小学校舍维修费2万元；第二，从1980年起至1987年，每年从地方财政收入中，拨给中、小学一定修建费，由教育局掌握分配。8年共拨款162万元。

1985—1987年，集中资金抢修中、小学危房。这3年中，自治区投资114万元，县财政投入112万元，乡镇财政拨款20.3万元。1988—1990年，县财政又投资150.7万元用于修建中、小学校舍。

②教育费附加。1986年7月，灵川开始实行教育事业费附加。当年收入4.8万元，以后逐年增多，到1990年，共收入87万余元。

③学杂费。从1950年起至1986年，中、小学生每学期均按规定交纳一定学杂费。1987年以后，小学和初中免收学费，只收杂费。1990年收费标准是：县直学校的高中生每人每学期交14元（其中学费3.5元，杂费10.5元），初中生每人每学期交9.5元，小学四、五年级每人每学期交5.5元，一至三年级每人每学期交4.5元；乡镇学校的初中生每人每学期交8.5元，小学四、五年级每人每学期交4.5元，一至三年级每人每学期交3.5元。从1983年起，另加收民办教师统筹款。1990年的标准是：中学生每人每学期交3.5元，小学生每人每学期交3元。该款由教育局统一掌管使用。

④勤工俭学收入。1979—1990年，全县学校勤工俭学纯收入270万元。

⑤单位集资和群众个人捐资。1958年人民公社化以后，无偿调用社、队集体资金和物资，还发动个人献工献料，政府也适当补助。

1980年倡导社会集资办学,以弥补国家拨款的不足。创办城关中学时,县城机关、厂矿、企业等单位,集资达5万余元(含材料折价),占总投资的80%。1985年县人民政府发出文件,动员单位和个人集资办学,到1987年共集资57.48万元。其中灵川镇同化村集资3.7万元,新建教学楼一幢(二层共8个教室);灵川镇退休干部秦樟桥,捐资1300元(包括实物折价);潭下旅港同胞秦启运,捐资500元;公平乡梅子村农民阳子仁将卖一担青菜所得的10多元钱,除吃了一碗素米粉外,全部捐献给学校办学。1988—1990年,根据自治区人民政府文件要求又集资374.9万元,用于抢修中、小学危房。其中大境乡永同村公所集资69 552元,被评为自治区抢修中、小学危房先进单位;定江乡农民莫新华、莫小玉二人,捐献火砖2.5万块,价值3000元;潭下建筑队(队长阳仁旺)捐献水泥价值2.5万元。

1985—1990年,共集资432.4万元,相当于县、乡人民政府同期用于改善办学条件,抢修中、小学校危房拨款的98.1%。

⑥教育奖学基金。1989年5月,祖籍潭下镇塘西村台胞秦镜明捐款6000美元,彩电2台(折价人民币8000元),在灵川成立"秦镜明教育奖学基金会"。所捐资金由县教育部门投入办企业,将每年所得利润的一半做奖学金,奖给家乡品学兼优的子弟。1991年和1992年已奖励188人次,共颁发奖金4375元(表38-3)。

表38-3 部分年份教育经费支出情况

| 年份 | 县财政支出/万元 | 其中教育事业费支出/万元 | 占县财政支出 | 全县人均教育支出/元 | 全县中小学生数/人 | 学生人均教育支出/元 |
| --- | --- | --- | --- | --- | --- | --- |
| 1952 | 80 | 21.00 | 26.25% | 1.13 | 16 144 | 13.00 |
| 1957 | 129.4 | 35.46 | 27.40% | 1.90 | 22 145 | 16.00 |
| 1962 | 206 | 44.95 | 21.82% | 2.28 | 24 940 | 18.02 |
| 1965 | 201 | 65.56 | 32.61% | 2.63 | 35 798 | 18.31 |
| 1970 | 273 | 64.35 | 23.57% | 2.60 | 50 477 | 12.74 |
| 1975 | 381 | 106.59 | 27.98% | 3.93 | 57 047 | 18.68 |
| 1978 | 503 | 137.76 | 27.39% | 4.80 | 58 268 | 23.64 |
| 1980 | 762 | 188.84 | 24.78% | 6.60 | 50 900 | 37.10 |

续表

| 年份 | 县财政支出/万元 | 其中教育事业费支出/万元 | 占县财政支出 | 全县人均教育支出/元 | 全县中小学生数/人 | 学生人均教育支出/元 |
| --- | --- | --- | --- | --- | --- | --- |
| 1981 | 633 | 188.63 | 29.80% | 6.90 | 47 118 | 40.03 |
| 1982 | 676 | 229.83 | 34.00% | 7.50 | 45 361 | 50.67 |
| 1983 | 789 | 234.49 | 29.72% | 7.90 | 42 226 | 55.52 |
| 1984 | 806 | 262.24 | 32.54% | 8.60 | 41 969 | 62.48 |
| 1985 | 1238 | 381.05 | 30.78% | 12.40 | 42 730 | 89.17 |
| 1986 | 1879 | 458.00 | 24.37% | 14.54 | 44 352 | 103.26 |
| 1987 | 2093 | 476.69 | 22.78% | 14.65 | 44 934 | 106.08 |
| 1988 | 2810 | 585.40 | 20.83% | 19.00 | 44 860 | 130.49 |
| 1989 | 3509 | 642.15 | 18.30% | 21.00 | 48 017 | 133.74 |
| 1990 | 3763 | 744.50 | 19.78% | 23.00 | 52 049 | 143.03 |

## 二、经费管理

民国初期，教育经费主要用于教员、职员的俸给、购置图书和公杂费。据《广西省教育调查统计总报告》载，民国24年（1935年）灵川县基础学校岁出经费（国币元）合计41 156元，其中薪给29 884元，杂费3454元，设备费3860元，临时费1958元。

解放后，县财政下拨的教育经费主要用于教职工的工资、福利及中学的设备费和办公费。

1982年，实行县财政包干办法后，教育经费每年由县政府将指标下达给教育局，再由教育局转拨给各乡镇中、小学，年底向县结算。1986年，推行乡镇财政包干制，教育经费由县政府将指标直接下达给各乡镇，教育局只管县直属学校（含县第二幼儿园）的经费。每年经费的多少，根据不同时期的预算而定。不足可适当追加。县财政拨给的经费，主要用于教职工的工资及其生活福利补贴等，其他如办公、业务、修缮等支出只占很小部分。据1990年统计，教职工工资支出占80.4%，其他支出不到20%。

教育费附加收入，由县教育局统一掌握使用，主要用于校舍修缮、添置教学设备，学杂费由各校用于办公和校舍维修；勤工俭学收入，除扩大再生产投资外,由学校用于改善办学条件、师生福利及补助办公费用;各种集资费,无论是学校或县级、乡级掌握的,一律用于修建校舍。

三、设施

(一)校舍

解放前夕,原灵川县有中学1所,校舍建筑面积1752平方米;小学78所,校舍建筑面积27 741平方米,合计校舍面积29 493平方米。

1950—1980年,全县中、小学新建校舍(含改建)14.4万平方米。这些房屋80%是泥砖、杂木结构,质量较差。

1981—1987年,新建校舍35 000平方米。其中,钢筋水泥混合结构楼房33幢,面积23 354平方米;砖木结构142处,面积11 646平方米。另维修校舍约3万平方米。

1987年,小学达到了"班班有教室,人人有桌凳"的要求,严重危房基本得到改造和维修。至1990年,全县有小学15所,24所中学建了新教学楼,有7所中学盖了教工宿舍楼;全县26所中学,校舍建筑面积94 122平方米;小学(含教学点)340所;校舍面积14.5万平方米;县直幼儿园2所,建筑面积2734平方米,职业中学1所,建筑面积5635平方米;教师进修学校1所,面积3006平方米;桂林地区技工学校1所,建筑面积4500平方米。总计校舍面积5.05万平方米。

(二)教学设备

1990年,全县普通中学(除1所初中)和专(职)业学校,全部有了教学实验室,共35间,面积2263平方米;仪器室105间,面积2439平方米;有实验桌凳387组,仪器柜容积为575.47立方米;有各种仪器43 574台(件),总价值45.48万元。其中价值100元以上的664台(件)。电化教学仪器主要有:微型电子计算机12台,彩电14台,放录像机21台,收录机90台,幻灯投影仪108台,电影放映机2台,教育卫星接收装置1套。另有电化教学室8间。

(三)体育设施

中、小学有篮球场81个,足球场7个,排球场22个,田径场2个,乒乓球台110台,游泳池1个,单双杠36套,沙坑43个。

# 第六部分

# 龙胜各族自治县教育[①]

---

① 龙胜县志编纂委员会. 龙胜县志[M]. 上海：汉语大词典出版社，1992：433-451.

# 第 39 章
# 普通教育

## 第一节 私塾

乾隆三十二年（1767年），平等侗族寨老派人到湖南省靖县请塾师开馆供本寨侗族子弟就读。清末，平等乡固洞村秀才杜延邦办私塾一所。清末至民国2年（1913年），官衙街与附近村屯联办私塾一所。清末至民国19年，各村寨筹办私塾，自聘塾师较普遍。私塾每所学生一般20人，多至30人，少至8人。县内私塾分蒙馆和经馆两种，无固定学制。办学形式有私自设馆、富户延师、家族联办、村落合办4种。塾师薪俸，族学由族户集资支付，村学由村民摊派，其他由学东承担。清末，蒙馆教学内容有《三字经》《幼学琼林》《鉴略》等启蒙读物。教学方法以熟读背诵、个别讲解、临摹习字为主，经馆塾师多是秀才。教材采用"五经""四书"等古书。教学方法以老师讲解、学生环听，间学诗对、练以命题作文为主。

民国初期，私塾仍泥古不变，书读"四书""五经"，文作八股，重诗对。"五四"新文化运动后，境内私塾渐改，民国9年（1920年），教育部颁布《私塾改良章程》，审定新国文课本，但改动仍然不大。县政府认为私塾贻误青年，妨碍教育，明令取缔，并检定塾师，规定作业时间，增设常识、算术、体育等课程。

民国19年（1930年），县政府颁发《取缔私塾暂行章程》，对私塾加以限制，规定私塾办理得当，成绩优良，可报政府改为代用初级小学校。民国21年，改行新学制，统一用省编白话文教科书。偏僻乡村仍无学校，续办私塾。民国24年，推行国民基础教学，实行免费强行入学。私塾遂为国民基础学校取代。

## 第二节　幼儿教育

### 一、托儿所

1964年8月创办县托儿所，地点在原教育科（现电影院旁），3个班，幼儿23人。"文化大革命"期间停办，1974年恢复。1979年，托儿所迁至现地址，占地600平方米，其中建筑面积450平方米，活动场地80平方米。设备主要有：滑梯、转盘、浪船、摇船、建筑积木、小动物模型等。教学用具主要有：挂图、小儿计算器、磁板等。

1965—1987年，县托儿所共向县幼儿园输送1803人。

1954年，创办乡村农忙托儿班2个，入托幼儿12人。1956年，有托儿班198个，幼儿1490人。1977年，有托儿班44个，幼儿356人，混合班177个，幼儿4058人，保教人员360人。1983年，农村实行"家庭联产承包责任制"后，乡村农忙托儿所停办（表39-1）。

表39-1　县托儿所发展情况

| 年份 | 托儿班数/个 | | | 合计/个 | 入托幼儿数/人 | 保教人员数/人 |
| --- | --- | --- | --- | --- | --- | --- |
| | 大班 | 中班 | 小班 | | | |
| 1974 | | | 3 | 3 | 23 | 5 |
| 1975 | | 1 | 6 | 7 | 75 | 9 |
| 1976 | 1 | 1 | 6 | 8 | 95 | 11 |
| 1977 | 1 | 1 | 7 | 9 | 112 | 12 |
| 1978 | 1 | 1 | 8 | 10 | 122 | 13 |
| 1979 | 1 | 2 | 8 | 11 | 136 | 13 |
| 1980 | 2 | 2 | 10 | 14 | 180 | 15 |
| 1981 | 2 | 2 | 11 | 15 | 190 | 16 |
| 1982 | 2 | 2 | 11 | 15 | 201 | 17 |
| 1983 | 2 | 2 | 11 | 15 | 221 | 20 |
| 1984 | 2 | 3 | 12 | 17 | 256 | 23 |

续表

| 年份 | 托儿班数/个 | | | 合计/个 | 入托幼儿数/人 | 保教人员数/人 |
| --- | --- | --- | --- | --- | --- | --- |
| | 大班 | 中班 | 小班 | | | |
| 1985 | 2 | 3 | 13 | 18 | 286 | 26 |
| 1986 | 1 | 4 | 13 | 18 | 297 | 30 |
| 1987 | 1 | 4 | 13 | 18 | 299 | 32 |

## 二、幼儿园

民国29年（1940年），在大同中心校设幼稚班1个，幼儿30人。不到一年停办。

1955年秋，日新小学附设县幼儿园，两班幼儿30人，均为机关职工和县城居民子女，教员3人。1959年，迁南门沟峦包田（今园址）另辟园址，是年有5个班，幼儿187人，教职工20人。1965年，发展到6个班，幼儿214人，教职工14人。1985年，有7个班，幼儿275人，教职工22人。1987年，有9个班，幼儿350人，教职工28人，建有280平方米幼儿宿舍楼一座、教职工宿舍400平方米、职工伙房180平方米、教学楼486平方米、活动场地630平方米。

1955—1965年，按全国《幼儿园工作指南》规定排课，开设语言、常识、计算、音乐、美工、体育等课程，主要通过游戏形式进行教学。1979年后，恢复贯彻《幼儿园工作指南》，以早期开发儿童智力为指导思想，进行教学改革。用直观教学、实验、外出参观等教学方法，并与游戏活动相结合，对幼儿进行德、智、体、美综合教育。

县幼儿园从1971年起至1987年止，共向小学输送学生1218人。

1984年，筹建县直属机关幼儿园，园址设在县城北门街大榕树旁。1985年秋，招收幼儿5个班，幼儿140人，教职工31人，建筑面积1598.8平方米，活动场地383平方米。

1958年，人民公社化后，男女劳动力投入生产劳动，全县9个公社和58个生产大队均办乡村幼儿园（班）。1959年，共有幼儿园50所，幼儿班130个，接收幼儿3073人，托儿组47个，入托幼儿3175人。1962年，全部停办。1972年平等公社龙坪大队复办"红幼班"。1977年，大办幼儿班，全县有幼儿班187个，幼儿4215人，保育员223人，校舍、用具以民房、家具代用。1987年后暂停办。1984年，办瓢里幼儿园，至 1987 年，全县乡办幼儿园 8 所，村办幼儿园 35 所，接收幼儿 848 人（表 39-2）。

表 39-2　部分年份县（县直）幼儿园概况

| 年份 | 班数/个 | 幼儿数/人 | 教职工数/人 | 年份 | 班数/个 | 幼儿数/人 | 教职工数/人 |
| --- | --- | --- | --- | --- | --- | --- | --- |
| 1955 | 2 | 40 | 3 | 1978 | 6 | 216 | 16 |
| 1961 | 5 | 166 | 15 | 1980 | 5 | 204 | 10 |
| 1965 | 6 | 214 | 14 | 1985 | 12 | 415 | 58 |
| 1971 | 5 | 176 | 15 | 1987 | 15 | 550 | 58 |

三、学前班

附设在全日制小学内，从 1980 年至 1987 年共办学前班 34 个，接收学前儿童 885 人。

## 第三节　小学教育

清乾隆六年（1741 年），官绅始于龙胜办义学。以"忠君""尊孔"为教育宗旨，《幼学琼林》"五经""四书"为教材。清廷颁定龙胜厅中式生员，每年录 2 名（客童）。嘉庆三年（1798 年），增加 2 名（苗童）。光绪十八年（1892 年），瓢里街商民筹款办义学一所。光绪三十三年，龙胜厅设两等小学堂 1 所，学生 23 人。次年，增设初等小学堂 3 所，学生 72 人。宣统元年（1909 年），龙胜厅有高等小学堂 1 所，初等小学堂 4 所，学生共 83 人。

民国 3 年（1914 年），劝学所施行初小四年义务教育制，将县城两所小学堂改为县立高等小学校。民国 7 年，有初等小学 35 所。民国 9 年，在平等寨开办高级小学。民国 19 年，推行义务教育，全县分划 5 个学区，成立"教育委员会"，有初小 82 所，学生 2350 人；高小 3 所，学生 151 人。民国 24 年，推行国民基础教育，在苗、瑶、侗族地区，设立"特殊基础学校"，与汉族地区一样，每乡设中心国民基础学校一所，每村（街）设国民学校一所。民国 28 年，有中心校 15 所，村校 144 所，在校儿童 6507 人，在校成年人数 6579 人。民国 33 年冬，日军入侵县境，各级学校停课，次年初复课。民国37年，全县有乡中心校16所，村校116所，在校学生4365人，教师272人。

**普及小学义务教育**

1949年11月，全境解放。县人民政府根据"不打乱机构，维持原校"的原则，接管学校。次年春，有84所学校陆续开课。1951年，县人民政府发出号召：学校教育向工农开门，发动群众办学，贫困户学生可免费入学。当年有小学148所，学生5320人。

1954年，贯彻"整顿巩固，重点发展，提高质量，稳步前进"的方针，全县有小学173所，学生8789人，改春季招生为秋季招生。1957年，全县有小学生11 635人。1958年，教育大跃进，课堂搬到田间、工地、厂矿，年底大并校，全县将224所小学并为33所，学生14 113人。

1962年，教育部颁布《全日制小学暂行工作条例》，强调"调整、巩固、充实、提高"八字方针。由于全面贯彻了教育方针，确保了教育质量，教育日趋正常发展。1964年，贯彻执行"两条腿走路"（公办、民办）并举的方针，全县有"半工半读"小学87所，巡回跑教1所，共155个班。学校分早、晚班，半日班，"一揽子班"（可带弟妹上学）。实行农忙时少学，农闲多学，雨天全日学的办法，对扫盲、普及小学教育起了一定的作用。1965年，县内有小学268所，学生18 299人，适龄儿童入学率达87.3%。全县小学农场面积1261亩，小工厂77个。1975年，全县有小学89所教学点446个，学生24 325人，小学附设初中44处，共54个班。

1978年，党的十一届三中全会后，整顿小学，撤校并点。1980年，贯彻国务院《关于普及小学教育若干问题的决定》，推行"幼儿教育、小学教育、业余教育一起抓"。1980年，全县有小学88所，教学点434个（含耕读小学19个，跑教点8个），共有学生20 866人。

1985年，县人民政府制定并推行下发《普及初等教育规划》，实行分级管理。1987年，有小学104所，教学点340个，学生18 985人，入学率为99.6%（表39-3）。

表39-3 新中国成立后部分年份小学发展情况统计

| 年份 | 学校所数/所 | 班数/个 | 在校学生数/人 | | | | 毕业生/人 | 新招生/人 | 适龄儿童/人 | | |
|---|---|---|---|---|---|---|---|---|---|---|---|
| | | | 低年级 | 中年级 | 高年级 | 合计 | | | 合计 | 已入学 | 入学率 |
| 1950 | 60 | 118 | 3211 | | 120 | 3331 | 110 | 989 | | | |
| 1957 | 195 | 440 | 9495 | | 2140 | 11 635 | 2251 | 3528 | | | |
| 1965 | 268 | 410 | 16 323 | | 1976 | 18 299 | | 4978 | 15 559 | 13 591 | 87.4% |
| 1977 | 89 | 844 | 9287 | 8155 | 4761 | 22 203 | 4771 | 4214 | 18 707 | 18 591 | 99.4% |
| 1985 | 101 | 811 | 9440 | 7941 | 3719 | 21 100 | 2876 | 4246 | 16 173 | 15 851 | 98.0% |
| 1987 | 104 | 790 | 7917 | 7251 | 3817 | 18 985 | 3484 | 2693 | 14 129 | 14 084 | 99.7% |

注：1971年以后，一个大队有一所小学，大队以下学校统称教学点。

## 第四节 中学教育

境内中等教育开办较迟。民国29年（1940年），义宁、龙胜联办"义宁龙胜联立国民中学"，校址设在宛田（今临桂县宛田），龙胜籍学生40人。民国31年，龙胜县立国民中学建立，校址设在今县政府处，招2个班，学生120人。民国35年，改称"龙胜县立初级中学"，校舍迁至半粮子（今龙胜中学处）。民国38年，有6个班，学生234人。

1950年2月，龙胜初中复课，3个班，学生71人。1956年，更名"龙胜中学"，招收高中班1个，学生53人，同年建"平等初中"。是年，全县有高中班1个，初中班10个，学生546人。

1958年，增设瓢里初中。1960年，办马堤初中。是年，全县有中学4所，27个班（高中5个班），学生1198人。

1962年，贯彻"调整、巩固、充实、提高"八字方针，撤销马堤、瓢里两所初中，其学生并入龙胜中学。

1963年，开办广南城、三门两所初中。1965年，增办日新、江底两所初中。1964年、1966年，先后恢复瓢里、马堤中学。1966年，全县有中学29所，43个班，学生1673人。

"文化大革命"初期，中学全部停课"闹革命"。1968年，办芙蓉

"五七"中学、界泉中学。1969年春,初中、高中学制均由3年制改为2年制,各完小办戴帽初中班,各初中办戴帽高中班。1975年,提出"初中不出大队,高中不出公社",全县有戴帽初中25所,戴帽高中10所(表39-4、表39-5)。

表39-4 新中国成立后部分年份中学发展情况统计

| 年份 | 级别 | 所数/所 | 班数/个 | 在校学生人数/人 | 在校学生中少数民族/人 ||||| 毕业生/人 | 新招生/人 |
|---|---|---|---|---|---|---|---|---|---|---|---|
| | | | | | 苗族 | 瑶族 | 侗族 | 壮族 | 合计 | | |
| 1950 | 初中 | 1 | 3 | 71 | | | 4 | 5 | 9 | 20 | 35 |
| | 高中 | | | | | | | | | | |
| 1957 | 初中 | 1 | 11 | 534 | 26 | 34 | 253 | 91 | 404 | 85 | 254 |
| | 高中 | 1 | 2 | 100 | | | | | | | 50 |
| 1965 | 初中 | 6 | 18 | 760 | | | | | | 120 | 160 |
| | 高中 | 1 | 3 | 118 | | | | | | 23 | 44 |
| 1977 | 初中 | 13 | 192 | 8349 | | | | | | 2359 | 4274 |
| | 高中 | 20 | 47 | 2507 | | | | | | 960 | 1474 |
| 1980 | 初中 | 13 | 113 | 4621 | 434 | 464 | 1554 | | 2452 | 1168 | 2169 |
| | 高中 | 14 | 22 | 1055 | | | | 1152 | 1152 | 666 | 368 |
| 1985 | 初中 | 13 | 97 | 4315 | 651 | 533 | 1840 | 1155 | 4179 | 792 | 1559 |
| | 高中 | 1 | 15 | 822 | | | | | | 176 | 275 |
| 1987 | 初中 | 12 | 131 | 4973 | 931 | 698 | 1832 | 1331 | 4792 | 1163 | 1851 |
| | 高中 | 1 | 18 | 859 | | | | | | 269 | 300 |

表39-5 几个时期龙胜输送大专人数统计

单位:人

| 时期 | 小计 | 苗族 | 瑶族 | 侗族 | 壮族 | 汉族 |
|---|---|---|---|---|---|---|
| 新中国成立前 | 8 | — | — | — | — | 8 |
| 1951—1965年 | 99 | 9 | 7 | 45 | 16 | 22 |
| 1966—1976年 | 160 | 19 | 18 | 50 | 27 | 46 |

续表

| 时期 | 小计 | 苗族 | 瑶族 | 侗族 | 壮族 | 汉族 |
|---|---|---|---|---|---|---|
| 1977—1987年 | 377 | 39 | 29 | 110 | 80 | 119 |
| 合计 | 644 | 67 | 54 | 205 | 123 | 195 |

1977年，全县有中学33所（高中20所、初中13所），戴帽中学62所，总共239个班（高中47个班），学生10 856人（高中生2507人）。由于中学教育的发展同经济发展不相适应，造成师资奇缺，只能将一批批小学教师提任中学教师，使得教学质量出现"中学的样子，小学的底子"。

1978年，根据自治区"调整中学，加强小学"的原则，县人民政府制定了"十年教育规划"，对中学布局进行调整，龙胜中学定为重点中学。全县20所高完中压缩为8所，87所初中（点）压缩为27所。

1987年，全县有高完中1所，中学12所，附设初中2处（布弄、蒙洞），高中18个班，学生859人，初中131个班，学生4973人。

## 第五节　人才输送

新中国成立前，就读于省内外高等院校的8人。就读于桂林师范学校和桂林高中等学校的学生45人。新中国成立后，1951—1987年，共向大专院校输送学生634人，向中专输送学生1066人。

# 第40章
# 少数民族教育

## 第一节 民族高小寄读班

一、瑶族高小寄读班

1982年，县民族事务委员会拨款10 000元，于泗水中心小学办二年制瑶族高小寄读班1个班，学生56人。定向招收泗水乡潘内、周家，马堤乡马堤村，和平乡新六、柳田等地瑶族四年级毕业学生。住校食宿，每人每月补助伙食费2元；入学时发给每人被、席、蚊帐、面盆各1床（件）；每学期每人发给文具费3元。1983年，第一期毕业53人，参加初中招生考试的有53人，语文平均78分，数学平均93分，达录取分数线升入龙胜中学的22人，升入乡初中的31人，共录取53人，占参加升学考试总人数的100%。1984年，续招1个班，学生56人。先后共办3个班，学生168人，其中男生132人，女生36人。深为瑶族群众所称道。

二、马堤苗族高小寄读班

继泗水乡瑶族高小寄读班以后，1982年，县民委拨款2000元，于马堤初中附招二年制苗族高小寄读班1个班，苗族学生36人。定点招收马堤乡苗族四年级毕业生，在校食宿，学生待遇与泗水瑶族高小寄读班同。1984年，毕业29人，参加初中招生统考28人，双科及格25人，语文平均71分，数学平均82分，达录取线升入县中的6人、升入乡初中的22人，录取人数占报考人数的100%。

1985年，自治区教育厅、财政厅、民族事务委员会发出的《关于民族初中班和民族高小班经费的通知》中规定："龙胜各族自治县马堤乡等十二个乡办民族高小班，学制三年，从小学四年级开始，读到六年级毕业。学生力求住校，每乡每年招收两个班，一个乡在校生规模300人。每生每年生活补助费120元；学生用品费补助60元；开班费35元。"

1985年，自治区民族事务委员会拨给马堤苗族高小寄读班建校费6.19万元。1986年竣工交付使用，建筑面积1230平方米，有教室6间，学生宿舍2间，教师房10间，教具室、办公室、阅览室共3个。至1987年，马堤高小寄读班共办4个班，学生147人。其中苗族学生121人、瑶族23人、其他3人，教师7人。1984—1987年，共毕业两届3个班，参加初中招生考试的有135人，达初中录取分数线的有135人，录取入县初中的有44人，升入乡初中的有91人。

## 第二节　民族中学班

### 一、民族初中班

1957年4月，遵照广西教育厅、财政厅联合发出的《关于设置少数民族初中预备班及山区少数民族小学编制意见的通知》精神，在龙胜中学办民族预备班，学生50人。其中苗族学生11人、瑶族13人、侗族16人、壮族8人、汉族2人。招收应届少数民族高小毕业生，经乡、区两级推荐批核，适当参照课业考试成绩录取，学习1年。补学高小语、数基础知识，全年考试双科及格、操行甲等、身体健康者直升初中，余下可参加当年初中招生考试，按录取条件选择。预备班学生每月享受生活补助费3.6元，课本费免收。拨给开班费100元，以民族教育补助费支付，配教师2人。1958年8月停办。

1963年，按自治区批转区民族事务委员会《对民族教育、卫生工作的意见》的精神，分别于1963年、1964年，在龙胜中学开设民族初中各1个班，学生100人，学制四年，定向招收苗族、瑶族、侗族、壮族及少数边远村寨之汉族高小毕业生。开班费每班60元。发给学生每人每月生活补贴6元，课本费全免，被、帐、面盆各1件（合30元）。每班配备教师3人，由县中学统一安排课程及学籍管理工作。1968年，"文化大革命"期间停招。

1982年秋，由县民委、教育局提请，县人大常委会通过，报自治区民委、教育厅备案，在龙胜中学恢复四年制民族初中班。经费由民委承担（每班1万元），行政方面的事务由教育局统一管理。定向招收各族学生，指标由民委定，县人民政府审批，委托龙胜中学进行专项招生工作。每年招新生1个班，50人（苗族12人、瑶族16人、侗族12人、壮族8人、汉族2人）。1982—1987年，共招收初中民族班6个班，学生300人。共毕业2个班，85人，被中等专业学校录取5人，升入高中74人，回乡参加农业生产6人。

二、民族高中班

1980年秋，桂林地区在龙胜中学开设民族高中班1个，50人，其中龙胜籍少数民族学生25人，学制四年。1981年迁至桂林。1987年筹建民族中学，校址在县城。

## 第三节 民族教育特殊措施

1981年始，县人民政府从少数民族教育补助费中，每年拨1万~1.5万元给建新、里江、东升、里市、潘内、周家、细门、新元、柳田、石京、凉平、岭田、上孟等13个高寒边远贫困地区的少数民族学生作寒衣、文具补助费，并实行免费入学。1985年秋，召开县三级教育会议，经过讨论，提请县人民代表大会通过，县人民政府下文，从县财政收入中每年拨4万元，对全县135个校点，在校学生4473人，实行免费入学；对88个校点，学生4527人，实行半免费入学；对上述校点的外乡教师每月补贴5元；对距售粮点15千米以上的教师，每月发运粮补贴2~4元。

# 第41章

# 专业教育

## 第一节 师范

### 一、师范讲习所

宣统元年（1909年），龙胜开办师范讲习班1个班，60人。民国元年（1912年），成立师范讲习所，招1个班，60人。民国22年，开办龙胜乡村师范养成所，学制一年，招1个班，50人。

### 二、短期师范班

民国27年（1938年），成立龙胜短期师范班（校址三间庙，今电影院处），学制半年，招收学员60人，办两期。民国29年，改为龙胜师资训练班，学制一年，招收60人。翌年，继办1期，招收60人。毕业后，均由县政府教育科委任为小学教师。

### 三、县中附设师范班

民国33年（1944年），国中附设简易师范科，招初中毕业生1个班，40人，毕业30人。1952年，龙胜初中招师范班1个班，学员50人。1958—1960年共招师范班5个班，学生237人，学制均为一年。1972年招1个班，59人，学制2年。1973年、1976年实行推荐入学，招2个班，学生55人。

### 四、龙胜师范

1964年，为适应两种教育制度，于龙胜峦山园艺场办耕读师范班1个班，学员44人，学制3年。1977年3月，建成龙胜师范，至1985年，共招普通班8个班，学生262人；小学行政干部和教师培训班10期，17个班，学员640人；中师函授班2期，学员400人；高师函授班2期，学员 39 人；英语专业短训班 2 期，学员 100 人；代课教师培训班 1 期，学员 49 人。1985 年 11 月，改为龙胜各族自治县教师进修学校，培训在职小学教师。

## 第二节　农村技校

### 一、农林中学

1958 年，创办广南、六漫、马堤、固洞 4 所农业中学，每所招收 1 个班，里骆林业中学招 1 个班，共 5 个班，学生 199 人。

1959 年春，农中全撤。8 月恢复马堤、六漫、广南农中及里骆林业农业班。年底，办白水、三门、宝赠农中，学生增至 366 人。

1960 年，农中全撤。

1963 年底，办明江、广南城农中，各招 1 个班，学生 100 人。1964 年，推行"两种教育制度""两种劳动制度"，明江、广南城农中改为耕读中学，并新办大云耕读中学，恢复三门农中为耕读中学。是年，有耕读中学 4 所，学生 172 人。至 1967 年，全县恢复和新办平也、金结、白水、金江、马堤、江底、宝赠及平等中学耕读班，年底全县有耕读中学 25 所，28 个班，学生 610 人。

1968 年 8 月，在瓢里介泉办林业中学，招高中、初中各 1 个班，每班学生 50 人。1969 年，转为普通中学。1968 年，将宝赠农中改为林中，设于西腰伐木场，招 1 个班，学生 50 人，1981 年撤销。

1975 年，在瓢里乡观音山，办林业中学 1 所，招 1 个班，学生 60 人，1976 年撤销。

### 二、职业中学

1982 年，将原都坪中学改为县农业中学，保留原普通初中班。是年招高中农职班 1 个，学生 42 人。1985 年有高中班 4 个，学生 162 人，校内还有普通初中班 3 个，学生 153 人。1987 年，有高中班 2 个，学生 94 人，校内有养殖场 1 个，柑橙果场 1 处，面积 20 亩，鱼池 1 个。

## 第三节　壮文学校

县壮文学校创办于1956年冬。自治县拨款修建砖木结构平房1栋，木房2座，建筑面积600平方米，有教职工6人。1957—1958年，壮校共开办壮文扫盲师资培训班4期，学员160人，同时，在壮族聚居的村寨推行壮文。1958年冬，壮校停办。

1985年，重建壮校，有教职工5人。是年，自治区语言委员会拨款15万元，兴建职工宿舍和教学楼，学校占地面积4900平方米。1985—1987年，共开办壮文教师培训班4期，学员137人。自1985年起，在和平乡的龙脊、金江、平安、马海等村开办壮文小学试验班，参加学习的学生389人。试验班以壮文教学为主，同时开设汉语必修课。1986年冬，在和平乡的马海、平安、龙脊及龙胜镇的外寨、荔枝等村开办农民壮文扫盲班，参加者350人。1986年停办。

县壮文学校教职工工资及教学费用均由自治区语言委员会专款下拨。行政领导隶属县民族事务委员会。壮文小学试验班的学生每人每年享受助学金20元。

## 第四节　其他教育

### 一、函授教育

1957年，开办中、小学教师业余函授班。1961年，参加中师函授学习的有114人，参加初师函授学习的有338人。1964年，教育科成立中师函授站，采取一次入学、单科独进的措施，把不达中师水平的小学教师全部吸收参加函授学习，全县7个区，设18个函授点，学员280人。

"文化大革命"期间，函授教育停办。

1977年，函授教育恢复，在龙胜师范设函授站。参加函授学习的学员有：语文67人，数学93人，物理22人，化学4人。

1978年，龙胜师范函授站改为函授部，举办中师函授。全县设12个辅导点。有语文函授学员423人，数学函授学员331人。至1984年，获语文单科结业的196人，数学单科结业的90人。

1958年和1962年，广西师范学院在龙胜招收两期高师函授学员，有9人参加学习，有7人获中文大专或本科毕业文凭。

1979—1985年，广西民院、广西师范大学、桂林地区教师进修学院举办大专函授，在龙胜设语文、数学函授班。6年共办两届4个班。中文班获大专毕业文凭的有26人；数学班获大专毕业文凭的有11人。

二、电视大专（简称电大）班

1985年9月，龙胜师范开设三年制电大1班，学员27人。

三、成人高校

1985年，在县城开办成人高校补习班2个班，学员87人，脱产学习3个月。同年，县教育局成人教育办公室组织全县职工181人参加文化考试，组织92名职工参加第一期高中文化考试（表41-1）。

1985年，成人高校考试招生，被成人高校录取就读的有50人。其中，文科31人，外语7人，理科11人，艺术1人。

表41-1　1985—1987年成人高校录取情况

单位：人

| 年份 | 脱产学习 | 业余函授 |
| --- | --- | --- |
| 1985 | 33 | 17 |
| 1986 | 19 | 8 |
| 1987 | 14 | 23 |

# 第42章
# 业余教育

## 第一节 扫除文盲

民国19年（1930年）3月，县第一次教育行政会议决定，由各区学校对民众进行识字与国民道德教育。至民国20年2月，开办平民夜校7所。是年，国民教育改称民众教育，平民夜校改称民众夜校。民国23年，民众学校改为成人班，全县应受成人教育的有11 298人，入学就读的有164人，占成人总数的1.45%。

民国24年（1935年），实行成人强迫教育，统一由政府免费提供成人识字课本。民国35年，全县各校共办初、高小成人班500余个，均在夜间和农闲时上课。就读学员7850人，占应受成人教育总人数的70%。

1951年，全县有冬学班167个，学员3294人，学习政治时事、文化。

1952年，冬学班改称工农夜校。有学校86所，173个班，3427人。1953年，有410个班（组），学员13 994人。1954—1955年，全县脱盲631人，由县政府颁发证书。

1958年，全县青壮年中文盲、半文盲有24 190人，8月初开始扫盲，至9月30日，脱盲（认1500个汉字）21 940人，脱盲人数达90.7%。1959年，全县基本扫除文盲。3月，隆重集会"庆祝基本无文盲县"。

1961年自然灾害时期，扫盲工作停止，大部分脱盲者又复文盲。

1978年，境内12~45岁文盲、半文盲有12 142人。是年，各村寨均办扫盲班（组）。至1980年底，全县脱盲人数占应扫盲人数的89.2%。经地区验收，实现"基本扫除文盲县"（要求认3000个汉字，实际认1000个汉字的占30%左右）。1953年，业余高小班贯彻中央"整顿巩固，重点推行，积累经验，稳步前进"的扫盲方针，办高小班70个，1845人就读。

1959年，开展全民性社会主义、共产主义教育运动。开办"共产主义大学"和"红专学校"292所。全县脱盲农民19 562人转入业余高小班学习。

## 第二节　业余初中班

1957年，始办业余初中班1个，学员59人。1958年增至30个班(组)，学员330人。1959年，就读于业余初中班的学员有1772人。

"文化大革命"期间业余初中班时办时停，中共办86个班，学员2007人。

1980年，境内有农民业余初中班40个，学员2373人。还开办两个农业技术班，学员39人。

1985年，开办各种类型的业余学习班141个，学员1841人，主要对象是农村知识青年和农业科学爱好者。

## 第三节　职工业余教育

1953年，在县城始办职工业余夜校两个班，学员104人。1956年，开业余高小班、初小班，聘请日新小学和龙胜初级中学教师任教，组织机关干部、国营企业职工，按文化程度分班学习，学员入学免收书本费，参加学习的学员有361人。1967年，职工业余教育停办。

1980年，职工教育工作恢复，当年办业余高中班1个，学员50人。

1982年，县职工教育管理委员会成立。对高中、初中毕业的职工进行文化考查。1983年，对全县职工进行文化补习，是年冬进行文化普测，参加初中文化普测的有818人，获毕业证书的有176人，占21.5%。

1985年，开办职工初中文化补习班2个，学员80人。

# 第43章
# 教师

## 第一节　教师队伍

清末的私塾、义学教师，多为贡生、廪生或境内社会知名文人。

民国22年（1933年），有专任教师102人，其中师范毕业的5人，短期师范毕业的22人，高中毕业的2人，初中毕业的2人，初等学校毕业的31人，无正规学历的40人。

民国37年（1948年），有中小学教师158人。校长由政府任命，教师由校长聘定后呈报县政府发给派令，归教育科管理。

新中国成立后，教育事业迅速发展，教师队伍不断扩大。1952年秋，全县教职工有328人，其中小学专任教师273人（女教师16人）。按文化程度分，大学专科毕业的1人，中等师范学校（高中）毕业的16人，初中毕业的160人，高小毕业、初中肄业的93人，其他3人。教师文化程度合格率为7.2%。

1958年，从党政机关和其他部门调一批干部充实教师队伍，又吸收部分应届高中、初中毕业生作教师。全县有中学教师34人，其中苗族1人，侗族5人，壮族3人，其余都是汉族；其中大学本科毕业的6人，大学专科毕业的6人，师范学校高中毕业的6人，初中毕业的16人，专科以上毕业人数占53%。小学教师387人，其中苗族25人，瑶族45人，侗族148人，壮族58人，回族2人，汉族109人。按文化程度分，高中毕业以上的43人，占11.1%，初中毕业至高中肄业的130人，占33.6%，初中肄业以下的214人，占55.3%。中学教职工与学生之比为1∶19.7，小学教职工与学生之比为1∶32.6。

1961年，国家处于暂时困难时期，有的教师自动离职。政府辞退公办、民办教师139人。

1964年，有中学教职工66人，小学教职工514人。其中大专毕业的24人，中师、高中毕业的203人，初中（初师）毕业的258人，高小毕业的29人。高中毕业以上的教师占教师总数的44.16%，少数民族教师占教师总数的65.25%。教职工与学生之比为1：24.7。

1978年，全县共有中、小学教职工1604人，其中中学645人，小学959人，民办教师581人。是年，对小学专任教师887人进行考评，能胜任教师工作的409人，占46.1%，基本胜任的407人，占45.9%，不胜任的71人，占8%。高中、初中大发展，教师层层上拔，高中教师99人中，胜任教师工作的37人，占37.3%，基本胜任的47人，占47.5%，不胜任的15人，占15.2%；初中教师482人中，胜任教师工作的64人，占13.3%，基本胜任的134人，占27.7%，不胜任的284人，占58.7%。

1979年，落实政策回收教师188人，并对全县中、小学进行调整。至1983年，有中学13所，完全小学89所，教学点412个。高中教师62人，其中大学本科毕业的17人，占27.4%；大学专科毕业的29人，占46.8%；大学专科肄业、中师、高中毕业的15人，占24.2%，中师、高中肄业以下的1人，占1.6%。初中教师185人，其中大学本科、大学专科毕业的50人，占27.0%；大学肄业、中师、高中毕业的129人，占69.7%；中师、高中肄业的6人，占3.2%。小学教师969人（包括民办教师238人），其中中师毕业以上的369人，占38.1%；初中毕业至高中毕业的556人，占57.4%；初中肄业以下的44人，占4.5%。中学教职工与学生之比为1：10，小学教职工与学生之比为1：23.2。

1984年，中师毕业79人，大专毕业9人，分配任教师。在机构改革中，有48名中小学教师调到各级党政部门工作。

1985年，从民办、代课教师中择优转正370人。全县专任小学教师870人，其中达到中师水平的578人，占66.4%；达到初师（初中）水平的217人，占24.9%；达到小学毕业水平的75人，占8.6%。中学专任教师311人，其中大学本科毕业的35人，占11.3%；专科毕业的97人，占31.2%；专科以下的179人，占57.6%。小学教职工与学生之比为1：16.6，中专教职工与学生之比为1：11.9。

## 第二节 教职工待遇

民国15年（1926年），教师年工资桂钞12元。民国22年，月薪11～15元（银圆）。民国37年，中学教师月薪稻谷220斤，小学教师月薪稻谷100～142斤。工资常不能如期支付，且物价飞涨，货币贬值，教师待遇低下，入不敷出，生活贫困。

新中国成立后，教师待遇逐步改善。1950年，中学教师月薪稻谷350斤，小学教师月薪稻谷250～350斤。1951年，教师工资由粮薪制改为工资分制，月薪1.8万～22万元（旧人民币）。1955年，中学教师月均工资32.75元，小学教师25.87元。1963—1965年，县政府每学期发予中小学教师4项奖金：15年教龄以上者、外县籍教师、在边远山区任教者、带病坚持工作者，每项奖金10元。1978年，中学教职工月均工资53.5元，小学教职工月均工资39.34元。以后几经调级，1985年，中学教师人年均工资1273元，小学教师1207元；1986年，中学教师人年均工资1439元，小学教师1400元；1987年，中学教师人年均工资1511元，小学教师1500元。民办教师，由国家每人每月补助12元，1980年前，生产队给予同等劳力报酬。1981年，补助24元。1984年，每月补助33～37元，同年对巡回点教师每月补助4元。1985年，月发工资42～48元。1986年，民办转为公办（表43-1、表43-2）。

表43-1　1987年教师情况统计

单位：人

| 学校 | 总人数 | 文化程度 | | | | | 业务水平 | | | | 政治面貌 | | | | |
|---|---|---|---|---|---|---|---|---|---|---|---|---|---|---|---|
| | | 本科 | 大专 | 中专 | 初师 | 小学 | 高级 | 一级 | 二级 | 三级 | 党员 | 团员 | 县先进工作者 | 地区以上先进工作者 | 县人大代表 |
| 中学 | 411 | 54 | 165 | 128 | 54 | 10 | 6 | 117 | 120 | 50 | 89 | 62 | 27 | 8 | 3 |
| 小学 | 1080 | 1 | 21 | 582 | 455 | 21 | 110 | 445 | 311 | 89 | 145 | | 138 | 13 | 9 |

表 43-2　新中国成立后部分年份教职工情况统计

单位：人

| 年份 | 教职工人数 | | | 教职工中少数民族人数 | | | | |
|---|---|---|---|---|---|---|---|---|
| | 合计 | 中学 | 小学 | 合计 | 苗族 | 瑶族 | 侗族 | 壮族 |
| 1950 | 158 | 11 | 147 | 78 | 7 | 6 | 35 | 30 |
| 1957 | 501 | 62 | 439 | 298 | 30 | 35 | 161 | 72 |
| 1971 | 883 | 253 | 630 | 567 | 79 | 75 | 266 | 147 |
| 1978 | 1604 | 645 | 959 | 1134 | 185 | 184 | 447 | 318 |
| 1985 | 1645 | 457 | 1188 | 1158 | 173 | 170 | 519 | 296 |
| 1986 | 1927 | 564 | 1863 | 1528 | 185 | 191 | 813 | 339 |
| 1987 | 1950 | 521 | 1429 | | | | | |

党的十一届三中全会以后，中共龙胜县委、县人民政府根据中央有关文件，组织专案组，对历次政治运动中造成的冤、假、错案，予以平反昭雪，给175名教师发了"平反书"。重新安排工作的教师172人。在1985年第一个教师节，被评为县劳动模范的有31人，先进单位17个，先进教育工作者123人，给教龄在25年以上的235名教师发了荣誉证书。教师中有党员317人。从1981年起，有282名教师分6批赴北京、天津、上海、杭州等地游览。有12人当选为县人大代表。

## 第三节　教师培训

新中国成立后，教师培训工作分级进行。中学由地区负责，小学由县负责。

"文化大革命"前，文教局每年选送2~3名教师到广西师范学院、广西民族学院、广西教育学院或桂林师范学校学习，培训高中或初中教师。每年寒暑假，教师集中到县城进行政治、业务学习。

自1971年起，利用暑假举办小学汉语拼音、三算（口算、笔算、珠算）和初中数学、化学、物理、语文、政治、历史培训班。到1976年，共培训教师488人。到桂林师范学校、广西师范学院、广西教育学院、广西民族学院轮训学习的有 101 人，到县师范学校参加短训和培训的有 100 人。

（一）函授进修

1980 年，桂林地区举办高师函授，参加学习的有英语教师 2 人，物理教师 6 人，化学教师 9 人，数学教师 5 人，语文教师 17 人，至 1984 年获专科毕业证书的有 14 人。

（二）业余进修

在职教师，依据自己实际，自修高一级课程。至 1987 年，全县有 75 名教师报考自修大学（表 43-3）。

表 43-3　1984—1987 年教师培训情况

单位：人

| 年份 | 脱产学习 | | | | | | | | | | | 业余进修 | | | | | | | | |
|---|---|---|---|---|---|---|---|---|---|---|---|---|---|---|---|---|---|---|---|---|
| | 语文 | 数学 | 外语 | 物理 | 化学 | 体育 | 心理学 | 教育学 | 艺术 | 历史 | 生物 | 语文 | 数学 | 外语 | 物理 | 化学 | 体育 | 生物 | 政治 | 园艺 |
| 1984 | | | 1 | 1 | 2 | | | | | 1 | 1 | | | | | | | | | |
| 1985 | 1 | 1 | 7 | | 1 | 1 | 1 | 1 | 3 | | | 5 | | 4 | 1 | | 2 | | | |
| 1986 | 1 | 4 | 1 | 1 | | | | | | | | 2 | 1 | | | 1 | 1 | | | |
| 1987 | | | 1 | | 1 | | | | | | | 8 | 2 | | | | 3 | 2 | | |
| 合计 | 2 | 5 | 10 | 2 | 4 | 1 | 1 | 1 | 3 | 1 | 1 | 15 | 3 | 4 | 1 | 1 | 6 | 2 | | |

（三）岗位练兵

组织教师开展基础知识和基本技能的自我训练，举行教学表演。至 1987 年，获县教学表演赛一等奖的有 4 人，二等奖的有 6 人，三等奖的有 8 人。

# 第44章
# 教学研究与教学管理

## 第一节 教学研究

清末,多以"先生讲,学生听"的方法教读经史,学生每天读书、识字、作文,"以培养国民的善性,以童年皆知作人正理",从经史中学文,学圣人之道。

民国时期,废读经史,设算术、地理、历史、手工、音乐、图画等课程,但仍沿注入式教学方法。早晚实行升降国旗致敬、宣读总理遗嘱的制度,同时向学生灌输封建伦理思想。

新中国成立后,各级学校以德育、智育、体育全面发展的方针教育学生,但在"大跃进"和"文化大革命"时期,曾被打乱。

### 一、德育

自1950年起,学校对学生进行"爱祖国、爱人民、爱科学、爱劳动、爱护公共财物"的教育。学生积极参加修缮校舍的劳动,珍惜劳动成果。1954年,对学生进行"身体好、学习好、工作好"的教育。1963年后,各校师生积极响应毛主席"向雷锋同志学习"的号召,学习共产主义战士雷锋全心全意为人民服务的精神,好人好事蔚然成风。1978年,对学生进行"爱祖国、爱社会主义、爱共产党、爱劳动、爱科学、爱公共财物"和"遵守公共秩序"的教育。1982年,各校开展"讲文明、讲礼貌、讲卫生、讲秩序、讲道德;心灵美、语言美、行为美、环境美"的"五讲四美"教育活动。1984年后,对学生进行"有道德、有理想、有文化、有纪律"和"坚持社会主义道路,坚持人民民主专政,坚持共产党领导,坚持马列主义、毛泽东思想"的教育。

## 二、智育

1950—1952年沿用旧法。1953年后，全县教师学习苏联教育家凯洛夫的课堂教学"五大环节"（组织教学、复习旧课、讲授新课、巩固新课、布置作业）的理论，促进教师钻研业务、认真备课、重视直观、教学掌握循序渐进的认识规律，但教学形式呆板，不利于培养创造型人才。1958年，强调教学要为无产阶级政治服务，要同生产劳动相结合，否定以课堂教学为中心的教育活动，片面强调劳动教育，教学质量下降。1962年，重新认定以课堂教学为教学的基本形式，提倡精讲多练，反对"满堂灌"，教育质量回升。1977年，恢复升学考试制度，强调以课堂教学为中心，使用广西壮族自治区统编教材，加强基础知识教学和基本技能训练。1979年，开始使用全国统编教材。1984年，强调加强基础知识传授和基本技能训练，开展丰富多彩的课余活动，课外活动与教育、教学工作安排有机地结合，减少学生课业负担，教学质量逐步提高。小学毕业生语文数学及格率达64%；高中毕业生参加高考，被大专院校录取的有44人，被中专学校录取的有68人。

## 三、教学研究机构

1954年秋，文教科建立教学研究室，负责指导小学教学业务，各校先后建立教研组，研究教材教法，探讨教学规律，提高教学质量。小学多以语文、数学编组教学，也有按年级分组的。

1961年，教研室收集、整理"识字教学经验""作文教学经验""数学教学经验""汉语拼音教学经验""复式教学经验"。1962年，编印《教学参考资料》三期。1985年起，创办《龙胜教研》（季刊）。1957—1965年，为减轻学生过重的学习负担，中小学的教研活动以课堂教学"少而精""启发式""理论联系实际""狠抓基础知识教学和基本技能训练"为中心。1984年后，课堂教学以如何"以学生为主体，教师为主导，发展学生智力，培养学生能力"为中心，探讨在传授知识过程中，培养学生观察、理解、想象、记忆、应用等能力。后在教师中开展"比学、比教、比效果"的活动。

1987年，小学教研室配有幼儿教育研究员、小学教育研究员、教学研究员共6人；中学教研室配有语文、政治、数学、物理、化学、体育、外语、生物等科教研员8人，中学电化教研员2人。中学按文、理科编教研组。

## 第二节 教学管理

清宣统元年（1909年），境内始设劝学所。各区均设劝学员1人，负1区劝学之责。废科举兴学堂后，学堂由堂长管理教学工作。课堂教学时数、考试制度、百分记分制度、升留级制度等，均依光绪二十九年（1903年）颁布的《奏定学堂章程》（癸卯学制）办理。

民国元年（1912年），教育部颁布《普及教育暂行办法》，改学堂为学校。县以下学校教学工作由县督学视察检查，直接管理学校教学工作的有校长、教务处。民国21年，学校实行"三位一体"，乡（镇）村（街）长既兼任民团后备队长又兼任学校校长。民国25年，各乡中心校设辅导主任制，分级管理学校。除开设课程及各科教学时数不同于癸卯学制外，考试记分仍沿用清末制度。

1952年3月，全县4区各配文教助理1人，以加强区人民政府对学校工作的领导。1953年5月，全县改划6区，10个中心小学校，由中心校负责人管理所辖范围内小学。1956年，各中心校设教育辅导员1人。1962年，撤区并社后，撤销中心校辅导员，组建18个公社文教小组，由文教助理1人、辅导员组长、辅导员、会计3～5人组成，加强各公社的教学、业务的研究与管理。1987年，按全县行政区划为10乡1镇，由文教助理、教育辅导组管理学校工作。

新中国成立初期，对学生的学习成绩考查，沿用民国时期的月考、期考、毕业考、升学考试制度。1953年后，废月考为段考，记分采用100分制，1955年学习苏联采取5分制，1958年恢复100分制。学年总评，语文、数学两科或其他1科60分以下，经补考仍不及格者留级。高中、初中、小学分段修业期满后，参加毕业考试成绩合格者，发给毕业证书；不合格的发给肄业证书。升学则按各校招生人数，制定录取分数线。1955年，规定中小学生入学、休学、退学、转学、复学、升学、留级、跳级等学籍管理制度。1962—1964年，强调各校语文、数学教学要加强基础知识与基本技能训练。以教学为重点，教师要注意精讲多练，抓关键，讲清重点、难点。减轻学生课业负担，让学生在熟练掌握知识的基础上提高解题能力，大部分作业课内完成（表44-1）。

表44-1 农职业高中教学计划修订（草案）

| 科目 | 一年级 | | 二年级 | | 三年级 | | 上课总时数 |
|---|---|---|---|---|---|---|---|
| | 1 | 2 | 1 | 2 | 1 | 2 | |
| 政治 | 2 | 2 | 2 | 2 | 2 | 2 | 216 |
| 语文 | 5 | 5 | 5 | 5 | 5 | 5 | 546 |
| 数学 | 5 | 5 | 6 | 6 | 5 | 3 | 540 |
| 物理 | 4 | 4 | 4 | 4 | 2 | 2 | 360 |
| 化学 | 4 | 4 | 4 | 4 | | | 288 |
| 生物 | 2 | 2 | 2 | | | | 103 |
| 体育 | 2 | 2 | 2 | 2 | 2 | 2 | 216 |
| 史地 | 1 | 1 | 1 | 1 | 1 | 1 | 103 |
| 植物 | 3 | | | | | | 54 |
| 农业气象基础 | 2 | | | | | | 36 |
| 土壤与肥料 | | 2 | 2 | | | | 72 |
| 田间试验 | | 3 | | | | | 54 |
| 作物遗传与良种繁殖 | | | 2 | 2 | | | 72 |
| 植物保护 | | | | 2 | 2 | | 72 |
| 饲养与营养 | | | | | 3 | | 54 |
| 兽医基础与防治 | | | | | 2 | 2 | 72 |
| 劳动实习 | 6 | 6 | 6 | 6 | 6 | 6 | 648 |
| 其他 | | | 36 | 2 | 6 | 13 | 373 |
| 每月总时数 | 36 | 36 | | 36 | 36 | 36 | 3888 |

1978年，教育部统编教学大纲、教材和教学计划后，全县每年举行教学大检查，评比教师备课、教学、批改作业和课内外辅导等实绩。小学增加语文、数学课时数，中学增加语文、数学、外语、物理、化学课时数。农村中学增加农业基础知识课，规定全年教学44周，上学期23周，下学期21周，寒暑假8周。

# 第45章
# 经费

## 第一节 经费来源

一、国家财政拨款

清朝末年，政府拨款分为：产业租入（庙产）、官款拨给和公款提充。光绪三十四年（1908年），产业租入92元，官款拨给51元，公款提充100元（以银洋计）。

民国18年（1929年），全县教育经费5356元（洋毫）；民国19年，11 100元（洋毫）；民国23年，17 453元（银毫）。

新中国成立后，1951—1952年，上级拨给民族教育补助费38 126万元（旧人民币）。自1954年起，教育经费纳入国家预算，1956年，教育经费250 888元。此后，随着教育事业不断发展，教师工资相对提高，教育经费逐年有所增加。1962年，教育经费为422 142元。

二、民办公助

1958年，全县兴办民办小学17所，民办教师47人。20世纪50—60年代，民办教师自带口粮，工资由办学单位（生产队）自筹，有的记同等劳力工分。1971年后，实行民办公助，国家给民办教师每人每月补助12元。1971年，全县民办教师124人，群众统筹支付民办教师工资18 612元。1972年，支付民办教师工资30 391元。1976年，全县民办教师533人，每人口粮555斤，国家给民办教师每人每月补助24元，1985年，国家给民办教师每人每月42～48元补助。

## 三、学田

民国22年（1933年），平瑶委员会没收瑶族、壮族起义农民的水田3430石（合572亩）。督学梁谷等到泗水、镇南（和平）、马堤等乡"规劝"乡民捐学田1000余石（合167亩）。民国36年，县乡财政划分后，全县学田拨给各乡中心国民学校为基金收入。仅江底乡部分村计有学田532.6石（合87.1亩）。

## 四、集资办学

新中国成立后，群众集资，献工献料建校，改善办学条件。1963年，全县献工献料建新校舍10座，修建学校44所。1970—1978年群众集资578 662元，献木料3890立方米，木板593.87平方丈，课桌凳2571套，工日27 656个，新建校舍40座，教室307间，学生宿舍116间，教师宿舍62间，修缮校舍88所。

1980年以后，按国家、地方、群众"三个一点"建校原则，1981—1987年，群众集资共100.32万元（表45-1、表45-2）。

表45-1　1981—1987年"三个一点"建校统计

单位：万元

| 年份 | 中央自治区投资 | 县财政投资 | 群众集资 | 年份 | 中央自治区投资 | 县财政投资 | 群众集资 |
|---|---|---|---|---|---|---|---|
| 1981 | 25 | 5 | 17.6 | 1985 | 39.2 | 37.7 | 9.6 |
| 1982 | 20 | 10 | 17.7 | 1986 | 40 | 36.4 | 3 |
| 1983 | 15 | 5 | 2.6 | 1987 | 50 | 12 | 37.77 |
| 1984 | 38 | 62.1 | 12.05 | 合计 | 227.2 | 168.2 | 100.32 |

表45-2　1951—1987年县财政教育经费支出

| 年份 | 县财政总支出/万元 | 其中教育支出/万元 | 占总支出百分比 | 中小学生人数/人 | 每生均占教育费支出/元 | 另拨基建专款/万元 |
|---|---|---|---|---|---|---|
| 1951 | 15.15 | 1.75 | 11.6% | 5400 | 3.24 | |
| 1952 | 41.01 | 10.49 | 25.6% | 9600 | 10.93 | |
| 1953 | 53.91 | 17.01 | 31.6% | 8900 | 19.11 | |

续表

| 年份 | 县财政总支出/万元 | 其中教育支出/万元 | 占总支出百分比 | 中小学生人数/人 | 每生均占教育费支出/元 | 另拨基建专款/万元 |
|---|---|---|---|---|---|---|
| 1954 | 54.77 | 15.35 | 28.0% | 9100 | 16.87 | |
| 1955 | 62.62 | 15.64 | 25.0% | 8700 | 17.98 | |
| 1956 | 86.75 | 24.69 | 28.5% | 12 900 | 19.14 | |
| 1957 | 101.16 | 31.10 | 30.7% | 12 300 | 25.28 | |
| 1958 | 154.48 | 32.28 | 20.9% | 15 000 | 21.52 | |
| 1959 | 147.61 | 34.56 | 23.4% | 16 000 | 21.60 | |
| 1960 | 203.90 | 34.42 | 16.9% | 15 600 | 22.06 | |
| 1961 | 150.37 | 31.97 | 21.3% | 10 200 | 31.34 | |
| 1962 | 125.41 | 36.84 | 29.4% | 9000 | 40.93 | |
| 1963 | 139.60 | 38.88 | 27.9% | 9300 | 41.81 | |
| 1964 | 146.65 | 40.09 | 27.3% | 13 300 | 30.14 | |
| 1965 | 191.38 | 40.86 | 21.4% | 19 200 | 21.28 | |
| 1966 | 182.56 | 42.53 | 23.3% | 21 000 | 20.25 | |
| 1967 | 196.38 | 24.18 | 12.3% | 16 200 | 14.93 | |
| 1968 | 152.91 | 38.98 | 25.5% | 16 500 | 23.62 | |
| 1969 | 258.27 | 39.35 | 15.2% | 16 200 | 24.29 | |
| 1970 | 222.39 | 41.64 | 18.7% | 18 600 | 22.39 | |
| 1971 | 250.20 | 43.47 | 17.4% | 20 700 | 21.00 | |
| 1972 | 289.14 | 69.47 | 24.0% | 23 700 | 29.31 | |
| 1973 | 264.22 | 66.15 | 25.0% | 26 100 | 25.34 | |
| 1974 | 236.59 | 67.49 | 28.5% | 29 100 | 23.19 | 9.7 |
| 1975 | 419.86 | 60.53 | 14.4% | 30 600 | 19.78 | 3.6 |
| 1976 | 262.93 | 75.28 | 28.5% | 32 500 | 23.16 | 3.0 |
| 1977 | 428.56 | 77.78 | 18.1% | 33 000 | 23.57 | 6.5 |
| 1978 | 409.73 | 99.49 | 24.3% | 31 000 | 32.09 | 3.0 |

续表

| 年份 | 县财政总支出/万元 | 其中教育支出/万元 | 占总支出百分比 | 中小学生人数/人 | 每生均占教育费支出/元 | 另拨基建专款/万元 |
|---|---|---|---|---|---|---|
| 1979 | 489.50 | 112.27 | 22.9% | 27 800 | 40.38 | 5.0 |
| 1980 | 498.48 | 134.30 | 26.9% | 26 100 | 51.46 | 24.0 |
| 1981 | 643.96 | 168.51 | 26.2% | 26 400 | 63.83 | 13.5 |
| 1982 | 638.68 | 185.60 | 29.1% | 25 500 | 72.78 | 5.2 |
| 1983 | 886.19 | 250.55 | 28.3% | 25 700 | 97.49 | 28.7 |
| 1984 | 1055.38 | 314.36 | 29.8% | 25 400 | 123.76 | 38.0 |
| 1985 | 1367.05 | 307.85 | 22.5% | 27 100 | 113.60 | 64.4 |
| 1986 | 1341.28 | 384.18 | 28.6% | 28 724 | 133.75 | 76.4 |
| 1987 | 1682.79 | 446.22 | 26.5% | 26 890 | 165.94 | 62.0 |

## 第二节　经费管理

新中国成立后，龙胜教育经费管理体制分为3个阶段。第一阶段，1950—1953年，统一国家财政收支，实行三级（县、区、乡）管理制度。第二阶段，1954—1979年，实行"条块结合，以块为主"的管理体制，国家财政预算按照"统一领导，分级管理"的体制安排。1958年，教育管理权下放，教育经费统一由公社管理。第三阶段，从1980年起，实行"划分收支、分级包干"的财政体制。

# 第46章
# 勤工俭学

新中国成立初，全县大部分学校有少量蔬菜生产基地，由师生种植，补助师生伙食。1958年后，国家提倡勤工俭学、勤俭办学。1958年，各级学校共种水田649亩，旱田1003亩，养猪482头，养家禽3852只、鱼2813尾，拣茶子109 283斤，拣桐子4349斤，制虫茶4400斤，砍柴120 000斤，总收入17 100元。1959年，全县有农场277处，小工厂289个，总产值88 138元。1962年，大部分农场、小工厂停办。

1970年，全县中、小学生产基地有3199.91亩，其中水田157.91亩，旱地752亩，桐山21亩，茶山1120亩，果林1149亩。收入稻谷2.5万斤，旱地作物折稻谷3.9万斤，蔬菜40万斤，桐子2.2万斤，茶油1.5万斤，猪219头，羊92只，现金收入2.87万元。用勤工俭学收入全部免费入学的学校有269所，部分减免入学的学校有68所。1976年，粮食总收入8.7万斤，油料5.8万斤，水果0.2万斤，现金收入7.7万元。用于发放民办教师工资0.23万元，修建校舍0.1万元，增加教学设备0.33万元，减免学杂费0.2万元。有285个教学点，用勤工俭学收入使16 029个学生免费入学（表46-1）。

表46-1 1978—1987年勤工俭学收入统计

单位：万元

| 年份 | 金额 | 年份 | 金额 |
| --- | --- | --- | --- |
| 1978 | 3.9654 | 1983 | 3.8000 |
| 1979 | 4.6036 | 1984 |  |
| 1980 | 3.3675 | 1985 | 10.4450 |
| 1981 | 4.1018 | 1986 | 3.0900 |
| 1982 | 5.5580 | 1987 | 5.3412 |

# 第七部分

# 平乐县教育[①]

---
① 平乐县地方志编纂委员会.平乐县志[M].北京：方志出版社，1995：564-593.

平乐从南宋至清代，先后建立过学宫、书院、社学、义学、私塾等各种类型教学机构。清咸丰五年（1855年）始，在大扒四冲设瑶学2名（指科举三年一次岁试录取名额）。光绪八年（1882年），瑶学扩至七冲，学额共3名。

清末，废科举兴学堂。光绪二十八年（1902年），创办平乐郡中学堂。光绪三十年（1904年），创办平乐小学堂。光绪三十二年（1906年），开办师范传习所，光绪三十四年（1908年），广西省府在平乐开办蚕业学堂。宣统二年（1910年），增设高等小学堂、县官立女子两等小学堂。

民国21年（1932年），办有县立妇女工读学校。民国23年，办有县立西法产科传习所。民国25年，始办幼稚园，随后各乡（镇）亦开办幼稚园和幼稚班。民国28年，广西省政府在平乐县城创办实用职业学校（后迁至南洲村），抗日战争胜利后改称省立平乐高级职业学校。民国29年，省立中学开办高中，改称广西省立平乐中学。民国32年后，乐育、昭州、崇实3所私立中学相继兴办。民国38年，全县有小学53所，94个班（包括村校复式班），在校学生3272人。

解放后，1950年，县人民政府接管了各级各类学校。1954年，全县10个区政府所在地的圩镇办起13所幼儿园，到1976年底，增至646所，入园幼儿16 350人，1978年缩减幼儿班。至1990年，全县幼儿园减至14所、72个班，入园幼儿2878人、教师128人。全县13个乡（镇）134个行政村办有小学138所，198个教学点（村分校），1545个班，在校学生47 200人，教师1989人，适龄儿童入学率99.1%，并完成了五年制向六年制过渡，学生在校巩固率达99%，普及了初等教育。是年，全县有中学19所（其中完全中学2所，开设高中课程的职业中学2所），在校学生10 701人，教师953人。另有教师进修学校1所，学生104人，教师30人。考取大专院校学生118人、中专学生157人。专业教育、业余教育发展比较快，1952年，在县初级中学附设一年制简师班2个班，1958年，又开办速成师范学校（后改为平乐县教师进修学校），1980年以后，开办了高中、初中文化补习班，1985年始办业余电大班，1981年和1986年，先后开办两所县属职业中学。扫盲工作，成绩显著，1984年，经桂林地区教育局检查验收，符合国务院基本扫盲的标准，发给基本脱盲县证书。

# 第47章
# 学宫　书院

## 第一节　学宫

明代以前,平乐有郡(府)学宫、县学宫,均授儒经。废于清末。

### 一、平乐郡(府)学宫

始建年月无考。原址在城东二里的考磐涧西边(今平乐镇大拱冲口处),宋宣和年间(1119—1125年),迁至城内州衙门左侧,淳熙年间(1174—1189年),复迁回考磐涧旧址,元初,毁于兵火。至元年间(1264—1294年),郡监刘怀远,知府孙武德重建,未成,大德八年(1304年)再建。明宣德十年(1435年),知府唐复对学宫作大修。嘉靖四年(1525年),迁至城北门内凤凰山下,崇祯末年,再次毁于兵火,清康熙二十年(1681年)重建,袭明制;设教授1人,训导4人,负责学宫的教学和管理。据明代府学表记载,平乐府学宫是准备各科举考试的场所,生员为府属各县择优而来。时有廪生40人,增广生40人。

### 二、平乐县学宫

明洪武四年(1371年)建立,址在县城北关外茶江边,弘治年间(1488—1505年)遭洪水冲塌。知府谢湖将县学宫改府学宫。万历三十四年(1606年),知县陈御墀将南门内明贤书院改建县学宫(今县医院门诊部处)。清康熙四十二年(1703年),知县孙成已在县学宫旧址重建,先后重修4次,设教谕1人,训导2人,负责学宫的教学与管理。据明代县学表记载,平乐县学宫有廪膳生20人,增广生20人。

平乐府学宫、县学宫主要讲学"四书""五经"。每月初一、十五学习射箭,每日学名人书法帖、习字五百,平时学习九章法(算学)。三年两考,由省学政巡回到平乐主考,成绩分三等(明代分六等)。优秀者可补缺廪膳生,次者可补缺增广生,成绩低劣者依次下降,对学无长进,违纪犯规者,则罚充杂役、伙夫,追还历年所领膳费,直至开除。

## 第二节 书院

自宋至清,平乐有道乡书院、明贤书院、三渠书院、敬业书院等。

### 一、道乡书院

为纪念邹浩(宋哲宗时吏部侍郎,因其"抗志忠鲠"被贬昭州,寓居三年。邹在平乐期间,聚士讲学,重视地方教化,深受官民崇敬)而建,始建年不祥,废年无载,旧址在县城北关外。明嘉靖九年(1530年),提学道黄佐嘱知府龙大有于城北门外重建道乡书院。万历年间改为七贤祠。清康熙六年(1667年),易名访贤书院。康熙四十九年(1710年),知县黄大成于县城北门内凰凤山下,另建道乡书院(于今县人民政府院内)。康熙五十六年至咸丰十一年(1717—1861年),先后4次重修,书院每年延聘名宿主讲席,通称山长(院长)。书院对"生徒"(入院住读者)按月补助膳食。讲授以儒学经籍为主,采用个人钻研、相互问答、集众讲解相结合的教学方法。每月举行两次考试,由"山长"出题考试的叫"师课",由府、县官出题考试的叫"官课"。对成绩优秀的生徒,以增加伙食作为奖励。书院经费来源于府、县官员私人捐赠。康熙至同治年间,知府石礼图、黄大成、白清柱、唐鉴、方炳奎等5人,捐置田444.5工(每工约0.6亩)。年收租谷41 656斤,又捐银773.6两,作为道乡书院用费。

### 二、明贤书院

始建于成化十二年(1476年),址在县城南门内(今县人民医院门诊部后面)。万历三十四年(1606年),改为平乐县书院。

### 三、三渠书院

属平乐县书院,建于清康熙三十一年(1692年),址在县城北门外,久废。

### 四、敬业书院

属平乐县书院,始建年月失考。清道光初年,太守何愚告老还乡,倡议重建,未完。光绪三年(1877年),平乐知县张万选用公款修复,址在塘背庵(今平乐县鞋厂处)。经济来源于私人捐赠和学田租,捐资买置田屋,放典生息收取租钱,时共收钱200.85万文,银330两。清光绪三十年(1904年),改作平乐府小学堂。民国2年(1913年),又改称平乐县立女子小学校。

## 第三节 义学 社学 私塾

### 一、义学

义学,也称义塾,属启蒙学址,由绅士领头,民间集资兴办,免费收童。清代,平乐县有5处义学。

(一)道乡书院附设义学

由知县黄大成创办于康熙四十九年(1710年),时附设在道乡书院内,后其捐银数百两,于书院旁边兴建义学舍。

(二)文昌宫义学、府城隍庙义学

清同治二年(1863年),由平乐知县李端源与团绅苏绍猷、田裕邦等筹设。

(三)北乡义学

清康熙年间,由知县吴元铖建立,不久即停办。光绪三年(1877年),知县龚嘉相奉令与北乡地方绅士筹款重建。学址在沙子街平康社仓(今沙子太平街中段),年收租谷3500斤为义学用费。

(四)东乡义学(塾)

清光绪三年(1877年),由知县龚嘉相与东乡绅士筹划设立。学址在二塘四庆庙内(今二塘街水井边田垌处),每年从公款银息支取20两作为义塾用费。

清末,私塾兴起,取代了义学。

## 二、社学

社学，始于元代。元制，50家为一社，每社设一所学习机构，称"社学"。招收12岁以下的贫寒子弟免费入学，农闲时上课。由知县选择"文义通晓，行谊谨厚"者担任社师。对学童进行御制大诰、本朝律令及演习婚、丧、祭等礼节教育，教读《三字经》《孝经》《四书》等，还教经史历算。

清雍正元年（1723年），知县吴元铖在县境建立社学3所，其中县城有2所——一在县城西门外（今平乐镇正西街），一在县城学府的左侧（今县法院右边）；另一所在沙子埠（今沙子街）。

## 三、私塾

私塾，又称私馆，是封建社会私人办的学馆。清末，在县境城乡较为普遍。其形式有3种：一是塾师在自己家里开馆，学童来家求学；二是绅士、大户人家聘请塾师到家，专教本家及至亲子弟；三是由村里学童家长互相商定聘请塾师，选用民房或祠堂、庙宇、会馆等作学习地点，东家负责管理，私塾费用全由学童家长负担。乡村私塾，学童要交"月钱月米"（塾师伙食费），每年还要交束脩费（塾师年工资），以谷代银，分上下半年两期交付，县城一般只交束脩费，一次交付。私塾，分大馆（开讲馆）、小馆（启蒙馆）。民国21年（1932年），国民政府发出《私塾禁令》后，县境内的私塾有的变隐蔽私馆，有的改为专修班、升中补习班。1953年废除。

# 第 48 章

# 普通教育

## 第一节 学前教育

### 一、幼儿园

民国 25 年（1936 年），县政府在县女子小学校（今中山公园内）始办县立幼稚园，计 5 个班，入园幼儿 159 人，配备教职工 3 人。是年，张家、源头两所中心校亦附设幼稚班，招收幼儿共 59 名。到解放前夕，有县立幼稚园 2 个班，入园幼儿 76 人，开设课程有：语言、计算、音乐、游戏、手工（绘画、剪贴、泥工、自制教具），采用单元专题教学法（在同段时间里，将语言、游戏、图画、音乐等科围绕一个专题进行教学）。

解放后，1950 年，县人民政府接管县幼稚园。1952 年，在二塘建立东屏幼儿园。同年，平乐县第二小学、沙子、张家、同安、源头等中心校附设幼儿班，平乐专署在附城区安良村开办专署机关托儿所。1957 年，全县有幼儿园 14 所，23 个班，入园幼儿 877 人，其中民办幼儿园 6 所，221 人。1958 年，在"大跃进"的影响下，村村街街办起了幼儿园。9 月，中共平乐县委组织部和文教局联合办起了县直机关幼儿园。此时，全县共有幼儿园 331 所，353 个班。入园幼儿 9830 人，幼儿教师 339 名。由于当时条件差，大部分幼儿园很快就自行停办。至 1961 年，全县仅剩下 25 所，入园幼儿 1588 人。1962 年，贯彻国家"调整、巩固、充实、提高"的方针，全县只保留幼儿园 9 所，30 个班，入园幼儿 1338 名。"文化大革命"初期的 1967—1969 年，幼儿园被迫停课。1970 年，陆续复课。1976 年 10 月粉碎"四人帮"后，平乐县进一步掀起"农业学大寨"高潮，集中劳动力投入农田基本建设，为了解放妇女劳动力，幼儿教育发展迅猛，全县幼儿园增到 646 所，入学幼儿达 16 350 人。1978 年起，逐步压缩幼儿园，到 1989 年，幼儿园只有 7 所 42 个班，入学幼儿 1702 人。

县幼儿园简介

县幼儿园（为县直属），前身是平乐县立幼稚园，建于民国25年（1936年），原址在今中山公园内。1950年改名为平乐镇城厢幼儿园，曾4次更名，后迁到县城中华街37号（现址）。1972年，定名为平乐县幼儿园。

该园1952年有4个班。入园幼儿120人，教职工4人。1989年发展到18个班，有走读班、日托班两种形式，入园幼儿745人，为桂林地区规模最大的幼儿园。教职工54人，教师27人，其中大专毕业的3人、幼师毕业的9人、中师和其他中等专业学校毕业的9人，大、中专文化程度人数占教师总数的78%。

县幼儿园占地面积2316.18平方米，1979年县教育局、中共平乐县委组织部、县财政局拨款10.8万元，各有关单位集资1万余元。建造4层砖混结构教学楼1幢，1354.44平方米。1986年，上级拨款和群众集资7万多元。建成砖混结构办公大楼1幢，192.9平方米。至1990年，县幼儿园建筑面积2565.47平方米，其中教学用房面积1390.61平方米，另有150平方米的游乐场，内设转椅、爬梯、滑板、木马、金鱼笼等，供幼儿活动。时有16个班，入园幼儿650人。

1981年以来，贯彻教育部颁布的《幼儿教育纲要》，建立健全了保健卫生制度，并经常开展"学雷锋，树新风"和"红花幼儿"评比活动，班内设有"红旗台""自然角""小小气象台"等，在教师中开展"情境""音乐""美工"等教学探讨。

由于在教学改革中成绩显著，近几年先后有荔浦、灵川、恭城、永福等县和地区幼师班140多人次到该园参观。1985年，桂林地区教育局在该园召开桂林地区幼托现场会。1977—1990年，先后获县"教育先进单位"、"三八红旗集体单位"、"教具制作先进单位"、"卫生保健先进园"、自治区"家长学校先进单位"，少年儿童唱好歌活动二等奖等（表48-1）。

表 48-1 平乐县幼儿园发展情况统计

| 年份 | 幼儿园所数/所 | 幼儿园班数/个 | 幼儿园人数/人 | 教职工人数（公办）/人 |
|---|---|---|---|---|
| 民国 25 | 5 | 5 | 159 | |
| 民国 26 | 1 | | | |
| 民国 27 | 1 | | | |
| 民国 28 | 1 | 3 | 90 | |
| 民国 29 | 1 | 3 | 120 | |
| 民国 30 | 1 | | | |
| 民国 31 | 1 | | | |
| 民国 32 | 1 | | | |
| 民国 33 | 1 | 3 | 100 | |
| 民国 34 | 1 | 3 | 153 | |
| 民国 35 | 1 | 2 | 103 | |
| 民国 36 | 1 | | | |
| 民国 37 | 1 | 2 | 60 | |
| 民国 38 | 1 | 2 | 76 | |
| 1950 | 1 | 1 | 40 | |
| 1951 | 1 | 1 | 47 | |
| 1952 | 3 | 8 | 260 | 10 |
| 1953 | 5 | | 350 | 11 |
| 1954 | 13 | 21 | 761 | |
| 1955 | 18 | 25 | 917 | |
| 1956 | 12 | 21 | 708 | |
| 1957 | 14 | 23 | 877 | |
| 1958 | 331 | 353 | 9830 | |
| 1959 | 119 | 152 | 4371 | |
| 1960 | 159 | | 6490 | |
| 1961 | 25 | | 1588 | |
| 1962 | 9 | 30 | 1338 | |
| 1963 | 9 | | 1143 | |
| 1964 | 9 | | 1118 | |
| 1965 | 9 | | 897 | |
| 1966 | 11 | | 1100 | |
| 1970 | 6 | | 939 | |
| 1971 | 6 | | 827 | |
| 1972 | 8 | | 715 | |
| 1973 | 10 | | 864 | |
| 1974 | 16 | | 1143 | |
| 1975 | 218 | | 6628 | 17 |
| 1976 | 646 | | 16 350 | 18 |
| 1977 | 458 | | 12 264 | 17 |
| 1978 | 91 | 115 | 3512 | |
| 1979 | 3 | 57 | 1812 | |
| 1980 | 4 | 82 | 3322 | 23 |
| 1981 | 3 | 73 | 2492 | |
| 1982 | 3 | 61 | 2132 | 33 |
| 1983 | 5 | 81 | 2906 | 34 |
| 1984 | 13 | 103 | 3284 | 58 |
| 1985 | 9 | 74 | 2654 | 58 |
| 1986 | 7 | 34 | 1350 | 58 |
| 1987 | 7 | 40 | 1696 | 81 |
| 1988 | 7 | 42 | 1688 | 64 |
| 1989 | 7 | 42 | 1702 | 76 |
| 1990 | 14 | 72 | 2878 | 107 |

## 二、学前班

自 1978 年起，各公社小学逐年办起了学前班，1982 年，有学前班 55 个，入学幼儿 1687 人，到 1990 年有学前班 73 个，入学幼儿 2242 人，教师 71 人，开设的课程有：语言、常识、计算、美工、音乐、体育、游戏等。重视教养的结合。教学以活动为主，寓教育于活动之中，发展幼儿智力，以"五爱"（爱祖国、爱人民、爱劳动、爱科学、爱护公共财物）为教育中心，培养幼儿诚实、勇敢、团结、友爱、守纪律、有礼貌、讲卫生等优良品质和习惯。入班教儿童能流利地回答问题，看图能说出主要内容，可复述老师讲过的故事，能认数字、节令字和常见动物名字，会计算 20 以内加减法，能有表情地唱简短儿歌，会跳舞，懂得排队，听口令，会做各种转身动作等。

# 第二节　小学教育

## 一、发展概况

清光绪三十年（1904 年），知府在县城创办"平乐小学堂"。光绪三十二年（1906 年），改称平乐官立两等小学堂，光绪三十四年（1908 年），乡村民众集资兴办有郡塘、沙子两所两等小学堂和莲塘西山寺小学堂、久宜老庙小学堂。宣统二年（1910 年），在县城增办平乐县立高等小学堂、平乐县官立两等女子小学堂、六坊小学堂、源头广智两等小学堂及同安平山村的平山南朝店学堂。

民国元年（1912 年），推行教育部《普通教育暂行办法》，将"学堂"改称"学校"，"官立"改为"公立"。民国 15 年，在各乡（镇）开设 9 所县立小学。民国 24 年，均改称中心国民基础学校。同时，增设中心国民基础学校 15 所，达到了每个乡（镇）有中心校 1 所。村、街办的初级小学，亦改称国民基础学校。民国 35 年，小学发展到 266 所，386 个班（包括复式班），学生 12 607 人。到民国 38 年，民国政府采取并校撤班缩减开支的办法，削减教育经费，集中财力作军费。此时，全县仅有小学校 53 所，94 个班，学生 3272 人。

解放后，1950 年，将国民基础学校改称乡（镇）中心小学校和村（街）小学校，县城表证国民基础学校和城厢镇中心国民基础学校，分别改称平乐县第一小学和第二小学。

1950年，始有民办小学（多数是复式班）。1952年，全县小学增加到254所，学生17 268人，教师574人。1958年，全县小学校发展到288所，598个班（包括复式班），学生38 587人，教师1020人。是年，平乐镇一小定为县重点小学。1962年，贯彻"调整、巩固、充实、提高"的方针，压缩了部分公办小学。1963年，推行"全日制"和"半耕半读"两种教育制度，民办教育发展很快。1965年，在全县小学中试办耕读小学班228个班，学生5014人。到1965年，全县有民办小学200多所，1966年猛增至500多所。1972年，县文教局会同二塘公社革命委员会和红联（马家）大队革命委员会组成联合调查组，对红联大队小学教学质量作了一次调查。该校四年级的一个班有学生58人，其中有16人（占28%）不会背乘法口诀；五年级一莫姓学生，在做以《植树》为题的作文时，不仅没有写出"植树"的意义，就连活动的情况也没有记下来，全篇作文92个字，错字竟有12个。

1968年，民办小学并入公办小学（民办教师仍属民办性质）。小学始出现有附设初中班。1969年，取消平乐镇一小县重点校档次。复为一般学校。1970年，附城公社金山小学为全县小学中首办附设高中班（1个班）的学校。随后，各公社相当部分小学办了附设高中班。

1977年后，教育逐渐恢复正常。平乐镇一小定为城镇重点小学。1978年，确定沙子镇小学为农村重点小学。1979年后，调整初中设点布局，1980年撤销小学附设高中班，逐步裁减撤并小学附设初中班。至1986年，小学教育"四率"均达98%左右，经自治区人民政府委托桂林地区教育局检查验收，发给平乐县普及初等教育合格证书。1990年，全县有小学138所（另有分校191所），1545个班，学生47 200人（其中少数民族7002人），教职工2450人（其中公办教师1306人，民办教师683人，其他员工461人），极少数小学仍附设有初中班（表48-2、表48-3）。

表48-2 平乐县小学教育情况统计

| 年份 | 学校所数/所 | 班级个数/个 | 学生人数/人 | 教职员工人数（公办）/人 | 年份 | 学校所数/所 | 班级个数/个 | 学生人数/人 | 教职员工人数（公办）/人 |
|---|---|---|---|---|---|---|---|---|---|
| 民国19 | 185 | 526 | 6296 | 304 | 1967 | 298 | 983 | 33 409 | 900 |
| 民国21 | 243 | 305 | 9498 | 389 | 1968 | 298 | 851 | 25 979 | |
| 民国22 | 234 | 329 | 9001 | 648 | 1969 | 134 | 988 | 31 332 | 813 |
| 民国23 | 237 | 328 | | 372 | 1970 | 134 | 984 | 30 379 | 691 |
| 民国24 | 257 | | | | 1971 | 135 | 1057 | 38 044 | 562 |
| 民国35 | 266 | 386 | 12 607 | | 1972 | 135 | 1206 | 44 219 | 774 |
| 1949 | 53 | 94 | 3272 | 520 | 1973 | 135 | 1484 | 52 901 | 776 |
| 1950 | 53 | 135 | 3098 | | 1974 | 136 | 1154 | 54 915 | 707 |
| 1951 | 214 | 129 | 12 684 | 619 | 1975 | 136 | 1554 | 56 632 | 736 |
| 1952 | 254 | 169 | 17 268 | 574 | 1976 | 136 | 1532 | 56 291 | 744 |
| 1953 | 106 | 501 | 18 969 | 621 | 1977 | 137 | 1508 | 53 214 | 672 |
| 1954 | 130 | 323 | 19 718 | 636 | 1978 | 135 | 1453 | 50 154 | 633 |
| 1955 | 117 | 506 | 18 789 | 644 | 1979 | 135 | 1451 | 48 026 | 825 |
| 1956 | 99 | 577 | 26 304 | 697 | 1980 | 135 | 1397 | 48 092 | 929 |
| 1957 | 109 | 606 | 26 180 | 777 | 1981 | 135 | 1405 | 47 000 | 1028 |
| 1958 | 288 | 598 | 38 587 | 1020 | 1982 | 135 | 1371 | 48 043 | 1105 |
| 1959 | 272 | 625 | 34 812 | 1108 | 1983 | 135 | 1401 | 47 339 | 1102 |
| 1960 | 249 | | 31 586 | 1111 | 1984 | 137 | 1418 | 45 614 | 1043 |
| 1961 | 206 | | 25 148 | 882 | 1985 | 137 | 1412 | 44 678 | 1644 |
| 1962 | 238 | | 23 161 | 887 | 1986 | 137 | 1418 | 45 310 | 1136 |
| 1963 | 302 | 719 | 23 815 | 89 | 1987 | 137 | 1424 | 43 315 | 1368 |
| 1964 | 384 | 899 | 32 409 | 810 | 1988 | 137 | 1406 | 42 604 | 1223 |
| 1965 | 411 | 814 | 37 522 | | 1989 | 137 | 1478 | 44 528 | 1237 |
| 1966 | 701 | 1400 | 43 780 | | 1990 | 138 | 1545 | 47 200 | 1306 |

表 48-3  平乐县1989年部分中心小学情况

单位：人

| 校名 | 教职工 | | | | | | | | | 学生 | |
|---|---|---|---|---|---|---|---|---|---|---|---|
| | 人数 | 文化程度 | | | 小教职称 | | | | 人数 | 毕业 |
| | | 大专 | 中专、中师 | 高中 | 初中以下 | 高级 | 一级 | 二级 | 三级 | | |
| 平乐镇第一小学 | 64 | 2 | 38 | 20 | 4 | 17 | 18 | 10 | | 1039 | 223 |
| 沙子镇中心小学 | 65 | 3 | 32 | 23 | 7 | 5 | 28 | 8 | 1 | 644 | 117 |
| 附城乡月城中心小学 | 19 | 1 | 12 | 2 | 4 | 2 | 12 | 2 | | 239 | 45 |
| 福兴乡上游中心小学 | 14 | | 10 | | 4 | 1 | 9 | 1 | 1 | 244 | 44 |
| 二塘镇二塘中心小学 | 35 | | 19 | 7 | 9 | 8 | 18 | 4 | | 613 | 181 |
| 同安镇同安中心小学 | — | — | — | — | — | — | — | — | — | 627 | 125 |
| 源头镇源头中心小学 | 42 | 3 | 25 | 10 | 4 | 6 | 20 | 3 | | 472 | 78 |
| 张家镇张家中心小学 | 39 | 1 | 23 | 11 | 4 | 5 | 23 | 5 | | 449 | 68 |
| 阳安乡阳安中心小学 | 28 | | 11 | 8 | 9 | 3 | 7 | 6 | 1 | 471 | 91 |
| 青龙乡青龙中心小学 | 24 | 1 | 7 | 11 | 5 | 1 | 21 | 2 | | 440 | 75 |
| 桥亭乡桥亭中心小学 | 30 | | 12 | 13 | 5 | | 9 | 8 | 1 | 490 | 60 |
| 长滩乡长滩中心小学 | 15 | | 11 | 2 | 2 | 2 | 6 | 3 | | 325 | 53 |
| 大扒乡大扒中心小学 | 30 | 2 | 20 | 4 | 4 | | 13 | 5 | 1 | 330 | 69 |

## 二、平乐镇第一小学简介

平乐镇第一小学，创建于光绪三十年（1904年），时称平乐府小学堂，原址在敬业书院（今县鞋厂处）。光绪三十二年（1906年），改称平乐县官立两等小学堂，迁址左营都司署（今中共平乐县委大院东南角）。光绪三十三年（1907年），又迁至平乐郡中学堂旧址（今县人民政府旧大楼处）。民国元年（1912年），迁址府文庙（今中山公园内），称平乐府立两等小学校。民国2年，改称平乐县高等小学校，时学制为"四三制"，即初小四年，高小三年。学校设备较齐。除平乐县的学生外，还有荔浦、阳朔、恭城、钟山等县的学生前来就读。民国11年，改"四二制"，实行春秋两季招生。民国34年，定为县教学实验示范学校，称平乐县表证中心校。

解放后，1950年，改称平乐县第一小学，同年，迁至今址（原私立昭州中学旧址），1958年改称平乐县平乐镇人民公社第一小学，1969年改为平乐县平乐镇人民公社向阳小学。1976年，定名为平乐县平乐镇第一小学。该校自1952年起，除1969—1977年外，均为平乐专区或平乐县的重点小学。历年重视发挥党、政、工、团、队及班主任、科任教师、家长和社会人士共同抓思想政治工作的作用，学生中好人好事不断涌现，仅1987—1989年，做好事的就有3万多人次，拾得手表24块，人民币180多元和其他物品，主动交给学校、归还失主。在教学改革实践中，坚持"五个一起抓"，即全面贯彻党的教育方针，德、智、体、美、劳一起抓；全面布置教学力量，各年级一起抓；加强各科教学，主科副科一起抓；面向全体学生，好、中、差一起抓；以课堂教学为主，课内外一起抓。建立语文、数学教研组各5个，体育教研组1个，促进了教学质量的提高。1962年，小学毕业升学率已达90.7%，为全县第一，在桂林地区小学中居上游。当年统考，全专区仅有4名考生数学成绩得满分，而平乐镇一小占3名。1979年以来，小学毕业生升学率保持在90%~95%。1982年，小学升初中考试（地区命题），该校及格率达80.9%，名列地区前茅。先后在《广西教育》《地区教育学会通讯》上发表和在区、地有关会议上宣读教学论文18篇。1981—1989年，被评为自治区学雷锋五讲四美先进单位；少儿工作、推广普通话、学校开展少儿科技活动、学校体育卫生先进单位（集体）及全国红领巾红旗大队、全国读书读报活动、体育传统项目先进集体（学校）等。1985年，建成一幢800平方米的体育练习馆，现有体育运动场6300平方米。1985—1989年，学生体育达标率为95.1%~98.2%，学校技巧队连续3年代表地区参加自治区比赛，得全能第一，获金牌45枚、银牌22枚、铜牌46枚。1989年，获得了全区技巧赛团体冠军。1987年秋，开始招收初中体育训练班。次年，被列为自治区体育传统项目训练学校。1955—1989年，师生获地区、自治区和国家级各种奖励32人次，其中教师5人次。1955年，该校教师唐有林被评为广西省优秀教师，1983年教师唐仁坤被评为自治区优秀班主任，1985年、1989年校长黄惠章分别被评为（授予）自治区劳动模范、全国德育先进工作者和自治区特级教师的荣誉称号，1989年教师吕翅萧被评为全国优秀教师。

1990年，该校占地面积16 650平方米。其中，校舍面积3036平方米，建有一幢3层共18个教室的砖混结构教学大楼。全校共有26个班（初中3个班、小学21个班、学前班2个班），学生1215人（小学1036人、初中75人、学前班104人），教师77人，教学设备价值5.5万元，计有录像机1台、彩电2台、幻灯投影机23台、收录机23台、50瓦扩大机1台、钢管篮球架2副、单双杠各2副、垫子20张，身体素质综合训练器械1台、图书2200余册，以及数学、自然、地理等学科使用的教具1000余件。

### 三、沙子镇中心小学简介

沙子镇中心小学，创办于清光绪三十年（1904年）。

民国元年（1912年），改称沙子两等小学校，校址在沙子街"下行宫"（已毁）。校园占地面积4140平方米。民国15年，改名为平乐第二小学。民国23年，更名为协和乡中心国民基础学校。民国25年，改称沙子中心校。

1950年3月，改称平乐县立沙子镇中心小学。1968年迁今址（老虎冲口）。校园占地29 946.7平方米。1978年，定为平乐县农村重点小学。1984年以后，称平乐县沙子镇中心小学。有23个班（小学17个班，附设初中6个班），教、职工65人（中学19人、小学46人），学生909人（中学213人，小学696人）。

自1981年起，适龄儿童入学率每年均达100%。时进行过课堂教学结构的改革实验和连续3年跟班教学实验等，效果良好，曾在全县小学中推广。至1987年，小学毕业生考入重点中学的有36人。

1984年，被评为桂林地区入学率先进单位，1987年一年级中队第二小队被共青团中央授予"全国少先队勤巧小队"光荣称号，2名教师获地区奖励。

## 第三节  中学教育

### 一、发展概况

光绪二十八年（1902年），知府在县城内创办平乐郡中学堂，平乐始有中学教育。民国元年至民国15年（1912—1926年），规模均为6个班，学生约280人。民国19年，增办县立初级中学1所，招收男女学生入学；民国23年与省立第十中学合并。民国25年，成立县立国民中学；民国34年，改为县立初级中学。民国32年，榕津乡地方绅士筹款开办私立乐育中学，设9个班。民国36—37年，在县城和源头圩分别开办昭州、崇实两所私立中学。至民国38年11月，平乐县有公立高级中学、初级中学各1所，私立初级中学3所，共有高中学生816人，初中学生918人。

1950年，3所私立中学停办。1953年，平乐县立初级中学与平乐高级中学合并，成为完全中学。1956年，在二塘、榕津、源头等地增办3所初级中学。是年，全县共有中学4所，29个班，学生1511人。1957年，贯彻"全日制、半耕半读"两种教育制度，始在沙子、桥亭、张家、二塘、阳安、大扒、同安、平乐镇等8个区创办初级农业中学，到1966年，全县有初级农业中学42所，学生2443人，实行"半耕半读"，采用初级中学教材，其农业课由教师自编教材从传授农业基本知识，为农村培养农业技术人才。1959年，高龙公社群众献工献料兴建高龙农业中学，有教室8间，招收4个班，学生200人，学制2年，配有教师8人，由生产大队拨给水田30亩，旱地6亩作基地。县人民委员会拨给耕牛8头。学校开展勤工俭学经济效益好，学生入学不仅免交学杂书费，还按月补给学生伙食费的30%。1960年3月，桂林地区教育局在该校召开全地区农业中学现场会，推广高龙农业中学办学的经验。同年4月，高龙公社宣传委员于信德代表农业中学作为县先进集体的代表，赴南宁出席自治区文教卫群英会。6月，又以广西壮族自治区先进集体代表的身份，赴北京出席全国教育和文化、卫生、体育、新闻方面社会建设先进单位和先进工作者代表大会，并参加了周恩来总理在人民大会堂举行的招待会。同年，又增加了同安、桥亭两所初级中学，由于师资不足，当年撤销。1961年，调整、充实各校师资力量，教育质量逐步上升。1962—1965年，高考、中考升学率都名列桂林地区前茅，平乐中学高考录取率为60%~66%。

1968年，工、农毛泽东思想宣传队进驻学校，领导学校"斗、批、改"，砍掉了以教学为中心、教师为中心、课堂为中心的教学体系，搞开门办学，以劳代学，号召学习"白卷英雄"张铁生。1974年，县委宣传部、县教育局在沙子中学召开"平乐县学校领导、教师、家长、学生同批修正主义教育路线"现场会。在这种形势的影响下，造成全县学校领导不敢管学生，教师怕学生，学生不守纪律、不尊敬老师、不愿学习的混乱局面。

1969年10月，各中心小学附设初中班。1975年，各公社初级中学改办高中，大队小学附设初中班。是年，全县有完全中学5所，高中8所，初中119所，共有高中86个班（部分小学附设有高中班），学生4647人；

初中271个班，学生11 171人（含小学附设初中）。

1980年调整了中学结构，撤销大队初中，改公社高中为初中。到1989年，全县调整为高中4所，27个班，学生1552人（其中少数民族学生52人）；初中15所，222个班，学生9423人（其中少数民族学生1649人）。同时，加强了学校管理，教学质量提高较快，录取中专、高等院校的学生增多。高校1977年录取学生（不含成人高校生）20人，1985年录取100人，1988年录取160人，1977—1990年共录取1144人。中专1979年录取32人，1987年录取199人，1979—1990年共录取1512人（表48-4至表48-6）。

表48-4 平乐县中学创办情况

| 校名 | 创办年月 | 学校所在地 | 备注 | 校名 | 创办年月 | 学校所在地 | 备注 |
|---|---|---|---|---|---|---|---|
| 平乐郡中学堂 | 光绪二十八年(1902年) | 址于今县人民政府院内 | 该学堂即现在的平乐中学的前身 | 福兴中学 | 1969年3月 | 福兴乡矮寨村 | 初中 |
| 县立初级中学 | 民国19年 | 在县城城隍庙 | 民国23年与省立第十中学合并 | 同安中学 | 1969年4月 | 同安圩 | 初中 |
| 县立国民中学 | 民国25年 | 附城乡南洲村 | 民国34年改称县立初级中学 | 大扒中学 | 1969年3月 | 大扒 | 初中 |
| 私立乐育中学 | 民国32年 | 榕津 | 1950年停办 | 附城中学 | 1970年3月 | 马渭村 | 初中,原址在鎌刀湾 |
| 私立昭州中学 | 民国36年 | 今平乐镇一小校址处 | 1950年停办 | 长滩中学 | 1970年8月 | 大浪村 | 初中,原址在金峡 |
| 私立崇实中学 | 民国37年 | 源头圩 | 1950年停办 | 阳安中学 | 1970年 | 阳安圩 | 初中,原址在双合 |
| 县二塘中学 | 1956年8月 | 二塘圩 | 高、初中 | 青龙中学 | 1970年3月 | 大布岭 | 初中,原址在大刚村 |
| 县源头中学 | 1956年8月 | 上坝村 | 初中 | 阳安门修联中 | 1973年9月 | 阳安乡久宣村 | 初中 |
| 县榕津中学 | 1956年8月 | 榕津 | 初中 | 教师进修学校 | 1974年1月 | 县教委内 | 1983年由师范学校更今名 |
| 桥亭中学 | 1961年9月 | 桥亭圩 | 初中 | 平乐镇高中 | 1978年9月 | 平乐镇枫木塘 | 1988年更名县职二中。1991年复为镇高中 |
| 沙子中学 | 1969年3月 | 沙子圩 | 初中 | 平乐镇初中 | 1980年8月 | 平乐镇盐仓街 | |
| 二塘镇中学 | 1986年8月 | 二塘圩 | 初中 | 县第一职业中学 | 1980年 | 源头镇玄武村 | 1986年由县农业中学更名 |
| 张家农中 | 1984年 | 张家镇油瓶寨 | 初级农业中学 | 县第二职业中学 | 1988年 | 城南滴水庵 | 从平乐镇高中分设 |

表 48-5 平乐县中学情况统计（1949—1990 年）

| 年份 | 学校所数/所 | | | 班数/个 | | | 学生人数/人 | | | 教职工人数/人 |
|---|---|---|---|---|---|---|---|---|---|---|
| | 总数 | 其中 | | 总数 | 其中 | | 总数 | 其中 | | |
| | | 高中 | 初中 | | 高中 | 初中 | | 高中 | 初中 | |
| 1949 | 5 | 1 | 4 | 29 | 7 | 22 | 1234 | 316 | 918 | 81 |
| 1950 | 2 | 1 | 1 | 11 | 5 | 6 | 310 | 120 | 190 | 53 |
| 1951 | 2 | 1 | 1 | 12 | 5 | 7 | 354 | 112 | 242 | 55 |
| 1952 | 2 | 1 | 1 | 13 | 5 | 8 | 569 | 161 | 408 | 54 |
| 1953 | 2 | 1 | 1 | 16 | 7 | 9 | 830 | 314 | 516 | 67 |
| 1954 | 2 | 1 | 1 | 21 | 9 | 12 | 1094 | 419 | 675 | 81 |
| 1955 | 2 | 1 | 1 | 23 | 9 | 14 | 1085 | 381 | 704 | 87 |
| 1956 | 4 | 1 | 3 | 29 | 8 | 21 | 1511 | 397 | 1114 | 97 |
| 1957 | 4 | 1 | 3 | 31 | 8 | 23 | 1589 | 379 | 1210 | 123 |
| 1958 | 4 | 1 | 3 | 36 | 8 | 28 | 1780 | 338 | 1442 | 119 |
| 1959 | 4 | 1 | 3 | 43 | 11 | 32 | 2222 | 474 | 1748 | 136 |
| 1960 | 5 | 1 | 4 | 42 | 9 | 33 | 2148 | 441 | 1707 | 181 |
| 1961 | 5 | 1 | 4 | 50 | 10 | 40 | 2379 | 437 | 1942 | 199 |
| 1962 | 4 | 1 | 3 | 42 | 8 | 34 | 1536 | 351 | 1185 | 173 |
| 1963 | 4 | 1 | 3 | 42 | 8 | 34 | 1450 | 318 | 1132 | 176 |
| 1964 | 4 | 1 | 3 | 38 | 8 | 30 | 1457 | 339 | 1118 | 154 |
| 1965 | 4 | 1 | 3 | 38 | 8 | 30 | 1530 | 322 | 1208 | 140 |
| 1966 | 4 | 1 | 3 | 39 | 8 | 31 | 1591 | 336 | 1255 | 147 |
| 1967 | 4 | 1 | 3 | 69 | 8 | 61 | 1563 | 318 | 1245 | 148 |
| 1968 | 80 | 1 | 79 | 115 | 7 | 108 | 4928 | 308 | 4620 | 148 |
| 1969 | 91 | 9 | 82 | 208 | 18 | 190 | 7495 | 908 | 6587 | 155 |
| 1970 | 91 | 13 | 78 | 215 | 45 | 170 | 9225 | 2343 | 6882 | 223 |
| 1971 | 92 | 13 | 79 | 258 | 65 | 193 | 10 671 | 3274 | 7397 | 187 |
| 1972 | 95 | 13 | 82 | 259 | 65 | 194 | 11 163 | 3641 | 7522 | 248 |

续表

| 年份 | 学校所数/所 | | | 班数/个 | | | 学生人数/人 | | | 教职工人数/人 |
|---|---|---|---|---|---|---|---|---|---|---|
| | 总数 | 其中 | | 总数 | 其中 | | 总数 | 其中 | | |
| | | 高中 | 初中 | | 高中 | 初中 | | 高中 | 初中 | |
| 1973 | 99 | 13 | 86 | 265 | 66 | 199 | 11 236 | 3593 | 7643 | 456 |
| 1974 | 98 | 13 | 85 | 267 | 57 | 210 | 10 498 | 2203 | 8295 | 462 |
| 1975 | 132 | 13 | 119 | 357 | 86 | 271 | 15 818 | 4647 | 11 171 | 518 |
| 1976 | 154 | 14 | 140 | 469 | 105 | 364 | 20 958 | 5345 | 15 613 | 540 |
| 1977 | 163 | 15 | 148 | 537 | 131 | 406 | 24 997 | 7096 | 17 901 | 616 |
| 1978 | 158 | 14 | 144 | 559 | 120 | 439 | 25 949 | 6355 | 19 594 | 654 |
| 1979 | 154 | 16 | 138 | 547 | 87 | 460 | 24 950 | 4782 | 20 168 | 705 |
| 1980 | 124 | 6 | 118 | 467 | 66 | 401 | 17 431 | 3479 | 13 952 | 700 |
| 1981 | 85 | 3 | 82 | 286 | 24 | 262 | 11 803 | 1269 | 10 534 | 674 |
| 1982 | 68 | 3 | 65 | 260 | 26 | 234 | 10 933 | 1319 | 9614 | 659 |
| 1983 | 45 | 3 | 42 | 236 | 27 | 209 | 10 362 | 1431 | 8931 | 687 |
| 1984 | 43 | 3 | 40 | 225 | 28 | 197 | 11 038 | 1553 | 9485 | 684 |
| 1985 | 43 | 3 | 40 | 223 | 27 | 196 | 11 095 | 1555 | 9540 | 687 |
| 1986 | 44 | 3 | 41 | 227 | 27 | 200 | 11 352 | 1343 | 10 009 | 720 |
| 1987 | 20 | 5 | 15 | 232 | 27 | 205 | 12 001 | 1501 | 10 500 | 830 |
| 1988 | 20 | 5 | 15 | 230 | 27 | 203 | 11 522 | 1352 | 10 170 | 922 |
| 1989 | 19 | 4 | 15 | 222 | 27 | 195 | 10 775 | 1352 | 9423 | 890 |
| 1990 | 19 | 4 | 15 | 226 | 33 | 193 | 10 701 | 1803 | 8898 | 903 |

注：1968—1990年，初中栏内的校、班、学生数中含各小学附设初中的数字。教职工人数为公办数。

表48-6 平乐县1989年中学情况

单位：人

| 校名 | 教职工 | | | | | | | | | 学生 | |
|---|---|---|---|---|---|---|---|---|---|---|---|
| | 人数 | 文化程度 | | | | 中教职称 | | | | 人数 | 毕业 |
| | | 大专 | 中专（中师） | 高中 | 初中以下 | 高级 | 一级 | 二级 | 三级 | | |
| 平乐中学 | 139 | 77 | 23 | 28 | 11 | 13 | 23 | 38 | 4 | 1263 | 353 |
| 二塘中学 | 80 | 49 | 10 | 11 | 10 | 3 | 14 | 26 | 3 | 782 | 244 |
| 同安中学 | 55 | 14 | 27 | 7 | 7 | | 6 | 26 | 7 | 453 | 157 |
| 源头中学 | 40 | 16 | 11 | 8 | 5 | | 6 | 17 | 4 | 550 | 152 |
| 榕津中学 | 29 | 17 | 9 | 1 | 2 | | 8 | 19 | 2 | 671 | 165 |
| 阳安中学 | 39 | 11 | 19 | 6 | 3 | | 6 | 17 | 6 | 330 | 91 |
| 青龙中学 | 36 | 10 | 15 | 8 | 3 | | 5 | 16 | 4 | 464 | 176 |
| 桥亭中学 | 24 | 10 | 11 | 2 | 1 | | 2 | 11 | 4 | 389 | 116 |
| 长滩中学 | 22 | 10 | 8 | 3 | 1 | | 4 | 7 | 5 | 406 | 106 |
| 大扒中学 | 23 | 9 | 1 | 4 | 9 | | 4 | 9 | 4 | 327 | 83 |
| 附城中学 | 34 | 14 | 11 | 5 | 4 | | 6 | 20 | 4 | 468 | 127 |
| 福兴中学 | 47 | 16 | 25 | 3 | 3 | | 4 | 17 | 9 | 499 | 171 |
| 沙子中学 | 40 | 14 | 20 | 3 | 3 | | 4 | 19 | 6 | 483 | 163 |
| 平乐镇初中 | 57 | 22 | 18 | 10 | 7 | | 16 | 21 | 4 | 578 | 211 |
| 阳安乡久宜中学 | 14 | 3 | 8 | 3 | | | | 8 | 3 | 155 | 53 |
| 张家初级农业中学 | 5 | | 5 | | | | 1 | 2 | 1 | 40 | |
| 二塘镇中学 | 19 | 10 | 9 | | | | 4 | 13 | | 348 | 77 |
| 第一职业中学 | 34 | 19 | 8 | 5 | 2 | 1 | 3 | 23 | 4 | 338 | 41 |
| 第二职业中学 | 42 | 16 | 15 | 4 | 7 | 2 | 13 | 11 | 2 | 481 | 193 |
| 县教师进修学校 | 28 | 20 | 4 | 3 | 1 | 4 | 7 | 10 | | 195 | 100 |

## 二、平乐中学简介

平乐中学创建于光绪二十八年（1902年），时称平乐郡中学堂。址在府城隍庙与道乡书院之间即今县人民政府院内。光绪三十一年（1905年），改称平乐府中学堂。

民国2年（1913年），废府为县称平乐八县合立中学。民国5年，富钟县分富川、钟山两县，改称平乐九县合立中学。民国10年，收归省办，称广西省立第十一中学。民国15年，称广西省立第十中学。民国23年，与平乐县立初级中学合并，称广西省立平乐初级中学。民国29年，设高中班，称广西省立平乐中学。

民国30年（1941年），共产党员黄金玉等人在学校秘密建立党支部，组织进步学生成立了"读书会"，并以此宣传党的抗日救国主张。民国33年春，广西沦陷，桂林大疏散时，大批难民涌入平乐。时有爱国学生40余人，于同年6月，组织了"平中战时服务团"，为难民服务，还出版《战时日报》（油印），积极宣传抗日。同时，组织报告会，邀请疏散到平乐的邵荃麟、刘思慕、林焕平等文化界人士作报告，讲抗日战争形势。是年冬，学校疏散到昭平县北陀、砂子等地，抗战胜利后，迁回平乐。民国34年12月，平中学生在中共党员魏南金的领导下建立了中共平乐支部。民国35年3月29日，平乐中学学生在共产党的领导下，掀起了"反内战、争和平，反独裁、争民主，反迫害、争自由"的爱国学生运动，广西当局为之一惊。

解放前夕，平乐中学校园面积13 333平方米，14间教室，学生400多人。

1951年，中共平乐地方委员会设在平乐中学，遂将平乐中学迁到附城乡南洲村原广西省立职业中学旧址上课。1953年春，与平乐县初级中学合并，称平乐中学。1954年，在县城东南面的安良村新建教学楼3幢24间教室及办公室、宿舍，建筑面积9626.16平方米，于1956年秋迁入新校址至今。

1985年，建成砖混结构的教学楼、宿舍楼2500平方米。到1990年，该校占地面积有79 920平方米，建筑面积15 872.27平方米。有体育训练场27 990平方米，设有篮球场4个、排球场2个、足球场2个和400米环形跑道等。有高中19个班、初中10个班，学生1863人，教职工146人。在教师中，大学本科毕业50人，专科毕业35人，中师毕业12人，高中、初中毕业3人。主要教学设备有：微机室1间，中华微型电子计算机24台；语音室1间，设备1套，60个座位；教学实验室5间，化学、物理、生物实验仪器各3000多件；录像设备1套；体育器材有跳箱、山羊、单双杠、海绵垫、跨栏架、跑鞋、球类等。

该校重视对学生进行思想政治教育。1987年以来，坚持每月开展"文明班"评比活动。1988年、1989年，该校均被评为县"文明学校"，1989年，还被评为桂林地区"文明学校"。

平乐中学之前较有名气，因"文化大革命"的影响，教学质量明显下降，粉碎"四人帮"后，教学质量提高较快。1978—1990年，被大专院校录取学生988人。学校体育有较大提高，从1987年起，所有学生均达到锻炼标准。1983年，高中学生于利民获自治区少年田径赛铁饼、铅球两项第一名。1983年冬，高中学生谭顺天被选送到自治区军体校无线电测向集训队。1984年10月，他参加全国无线电测向竞赛，一人囊括2米、80米波段和个人全能项目的冠军，一跃成为无线电测向界的新星；接着他在日本举行的中日无线电测向友谊赛中，一举夺得80米波段和个人全能两块金牌，被授予国家级运动健将称号，选入了国家无线电测向队；1987年11月，他代表广西无线电测向队参加在湖南郴州举行的第六届全运会，获2米波段项冠军，为广西代表团在第六届全运会上夺得第一枚金牌，县人民政府奖给谭顺天人民币1000元。同年，国家体委授予他国际级运动健将称号。1986年，高中学生孙鑫在广西壮族自治区少年田径赛中，获5项全能第1名，黄燕、全文军获技巧比赛第1名。

地理教师苏振刚研制的地理负反馈电教（DFFD）系统、中国经济地理活动表、世界物产之最活动表、日季演示仪、板块构造演示仪等教学仪器，于1988年通过自治区专家、学者的鉴定，在教学中推广。1955—1989年，有教师6人分别被评为（授予）省（区）先进教育工作者、全国优秀教师、特级教师。1955年，马瑞榕被评为广西省优秀教师；1983年，谢念慈被评为自治区先进教育工作者；1983年、1989年，杨浩林分别被评为自治区先进教育工作者并被自治区授予特级教师荣誉称号；1985年主倚卿被评为自治区先进教育工作者；1989年，曹桂华在教学改革中，改死记硬背为讨论式的教学方法，提高了教学质量，成绩显著，被评为全国优秀教师；1991年，曾海荣被评为全国优秀教师。

### 三、二塘中学简介

平乐县二塘中学位于二塘圩镇西南面狗儿山脚,占地面积40 000平方米,建筑面积7718平方米,其中砖混结构楼房2幢1350平方米。1990年,有初中6个班,学生362人;高中10个班,学生545人。教职工86人。

1956年3月开办,时为民办中学,是年秋改为公办中学,称平乐县第一初级中学。1958年9月,改称平乐县二塘初级中学。1960年,更名为广西壮族自治区平乐县二塘中学。1969年春,始招高中学生(是年秋改秋季招生)。1969年3月,为落实毛泽东主席发出的"五·七"指示精神,把学校改称平乐县二塘五·七中学。1975年,称平乐县二塘人民公社中学,属二塘公社管理。1976年,复属县教育局管理,定名为平乐县二塘中学至今。

教学设备有:教学投影机2台,示波器15台,电光分析天平2台及其他教具共1345件,价值5万多元。

1980—1990年,高中毕业生录取到大专学校的107人。1981—1990年,初中毕业生每年录取到中专的约10人,录取到高中的约60人,其中录取到重点高中的约30人。

1989年,县教育局划分区域招生,该校高中招收二塘、张家、阳安、青龙、桥亭、源头、同安等7个乡(镇)的初中毕业学生。

## 第四节 教育改革

### 一、学制与课程改革

清光绪三十四年(1908年),平乐县实行学部颁布的"癸卯学制"。初、高等小学堂修业均为3年。初等小学堂有修身、国文、算术、习字和体操课;高等小学堂设修身、国文、算术、英语、图画、体操课。光绪二十八年至宣统三年(1902—1911年),平乐中学堂学制实行四年制,不分阶段,开设国文、英语、算学三科。

民国25年(1936年),幼稚园分大、小班,3~4岁幼儿编为小班,5~6岁幼儿编为大班,学习年限为1~2年,实行走读。

解放后，1952年幼儿园仍开办走读班。1955年，各区幼儿园招收2～7岁幼儿入园，学习年限为1～3年。1982年后，各公社中心校及县幼儿园增办学前班，学习年限为1年。

民国元年（1912年），小学实行"壬子学制"，不收女生。初等小学修业4年，设修身、国文、算术、手工、图画、唱歌、体操课；高等小学修业3年，设修身、国文、算术、理科、历史、地理、手工、图画、唱歌、农业、英语、体操课。民国11年，实行"壬戌学制"，初小4年，高小2年，春季招生，国文课改称国语课，初小增设社会课，高小增设珠算、三民主义、自然、公民课。

1950年，为"四二分段制"。初小4年，高小2年，春、秋两季招生。课程设置：初小有语文、算术、自然、音乐、美工、劳动、图画、体育和课外活动；高小增设历史、地理、农业常识、珠算。1953年改为秋季招生。1957年后，初、高小均设政治课。1967年，贯彻毛泽东"学制要缩短，教育要革命"的指示，小学改"四二分段制"为"五年一贯制"，增设思想品德、自然、习字、美术、校（班）会、队日、课外活动和科技活动。1984年秋，全县小学一年级始实行六年制，使用六年制教材。

民国初年，中学模仿日本开始实行五年制，后改为四年制，不分阶段，期满毕业。民国10年（1921年），中学改行英、美学制，分初、高中两个阶段，学制各3年。开设课程有纪念周、党义（后改为公民）、国文、数学（代数、几何、三角、函数）、物理、化学、外语、历史（中国史、外国史）、地理（含世界地理）、动物、植物、农基、图画、音乐、手工、家事（女生课）、体育、军训（1941年后初中改为童训）。民国26年，县立国民中学学制为两年，增设教育概念、农村建设概要、艺术、劳作等课。民国34年，改为县立初级中学后，学制为3年。民国29年，广西省立平乐中学开办高中班，并分理科组与文科组，分别加学数、理、化和文学方面的课程。1950年，实行"三三制"，初、高中各3年，开设课程有政治、语文、数学、中国历史、世界历史、中国地理、世界地理、物理、化学、动物、植物、生理卫生、英语、图画、音乐、体育、劳动、班会。1955年，改英语课为俄语课，1965年复设英语课。1960年秋，平乐中学试行"九年一贯制"（从小学到中学毕业共9年），因教材过深，开办一年停止试行。1961年，平乐中学又试行"十年一贯制"，因涉及面广，两年后停止招生。"文化大革命"期间，各中学均改为"二二制"（初、高中各两年毕业），以广西编写的教材为课本。1978年秋恢复"三三制"，采用全国统编教材作课本。

## 二、教育与教学改革

### (一)教育改革

清代的教育宗旨是造就"忠君爱国的人才"。

民国,以"三民主义"为教育内容,以"四维"(礼、义、廉、耻)、"八德"(忠孝、仁爱、信义、和平)为校训,同时,主张教育、训育、军训和童训。

解放后,对学生进行德、智、体、美、劳全面发展的教育。学校紧密配合党的中心工作,结合形势对学生进行思想教育。如 20 世纪 50 年代初,组织学生参加镇压反革命、清匪反霸、土地改革、抗美援朝运动,同时开展向董存瑞、黄继光等英雄人物学习活动。1957 年,根据毛泽东主席提出的"培养有社会主义觉悟的有文化的劳动者"的精神,加强对学生德、智、体全面发展的教育。60 年代,在学生中广泛开展"向雷锋同志学习"活动。由于平乐中学思想政治工作抓得有成效,1965 年 5 月,桂林专署文教局在该校召开了全地区各中学、师范学校党支部书记、校长和班主任代表参加的思想政治工作会议。1976 年,开展阶级教育,大讲家史、村史、阶级斗争史,阶级教育成为主课。80 年代,开展"五讲四美三热爱"(讲文明、讲礼貌、讲卫生、讲秩序、讲道德、心灵美、语言美、行为美、环境美、热爱祖国、热爱社会主义、热爱中国共产党)的教育和"学雷锋、树新风、创三好"活动及对学生进行党的四项基本原则的教育。通过这一系列的教育活动,教学秩序逐年好转。

平乐镇各小学,自 1980 年以来,建立了抓德育的网络,组织一支包括党、政、工、团、队、班主任、科任教师、家长和社会人士在内的德育工作队伍,出现了学生课内课外有人管、校内校外有人抓思想工作的新局面。平乐镇一小每年涌现出好人好事上万件,1987—1989 年,学生共拾得手表 24 块、人民币 180 元,能主动交给老师归还失主。1982 年 4 月,平乐镇第二小学三年级学生黄以仁作为平乐县的代表出席自治区"学雷锋、五讲四美"表彰大会。1985 年,平乐航运小学附设初中班学生唐桂生,为抢救溺水小同学而献身,经自治区民政厅批准追认他为烈士。

### (二)教学改革

清末,小学堂不分班级,按学生年龄大小分组聚集在一起学习,教师分别"点书"(单人教读),学生自读背诵。废科举后大兴学校,改"四书""五经"单一教材为兼学自然科学知识，提倡"中学为体，西学为用"。

民国时，中、小学均以课堂教学为主，教员按课程表上课，一般不备课，只"照本宣科"。

解放后，20世纪50年代初，县设立教研室，区设立教育辅导员，组织中、小学教师学习苏联凯洛夫、普希金教育学。课堂教学活动时运用"五个环节"（组织教学、检查提问、讲授新课、巩固新知、布置作业），采取"五级记分法"（按掌握知识程度优劣，分别记为5分、4分、3分、2分、1分）评定学生成绩。在教学中注意"因材施教"，采用"启发式""精讲多练""讲练结合"的方法。各校按教学计划实施，教师按教案授课。当时，以平乐中学、平乐第一小学为试点，多次举行示范教学，探索教学规律。1956年秋，在平乐镇第一、第二小学和中心校，首先试行用普通话教学。1965年秋，在二塘公社牛角大队开设半日制、隔日制、早、午、晚班等耕读学校试点，进行巡回教学。随即，耕读小学在全县兴起，适龄儿童入学人数增多，小学生由1963年的23 815人，增加到1965年的37 522人。

"文化大革命"期间，学校纪律混乱，一段时间曾停课"闹革命"，教研活动停顿，考试中断。1970年落实"五·七"指示，学校与厂、队挂钩，师生下乡、下厂参加劳动。接着在学校内办工厂农场，课堂教学基本上被劳动课取代。在教学方法上，搞"单元教学""单科独进"致使教学质量低下。1977年，经过拨乱反正，学校恢复了正常的教学秩序，当年提出："抓好基础知识、基本训练"，和"培养能力、发展智力"的要求，多层次开展教研活动。中学采用了幻灯、电影等现代化教学手段。1987年，各校开展第二课堂活动（"五小"科技活动：小论文、小制作、小发明、小实验、小观察），丰富了学生课外活动，巩固了学生所学知识。

在小学教学中，对语文、数学进行了改革，增设了听说练习、听读欣赏、阅读指导、作业讲评、智力训练、课外观察及课外活动等。在教学方法上，改"注入式"为"启发式"，注意因材施教，坚持"五个一起抓"。教学时，抓重点，破难点，点关键，重启发，开导学生思路；将学生学习的被动改为主动，要求学生课前预习，课后复习。县教研室在全县学生中开展口头作文比赛、主题会演讲比赛、数学计算速度和计算技巧比赛等，调动了学生学习的自觉性，教学质量普遍得到提高。1980年以来，平乐镇第一小学升学率保持在90%~95%，考入重点中学的学生数均保持在平乐县重点中学招生数的1/3左右。体育达标率逐年上升，1986—1989

年，分别为 95.1%、96.3%、97.8% 和 98.2%。全县初中毕业学生被中专录取人数，1980 年为 41 人，1987 年上升到 127 人；高中毕业学生被高等学校录取人数，1980 年为 311 人，1988 年上升到 160 人。

### 三、考试改革

从南宋到清代实行科举考试制度，清代沿袭明制，有童试、乡试、会试、殿试。

民国时，学校有平时考试、月考和期考。民国 22 年（1933 年）后，根据《修正广西各县毕业生会考办法》举行毕业会考。小学，每年 1 月下旬，分别在城厢、沙子、桥亭、同安等地设立考场。考试科目有国语、算术、社会、自然和体育 5 科，由县会考委员会负责命题、评卷、核定成绩。中学生新生入学考试和毕业考试，由省教育厅命题会考，各科以 60 分为及格，100 分为满分。

解放后，自 1952 年起，实行平时检查、期中段考、期末期考，毕业和升学考试。1953 年，改 100 分制为五级分制，1960 年又复用 100 分制。"文化大革命"期间，实行开卷测验，并取消升学考试，中专、高校招生按系统推荐、县选送和学校录取的办法。中学招生实行考试与推荐相结合的方法，名额分配到社队。小学学生随年级升级。1972 年，中、小学恢复正常考试，但不久又被"批回潮"压了下去。1977 年后，中、小学期考，由县教研室命题，全县统一考试时间，统一评分标准。是年，恢复高考由自治区命题统考。次年，恢复高中毕业生参加全国高等学校招生考试，初中毕业生参加桂林地区中专、高中统一考试。为择优录取，由招生委员会统一分配。

# 第49章
# 专业教育

## 第一节 师范学校

清光绪三十二年（1906年），平乐府始在府中学堂内附设师范传习所。宣统二年（1910年），又在县劝学所内附设师范传习所，培养小学教员。

民国元年（1912年），平乐府在县学正署开办师范传习所。民国17年，在县城二贤祠开办平乐县立师范讲习所，学制两年，至民国22年停办。民国29年，县立国民中学附设两个简易师范班（初师）。民国31年，改办简易师范科两个班，学生毕业后，由县教育科委派到小学任教师，民国33年停办。

1952年，县人民政府文教科在平乐中学附设一年制简易师范2个班，共有学生85人，毕业后由文教科分派到小学任教师。1956年秋，平乐专署教育科在附城区马渭村（今石油站处）开办初级速成师范学校，该校面向全地区招生，共8个班（平乐县选送28人），学制一年，毕业后分配到小学任教师。1957年秋，学校停办。1958年秋，县文教局在南洲村（原平中旧址）开办简易师范1个班，招生50人。同时，平乐中学附设三年制中师班1个，招收初中毕业生30人。次年，因缺师资有28人提前毕业分配到小学任教。1959年9月，平乐县速成师范成立，以平乐中学旧址为校址。是年，招收一年制中师速成班1个班44人。次年春，又招收半年制简易师范班2个班共80人，毕业后分派到小学任教师的41人，其余回乡生产。1960年9月，平乐县速成师范改名为平乐县师范学校，招收三年制初师、幼师（后幼师改为1年制）各1个班，共90人。1961年7月，平乐县师范与迁来平乐的荔浦师范学校合并，改称平乐师范学校，属桂林地区和平乐县两级共管，有中师6个班，学校设备较完善，有物理、化学、生物实验仪器和体育、音乐器材。1962年，贯彻中共广西壮族自治区党委宣传部的"关于调整教育事业和精简各校教职工的方案",于同年7月,撤销平乐师范学校。1970年10月,平乐五·七学校在源头杨梅村开办,设有师资训练专业,半年为一期。1972年2月,迁至源头玄武村,8月改招中师班,其他专业停办,过渡成师范学校。1974年元月,改名为平乐师范学校。1975年8月,招收中师1个班40人("社来社去",不包分配)。从1979年起,连续开办英语短训班3期,培训小学在职教师150人。1981年9月,校址迁至平乐县城(教育局内),开办过小学行政领导、初中英语教师、小学图画、音乐、体育教师短训班。1983年12月,改名平乐县教师进修学校,时有教职工26人,分培训部和函授部,有计划地对在职小学教师进行正规培训。1989年,办有二年制进修班1个,学员50人,一年制职前代培班1个58人。1990年,办一年制职前代培班1个,学员58人。

  解放后,1951年2月至1952年10月,县举办了4期小学教师讲习班和1期小学教师轮训班,共培训了小学教师635名。1954—1955年,县文教科从小学在职教师中抽调两批共28人到平乐师范学校(校址在八步)进修,时间两年。1956年3—8月,县文教科在平乐中学新址办了一期125人的小学师资训练班。从1956年起,将小学校长、教导主任分期分批抽到地区师范学校小学行政干部训练班进修,半年一期,每期10~12人。1966年秋后,由于"文化大革命"的影响,培训中断。1971—1978年底,共办师训班9期,培训教师426人。1984年,根据"教什么,学什么"和"缺什么,补什么"的原则培训,举办了音乐、美术短训班,培训了在职教师34人,时有178名教师获中师语文、87名教师获中师数学函授结业证书。1985年,县教师进修学校举办体育短训班,培训在职体育教师26人。同年还举办了两期小学行政干部训练班,培训了小学行政领导55名。此外,有68名教师考入师专,离职学习;4名教师脱产参加电大学习;46名教师参加业余师专和电大函授学习。1987年,有77名教师考入师范院校学习。至1990年,在县教师进修学校先后毕业的教师共324名。通过各种形式的培训,教师素质逐步得到提高。

  解放40年来,平乐师范学校(师范班)培养中师毕业生477人,初师毕业生498人。

## 第二节　卫生学校

民国23年（1934年），平乐县政府举办了西法产科传习所两期，培训学员40人。

解放后，1958年9月创办平乐卫校，校址设在县医院分部（现农药厂处），有教职工12人。开办医士班1个，45人，学制3年，同时开办护理、防疫短训各1期，共80人，1963年8月撤并到全州卫校。

1964—1980年，县医院受自治区卫生厅委托，并设护士班1个，学制2年，面向全地区招生，招4期，120人，学生毕业后，回县安排工作。

1976年11月，平乐县五·七劳动大学（校址设在源头公社玄武大队）办有赤脚医生班1个，学制1年，时招收学生22人（初中毕业以上），毕业学生18人。回大队办卫生室。

## 第三节　职业学校

清光绪三十四年（1908年），县署在县城创办蚕业专业学校，称平乐县蚕业学堂，宣统二年（1910年）改称平乐蚕业讲习所。

民国28年（1939年），平乐专署在平乐县城创办广西省立平乐实用职业学校，校址设在县城湖南会馆（今平乐镇人民政府处）。招收初中毕业生，学制3年，开设农艺、纺织各1个班，共有学生100名。次年，春迁至县城对河南洲村，抗日战争胜利后，改称广西省立平乐高级职业学校，设有产品加工厂、园艺场、苗圃、作物栽培区（稻田）、化工实验室等。学生来源于平乐、桂林、梧州3个专区所属县，毕业后自谋职业，至民国38年冬停办。

1964年10月，贯彻中央"两种教育制度"时，开办平乐县农业技术学校，校址设在二塘镇九龙村（今县锰矿矿部处），有水田15亩，旱地20亩。开设农学专业和水电专业班，帮助各公社、队培养初、中级农业技术人才，1968年停办。

1965年9月，开办农业高产技术学校，校址原分三处（榕津、阳安、二塘）。次年，三处合并，迁至源头车田村。招收学生4个班140人，学制2年，开设课程有政治、语文、数学、化学、作物栽培、植保、园艺等。学生毕业后回队（村）参加农业生产。

1970年，学习辽宁农学院经验，各公社农中改为"五·七"农业中学，开展学工、学农、学军活动。1974年3月，在源头杨梅村开办农机学校，培训拖拉机手和拖拉机修理工。开设课程有机械常识、交通规则、实习等（1987年停办）。1976年，全县农业中学发展到42所70个班，学生2443人。

1980年，根据国务院《改革中等教育结构，发展职业技术教育》文件精神，平乐县在源头公社玄武村建立农业中学（原县师范学校旧址），当年招收学生3个班118人，学制3年。校园占地面积104 000平方米，建有砖混结构教学楼1幢3层12间教室、实验室1间、办公室2间、师生宿舍21间，有水田45亩、旱地25亩、鱼塘6亩。开设农学、畜牧兽医、园艺3个专业班。设置课程有植物生理、土壤肥料、农业气象、作物栽培、选种与良种繁育学、病虫害防治学、果品贮藏与加工等。1983年，在平乐镇高中试办职业班。1986年3月，县农业中学改称平乐县第一职业中学，增至6个班，学生256人。增辟种植场、饲养场（养鸡、养猪）、鱼塘、实验室等。同时，组织起水稻酸性土育秧、培育水稻良种、苎麻种植、果树栽培、科学养鸡、科学养鱼、农机实验、气象观测等实验组。学校注意将教学与生产实际、教学与科研紧密结合，取得了良好的效果。水稻酸性土育秧试验连续3年获得成功，撰写实验论文2篇，分别于1984年、1995年在《广西科技报》上发表。1983年，中央教育部普教司司长杜津曾到该校视察。同年4月，桂林地区教育局在该校召开全地区职业教育现场会。1981—1985年，先后7次荣获县体育推标先进单位、文明先进单位、地区中学先进单位。先后有云南省德宏傣族景颇族自治州教育局、桂林地区各县农业中学及钟山、贺县（现在的贺州市）、昭平等县职业中学的领导、师生到该校参观。

1989年，县第一职业中学设备有：手扶拖拉机、耕耘机、喷淋机、电磨、孵化器各1台，实验室3个，以及示波器、信号发生器、分析天平、恒温箱、干燥器、显微镜等仪器一批，价值5万元，有图书5000册。是年，该校有5个班，学生200人，教职工42人，开设种养、体育、麻纺、物理、化学专业。1987—1989年，职业班毕业300人，就业120人。

1988年，原平乐镇高中改为平乐县第二职业中学，1991年恢复镇高中，县第二职业中学迁至新安街原平乐县航运小学处。该校建筑面积600平方米，开设有机电、公关2个专业班，有学生100人，教职员15人。开办以来毕业的学生共377人，就业的有266人。

# 第50章
# 业余教育

## 第一节　农民业余教育

民国17年（1928年），在平乐县城红庙阁小学（今县医院门诊部所在地）和武库后街（今县委大院右后侧外街处）等处挂起"贫民夜校"的牌子，男女老幼免费入学。民国25年，各乡（镇）始办成人识字班，到民国26年，办有成人班200个。民国28年，成立县"成人教育年推行委员会"，全县24个乡（镇）都办起了成人识字班。免费发给学员《成人识字课本》。民国34年，在中心校所在地和人口较密的地方开设成人班，人口稀少的地方开设读书会。这年，受成年教育的共有2119人。至民国38年上半年，成人教育全部停办。

解放后，1950年，在城乡办起了夜读班、读报组、识字班，入学人数达4852人。1952年秋，成立平乐县扫盲委员会，下设扫盲办公室，在区（乡）成立扫盲中心校，各校配扫盲校长1人，推广《速成识字法》。1955年秋，贯彻国务院"加强农民教育"的指示，培养了群众业余教师2792人，全县农民、居民入学人数达41 382人，扫除文盲3162人。

1958年"大跃进"期间，村村办有扫盲班，并采取由学生设立识字岗、挂识字牌、送字上门、见物识字等方法进行"扫盲"。1960年6月，由平乐人民出版社编印扫盲课本5万册，供水利工地民工学习。"文化大革命"期间，农民夜校停办。1970年，农村、城镇始办政治文化夜校。至1975年，全县有政治文化夜校1522所，入学86 166人，其中扫盲班175个，学员3653人。1979年春，政治文化夜校自然消逝。是年冬，平乐县成立"工农业余教育委员会"，下设办公室，配备专干2人。公社教育组配备业余教育专干1人。各大队亦相应成立业余教育领导小组，开展农民业余教育，以传授各种专业技术、知识为主。1982年，沙子协中大队农民夜校设有水稻种植、果树栽培、生猪饲养 3 个专业班，学员 168 人，学以致用。是年，该大队水稻总产比上年增长 37%；黄志强等 4 人承包生产队 430 株柑橙，总产量达 13 500 公斤，比 1981 年增加 5000 多公斤。

1983 年，县业余教育办公室自编了《农民识字辅助课本》，帮助农民提高识字效率。据统计，全县农村 12～45 岁的少、青、壮年有 159 913 人。其中，小学文化程度以上的 146 985 人，占总人数的 91.9%，文盲 12 928 人，占总人数的 8.1%。1984 年，经桂林地区教育局检查验收，符合国务院基本扫除文盲的标准，发给了基本脱盲县证书。

1986 年，在改革农民业余教育中，改教育部门办学为多层次办学，实行行业归口管理。1987 年，全县 134 个行政村开展了成人业余教育工作，据统计共有业余小学班 48 个，学员 1837 人；业余初中班 6 个，学员 181 人，办科技班 176 期，参加学习的有 7314 人。1990 年，在业余小学学习人数为 1216 人，在业余初中学习人数为 274 人，扫盲人数为 718 人。

## 第二节 职工业余教育

1953 年，县教育科在二塘（时县人民政府所在地）开办干部（含职工）业余文化学校共 6 个班，其中扫盲班 2 个，初小、高小班各 2 个，每班约 40 人，以县礼堂为教室，分别在白天和晚上上课。1954 年，县总工会成立"职工业余文化学校"，工会主席任校长，开办初小、高小和初中共 10 个班，每班 40 人，以上午和晚上按二步制教学形式上课，开设语文、数学两科，两年结业。时职工学习积极性很高，中共平乐县委书记矫志周也参加高小班的学习。1956 年，县开办 1 所业余进修师范学校，有专职教师 4 名，在 4 个区设初师班。1957 年，参加业余学习的职工 784 人。在 1958 年的"大跃进"中，各部门、各厂矿企事业单位办起了"红专业余中专班""红专业余大专班"，公社办有业余师范班 14 个。1960 年，职工业余文化学校停办。1962 年，桂林师范函授部在平乐县开办中师函授，县教育局设专职教师 3 人。1966 年，职工业余文化学校再次停课。中师函授教育也同时停办。1970 年，各部门、各单位办起了政治文化夜校，参加学习的干部、工人 4252 人。1978 年秋，政治文化夜校停办。1979 年，恢复平乐县中师函授学校，教职工 5 人，函授学员 2150 人。1982 年，成立县职工初中文化补课考试领导小组，由县人民政府 20 名部、委、办局领导成员组成领导班子，共办起了70余个文化补习班。有938人通过考试，成绩达到初中毕业程度。是年，教师函授部划归县师范学校管理。1984年，县成立职工教育管理委员会，县财政拨给业务费2000元，办起了业余高中班5个、业余初中班4个、汉语专业班1个，1985年办电大班1个，共有学员500余人。

  1987年，参加职工高级技术培训班学习的有57人，结业38人；参加中级技术培训班学习的有381人，结业365人；参加干部高中、初中班学习的有521人，结业266人；参加干部技术业务培训班学习的有113人，结业103人；参加干部中专班学习的有218人，结业、毕业93人；参加中师函授班学习，获语文单科结业的有425人、数学单科结业的有202人，中师函授毕业124人；干部高等教育入学的有190人，结业、毕业的有65人。1989年冬，县职改办举办了为期3个月的英语夜读班，参加学习的有290多人，通过地区统一考试，均获单科结业证书（表50-1）。

表 50-1 平乐县部分年份业余教育情况统计（1956—1990年）

单位：人

| 年份 | 扫盲人数 | 业余小学人数 | 业余初中人数 | 初师函授人数 | 中师、中专函授人数 | 函授大学、成人大学人数 |
|---|---|---|---|---|---|---|
| 1956 | 6408 | | | 4个班 | | |
| 1957 | 3062 | | | | | |
| 1958 | 49 895 | | | 4个班 | | |
| 1959 | 31 000 | | 160 | | | |
| 1960 | | | | 728 | 405 | |
| 1962 | | | | | 7个班 | |
| 1963 | | 93 | 70 | | 14个班 | |
| 1964 | 1248 | 353 | 127 | | | |
| 1965 | 185 | 262 | 70 | | | |
| 1970 | 4731 | | | | | |
| 1971 | 4931 | | | | | |
| 1972 | 106 261 | | | | | |
| 1973 | | 18 758 | | | | |
| 1974 | 10 443 | 7143 | 3300 | | | |
| 1975 | 3653 | 2553 | 1100 | | | |
| 1976 | 100 358 | | | | | |
| 1977 | 90 077 | | | | | |
| 1979 | 798 | 40 | | | | |
| 1980 | 2626 | 757 | | | | |
| 1981 | 2672 | 672 | | | | |
| 1982 | 1479 | 1028 | | | | |
| 1984 | 2463 | 1778 | | | 423 | 11 |
| 1985 | | 2618 | | | | 18 |
| 1986 | | | | | 40 | 17 |
| 1987 | | | 142 | | 85 | 17 |
| 1988 | 142 | 1834 | 299 | 209 | 50 | 58 |
| 1989 | 839 | 1850 | 477 | | 82 | 98 |
| 1990 | 718 | 1216 | 274 | | | |

# 第51章

# 人才输送

宋至清，平乐县书生参加科举考试；中进士的60人。明清两代中文科举人179人、武科举人27人；明代有贡生99人，清代有贡生246人。

民国时期，在平乐县各中学毕业的学生，经过各种渠道的锻炼，在解放后任过县级以上职务的有14名。

解放后，1951—1961年，县内师范毕业学生354人；1977—1990年，平乐县高中毕业含同等学力学生考入大专院校的共1615人，其中考入重点大学的93人；1979—1990年，考入中等专业学校学生1512人；1985—1990年考入成人高等学校的471人；1984—1989年，参加高等学校自学考试，获大专毕业证书的56人（表51-1）。

表51-1　平乐县被录取高等、中等学校人数统计（1977—1990年）

单位：人

| 年份 | 合计 | 录取高校人数 | | 录取中专人数 | | |
|---|---|---|---|---|---|---|
| | | 小计 | 其中：成人高校 | 小计 | 高中毕业生 | 初中毕业生 |
| 1977 | 20 | 20 | | | | |
| 1978 | 40 | 40 | | | | |
| 1979 | 74 | 42 | | 32 | 32 | |
| 1980 | 137 | 31 | | 106 | 106 | |
| 1981 | 162 | 51 | | 111 | 70 | 41 |
| 1982 | 185 | 56 | | 129 | 88 | 41 |
| 1983 | 184 | 78 | | 106 | 63 | 43 |
| 1984 | 218 | 88 | | 130 | 85 | 45 |

续表

| 年份 | 合计 | 录取高校人数 | | 录取中专人数 | | |
|---|---|---|---|---|---|---|
| | | 小计 | 其中：成人高校 | 小计 | 高中毕业生 | 初中毕业生 |
| 1985 | 337 | 173 | 67 | 164 | 88 | 76 |
| 1986 | 255 | 153 | 58 | 102 | 51 | 51 |
| 1987 | 396 | 197 | 80 | 199 | 72 | 127 |
| 1988 | 378 | 212 | 52 | 166 | 51 | 115 |
| 1989 | 361 | 251 | 109 | 110 | 50 | 60 |
| 1990 | 380 | 223 | 105 | 157 | 37 | 120 |

直接参加工作或回乡参加农业生产的不能升学的高中、初中毕业生也做出了较大的贡献。

苏振刚 1960 年在平乐中学高中毕业后，直接留校任教，担任中学地理教师，他刻苦钻研教学。从 1978 年开始，试制地理教具，经过 4 年的研究，于 1982 年 3 月，成功地制造出一台自动交、直流电两用日季演示仪。1982 年 7 月，被破格接收为中国地理学会会员；9 月，被授予全区技术革新积极分子的称号；11 月，荣获全国地理科普积极分子称号，并出席全国科普大会。1983 年 6 月，自治区批准授予发明创造奖，奖励工资一级。同月，桂林地区科委授予优秀科技成果奖三等奖。

廖绍奇，共青团员，张家镇榕津大队人，由学校毕业后，在家务农，认真研究杂交水稻制种技术。1979 年，他创造了杂交水稻制种亩产 244 公斤的记录，被评为广西壮族自治区农科攻关先进个人。

左来发、雷永文，在校毕业后，分配到广运林场工作。发动青年上山植杉树 1400 亩，毛竹 30 亩，油茶 110 亩。1987 年，均被共青团中央授予全国植树能手的光荣称号。

1980—1989 年，在农、林业战线上的青年有 15 人分别被评为自治区、全国的绿化祖国突击手、致富能手、植树能手等。

# 第52章
# 教师队伍

光绪二十八年至三十二年（1902—1906年），平乐府中、小学堂及师范传习所等官立学堂的监督（校长），由提学使委任，教员则由学堂和传习所监督聘请。

民国初期，校长由政府任命，教师由校长聘请。民国24年（1935年），乡（镇）长、村（街）长兼校长，受聘教师要交验学历证件。民国37年，全县有中、小学教师383人。

解放后，1950年平乐县人民政府接管了学校，对原有中、小学教职工大多数予以留用。1951—1952年，在社会上吸收一批知识青年到学校任教师。1952年，平乐中学和平乐一小两校由地、县两级管理，教师由专区从各县调来。是年，全县有中、小学、幼儿园公民办教职工659人。1957年增至983人，其中：中学教师123人、小学教师798人、幼儿园教师62人。教师中有中共党员102人、共青团员211人。1958年，中、小学及幼儿园公办教职工发展到1770人。

1970年，在"读小学不出生产队，读初中不出大队，读高中不出公社"口号的影响下，民办中、小学校剧增，民办教师增多。1973年，全县教师2336人，其中民办教师1087人，占教师总数的46.53%。1979年，民办教师发展到1779人（其中：中学教师566人、小学教师1213人），占全县教师总数的53.76%。当年，收回精简回乡的教师127人，收回被错划为"右派"的教师22人。1981年，贯彻国务院《关于普及小学教育若干问题的决定》，对民办教师进行了一次整顿，从高中调出126名教师（含公办）到初中任教，从初中调出318名教师到小学任教。辞退不胜任教学工作的民办中学教师74人、民办小学教师365人。通过调整，到1987年，全县有461名民办教师转为公办教师。到1990年，全县有教职工3070人（其中：中学953人、小学1989人、幼儿园128人）。教师中有中共党员635人，共青团员2683人。

## 第一节　教师素质

清末，平乐学堂教员多是秀才或地方绅士。塾师一般为秀才，也有举人。

民国初期，任用教员讲究学历。民国23年（1934年），全县有小学教职员372人，其中受过师范教育的40人、其他专科毕业的7人、中等学校毕业的171人、初等学校毕业的39人、初等学校未毕业的115人。民国29年后，一些人为逃避征兵，想方设法到学校任教，致使教师队伍文化素质更加低下。

解放后，1951年，全县有小学教师619人。按文化程度分：大专3人、中师25人、初师69人、高中47人、初中246人，小学229人。1958年，教育事业发展快，教师人数增加，教师文化素质相对下降。是年，对部分学校701名公办小学教师进行调查：初中文化以下632人，占总数的90.2%；高中和中师毕业的69人，占总数的9.8%。据1962年平乐县文教科《关于精简编制的调查资料》统计，对中学教职工173人进行调查：胜任工作的101人，基本胜任工作的35人，水平低可调到小学任教的25人，不胜任教学的12人；对小学教师853人的调查：胜任工作的475人，基本胜任工作的294人，不胜任教学工作的84人。1964年，县文教科对平乐中学、二塘中学、榕津中学、源头中学、桥亭中学等5所中学的108名专任教师进行调查：共产党员8人，共青团员37人；大学本科毕业的59人，本科肄业和专科毕业的34人，高中文化程度的15人。1983年，县教育局对2135名公办、民办小学教师进行考核：文化达标的558人，占总数的26.1%；能力达标的2038人，占总数的95%。1987年，有48名中、小学教师参加师院大专、本科脱产进修和函授学习；12名民办小学教师考入荔浦师范脱产学习。截至1990年6月，全县中、小学、幼儿园教师参加职称评定的3070人，经上级有关部门评定，评出高级、中级、初级职称2175人（表52-1）。

表 52-1　平乐县教育系列专业技术职称情况统计（1990 年）

单位：人

| 职称级别 | 高级职称 | 中级职称 | | | | 初级职称 | | | | | | | |
|---|---|---|---|---|---|---|---|---|---|---|---|---|---|
| | 中学高级教师 | 中学一级教师 | 中专讲师 | 小学高级教师 | 幼儿园高级教师 | 中学二级教师 | 中学三级教师 | 助理讲师 | 小学一级教师 | 小学二级教师 | 小学三级教师 | 幼儿园一级教师 | 幼儿园二级教师 | 幼儿园三级教师 |
| 人数 | 41 | 167 | 7 | 276 | 11 | 334 | 119 | 6 | 934 | 229 | 6 | 29 | 12 | 4 |

注"高级职称"中，有 4 人为"中专高级讲师"。

# 第二节　教师待遇

## 一、政治待遇

清末，平乐学堂的教员多为有才学的人和地方绅士，受到政府重视。私塾塾师，一般为秀才，亦受尊重。

民国初期，校长、教师要经政府审批备案才能任教。民国 24—29 年（1935—1940 年），平乐实行"三位一体"（乡长、民团大队长、校长由一人任），乡（镇）长、村（街）长兼任校长，当时，大多数教师则是为逃避征兵的小知识分子，他们在社会上是无地位的。

解放后，县人民政府从政治上、组织上、思想上关心教师。1950 年 1 月，县召开第一届各界人民代表会议时，邀请了平乐中学校长陈世宗，县中校长冯静居列席。1951 年，成立了县教育工会。1953 年，分别在平中、平乐一小建立中国共产党支部（小组）和新民主主义青年团支部。1957 年，在全县各学区或学校建立中共党支部，时有共产党员 102 人。1979 年以后，知识分子被确认为工人阶级的一部分；对 241 人改正错划"右派"，其中回教育战线工作的 141 人。县人民政府每年召开教育系统先进工作者表彰大会。在元旦、春节、教师节对老教师进行慰问。1981—1988 年，全县有 97 名教师加入中国共产党。170 多名青年教师加入共青团，138 名骨干教师被提拔到各级学校领导岗位，19 名教师被提拔到乡（镇）和县级领导班子，314 名教师获得了教育部颁发的"园丁纪念章"，552 名教师获得自治区颁发的"荣誉证书"。从 1985 年第一个教师节起，每年 9 月

10日教师节这天，中共平乐县委、平乐县人民政府、县人大、县政协和各乡（镇）的领导分别在县城及各乡（镇）召开庆祝大会或座谈会表彰优秀教师，对教师进行慰问，发给节日纪念品，并向社会宣传尊敬教师、尊重人才、重视知识的社会新风尚。中共平乐县委在1985年第一个教师节庆祝大会上表彰优秀教师109名，评出县级劳动模范17名。1955—1989年，有15人（次）分别被评为（授予）省（区）先进教育工作者、优秀教师、优秀班主任、劳动模范、特级教师、全国德育先进工作者。有不少教师被选为县乡（镇）人大、政协代表：县教育局副局长林科名、平乐中学副校长谢念慈、航运小学校长白先荣先后被选为县政协副主席。

二、经济待遇

清末，公立学堂教员薪金以光洋计算，中学教员每人月薪30元；小学教员月薪高为24元，低为14元。塾师薪金（按谷计），高者每年1000斤，低者600斤，还有适量的月钱米（塾师伙食费），皆由学生家长负担。

民国时期，小学教师月薪为11～35元（国币，下同），中学教师月薪为100～220元。抗日战争时期，小学教师月薪不仅微薄而且不能按月支给。抗日战争胜利后，物价暴涨，教师薪俸改发实物。每月发给稻谷180～250斤。

解放后，1950年，教师月薪发稻谷或大米，以稻谷计，小学教师每人每月52.5～60公斤，中学教师87.5～100公斤。1952年，教师实行以"工资分制"（按粮、油、布、棉、盐、煤6种实物折算货币）为单位的工资标准，小学教师每人每月80～160分，中学教师165～225分。1956年实行工资改革，教师工资按级划分，小学、幼儿园行政人员工资分为13级，每人每月最高93.5元，最低24元；教师工资分为12级，每人每月最高93.5元，最低31元。中学行政人员分为15级，每人每月最高147元，最低31.5元；教师工资分为12级，每人每月最高141.5元，最低31.5元，此次工资改革，人均工资均增长40%左右。民办中小学、幼儿园教师工资由学生交学费支付，每人每月21元。自1962年起，民办教师工资由学校统筹，每人每月18～28元；粮、油由生产队解决，每人每月口粮米12～15公斤。1966年，民办教师与生产队社员同酬，按中等劳动力标准记工分，评定工资为每月26～28元。县财政补贴14.5元，不足部分由生产大队统筹。1977年和1979年，给工资偏低的教职工按40%面调升工资一级。1981年，全县中小学、幼儿园教职工1553人，普遍提升工资一级。其中有263人提升工资两级。民办教师工资原由县财政补助部分增加到19.5元。社队统筹部分改由中、小学学生家长负担。民办教师每人每月工资50~70元。1985年，每名教师提升工资一级，并对教龄5年以上的教师分别发给教龄津贴3~10元。自1986年起，每年分别发给公办、民办教师生活补贴费90元和50元。年终节支奖公办教师每人28.5元。1989年，公办教师普调工资一级或两级。1990年，给中小学教师共3616人调工资，其中升两级的有1484人，获中级职务升级的有20人，初级职务升级的有338人。

（一）医疗费

自1952年7月起，对公办教师实行公费医疗，治病费用由国家报销。1964年后，凡经批准去外地治病的教师，车船费可在原单位报销。长期病假者，两个月内发原工资，超过两个月按工龄分别发工资的70%~90%。1985年后，按工龄的长短分别给予80%~100%（1988年改为80%~95%）的药费报销。民办教师医药费按每人每年18元包干到乡（镇）。

（二）福利

自1953年9月起，女教职工分娩给予产假56天，难产、双生增加14天。小产按月份，3~7个月，分别给予15~30天的假期。从1989年3月16日起，产假增为90天。24岁以上生育第一胎的（为晚育）加14天。在产假期间领取独生子女证的再加20天。

公办教师工龄满一年，与其父母、配偶不居住在一起的，每年可享受20~30天的探亲假。父母、配偶丧事也酌给假期，工资照发。因公牺牲和病故，按规定给予埋葬费、安家费550元。对遗下的子女，国家抚养至18周岁。

自1966年起，每月每名教职工给予粮价差额补助2.5元。自1979年9月起，发给教师每人每月副食品价差补助5元。是年，实行班主任津贴，中学班主任每月每人补助6~7元。小学班主任每月每人补助4~6元。自1983年起，发给教师洗理费，男教师2元，女教师2.5元；1986年，分别增到4元、4.5元。自1984年起，每年夏季发给教职工清凉饮料费每人12元。冬季发给取暖费，折木炭35公斤，每年还发给教师书报费，公办教师24元。

男教师年满60岁,女教师年满55岁,办理手续可离休、退休。根据国家规定,分别发给原工资75%~100%的退休金,按工龄每年发给50元的房屋修缮费。到1990年,全县有离休教师9人,退休教师329人,工人21人(表52-2)。

表52-2 平乐县教师队伍情况统计(1950—1990年)

单位:人

| 年份 | 合计 | 中学 | | | 小学 | | | 幼儿园 | | |
|---|---|---|---|---|---|---|---|---|---|---|
| | | 小计 | 公办 | 民办 | 小计 | 公办 | 民办 | 小计 | 公办 | 民办 |
| 1950 | 53 | 53 | 53 | | | | | | | |
| 1951 | 674 | 55 | 55 | | 619 | 619 | | | | |
| 1952 | 659 | 54 | 54 | | 574 | 574 | | 31 | 10 | 21 |
| 1953 | 704 | 67 | 67 | | 625 | 621 | 4 | 12 | 11 | 1 |
| 1954 | 756 | 81 | 81 | | 661 | 636 | 25 | 14 | 12 | 2 |
| 1955 | 771 | 87 | 87 | | 663 | 644 | 19 | 21 | 11 | 10 |
| 1956 | 857 | 97 | 97 | | 706 | 697 | 9 | 54 | 34 | 20 |
| 1957 | 983 | 123 | 123 | | 798 | 777 | 21 | 62 | 34 | 28 |
| 1958 | 1770 | 119 | 119 | | 1312 | 1020 | 292 | 339 | 304 | 35 |
| 1959 | 1688 | 136 | 136 | | 1386 | 1108 | 278 | 166 | 36 | 130 |
| 1960 | 1584 | 181 | 181 | | 1355 | 1111 | 244 | 48 | | 48 |
| 1961 | 1237 | 201 | 199 | 2 | 1036 | 882 | 154 | | | |
| 1962 | 1111 | 173 | 173 | | 887 | 887 | | 51 | 6 | 45 |
| 1963 | 1005 | 176 | 176 | | 829 | 829 | | | | |
| 1964 | 964 | 154 | 154 | | 810 | 810 | | | | |
| 1965 | 140 | 140 | 140 | | | | | | | |
| 1966 | 147 | 147 | 147 | | | | | | | |
| 1967 | 1049 | 149 | 148 | 1 | 900 | 900 | | | | |
| 1968 | 148 | 148 | 148 | | | | | | | |
| 1969 | 1414 | 187 | 155 | 32 | 1227 | 813 | 414 | | | |
| 1970 | 1387 | 248 | 223 | 25 | 1139 | 691 | 448 | | | |
| 1971 | 1106 | 211 | 187 | 24 | 895 | 562 | 333 | | | |

续表

| 年份 | 合计 | 中学 | | | 小学 | | | 幼儿园 | | |
|---|---|---|---|---|---|---|---|---|---|---|
| | | 小计 | 公办 | 民办 | 小计 | 公办 | 民办 | 小计 | 公办 | 民办 |
| 1972 | 1886 | 286 | 248 | 38 | 1600 | 774 | 826 | | | |
| 1973 | 2336 | 632 | 456 | 176 | 1667 | 776 | 891 | 37 | 17 | 20 |
| 1974 | 2372 | 654 | 462 | 192 | 1718 | 707 | 1011 | | | |
| 1975 | 2703 | 819 | 518 | 301 | 1867 | 736 | 1131 | 17 | 17 | |
| 1976 | 2967 | 1069 | 540 | 529 | 1880 | 744 | 1136 | 18 | 18 | |
| 1977 | 3183 | 1233 | 616 | 617 | 1930 | 672 | 1258 | 20 | 17 | 3 |
| 1978 | 3178 | 1275 | 654 | 621 | 1903 | 633 | 1270 | | | |
| 1979 | 3309 | 1271 | 705 | 566 | 2038 | 825 | 1213 | | | |
| 1980 | 3343 | 1194 | 700 | 494 | 2126 | 929 | 1197 | 23 | 23 | |
| 1981 | 3260 | 934 | 674 | 260 | 2326 | 1028 | 1298 | | | |
| 1982 | 2989 | 791 | 659 | 132 | 2165 | 1105 | 1060 | 33 | 33 | |
| 1983 | 2957 | 788 | 687 | 101 | 2135 | 1102 | 1033 | 34 | 34 | |
| 1984 | 2887 | 782 | 684 | 98 | 2003 | 1043 | 960 | 102 | 58 | 44 |
| 1985 | 3536 | 782 | 687 | 95 | 2675 | 1644 | 1031 | 79 | 58 | 21 |
| 1986 | 2815 | 801 | 720 | 81 | 1911 | 1136 | 775 | 103 | 58 | 45 |
| 1987 | 2980 | 833 | 830 | 3 | 2053 | 1368 | 685 | 94 | 81 | 13 |
| 1988 | 3328 | 998 | 922 | 76 | 2222 | 1223 | 999 | 108 | 64 | 44 |
| 1989 | 3055 | 936 | 890 | 46 | 2022 | 1237 | 785 | 97 | 76 | 21 |
| 1990 | 3070 | 953 | 903 | 50 | 1989 | 1306 | 683 | 128 | 107 | 21 |

注：中学教师中含小学附设初中班教师数字。

# 第53章
# 教育经费　学校设施　勤工俭学

## 第一节　教育经费

一、经费来源

光绪三十二年（1906年），县学务收入共905元（银圆，下同），分为三项：一是产业收入485元；二是存款利息196元；三是公款提充224元。光绪三十四年（1909年），产业收入收不上，仅有存款利息196元和官府拨款710元。

民国21年（1932年），县立小学经费由产业、息谷收入和县政府拨款提充，村（街）小学经费由产业、息谷收入和村（街）筹集解决。民国28年，县政府财粮科给学校提充5万元。抗日战争结束后，各校产业无收入。民国36年，县教育科颁布了《学校基金筹集管理办法》，要求各校每个教学班筹集基金谷1500斤，由学校基金委员会统一办理，采取有奖有惩的办法实施。筹集的途径：一是学校产业（田地、房屋、园林、鱼塘）的收入；二是本学区的庙产、绝祠遗产及公产收入；三是公共造产（垦荒、造林、饲养、圩亭、烧石灰、烧砖瓦）收入；四是学区内殷商大户募捐；五是在本学区按民户分派至足为止。

解放初期，教育经费全由县财粮科拨给乡，村民办小学经费自筹。1954年秋，各小学开始收学费，上交县财政30%。1962年后，每年由文教科预交"年度经费计划"，县财政科审定拨给。1968年，民办教师并入公办学校任教，其工资由社队统筹2/3，县财政补贴1/3。自1979年起，民办教师工资统筹，改由学生缴纳，以公社为单位，按民办教师的多少统一计算，每名学生须交统筹费1.5～3.5元。

1985年，实行经费分级管理，乡（镇）教育经费预算包干，乡（镇）所属学校由乡（镇）管理。1986年秋，贯彻自治区人民政府《关于初中、小学实行免收学费和调整中、小学杂费收费标准的通知》的精神，小学、初中免收学生学费，可收杂费、代收费等。

二、经费使用

光绪年间，教育经费支出主要是学生、教员的廪膳银，学官、教授、教谕的俸银。

民国，教育经费支出主要是教员薪金。民国20年（1931年），全县有学校243所，经费收入10.20万元（国币，下同），支出10.51万元。民国24年，中心国民基础学校经费不足部分，由县政府统支。民国25年，幼稚园经费1600元；国民基础学校经费34 644元；中心国民基础学校经费32 941元；妇女工读学校经费2200元；中等学校学生奖学金1000元，成人班课本费3000元。民国38年，学校经费仍由县政府统筹统支，又提用村仓息谷和村（街）公共造产收入50%作教育经费。

解放后，1951年，县财政拨给的教育经费为19 299.69万元（旧版人民币），占县财政总支出的11.54%。其中，用于幼儿教育152.36万元，小学教育11 101.94万元，中学教育7550.91万元，社会教育79.08万元，专业教育385.4万元，其他教育30万元。此后，教育经费支出逐年增加，1952—1954年，分别为138 027.71万元、224 203.2万元、224 565.5万元，1955年为38.99万元（新版人民币），各占县财政总支出的14.82%、29.62%、41.93%、39.29%。1964年，教育经费支出86.89万元，占县财政总支出的40.09%。比1955年增长1.22倍。从1965年起，各学校学费不再上交县财政。1979年以后，每年教育经费支出达179万元以上。1980年，教育经费支出达231.60万元，教师调资增资开支增大，其中用于危房修缮费38.20万元。此后，每年都开支危房修缮费（到1989年底，学校危房基本消除）。1987年，进行教师工资套改和职称评定套改工资，教育经费支出达到595.28万元；其中，幼儿教育支出11.53万元；小学教育支出277.62万元；中学教育支出149.74万元；社会教育支出58.60万元；专业教育支出22.77万元；危房修缮费支出52.00万元；其他费用支出23.02万元。自1988年起，县财政按乡（镇）分别拨款，包干使用教育经费（表53-1、表53-2）。

表 53-1 民国时期几个年份平乐县教育经费收支情况统计

单位：元（国币）

| | 项目 | 民国 25 年 | 民国 26 年 | 民国 27 年 | 民国 28 年 |
|---|---|---|---|---|---|
| | 收入 | 75 385 | 122 797 | 42 415 | 68 846 |
| 支出 | 合计 | 75 385 | 122 797 | 42 415 | 68 846 |
| | 幼稚园 | 1600 | 2826 | 728 | 2138 |
| | 国民基础学校 | 34 644 | 52 848 | 16 000 | 20 000 |
| | 中心国民基础学校 | 32 941 | 57 987 | 17 000 | 30 000 |
| | 国民中学 | | 5500 | 5541 | 13 100 |
| | 妇女工读学校 | 2200 | 1436 | 668 | 1408 |
| | 中学生赏学金 | 1000 | 700 | | |
| | 成人课本费 | 3000 | | | |
| | 国民中学开办费 | | 1500 | | |
| | 国民基础学校教师讲习费 | | | 1115 | |
| | 基础学校日报费 | | | | 1400 |
| | 县教育会补助费 | | | 108 | |
| | 特师生补助费 | | | 140 | |
| | 成人班灯油费 | | | | 800 |
| | 教师讲习费 | | | 1115 | |

表 53-2 平乐县教育经费收、支情况统计

单位：万元

| 年份 | 县财政拨款收入 | 占全县财政支出 | 支出 | | | | | | |
|---|---|---|---|---|---|---|---|---|---|
| | | | 幼儿教育 | 小学教育 | 中学教育 | 社会教育 | 专业教育 | 危房修缮 | 其他教育 |
| 1951 | 1.93 | 11.54% | 0.02 | 1.11 | 0.76 | 0.01 | 0.04 | — | 0.00 |
| 1952 | 13.80 | 14.82% | 0.18 | 9.50 | 3.13 | 0.13 | 3.92 | — | — |
| 1953 | 22.42 | 29.62% | 0.40 | 0.20 | 0.93 | 0.71 | 1.05 | — | 0.10 |

续表

| 年份 | 县财政拨款收入 | 支出 | | | | | | | |
|---|---|---|---|---|---|---|---|---|---|
| | | 占全县财政支出 | 幼儿教育 | 小学教育 | 中学教育 | 社会教育 | 专业教育 | 危房修缮 | 其他教育 |
| 1954 | 22.46 | 41.93% | 0.57 | 19.70 | 21.53 | 0.39 | — | — | 0.27 |
| 1955 | 38.99 | 39.29% | 0.47 | 22.63 | 14.78 | 0.66 | — | — | 0.46 |
| 1956 | 44.73 | 28.77% | 0.93 | 27.09 | 15.45 | 1.15 | 0.47 | — | — |
| 1957 | 49.81 | 21.81% | 1.25 | 33.34 | 13.34 | 1.14 | 0.28 | — | 0.37 |
| 1958 | 52.26 | 23.95% | 1.19 | 33.41 | 14.80 | 0.85 | 1.67 | — | 0.34 |
| 1959 | 52.45 | 14.90% | — | 31.77 | 17.39 | — | 0.29 | — | 21.00 |
| 1960 | 67.55 | 15.21% | 1.61 | 35.30 | 23.09 | 2.87 | 2.00 | — | 2.88 |
| 1961 | 54.09 | 19.92% | 1.69 | 34.04 | 15.67 | 4.40 | 1.17 | — | 1.14 |
| 1962 | 57.42 | 22.89% | 1.47 | 38.16 | 14.64 | 1.59 | 0.10 | — | 1.25 |
| 1963 | 53.09 | 26.59% | 0.17 | 38.13 | 11.98 | 1.81 | 0.05 | — | 0.95 |
| 1964 | 86.89 | 40.09% | 0.05 | 39.80 | 12.55 | 0.89 | 2.80 | — | 0.74 |
| 1965 | 59.12 | 29.16% | 0.09 | 40.06 | 13.48 | 3.28 | 1.69 | — | 0.51 |
| 1966 | 67.72 | 21.60% | 0.15 | 39.62 | 19.54 | 6.64 | 1.29 | — | 0.49 |
| 1967 | 77.41 | 23.51% | 0.15 | 47.31 | 17.76 | 10.30 | 1.40 | — | 0.48 |
| 1968 | 63.00 | 23.75% | — | — | — | — | — | — | — |
| 1969 | 62.26 | 24.59% | — | — | — | — | — | — | — |
| 1970 | 62.10 | 30.61% | — | — | — | — | — | — | — |
| 1971 | 73.50 | 18.89% | — | 39.86 | 15.44 | — | 2.29 | — | 15.92 |
| 1972 | 106.53 | 27.59% | — | 64.05 | 22.22 | 15.55 | 3.80 | — | 0.91 |
| 1973 | 102.69 | 26.68% | — | 47.37 | 28.65 | 17.00 | 4.23 | — | 5.45 |
| 1974 | 102.43 | 29.66% | — | 60.20 | 34.24 | 19.33 | 5.09 | — | 1.57 |
| 1975 | 122.02 | 29.85% | 0.95 | 50.96 | 39.25 | 21.09 | 3.66 | — | 6.11 |
| 1979 | 179.54 | 29.21% | 1.06 | 75.11 | 61.84 | 30.70 | 3.20 | — | 7.64 |
| 1980 | 231.60 | 24.72% | 1.74 | 88.17 | 84.45 | 46.67 | 4.18 | 38.20 | 6.39 |

续表

| 年份 | 县财政拨款 | | 支出 | | | | | | |
|---|---|---|---|---|---|---|---|---|---|
| | 收入 | 占全县财政支出 | 幼儿教育 | 小学教育 | 中学教育 | 社会教育 | 专业教育 | 危房修缮 | 其他教育 |
| 1981 | 288.67 | 21.35% | — | — | — | — | — | 25.88 | |
| 1982 | 253.99 | 23.72% | 2.80 | 120.00 | 75.60 | 39.77 | 3.70 | 21.93 | 12.12 |
| 1983 | 272.66 | 27.95% | 3.31 | 115.90 | 82.85 | 37.17 | 3.08 | 34.78 | 18.78 |
| 1984 | 325.02 | 30.35% | 6.00 | 142.10 | 85.00 | 43.00 | 2.50 | 45.00 | 23.92 |
| 1985 | 407.33 | 30.03% | 6.16 | 233.98 | 133.84 | 2.45 | 7.20 | 62.50 | 4.79 |
| 1986 | 506.53 | — | 10.90 | 260.75 | 133.54 | 60.85 | 22.66 | 91.00 | 17.80 |
| 1987 | 595.28 | — | 11.53 | 277.62 | 149.74 | 58.60 | 22.77 | 52.00 | 23.02 |
| 1988 | 592.50 | 18.14% | 11.50 | 302.50 | 163.30 | 3.80 | 19.60 | 58.80 | 33.00 |
| 1989 | 646.90 | 20.28% | 12.90 | 348.10 | 145.00 | 3.90 | 29.60 | 67.30 | 40.10 |
| 1990 | 829.46 | 22.13% | 19.00 | 435.04 | 190.15 | 48.00 | 30.10 | 62.56 | 44.64 |

注：① 1951—1954年均按新版人民币折算。

② 从1988年起县财政拨款给乡（镇）包干。

③ 1976—1978年数字缺。

## 第二节　学校设施

一、学校产业

民国时期，县内大多数小学利用庙宇、祠堂、会馆作校舍，学生课桌残缺，没有教师宿舍，多数学校没有操场。县初级中学是借用府文庙作校址，民国26年（1937年）创办县立国民中学，始在县城对河南洲村新建校舍。

解放后，为改善中、小学办学条件，人民政府逐年拨款并发动群众集资办学，修建学校，增添学校设备。1953年，平乐专署拨款16亿元（合新版人民币16万元），县人民委员会拨款5亿元（合新版人民币5万元）新建平乐中学校舍。1956年，县人民委员会拨款兴建二塘、源头两所中学。1959年以后，各公社采取由政府解决一部分，学校自筹一部分和发动群众献工献料等方法陆续兴建学校。1981—1984年，英籍华人陶成章主动捐资港币折人民币5.2万多元，为其家乡——平乐县张家镇滥田村兴建小学一所，面积1400多平方米。1984—1987年，全县新建（含部分维修）砖混结构的中学校舍面积12 850平方米；砖混结构的小学教学楼18幢，砖瓦结构教学楼房10幢，13 790平方米。到1989年，全县有校舍面积24.78万平方米（其中砖混结构教学大楼128幢，面积79 178.9平方米），比1987年增加了4.51万平方米，学生人均有校舍面积由1987年的3.66平方米，增加到4.48平方米。全县有学农基地653亩；果园10个，共120亩；鱼塘3个，共14亩；工厂4家（卫生剂厂、印刷厂各1家，米粉厂2家）。

## 二、教学设施

解放后，人民政府重视添置学校教学设备，各乡（镇、区、公社）中心校，逐年增加图书、教学实验仪器、卫生保健药品和体育音乐器材等。到1990年，全县中学共有主要仪器13 470件，图书8.97万册，实验室29间、1040平方米，可供分组实验用（表53-3）。

表53-3　1989年平乐县学校主要设备情况统计

| 名称 | 数量 | 名称 | 数量 |
| --- | --- | --- | --- |
| 课桌凳/套 | 27 742 | 彩色电视机/台 | 21 |
| 办公桌/套 | 2201 | 微型电子计算机/台 | 59 |
| 电话机/台 | 26 | 显微镜/台 | 174 |
| 打字机/台 | 3 | 发电机/台 | 2 |
| 照相机/台 | 11 | 手扶拖拉机/台 | 4 |
| 录音机/台 | 87 | 耕耘机/台 | 1 |
| 扩大机/台 | 48 | 喷淋机/台 | 1 |
| 幻灯机/台 | 58 | 电磨/台 | 3 |
| 放映机/台 | 2 | 示波器/台 | 55 |
| 软件/套 | 1200 | 孵化器/台 | 1 |
| 录像机/台 | 11 | 恒温箱/台 | 2 |
| 摄像机/台 | 2 | 干燥器/台 | 2 |

### 三、危房修缮

平乐县中、小学校舍，20世纪80年代以后，逐渐出现了危房，而且越来越严重。其主要原因是一部分学校沿用庙宇、旧公房作校舍，年代太久，形成危房；大部分乡村小学校舍是20世纪60—70年代大搞群众运动建起来的，就地取土冲墙或泥砖砌成，多数瓦梁是松树、杂木，经不起风雨侵蚀，防腐力不强，形成危房；另有一些不坚固的校舍，没有及时修理，逐年积累，形成大量危房。

1981年前，对校舍的修理主要是检漏。据1987年底统计，中、小学危房10.89万平方米，占校舍总面积的43%，其中严重危房3.30万平方米。

自治区1988年《关于抢修中、小学危房的紧急通知》下达后，县人民政府成立了县抢修中、小学危房领导小组，由主管教育的副县长兼任组长，在县教育局设立抢修学校危房办公室，具体指导全县抢修危房工作。各乡（镇）和各村公所也相应成立了领导机构，落实了分级办学、分级管理办法。

1988—1989年，县人民政府分别拨款20万元、30万元作抢修学校危房经费，并发动群众捐款集资，两年共集资960万元。其中附城乡集资最多，为58.82万元，人均19元以上。全县捐资在100元以上的有31人。其中张家镇老埠村陶富来捐款265元，青龙乡自道村有400多人口，共集资2万元，人均集资50元，建起了砖混结构的教室4间，计2000平方米。

1984—1990年，投入抢修危房资金1520.12万元。其中，自治区拨款188.12万元，县财政投资164万元，群众集资（包括献工献料折算）1168万元。1988—1990年，推倒危房新建校舍面积34 502.3平方米，维修校舍面积150 474.78平方米。投入抢修学校危房的资金达829.12万元，比1984—1987年4年抢修学校危房资金总和多398万元。至此，学校危房基本消除。

## 第三节　勤工俭学

1958年，共青团中央作出"在学生中提倡勤工俭学"的决定后，全县中小学校随即组织师生参加了大炼钢铁、兴修水利和抢收抢种等生产劳动。1959年，各中、小学开办的工厂有157个、农场47个。平乐中学办起了造纸厂、肥皂厂、烧碱厂、酱油厂；平乐一小办有红纸厂、粉笔厂、墨水厂等。1962年后，校办工厂、农场逐步减少。

1970年，学校响应毛泽东主席的"五·七"指示，在开展"学工、学农"活动中，兴办工厂、农场。同安公社中学办了草袋厂。二塘中学办起了大米加工厂，还办了教具厂，生产计算器、晶体管示教板、教学圆规、教学用大算盘及体育器材等，年总产值1600多元。源头中学办的造纸厂，生产黄纸板40多吨，年产值1.7万多元。二塘镇和平小学建成平乐县第一个沼气池。平乐镇第二小学办起木箱厂和纸箱厂，生产农药、磷肥包装箱（袋）35.5万个，年产值70万余元。1975年，沙子镇围梓小学办起绘图板厂，生产绘图板、衣车台板，截至1985年，获纯利140多万元。

1974年，强调要将教育纳入"农业学大寨"的轨道，学朝农（朝阳农学院）、学浦北，县教育局组织各公社文教干事、教育辅导员、学校领导40多人到浦北、合浦等县参观学习，再次号召学校办厂、场。大扒黄龙小学开荒22亩。沙子公社中、小学师生到治平大队的长冲开荒150亩（以拖拉机耕地）种甘蔗，由于只种不管，未获经济效益。

1979年以后，强调了勤工俭学活动要讲求经济效益，学校学农基地减少，有的学校勤工俭学转为经商。1984年，县教育局成立了"勤工俭学服务公司"，配有7个工作人员，为全县学校开展勤工俭学活动服务。到1990年，有151所学校、60 976名学生参加勤工俭学，办有工厂9个，农场基地151个，纯收入93.3万元，学生人均收入15.30元。

开展勤工俭学活动，不仅培养学生热爱劳动、热爱劳动人民的思想感情，学生还掌握了一定的生产知识。在经济上弥补了学校经费的不足，改善了办学条件和师生福利等。但也有的学校对其经营管理不善，造成经济亏损（表53-4、表53-5）。

表53-4 平乐县几个年份中、小学勤工俭学收、支情况统计

| 年份 | 总收入/万元 | 按学生人均收入/元 | | | 支出/万元 | | | | |
| --- | --- | --- | --- | --- | --- | --- | --- | --- | --- |
| | | 农中、职中 | 普通中学 | 小学 | 发展生产基金 | 改善办学条件 | 师生集体福利 | 教师奖励补助 | 学生生活补助 |
| 1984 | 31.01 | 13.70 | 6.27 | 4.50 | 12.45 | 9.30 | 3.09 | 3.09 | 3.08 |
| 1985 | 10.50 | 26.62 | 20.90 | 2.85 | 2.90 | 2.70 | 0.20 | 0.70 | 4.00 |

续表

| 年份 | 总收入/万元 | 按学生人均收入/元 | | | 支出/万元 | | | | |
|---|---|---|---|---|---|---|---|---|---|
| | | 农中、职中 | 普通中学 | 小学 | 发展生产基金 | 改善办学条件 | 师生集体福利 | 教师奖励补助 | 学生生活补助 |
| 1986 | 14.04 | 11.00 | 4.20 | 1.60 | 4.20 | 8.80 | | | 1.05 |
| 1987 | 17.89 | 21.00 | 7.10 | 2.65 | 9.10 | 2.70 | 0.60 | 2.30 | 3.20 |
| 1988 | 39.90 | 21.20 | 7.10 | 2.65 | 8.00 | 17.40 | 3.20 | 2.10 | 9.20 |
| 1989 | 52.60 | 48.00 | 11.00 | 7.00 | 16.10 | 30.00 | 2.00 | 1.50 | 3.00 |

表53-5　1985年平乐县勤工俭学与全国、广西情况对比

| | 全国 | 广西 | 平乐 |
|---|---|---|---|
| 中、小学开展勤工俭学学校/所 | 62 019 | 16 775 | 156 |
| 按教学大纲规定参加劳动学生数/万人 | 8859（占总数的83.8%） | 295（占总数的91%） | 3.58（占总数的95%） |
| 校办工厂/个 | 55 014 | 1202 | 6 |
| 农、林、牧、副、渔、场/亩 | 6 196 000 | 189 874 | 249 |
| 勤工俭学纯收入/万元 | 132 000 | 3778 | 10.50 |
| 学生人均收入/元 | 7.23 | 6.00 | 2.94 |

# 第54章
# 教育行政

## 第一节 行政机构

清宣统二年（1910年），县内始设教育行政机构——劝学所。民国11年（1922年），改为教育局，后复为劝学所，民国13年复称教育局，民国20年，在教育局设督学3人，民国22年改称教育科即第三科，民国35年在教育科另设督学2人，直延至民国38年。

1949年12月12日，县人民政府成立后，县设立文教科，后易名为教育科、教育局、文教卫生局、文教小组，1978年复称教育局。

## 第二节 小学管理

清末，由府、县提学使任命官立两等小学堂校长，另设专职庶务1人。区、乡村（街）的初等小学堂，由"学董会"聘请有才学、有声望者担任校长。

民国元年（1912年），学堂改称学校，由校长主管。民国15年，县立小学设校长1人，有训育、教务、事务3处，各处设主任1人，均由县府委派。教员则由校长提名，送县审查后聘用。区、乡、村办的初级小学，校长、教员则由区、乡级聘用，报县府备案。民国24年，县立小学、乡村的初级小学，分别改为中心国民基础学校和村（街）国民基础学校后，学校教员全部由县府委派。民国30年，制定了学校的"会议制度"和对教员的考核、奖惩制度等。

解放后，1950年，各区（乡）设文教干事1人，代表人民政府管理学校。1955年，教育科在各乡（镇）行政区设教育辅导员。1980年，改设教育组，配组长和辅导员各1人，财务及其他3~5人，协助教育局管理所属学校。

1953年，小学实行校长负责制，校长、教导主任由县人民政府任免，教师由县文教科分配和调动。校长，负责学校行政事务；教导主任，主管学生生活纪律、教学研究及考核学生成绩和学籍管理等；总务主任，负责学校收支、校舍修理、校产管理等。

　　1951年5月，各小学先后建立了工会组织。1953年始，在学校建立团支部。1957年，以区为单位，小学普遍建立了党支部、共青团支部和少先队组织（1952年，首先在东屏中心校和平乐一小建立了"少年儿童队"组织）、学生会组织，进一步加强了学校的管理工作和思想政治工作。1953年起，在中、小学校教师中建立了生活、学习和工作制度，保证了学校工作的正常开展。1974年，恢复校长负责制。1978年，各中心小学的领导和教师，由文教局任免，教师的调动、考核由公社负责。1985年，实行机构改革，重新制定教师编比方案，15个班以上的中心校配领导3人，其他学校配2人或1人。教师编比是：乡（镇）所在地中心校配1∶1.7，一般中心校配1∶1.5，村校配1∶1.2。1987年后，实行县、乡、村三级管理。乡（镇）所辖小学教师的调动由乡（镇）负责（图54-1、图54-2）。

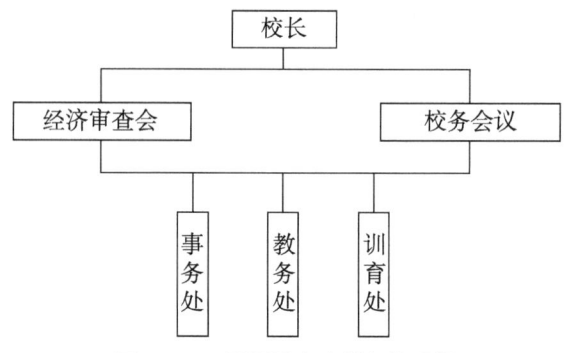

图54-1　民国县立小学机构设置

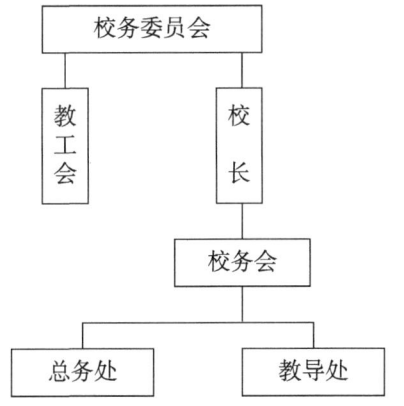

图 54-2 解放后县立中心小学机构设置

## 第三节　中学管理

清末，中学堂设监督 1 人，主管堂务，监督由提学使提请知府任命。

民国 38 年（1949 年）以前，学校实行校长负责制，省立中学校长由教育厅推荐，省政府委任；县立中学校长由教育厅委任；私立中学校长由校董会聘请，报教育厅备案。校长的职责是秉承厅长的指令，统理全校行政事宜。校长之下设立 5 个处：教务处，设主任 1 人，掌理课程支配、考核教员、管理教学和学生成绩考核；训育处，设主任 1 人，管理学生生活、考核学生操行、整肃校纪校风；事务处，设主任 1 人，管理学校经费预算、决算、收支、校舍及校产；体育处，设主任 1 人，指导学生体育锻炼；军训处，设主任 1 人，管理学生军训和学生的生活纪律。另外，各班还设有班主任（后称导师）1 人，管理各班学生的思想、学习、生活和文化生活。解放后，平乐、二塘、榕津、源头 4 所中学由县人民政府直接领导。1961 年 9 月以后，各公社建立的中学则由各公社领导和管理，教育局负责教师的任免。中学设党支部书记 1 人，由上级党委委派，其职责是贯彻执行党的路线、方针、政策和党的决议及上级的指示，以加强师生的思想政治工作。中学行政设置有：校长 1 人（有的学校增设副校长），由上级行政部门委派，职责是全面负责学校的行政工作；教导处，设主任 1 人，干事若干人，协助校长抓好教研和教学工作；总务处，设主任 1 人，管理学校财经、财产、勤工俭学及食堂等。1968 年 10 月，贫下中农毛泽东思想宣传队（平乐中学是工人阶级毛泽东思想宣传队）进驻学校，教学班改为按军事连、排建制。1974年，取消革命委员会，学校工作恢复由校长负责，教学班复为班级制。自1978年起，中学的校长、教导主任由中共平乐县委组织部任免，到1984年，中学的领导（除平乐中学外）、教师则由教育局任免。1987年，贯彻《中共中央关于教育体制改革的决定》，平乐县教育局实行县、乡（镇）、村（街）三级管理，县管理平乐中学、平乐镇高中、二塘中学、源头中学、榕津中学、县职业中学、教师进修学校和县幼儿园。乡（镇）中学则由乡（镇）管理，1990年仍按三级管理的办法进行管理。

# 第八部分

# 全州县教育[①]

---

[①] 全州县志编纂委员会. 全州县志[M]. 南宁：广西人民出版社，1998：762-797.

全州县在历史上深受楚文化影响，教育发展较早，宋代已立州学。此后陆续建立清湘书院等10所书院。私塾也较普遍。科举考试中登科人数之多，名次之高，仅次于临桂，居广西第二。清末废科举兴学堂，创办两等小学堂。

民国时期，改学堂为学校。民国23年（1934年），实行国民基础教育，学校增多。民国33年，日军侵占县境，学校遭破坏。抗战胜利后，国民党发动内战，国民经济萧条，教育事业凋敝不堪。到民国37年，只有公立中心小学29所，基础小学597所，小学生共计15 419人。另据民国38年的资料统计，县内有初中2所，在校学生270人。

解放后，学校迅速复课，并向工农子女开门，学生成分发生巨大变化。经整顿巩固，加强领导，学校教学秩序井然，教学质量提高。群众办学积极性高涨，人民教育事业发展很快。至1957年，在校小学生38 197人，是民国37年（1948年）的2.48倍；在校中学生2774人，是民国38年的10.27倍。1957年，因"反右派"扩大化，部分教师积极性受到挫伤，教育事业受到一定影响。1958年"大跃进"，全民大办教育，中小学发展过快。因师资不足，有的学校很快停办。同时又以劳动为主课，小学高年级以上学生参加大炼钢铁，学校建立工厂、农场和饲料基地，大搞农副业生产，影响了文化知识的教学。三年困难时期，学生流动较大。1963年，贯彻全日制中、小学暂行条例，使工作走上正轨，教育质量提高。1978年党的十一届三中全会后，拨乱反正，实行教育改革，县内教育事业得到新的发展。1990年，全县有幼儿园437所，入园幼儿15 470人，比解放前的1948年增长300多倍；初中62所，在校生26 710人，与1949年相比较，增长98倍；高中、完中（简称"高完中"）7所，在校生4731人。当年高考，参加考试的2012（含历届毕业生）人，考取大学及中专者共达537人。同年，部分乡、镇初步实施普及九年义务教育规划，教育工作者为此而努力。

# 第 55 章
# 州学　书院　义学　社学　私塾

## 第一节　州学

### 一、学宫

境内州学与文庙合二为一，统称学宫。始建于北宋庆历四年（1044年），旧址在州城东北部。南宋绍兴十三年（1143年），迁于凤凰山（今凤凰公园）南麓，屡圮屡修，有历史资料记载的共计8次，即：元至正十年（1350年）、明洪武四年（1371年）、宣德九年（1434年）、正德八年（1513年）、清顺治十六年（1659年）、康熙二十年（1681年）、雍正二年（1724年）、乾隆三十年（1765年）等年代进行了重新修理，并先后建筑了登科提名碑、尊金阁、名宦乡贤祠等配套建筑物。民国年间，尚存部分学宫建筑物，民国28年（1939年），私立大同中学曾以此为校址。民国33年，全部被日军毁坏。

### 二、教官、课程、学额

宋庆历四年（1044年），州学设教授1人；元代全州州学设学正1人，学录1人，教谕1人；明代设学正1人，训导1人；清代设学正1人，训导1人。学正负责教育所属生员，训导、教谕、学录等官员，协助学正进行教育。教官资格，清代规定"地方儒学教官，教授由进士除授，学正由举人考授及大挑拣选，其余教官由优、拔、贡生录用"。

州学讲授课程，明、清大致相同，每月初一、十五，集诸生拜先师孔子像后，教官讲解"四书""五经"，有条件的研读《十三经》和《二十一史》。习作方面，均须学写诏、表、策论、诗、赋等，论文均用八股文体裁。武生还要学马射、步射、技击及《武经》。诸生均临摹晋、唐名帖，故书写一般整齐美观。

## 第二节 书院

境内书院，多为准备科举场所。有官办、私办两种。其中以清湘书院著名于世，璜溪书院创立最早，先后共有10所。

### 一、宋元朝代创建

（一）清湘书院

旧基在城北柳山，宋全州刺史柳开在此筑室训读士人。南宋嘉定八年（1215年），郡守林岜改建书院，曾经理宗皇帝御书赐额题名，与海内睢阳、岳麓、嵩阳、白鹿洞四大书院驰名于世。元、明之际，一度名存实亡。明正德九年（1514年），郡守顾磷，以兴贤育才为首务，再度复修，从此到明末，是鼎盛时期。康熙二十六年（1687年）再次重修，改名柳山书院。乾隆五十六年（1791年）在城西北另建学舍，恢复清湘书院原名。嘉庆年间，名儒蒋励常还乡，在此讲学10年。光绪二十六年（1900年），院址迁宾兴局（今政府大院）。光绪三十二年（1906年），改为州立两等小学堂。

（二）璜溪书院

原名太极书院，南宋淳熙年间（1174—1189年），大田村进士邓宁民创建。地址在今两河乡大田村南璜溪之滨，尚存孔子石刻画像。元至正七年（1347年）修复。改名璜溪书院。明嘉靖三十六年（1557年）、清嘉庆二十一年（1816年）、同治四年（1865年）三度重修。到清末荒废。

（三）明经书院

宋知州邓公创建。故址在今凤凰乡麻市完小（旧月山庵）。民国15年（1926年），官府及士绅将其旧屋作校舍，建立麻市小学。其学田分拨麻市、永安二校。

## 二、明清朝代创建

### （一）湘山书院

明嘉靖九年（1530年），州守黄佐创建。故址在湘山寺东百家井旁。清康熙年间（1662—1722年）荒废。

### （二）梅潭书院

州人明工部侍郎蒋淦建。故址在梅潭村附近。

### （三）凤坡书院

明嘉靖四十年（1561年），知州黄应升创建。故址在今建设街县物资局左侧。明万历二十二年（1594年）州人重建。明末毁于兵灾。州守徐唐募捐重建。至康熙末年停办。

### （四）中峰书院

故址在今资源县中峰乡。乾隆五十一年（1786年）州同周大沅建。

### （五）西延书院

故址在今资源县。道光二十年（1840年）州同程庆龄建。

### （六）湘西书院

故址在今资源县大埠头。始建年代无考。光绪年间，赵润生执教。

### （七）湘门书院

清道光年间（1821—1850年），恩乡白茆屋村举人唐开灼私资创建，并捐田租400多担为书院经费。故址在今县政府招待所。

# 第三节 义学 社学

义学、社学，系普及文化性质，非为科举考试兴办。

### （一）义学

清代乾隆朝廷诏令"穷乡僻壤皆立义学"。是地方免费学校。其经费来源一是宗族公产；二是地方公产；三是私人捐款。清道光年间唐开灼捐资创办的湘门书院，属义学性质。

## （二）社学

清雍正三年（1725年）知州张学林在凤坡书院旧址设社学1所，民间15岁以下少儿可入学。学习"冠、婚、丧、祭之礼，及经史、历算"，并兼读"御制大诰和本朝律令"。因沿袭元代制度50家为一社，每社设一所，所以称为"社学"。

## 第四节　私塾

封建时代，私塾多由富户私立，或由宗族、村落筹资聘请塾师教学。也有塾师自己设馆的。入学不需考试，修业不拘年限。每处门生5~10人不等。按程度分蒙馆、经馆两个档次。蒙馆以识字为主。明、清时期，其教材为《三字经》《五言诗》《百家姓》《增广贤文》等；经馆始解释文义，教材有《幼学琼林》"四书""五经"《古文观止》《古文释义》。并学写诗、词、对联及应付科举考试的八股文。塾师对门生严厉，对犯规者轻则训斥，重则体罚。明、清州内私塾较普遍。据不完全统计，清末：恩乡28处，内建乡13处，万乡15处，宜乡24处，其余各乡无考。私塾的设立，使就学人数增多，科举考中的也增多，所以清代广西省首届乡试，40名举人中，全州占21人。民国时期，国民政府勒令私塾解散。

**附：全州历代科举**

自隋朝开始实行科举制度，到清光绪三十年（1904年）停止科举的1000多年中，全州中文武进士的143人，中举人的1570人。宋开宝元年（968年），实行州试、省试、殿试三级考试制度。邑人许侍问在北宋端拱二年（989年）考中进士，是全州第一个进士。元代，全州中进士者的有陈光荐等4人，占元代广西人中进士的40%。明清两朝是全州科举的鼎盛时代。中进士的分别为36人和65（含武进士）人，中举人的分别为696人和859人（含武举）。清代广西中举人4826人，全州占17.8%。

在历代的科举考试中，全州士子颇具盛名。明万历十四年（1586年），舒宏志以"儒士未仕者"参加会试，榜列会魁；参加殿试，高中探花，年仅19岁。从清顺治十四年（1657年）到光绪二十九年（1903年），广西乡试文科开科100次，全州人士中解元的有唐甲、唐忠弼、谢明英、谢济世、蒋治秀、伍福展、邓维瑚、谢鹏翼、谢廷琛、唐迁仪、唐峨、蒋琦龄、蒋英元13人（临桂30人，灵川8人）。所以那时全州与临桂、灵川三县被省人誉为"广西乡试三鼎甲"。

在全州中试者之中，高名次、高官位常出于某一书香门第：有父子进士，如明张廷纶、张璨父子均官至户部尚书；有兄弟进士，如明蒋升、蒋冕兄弟俩同中成化丁未科进士，先后官居户部尚书；有一门三进士，如清乙未进士蒋林，官至长芦盐运使，其子蒋良骐、蒋良翊分别中辛未科、甲戌科进士，分别仕至通政使及知县；还有祖孙解元，清谢明英于康熙二十年（1681年）中辛酉科解元，其孙谢济世于四十七年（1708年）中戊子科解元。一时传为佳话，誉满全州（表55-1）。

表 55-1 全州进士、举人统计

单位：人

| 朝代 | 进士 | | 举人 | | 备注 |
| --- | --- | --- | --- | --- | --- |
| | 文 | 武 | 文 | 武 | |
| 宋 | 38 | | 7 | | 旧志对举人记载资料不全 |
| 元 | 4 | | 8 | | |
| 明 | 36 | | 696 | | |
| 清 | 43 | 22 | 514 | 345 | |
| 合计 | 121 | 22 | 1225 | 345 | |

## 历代进士名录

### 文科

**宋朝**

许侍问、唐圭、唐固言、翟俪、范祖舜、王照、邓偲、唐时、唐谏、唐光、邓宁民、刘奕、陶崇、文寅仲、唐刚、陶薰、王聘、赵继永、赵用章、赵浚、王梦祥、赵继承、唐桂、赵禽夫、赵龠夫、赵继英、赵龠夫、谢仕夔、窦全器、唐洪、李震夫、蒋梦炎、唐湘、管炎发、管浚发、蒋湘儒、唐震龙、蒋擢

**元朝**

陈光荐、陈光裕、蒋孟贵、蒋天锡

**明朝**

肖硅、卢祥、熊文、张廷纶、陈瑶、陈琬、张璨、蒋升、蒋冕、

唐夔、陈珩、蒋曙、蒋淦、蒋彬、陈邦偁、陈邦修、蒋贲、文希儒、蒋焞、蒋应期、赵孟豪、舒应龙、王贻德、蒋遵箴、伍睿、曹学程、舒宏志、蒋之秀、文立缙、蒋士忠、蒋献祯、张昌允、邓一蕭、谢良瑾、邓惟高、刘有源

### 清朝

伍亶直、曹云路、邓增桐、廖必强、邓咸齐、蒋肇、蒋纲、邓葵友、邓佳植、谢济世、蒋洽秀、蒋如松、蒋林、王极昭、曹銮、谢庭琪、蒋偲、谢庭瑜、黄立尹、邓琮、赵如琬、陶光昌、蒋良骐、蒋良翊、蒋长灵、唐世厚、马德表、蒋承洙、蒋启廷、蒋启敫、马步銮、蒋钟奇、马德昭、蒋琦龄、蒋毓奇、蒋英元、唐光圻、刘发岐、蒋元杰、雷祖迪、赵润生、赵炳麟、唐尚光

## 武科

### 清朝

邓学深、蒋顾秀、蒋高、邓松、俞焯、蒋良宪、马奠三、唐章祖、雷静元、马廷魁、俞当毅、胡运泰、雷国宝、蒋益辉、廖植芳、唐服周、旷辅廷、蒋子麟、聂显彰、蒋连杰、唐一寿、邓勃元

# 第 56 章
# 普通教育

## 第一节 幼儿教育

### 一、解放前的幼儿教育

民国 28 年（1939 年），驻全县陆军第五军军人子弟学校附设幼儿班 1 个班。次年又增设 1 个班。民国 30 年春，龙水中心校出资创办龙水幼稚园 1 个班，入园幼儿 40 人。民国 31 年夏，军人子弟学校附设的幼儿园改称"健生幼稚园"。民国 33 年，因日军入侵，健生幼稚园随军转移。龙水幼稚园停办。民国 35 年冬，全县籍士绅蒋奇芬等创办康乐幼稚园，地址在唐氏宗祠（今城关直属粮所驻地）。聘陈景端（女）、赵枝祯（女）为教师。经费来自广西省教育厅电影队义演及社会人士乐捐。设有快乐亭 1 座、秋千 1 架、木马 4 只，桌椅及其他教具若干。第一期收幼儿两个班共 50 人。至民国 37 年，因缺乏经费停办。这年，龙水幼稚园，由于蒋国璋等捐助得以恢复。

### 二、解放后的幼儿教育

1951 年，城关完小附设幼儿园，招生 1 个班，30 人，教师陈景端。设有跷跷板、小木车等。1952 年，增至 2 个班。同年，石塘中心校、龙水中心校各附设幼儿班 1 个班。至 1955 年，县内附设幼儿班的小学共 8 所，合计 13 个班，入学幼儿 431 人，教职员工共 19 人。1956 年春，为适应农业合作化蓬勃发展的需要，解放农村妇女劳动力，政府提倡群众自办季节性幼托班。选聘女知识青年任教员，以缓解师资不足问题。这时办起季节性幼托班 219 个，入学幼儿 6276 人。同年秋，县委创办全县干部职工托儿所。设大、小班各 1 个班，入所幼儿 32 人。经费主要由地方财政负担，并依赖机关单位捐助及学杂费收入。1958 年，由于全国性的"大跃进""大炼钢铁"运动的影响，号召妇女参加劳动，为了使她们摆脱育儿拖累，人民公社大量增办幼儿园（班）。1960年，全县幼儿园达518所，667个班，入园（班）幼儿18 962人，教职员工738人。而人民公社所办幼儿园（班）多属临时性或者季节性的，1962年经精简整顿，全县只保留幼儿园6所，主要是公办常年幼儿园，入园幼儿455人，教职员工16人。同年，全县干部职工托儿所改为"全县直属机关幼儿园"。1975年，由于全国性的农业学大寨的影响，县内兴起办"红幼班"热潮，达196个班，入班幼儿达5044人，教职员工234人。1977年，增至644个（包括幼儿班）班，入学幼儿13 752人，教职员工774人。从1978年起，为适应新时期的经济发展，全县对幼儿教育作了调整。至1985年，全县有幼儿园17所，114个班，入学幼儿3330人，公办、民办教职员工154人。这些幼儿园大部分分布在县城和乡、镇政府驻地。1986年，农村小学开始较普遍地办学前班。招收6足岁儿童入学，经1年学前教育后，才入小学。1990年，全县有幼儿园437所，入学幼儿共15 470人，其中学前班431个班，入学幼儿13 466人。

　　幼儿教育的宗旨是使幼儿健康活泼地成长，成为全面发展的祖国各项事业的接班人。教育内容是培养他们良好的生活习惯，特别是卫生习惯；培养他们高尚的思想感情和良好的道德行为；并且启发他们的学习兴趣，发展他们的智力，增长知识。为此幼儿园设置了语言、汉字、计算、常识、音乐、美工等课程。通过游戏、锻炼与参加有益的社会活动并观察实物、图片等方式进行教育。

　　城关完小附属幼儿园，设备、规模居全县之冠。该园始创于1951年，首招幼儿1个班，30人，教师1人。1966年发展到8个班，在园儿童300多人。党的十一届三中全会后，修建了幼儿教学大楼，建筑面积420平方米，1990年，全园有21个班，入园儿童925人。教学设备，原来仅有跷跷板、摇船、小木车等。1988年以后，教学设备逐步充实，置备手风琴、电子琴、录音机、幻灯机等。此园培育幼儿，注意扩大生活知识，养成卫生习惯，注重儿童身体健康。此园注意与家长联系，加强协作共同教育儿童。1986年，曾被评为自治区家庭教育工作先进单位。次年，园主任王珍竹被评为自治区优秀保育工作者（表56-1）。

表56-1 解放以来几个年份幼儿教育基本数字统计

| 年份 | 1951 | 1952 | 1953 | 1956 | 1957 | 1958 | 1960 | 1962 | 1963 | 1965 | 1970 | 1975 | 1980 | 1985 | 1990 |
|---|---|---|---|---|---|---|---|---|---|---|---|---|---|---|---|
| 幼儿园合计/所 | 1 | 3 | 5 | 224 | 10 | 317 | 518 | 6 | 6 | 10 | 4 | 155 | 115 | 47 | 437 |
| 其中教育部门办/所 | 1 | 3 | 5 | 5 | 4 | 4 | 17 | 2 | 1 | 1 | 1 | 1 | 3 | 2 | 1 |
| 幼儿班数/个 | 1 | 4 | 6 | 234 | 17 | 422 | 667 | 14 | 17 | 23 | 16 | 196 | 160 | 114 | 512 |
| 其中教育部门办/个 | 1 | 4 | 6 | 7 | 6 | 6 | 25 | 8 | 4 | 3 | 3 | 9 | 16 | 15 | 41 |
| 入园幼儿数/人 | 30 | 120 | 166 | 6494 | 465 | 12 901 | 18 692 | 455 | 501 | 665 | 520 | 5044 | 3854 | 3330 | 15 470 |
| 其中教育部门办/人 | 30 | 120 | 166 | 230 | 190 | 213 | 869 | 258 | 102 | 105 | — | 327 | 599 | 596 | 1706 |
| 教职工数/人 | 1 | 4 | 6 | 264 | 20 | 464 | 738 | 16 | 38 | 49 | 29 | 234 | 115 | 154 | 569 |

## 第二节 小学教育

### 一、发展情况

清光绪十六年（1890年），英国基督教徒裴乐义在州城秀海园办毓英小学堂。清光绪三十二年（1906年），州人赵炳麟、唐鹤与蒋任衡以全州宾兴局（旧址在今政府大院）为校址，拨宾兴公款（地方官设宴招待应举之士的经费）为经费，创立全州州立第一所两等小学堂。以朱德垣为校长，招收学生48人。同年，万乡龙水村创办龙溪两等小学堂。宣统元年（1909年），蒋任衡在内建乡创办青龙山高等小学堂。当年共有学堂3所，学生202人。以后，等觉、永岁、五福、多宝等小学堂次第建立。

民国3年（1914年），州人在湘门书院故址创办女子小学堂，周育英任校长，但不久停办。民国5年，小学堂发展至20所。民国8年增至80所。民国11年，奉令将学堂改为学校。民国10年以后几年中，战乱频发，政局不稳，县内学校，部分停办。直至民国15年，地方稍为安宁，始渐恢复县立女子小学校。全县小学生比原先增加1倍有多。民国16年，县内含高小班的小学有17所，女子小学两所，初小48所，共有在校生2764人。民国18年，学校发展至162所，在校学生5608人。但与适龄儿童数差距仍很大。教育经费支绌，师资缺乏，普及小学教育面临很大困难。民国23年，奉令实施《广西普及国民基础教育六年计划大纲》，县内村、街多数兴办学校。民国25年，全县有国民基础学校432所（当时有行政村、街524个）。在45个乡镇中，多数设立中心校。学制为"四、二"制，即前4年为初级小学，后2年为高级小学。学校校长均由各乡长、镇长、村主任、街长兼任。他们多数不懂教育，又无暇兼顾，流弊甚多，兼职做法，后无形废止。民国31年，中心校数减少，基础校无多变动。民国33年秋至34年秋，日军入侵县境，所有小学停课。太平三乡及里仁乡中心学校，被烧成一片废墟，绝大部分学校的门窗、桌凳、图书及其他教学设备毁坏殆尽。抗战胜利后，经广大群众多方努力，至民国35年恢复中心小学26所，在校生2580人，其中女生377人；恢复初级小学456所，在校生11946人，其中女生2276人。至民国37年，中心校发展到29所，在校生2452人，其中女生231人；初级小学597所，在校生12967人，其中女生2222人。当年全县总人口为290 534人，在校小学生人数占总人口数的5.3%。

1949年11月17日，县境解放，25日县人民政府成立后，县文教科派员接管原有学校。县城的表证中心校和豫章小学于12月中旬首先复课。随后各区部分小学陆续复课。1950年春，各区多数小学开学。遵照教育部"学校要为工农子女和工农青年开门"的指示，1950年下学期，县教育行政会议布置劝学运动。随着土地改革运动的开展，群众迫切要求在文化教育方面翻身，办学热情空前高涨。他们以祠堂庙宇或民房作校舍，办起一些新校，一些已婚青年也进入学校读书。1952年，全县高完小增加到31所，初小增加到793所，共计在校学生29 994人，在校小学生占当年全县总人数的8.9%。但因发展过快，经费、师资、设备均有困难。为了教育改革顺利进行，以适应社会主义经济建设的需要，1953年春贯彻教育部《小学暂行规程（草案）》，八九月，县人民政府成立了教育调查委员会，组成一支301人的调查队伍，对学校进行了一次普查。1953年，贯彻政务院"整顿巩固、重点发展、提高质量、稳步发展"方针，将原来的824所高初级小学，调整为622所。下半年改春、秋季始业。为统一秋季始业，1954年5月2日至10月25日对全县小学进行整顿，加强了中共党组织对小学教育政治与业务的领导，使教学秩序稳定，教育质量提高。1958年，贯彻教育部"国家办学与工厂、企业、农业合作社办学并举"和"教育为无产阶级政治服务，教育与生产劳动相结合"的教育工作方针。民办小学从原来的11所增加到91所，全县高级、初级小学从原来的550所增加到636所。劳动开始列入正式课程，校办工厂、农场和饲养场大量兴办。该年下学期开学不久，小学高年级师生全部参加"大炼钢铁"运动；低年级师生则协助附近生产队深耕改土抢收抢种的劳动。11月至次年春，各地小学又奉令以片为单位，实行"四集体"（按区域，以比较大的学校为中心，把附近各校师生集中在一处吃、住、学习、劳动）。如冠英完小当时只有10个班的教学设备，却集中了24个班，师生1200多人。由于参加劳动过多和盲目搞"四集体"，造成管理混乱，影响了教学质量。1959年下学期至1961年，国民经济处于暂时困难时期，群众生活困难，学生流动很大。1961年比1960年在校生减少7000多人。1962年下半年，贯彻"调整、巩固、充实、提高"的方针，实行"公办、民办两条腿走路"办学和努力发展民办教育事业。民办小学增至119所，

416个班，在校生13 152人。1963年，贯彻《全日制小学暂行条例》，坚持以教为主，着重抓基础知识基本技能教学，教育质量稳步提高。为了提高小学普及率，从1964年起，村创办耕读小学，使在校小学生人数增加。1966年"文化大革命"前夕，有在校生71 648人，其中耕读小学生14 576人。7~11周岁适龄儿童入学率为92.4%。

1968年，农村小学实行贫下中农管理学校，工人阶级毛泽东思想宣传队进入县城小学。不久各校又先后建立了革命委员会（简称"革委会"），由革委会领导学校。1969年，根据桂林地区革委会的部署，农村小学下放到大队办。在"读小学不出村，读初中不出大队"口号影响下，大部分大队小学附设初中班。小学教学点也逐年增加。为了提高小学普及率，1972年，开始恢复耕读小学，并试办巡回小学。1973年，全县有耕读小学633个班，在校生6815人。对普及小学教育起了一定作用。

1976年粉碎江青反革命集团后，教学秩序逐步恢复。党的十一届三中全会和全国教育工作会议后，进行了一系列拨乱反正和调整改革。自1979年起，逐步收缩了小学附设的初中班和不必要的小学教学点，将调到初中班的430名原高小骨干教师调回小学，充实了小学师资力量。1986年11月，自治区委托桂林行署对县内普及初等教育工作进行检查验收。经核实，全县在校小学生90 128人，7~11周岁适龄儿童入学率为96.7%，在校学生巩固率为97.2%，五年级小学生毕业率为86.8%，基本上达到颁布标准。因此，批准全州县为实现普及初等教育县。另外，为了改善办学条件，1986年10月，中共全州县委、县人民政府颁发《关于进一步加强中、小学危房的修缮和改造的通知》，县内通过各方面的努力，小学危房的修缮和改造取得较大成绩。1988年4月，贯彻中共全州县委、县人民政府颁发的《关于贯彻"自治区人民政府关于抢修中、小学危房的紧急通知"的决定》，通过一年多较大规模的抢修，基本上解决了全州县小学校舍残破、不安全及不适于教学的状况。与此同时，把对学生的思想政治和品德教育放在首位，努力提高教育质量，教育事业有了新的进展。1990年，全县共有小学293所，教学点778处，在校生94 471人，入学率为98.9%（表56-2）。

表 56-2　解放以来几个年份小学教育基本数字统计

| 年份 | 学校数/所 | 教师数/人 | 教学点/处 | 班数/个 | 招生数/人 | 毕业生数/人 | 学年初在校学生数/人 | 7～11周岁儿童总数/人 | 入学率 |
|---|---|---|---|---|---|---|---|---|---|
| 1950 | 286 | 202 | — | — | 3006 | 581 | 11 325 | — | — |
| 1951 | 751 | 488 | — | 770 |  | 2577 | 20 738 | — | — |
| 1952 | 824 | 1272 | — | 1231 | 10 799 | 4596 | 29 994 |  |  |
| 1953 | 622 | 1197 | — | 1069 | 11 982 | 4421 | 35 719 |  |  |
| 1957 | 550 | 1177 | — | 1065 | 11 057 | 8765 | 38 197 |  |  |
| 1958 | 636 | 1297 | — | 1124 | 18 583 | 8705 | 46 773 |  |  |
| 1959 | 598 | 1422 | — | 1279 | 17 330 | 9215 | 50 383 |  |  |
| 1960 | 585 | 1373 | — | 1196 | 18 812 | 10 379 | 50 976 |  |  |
| 1961 | 696 | 1495 | — | 1267 | 15 006 | 6868 | 43 812 |  |  |
| 1962 | 727 | 1584 | — | 1376 | 14 824 | 8109 | 47 686 |  |  |
| 1965 | 862 | 1859 | — | 1542 | 19 451 | 10 337 | 63 448 |  |  |
| 1966 | 949 | 1995 | — | 1753 | 15 236 | 3927 | 71 648 |  |  |
| 1967 | 931 | 1995 | — | 1739 | 8002 | 6202 | 50 795 |  |  |
| 1970 | 275 | 2239 | 868 | 1962 | 23 056 | 14 349 | 72 597 | — | — |
| 1975 | 274 | 2996 | 1094 | 2658 | 19 468 | 14 597 | 102 172 | 85 161 | 98.2% |
| 1980 | 277 | 3473 | 985 | 2712 | 14 745 | 13 285 | 91 540 | 77 171 | 97.3% |
| 1985 | 287 | 3265 | 838 | 2566 | 15 518 | 13 610 | 88 223 | 71 984 | 97.7% |
| 1990 | 293 | 3693 | 778 | 2674 | 17 327 | 15 068 | 94 471 | 76 429 | 98.9% |

## 二、教学

### （一）宗旨

清末的宗旨是："忠君、尊孔、尚武、尚实"。民国元年（1912年），临时政府公布为："注重道德教育，以军国民教育辅之，更以美感教育完成其道德"。民国16年，中国国民党全县执委，令各校实施党化教育。一方面查禁《三字经》《增广贤文》等封建书籍；另一方面在学校张贴反共布告，禁锢进步思想。民国18年，设置三民主义及党义课程。把"礼、义、廉、耻、忠、孝、仁、爱、信、义、和、平"作为教育核心。民国22年，广西当局提出"建设广西复兴中国"的口号，"以爱国主义为灵魂，以生产教育为骨干"，县内教育遵此办理。但教育家陶行知先进的"教、学、做合一"教育思想，也传入县境。如冠英堂小学热心学习"晓庄"经验，并在校门挂一副竹刻楹联，上书："双手三能：执笔、执锄、执枪杆；万物一体：爱国、爱家、爱人群"，很能反映他们的办学宗旨。民国32年后，在桂林师范学校求学的全县籍学生，陆续毕业回县，到各小学任教，他们对学生进行爱国、抗日、民主、进步及革命理想教育，启发学生政治觉悟。

解放后，学校加强对学生思想与品德教育，培养学生爱祖国、爱人民、爱劳动、爱科学、爱护公共财产的思想感情，使学生具有正确的阶级、群众、劳动观点与辩证唯物主义观点。鼓励学生学习董存瑞、黄继光、邱少云、罗盛教等英雄人物。20世纪60年代主要是进行阶级教育，开展向雷锋、王杰学习的群众活动。教育学生像他们一样全心全意为人民服务。从解放到1966年上半年，学校的思想与品德教育收到良好效果。学生热爱中国共产党和社会主义、热爱劳动、遵守纪律、尊师爱友、生活朴素、学习勤奋，学雷锋做好事蔚然成风。1978年党的十一届三中全会以后，党中央拨乱反正，指示各校对学生进行四项基本原则（必须坚持社会主义道路；必须坚持无产阶级专政；必须坚持共产党的领导；必须坚持马列主义毛泽东思想）的教育，培养学生成为有理想、有道德、有文化、有纪律的新人。1981年，各校开展"五讲"（讲文明、讲道德、讲礼貌、讲秩序、讲卫生）、"四美"（语言美、行为美、心灵美、环境美）、"三热爱"（热爱中国共产党、热爱社会主义、热爱祖国）的活动。学校重新出现遵守纪律、尊师爱生、助人为乐、拾金不昧的好风尚。如1982年上学期，城关完小学生交还失主现金共150多元；此校学雷锋小组拾得东山瑶族乡清水村李子高定期存款凭证3张，存款额共1000元，自动寄给东山银行营业所，请其交还失主而不留名。1984年，朝南乡白竹田小学生蒋春娇，为抢救两名落水女孩而光荣牺牲，《广西日报》赞扬她是"新时代的小英雄"。1989年以后，进一步加强思想政治教育和法纪教育，因而学生思想品德更臻新貌。

（二）学制

清光绪三十二年（1906年）全州遵行光绪二十九年学部颁布的"癸

卯学制"——初等小学堂学制5年，高等小学堂学制4年。民国元年（1912年），中华民国临时政府公布的《普通教育暂行办法》规定：初等小学4年毕业，为义务教育，可男女同校，高等小学3年毕业。民国11年，北洋政府公布的学校系统改革草案规定，小学由7年缩短为6年。民国22年，国民政府又规定：小学修业6年，前4年为初级小学，后2年为高级小学，初小升入高小，须经考试录取，即"四、二分段制"。全县各校均遵照实行。

中华人民共和国成立后，仍沿用"四、二分段制"。后曾进行数次改革试验。1953年秋，遵照教育部《关于小学实施五年一贯制的指示》，全县在城关完小及部分高完小试行，招生28个班，后来由于师资、教材不足，于1954年遵照政务院《关于整顿与改造小学教育的指示》，停止实施。1958年后，根据毛泽东主席关于"学制要缩短"的指示，全县小学一律改为五年一贯制。1986年秋，根据中央关于教育体制改革的决定及各级政府有关指示，在城关完小和绍水镇完小开办"五年制改为六年制试点班"，后因校舍、师资不足，1987年上学期停止试行，到1990年小学仍全面实行五年一贯制。

（三）课程设置

清末创办的新学，按光绪二十九年（1903年）《癸卯学制》的规定：初等小学一至三年级开设修身、国文、算学、体操等课，四、五年级增设读经、讲经；高等小学设修身、读经讲经、国文、算学、中国历史、地理、格致、图画、体操等课，并视情况酌设手工、农业、商业等课。民国元年（1912年），废读经讲经，初等小学设修身、国文、算术、手工、图画、唱歌、体操等课，高等小学增设中国历史、地理、理科等课，并规定："小学手工课，应加注重；高等小学以上体操课应注重兵式；初等小学算术科，自第三学年起，兼学珠算"。民国12年，小学设国语、算术、卫生、公民、历史、地理、自然、园艺、图画、音乐、体育等课。民国16年，有条件的高小还开设英文课。民国21年以后，小学设公民、卫生、体育、国语、社会、自然、算术、劳作、美术、音乐共10门课程。

中华人民共和国成立后取消公民课。1952年，教育部《小学暂行规程》草案规定：初小设语文、算术、体育、音乐、图画等课；高小增设历史、地理、自然三课。从1955年起，各年级增设手工劳动课。1957年，高年级增设农业常识课。1963年，各年级增设周会课。1977年后，逐步恢复

1966年以前的课程。1981年，按照《全日制五年制小学教学计划（修订草案）》规定；小学一、二年级设思想品德、语文、数学、体育、音乐、美术课；三年级增设自然课，四年级增设地理课，五年级增设历史课，四、五年级增设劳动课。至1990年，无多变动。

（四）教材教法

民国时期，小学使用的课本是国民政府教育部审定的"国定本"，由商务印书馆、中华书局和世界书局出版。中华人民共和国成立后，1950年开始使用人民教育出版社出版的全国通用教材。这是根据老解放区教材及苏联十年制教材编写的第一部小学六年制教材，包括课本、教学大纲和教学参考书。经全县使用，感到过深、过繁。1957年，人民教育出版社作了适当修改。1961年，教育部重新编写小学六年制教材，1963年开始使用。1968年秋后，开始使用广西壮族自治区教育厅编写的教材。1978年以后，广西自编教材逐步为人民教育出版社编写出版的全国统编教材替代。

（五）教学方法

清末一般采用讲述法、讲解法，重视朗读、背诵及书法、演算练习。民国时期，开始重视启发式教学。并提倡游戏法、表演法、辩论法、故事法、观察法，但教师多因循守旧，采用新法的不多。解放后50年代主要学习苏联凯洛夫与普希金的理论和教法，遵循直观性、量力性、自觉性、系统性、巩固性5个原则；课堂教学循组织教学、复习提问、讲授新课、巩固新课、布置作业5个环节进行，并采用"五分记分制"。这种教法对以后有较长远的影响。60年代教法无多大变革，70年代教师纷纷探索各自认为好的教法，总的来说均强调讲清概念，重视基础知识教学和基本训练。80年代在教学指导思想方面有所突破，提出"教师为主导，学生为主体"的教学思想，重视发展学生智力；培养学生能力。为了让学生从实践中获取知识技能而开辟第二课堂，教法呈现新貌。如城关完小语文课教学，重视讲解字的音、形、义后，进行组词、造句训练，利用看图训练口头语言能力，加强写作训练，要求从一年级起每天写一两句话作为日记，提早进行命题作文，规定背书任务，把读书、习作、生活实践结合起来。积极开展课外活动。算术课加强概念教学与应用题解题训练。启发学生从感性到理性发展思维能力，有效地使用教具，使学生成绩得以提高。

### 三、全州镇城关完小简介

民国12年（1923年），在原行台公馆（今县政府招待所）创办县立中区小学，设4个班，学生200人，教师7人。民国24年，与县立女子小学合并，称"清湘镇中心国民基础学校"，其时有6个班，260人，教师10人。民国31年，奉令改称"清湘镇表证中心校"，学生约200人，教师约10人。

1949年11月全县解放，学校由人民政府接管，仍用原名称。此时有学生8个班，400人，教师12人。1951年，改为城关镇一小。1954年"整顿小学"后，学校迁至江西会馆（今校址）。1955年3月，与城关二小及振湘、豫章三小学合并，始称"全县城关完小"，这时有学生12个班，600人左右。1969年，城关完小下放到全州镇公社办。于是改名为"全州镇城关完小"。同年又与民主完小合并。1970年，附设初中部，先后招两届4个班。1973年秋，该初中部并入镇中。1985年秋，原城关三小改为镇初中，其小学部并入城关完小。1990年有30个班，2000人，教职员工86人。

城关完小自迁到江西会馆后，校舍逐步增建，旧屋已不留痕迹。贯穿操场的古护城河，已改造成地下水道，两岸操场连成一片。1984—1986年，兴建4层教学楼1栋。1989年，又建3层教学楼1栋，建筑面积2116平方米。

此校教学设施比较完备，各种仪器、挂图等教具适应教学需要。其中较先进的设备有：电化教室1处，电视机、录像机各1台，幻灯投影机40台，录音机28台。

城关完小是地、县、镇三级重点小学，办学成绩显著。县教育局的很多教研活动常在这里作试点，然后向县内全面铺开。

此校学生在德、智、体、美等方面全面发展。学生热爱祖国、热爱中国共产党、遵守纪律、助人为乐、拾金不昧。1986年8月，女学生邱鲜花为抢救落水同学，光荣牺牲。学生文化知识成绩良好，参加中南地区、自治区、地、县办的知识智力竞赛多次获奖。如1989年、1990年参加中南地区数学竞赛，学生蒋健、周克先后获一等奖。

学生课内外体育锻炼成绩很好。如1984年在全国业余体校比赛中，李月林荣获乒乓球单打冠军。

在美育方面，成绩可喜。经常参加地区、县文艺会演，多次获得荣誉。1976年，参加地区会演获特等奖。在艺苑中，人才不断涌现。1971

年，学生朱茵毕业后直接升入广西艺术学院深造。1972年，学生郑小宝被选送中央艺术学院。

## 第三节　中学教育

### 一、发展情况

民国元年（1912年），县人廖竞天倡议并经县议事会通过，在清湘书院遗址处创办全县县立初级中学堂。到民国2年，共招生两个班。但省教育司认为全县无高小毕业班，暂不宜办中学，奉令停办。民国8年8月再办，定名为"全县县立初级中等学堂"，校址在今政府大院。以唐湘门所捐学租及屠捐为经费，招生两个班，学生共70人，学制4年。民国10年，时局动乱，因学校驻军而停课。民国11年下期复课，改学制为3年。民国25年，广西省政府以此校会考第一，改为省立并扩建校舍称广西省立全州初级中学校，简称省中。民国27年秋，创建全县县立国民中学。将华侨胡文虎所捐房屋为临时校舍。以培养基层行政干部及小学教师为主要目的，学制为"二三"制，分前期班与后期班，全县只办了前期班，招生两个班90人。同年，因避日军空袭，迁金山寺。

民国28年（1939年）秋，驻全县陆军第五军在原文庙遗址办第五军军人子弟学校。附设初中1个班，及民众中学部3个班。同年秋，省中因秦家塘偏僻，在城郊董家底兴建校舍。民国30年春，国中因金山寺僻远，迁至离城仅7千米的枧头，并兼办普通初中1个班。同年，龙水村蒋志生等创办私立宏达中学。将旧林寺改建为校舍，以蒋氏先祖宏达祭田及其后裔所捐学田530亩（年收租约600担）为经费，次年开学，招生两个班。民国31年，陆军第五军军人子弟学校分一为三（幼稚园、小学、中学）。中学部独立，定校名为"私立大同中学"（后又更名为"中正中学"），兼收军属以外的学生。招3个初中班，高中普通班与机械班各1个班，成为县内第一所完全中学。同年，宏达中学两层楼房建成，增招学生两个班。大同中学停招高中班，机械班由安澜纪念学校接管。民国32年秋，省中董家底校舍竣工，从秦家塘迁入。民国33年，大同中学恢复高中部。同年夏，第五军转移贵阳，军人子弟学校随迁，全县籍学生失学。同年，日军入侵全县，省中疏散到山川，国中迁东山，宏达中学停办。民国34年秋，抗战胜利。省中因董家底校舍毁于战火，迁龙岩洞第五军兵工厂旧址复课，宏达中学也复课，全县县立国民中学（简称"国中"）由东山迁回枧头。这年冬天，省令各地国中停办，全县国中改为普通中学称"全县县立初级中学"。国中自创立至停办，共招12个班。民国35年，省中重建董家底校舍，次年从龙岩洞迁回。民国38年2月，全县县立初级中学（简称"县中"）由枧头迁回县城，以柴候祠及江西会馆作校舍。同年，省令县中省中合并，校址在董家底。民国时期办校最多的年份是民国31年。这一年全县有完中1所，初中3所，高中2个班，初中19个班。高中在校学生80人，初中在校学生760人。民国38年，因社会动荡，物价高涨，经费支绌，减至初中两所7个班，在校生270人，教职员工25人。

解放后，县人民政府于1949年12月接管省立全州初级中学，改为县立。1950年春，人民政府接管私立宏达中学，学制仍为3年。1951年土地改革，因此后无学租收入，纳为公办，改称"第二初级中学"。1952年，贯彻执行教育部《中学暂行规程（草案）》，使学校建立了解放后新的管理与教学制度。1953年春，县立第一初级中学湘山寺新校舍建成迁入，名为"全县中学"。同年秋，第二初中为避免洪患，从柳山尾旧林寺迁到董家底原县立初中旧址。1955年秋，全县中学奉令开设高中班2个班，向县内及资源、灌阳两县共招生89人，学制3年，成为新中国成立后第一所完全中学。1956年秋，为方便农村学生入学，又兴办3所初中，按次序命名：第一初中驻石塘镇，第三初中驻绍水白沙铺，第四初中驻龙水柳山尾原宏达中学旧址。均于同年秋季招生开学。1957年上学期，第四初中因校园中毛虫为害，影响师生健康，迁并第三初中。1958年，第一初中因地处墟镇，房屋拥挤，不利扩建，另在镇南大清塘畔、林泉幽美之处，兴建校舍。同年，又在庙头宜湘河增办一所初中，命名为"第四初中"，以宗祠及炮楼为校舍，招3个班。还在东山瑶族乡创办第五初中，此校初办时校址在清水村，以后又在白竹村兴建校舍。这年各公社陆续办起民办中学20所，在校学生1980人，但由于师资条件不够，次年相继停办19所，学生锐减至266人。1959年，第四初中定庙头歌陂渡村为校址。第五初中由清水迁至白竹。同年秋，全州中学停办初中部，改名为"全州高中"。

自1954年起，县内中学教育迅速发展。到1959年有高中1所，13个班，学生633人；初中6所，55个班，学生3009人。在校中学生数与办学最多的民国31年（1942年）相比增加2倍多。工农子女入学人数占全部在校生的93.4%。1960年春，各中学依据所在地命名："一中"称"石塘初中"、二中称"城关初中"、三中称"绍水初中"、四中称"庙头初中"、五中称"东山初中"。1960年夏，庙头初中因歌陂村的渡口，选庙头镇红珠岭兴建校舍。1960年秋，龙水杨田桥校舍竣工启用兴办龙水初中，始招两个班100人。1962年夏，庙头初中从歌陂渡迁到红珠岭新校舍。1963年，龙水初中因杨田桥校舍不敷，迁柳山尾。同年，县内各初中参加桂林地区统一中考。城关初中名列第一。1965年，城关初中迁湘山寺与全州高中合并，此校又成为完中。这一年全县有完中1所。在校高中学生367人，初中生2099人。1966年夏，各校贯彻毛泽东主席提出的"五·七"指示，积极开展学工学农活动。1968年秋，"复课闹革命"，农村由贫下中农管理学校，县城由工宣队（工人阶级毛泽东思想宣传队）管理学校。随后成立革命委员会，学校秩序逐渐恢复。1969年，全州县革命委员会根据桂林地区革委部署，将县内中、小学下放到工厂和公社去办。各公社原有小学还纷纷附设初中班。一时初中增至121处，高中增至5处。这期间学制由"三三制"改为"二二制"。

1970年，废除招生文化考试，改为推荐与选拔相结合的招生制度。这一年全州县经基层推荐，由招生的大专院校选拔，首批工农兵学员130人上大学。

1977年，恢复了高考招生制度。全州县考取了一批大、中专学生，多为1964年、1965年、1966年毕业生。1984年，全州镇中学改为县办中学，扩大县直属学校园地。1985年，由于逐年整顿改革，小学附中班全部撤销，初中保留69所。1986年，贯彻执行《中共中央关于教育体制改革的决定》，实行"分级办学，分级管理"。1988年，贯彻《中华人民共和国义务教育法》，制定了实施义务教育规划，促进了初中的发展。自1988年起，贯彻自治区人民政府下发的《关于抢修中、小学危房的紧急通知》。各中学从各方面筹资，加紧修缮旧房，并建筑新房，基本上消灭了危房。至1989年，新建钢筋混凝土教学楼14栋，办学条件得到改善。同期，一些私立中学纷纷开办，如全州的育才中学、才湾的聚贤初中、庙头的三里中学。1990年，全县共有完中2所，高中5所，初中62所。在校初中生26 710人，高中生4731人，教职员工2191人。私立初中5所，在校生约700人。1990年高考，参加考试的为2012人（含历届毕业生），被大学、大专录取人数为408人，中专为129人，共537人（表56-3至表56-5）。

表56-3　1990年全州县县办普通中学一览（高中部分）

| 校名 | 地址 | 创办时间 | 校舍建筑面积/平方米 | 班数/个 合计 | 其中初中班 | 学生数/人 合计 | 其中初中学生 | 教职员工数/人 |
|---|---|---|---|---|---|---|---|---|
| 全州高中 | 湘山寺 | 民国8年 | 15 880 | 26 | 8 | 1695 | （未统出） | 126 |
| 全州二中 | 教委相邻 | 1969年 | 11 045 | 24 | 15 | 1745 | 1069 | 100 |
| 龙水高中 | 龙水柳山尾 | 1956年 | 5129 | 12 | | 638 | | 50 |
| 石塘高中 | 石塘大清塘 | 1956年 | 9614 | 14 | | 865 | | 63 |
| 绍水高中 | 绍水白沙 | 1956年 | 4510 | 10 | | 603 | | 51 |
| 庙头高中 | 庙头红珠岭 | 1958年 | 4643 | 11 | | 638 | | 49 |
| 东山高中 | 东山白竹 | 1958年 | 3700 | 7 | 4 | 319 | 234 | 39 |

表56-4　1990年全州县普通中学一览（初中部分）

| 校名 | 校址 | 创办时间 | 校舍建筑面积/平方米 | 班数/个 | 现有规模/人 学生数 男 | 女 | 合计 | 教师数 公办 | 民办 | 代课 | 合计 | 办学单位 |
|---|---|---|---|---|---|---|---|---|---|---|---|---|
| 永和初中 | 长升 | 1969年 | 4520 | 12 | 507 | 317 | 824 | 42 | 8 | 3 | 53 | 永岁乡 |
| 罗家湾初中 | 兆家塘 | 1969年 | 1774 | 6 | 266 | 64 | 330 | 18 | 7 | | 25 | 永岁乡 |
| 双桥初中 | 双桥 | 1969年 | 818 | 3 | 107 | 35 | 142 | 13 | 2 | | 15 | 永岁乡 |
| 港底初中 | 港底 | 1969年 | 537 | 2 | 100 | 32 | 132 | 9 | 2 | | 11 | 永岁乡 |
| 凤凰初中 | 左家坪 | 1969年 | 4794 | 7 | 295 | 184 | 475 | 27 | 5 | | 32 | 凤凰乡 |
| 德胜初中 | 德胜庵 | 1969年 | 2482 | 6 | 206 | 116 | 322 | 21 | 2 | | 23 | 凤凰乡 |
| 七方井初中 | 七方井 | 1970年 | 1348 | 4 | 138 | 75 | 213 | 12 | 4 | | 16 | 凤凰乡 |
| 洋堰初中 | 洋堰洞 | 1969年 | 1538 | 5 | 147 | 107 | 254 | 15 | 4 | | 19 | 凤凰乡 |
| 太鸟坪初中 | 上太鸟坪 | 1970年 | 1234 | 7 | 165 | 81 | 246 | 15 | 3 | | 18 | 凤凰乡 |
| 太鸟坪职中 | 下太鸟坪 | 1972年 | 1346 | 2 | 76 | 42 | 118 | 6 | 2 | | 8 | 凤凰乡 |
| 麻市初中 | 麻市月山岩 | 1969年 | 2110 | 7 | 238 | 143 | 381 | 19 | 2 | | 21 | 凤凰乡 |

续表

| 校名 | 校址 | 创办时间 | 校舍建筑面积/平方米 | 班数/个 | 现有规模/人 | | | | | | | 办学单位 |
|---|---|---|---|---|---|---|---|---|---|---|---|---|
| | | | | | 学生数 | | | 教师数 | | | | |
| | | | | | 男 | 女 | 合计 | 公办 | 民办 | 代课 | 合计 | |
| 庙头初中 | 庙头 | 1969年 | 4384 | 15 | 513 | 369 | 882 | 50 | 5 | | 55 | 庙头镇 |
| 黄土井初中 | 中心寺 | 1969年 | 960 | 3 | 95 | 73 | 168 | 9 | 6 | | 15 | |
| 白竹初中 | 白竹 | 1969年 | 2910 | 7 | 225 | 182 | 407 | 27 | 5 | | 32 | 咸水乡 |
| 咸水初中 | 黄沙 | 1969年 | 1889 | 4 | 121 | 93 | 214 | 15 | 2 | | 17 | |
| 长坪初中 | 长坪 | 1969年 | 1890 | 3 | 103 | 73 | 176 | 15 | 1 | | 16 | |
| 石枧初中 | 石枧 | 1969年 | 1868 | 4 | 138 | 93 | 231 | 13 | 2 | | 15 | |
| 山川初中 | 紫岭 | 1969年 | 5280 | 9 | 320 | 211 | 531 | 29 | 11 | | 40 | 才湾镇 |
| 广兴岩初中 | 白石 | 1970年 | 2085 | 7 | 427 | 73 | 500 | 19 | 9 | | 28 | |
| 田心初中 | 田心寺 | 1968年 | 1855 | 6 | 171 | 151 | 322 | 19 | 11 | | 30 | |
| 水月岩初中 | 水月庵 | 1968年 | 4316 | 10 | 309 | 274 | 583 | 31 | 9 | | 40 | |
| 大车头初中 | 架子田 | 1969年 | 1380 | 4 | 133 | 122 | 255 | 9 | 7 | | 16 | |
| 石塘初中 | 石塘圩 | 1969年 | 4390 | 9 | 312 | 209 | 521 | 31 | 8 | | 39 | 石塘镇 |
| 大清塘初中 | 大清塘 | 1969年 | 2710 | 9 | 359 | 196 | 555 | 29 | 5 | | 34 | |
| 青田初中 | 青田 | 1969年 | 1942 | 6 | 234 | 104 | 338 | 20 | 7 | | 27 | |
| 塘背初中 | 塘背 | 1969年 | 958 | 3 | 120 | 55 | 175 | 8 | 4 | | 12 | |
| 清水初中 | 清水 | 1969年 | 2208 | 7 | 253 | 93 | 346 | 31 | 2 | | 33 | 东山瑶族乡 |
| 上塘初中 | 上塘 | 1969年 | 1675 | 7 | 299 | 82 | 381 | 25 | 1 | 1 | 27 | |
| 文桥初中 | 文桥 | 1969年 | 2622 | 6 | 271 | 145 | 416 | 23 | 5 | 2 | 30 | 文桥镇 |
| 朝阳初中 | 朝阳 | 1969年 | 3755 | 10 | 398 | 309 | 707 | 29 | 8 | 5 | 42 | |
| 文桥职中 | 等觉寺 | 1969年 | 1594 | 3 | 115 | 67 | 182 | 9 | 4 | 2 | 15 | |
| 群英初中 | 黄龙殿 | 1976年 | 2412 | 6 | 250 | 145 | 395 | 18 | 6 | 3 | 27 | |

续表

| 校名 | 校址 | 创办时间 | 校舍建筑面积/平方米 | 班数/个 | 现有规模/人 ||||||| 办学单位 |
|---|---|---|---|---|---|---|---|---|---|---|---|---|
| | | | | | 学生数 ||| 教师数 |||| |
| | | | | | 男 | 女 | 合计 | 公办 | 民办 | 代课 | 合计 | |
| 洮阳初中 | 黄沙河 | 1969年 | 2600 | 9 | 277 | 169 | 446 | 34 | 5 | | 39 | 黄沙河镇 |
| 黄沙河镇初中 | 黄沙河 | 1976年 | 1200 | 3 | 92 | 59 | 151 | 12 | 3 | | 15 | |
| 石塔口初中 | 石塔口 | 1968年 | 4360 | 12 | 434 | 305 | 739 | 41 | 13 | | 54 | 大西江镇 |
| 枫山初中 | 枫木山 | 1969年 | 1300 | 5 | 163 | 127 | 290 | 15 | 7 | | 22 | |
| 北山初中 | 北山 | 1969年 | 700 | 2 | 54 | 24 | 78 | 7 | 4 | | 11 | 白宝乡 |
| 梅莲初中 | 桐木岗 | 1969年 | 860 | 3 | 151 | 41 | 193 | 10 | 3 | | 13 | |
| 白宝初中 | 碑头 | 1969年 | 1300 | 7 | 317 | 132 | 449 | 22 | 10 | 1 | 33 | |
| 枧塘初中 | 石冲门 | 1970年 | 3760 | 8 | 286 | 191 | 477 | 34 | 5 | | 39 | 枧塘乡 |
| 枧头初中 | 枧头 | 1969年 | 1800 | 7 | 282 | 138 | 420 | 21 | 8 | | 29 | |
| 金山初中 | 金山寺 | 1969年 | 1700 | 3 | 120 | 89 | 209 | 8 | 5 | | 13 | |
| 屏山初中 | 谱安寺 | 1970年 | 1200 | 3 | 119 | 57 | 176 | 8 | 4 | | 12 | |
| 朝南初中 | 朝南村 | 1969年 | 2831 | 9 | 318 | 167 | 485 | 26 | 9 | | 35 | 朝南乡 |
| 赵家初中 | 后源洞 | 1970年 | 1660 | 6 | 218 | 95 | 313 | 16 | 7 | | 23 | |
| 枫木初中 | 枫木 | 1970年 | 765 | 3 | 97 | 47 | 144 | 9 | 4 | | 13 | |
| 董家底初中 | 董家底 | 1969年 | 4110 | 11 | 414 | 342 | 756 | 43 | 4 | | 47 | 城郊乡 |
| 粟家渡初中 | 粟家渡 | 1969年 | 2900 | 8 | 267 | 248 | 515 | 29 | 3 | | 32 | |
| 水晶岗初中 | 水晶岗 | 1975年 | 2123 | 6 | 186 | 173 | 359 | 25 | 2 | | 27 | |
| 大拱初中 | 魁斋岩 | 1969年 | 2910 | 8 | 335 | 256 | 591 | 27 | 3 | | 30 | 蕉江乡 |
| 冠英初中 | 观音堂 | 1969年 | 5900 | 20 | 775 | 460 | 1235 | 61 | 14 | | 75 | 安和乡 |

续表

| 校名 | 校址 | 创办时间 | 校舍建筑面积/平方米 | 班数/个 | 现有规模/人 ||||||| 办学单位 |
| --- | --- | --- | --- | --- | --- | --- | --- | --- | --- | --- | --- | --- |
| | | | | | 学生数 ||| 教师数 |||| |
| | | | | | 男 | 女 | 合计 | 公办 | 民办 | 代课 | 合计 | |
| 阳田桥初中 | 阳田桥 | 1969年 | 3432 | 12 | 441 | 312 | 753 | 42 | 4 | | 46 | 龙水镇 |
| 车底初中 | 车底 | 1969年 | 1589 | 6 | 234 | 138 | 372 | 20 | 2 | | 22 | |
| 桥渡初中 | 桥渡 | 1988年 | 1564 | 3 | 114 | 74 | 188 | 14 | 1 | | 15 | |
| 湘山初中 | 和平街 | 1986年 | 2020 | 9 | 299 | 281 | 580 | 38 | | | 38 | 金州镇 |
| 两河初中 | 三甲 | 1968年 | 3784 | 12 | 484 | 346 | 830 | 42 | 8 | | 50 | 两河乡 |
| 广坪初中 | 广坪洞 | 1970年 | 2850 | 9 | 332 | 182 | 514 | 26 | 11 | | 37 | |
| 上刘初中 | 大岩口 | 1974年 | 720 | 3 | 107 | 61 | 168 | 8 | 4 | | 12 | |
| 绍水初中 | 大清塘 | 1969年 | 3195 | 9 | 333 | 248 | 581 | 32 | 1 | 7 | 40 | 绍水镇 |
| 白沙初中 | 广交寺 | 1970年 | 3690 | 9 | 314 | 237 | 551 | 34 | | 8 | 42 | |
| 高田初中 | 塘家田 | 1971年 | 1650 | 6 | 178 | 108 | 286 | 14 | | 12 | 26 | |
| 金锣初中 | 金锣坪 | 1982年 | 2108 | 6 | 243 | 134 | 377 | 16 | | 13 | 29 | |

表56-5 解放以来几个年份普通中学基本数字统计

| 年份 | 1950 | 1953 | 1957 | 1962 | 1965 | 1970 | 1975 | 1979 | 1980 | 1985 | 1990 |
| --- | --- | --- | --- | --- | --- | --- | --- | --- | --- | --- | --- |
| 学校数/所 | 2 | 2 | 5 | 10 | 6 | 194 | 179 | 220 | 121 | 75 | 69 |
| 初中数/所 | 2 | 2 | 4 | 9 | 5 | 35 | 41 | 53 | 79 | 69 | 62 |
| 其中民办初中数/所 | | | | 1 | 3 | | | | | | |
| 小学附设初中数/所 | | | | | | 137 | 114 | 142 | 34 | | |
| 高中数/所 | | | | | | 21 | 23 | 23 | 6 | 4 | 5 |
| 高完中数/所 | | | 1 | 1 | 1 | 1 | 1 | 1 | 2 | 2 | 2 |
| 招生数/人 | 145 | 356 | 754 | 796 | 941 | 15 687 | 16 530 | 14 497 | 10 730 | 8585 | 10 962 |

续表

| | 年份 | | 1950 | 1953 | 1957 | 1962 | 1965 | 1970 | 1975 | 1979 | 1980 | 1985 | 1990 |
|---|---|---|---|---|---|---|---|---|---|---|---|---|---|
| 其中 | 初中 | 人 | 145 | 356 | 647 | 664 | 822 | 12 005 | 13 318 | 11 188 | 9171 | 7371 | 9029 |
| | 高中 | 人 | — | — | 107 | 132 | 119 | 3682 | 3212 | 3309 | 1559 | 1214 | 1933 |
| 毕业人数/人 | | | 64 | 106 | 235 | 634 | 441 | 7753 | 9450 | 14 053 | 11 619 | 5307 | 8202 |
| 其中 | 初中 | 人 | 64 | 106 | 235 | 449 | 333 | 6861 | 6817 | 8255 | 7845 | 4390 | 7013 |
| | 高中 | 人 | | | | 185 | 108 | 892 | 2633 | 5798 | 3774 | 917 | 1189 |
| 学年初在校生/人 | | | 287 | 916 | 2774 | 2398 | 2466 | 21 912 | 28 441 | 33 616 | 28 463 | 22 841 | 31 441 |
| 其中 | 初中 | 人 | 287 | 916 | 2430 | 1978 | 2099 | 17 217 | 22 394 | 25 651 | 23 262 | 19 502 | 26 710 |
| | 高中 | 人 | | | | 344 | 420 | 367 | 4695 | 6047 | 7965 | 5201 | 3339 | 4731 |

## 二、教学

### (一)宗旨

民国时期,将小学列为义务教育范围。中华人民共和国成立后,把初中列入义务教育范围。因此,初中的办学目的是培养全面发展的有文化、有社会主义觉悟的劳动公民。高中办学,一是为社会进一步培养具有较丰富文化科学知识的劳动后备军;二是为高等或专科学校输送合格的新生使他们能继续深造,成为各种专门人才。至于思想品德教育,中、小学基本相同。

### (二)学制

民国8年(1919年),全县县立初级中学学制4年,至民国11年改为3年,直至民国38年未变。至于国民中学,全县只办了前期班,学制为2年。1951年10月1日,教育部颁布的《关于改革学制的决定》中规定,高中、初中修业期各为3年。"文化大革命"期间改为高中、初中各2年。1978年以后恢复"三三制"。

### (三)课程设置

民国8年(1919年),全县初级中学课程为国文、英语、数学、物理、化学、历史、地理、修身、乐歌、图画、体操。民国38年,其课程每周教时是:国文、数学各6节,英语5节,历史、地理、物理、化学、动物、植物、劳作各 2 节，公民、图画、军训、生理卫生各 1 节。国民中学课程设置与普通中学相比较，免开英语，减少数理化课份量；增加教育概论、农业常识和社会服务 3 课。

自 1950 年始，遵照教育部《中学暂行教学计划》规定，取消公民课与军训课，开设政治、语文、数学、自然、地理、历史、物理、化学、外语、体育、美术科目。1952 年取消自然课。1956—1957 年，初中语文分为文学、汉语两科。1958 年，增设生产劳动课，政治课改为社会主义教育课，把文学汉语复并为语文课。1959 年，全州中学改为全州高中。其课程设置如下：语文、数学、政治、俄语或英语（其中选修一科）、文艺（音乐、美术）、历史、地理、工业、农业、劳动。1969 年秋，开设的课程有毛泽东思想、语文、数学、工业基础知识、农业基础知识、军体、生理卫生、音乐等。1978 年后，全县各中学开设的课程为：高中——语文、数学、英语、物理、化学、历史、地理、政治、生物、体育、劳动；初中——政治、语文、数学、英语、历史、地理、物理、化学、动物、植物、音乐、图画、体育、劳动、生理卫生。1987 年，全县各中学的课程设置及每周授课时数为：高中——语文 6 节、数学 6 节、英语 5 节、物理 4 节、化学 3 节、历史 3 节、地理 3 节、政治 2 节、生物 1 节、劳动 2 节、体育 2 节、课外活动 2 节；初中——语文 6 节、数学 6 节、英语 5 节、物理 4 节、化学 3 节、历史 2 节、地理 2 节、政治 2 节、植物 2 节、动物 2 节、音乐 1 节、体育 2 节、美术 1 节、劳动 2 节、课外活动 2 节。1988 年，改劳动课为劳动技术课。1989 年，初中政治课增加青少年修养、社会发展史和法律常识及时事内容。

（四）教材教法

1. 教材

民国时期，全县各中学除县立国民中学的"政治建设""公民训练""农村建设"等课教材为广西省教育厅所编，其余均为由商务印书馆、中华书局、世界书局、开明书店出版由国民政府审定的"国定本"。

中华人民共和国成立后，开始使用全国统编教材，均由人民教育出版社出版。1969—1977 年，改用广西壮族自治区统编的教材，及自编乡土教材。1978 年后，恢复使用全国统编教材。个别学校进行教改实验，使用广西教育学院编写的实验教材。其内容较为丰富、知识面广、训练较为全面，使用效果良好。

2. 教法

民国时期一般采用讲述、讲解、演示、练习等方法。有些教师重视启发，采取谈话法、问答法，但多数以讲解为主。

解放后，50年代盛行苏式教法。60年代将苏式与中国传统教法融合起来。70年代重视传授基础知识，加强基本技能训练，并积极进行各种教法的探索。80年代在改革方面有了很大的进展，在教学指导思想方面有了突破，提倡改变过去以教师为主的方法，改为以学生为主体、教师为主导。注重在传授知识的同时，发展学生智力，培养学生能力，并积极开辟第二课堂活动，让学生从实践中提高。这已成为教学改革的主流。

三、全州高中简介

此校前身是全县县立初级中等学堂。创建于民国8年（1919年），校址在原清湘书院，民国25年改为省立。民国27年因避日机轰炸，迁至秦家塘。民国32年8月又迁至城郊董家底。民国33年日军入县境，师生转移，校舍被毁。民国34年抗日胜利暂以龙岩洞陆军第五军兵工厂旧址为校舍复课。民国35年重建董家底校舍。民国38年2月省令将县立中学并入。同年11月全县解放，12月初该校由县人民政府接管改为县立，更名为"全县第一初中"。1953年迁湘山寺。1955年开设高中部，面向全县、灌阳、资源招生，成为完全中学。1959年初中部最后一批学生毕业，只办高中，遂更名为"全州高中"。1965年城关初中并入，再次成为完全中学，占地157 670平方米，有教学、生活、生产用房32栋，总建筑面积15 353平方米。1990年有高中部18个班，初中班9个，共计学生1639人，其中初中491人，高中1148人；教职员工160人（含离退休人员）。专任教师75人，其中特级2人，高级17人，一级35人，二级21人。分设语文、数学、英语、物理、化学、生物、图画、卫生、政治、史地10个教研组。教学设施有教学楼1栋，平房教室2栋，实验楼1栋，设有图书馆，藏书45 358册。有理化生物实验室，电化教学室，各种仪器设备1113套。另有微型电子计算机室1间，微机22台。体育设备有足球场1个，篮球、排球场各6个，400米跑道1条。设有高、低杠、吊环、跳高、跳远沙坑，以及其他器材448件。印刷厂1家。此校教育成绩斐然。1980—1990年，共输送大专中专学生2661人。高考获自治区文科"状元"1人，理科总分第3名1人，其中数理化3科高考成绩已跨入自治区先进行列。

自 1958 年以来，参加区内外语文、数学、物理、化学、英语等科竞赛获奖约 200 人次，其中 84 级 3 班学生马振宇为全国中学生观察哈雷彗星科学实验的 4 名获奖者之一。

# 第57章
# 成人教育

## 第一节 农民教育

民国初年，全县有少数平民夜校由小学兼理。参加学习的，多为农村文盲。较早的有内建乡青龙山平民夜校。民国16年（1927年），县署通令各小学："不论经费如何困难，均应设平民夜校一班，学《平民千字课本》及珠算，各校遵令照办"。民国21年5月，县内设民众教育馆掌理其事，办起民众夜校34处，民众阅报处1处。次年，又设民众问字及代笔处16处。民众教育工作人员共24人。民国24年，为执行国民基础教育计划，小学又兼办民众夜校。男生夜晚学，女生中午学。课本由省统一，有文化、农事、军事等内容。

解放后，广大农民翻了身，有学习文化的强烈愿望。在县人民政府领导下，由文教科具体负责。农村小学教师积极投入，农民协会组织领导，开展了扫除文盲运动（简称"扫盲"）。

1951年，入冬学的达50 085人，入民校的37 283人，入扫盲班的1072人。冬学与民校以识字为主并教算术和珠算。

1952年冬，县内组织识字运动委员会。以97名扫盲教师为骨干，以注音字母为"拐杖"开展速成识字法。终因未能准确掌握标准发音和拼音方法及其他原因，未取得预期效果。1953年，识字运动委员会改为扫盲运动委员会。由县长、宣传部长兼任正副主任，配备专职教师32人，培训群众教师465人，整顿扫盲工作，使之稳步前进。1954年，扫盲以青壮年为主，强调自觉自愿。冬学按文化程度编班并实行包教包学等办法再度掀起学习热潮。农村成年人受到教育的，1955年达22 575人，次年达99 862人。1958年"大跃进"运动中，农村掀起突击扫盲热潮，以小学教师为骨干，全县青少年中的文盲、半文盲有61 841人参加学习，由于时间只有几天，未能巩固。1961—1962年，扫盲处于停顿状态。1963年恢复，至"文化大革命"初期又告停顿。1968年以后，普遍开办政治夜校，以《毛主席语录》为课本，讲政治为主，结合识字。

1978年，全州县再度成立扫盲领导小组。据调查，青、壮、少年文盲半文盲尚有63 616人，占青、壮、少年总人数的23.8%。据此，扫盲领导小组制定相应的计划与措施。首先以枧塘为试点，实行"两管三包"办法。即"日校管夜校，一长管两校；学校包大队，教师包生产队，小学高年级包个人"，当年在全县推广，参加人数13 556人。后经验收脱盲者6747人。其中枧塘、全州镇成为地区首批脱盲公社（镇）（按照1953年政务院规定，农民认识1000个常用字，大体上能读通俗书报，能写常用的收据便条，即达到脱盲标准）。1979年后，进一步加强领导，从1979年到1988年通过扫盲班，共扫除文盲29 928人。1988年，国务院又颁布了新的脱盲标准，农民个人脱盲标准是能识1500个汉字，能够看懂浅显通俗的报刊、文章，能够记简单的账目，能够写简单的应用文；农村集体脱盲标准是15周岁至40周岁的非文盲人口达到85%以上。全州县扫盲工作遵此办理。1989—1990年又扫除文盲9072人。从而使全州县农村文盲人数降到全县青壮年人数的2.49%，比1978年减少了21.3个百分点。

近年来，为适应科技兴农的需要，在农民教育方面，除了扫盲，还进行行业科技的培训。从1981年起，县内个别行政村开始兴办农科班，那时只办3个班。到1985年，乡镇又办起了成人文化科技中心校。到1990年，农科班已发展到260个，当年参加学习的有34 351人次，乡镇文化科技中心校已发展到19所，当年参加学习的有27 086人次。

## 第二节　职工业余教育

1950年，政务院发布《关于开展职工业余教育的指示》。1952年7月，桂林专署在全县总工会开办"速成识字法"试点班。有45人参加，经3个月学习，有38人达到了脱盲标准。10月下旬又办了3个班，学员144人，每月学习2小时。采用《职工业余学习课本》，后转为民校。1953年，提倡机关自办。城关、石塘、黄沙等处开办职工干部业余文化学习班9个，学员413人，其中有工人、店员、干部及市民，配备专职教师3人，群众教师9人，按文化程度编班。1954年，县直属机关开办干部文化补习高小班1个班，学员28人。参加的有干部、通讯员、炊事员、法警。第二期发展为两个班，学员55人。同年，县内共办18个班，学员432人。业余高小班2个，学员60人。1955年，为适应农业合作化发展的需要，中共全县州县委提出："培养干部，推进工作，争取在第一个五年计划期间，扫除乡干部中的文盲"的要求。因此，开办乡社干部文化短训班。至1956年秋共办4期，扫除文盲347人，短训班每期学习3个半月，以《农民识字课本》为教材，采用速成识字法，到结业时一般能识1700个字，能阅读通俗书报，能写简短的书信和报告。1956年上半年，县内职工业余文化学习有了较大进展，县工会在各区办起扫盲班、业余小学班、业余初中班，参加学习的达1086人。其中参加扫盲班的较多，学员有775人，占职工干部文盲半文盲总数的71.36%。这年下半年，攀专锡矿、铅矿厂、庙头贮木场、建筑工程队，均办起职工业余学校，参加学习的共达1286人。1958年，各厂矿企业办起很多业余学校，名为"红专学校"，学习政治、文化和生产技术。1959年上半年，参加学习的职工1500人。效果较好的是县建筑安装公司，他们办起业余初中1个班25人，业余高中1个班45人，扫盲班4个，学员233人，总共6个班，学员共303人，占该单位应入学人数约98.7%。他们以班级教学为主，小组学习为辅，师徒互教互学，包教包会。并采取"见物识字""拦路识字"的做法，效果较好。同年11月，在全县范围内全面推广他们公司的经验。1959—1961年，职工业余教育暂停。1978年初，职工业余学校恢复，开设机械、电工、化工、英语班。9月，全县有159人结业。1982年，成立全州县职工业余教育办公室，配备干部3人。对3310名青年干部职工进行了一次初中课程文化考试，及格的仅103人。为弥补"文化大革命"造成的损失，各单位次第开设青年职工业余学习班，聘请退休和在职教师任教，利用晚上进行文化补课。截至1984年元月，全州县职工教育办公室组织了9次初中文化考试，参加人数为3933人，其中有2546人获得合格证书，合格率为64.73%。另有500人参加高中文化补课考试，其中145人获得桂林地区发给的毕业证书。

  1949—1989年，通过业余文化教育，共扫除职工文盲2511人；通过业余培训达到高小肄业程度的2709人，达到初中毕业程度的3941人，达到高中肄业程度的1921人。

## 第三节 成人自学

全州县教育局为鼓励成人自学,从1984年起,每年举行两次成人自学考试。由国家高等学校成人自学指导委员会统筹。分别采取全国统一命题、区域命题和省级命题3种办法。由全州县教育局招生办公室组织县内考试,由广西壮族自治区成人自学考试指导委员会组织各主考学校阅卷、评分。给合格者颁发毕业文凭。考试专业有:汉语文学、党政、英语、政治教育、哲学、数学、统计、工业经营管理、价格、法律、会计、财政、税收、政治管理、行政管理、新闻学、中等师范、公安等。截至1990年,全州县有2207人参加大专考试,12人参加本科考试,其中161人已取得大专文凭。

## 第四节 电大辅导

1985年9月,县教育局为培养初中师资及企事业单位的秘书、文书等人才,开设汉语文学电大班2个,招收学员73人,其中经过考试录取的32人,随班学习的41人。学员中有干部14人,教师35人,工人23人,农民1人。校址在县教育局内。电视大学辅导班为业余性质,学制3年,使用电大教材。学习方式为收听电大教师讲课录音,由辅导教师解释疑难,指导作业。考试由电大命题,统一评分标准,集中在教育局考试。学员修业期满,成绩及格的发给大专文凭,国家承认学历。电大班分城镇班和农村班。城镇班学员每周星期六、星期日集中在教育局上课,上课时数视内容多少而定;农村班每学期集中5~6次,每次上课3~4天。1988年,有59人修业期满取得文凭。1989年,又招收财会专业班1个班,学生18人。

# 第58章 专业教育

## 第一节 师范教育

### 一、创办与发展

清光绪三十二年（1906年），全州人以宾兴局（今政府大院内）为校址，创办州立师范传习所。招清湘书院在学门生48人为学生。此为全州办师范教育之始。民国4年（1915年），创办小学教员养成所，招生1个班，50人。以后时断时续。民国12年、民国16年曾相继招生，后来停办。民国33年春，全县国民中学增设简易师范班1个班，招生50人。于民国33年秋因日军入侵停办。

解放后，为解决小学师资问题，受桂林专署委托于1951年冬在县城江西会馆开办短期师资训练班，招收学员60人（包括灌阳、资源等县学员）。其中有社会知识青年及教学有困难的小学教师。训练班于1953年秋结业。1958年9月，全州高中附设两个师范班，始招学生100人。1959年秋，又招两个班110人（学制均为一年）。1960年春，始办全州师范学校，校址在县城天主堂旧址。除将全州高中附设的1959级师范班并入外，又新招4个班。1962年秋，国家调整师范教育，全州师范奉令停办。从1958年9月至1962年停办，共毕业三届263人。1972年秋，接收原设在绍水高田的"共产主义劳动大学"的校舍、设备与场地，再办全州师范学校，首招3个班150人。1975年招40人，1977年招80人。1978年以后每年招1~3个班不等。招生对象大部分是小学民办教师。1985年11月，经桂林行署批准改名为"全州县教师进修学校"。1987年，原全州师范最后一批学生毕业，从再办至结束共培养师资1421人。

## 二、学制

清末及民国时期的师范传习所和小学教师养成所,学制均为一年。民国33年(1944年)春,全县国民中学开办的简师班学制为2年。1958年和1959年办的两届师范学制为2年。1960年招收的中、初两级师范班学制为3年,后因故提前结业,实际修业2年。1972年后学制为2年。1981年,招收普通班学制为3年。1985年,从高考落选生中择优录取入中师班,学制为1年。

## 三、课程设置

民国16年(1927年),小学教师养成所课程是:中山主义、国语、史地、教学入门、儿童心理教授法、管理法、算术、农村社会学、自然、农事、图画、音乐、军事、儿童体操、合作农民运动。简师班所开的课程基本上与国民中学前期班相同,只减少了数理化分量,增加图画、音乐、体育、语文分量。中华人民共和国成立后,一般课程与普通中学相同,另加心理学、教育学及语文、数学教授法。1972年,全州师范在绍水复办后,开设课程由学校自行安排。1977年后,课程与普通中学大致相同,只增加文选与写作,语文基础知识取代语文,并增加心理学及小学语文、数学教学法。

## 四、教法

教法与普通中学相同,只是着重于实习。一是教学见习。在授课教师指导下学生自己备课,并讲给自己的同班同学听,然后由教师评分;二是到小学兼一段班主任或专任教师工作。在师范教师与原授课教师指导下,备课、上课、辅导、批改作业,经一段时间实习后,写出总结,并由指导教师及所实习的学校作出鉴定。这种实习一般在毕业前一个月进行。

### 附:全州教师进修学校简介

全州教师进修学校的前身是全州师范学校,创办于1958年9月。当时附设在全州高中内,由全州高中统一领导。1958年和1959年,每年招生两个班。1960年3月,又招生4个班,校址从全州高中迁到天主堂(现全州二中所在地)单独成为一校。正式定名为全州师范学校。

1962年秋，贯彻国家"调整、巩固、充实、提高"方针，学校奉令停办。1972年秋，在绍水高田原"共产主义劳动大学"校址复办全州师范学校。并接受"共产主义劳动大学"全部校产。每年招生1~3个班不等。1979年10月，学校又从高田迁到绍水镇（即今校址），用原广西农学院桂北分院的房屋作校舍。1982年，新建3层教学楼一栋，建筑面积1500平方米。连同原有建筑，校舍总建筑面积为6839平方米。教室、宿舍、实验室、阅览室、运动场等教学设施较为齐全。学校还拥有6~8个教学班，试验用的各种教学仪器及近万册藏书。

自1972年复办至1976年，实行"推荐与选拔相结合"的招生制度，学生主要从在职民办教师中招收。1978年后，除与高考或中考同时招生外，另一途径就是将在职教师抽调到学校轮训。因此，学生主要是民办教师，小部分是高中、初中应届毕业生和社会知识青年。因学校主要肩负着培训教师达到中师水平的任务，所以，1985年，全州师范学校奉令改为全州教师进修学校，专门从在职民办教师中招收学生，截至1989年，全州教师进修学校有学生4个班，在校学生117人，教职工46人。

## 第二节　其他专业教育

一、工业技术

民国30年（1941年），全县机器厂附设职工学校，校址在今全州火车站。前后共招生3届4个班，每班50人。分机工、电工、钳工、锻工、炼铁、模型等小组。学制2年，开设物理、化学、数学、国文、英文及党义、军训科目。学员毕业后，由该厂安排工作。民国32年，为纪念抗日中牺牲的陆军第五军200师师长戴安澜，由第五军创办"安澜纪念学校"，培养中等工业技术人员。除设有普通中学课程外，还增设专业课与实习课。校舍有平房6幢，机器32台，汽车18辆。招收高中机械科和初中汽车科各1个班，学生100余人。民国33年，第五军转移贵阳，该校随迁。

二、财会

民国36年（1947年），县政府创办全县乡镇会计学校，校址在今城关北门白果巷。始招高中及国中毕业生57人，学制一年，学生入学须交学米 150 斤，杂费 2000 元（民国时期法币）。但学习一年后未发毕业证。除个别录用外，绝大多数未安排工作。此校只办了一年。

### 三、农业技术

1958 年，城关镇民办初中改为农业初级中学。同年，各公社创办农业初中 20 所，42 个班，学生 1985 人，学制 3 年。除开设一般初中课程，着重于农业生产基础知识教学。1960—1962 年，多数停办。此后恢复发展。至 1966 年，达 60 所 112 个班，在校生 5299 人。1969 年后改为普通初中。

1964 年 9 月，县教育局在杨田桥创办"全州县农职校"，招收初中毕业生 3 个班 145 人。1965 年，迁才湾乡小坪里，更名为全州县中等农业技术学校。1969 年，改为普通高中。1970 年 9 月，改名为"五七"中等专业学校。1983 年秋，改为县办高级农业中学。1987 年，命名为"全州县才湾职业高级中学"。该校占地面积约 15 平方千米，学校有水田 5.9 公顷，旱地 28 公顷（含果园 19.8 公顷）。有鸡场、鸭场、牛场、猪场、鱼塘等专业基地。教学设备较好。1989 年，有在校学生 376 人，分畜牧、园艺、农学、建筑、缝纫 5 个专业。

1976 年，县农业局、教育局办"五七"大学农学班，校址在安陂农场。1976 年、1977 年各招生 50 人，学制一年。

1975 年，广西农学院在桂北农场办桂北分院。1976 年、1977 年招生两届。1980 年迁回南宁。

### 四、农机技术

1974 年春，县农机局创办"全州县农业机械技工学校"，校址在飞机坪。培训拖拉机手及修理员，每年招收学员约 100 人。

1978 年，广西壮族自治区在此校地址创办"广西全州农机技工学校"，有教师 25 人，面向全自治区招生。招收农机修理班 2 个班，学生 87 人。开设机械制图、金属工艺学、车工、数学、化学、设计等课程，学制 2 年。1980 年，首届学生毕业。此校已停办。

### 五、医药卫生

1960 年 3 月，桂林专署及全州县共同创办"全州卫生学校"，校址在原天主堂。始招初级班 1 个，学生 59 人；中级班 1 个，学生 32 人。学制均为2年。1961年，招收初级班1个，学生47人。1962年，改由桂林专署主办。1968年，此校迁往桂林。全州县利用其校舍，开办全州县卫生学校。1972年起，开办护士班。至1986年，共招收护理、药剂、临床检验、中医、西医、心电图进修、口腔等专业班，培训学员298人。

### 六、纺织

民国15年（1926年），蒋继芬创办鳌鱼洲女子学校。培训纺织女工，有织布机2台，织袜机5台。学生30人，开设织工、国语、常识3科。民国16年停办。

### 七、综合性职业训练

1983年秋，全州二中附设职业班，首招英语班1个班，学生36人。1984年，招收电机班1个班，学生30人。1985年，招收幼师班1个班，学生42人。1986年，招收英语班1个班，学生38人。1987年，招收体育班1个班，学生45人。幼师班学制2年。开设英语、电机、体育3科，职业班学制3年。各班均开设高中文化课，加专业课。职业班学生毕业后，国家不包分配，原则上自谋职业。

# 第 59 章

# 师资

## 第一节 队伍

清末民初，县内高等小学堂中有举人、贡生、廪生担任教师。在私塾中也有学识较好的塾师。他们富有中国古代经、史知识，长于诗文；但不懂近代自然科学，所以学堂开设格致、算学等新课须到湖南桂南等处聘请新课教师。民国 4—5 年（1915—1916 年），有教职员 40 人。民国 8—9 年，由中学教师任教。其中也有不少学识较好者，如省优质师范毕业的县立中学校长余元，创立全县县立初级中学，善于筹划。民国 16 年，中学教师渐趋齐备，学识丰富，训导有方，为民国 25 年全县初中在全省 "会考第一" 打下基础。民国 18 年，本县中、小学教师发展到 300 多人，在小学教师中也不乏优秀师资。是年，县教育局对 272 名教师进行核查，其中获传谕嘉奖的有：龙祖荣（和睦初小校长兼教员）、方智（绍溪小学校长兼教员）、董康（永昌小学校长兼教员）3 人。被誉为 "良师" 的有：唐林楷（启明小学校长兼教员）、周之桢（宜湘新小学校长兼教员）、蒋文昱（西林小学教员）3 人。其他受到赞许的 80 人。视学对他们的评语分别是："办学热忱，执务勤恳""学识丰富，管训有方""善于启迪，讲解透彻""教学成绩较好，父老信任"。以上教师在 272 人中占 31.6%。其余有一定教学能力，基本胜任工作的 154 人，占 272 人的 56.6%。但是小学教师良莠不齐，不胜任的有 32 人。各表现在 "放任失职""不谙教学各法""思想陈腐""有不适教学的生理缺陷"，也有个别吸毒的，占小学教师总数的 11.8%。民国 21—22 年，一些学校择贤选聘，师资素质甚为可观。以民国 21 年始办的冠英堂小学为例。校长唐修甲，办学富有经验，推广教育家陶行知先生倡导的 "教学做合一" 的先进教学方法。在教师共同努力下，培育出来的学生诚朴勤奋、成绩优良，毕业考入全县中学的比率较高，有时达录取数的25%。到民国37年，中小学教师发展到771人。其中专科毕业的1人，大学本科以上学历的人数无考，中师毕业的87人，简师毕业的37人，师训班毕业的89人，高中毕业的50人，初中毕业的423人，检定合格的15人，小学毕业的27人，其他42人。

民国时期，大多数教师思想品德较好，其中还有不少从事革命工作的。如民国32年（1943年）8月，全县建立第一个中共党小组，共有党员4人，均分别在康强、表证、龙水中心校任教，从事革命地下工作。抗日战争期间，有邓崇济等20名教师为挽救民族危亡，投笔从戎，参加抗日战争。解放战争时期，本县有54名中小学教师投入人民解放事业，进行武装斗争。其中，王新国等8位教师光荣牺牲。还有不少进步教师掩护同志、提供情报、策动国民党军政人员投诚起义，为人民解放事业做出了贡献。

中华人民共和国成立后，由于人民教育事业的迅速发展，师资力量很不够。高小1个班只能配1.2~1.6个教师。初小1个班只能配1个教师。东山瑶族自治区甚至有1个教师教90个学生的现象。1952年，为了缓解这个问题，吸收民间知识分子82人担任民办教师。这一年共有中小学教师1305人，教师与学生的比例为1：23.6。

为了从根本上扭转教师不足及素质不高的局面，1954年以后采取了多种方式，通过多种渠道培养、提高师资。加强在职业务学习，实行轮训，组织教师参加各级函授，或离职进修。1954年后，区内外大专师范院校的毕业生源源不断地分配到县里来，使全县师资逐渐增多，素质提高。至1987年，教育局作了一次学历调查，情况如下：在被调查的5485人中，大学本科136人，占2.48%；大学专科510人，占9.30%；中专1996人，占36.39%；高中1564人，占28.51；初中及以下1279人，占23.32%。教师人数不断增多，截至1990年全县教职员工共达5961人。大部分获得相应职称。有特级教师4人；获高级职称的共88人，其中中学高级教师79人，高级讲师9人获中级职称的共434人，其中馆员6人，主管医师4人，小学高级教师424人；获初级职称的共3061人，其中中学二级教师694人，中学三级教师363人，小学一级教师1232人，小学二级教师759人，小学三级教师13人（表59-1至表59-3）。

表 59-1　几个年份小学教职员工基本数字统计

单位：人

| 年份 | 教师 | | 工人 | 合计 | 备注 |
|---|---|---|---|---|---|
| | 公办 | 民办 | | | |
| 1952 | 1190 | 82 | 46 | 1318 | |
| 1953 | 1192 | 5 | 25 | 1222 | |
| 1957 | 1266 | 11 | 36 | 1313 | 铁小 14 人未计入 |
| 1962 | 1163 | 421 | 41 | 1625 | 铁小 15 人未计入 |
| 1965 | 1193 | 666 | 41 | 1900 | 铁小 20 人未计入 |
| 1970 | 498 | 1741 | | 2239 | |
| 1975 | 802 | 2194 | | 2996 | |
| 1980 | 977 | 2496 | 15 | 3488 | 铁小 2 人未计入 |
| 1985 | 1247 | 2018 | 29 | 3294 | 铁小 14 人未计入 |
| 1990 | 1803 | 1890 | 41 | 3734 | 铁小 20 人未计入 |

表 59-2　几个年份普通中学教职员工基本数字统计

单位：人

| 年份 | 教师 | | 行政人员 | 工人 | 合计 | 备注 |
|---|---|---|---|---|---|---|
| | 初中 | 高中 | | | | |
| 1949 | 18 | | 3 | 4 | 25 | |
| 1950 | 25 | | 9 | 7 | 41 | |
| 1953 | 39 | | 15 | 10 | 64 | |
| 1957 | 106 | 11 | 38 | 40 | 195 | |
| 1962 | 107 | 29 | 54 | 13 | 203 | 初中教师中有民办教师 26 人 |
| 1970 | — | — | — | — | 1109 | 初中教师中有民办教师 314 人 |
| 1972 | 801 | 242 | 187 | 133 | 1363 | 初中教师中有民办教师 376 人 |
| 1975 | 928 | 270 | 253 | 190 | 1641 | 初中教师中有民办教师 560 人 |
| 1980 | 1197 | 300 | 349 | 319 | 2165 | 初中教师中有民办教师 747 人 |
| 1985 | 1163 | 223 | 340 | 308 | 2034 | 初中教师中有民办教师 340 人 |
| 1990 | 1315 | 252 | 354 | 270 | 2191 | 初中教师中有民办教师 488 人 |

表59-3　几个年份农中、职中、五·七干校、共产主义劳动大学教职员工基本数字统计

| 年份 | 教师 初中 | 教师 高中 | 行政人员 | 工人 | 合计 | 备注 |
|---|---|---|---|---|---|---|
| 1958 | 42 | | 4 | 5 | 51 | |
| 1962 | — | — | — | — | — | |
| 1965 | 90 | 11 | 9 | 13 | 123 | 其中民办教师93人 |
| 1970 | — | — | — | — | 33 | |
| 1975 | | 21 | 14 | — | 35 | 其中民办教师8人 |
| 1980 | | 10 | 5 | 4 | 19 | 其中民办教师9人 |
| 1985 | 3 | 32 | 16 | 12 | 63 | 其中民办教师10人 |
| 1989 | 7 | 19 | 12 | 8 | 46 | 其中民办教师2人 |
| 1990 | — | 23 | 8 | 5 | 36 | 其中民办教师1人 |

## 第二节　培训

民国时期的教师培训，主要采取在假期举办讲习会和师训班的方式。民国24年（1935年），全县曾办国民基础学校教师暑期讲习会，时间为半个月，培训在职教师六七百人。民国27年，又办两期讲习会，共培训195人。民国29年，再办两期，培训约200人。民国30年，县立国中办师训班，招收学员53人，培训1年。民国33年春，国中招简易师范班1个班，半年后因日军入侵停办。上述教师培训内容主要有国民基础教育理论、各科教学法、教育法令、小学课程标准、抗战建国纲领、教育问题讨论、学校卫生概要及军事等。

解放后的培训方式主要是：结合政治运动组织学习和经常性的政治、业务学习，短期业务培训，组织在职教师参加函授等。

1950年春、秋，县人民政府文教科曾先后办中、小学教师学习班两次。春，时间为20天，参加的有100人；秋，时间为30天，参加的有300人。学习目的主要是促进教师转变世界观，初步树立忠诚于人民教育的思想，了解中华人民共和国成立初中国共产党的方针、政策。学习内容

是社会发展史、国际国内形势及当时的任务（以后多年还结合清匪反霸、土地改革、镇压反革命等政治运动组织学习）。

1951年，小学以区为单位成立学习委员会。以高、完小为中心，将附近村小划为一个学区，在星期天，组织教师学习政治和业务，此后，成为制度。

在短期业务培训方面。曾于1952年、1954年、1958年，1960年、1974年、1984年举办短训班，先后参加培训的教师共2626人次。主要目的是提高教师的语文、算术、外语的教学能力。

在中师函授方面，1962年桂林专署在桂林师范学校设中师函授部，全州开设函授站，公社设函授点，招收函授学员142人。1963年办理语文、数学函授，参加学习的730人。1978年，全州县进一步落实三级函授网，县设函授部，公社设函授站，大队成立学习小组，共有1736名小学教师参加学习，占当年小学教师总数的89.3％。1982年，全州县函授部招收中师函授生640人。1984年，招语文函授生730人，招数学函授生460人。1986年招320人。1987年招132人。1988年招收222人。1990年招187人。

在高师函授方面，1962年全州县有20名中学教师参加广西师范学院高师本科函授，在1966年前毕业。1979年广西师大、广西民族学院、广西师院在全州招收函大学员231人。通过5年学习，共有97人获得高师函授专科毕业证书。1981年，桂林地区教育学院在全州县招收初中教师88人，至1985年有55人毕业。1986年以后，高师函授由自治区教育厅直接办理。

## 第三节　待遇

一、政治待遇及社会地位

全州县自古有尊师优良传统。入学既拜先师孔子，也拜先生，逢年过节，学生向先生送礼。至民国后期因社会动荡，经济萧条，教师职业朝不保夕。有的为了逃避兵役也跻身教职，滥竽充数，教师地位降低。除个别校长在政界、教育界有一定地位外，一般教师地位低下。

解放初期，人民政府对教师贯彻"团结、教育、改造"的方针。1953年，全县建立教育工会，教师有了自己的组织，地位逐步提高。

"文化大革命"后教育战线重现生机。特别是党的十一届三中全会后，拨乱反正，中共中央重新明确宣布，知识分子是工人阶级的一部分，是依靠力量。教师得到应有的尊重。

1983年，教育部给25年以上教龄的1086名教师颁发园丁纪念章。1985年，自治区给25年以上教龄的教师颁发荣誉证书和"桃李芬芳"纪念章。同年9月9日庆祝了第一个教师节。

解放以来，不少教师参政议政。如全州县第七届人民代表大会有15名教师当选为人大代表，1名当选为常务委员；第九届县人大有17名教师当选为人大代表，1人当选为常务委员。政协全州县第一届委员中有教师21人，其中8人被选为常委；1人被选为副主席；第三届政协委员中有教师16人，有4人被选为常委，2人被选为副主席。

## 二、经济待遇

对清末民初的私塾教师，政府没有统一的待遇标准。其薪俸由学童或门生供给。年薪随议，一般为27桶稻谷（每桶约30市斤）。

民国期间，小学教师之薪给虽有统一的规定标准，但均由各校自行支付。大多视学校财力优裕与否，分别给予谷物或现金。待遇较高的年薪为70桶，较低的年薪为40桶，一般年薪为56桶。当时也提倡"年功加薪"，但因财力不足而未施行。

民国18年（1929年）以后，教育经费则提取庙产、租谷、租银解决。在全县260余所小学中，经费不足者有50所，像这样的学校教师待遇较低。如第五区大井塘初小，教师由学校供伙食，此外别无其他报酬。

民国22年（1933年），国民政府发文："中学教职员之待遇，应与政府公务员之待遇相同。"当时，教师除薪俸外，每人另外发给生活补助费50元（桂币），又照公务人员规定发给平价米代金。经此改订后，初中教师月薪在230元（桂币）以上，高中教师月薪在270元（桂币）以上者较多。同时，学校还供给教师茶水、灯油费及眷属的住室。而小学教师之待遇，据同年上学期"广西省教育概况统计"记载如下。县内完全小学教职员共119人，其待遇为：月薪6~10元（毫银，下同）的69人，11~15元的42人，16~20元的4人，21~25元的3人，26~30元的1人。初级小学教职员共363人，其月薪1~5元的16人，6~10元的311人，11~15元的36人。民国24年，国民基础学校教师之薪俸均按稻谷计算。高小每人每年1000~1250公斤，初小每人每年750~1000公斤。

抗日战争爆发以后,物价高涨,教师生活日趋艰苦。为了使小学教师安心工作,县府发文:"国民教师待遇应与县级人员同","各级国民学校教师待遇应依照行政院三十四年一月平嘉字第一〇四四一八号训令规定,改善教师待遇,互与各该县市级人员待遇同等支给为准"。但由于通货膨胀、货币贬值、"县库奇绌",教师所得薪水不仅微薄,而且不能全部支给。如全县县立初级中学自民国36年(1947年)2月起,教师的薪俸只照八成支给。此后,通货膨胀期间教师领"法币"入不敷出,生活更加贫困,后改发给稻谷。至民国37年,教师所得待遇已很难保持最低生活水平。

解放后,教师工资有了保证。1950—1952年上半年,农村初小教师工资实行"粮薪制"。教师月薪大米150市斤,校长170市斤(当时每百斤米价为7.60元)。1951年冬,高完小和初中教职工月薪开始执行"折实工资分制"。高完小教师月薪100~120工分(每工分值人民币0.23元左右),初中教师月薪130~170工分;主任、校长月薪略高于教师。自1952年下半年起,农村初小教师的月薪改为"工资分制",月薪一般为80~95分;高完小教师月薪一般为110~120分,最高的可达160分,最低的为80分。中学教师月薪最高可达265分,最低的为130分。以县内当时的生活水平为标准,高完小教师人均月薪可维持2人的基本生活,中学教师人均月薪可维持4人的基本生活,但是,小学教师的待遇一般过低。为此,全县于1955年1月将月薪为80分的教师全部调整为85分,并以30%的比例给其他教师调整了工资。

自1956年4月起,全县进行工资改革,实行货币工资制。小学教师人均月增工资的38%(月增9.80元),中学教师人均月增工资18.6%(月增7.7元)。1960年,又有10%~15%的教职员提升了一级工资。从此以后,还多次调整与提高工资(详见《劳动人事卷》)。

民办教师的工资待遇随着国民经济的发展也在逐步提高。50年代,中学民办教师人均月薪约25元,自收自支。小学民办教师的工资按生产队上等劳动力中间部分挂工记分。1960—1973年,中学民办教师的月工资一般在28~35元,小学民办教师的月工资一般在22~28元。其工资来源主要靠群众统筹,国家财政采取不定期补助,原则上补满统筹不足的部分。1967年因"文化大革命"停课,统筹工资很困难,国家财政给予每人每月补助11~17元。1972—1977年,民办教师工资由各公社、各生产大队自行调整提高。中学的月薪一般为30~40元,小学的月薪一般为25~30元。其中,国家财政对民办教师的工资采取定期补助,补给中学民办教师每人每月15元、16元、17元（东山、白宝），补给小学民办教师每人每月11元、12元、13元、14元（东山、蕉江、大源）。不足部分由社直初中、生产大队或生产队统筹解决。1978—1979年，因物价上涨幅度大，同期公办教师的工资又不断地调整提高，因此民办教师的工资也作了适当地调整提高。至1988年，民办教师个人工资总额（不含节支奖、书报费、班主任津贴等），中学人均月薪为100元左右，小学人均月薪为90元左右。

解放后，教师还享受福利待遇。1953年，县内开始实行公费医疗。教师所用医疗费、住院费均向国家报销。病重时，经医生出具病休证明即可请病休假，工资照发。

1966年粮价调整后，每个教职工每月能领到3元的粮价补贴。1977年副食品调整后，国家发给每人每月5元的副食品补贴。1982年后，国家每月又增发洗理费，男教师2元，女教师2.5元。到1986年，洗理费男教师增加到4元，女教师增加到4.5元。同年始，每个教职工每月可享受10元的生活补助费。

国家规定：公办教师工龄满1年的，同父母、配偶不在一起而又不能利用公休假与其团聚的，可享受探亲假，假期20～30天，标准工资照发。探望爱人1年1次，未婚者探望父母1年1次，已婚者探望父母4年1次。此外，教师的婚事、丧事也酌情给假，假期工资照发。女教职工生育，给产假56天，难产或双生者增加假期14天，独生子女假期半年，产假期间工资照发，产假期间的代课费由国家负担。

# 第60章
# 教育管理

## 第一节 管理机构

宋代规定州学设教授,元代设学正,明代设学正、训导。清沿明制也设学正(陈文希首任)、训导(安应斗首任)。学正署及教谕署主要职务是"职掌州学生员及童子考试之行政事务"。清光绪三十二年(1906年),改学正署为学务公所。次年又改为劝学所。设总董1人。

民国5—10年(1916—1921年)仍设劝学所。劝学所的职务是"综核州县各区学务,负责学校之视察、调查、筹款、兴办事项"及"劝学兴学事宜"。民国14年,废劝学所设教育局。其职责是:筹集教育经费与教育基金;保管及支配教育经费,编制经费预决算;审核各区预决算;编制及检查教育计划之实施,巡视检查各区学务。

解放后,1949年11月25日县人民政府成立,下设文教科。1954年7月改为教育科。1953年3月改为文教局,1968年改为文教小组,1972年9月复改为文教局。

1979年改为教育局至今。其主要职责是"实施上级有关基础教育的方针、政策、法令和规定,结合实际制订与经济、社会发展相适应的教育发展规划";决定中小学和公办幼儿园的布局设点;实施中小学、职业中学招生计划和师资培训计划;检查、指导学校的思想政治工作;落实知识分子政策,培养中小学领导和教师,加强教师队伍建设;指导各中小学、职业中学、幼儿园的教学业务,并进行检查、评估;根据教育事业规定和财力,安排教育事业预算,确定乡镇教育包干费基数,并对乡镇的教育经费的使用实行监督和指导;直接管理直属学校。

1990年,县教育局内设:人秘股、计财股、普教股、成教股、纪检股、教研室、仪器电教站、招生办并附设全州县勤工俭学联合公司。

## 第二节　教学质量管理

教学质量管理主要由学校直接实行。每学期开始，校领导即按国家规定的教学计划，制定校历与各班课程表，并指导各科专任教师拟定明确、具体的教学进度表，经领导审核后，认真实施。日常授课时日为每学期18周，各学科每周占有课时均按国家规定办理。教师因公或事假、病假不能上课，须安排其他教师代课，或安排请假教师事后补课。教导主任每学期两次检查教师教学进度，如发现进度缓慢未完成教学计划，立即采取补救措施。现县内多数学校在实践中已形成一套较完备、行之有效的管理教学方法。①领导深入教研组，参加集体备课或检查教案，要求上周备好下周课；②领导深入课堂听课，或组织观摩课、试验课、公开课，听课后组织教师进行评议。评议的内容一般是所授知识是否正确、教法是否适宜，并对教课艺术等方面提出改进意见，先进经验给予推广；③协调各科教师下班辅导时间；④规定作业分量，避免各学科间偏多或偏少；⑤严格测试，防止弊端，期考由学校统一命题，公布分数，分别优劣，优者获奖；⑥每学期召开各科、各班学生代表会，反映学生意见，促进教改。

教育局对学校教学质量进行管理，主要是协同各乡镇、中心校（辅导室）组织力量对各校进行视导。评估教学质量，定期对各级学校学生进行统考，公布成绩。将考试反映出来的情况做卷面分析，指出其优劣方面，找出原因，以利改革。

## 第三节　教育经费

清末，全州教育经费主要来源是田租收入。宾兴局有田租430多担（每担约50公斤）作为参加科举考试者的津贴。文昌阁有田租230担，湘门书院有田租370多担，作为清湘、湘门两书院门生的伙食费用。废科举兴学堂后，以上公产都作教育经费使用，如不敷就征取屠捐、秤捐来补充。

民国时期，政局不稳，县财政困难教育经费入不敷出。据民国16年（1927年）《全县教育局夏季刊》载："吾全县教育经费，每年仅收额租五千余担，除二成酬劳外，实余三千担有奇。以最高谷价计每年仅得银一万元左右。又烟酒附加及铺租银约千余元，现中学年支七千余元，高小年支二千余元，女学生支二千余元，职局及教育会三千余元，津贴留学一千余元，完纳正饷附加每年一千五百余元，合计在一万六千元上下，收支两品实不敷甚巨。"当时得到国家经费的只有县立学校，至于其余学校只有靠自己收入的学租来解决。民国24年，初等教育经费来源有3项：中央补助2989元（国币，下同），县款48 000元，自筹款（基金入息与其他）80 006元，合计130 995元。当年使用项为4项：薪俸97 795元，杂费13 676元，设备费17 012元，临时费71 725元，合计200 208元。收支相比，支大于收69 213元。

民国36年（1947年），县财政非常困难，从二月起县中教师待遇只照原来八成支付，并征收每个学生学米100市斤，以补不足。私立宏达中学靠发行教育奖券来补充。具体做法是每券国币1000元，每月2期，60%派奖，40%作学校经费。

民国时期，小学经费主要靠民间捐田（包括族田、佛产、庙产及私人乐捐）。据统计：民国36年（1947年）县内中心校捐集学田5261市亩，国民学校捐集21 347市亩，总计26 608市亩。

1947年前，县内教育经费管理不善。这年，根据广西省地方行政会议关于各市县教育经费从当年起要完全独立，设立教育经费局专司其事的决定，县设置教育经费管理委员会。所属学仓71个，经管学谷5600余担，专供初等教育之用。1949年冬，县人民政府成立后，接收了管委会全部资产。

解放初期，教育经费来源沿袭旧制。1951年，15所中心校及两所中学，教育经费由国家预算开支。农村初级小学由小乡留成事业粮开支。从1952年起，乡村小学的经费也纳入国家预算。其来源有三：①国家拨款；②由地方财政部门不定期、不定额拨给；③教育部门自收（学费、杂费及勤工俭学收益）学杂费。1952年只限于初中、高小。初中每人每期4元。小学分三等：高级班1.5元、中级班0.8元、低级班0.6元。学杂费由教育科集中统一使用。同年，乡村小学也一律收缴，其标准是：低年级0.4元、中年级0.6元，由学校自行管理，作为学校公杂费及小额购置、修缮之用，不足部分由乡事业费补上。公办学校教师工资及高完小公杂费，由国家预算开支。民办小学经费由办学群众自行解决，国家酌情补助。

1960年，为减轻国家负担，适当提高学杂费收费标准。小学初级部每人1.5元，高级部每人2元，贫困学生适当减免。学费的70%上缴县局统一掌握，学费的30%和所收杂费全部留校使用。

民办学校收入以集体筹资为主，学生交纳学杂费为辅，国家酌情补助。1963年，民办学校经费及民办教师口粮，根据"谁读书谁负担"的原则，由办学单位统筹。一般每个学生每学期收学费4~6元，学米款1~3元。1971—1979年，民办教师工资实行定员定额补助，除国家补助部分外，一般都在生产队按同等劳动力偏上挂记工分。

80年代，进一步贯彻公办民办两条腿走路的方针，实行上级拨款、地方财政拨款与群众集资相结合的筹集资金办法。1980—1984年，从乡镇财政收入和社办企业收入中支出办教育事业的经费达97万元。其中，大西江乡党委把乡里的大卡车卖掉，得款全部用作校舍建设。县人民政府在这5年内从全县财政中拨出62万元，用于改善办学条件。

1985—1986年，乡镇、村公所、群众、干部、职工集资127.29万元（其中含献工献物折价等），用于抢修中小学危房。

1981—1983年，全县完成修缮面积5.64万平方米（其中危房4.69万平方米，扩建新建0.95万平方米），占全县危房面积的66.5%。建成新教学楼房9幢，共8000平方米。这3年维修兴建校舍共投资229.4万元，其中自治区补助62万元，县教育经费支出58.4万元，县财政支出15万元，各社队工厂企业单位筹款、群众筹款、学生勤工俭学等收入合计94万元。1984—1990年，又陆续建成砖混结构的教学楼30栋，总建筑面积31 082平方米。其建筑经费也是通过上述渠道筹集，总投资为497.3万元（表60-1）。

表60-1 1951—1990年全县教育经费支出统计

单位：万元

| 年份 | 教育支出统计 | 其中 | | | | 教育支出占全县预算支出的比例 |
| --- | --- | --- | --- | --- | --- | --- |
| | | 教育基建支出 | 教育事业支出 | | | |
| | | | 教育事业支出合计 | 其中 | | |
| | | | | 人员经费 | 公用经费 | |
| 1951 | 6.73 | | 6.73 | 5.72 | 1.01 | 11% |
| 1952 | 28.11 | | 28.11 | 20.96 | 7.15 | 16% |
| 1953 | 52.64 | | 52.64 | 39.44 | 13.20 | 42% |
| 1954 | 48.85 | | 48.85 | 38.46 | 10.39 | 37% |

续表

| 年份 | 教育支出统计 | 教育基建支出 | 其中 | | | 教育支出占全县预算支出的比例 |
|---|---|---|---|---|---|---|
| | | | 教育事业支出 | | | |
| | | | 教育事业支出合计 | 其中 | | |
| | | | | 人员经费 | 公用经费 | |
| 1955 | 52.26 | | 52.26 | 41.55 | 10.71 | 36% |
| 1956 | 62.51 | | 62.51 | 48.45 | 14.06 | 30% |
| 1957 | 78.31 | | 78.31 | 65.24 | 13.07 | 37% |
| 1958 | 64.12 | | 64.12 | 50.92 | 13.20 | 14% |
| 1959 | 82.43 | | 82.43 | 65.11 | 17.32 | 12% |
| 1960 | 108.61 | | 108.61 | 76.71 | 31.90 | 15% |
| 1961 | 81.27 | | 81.27 | 70.24 | 11.03 | 20% |
| 1962 | 82.37 | | 82.37 | 77.48 | 4.89 | 33% |
| 1963 | 81.05 | | 81.05 | 72.14 | 8.91 | 27% |
| 1964 | 96.58 | 2.00 | 94.58 | 76.73 | 17.85 | 23% |
| 1965 | 102.10 | 7.30 | 94.80 | 78.69 | 16.11 | 26% |
| 1966 | 101.69 | 4.40 | 97.29 | 84.15 | 13.14 | 23% |
| 1967 | 129.26 | 4.70 | 124.56 | 107.69 | 16.87 | 25% |
| 1968 | 120.34 | 3.20 | 117.14 | 102.77 | 14.37 | 30% |
| 1969 | 112.88 | | 112.88 | 105.37 | 7.51 | 28% |
| 1970 | 114.28 | 1.20 | 113.08 | 104.91 | 8.17 | 21% |
| 1971 | 121.07 | 1.80 | 119.27 | 108.83 | 10.44 | 18% |
| 1972 | 217.03 | 3.50 | 213.53 | 164.66 | 48.87 | 22% |
| 1973 | 186.33 | 4.00 | 182.33 | 150.74 | 31.59 | 32% |
| 1974 | 213.67 | 3.60 | 210.07 | 153.35 | 56.72 | 30% |
| 1975 | 214.41 | 4.20 | 210.21 | 160.86 | 49.35 | 28% |
| 1976 | 229.86 | 2.50 | 227.36 | 170.37 | 56.99 | 35% |

续表

| 年份 | 教育支出统计 | 教育基建支出 | 其中 | | | 教育支出占全县预算支出的比例 |
|---|---|---|---|---|---|---|
| | | | 教育事业支出 | | | |
| | | | 教育事业支出合计 | 其中 | | |
| | | | | 人员经费 | 公用经费 | |
| 1977 | 245.21 | 4.10 | 241.11 | 179.37 | 61.74 | 36% |
| 1978 | 279.80 | 1.40 | 278.40 | 200.85 | 77.55 | 30% |
| 1979 | 315.19 | 2.30 | 312.89 | 226.52 | 86.37 | 29% |
| 1980 | 400.53 | 11.00 | 389.53 | 305.36 | 84.17 | 37% |
| 1981 | 401.18 | 3.00 | 398.18 | 315.98 | 82.20 | 37% |
| 1982 | 417.42 | | 417.42 | 362.58 | 54.84 | 37% |
| 1983 | 462.64 | 2.00 | 460.64 | 365.89 | 94.75 | 39% |
| 1984 | 503.49 | | 503.49 | 386.45 | 117.04 | 41% |
| 1985 | 667.49 | 22.95 | 644.54 | 553.76 | 90.78 | 34% |
| 1986 | 822.23 | 10.00 | 812.23 | 717.21 | 95.02 | 28% |
| 1987 | 827.11 | | 827.11 | 720.39 | 106.72 | 224% |
| 1988 | 1142.43 | | 1142.43 | 1028.20 | 114.23 | — |
| 1989 | 1215.60 | 51.85 | 1163.75 | 980.66 | 183.09 | — |
| 1990 | 1307.10 | 51.00 | 1256.10 | 1093.50 | 162.60 | — |

# 第61章
# 勤工俭学

民国22年（1933年），广西当局指令学校："教育要以爱国主义为灵魂，以生产教育为骨干。"当时有条件的学校开设劳作课，如县立女子小学，开设缝纫课；内建乡冠英小学，组织师生利用课余时间种菜、养猪、磨豆腐、修围堤、开操场、建马路，还办起了贩卖部。由学生轮流当售货员，供应各种学习用品，生产及经营收入用于改善师生伙食。

解放初期，县内的勤工俭学以抓种养为主。1958年"大跃进"中，各级学校普遍办起了工厂、农场和饲养场。在春、夏两季生产中，大部分师生参加了修水利、积肥、插田、割麦等农事活动。1960年，为贯彻中共中央提出的"发展国民经济必须以农业为基础"的方针，各级学校停课垦荒，建立学农基地。据统计，全县教师和高中学生人均有地0.066公顷，初中学生人均有地0.033公顷，小学生人均有地0.015公顷。在部分中学基建中，师生自己动手，平整地基，烧制砖瓦，砍运木材。

1960年，县委针对以前学校劳动过多现象，发出了《关于学校农副业生产几个问题的通知》，通知指出：学校的主要任务是教学。并规定学校自种土地的面积只能以维持师生（住宿学生）吃菜和教师少量自留地为限。有条件的学校，在不影响教学质量和学生健康的前提下，可适当多种一点，但仍须报县教育局批准。

1966—1968年，因"文化大革命"影响，勤工俭学基本上停顿下来。1969年，随着"复课闹革命"，学校的勤工俭学活动又陆续开展起来。

1970年以后，学校贯彻毛主席关于"学生以学为主，兼学别样，也要学工、学农、学军"的指示办起了工厂、农场、饲养场。全州县城关完小饲养毛兔，年收入200余元；全州镇中（现全州二中）校办农场有旱地2.66公顷，黄牛4头。1972年9月，又办起了教学仪器厂，加工试管、烧瓶、烧杯，年收入0.25万元。

1974—1975年，教育也被纳入"农业学大寨"的轨道。学校普遍实行"开门办学"，勤工俭学规模继续扩大。学生参加办工厂、办农场及饲养、采摘等活动。至1976年7月，全县有校办工厂37个，校办农场、水田面积102.67公顷，果树3.9万株。另外，还有竹林、油茶、茶场等共计面积77.2公顷，自制土水准仪351台、土电焊机11台。

1978年党的十一届三中全会以后，贯彻执行对外开放、对内搞活的经济方针，全州县勤工俭学活动稳步向前发展。据1980年统计：全县学校有小农场356个，面积259.53公顷；小果园84个，面积32.87公顷；小猪场56个，存栏猪492头。7所学校办起了小工厂。另外，还有茶叶林14公顷，其他林木46.1公顷。年产水稻198.95吨，杂粮29.2吨，油料26.9吨，经济作物22.9吨，水果20吨，茶叶1.65吨。1979—1980年，勤工俭学收入用于基建和校舍维修7.3万元，占基建、维修总投资的18％，支付民办教师职工工资4.7万元，粮食40多吨，减免家庭困难的学生学费2.1万元，用于解决教师家庭困难2万元，改善师生福利5.8万元，购置教学设备4.1万元（包括添置桌、椅9260套，买图书76 200册，购教学仪器380多件，购架床640多架及订购各种报纸、杂志）。

1981年，勤工俭学共生产粮食183.5吨，油料11.35吨，蔬菜129.5吨，水果20.95吨，茶叶3.7吨，纯收入达到16.73万元，平均每个学生1.5元。其中，安和中学这一年的勤工俭学收入达到1.1万元，平均每个学生22元。10月26日，教育局组织全县各校领导在该校召开了勤工俭学经验交流会。

1983年，县人民政府批准教育局成立"勤工俭学联合公司"。先后抽调6人到该公司工作，并创办了《勤工俭学报》。3月19日，在才湾山川初中召开了蘑菇生产培训会议；10月14日，在绍水高中召开勤工俭学年计划执行情况汇报会议。该年勤工俭学收入又有了增加，校办工厂纯收入2.25万元，农产品纯收入7.86万元，小秋收和收集废旧物资收入4.1万元，饲养和其他收入12万元。全年总纯收入25.81万元，比1982年增加了22％。

1984年2月，经县政府批准，由主管教育的副县长（任组长），县计委、经委、财政局、教育局负责人成立了"全州县勤工俭学领导小组"，各校开展勤工俭学活动的门路更广。全年纯收入达到35万元，平均每个学生纯收入3.2元。这笔收入全部用于改善办学条件（19万元）和改善师生福利（16万元）。

1985年1月,县人民政府批准调整了全州县勤工俭学领导小组成员,各乡镇也成立了相应的组织机构。3月9日,教育局召开勤工俭学经验交流大会,会上评出先进单位22个,先进个人28人。

1987年,全县勤工俭学总收入58.81万元。这些收入除一部分投入再生产外,还有31.85万元用于改善办学条件(其中,修建教学用房3945平方米,开支11.31万元;购置教学设备11.89万元,公用经费开支8.65万元)。用于改善集体福利6.25万元(修教师宿舍2127平方米,开支6.25万元)。用于改善个人福利17.25万元(其中,政策补贴11.23万元,学生补贴6.02万元)。

1988年总收入为85.4万元。1989年总收入为123.80万元。1990年总收入为145.20万元。以上收入基本上用于改善办学条件,提高师生福利。如1990年用于再生产33.8万元,补充教育经费80.30万元,提高师生福利31.10万元。

# 第九部分

# 兴安县教育[①]

---
① 兴安县地方志编纂委员会.兴安县志[M].南宁：广西人民出版社，2002：489-518.

兴安清代有书院3所、义学5所、县学1所。宋真宗大中祥符五年（1012年），壬子科便有唐则考取进士。宋、元、明、清4个朝代全县计有进士60人，文举202人，武举63人。另外，明代有贡士64人，清代有拔、恩、副、岁、廪贡117人。乾隆八年（1743年），创立漓江书院。光绪三十三年（1907年），漓江书院改为兴安县两等小学堂（后改为高等小学堂），并相继创办8所初等小学堂。

民国17年（1928年），在县立高等小学堂中办小学教员养成所1个班。民国20年，成立兴安县初级中学。民国21年，全县243个村（街）办有小学的有132个，学生4525人，入学率29.5%；初中2个班，学生109人；简师1个班，学生48人。民国30年，成立幼稚园1所。民国35年，有高小19所，初小253所，初中1所。民国期间有出国留学生3人。

1950年，县人民政府接管了各级各类学校。1952年，城关幼儿园诞生。1953年，兴安县立初级中学改为有高中和初中的完全中学。1956年，增办界首、溶江两所初级中学。1959年，兴安师范成立。60年代，各公社均设有初中（农中）。1979年，开设兴安卫生学校。同年，县内开始招收电视大学班。1980年，兴安经桂林地区行政公署验收为"基本无盲县"。1985年，全县已普及初等教育。1990年，全县有公办幼儿园6所，入园幼儿10 234人（包括学前班），教工276人；民办幼儿园6所，入园幼儿185人，教工6人；小学129所，教学点326处，学生45 670人，入学率99.5%，教工1978人；乡镇重点初中和村办联中29所，县办高完中5所，厂办高完中2所，县办农中1所，学生14 110人。解放后至1990年，为高等院校输送了大学本科、专科生2637人，中专生4708人，出国留学生8人。

1988年后，县人民政府拨款和动员社会力量集资，对全县中小学危房进行了全面维修。1990年，全县学校建筑面积共26.2万平方米，其中小学19.4万平方米，中学6.8万平方米，分别比1949年增长16.74倍和19.86倍；教学仪器、图书设备比过去齐全，教学质量不断提高。

# 第62章
# 教育行政

　　清代，县设儒学署，有教谕、训导各1人，署址在原漓江书院左侧。雍正八年（1730年），改旧学仪门两庑和明伦堂为教谕署与训导署。光绪三十二年（1906年），学部奏定《劝学所章程》规定：县设劝学所，设总董1人，各区设劝学员1人，负责推广学务。宣统二年（1910年），总董改为劝学员长。

　　民国初期，沿袭清末旧制，县设劝学所，劝学员长改为劝学所长。后曾改为督学局，所长改为督学。不久，又恢复劝学所。民国14年（1925年），劝学所改为教育局。设局长1人；下设一、二、三课，第一课负责教育行政，第二课负责学校教育，第三课负责社会教育；区设教育委员1人，办理全区教育工作。民国24年，政府为提高县长的职权，增强地方行政效率，将教育局改为教育科（又名第三科），设科长1人，科员1人，督学2人，各乡（镇）中心校设辅导主任1人，协助中心校长辅导全乡（镇）教育。民国38年，各乡（镇）中心校辅导主任废止，改设辅导员。全县分为5个辅导区，以高尚、南田、急义3乡为第一区，白石、漠川、俸山3乡为第二区，力头、会龙、西山、界首4乡为第三区，严关、西安、华江3乡为第四区，溶江、金石、金坑3乡为第五区；各区设辅导员1人，受县政府直接管理，辅导国民教育。首善、道冠2乡（镇）由县府直接辅导。各辅导员支薪由各所辖中心校平均负担。

　　1949年12月，县人民政府成立民教科，主管全县民政、文教工作。各区设文教助理1人，在区人民政府领导下处理文教工作；高小校区，设社教主任1人，协助校长综理本校区学务。1950年12月，县分设文教科，配员4人。1955年，把文教科分设为文化科、教育科，教育科配员4人。至1968年，文化科、教育科历经了两分两合。1969年，成立文教服务站革命委员会，设副主任1人，行政干部10人，处理全县文化教育卫生工作。同时，各公社、大队建立了以工人、贫下中农为主体，有师生和干部代表参加的三结合领导机构，负责各公社、大队的文教工作。1974年3月，县设立教育局，有局长1人、副局长2人，内设教育、人秘、财会、工农教育4个股，配有专职干部。各公社设立学区，配有中共党支部书记、教育辅导员、会计、出纳、扫盲专职干部和函授教师。1977年，学校恢复校长制，撤销学校革命委员会和革命领导小组。1980年，教育局设普通教育股、人秘股、成人教育股、教学研究室和教学仪器室，各股、室配有专职干部。1983年，教育局增设勤工俭学服务公司，配专职干部4人负责辅导各校开展勤工俭学活动。同年，又增设高等学校招生办公室，配主任、干事各1人，负责普通高校、成人高校的招生及高等学校自学考试的组织和考务工作。1985年11月，各乡镇学区改为中心校。1990年，教育局设局长1人，副局长2人；下设普通教育股、成人教育股、人事秘书股、计划财务股、政治思想教育股、教学研究室、电教仪器站、视导组、大中专招生办公室、监察室、勤工俭学服务公司、教育工会；共有干部职工58人。各乡（镇）中心校配员6~7人，设校长1人，副校长1人，会计1人，出纳1人，语文、数学函授辅导老师各1人。

# 第 63 章

# 普通教育

## 第一节 县学 义学 书院 私塾

### 一、县学

宋庆历年间，皇上开始命令各县设立学校；兴安县最初在文庙兴办县学，古称学宫，文庙旧址在县北门东，宋嘉泰年间（1201—1204 年），迁于县北朝天门，景定五年（1264 年）县令蒲应龙重修，扩充学田，设贡士庄，元至元年间（1341—1368 年）迁于县城东门外。元至正年间县令刘俟得陡江空地设学稼新庄，明成化年间迁于县城内。明嘉靖十六年（1537 年），移建北门外。雍正九年（1731 年）改建于县署前。1974 年，拆除改建为看守所。县学讲学有"四书""五经"，生员要熟读精通经、史、律、诰、礼仪，学作"制义"（即八股文），每日学名人书法，写字 500 个。生员必须经县、府、省三级童生考试录取才能入学，学制 3 年，3 年内要参加岁科两试。县学经费除藩库支给固定的廪粮银两外，生员的膏火费（伙食津贴费）主要来源于学田田租收入。据县志卷 165 记：兴安县有文学 15 人、廪生 20 人、增生 20 人、武学 12 人。又据苏宗经、羊复礼《广西通志辑要》记：咸丰年间，兴安增文额、武额 1 人，瑶童 2 人。

县学生员取得贡生资格参加科举考试，才能获得当官资格。从宋真宗大中祥符五年（1012 年）壬子科进士唐则起，至清光绪二十九年（1903 年）癸丑恩科广西乡试举人彭榕止，前后大约 900 年，兴安县经科举考取的计进士 60 人，举人（明清两代文举）202 人。另有明贡士 64 人，清恩贡 15 人，拔贡 15 人，副贡 16 人，岁贡 67 人，廪贡 4 人，武举 63 人。光绪二十七年（1901 年）罢武试。光绪三十一年（1905 年）废科举，停止文武科试。

## 二、义学

义学系旧时私人集资或用地方公款创办免费入学的学校。每日上课半天，每月考试1次，讲学先器识，而后文艺。据康熙三十五年（1696年）冯雍重修学宫记云："桂林别驾吴公摄兴安邑，撤学宫之旧者，新立义学以为师儒讲习之所，捐买义田以为膏火之费。"康熙五十六年（1717年），知县任天宿在振武门创建临源义学，又名城南义学。乾隆十一年（1746年），漓江书院建成后，义学改为县尉署（典史署），每年入学45人。康熙年间，兴安还有专供少数民族子弟入学的"瑶僮义学"。乾隆四年（1739年），在溶江、洑水、车田、高田建立"瑶地义学"，招壮瑶子弟入学，司库每年发给馆师金银48两。嘉庆时停办。同治五年（1866年），漠川榜上有"忠烈祠义学"，民国15年（1926年），改为启明小学（今漠川中学），校内存有建祠校碑3块。大溶江有"溶江义学"。

## 三、书院

清代，兴安县共有书院3所。漓江书院，在县署东故学宫地（今县人民政府食堂至县档案局一带）。乾隆十一年（1746年），知县杨仲兴率领县城绅士捐资创建，并捐膏火田61亩，光绪三十三年（1907年），改为兴安县立两等小学堂。立鳌书院，在南乡（今高尚乡）宅美村右立鳌峰上。康熙中期和松书院，在南乡潭尾村左（今高尚乡潭美田村左，遗址在潭美小学内）。

## 四、私塾

清代和民国初年，兴安县办有私塾，以祠堂庙宇或借用民房为课堂，分蒙馆和大馆两级，有富户人家请老师设立，有以姓氏公产田租创办，也有塾师自办。塾师工资由双方议定，无规定教材和修业年限，多是因人施教，入学人数、年龄不限。幼童入蒙馆，读《三字经》《百家姓》《千字文》《幼学琼林》，练习描红、蒙影、托手写字。稍长入大馆，读"四书""五经"，开始讲解，同时教些简单数学。宣统二年（1910年），兴安县办有简易识字学塾5所，后发展到10所，学生131人，塾师10人。民国23年（1934年）改良9所，迨兴安普及国民基础教育运动开展以后私塾完全废止。

## 第二节　学前教育

民国30年（1941年），县城办有幼稚园1所，1个班，有保育员2人（女），学生40人，抗日战争兴安沦陷时停办。民国32年，华江乡女青年庄代莲幼师毕业回乡后，在华江中心校办1个幼稚班，入班幼儿9人，半年后因为教师结婚转籍溶江而停办。

1952年9月，城关幼儿园建立，园址在四街联小旧址（今畜牧局），属城关完小领导。设2个班，入园幼儿78人，教师2人。1955年，县直属机关托儿所成立，第一期全托5人，所址在文庙旧址，后转新兴街银行旧址，再迁县卫生院旧址（文昌阁），属县人委行管科领导。1956年，为发展民办幼儿园，全县办起幼儿班137个班（组），入园幼儿3690人。除城关完小和兴安中学附设幼儿园属公办外，其余均为民办。1958年，幼托教育发展很快，全县1个直属镇7个公社1~3岁儿童13 765人，成立托儿组1551个，入托10 823人，入托率达78.6%；4~6岁19 725人，成立幼儿班342班，入班8831人，入园率达44.8%。幼托组织的开办解放了大批妇女劳动力。这些园所是随着"大跃进"的形势一哄而起创办的，缺乏一定的物质条件和思想基础，维持不久陆续停办。1962年，将县直机关托儿所的幼儿班分出来建立兴安县直属机关幼儿园，园址在今检察院内。当年，全县只有县直机关公办幼儿园1所，3个班，90人，教职工7人；民办幼儿园3所（界首、溶江、城关），共6个班，164人，教职工8人；托儿所1个（城关），3个班，55人，教职工15人。1963年，界首镇民办幼儿园停办。1965年，兴安镇民办幼儿园停办。1970—1976年，县直机关幼儿园和托儿所合并。1976年，新建县托儿所单独招生，所址在新兴路。6个厂、矿、局单位办了幼儿园。当年，全县共有508个班，入园幼儿13 650人。其中农村496个班，13 280人，教职员工693人。1980年，溶江镇各大队试办一批学前班，编印《学前幼儿参考资料》供学前班使用，解决了当地学龄前儿童数量多、不能入学的困难。1985年，全县12个乡镇共有幼儿班159个，入学幼儿5264人。其中，附设在小学的学前班126个，学前儿童4089人；企业厂矿办9个班240人。全县共有专职教养员171人，其中受过专业训练的占6%。1986年，全县学前幼儿班发展到166个，入学幼儿5517人，6周岁儿童83%都入了学，被评为地区幼儿教育先进县。1990年发展到215个班，教职员276人，入园幼儿10 234人。其中小学附设学前班180个班，学前儿童8947人。另外有私立幼儿园6所6个班，在园幼儿185人，教职员6人。

1975年以前规定入园幼儿年龄在3～6岁，以后教育局规定县直机关幼儿园招生年龄小班为3～4岁、中班5周岁、大班6周岁，年满7周岁可进小学学习。学前班招收年满6周岁的儿童入学，学满一年进入小学一年级。

幼儿园的教学课程，民国18年（1929年）教育部规定有音乐、故事、儿歌、游戏、社会和自然等。1952年教育部规定有体育、语言、认识环境、图画、手工、音乐、计算，不作识字教学，不举行测验。1981年，国家教育部颁布《幼儿园教育纲要（试行草案）》后，幼儿园教养项目为体育、语言、常识、计算、音乐、美工6项。在语言活动中增加了大量的识字活动。学前班开设语言、计算、美工、体育、音乐等5门课程。1984年，使用自治区出版社出版的《幼儿教材》，通过多次教材、教法改革，提高了教学质量，县直机关幼儿园曾多次获地区、县文艺演出奖。1987年被评为桂林地区"文明园所"。

幼儿园的师资，在70年代以前，一般就地聘请有文化的女青年担任，80年代以后，逐步以幼师毕业生为主要来源。学前班的师资一是从公办教师中调任，二是由所在村（大队）聘请（表63-1）。

表63-1　1952—1990年幼儿教育发展情况

| 年份 | 园数/所 | 班数/个 | 幼儿数/人 | 教工数/人 | 年份 | 园数/所 | 班数/个 | 幼儿数/人 | 教工数/人 |
|---|---|---|---|---|---|---|---|---|---|
| 1952 | 1 | 2 | 78 | 2 | 1960 | 37 | 46 | 1377 | 57 |
| 1953 | 1 | 1 | 45 | 2 | 1961 | 4 | 12 | 368 | 22 |
| 1954 | 1 | 1 | 73 | 3 | 1962 | 4 | 12 | 309 | 30 |
| 1955 | 1 | 2 | 73 | 3 | 1963 | 1 | 5 | 163 | 9 |
| 1956 | 133 | 137 | 3690 | 137 | 1964 | 3 | 8 | 274 | 19 |
| 1957 | 5 | 7 | 229 | 9 | 1965 | 2 | 7 | 240 | |
| 1958 | 314 | 342 | 8831 | 357 | 1966 | 3 | 9 | 300 | 20 |
| 1959 | 9 | 14 | 399 | 17 | 1967 | 3 | 9 | 300 | 20 |

续表

| 年份 | 园数/所 | 班数/个 | 幼儿数/人 | 教工数/人 | 年份 | 园数/所 | 班数/个 | 幼儿数/人 | 教工数/人 |
|---|---|---|---|---|---|---|---|---|---|
| 1968 | 3 | 7 | 161 | 18 | 1980 | 15 | 144 | 3835 | 148 |
| 1969 | 4 |  | 301 | 18 | 1981 | 6 | 161 | 4761 | 91 |
| 1970 | 1 | 6 | 220 | 8 | 1982 | 6 | 128 | 4554 | 132 |
| 1971 | 1 | 5 | 369 | 6 | 1983 | 113 | 155 | 4854 | 152 |
| 1972 | 1 | 3 | 207 | 7 | 1984 | 69 | 166 | 5517 | 199 |
| 1973 | 1 |  | 236 | 9 | 1985 | 137 | 159 | 5264 | 171 |
| 1974 | 2 |  | 345 | 12 | 1986 | 140 | 162 | 5903 | 160 |
| 1975 | 2 |  | 378 | 12 | 1987 | 4 | 162 | 6431 | 178 |
| 1976 |  | 508 | 13 650 | 693 | 1988 | 6 | 182 | 7743 | 205 |
| 1977 |  | 696 | 9419 | 717 | 1989 | 5 | 220 | 8631 | 251 |
| 1978 | 42 | 51 | 1349 | 48 | 1990 | 6 | 215 | 10 234 | 176 |
| 1979 | 11 | 20 | 738 | 26 |  |  |  |  |  |

## 第三节 小学教育

清末，废科举，兴学堂。光绪三十三年（1907年），兴安县城将漓江书院改为兴安官立"两等小学堂"，后改为兴安县高等小学堂，乡间办起了南区的一都、二都、兴南，东区的尚义，西区的尚贤和私立的明发、庄氏、莲池等8所初等小学堂。在校学生329人，其中高等小学83人。宣统元年（1909年）至三年，又先后办了长乐、保和、明伦、众志、崇圣和私立庐江初等小学堂。学制初等为5年，高等为4年。初等小学堂课程为修身、读经讲经、国文、算术、中国历史、地理、格致、体操；高等小学堂课程为修身、读经讲经、中国文学、算术、历史、地理、格致、体操，或加图画、手工两科。

民国元年（1912年），耶稣教中华圣公会永州牧区英籍传教士侯礼敦（J.HOL dan）在兴安县城、界首、东坡山均建立了教堂（大溶江教堂归桂林牧区）。后在教堂内附设涵益、益智等4所教会小学。

民国元年至9年（1912—1920年），创办了中正、尚仁、尚志、集贤、集义、上西、溶江、吴楚、义合、开化、潭美、养正、圣华、益智、江西旅司、湖南旅司、文昌、四籍、富智、培仁、培忠、半坪、九甲、西十都、端本、长州、公益、元宝、由义、粉山、元善、乐义、和靖及私立的葆贞女校、乐群、清河、元峰等国民学校。至此，全县共有小学校63所，在校学生1200人。民国14年起，在东、南、西、北、中及西外等6个区开设了高小，增添了一批县区小学及私立小学。民国15年，将兴安县立高等小学堂改为兴安县立高级小学。民国21年，全县243个村（街）已有学校的132个，占54.3%；在学儿童4525人，入学率为29.45%；失学儿童10 841人，失学率为70.55%。学制初小为4年，高小为2年。民国23年，实行新制，村（街）小学改为国民基础学校，乡（镇）为中心国民基础学校，兴安县立高级小学校改为首善镇表证中心校。课程开设初小有国语、算术、常识、图画（手工）、音乐、体育、劳作，高小有国语、算术、历史、地理、公民、自然、音乐、图画、体育、劳作。教学语言一般多用兴安话，教学方法多用注入式，强调死记硬背，多写多练。学校行政组织实行"三位一体"，即乡（镇）长、村（街）长兼任民国后备队队长及学校校长。民国28年，全县中心校达18所，77个班，学生3210人，村国民基础学校244所，519个班，学生12 656人，入学人数占全县适龄儿童32 579人的48.7%。民国35年，全县小学中心校仅59个班，学生1680人，与民国28年比，分别下降23.4%和47.7%；基础小学220个班，学生6780人，分别下降57.6%和46.4%。

兴安解放后，县人民政府接管了全县所有学校。1950年3月，举行了第一届小学教师训练班，结业后分赴各校开学复课。据同年7月统计，全县复课的高小有11所，初小207所，入学人数比解放前增加2736人。教学方面实行启发式教学和民主教学相结合，严禁体罚学生。为照顾贫苦工农子女上学，还采取了半日制和全日制相结合的方式。1952年试行学制改革，城关、溶江、界首等3所完小一年级试行五年一贯制，其他仍实行六年两级制，由于教材、师资、设备等问题，第二年取消试行五年一贯制。1953年，由过去春秋两季招生改为秋季招生。各校普遍学习苏联教学经验，组织教师系统学习凯洛夫的《教育学》、普希金的《教育理论讲座》，全县小学教师在教学中逐步学习运用教学原则和课堂5个环节，使用5级记分制。1955年，学校推广普通话教学。1956年4月，将农村公办小学逐步转为民办公助。1957年，贯彻"教育为无产阶级政治服务，教育与生产劳动相结合"的方针，通过开展"全面发展""红与专"的讨论，改变了过去教育脱离生产、脱离实际和忽视政治的倾向。1958年，小学全部下放到公社管理，实行全日制与半工半读、业余学校并举，小学教学点增至382处，其中民办小学教学点达199处；学生人数达29 094人，比上年增长47.8%。后来，以学区或大队为单位实行学校大集中，办起了吃饭不要钱的"共产主义小学"，增开劳动课。不久，这类学校一哄而散，学生仍各回原校上课。1959年，学校开展勤工俭学活动，大办工厂、农场。办学贯彻公办、民办"两条腿走路"的方针，全县公办小学教学点达251处，学生18 304人；民办小学教学点97处，学生10 317人，普及面达84.5%。同年，县教研室扩充人员编制，在城关、界首、溶江、高尚建立4个辅导区，中心小学建立中心教研室，下设语文、算术研究小组，重点钻研语文、算术两科，学习苏联经验，做好备课和课后辅导工作。1959年上半年，西安高小统计：学生3科不及格的由上学期17%下降到0.86%，严关高小语文第一次段考128人参加，及格的92人，及格率为72%，第二次参加126人，及格的110人，及格率为87%；期考参加126人，及格的117人，及格率为93%。当年把5级记分制改为百分制。1961年，全县中小学一年级试行九年一贯制，当年下半年兴安中学一年级、县小一年级试行十年制，其他改为十二年制。1963年，由于片面追求升学率，在教学上出现了"满堂灌"（课堂教学不分主次，全面讲授）的现象，学生负担加重，教学质量下降。1964年，调整了学校的布局设点，开办简易小学耕读班。全县公办、民办初小教学点由1963年的294处调整增加为335处，全日制高完小由23所增加到29所，解决了2000多个学生就近入学问题，学生比1963年增加了7897人。根据当年3月教育部临时党组发表的《关于克服中、小学学生负担过重现象和提高教育质量的报告》，县文教科贯彻"学以致用""少而精"的教学原则，打破了课堂教学的5个环节，运用启发式教授法，采取有讲有练、讲练结合，学生学得生动活泼，减轻了课后作业。1969年，全县小学按自治区文教小组规定实行五年一贯制，改用自治区编写的教材。在教学上实行开门办学，"请进来""走出去"，即请贫下中农代表来校上政治课和阶级教育课，请解放军、复员军人、民兵来校上军事课。取消考试制度。1970年，公办小学下放到大队办，工人、贫下中农进驻管理学校，开展"学工、学农、学军"活动。1972年，实行教育"大普及"，小学附设初中班，骨干教师层层抽调。1977年恢复正常考试制度。1978年秋，改用全国统编教材，按全国教学计划编排课程。1979年,学校进行拨乱反正,文化素质较好的教师得到归队。1981年,以兴安镇小学、兴安中学为试点,推行电化教学,教具由幻灯机、投影仪发展到收录机、电视录像机;教学由教师口讲手写到用声、光、影相结合的教学手段。1982年,正式颁布了《兴安县全日制中、小学管理十项暂行规定》,逐步撤销小学附设初中班,加强小学普及工作,推行小学六年制。1985年冬,经地区与自治区核实、验收,兴安县达到了国务院规定的普及初等教育的基本要求,被授予普及初等教育证书。1986年,全县小学已由五年制全部改为六年制。1990年,全县小学发展到129所、326个教学点、1384个班,在校学生45 670人,入学率99.5%,教职工总数1978人(含民办教师716人),其中专任教师1762人,行政人员205人,工勤人员11人(表63-2至表63-5)。

表63-2  1949—1990年全日制小学发展情况

| 年份 | 学校/所 | 教学点/处 | 班数/个 | 学生数/人 | 教职员工数/人 合计 | 其中:民办 | 毕业学生数/人 |
|---|---|---|---|---|---|---|---|
| 1949 | | | 280 | 9161 | 381 | | |
| 1950 | | | 183 | 161 | 5657 | 309 | 15 | 323 |
| 1951 | | | 275 | 268 | 10 744 | 380 | | 339 |
| 1952 | | | 335 | 458 | 19 801 | 449 | | 436 |
| 1953 | | | 292 | 443 | 18 202 | 484 | 1 | 736 |
| 1954 | | | 260 | 402 | 16 248 | 443 | 3 | 645 |
| 1955 | | | 239 | 394 | 14 351 | 446 | 5 | 780 |
| 1956 | | | 405 | 458 | 20 582 | 544 | 4 | 784 |
| 1957 | | | 348 | 473 | 19 684 | 570 | 14 | 1111 |
| 1958 | | | 382 | 697 | 29 094 | 791 | 255 | 1397 |
| 1959 | | | 348 | 704 | 28 621 | 793 | 279 | 2117 |
| 1960 | | | 303 | 799 | 27 497 | 922 | 335 | 2180 |
| 1961 | | | 289 | 616 | 21 707 | 750 | 184 | 1049 |
| 1962 | | | 296 | 622 | 21 684 | 863 | 233 | 984 |
| 1963 | | | 294 | 601 | 22 865 | 736 | 192 | 1135 |

续表

| 年份 | 学校/所 | 教学点/处 | 班数/个 | 学生数/人 | 教职员工数/人 合计 | 其中：民办 | 毕业学生数/人 |
|---|---|---|---|---|---|---|---|
| 1964 | | 335 | 671 | 30 762 | 788 | 250 | 1264 |
| 1965 | | 342 | 691 | 33 518 | 737 | 247 | 1709 |
| 1966 | | 666 | 1111 | 41 577 | 1198 | 369 | 2197 |
| 1967 | | 401 | 832 | 30 102 | 995 | 372 | 3308 |
| 1968 | | 397 | 805 | 27 148 | 904 | 504 | 5745 |
| 1969 | | 667 | 1064 | 38 080 | 1028 | 611 | 3720 |
| 1970 | | 451 | 883 | 32 395 | 973 | 638 | 5077 |
| 1971 | 120 | 483 | 757 | 34 451 | 1067 | 701 | 9982 |
| 1972 | 125 | 478 | 593 | 39 745 | 1257 | 760 | 3576 |
| 1973 | 124 | 550 | 1326 | 47 099 | 1453 | 864 | 3835 |
| 1974 | 128 | 576 | 1267 | 49 428 | 1462 | 913 | 4976 |
| 1975 | 127 | 580 | 1277 | 48 073 | 1564 | 918 | 8380 |
| 1976 | 124 | 598 | 1242 | 45 475 | 1438 | 989 | 9291 |
| 1977 | 123 | 529 | 1140 | 40 452 | 1371 | 915 | 9223 |
| 1978 | 122 | 435 | 1161 | 39 796 | 1376 | 954 | 8160 |
| 1979 | 122 | 422 | 1139 | 38 498 | 1657 | 884 | 6061 |
| 1980 | 122 | 359 | 1195 | 37 615 | 1658 | 834 | 6059 |
| 1981 | 122 | 378 | 1132 | 38 035 | 1727 | 860 | 5278 |
| 1982 | 125 | 340 | 1162 | 38 504 | 1845 | 873 | 4885 |
| 1983 | 126 | 356 | 1190 | 39 077 | 1847 | 814 | 4825 |
| 1984 | 124 | 354 | 1238 | 40 290 | 1759 | 758 | 3496 |
| 1985 | 125 | 381 | 1263 | 40 782 | 1840 | 749 | 4388 |
| 1986 | 126 | 358 | 1254 | 41 469 | 1845 | 713 | 5298 |
| 1987 | 131 | 377 | 1274 | 41 962 | 1745 | 645 | 5779 |
| 1988 | 129 | 321 | 1283 | 42 075 | 1805 | 522 | 6204 |

续表

| 年份 | 学校/所 | 教学点/处 | 班数/个 | 学生数/人 | 教职员工数/人 合计 | 其中：民办 | 毕业学生数/人 |
|---|---|---|---|---|---|---|---|
| 1989 | 131 | 344 | 1338 | 43 246 | 1856 | 716 | 6356 |
| 1990 | 129 | 326 | 1384 | 45 670 | 1978 | 716 | 6483 |

表 63-3　部分年份简易小学（耕读小学班）情况

| 年份 | 教学点/处 | 班数/个 | 学生数/人 |
|---|---|---|---|
| 1964 | 113 | 162 | 3176 |
| 1965 | 372 | | 6691 |
| 1966 | | | |
| 1972 | | 42 | 571 |
| 1973 | 39 | 189 | 2765 |
| 1974 | 56 | 59 | 851 |
| 1975 | 64 | 64 | 874 |
| 1976 | 66 | 66 | 846 |
| 1977 | 119 | 119 | 952 |
| 1978 | | | 155 |
| 1979 | | | 550 |
| 1980 | | 1 | 20 |
| 1983 | | 2 | 16 |
| 1984 | | 2 | 17 |

表 63-4　部分年份适龄儿童入学情况

单位：人

| 年份 | 7~11周岁学龄儿童 | 已入学儿童 | 入学率 |
|---|---|---|---|
| 1952 | 22 257 | 9542 | 42.87% |
| 1959 | 27 501 | 23 249 | 84.54% |
| 1960 | 27 596 | 21 919 | 79.43% |
| 1961 | 29 655 | 19 476 | 65.68% |

续表

| 年份 | 7~11周岁学龄儿童 | 已入学儿童 | 入学率 |
|---|---|---|---|
| 1962 | 26 375 | 19 523 | 74.02% |
| 1963 | 31 922 | 20 543 | 64.35% |
| 1964 | 35 089 | 29 490 | 84.04% |
| 1965 | 36 639 | 32 121 | 87.67% |
| 1966 | 35 741 | 32 755 | 91.65% |
| 1971 | 35 605 | 27 300 | 76.67% |
| 1972 | 35 138 | 31 393 | 89.34% |
| 1973 | 39 477 | 38 990 | 98.77% |
| 1974 | 41 733 | 41 435 | 99.29% |
| 1975 | 39 470 | 38 880 | 98.51% |
| 1976 | 38 269 | 37 702 | 98.52% |
| 1977 | 36 306 | 35 631 | 98.14% |
| 1978 | 33 937 | 32 671 | 96.27% |
| 1979 | 34 250 | 33 642 | 98.22% |
| 1980 | 32 869 | 32 192 | 97.94% |
| 1981 | 31 346 | 30 768 | 98.16% |
| 1982 | 33 563 | 32 954 | 98.19% |
| 1983 | 32 789 | 32 164 | 98.09% |
| 1984 | 32 195 | 31 712 | 98.50% |
| 1985 | 32 694 | 32 025 | 97.95% |
| 1986 | 32 700 | 32 085 | 98.12% |
| 1987 | 32 646 | 32 261 | 98.82% |
| 1988 | 33 292 | 32 782 | 98.47% |
| 1989 | 33 654 | 33 203 | 98.66% |
| 1990 | 37 811 | 37 625 | 99.51% |

表 63-5  1990 年全县小学一览

| 乡镇名 | 校名 | 校址 | 教学班数/个 | 学生人数/人 | 教师人数/人 | 教学点 |
|---|---|---|---|---|---|---|
| 兴安镇 | 兴安镇小学 | 县城葆贞街 | 36 | 1597 | 87 | |
| | 兴安师范附属小学 | 县城教育路 | 14 | 758 | 35 | |
| | 兴安县机械厂子弟学校 | 鲁草塘 | 4 | 74 | 4 | |
| | 兴安县氮肥厂小学 | 茄子塘 | 7 | 122 | 9 | |
| | 兴安县农药厂小学 | 三桂岔路口 | 2 | 25 | 6 | |
| 护城乡 | 源江小学 | 源江周家园屯 | 4 | 120 | 5 | |
| | 粉洞小学 | 粉洞坦子岭 | 9 | 182 | 9 | 凼岭 |
| | 石坑小学 | 石坑大村 | 15 | 636 | 19 | 西江口东方红 |
| | 董田小学 | 大水坪 | 17 | 732 | 23 | 白鸟塘（小贝）拖拉机站 |
| | 道冠小学 | 道冠里文昌宫 | 10 | 412 | 10 | |
| | 福在小学 | 雷神山下 | 12 | 575 | 20 | |
| | 柘园小学 | 县罐头厂后 | 10 | 389 | 15 | 白鸟塘（小贝）拖拉机 |
| | 护城小学 | 大湾陡 | 14 | 746 | 25 | 五里排 |
| | 自治小学 | 瓦子铺 | 20 | 736 | 27 | 田心、大园 |
| | 塘市小学 | 塘市街头 | 12 | 563 | 15 | 安乐（南塘） |
| | 红卫小学 | 桑木田 | 12 | 454 | 13 | 明竹、桑木田、东风 |
| | 南源小学 | 南源蒋家腊 | 10 | 476 | 11 | |
| | 东界小学 | 两江口 | 11 | 233 | 11 | 东界、新开田 |
| | 冠山小学 | 冠山村 | 18 | 672 | 20 | 犁头 |
| | 三桂小学 | 黄龙坪村 | 12 | 445 | 14 | 大队部点 |
| 界首镇 | 苏家小学 | 苏家湾 | 10 | 267 | 12 | 文家湾、栽松坪、小洞、免江 |
| | 石门小学 | 石门村 | 22 | 898 | 27 | 白花岭、唐家园、柘田、玉田冲底 |

续表

| 乡镇名 | 校名 | 校址 | 教学班数/个 | 学生人数/人 | 教师人数/人 | 教学点 |
|---|---|---|---|---|---|---|
| 界首镇 | 城东小学 | 光华铺 | 14 | 556 | 18 | 村公所、茅坪岭 |
| | 大洞小学 | 大洞田 | 15 | 525 | 17 | 光明村、马渡桥、碗盏岭、现龙 |
| | 百里小学 | 百里村 | 14 | 591 | 19 | 杨柳田、大车头、火车站、汽车站 |
| | 兴田小学 | 屯川村南 | 23 | 759 | 23 | 屯川、半边岭、石田、宅福田 |
| | 界首村小学 | 黄家 | 8 | 373 | 12 | 小宅 |
| | 界首镇 | 上街 | 8 | 348 | 12 | |
| | 五一小学 | 永江头村 | 12 | 431 | 11 | 水江头 |
| | 合家小学 | 土笔头南 | 19 | 743 | 23 | 新联、胡家拉、新开田、何家拉 |
| | 和平小学 | 美姑岩南 | 13 | 450 | 14 | 白面山、月亮山 |
| | 宝峰小学 | 掌甲田村西 | 15 | 523 | 15 | 宝峰坪、水源、幸福、掌甲田 |
| 湘漓乡 | 江口小学 | 沙子岩村后、鸟塘地 | 18 | 702 | | 沙子岩、志塘、和平（禾园） |
| | 普头小学 | 水溪村后 | 16 | 636 | | 车头、大石山、寺后头 |
| | 阳安小学 | 阳晏头 | 8 | 294 | | |
| | 邓家小学 | 邓家村 | 11 | 434 | | 太平（太平寺） |
| | 力头小学 | 八架车 | 16 | 732 | | 庙山、力头（力头圩） |
| | 麦源小学 | 黄泥坪 | 13 | 556 | | 象形（土皮头）、水源（水牛冲）、唐家 |
| | 花桥小学 | 黄竹田 | 13 | 594 | | 分水塘、花桥 |
| | 沿河小学 | 桥子头 | 22 | 860 | 28 | 新江、泥塘、上浮（上甫） |
| | 双河小学 | 肖家坪 | 17 | 771 | 27 | 枧底、瓦窑头、向阳 |

续表

| 乡镇名 | 校名 | 校址 | 教学班数/个 | 学生人数/人 | 教师人数/人 | 教学点 |
|---|---|---|---|---|---|---|
| 湘漓乡 | 龙禾小学 | 围杆坪 | 18 | 885 | 25 | 龙山（龙山湾）禾稼村、会龙村 |
| | 义和小学 | 观音庵 | 17 | 667 | 23 | 南溪桥、早台岭（田文村） |
| | 灵源小学 | 矮石山 | 11 | 473 | 27 | 胡家 |
| | 洲上小学 | 洲上村 | 14 | 625 | 20 | 大里江、洲上 |
| | 渔江小学 | 渔江百屋脊屯 | 12 | 470 | 16 | 静明寺 |
| 崔家乡 | 长冲小学 | 长冲 | 6 | 184 | 12 | |
| | 上塘小学 | 上塘粮所旁 | 9 | 313 | 12 | 张家、中林村 |
| | 崔家小学 | 崔家村 | 7 | 228 | 12 | 白土、开洲、崔家分部 |
| | 三义小学 | 老屋场西 | 10 | 333 | 12 | 银山（赵家村）、土桥 |
| | 田心小学 | 田心七步岭 | 10 | 350 | 11 | 东流村、田心、石山乡 |
| | 长田小学 | 长田面村 | 11 | 353 | 11 | 鳌里、黄冲田、弯冲 |
| | 粉山小学 | 粉山村庙山 | 18 | 710 | 30 | 粉山分部腊背、梁家冲、山崎、长腊坪、观音山、大仁山、屋脊山 |
| | 高泽小学 | 圣果寺旧址 | 21 | 620 | 26 | 下田、东山、橄子元、秦家、江百田、岩背、毛家坪 |
| | 崔家乡中心小学 | 大坪 | 7 | 239 | 10 | |
| 白石乡 | 三友小学 | 山口 | 6 | 132 | 9 | |
| | 塘口小学 | 塘口田 | 7 | 231 | 10 | |
| | 鳌头小学 | 鳌头湾子 | 10 | 281 | 14 | 水源头、水发源（桂子岩） |
| | 门家小学 | 门家田 | 10 | 244 | 13 | 大路口、粟溪坪、毛竹山 |
| | 高圩小学 | 高圩村 | 9 | 227 | 11 | 磅石、金凤（东凹岭） |
| | 白竹小学 | 上石梯 | 12 | 249 | 14 | 石柱（浪上）富家塘、牛脚岭 |
| | 白石中心小学 | 架子岭 | 2 | 81 | 6 | |

续表

| 乡镇名 | 校名 | 校址 | 教学班数/个 | 学生人数/人 | 教师人数/人 | 教学点 |
| --- | --- | --- | --- | --- | --- | --- |
| 漠川乡 | 长洲小学 | 鸭婆凼 | 19 | 573 | 19 | 四十弓田、水竹坪、大拱桥、小泥塘 |
| | 桥头小学 | 半边居 | 12 | 422 | 15 | 马家、蒋家堰、桥头、司马园 |
| | 榜上小学 | 银山寺 | 10 | 434 | 18 | 苦竹源 |
| | 保和小学 | 大坪 | 11 | 357 | 15 | 柘田、卷源江、冠山 |
| | 保林小学 | 大竹山 | 7 | 111 | 8 | 唐家、中浸、龙塘 |
| | 财金小学 | 青山口 | 10 | 183 | 8 | 西岭、鸡笼山、山扒塘 |
| | 久中小学 | 九块田、鬼仔岩 | 10 | 265 | 13 | 钟山坪、斗蓬冲、丘腐田、庙湾 |
| | 协兴小学 | 岔江口 | 9 | 232 | 11 | 下岔、上岔、少泵井 |
| | 桩子小学 | 柱子田 | 13 | 462 | 17 | 六村、马鹿塘、大角丘、上下塘、石塘、李家湾 |
| | 白面小学 | 瓦碴田 | 7 | 262 | 9 | 矮山脚、傅家、毛竹山 |
| | 福岭小学 | 东宅 | 13 | 255 | 15 | 凼地、岩塘、半峡、畔田、竹林脚、柳塘 |
| | 显里小学 | 显里 | 6 | 130 | 7 | 中村、岱脚 |
| | 艳林小学 | 界背 | 6 | 127 | 7 | 茶园、冲水塘 |
| 高尚乡 | 高尚乡中心小学 | 高清镇 | 10 | 418 | 20 | |
| | 尚义小学 | 潭美田村旁 | 10 | 342 | 11 | 丁园 |
| | 东群小学 | 观音阁村 | 11 | 464 | 13 | 涵口、竹园 |
| | 茗田小学 | 茗田村 | 10 | 278 | 10 | 宅美 |
| | 江东小学 | 江东凹 | 12 | 441 | 14 | 清村、大宜洞、马鞍山 |
| | 高田小学 | 留田村旁 | 11 | 435 | 14 | 鲁家、宅子上 |
| | 金山小学 | 木桥头村东 | 8 | 218 | 10 | 待漏 |
| | 直义小学 | 十二渡村旁 | 10 | 362 | 12 | 竹腊头、老鸦山 |

续表

| 乡镇名 | 校名 | 校址 | 教学班数/个 | 学生人数/人 | 教师人数/人 | 教学点 |
|---|---|---|---|---|---|---|
| 高尚乡 | 堡里小学 | 堡里村 | 10 | 424 | 13 | 上阳（上阳村田）、茶源口 |
| | 东源小学 | 丰全村旁 | 9 | 208 | 12 | 富村、石板岭 |
| | 济衷小学 | 五马村旁 | 15 | 430 | 20 | 五马村、水南、江背、瑶西富联（富田村）芎 |
| | 仁和小学 | 丛山头 | 9 | 253 | 10 | 崇步山、扒田头、梅溪桥 |
| | 东河小学 | 车田 | 16 | 629 | 21 | 上桂、山湾、莲花塘 |
| | 西河小学 | 流兰 | 17 | 728 | 23 | 上流兰、下流兰、江村、庙脚、油麻园、珠泗洞 |
| | 灵川小学 | 南田村 | 11 | 229 | 13 | 南田、狮子山、内头、思明洞、杨梅、唐家岇 |
| | 凤凰小学 | 北村 | 8 | 195 | 10 | 老村、四村（石板桥） |
| | 龙田小学 | 路西村 | 18 | 624 | 23 | 路西分部、大田头、穿山、白龙桥 |
| 溶江镇 | 溶江镇小学 | 溶江镇 | 15 | 605 | 27 | |
| | 一甲小学 | 一甲村天皇庙山 | 18 | 555 | 21 | 水街、背头园 |
| | 半圩小学 | 半圩头冒鼓塘 | 16 | 588 | 19 | 半圩头分部、周家村、庄家 |
| | 五甲小学 | 五甲庄河边 | 10 | 352 | 12 | 廖家寨、畔坑 |
| | 车田小学 | 白竹铺后 | 15 | 536 | 18 | 黄浦 |
| | 司门小学 | 司门前对河 | 15 | 677 | 20 | 台背、茨塘 |
| | 龙源小学 | 司门前街北 | 16 | 591 | 22 | 大木塘、东田 |
| | 莲塘小学 | 黄毛岭村 | 11 | 362 | 13 | 七里圩、大园 |
| | 富江小学 | 茅坪 | 18 | 683 | 21 | 营上、反背江 |
| | 茶源小学 | 茶源村 | 22 | 564 | 21 | 东车、龙源、白逸 |
| | 廖家小学 | 溶江铁路大桥侧 | 20 | 1143 | 25 | 塔塘、沿腾 |
| | 千家小学 | 溶江老街茅坪 | 18 | 792 | 26 | 河口、百家（上百家） |

续表

| 乡镇名 | 校名 | 校址 | 教学班数/个 | 学生人数/人 | 教师人数/人 | 教学点 |
|---|---|---|---|---|---|---|
| 严头乡 | 同志小学 | 五甲山上 | 17 | 681 | 26 | 九甲 |
| | 塘堡小学 | 塘堡营村头 | 15 | 598 | 20 | 联小（塘堡营）、东岭 |
| | 清水小学 | 清水江村 | 10 | 252 | 15 | 浪江、地楼、大竹山 |
| | 灵坛小学 | 韩家禁山 | 18 | 671 | 24 | 桥头、古龙洞 |
| | 仙桥小学 | 筲箕湾 | 8 | 279 | 13 | 界屋坪 |
| | 杉树小学 | 永兴街后 | 18 | 880 | 28 | 水南田、建里 |
| 华江乡 | 华江中心小学 | 千家寺 | 11 | 389 | 26 | |
| | 同仁小学 | 同仁村 | 8 | 211 | 16 | 新屋村 |
| | 洞上小学 | 洞上村 | 8 | 171 | 11 | 白暂底 |
| | 集义小学 | 桥头寨 | 8 | 114 | 9 | 黑龙江、桥头 |
| | 杨雀小学 | 杨雀岭 | 6 | 151 | 9 | |
| | 高寨小学 | 高寨 | 6 | 140 | 8 | |
| | 锐炜小学 | 华江街 | 13 | 172 | 17 | 车滩、罗林洞、洪水岭、江头、龙头站、丫叉田 |
| | 升坪小学 | 升坪狗窝村 | 12 | 212 | 13 | 黄腊岭、广塘、河埠、南林河、升坪 |
| | 小河小学 | 小河村 | 10 | 109 | 11 | 一渡水、土江、龙池寨 |
| | 千祥小学 | 千家寺 | 12 | 288 | 15 | 东村、车田、毛冲口、军田头、白岩江 |
| 金石乡 | 金石乡中心小学 | 观里村旁 | 13 | 212 | 11 | 中洞、江洲门、长日岭 |
| | 坪寨小学 | 松江口 | 10 | 169 | 9 | 坪寨、田头口 |
| | 塔边小学 | 塔边村 | 7 | 175 | 11 | |
| | 永安小学 | 两渡桥村 | 10 | 212 | 12 | 二校（东华门）、产江 |
| | 佑安小学 | 现田 | 8 | 149 | 10 | 坳上 |
| | 新文小学 | 新寨门 | 10 | 136 | 10 | 文家洞 |

续表

| 乡镇名 | 校名 | 校址 | 教学班数/个 | 学生人数/人 | 教师人数/人 | 教学点 |
|---|---|---|---|---|---|---|
| 附设在兴安县的上级厂矿子弟学校 | 核工业部中南勘局310大队子弟学校 | 塘市水南 | 7 | 215 | 61 | 小学至高中一条龙学校，本表所列系小学部数字 |
| | 邮电部兴安通信设备厂子弟学校 | 桂兴村 | 13 | 485 | 25 | 小学至高中一条龙学校，本表所列系小学部数字 |
| | 桂林地区兴安水泥厂子弟学校 | 护城乡大园屯 | 7 | 245 | 14 | 小学至高中一条龙学校，本表所列系小学部数字 |

**附：兴安镇小学简介**

兴安镇小学位于县城西门街（今葆贞街），前身是"兴安县两等小学堂"，建于清光绪三十三年（1907年），当时有高、初两级。高小设在漓江书院（今县人民政府食堂至档案馆一带），初小设在文庙明伦堂（今看守所内）。民国初年，分别改为兴安县高级小学、明伦国民学校、县第一高小与第一初小。民国21年（1932年），合并隶属兴安中学，名为"兴安中学实验小学"。民国25年，在首善镇公所招收高级小学两个班，成立首善镇中心国民基础学校。民国26年，两校合并仍为"首善镇中心国民基础学校"，成为完整高级小学，校址设在原实小，实小初级部则归桂善上、下街（包括新兴街）联立国民基础学校。民国29年，两校合并为"表证中心校"而成为完全小学。解放后，曾称"兴安县完全小学""城关高小""城关完全小学""兴安县小学""兴安镇五·七学校"。1970年，改为"兴安镇小学"。自1972年开始，利用原葆贞女校旧址（镇小分部）逐年扩建成现在的兴安镇小学。1975年，兴安镇小学由于班数增多、校舍窄而分为兴安镇第一小学（现在的镇中内）、兴安镇第二小学（现在的镇小内）。1978年，兴安镇第一小学改办成兴安镇中学后，一小师生合并于二小复名为兴安镇小学。1986年，上级拨款9万元，群众和单位集资4.75万元，学校自有资金及镇政府补贴一部分，共投资14.9万元，建成第二幢钢筋水泥结构教学大楼，设有10个教室，2个会议室，总面积为1353.83平方米，解决了校舍紧张的问题。1990年，全校占地面积15.2亩，校舍9栋建筑面积共达5174.04平方米。成为一所有38间教室，有办公、会议、医疗、仪器、食堂、教工宿舍，设备齐全的小学。全校有31个班，学生1597人，教职工87人，其中获中学高级、小学高级职称的36人。学校设备、教学质量均为全县之冠，是县里的重点小学之一。解放后，曾进行过五年一贯制，电化教学、语文"拼音说话、注音识字、提前读写"及教学"课题研究"等一系列教学研究和改革的试验，多次总结了语文、数学教学、思想政治教育及学校管理的先进工作经验，在自治区、地区、县教育刊物上发表，对推动全县小学教学改革起了积极作用。多次被评为自治区、地区、县先进学校。1988年、1989年分别被授予桂林地区、自治区"文明单位"和"文明学校"。

## 第四节 中学教育

### 一、普通中学

民国20年（1931年）6月，经县行政会议决定创办兴安县立初级中学。7月，借用漓江书院始招新生1个班，学生49人。9月，在城台岭兴建校舍，次年落成使用。民国28年，由原来每年秋季招生改为每年春、秋两季各招1个班新生。民国38年，达9个班，有学生421人，教职工36人。学校设校长1人，教导处、军训处、事务处各设主任1人，校医、工友各若干人。课程有公民、国文、数学、英语、历史、地理、物理、化学、音乐、图画、美术、博物、童军、体育、卫生等，学制初中3年。教学上除上课外主要抓学生成绩，并规定升留级制度。

1953年，兴安中学在桂林地区的兴安、全州、灌阳、资源、灵川5县招收高中两个班，学生90人。1956年，在界首和溶江又兴办了两所初级中学，界首初中为一中，溶江初中为二中。1958年，全县各中学掀起教育与生产劳动相结合的"教育革命"，师生除参加"大炼钢铁"的劳动外，还在校内办了工厂、农场，劳动时间超过授课时间的1/3，教学计划完不成。1959年，在金石冠里创办两金瑶族自治区初级中学1所，一年后合并到溶江初中。1960年，增办高尚初级中学。1962年，改办高尚民办初中。

1966年"文化大革命"开始，学制从原来的"三三制"，改为"二二制"（初中二年、高中二年）；取消全国统编教材，使用自治区编教材和地方教材；取消升学、毕业考试，招生由群众推荐，学习期满毕业。还提出"读小学不出自然村，读初中不出大队，读高中不出公社"的口号。1968—1970年，先后有界首、溶江、湘漓、护城、高尚、白石、漠川、严关、崔家、华江、金石等11所初级中学办起高级中学。各小学附设"戴帽"初中班。1972年，各中学逐步恢复教学规章制度，实行闭卷考试、注重基础理论的教学。

1977年，恢复升学、升级考试制度。1978年，中、小学按区、县、社、队、校逐级办重点校、班。兴安镇一小改办为兴安镇中学。各校逐步恢复初、高中各3年的学制，使用全国统编教材。初中有政治、语文、数学、物理、化学、英语、历史、地理、体育、图画、音乐；高中有政治、语文、数学、物理、化学、生物、英语、历史、地理、体育。1980年，贯彻"控制高中，调整初中"的精神，金石、华江、漠川、严关、湘漓、白石、崔家等7所中学停止招收高中学生，改为公社重点初中。界首、高尚、溶江、兴安镇、护城、兴中等6所中学仍为完全中学，兴安中学列为重点中学，从县内择优招生。界首、高尚、溶江、护城、兴安5所高完中学按区划招生。其他各学区初中按联办大队范围招生。1983年，高尚中学停止招收高中学生，改为乡办重点初中。全县普通中学包括大队联中共计42所，学生10 281人。1986年，经调整后为33所。1990年，全县乡办重点、普通初中有漠川、白石、高尚、崔家、湘漓、严关、金石、华江等8所；乡属联办普通初中有界首镇、界首镇的石门、界首镇的和平、湘漓乡的花桥、湘漓乡的力头、湘漓乡的洲上、高尚乡的堡里、高尚乡的乐群、高尚乡的高田、漠川乡的桩子、崔家乡的粉山、严关乡的杉树、溶江镇、溶江镇的司门、护城乡的乡中、护城乡的塘市、护城乡的南源、护城乡的董田、护城乡的道冠、护城乡的柘园等21所；县属高完中有兴安中学、兴安镇中学、界首中学、溶江中学、护城中学等5所，另有上级驻兴安的厂、队附设普通高完中，有邮电部兴安通讯设备厂子弟学校、三一〇地质队子弟学校等2所，厂办初中有桂林地区兴安水泥厂子弟学校1所。合计普通中学有：完中7所、初中29所，高中40个班，初中222个班，在校学生14 110人（其中高中生2136人），教职工959人。再有乡办漠川长洲职业初中1所。1977—1990年，高考全县录取人数最多的是1985年320人，最少的是1977年162人，历年平均240人。其中，考取大学的最多的是 1985 年 206 人，最少的是 1978 年 59 人，历年平均 99.4 人（表 63-6 至表 63-8）。

表 63-6　1977—1990 年高考考取大专、中专人数统计

单位：人

| 年份 | 参加预考 | 参加统考 | 考取大学 | 其中考取重点大学 | 考取中专 | 合计 |
|---|---|---|---|---|---|---|
| 1977 | | | 63 | | 99 | 162 |
| 1978 | | 3520 | 59 | 3 | 145 | 204 |
| 1979 | | 2472 | 55 | 8 | 149 | 204 |
| 1980 | | 3528 | 63 | 3 | 90 | 153 |
| 1981 | 2382 | 738 | 113 | 16 | 82 | 195 |
| 1982 | 1930 | 735 | 154 | 42 | 101 | 255 |
| 1983 | 1022 | 632 | 175 | 42 | 96 | 271 |
| 1984 | 1166 | 658 | 180 | 38 | 125 | 305 |
| 1985 | 1135 | 669 | 206 | 19 | 114 | 320 |
| 1986 | 1165 | 672 | 176 | 28 | 100 | 276 |
| 1987 | 1229 | 685 | 167 | 21 | 95 | 262 |
| 1988 | | 678 | 178 | 19 | 85 | 263 |
| 1989 | | 832 | 179 | 15 | 57 | 236 |
| 1990 | | 867 | 202 | 25 | 54 | 256 |
| 合计 | | 16 686 | 1970 | 279 | 1392 | 3362 |

表 63-7　兴安县及上级厂办主要中学情况

| 学校名称 | 创办年月 | 校址 | 学校占地面积/亩 | 校舍建筑面积/平方米 | 1990 年统计数 | | | | 教职工数/人 |
|---|---|---|---|---|---|---|---|---|---|
| | | | | | 班数/个 | | 学生数/人 | | |
| | | | | | 初中 | 高中 | 初中 | 高中 | |
| 兴安中学 | 民国 20 年（1931 年）7 月 | 县城城台岭 | 174.0 | 15 903 | 9 | 12 | 429 | 698 | 96 |

续表

| 学校名称 | 创办年月 | 校址 | 学校占地面积/亩 | 校舍建筑面积/平方米 | 1990年统计数 ||||| 教职工数/人 |
|---|---|---|---|---|---|---|---|---|---|
| | | | | | 班数/个 || 学生数/人 || |
| | | | | | 初中 | 高中 | 初中 | 高中 | |
| 界首中学 | 1956年 | 界首 | 181.8 | 6201 | 9 | 5 | 569 | 270 | 63 |
| 溶江中学 | 1956年 | 大溶江 | 120.0 | 4000 | 8 | 6 | 410 | 380 | 55 |
| 高尚中学 | 1960年秋 | 高清镇 | 20.0 | 5278 | 10 | | 564 | | 38 |
| 护城中学 | 1964年 | 道冠平桥 | 130.0 | 6200 | 7 | 6 | 454 | 345 | 61 |
| 湘漓中学 | 1964年 | 围杆坪 | 40.0 | 4350 | 13 | | 836 | | 48 |
| 严关中学 | 1969年秋 | 水南田 | 10.0 | 1776 | 7 | | 501 | | 26 |
| 白石中学 | 1969年9月 | 鳌头 | 15.3 | 2875 | 7 | | 311 | | 24 |
| 漠川中学 | 1969年春 | 榜上 | 6.5 | 2976 | 6 | | 355 | | 21 |
| 崔家中学 | 1969年春 | 上塘 | | 1920 | 8 | | 523 | | 27 |
| 金石中学 | 1970年秋 | 冠里 | 11.0 | 1200 | 6 | | 296 | | 21 |
| 华江中学 | 1969年 | 千祥 | 22.5 | 2425 | 9 | | 480 | | 30 |
| 兴安镇中学 | 1978年 | 县城 | 30.8 | 7114 | 16 | 6 | 768 | 335 | 82 |
| 桂兴村子弟学校 | | 桂兴村 | 29.7 | | 5 | 2 | 180 | 47 | 29 |
| 三一○子弟学校 | | 塘市 | 12.0 | 1800 | 3 | 3 | 110 | 61 | 40 |
| 水泥厂子弟学校 | | 冠山羊角山 | 16.7 | 785 | 3 | | 82 | | 13 |

表63-8  1949—1990年普通中学情况

| 年份 | 学校数/所 || 班数/个 || 在校学生数/人 || 教职工数/人 | 毕业生数/人 |||
|---|---|---|---|---|---|---|---|---|---|---|
| | 合计 | 其中高中 | 合计 | 其中高中 | 合计 | 其中高中 | | 高中 | 初中 | 合计 |
| 1949 | 1 | | 8 | | 421 | | 36 | | | |

续表

| 年份 | 学校数/所 | | 班数/个 | | 在校学生数/人 | | 教职工数/人 | 毕业生数/人 | | |
|---|---|---|---|---|---|---|---|---|---|---|
| | 合计 | 其中高中 | 合计 | 其中高中 | 合计 | 其中高中 | | 高中 | 初中 | 合计 |
| 1950 | 1 | | 8 | | 408 | | 26 | | 60 | 60 |
| 1951 | 1 | | 8 | | 382 | | 27 | | 9 | 9 |
| 1952 | 1 | | 10 | | 614 | | 37 | | 54 | 54 |
| 1953 | 1 | 1 | 15 | 2 | 864 | 90 | 58 | | | 92 |
| 1954 | 1 | 1 | 17 | 4 | 976 | 180 | 60 | | | 113 |
| 1955 | 1 | 1 | 21 | 6 | 1036 | 270 | 58 | | | 223 |
| 1956 | 3 | 1 | 28 | 8 | 1328 | 397 | 91 | | | 337 |
| 1957 | 3 | 1 | 31 | 9 | 1542 | 382 | 113 | | | 202 |
| 1958 | 3 | 1 | 41 | 9 | 2006 | 403 | 109 | | | 374 |
| 1959 | 3 | 1 | 44 | 9 | 1906 | 397 | 143 | 286 | | 531 |
| 1960 | 4 | 2 | 45 | 10 | 1767 | 357 | 133 | 157 | 238 | 395 |
| 1961 | 4 | 2 | 32 | 7 | 1302 | 310 | 102 | 190 | 298 | 488 |
| 1962 | 4 | 1 | 30 | 7 | 1178 | 297 | 115 | 149 | 315 | 464 |
| 1963 | 4 | 1 | 26 | 7 | 1063 | 246 | 107 | | | |
| 1964 | 3 | 1 | 29 | 6 | 1195 | 251 | 104 | 77 | 166 | 243 |
| 1965 | 3 | 1 | 30 | 8 | 1432 | | 158 | 160 | 115 | 275 |
| 1966 | 3 | 1 | 30 | 6 | 1385 | 250 | 176 | 84 | 283 | 367 |
| 1967 | 3 | 1 | 30 | 6 | 2527 | 240 | 119 | 86 | 391 | 477 |
| 1968 | 3 | 3 | 53 | 12 | 1359 | 672 | 213 | 234 | | 234 |
| 1969 | 33 | 10 | 53 | 15 | 7761 | 697 | 370 | 617 | 267 | 884 |
| 1970 | 35 | 12 | | | 9719 | 1512 | 531 | 568 | 3138 | 3706 |
| 1971 | 28 | 14 | 212 | 44 | 9454 | 2449 | 498 | 922 | 3445 | 4367 |
| 1972 | 14 | 12 | 207 | 45 | 11 879 | 2570 | 586 | 1130 | 4336 | 5466 |

续表

| 年份 | 学校数/所 | | 班数/个 | | 在校学生数/人 | | 教职工数/人 | 毕业生数/人 | | |
|---|---|---|---|---|---|---|---|---|---|---|
| | 合计 | 其中高中 | 合计 | 其中高中 | 合计 | 其中高中 | | 高中 | 初中 | 合计 |
| 1973 | 12 | 12 | 190 | 47 | 9342 | 2720 | 585 | 1045 | 3064 | 4109 |
| 1974 | 15 | 14 | 207 | 49 | 11 089 | 3731 | 571 | 1401 | 3206 | 4607 |
| 1975 | 16 | 12 | 254 | 49 | 13 621 | 2831 | 767 | 1277 | 2996 | 4273 |
| 1976 | 15 | 12 | 394 | 57 | 18 660 | 3365 | 970 | 1373 | 3641 | 5014 |
| 1977 | 15 | 12 | 415 | 91 | 22 117 | 5535 | 1195 | 1530 | 6546 | 8076 |
| 1978 | 16 | 13 | 421 | 89 | 21 002 | 5304 | 1330 | 1894 | 6598 | 8492 |
| 1979 | 21 | 14 | 410 | 90 | 22 094 | 3993 | 1311 | 2147 | 7102 | 9249 |
| 1980 | 27 | 15 | 366 | 63 | 16 116 | 3081 | 1209 | 1954 | 2269 | 4223 |
| 1981 | 26 | 6 | 269 | 41 | 12 647 | 2117 | 1034 | 1321 | 2687 | 4008 |
| 1982 | 40 | 7 | 247 | 39 | 11 097 | 1956 | 1029 | 645 | 2324 | 2969 |
| 1983 | 42 | 8 | 234 | 49 | 10 281 | 2325 | 986 | 678 | 2352 | 3030 |
| 1984 | 32 | 8 | 221 | 47 | 9849 | 2277 | 908 | 795 | 2101 | 2896 |
| 1985 | 27 | 7 | 202 | 48 | 12 313 | 2390 | 842 | 690 | 2039 | 2729 |
| 1986 | 27 | 7 | 211 | 45 | 11 012 | 2372 | 873 | | | |
| 1987 | 38 | 7 | 225 | 45 | 11 917 | 2255 | 877 | 705 | 2237 | 2942 |
| 1988 | 30 | 8 | 247 | 45 | 12 336 | 1984 | 1002 | 838 | 2216 | 3054 |
| 1989 | 37 | 7 | 245 | 41 | 13 013 | 2050 | 1039 | 603 | 4565 | 5168 |
| 1990 | 36 | 7 | 262 | 40 | 14 110 | 2136 | 959 | 592 | 2849 | 3441 |

**附：出国留学生**

唐文粥，男，汉族，兴安白石乡三友村人，民国元年（1912年）留学日本，攻读工科纺织专业。

周振邦，男，兴安县人，民国2年（1913年）留学日本。

唐文佐，男，汉族，兴安白石乡三友村人，民国3年（1914年）留学日本，攻读政治经济专业。

赵香文，男，兴安界首镇人，解放后留学德国，回国后在西安电子工程研究所工作。

李田莘，女，兴安漠川乡桩子村人，解放后留学加拿大，曾在多伦多大学学习。

龚本祥，男，兴安华江乡千祥村人，解放后留学美国，曾在伊犁诺伊州立大学学习。

李江宁，男，兴安县人，解放后留学荷兰，在阿姆斯特丹大学攻读物理学博士学位。

王文东，男，汉族，兴安县人，1990年7月留学美国，在马里兰大学攻读机械工程学博士学位。

侯波，男，汉族，兴安县人，1988年1月留学日本，在东京大学攻读博士学位。

周茂荣，男，汉族，兴安高尚乡人，解放后留学日本。

蒋安川，原名蒋安全，男，汉族，兴安县高尚乡茗田村人，1989年8月赴加拿大多伦多攻读大学管理专业硕士学位。

**附：兴安中学简介**

兴安中学于民国20年（1931年）7月成立，校舍是借用当时的旧漓江书院。校名为"兴安县立初级中学"，第一任校长为唐民亚。开始时招收初中1个班，学生49人。民国21年春，迁到城台岭新建的校舍，招收初中新生1个班60人。8月招收简易师范1个班48人。民国27年12月，因日寇空袭被迫迁往县属西安乡中心校，民国30年春迁回城台岭。解放前，共办简师3个班全部毕业；办初中33个班，毕业26个班，共计666人。

1953年办有15个班，其中高中2个班，成为兴安县第一所完全中学，并开始在全州、灌阳、资源、灵川等县招收高中生。1960年，被评为自治区教育先进单位，并派代表出席了全国教育先进代表会议。

1966年、1967年停止招生。1968年10月，工人宣传队进驻学校，停止招收初中生，只在县内招收高中生7个班。1968年12月底，严关教育会议后，兴安中学被解散，学生回各公社就地读书，教师多数被借到建筑公司、机械厂"五·七"学校任教；校舍被兴安镇小、机械厂、酒厂"五·七"学校占用。1972年，恢复兴安中学。逐步恢复各种教学规章制度。1977年，兴安中学恢复"三三制"（初中三年、高中三年）。1978年，在高三年级实行文理分科,当年被录取大专、中专生15人,其中大专7人。

1979年,学校平反冤、假、错案,18位教师重新回到兴安中学任教。教学质量有了很大提高。1980年,获自治区工会奖。1981年,获自治区"五讲""四美""学雷锋"先进集体和先进食堂奖。1982年,获自治区青少年植树造林突击队奖和全国"五讲""四美"为人师表先进集体奖。1983年,获自治区社会主义建设先进集体奖。1990年,有初中9个班,学生429人;高中12个班,学生698人。共有教职工96人,其中教师71人(有高级职称的18人)。学校占地面积174亩,校舍建筑面积15 903平方米,有教学楼、宿舍楼、实验室和大礼堂,各种教学仪器9000多件。图书馆藏书2万多册,办有电镀厂1个、农场1个,种柑橘1300多株。

解放后至1986年,兴安中学共办初中117个班,高中94个班,师范5个班,毕业生总数为10 800人,1978—1990年,为国家输送本科生、专科生1373人,其中重点院校243人,中专生589人。1980年,王文东(男)14岁考取中国科学技术大学理科,毕业后留学美国。1982年,佘序言被评为全国三好学生,高考以理科523分的成绩考取中国科学技术大学。1990年,黄奕(女)高考外语专业总分515分,获桂林地区第1名,考取广州外语学院西班牙语系(表63-9)。

表63-9 1978—1990年兴安中学考取大、中专人数统计

单位:人

| 年份 | 参加统考人数 | 考取大学人数 | 其中考取重点院校人数 | 考取中专人数 | 总录取率 |
| --- | --- | --- | --- | --- | --- |
| 1978 |  | 7 | 1 | 8 |  |
| 1979 | 96 | 27 | 5 | 21 | 50.00% |
| 1980 | 352 | 44 | 2 | 48 | 26.13% |
| 1981 | 201 | 80 | 15 | 35 | 57.21% |
| 1982 | 331 | 113 | 38 | 51 | 49.55% |
| 1983 | 291 | 126 | 38 | 52 | 61.17% |
| 1984 | 330 | 155 | 36 | 25 | 54.55% |
| 1985 | 400 | 167 | 19 | 89 | 64.00% |

续表

| 年份 | 参加统考人数 | 考取大学人数 | 其中考取重点院校人数 | 考取中专人数 | 总录取率 |
|---|---|---|---|---|---|
| 1986 | 217 | 112 | 23 | 52 | 75.58% |
| 1987 | 353 | 123 | 18 | 62 | 52.41% |
| 1988 | 393 | 123 | 14 | 63 | 47.32% |
| 1989 | 425 | 145 | 13 | 40 | 43.53% |
| 1990 | 422 | 151 | 21 | 43 | 45.97% |

## 二、农业中学

1958年，全县7个人民公社利用平调民房、田地，创办农业中学8所，招收10个班，学生380人，教师10人。至1959年，农业中学共达9所，18个班，学生448人。课程开设政治、语文、数学、农业生产基础知识、理化常识。采取半工半读形式，学制三年（也有二年）。1961年，有8所农业中学解散，只剩界首农中。1965年，推行"两种教育制度"和"两种劳动制度"，农业中学发展到16所，30个班，学生1376人。1966年，按照教育部"农业中学必须按照边发展，边巩固，发展一批，巩固一批的要求办事"的指示，停止发展农业中学。1968年，14所农业中学全部停办。1980年8月，县人民政府决定在湘漓乡沿河大队利用原农技校创办"兴安县农业中学"。1990年，办有初中4个班，学生215人，高中农科班4个班，学生155人，教职工35人。初中面向沿河大队招生，高中面向全县招生。高低年级均采用普通中学教材，高中不上英语，增设养殖、种植、植保、兽医4个专科。每周专业课6节，实习课6节，文化基础知识课21节。校舍建筑面积2470平方米，学校有基地105亩，其中耕地40亩，种柑橘2460株。

# 第64章
# 专业教育

## 第一节 师范

民国17年（1928年）2月，在县立高等小学堂内创办兴安县小学教员养成所和师范讲习所，养成所学制1年。民国21年，在县立初级中学内招收简易师范班1个，又名乡村师范班，学生48人，学制3年。学习科目有公民、国文、算学、理化、生物、史地、教育概论、教育心理、农业经济、合作乡村教育等。民国29年9月，又在县立初级中学内招收1个师资训练班，学生60人，学制1年，翌年毕业55人。民国35年秋，在兴安中学内招收简易师范科1个班，32人，学制1年，翌年毕业19人。民国38年2月，简易师范科第2期招生48人。

1952年，在兴安中学招收简易师范班2个，学制1年，学习科目有语文、数学、物理、化学、教育学、生理卫生、音乐、美术。1958年，在溶江中学招收初师2个班，学制2年。1959年，兴安师范学校成立，学生转到兴师学习。同年，兴安中学招收幼师2个班，中师1个班，中师班学制3年，于1960年提前结业，幼师班学习半年后解散回乡。同年，兴安师范学校招收中师4个班，共有学生300人，学制3年，学生来源于兴安、全州、灌阳、资源、灵川、永福、龙胜等7个县，属桂林地区教育局管理。1961年停止招生，1962年停办。1972年，兴安师范学校恢复，1978年属县办师范学校。学制2年，招收高中毕业生。前后6年共招收8个班，学生357人，其中"社来社去"3个班，学生135人。1979年，改为桂林地区行政公署办的中等师范学校，面向地区所属的上述7个县招生，从1981年起，学制改为3年，招收初中毕业生，课程设有政治、语文、数学、物理、化学、生物、生理卫生、历史、地理、教育学、心理学、图画、音乐、体育。自1980年开始，自治区教育厅投资改建兴安师范校舍，投资97.5万元。由原来砖木结构的平房改为钢筋水泥结构的教学楼和宿舍楼。新建面积9662平方米，1987年底建成使用。1979—1990年，招生48个班，学生2499人。另外，还举办了58个半年至1年的教师轮训班和其他短训班，培训小学行政领导、教师共2400人次。

## 第二节 职业技术学校

（一）兴安县农技校

该校1965年7月创办，位于湘漓公社沿河大队赶面圩，有教职工10人，学生94人，分设水稻专业、园艺专业2个班。同年11月，与县农科所、蚕种场合并，命名为兴安农科所，农技校为该所附设学校。课程设有政治、语文、数学、化学、植物学、农业技术、农业机械、人民公社管理，目的是培养农村社队技术员和干部。1968年9月停办。

（二）兴安县农校

1980年7月，将溶江老酒厂改建成立县农校。1981—1988年，共举办农、林、牧多种经营和农经管理技术骨干学习班17期，共培训各种农民技术员3850人次。其中：水稻栽培7期，611人次；林业1期20人；沼气1期90人；柑橘栽培3期，129人次；兽医2期，73人次；经营管理（会计）1期，134人。另外走出校门办学4期，其中：水稻栽培1期，140人；柑橘栽培2期，103人次。学习时间一般为20~30天，最长的3个月。1989年停办。1990年，保留农校机构，有教师、工人和校领导5人。

（三）漠川长洲职业初中

该校于1985年由漠川长洲联办初中改办而成，学制3年，有3个班，120名学生，正副校长各1人，教导主任1人，教职工8人，校舍600平方米，校园4亩，旱地8亩，种有蜜柑600多株，年纯收入4000元。文化课使用全日制初中课本。另开设农业基础知识课和专业课。基础知识课开设：一年级植物、动物；二年级养猪、养鸭；三年级食用菌培植。专业课开设：二年级缝纫；三年级木工、照相、油漆、蜜柑、白果栽培。文化课的化学科内容增加农药、土壤、化肥，物理科增加电工，数学科增加丈量，语文科增加应用文。

# 第65章
# 业余教育

## 第一节　农民业余教育

　　光绪三十四年（1908年），兴安县开办成人教育宣讲所。宣讲"圣谕广训"，还有国民教育，兼教识字，绅商贫民均可听讲。民国21年（1932年），县内有民众学校2所，教职员4人，成人识字学员59人，年经费61元。民国23年，增到270人（女13人）。民国25年、26年县城、乡村均结合"民团训练"举办成人夜校和各级国民学校附设成人班，动员18～40岁不识字的成人入学。课程有国语、时事报告、抗战讲话、抗战歌曲和集会活动。

　　1950年，在高级小学内设社教主任1人，抓业余教育，学校老师兼职上课。1952年1月，全县开展了冬学运动，时间为3个月。办有工农夜校1所，5个班，249人，冬学班1063个，33 225人。其后，冬学转入民校的有144个班，4317人。冬学以时事政策教育为主，适当结合文化学习。9月，抽调小学教师41人、群众教师45人到桂林专署速成识字班学习20天，推行速成识字法。10月，在城关福在乡、高尚西河乡办了2个重点速成识字班。1953年8月下旬，县成立了速成识字委员会，下设办公室，有专职和兼职人员28人，开办扫盲班33个，学员737人。另外，群众自办77个班，学员2636人。1954年初，县撤销速成识字委员会，成立扫盲办公室，各区设扫盲校长1人。由青年团、妇联、学校教师、社会知青组成的扫盲大军深入农村开展扫盲。至2月底止，办起民校97个班，学员1361人，分布于72个乡（镇），占全县103个乡（镇）的70%，占全县总人口的5.7%。年底，冬学和民校达782个班，学员19 742人，占全县总人口的10.5%。1957年，入学人数9867人，放农忙假时仍坚持学习的5733人，巩固率为58%；毕业1040人，培养出扫盲骨干320人，其中

167人被评为县扫盲积极分子。1972年，县教育局制订了扫盲和业余教育第四个五年计划，全县以生产队和基层单位为基础开办政治文化夜校，参加学习的37 927人，占全县文盲、半文盲人数的44.4%。夜校以政治学习为主，文化学习为辅。1978年，国务院发出《关于扫盲工作的指示》，全县政治文化夜校发展到1497所，参加学习的77 281人。1980年，经中共桂林地委、桂林地区行署检查验收，全县青壮年中有文化和脱盲的共120 359人，占青少年、壮年总数的89.9%，成为桂林地区第一个基本扫除文盲的县，获"基本无文盲县"奖旗。同年，县成立成人教育委员会，各乡（镇）成立成人教育中心和管理委员会，各学区配有1名成人教育专干。1984年，全县办业余高小班58个，学员1741人；缝纫班42个，学员506人；文艺班11个，学员265人；武术班10个，学员214人。1989年，全县办成人技术培训学校13所；在校学生20 912人，毕业、结业的10 432人；有教职工78人，其中兼职教师60人。办有成人初等学校教学点119个，教学班238个，在校学生47 600人，毕业、结业23 800人，兼职教师476人。1990年底，经县组织有关人员深入检查，全县仅有成人文盲343人。

## 第二节  职工业余教育

### 一、职工业余教育

1953年9月，县里在城关、界首、溶江3镇办职工市民教育，有学员400人。1954年，办干部文化班2个，学员109人，职工班5个，学员152人。1955年，县教育科创办了干部业余学校，有高小一、二年级各1个班，初中1个班，共有学员150人；职工扫盲班8个，学员137人；职工初小1个班，学员15人。1956年，干部业余学校与职工业余学校合并为"兴安干部职工业余文化学校"，校址在县城的湖广会馆内，开有高小班2个，学员50人；初中班2个，学员60人。1958年，县工会撤销，干部调离，该校停办。

### 二、广播电视学校

1979年3月，县教育局在县总工会办电大理工科1个班，学员44人。1982年，招收文科班1个，学员32人。1984年，农业局办有中央农业广

播学校 1 所（中专），毕业 45 人。1985 年，教育局电大文科班招生 1 个班，学员 62 人。1988 年，招收财会班 1 个 49 人。中专和大专班学制均为 3 年。电大班用电大教材，学员以自学为主，定期接收中央电台电视讲课，并由辅导教师按单元集中辅导；采取学一科，考一科，修业期满，各科成绩及格者由广西广播电视大学发给毕业文凭，国家承认其学历。至 1988 年，全县电大毕业生共 103 人，结业 28 人。

三、自学考试

县内自学考试始于 1984 年，当年开考的有党政干部基础科、汉语言文学、英语等 3 个专业，报考 126 人，216 科，及格 72 科，及格率为 33.3%。1985 年，增设政治教育、哲学、数学、统计专业，共开考 7 个专业，参加考试的 317 人次，报考 564 科，及格 271 科，及格率为 48%。1988 年，增开中等专业考试。1990 年，大专、中专共开考 19 个专业，参加考试的 1036 人次，报考 2324 科，其中中专 134 人次，338 科；及格 673 科，及格率为 29%，其中中专及格率为 38.7%，大专及格率为 23.3%。1984—1990 年，全县自学考试获大专毕业的共 88 人，其中党政专业 23 人，哲学 17 人，汉语言文学 8 人，数学 2 人，政治教育 1 人，统计 9 人，工业经济管理 7 人，英语 1 人，会计 4 人，法律 16 人。自学考试教材以全国统编的高等或中等教育自学考试教材为主，学员主要靠自学，通过国家考试，采取学一科，考一科，考完规定学科后成绩及格者发给大专或中专文凭，国家承认其学历。

四、函大

1980 年，县教育局开始办函授大学，1984 年，毕业生 22 人，分属语文、数学、物理、化学 4 个专业。1987 年 9 月，县党校开办函授大专班 1 个，学员 39 人；中专班 2 个，学员 88 人。到 1990 年底止，共办大专班 3 个，学员 152 人，已毕业 105 人，中专班 4 个，学员 128 人，已毕业 88 人；在读的 152 人，其中大专 112 人，中专 40 人。

# 第 66 章
# 教师队伍

## 第一节  素质

### 一、幼儿教师

民国30年（1941年），首善镇幼稚园仅有保姆2人（女）。1990年，全县幼儿教职工276人，其中中师、高中以上毕业的139人，中师、高中肄业及初中、初师毕业的105人，初中、初师肄业及以下的32人；受过学前教育专业训练的17人，取得专业合格证的84人。

### 二、小学教师

清宣统二年（1910年）统计，全县仅有小学教师48人，其中属师范毕业的32人。民国17年（1928年），全县受检小学教员登记的共148人，其中受无试验检定者（已交毕业证书者）高小15人，初小28人；受试验检定者高小16人，初小89人。民国30年，全县小学教职员669人，其中高中师范毕业的37人，占5.53%；初级师范毕业的119人，占17.79%；高中或相当高中毕业的20人，占2.99%；初中或相当初中毕业的270人，占40.36%；其他223人，占33.3%。1952年，全县小学教职工449人，其中专任教师438人，具有中师和高中毕业以上的30人，占6.8%；初师初中毕业及高中高师肄业的174人，占39.7%；初中肄业的145人，占33.1%；小学毕业及以下79人，占18.0%。1961年，全县小学教职工750人，其中专任教师749人，具有中师和高中毕业以上的111人，占14.8%；高中肄业和初中毕业的456人，占60.9%；初中肄业以下的182人，占24.3%。"文化大革命"期间，一些文化素质较高出身复杂的教师被清除出队伍，文化素质较低政治上可靠的工农成分教师大增，因而专任教师达到中师和高中以上水平的每年仅在100人左右，约占专任教师的10%，成为教师文化素质最差的年代。1978年后，通过每年组织教师集训、轮训和函授学习，以及不断补充大专、中专毕业生，教师文化素质逐年提高。1980年，全县小学教职工1658人，其中专任教师1312人，达到中师和高中毕业的675人，占51.4%；中等师范肄业及初中毕业的493人，占37.6%，初中肄业及小学毕业的144人，占11.0%。1983年，县教育局对全县1752名小学教师进行考核，能胜任教学的327人，占18.7%；基本胜任的913人，占52.1%；教学有困难的471人，占26.9%；不能胜任的41人，占2.3%。1985年，全县小学教职工有1840人，其中专任教师1691人，达中师毕业以上的970人，占57.4%；中师肄业的570人，占33.7%；初中毕业以下的151人，占8.9%。1990年，全县小学教职工有1978人，其中专任教师1762人，中师和高中毕业以上的1295人，占73.5%；中师高中肄业及初中毕业的410人，占23.3%；初师初中肄业及以上的57人，占3.2%。

三、中学教师

民国31年（1942年），兴安县立初级中学共有教职员28人，其中专任教师18人，具有大学毕业文化的13人，占专任教师的72.2%；经高师和专门学校培训的5人，占27.8%。1956年，全县中学共有教职工91人。其中：高中专任教师23人，大专肄业2年以上的18人，占专任教师的78.3%；中专毕业的5人，占21.7%。初中专任教师39人，大专肄业2年以上的19人，占48.7%；中专、高中毕业的20人，占51.3%。1965年，全县共有中学教职工158人，其中高中专任教师18人，全为大专毕业或大专肄业2年以上文化程度；初中专任教师55人，大专肄业2年以上的39人，占70.9%，高中、中师毕业及大专肄业文化的16人，占29.1%。"文化大革命"期间，由于民办中学剧增，教师层层拔高，素质相对下降。1978年，全县中学教职工1330人，其中：高中专任教师266人，大专毕业的165人，占62.0%。初中专任教师825人，大专毕业的11人，占1.3%，高中、中师毕业的630人，占76.4%。1978年后，通过控制高中、调整初中、多渠道培训教师，不断补充大专院校毕业生，教师文化素质逐年提高。1983年，对712名中学教师进行考核，能胜任教学的154人，占21.6%；基本胜任的326人，占45.8%；教学有困难的228人，占32.0%；不能胜任的4人，占0.56%。1990年，全县中学教职工959人。其中，高中专任教师168人，大专毕业或肄业2年以上的154人，占91.7%；大专肄业 2 年以下及中专、高中毕业的 14 人，占 8.3%。初中专任教师 590 人，大专毕业或肄业 2 年以下的 336 人，占 56.9%；中专、高中毕业及大专肄业未满 2 年的 247 人，占 41.9%；中专、高中肄业及以下的 7 人，占 1.2%。

## 第二节  培训

### 一、集训

1950 年 3 月 6—15 日，举办了兴安县解放后第一届小学教师训练班，学员 193 人。同年暑假，从社会知识青年及知识分子中招考 200 人加以培训充任教师。1952 年 8 月至 1953 年 4 月，在兴安中学举办第三届小学教师训练班，学员 90 人。1979 年和 1982 年暑期，在兴安中学集训两次，学员共 60 人，学习内容是生物和生理卫生。

### 二、函授学习

1974 年，在兴安师范附设中师函授部，配有语文、数学专职教师 4～5 人。各公社中心校设函授辅导站，有语文、数学专职教师各 1 人。学员修业年限 4 年，单科结业后（语文或数学），脱产到兴安师范学习 1 年毕业。1975—1978 年，各公社中心校开设语文、数学教师培训班，学员有 600 人。1970 年，全县办有中师函授语文、数学班共 22 个。到 1990 年招生 5 次，学员 844 人，已毕业 433 人，占小学教师总数的 25%；双科结业的 7 人，单科结业的 294 人。1990 年，全县共有专职函授教师 28 人，正在函授学习的 400 余人。

### 三、轮训

1972 年恢复兴安师范学校，到 1986 年止，全县共举办了半年到 1 年的中、小学教师轮训班 37 个，参加轮训的有 1716 人次。其中：小学行政干部轮训班 6 期，学员 254 人；教师短训班 14 期，学员 1462 人次。

## 第三节 待遇

### 一、政治待遇

民国时期,县内的教师多为社会群众所尊重,凡遇喜事或节日,必请教师光临,有的学生家长还邀教师赴宴。同时政府规定:每年农历八月二十七日为教师节,各级教育行政机关要表扬做出成绩的优秀教师,提倡改善教师待遇。

1951年,成立县教育工会,会员229人。1955年,中国共产党开始在教育系统建立党组织,党的十一届三中全会以后,对教师的冤、假、错案进行了平反昭雪,落实了党的知识分子政策。县人民政府曾多次召开教师先进代表大会,给老师以奖励和鼓舞,并每逢春节、教师节都对老教师进行慰问。1985年1月21日,第六届全国人民代表大会常务委员会第九次会议同意国务院关于建立"教师节"的议案,决定每年的9月10日为教师节。1979—1990年,全县有369名优秀教师加入中国共产党,有55名教师担任乡(科)级以上领导职务,77名教师解决了户口"农转非"问题,290名民办教师转为公办教师,415名教师被评为中级以上职称。623人获自治区人民政府颁发的"荣誉证书"和教育部颁发的"园丁纪念章",117名先进教育工作者受表彰,湘漓乡洲上小学教师王佐1984年被评为全国优秀班主任。1989年,兴安镇小学李寒竹、兴安中学何湘源、界首中心校盘定保、严关中学张紫利等4位教师被评为全国优秀教师。

### 二、经济待遇

民国后期,县内小学教师月薪国币60~80元,中学教师200~240元。遇通货膨胀,物价飞涨,教师连最低生活也难以维持。

解放后,1950—1984年,教师经济待遇与行政事业干部职工基本一样。1985年后,改革工资制度,实行基础、职务工资和工龄工资相结合的工资形式。在此基础上,教师还有教龄和班主任津贴。1987年10月,政府给教师增加10%的工资。1990年,全县固定教职工2563人,年工资总额629万元,人均年工资2454元,人均月工资204.5元,比全县干部职工人均工资多26元。民办教师工资以群众统筹为主、国家补助为辅,一般收入略低于公办教师工资。

# 第 67 章
# 勤工俭学

1958年,兴安中学办起了硫酸厂、机械厂、肥皂厂、砖瓦厂、野生植物提炼厂;办农场1个,种水稻11亩,种旱地作物150亩;办猪场1个,养猪75头,产值1.3万元。界首中学办煤矿1个,产原煤2.5万公斤;办石灰厂1个,烧制石灰15万公斤;办红砖厂1个,生产红砖15万块;办农场1个,种水田100亩,种旱地作物80亩,生产蔬菜0.75万公斤,红薯2.5万公斤,木薯1.5万公斤;师生组成工程队,扩建校舍7幢,为国家节约建设基金2万元。界首小学1958年下半年勤工俭学收入0.6万元。

1959年,全县校办工厂先后停办。1960—1963年,学校学习"南泥湾精神"开展大生产运动。兴安中学大操场、界首小学的篮球场都种了蔬菜。1960年,全县中小学种粮食作物202.9亩,蔬菜97.1亩,养猪51头,牛16头,鸡、鸭、鹅、兔189只,养鱼500尾。

1969—1971年,全县学校新开垦水田109亩,旱地193亩,种水稻205.6亩、杂粮244.1亩,收花生1.62万公斤,开小工厂55个,实验场11个,成立服务组8个。当时有护城中学"九二〇"植物生长刺激素厂、溶江中学烧碱漂白粉厂、华江中学肥皂厂、兴安师范粉笔厂和兴安中学标牌厂等。到1973年,全县中小学(含兴安师范)勤工俭学总收入达8.2万元,相当于全县教育经费的8.8%。

1974—1978年,勤工俭学重点转向以种植柑橘为主,兼办一些小工厂、小农场。出现崔家中学、学区种植柑橘,兴安中学、严关中学校办工厂的先进典型。1974年,全县教育系统开辟果园场57.7亩,林场800亩。1975年,勤工俭学基地扩大到3400亩,当年造田100亩,挖柑橘坑5万个,种上了柑橘。还开展了水稻、红薯、玉米、脚板薯、马铃薯、花生、薏米、油菜、茯苓、蜜柑、香菇、白木耳等20多种科学试验活动。制出蘑菇种4万瓶,种蘑菇4.1万平方米,种榨菜500亩,养猪761头,养长毛兔670只，养羊105只。其中，界首中学养猪107头，严关杉树大队小学尧上教学点师生种2分试验田，计亩产稻谷1050公斤，金石新文大队小学文家洞教学点科研组种脚板薯最大1株重21.3公斤，护城道冠小学师生种试验红薯，平均每株红薯重18公斤，崔家公社粉山学校先后种蜜柑3000株，种杉树95亩17 600株。此外，高尚中学制蘑菇种4年，平均每年产蘑菇种27 500瓶。

1979—1980年，全县有勤工俭学基地2000亩，蜜柑树5万株，其中已挂果的树2.1万株。界首中学办碾米厂，湘漓中学办商店，金石佑安小学发展毛竹生产，华江中心校开辟茶叶场。1980年，全县勤工俭学基地产柑橘18.4万公斤，收粮食11.1万公斤，勤工俭学总收入14.58万元，平均每个学生收入2.67元。

1981—1990年，勤工俭学实行生产责任制。全县勤工俭学总收入逐年增加。1981年25.1万元，1985年55.4万元，1990年达112.6万元。

# 第68章

# 经费 设施

## 第一节 经费

清代，学校教育经费主要来源于学田的田租。清道光年间，兴安县有学田四顷十二亩六分二厘，除荒田外实有熟田二顷三十四亩一分二厘；征银四十六两二分四厘。学田专供修缮学校及赡养贫苦的学生。漓江书院有官民捐田九十九亩七分三厘，岁收稻谷九十九石七斗三升，又地租银一两二钱，除交公粮外，余下的为教师的薪俸和学生的学习费用。

民国年间，公办学校教育经费主要是靠县、乡（镇）、村（街）自筹，政府给予少量补助。民国31年（1942年），县财政地方预算总支出1 972 742元（国币），其中教育及文化支出132 590元，占6.72%。在教育文化支出中，国民教育费16 830元，占12.69%；中学教育费100 810元，占76.03%；社会教育费7600元，占5.73%；补助费7350元，占5.54%。民国38年，全县共有学田8309.5亩，年收学租16 599市担。县立初级中学年收学谷40担及政府每年补助学校稻谷157市担，各小学由当地群众选出1名不脱产常务保管员，负责催收管理学校经费。私立小学的办学经费由办学者或办学单位筹措。

解放后至土改前，教育经费主要靠学田租谷收入开支，国家补助为辅。从1953年1月起，教育经费开始列入县财政预算，县财政拨款成为主要经费来源。1950—1990年，全县财政共支出教育经费6800.84万元，占县财政总支出的24.56%。其次来源于学杂费收入及地方捐款。规定学生每人每期支交学费：1955年、1964年幼儿园及初小均为7角、高小1.2元、初中3元、高中4元。1986年后作了调整，改为县城的学杂费为初小2.5元、高小3.5元、初中7元、高中8元，内宿生另加收2.5元；县城以下的学校为初小1.5元、高小2.5元、初中6元、高中7元，内宿生另加收内宿生费2元。民办教师的工资由大队（村）统筹、国家补助。1988

年,县人民政府下发了《关于动员和依靠社会力量,抓紧抢修我县中小学危房的若干规定》,全县共筹措774万多元,对各中小学危房进行了全面维修,并新建教学大楼45栋,经自治区抢修危房办公室验收,均达到规定标准(表68-1)。

表68-1 1950—1990年财政决算教育事业费支出

单位:万元

| 年份 | 县财政总支出 | 教育费支出 | 占总支出的百分比 | 年份 | 县财政总支出 | 教育费支出 | 占总支出的百分比 |
| --- | --- | --- | --- | --- | --- | --- | --- |
| 1950 | 12.89 | 4.66 | 36.15% | 1971 | 361.90 | 68.87 | 19.03% |
| 1951 | 34.54 | 3.16 | 9.15% | 1972 | 473.58 | 96.59 | 20.40% |
| 1952 | 79.52 | 16.37 | 20.59% | 1973 | 387.33 | 96.27 | 24.85% |
| 1953 | 71.54 | 29.09 | 40.66% | 1974 | 403.83 | 108.02 | 26.75% |
| 1954 | 77.83 | 23.32 | 29.96% | 1975 | 409.03 | 115.08 | 28.13% |
| 1955 | 86.14 | 29.37 | 34.10% | 1976 | 411.53 | 120.48 | 29.28% |
| 1956 | 117.04 | 27.88 | 23.82% | 1977 | 396.58 | 126.78 | 31.97% |
| 1957 | 120.56 | 34.89 | 28.94% | 1978 | 557.10 | 152.53 | 27.38% |
| 1958 | 237.25 | 42.27 | 17.82% | 1979 | 676.00 | 181.91 | 26.91% |
| 1959 | 226.06 | 36.76 | 16.26% | 1980 | 811.60 | 229.38 | 28.26% |
| 1960 | 268.94 | 61.47 | 22.86% | 1981 | 770.10 | 232.41 | 30.18% |
| 1961 | 135.46 | 39.64 | 29.26% | 1982 | 760.70 | 275.20 | 36.18% |
| 1962 | 234.82 | 37.70 | 16.05% | 1983 | 840.30 | 275.30 | 32.76% |
| 1963 | 172.27 | 38.51 | 22.35% | 1984 | 928.40 | 277.70 | 29.91% |
| 1964 | 261.70 | 49.54 | 18.93% | 1985 | 1327.00 | 455.05 | 34.29% |
| 1965 | 362.33 | 58.40 | 16.12% | 1986 | 1933.30 | 502.61 | 26.00% |
| 1966 | 316.00 | 60.40 | 19.11% | 1987 | 2158.30 | 497.10 | 23.03% |
| 1967 | 302.00 | 58.00 | 19.21% | 1988 | 2782.10 | 679.40 | 24.42% |
| 1968 | 217.00 | 52.40 | 24.15% | 1989 | 3337.40 | 673.10 | 20.17% |
| 1969 | 265.16 | 54.58 | 20.58% | 1990 | 4031.00 | 834.10 | 20.69% |
| 1970 | 339.34 | 44.55 | 13.13% | | | | |

## 第二节 设施

民国时期，兴安县立初级中学总建筑面积3262平方米。全县18所中心小学和103所初级小学，建筑面积仅11 500平方米，多为祠堂、寺庙改建的，房屋破旧，光线不足，潮湿阴暗，活动场所狭窄甚至没有。县立初级中学设备较好，课桌、板凳齐全，图书室藏书2万多册，教学仪器总价值为1000元，运动场2个，中心校有少量图书、文柜、书架，每校有体育场1个。

解放后，1955—1960年，建成界首、溶江、高尚等3所初中及兴安师范1所。据1961年12月统计，全县普通中学建筑面积共18 030平方米，其中教室5999平方米，席位2150个，中师建筑面积2802平方米。小学建筑面积48 496平方米，其中教室31 864平方米，席位23 000个。幼儿园和其他建筑面积560平方米，教室400平方米，席位300个。1990年统计，全县小学占地面积2408亩，校舍建筑面积达193 734平方米，比民国38年（1949年）增长16.74倍；普通中学占地面积1547亩，校舍建筑面积达68 039平方米，比民国38年增长19.86倍；兴安师范校舍建筑面积达14 678平方米，是1959年的5倍多。县直机关幼儿园占地面积2986.54平方米，校舍建筑面积达2302.87平方米。1987—1988年，全县筹集546 825元修建实验室、仪器室，添置仪器柜、实验桌、凳。全县中小学有实验室的教学楼18幢、平房18座，实验室70间，建筑面积4194平方米，有实验桌662张、凳2943张。有仪器室81间，建筑面积1817.1平方米，仪器柜406.5立方米。实验室、仪器室设备价值合计922 494元，其中仪器价值419 955.40元。1989年1月10日，经自治区、地区教学仪器站检查验收，兴安县已取得中、小学实验室建设合格证，自治区教育厅拨给教学仪器一批，价值13万元。有中小学、师范、党校图书馆（室）35个，藏书约19.1万册。全县各级学校（包括小学在内）有50米短跑道26个，篮球场174个，灯光球场2个。

# 第十部分

# 阳朔县教育[①]

---

① 资料来源：阳朔县志编纂委员会.阳朔县志［M］.南宁：广西人民出版社，1988：329-351.

唐代，阳朔的教育是私塾教育，盛行科举制度。曹邺甲第破荒，开创桂北科举的先河。宋沿唐制，又有莫门7人叠登进士。明清两代，设学官，并于道光十六年（1836年）设县学，本县学生竞相应试，中进士的共14人，举人205人（其中武举、38人），拔、岁、恩、副贡共360多人。时誉"阳朔山水秀丽，功名门第满城"。清光绪三十一年（1905年），废科举，兴学堂，将寿阳书院改为县立高等小学堂，并相继创办县立初等女子小学校和区、村初等小学校。

民国初年实施新学制，继续兴办乡村初等小学校。民国24年（1935年），推行国民基础教育，入学人数占总人口的3.7%。民国27年，创办阳朔国民中学。中华人民共和国成立前夕，全县有完全小学（完小）14所，农村小学（村小）157所，在校学生4140人；初中1所，学生271人。

中华人民共和国成立后，不断改造旧的教育制度，建立社会主义新型学校，教育事业迅速发展。1956年，全县中小学在校学生数是中华人民共和国成立前夕的3.88倍。1958年"大跃进"中办"共产主义"大学校，还在几天内办起20所大学、37所学院，学生达2578人。60年代初，学校恢复正常教学秩序，在党的教育方针指引下，培养学生做德、智、体全面发展的，有社会主义觉悟有文化的劳动者。

1978年党的十一届三中全会后，阳朔县的教育事业经过整顿、改革，走上正轨，稳步健康发展。1979年实现了"脱盲县"，1985年基本普及小学教育，中学教育、师范教育、成人教育和幼儿教育也有新的发展，为祖国社会主义建设培养、输送了大批人才。

# 第69章

# 私塾　县学

## 第一节　私塾

清光绪三十一年（1905年）前，阳朔县的教育以私塾为主。民国20年（1931年）后，私塾受到一定限制，但农村仍有私塾开办。私塾有村办、家办、教师自己办3种，又有小馆、大馆之分。小馆也称蒙馆，授课内容有《三字经》《百家姓》《千字文》《传家训》《传家宝》《增广贤文》等，以识字为主，辅以描红、蒙格、判字等方式进行练习；大馆亦称经馆，主授《幼学琼林》《古文注解》"四书""五经"等，兼授诗、词、歌、赋、楹联。

学生入学，早晨由家长送到私塾举行开蒙仪式，焚香顶礼膜拜孔夫子。以后每月农历初一、十五，学生又集体向孔夫子膜拜。老师对犯规、不交作业或背不出书的学生，要打手板、罚站、罚跪。

私塾学生人数不限，年龄不限，修业时间也不限。但是每年教学时间一般是"春分"前后开学，"大寒"前散学。

民国20年（1931年）末，全县有私塾265个，学生4020人（其中大馆15个，学生270人；小馆250个，学生3750人），占当年全县总人口的3.3%。

## 第二节　县学

清道光十六年（1836年），知县吴德徵倡首、地方士绅积极资助，创建县学寿阳书院（今阳朔镇小学处），当年秋竣工。建有讲坛两个，书舍42间，购置学田数百亩。

书院设山长1人，主持院内讲席。选拔县内私塾中成绩优秀的学生来就读。生童到书院读书，一律免费，并供给伙食等费用。书院以培养生童为宗旨，以"四书""五经"等儒家经典为课程，作文推行"八股"，楷书、策问、试帖诗都当作基本功练习。寿阳书院不仅是该县生童学习的场所，也作每届县试头二场的考棚。寿阳书院开办近70年后，于光绪三十一年改为寿阳高等小学堂，民国元年（1912年）春又改为县立高等小学校。

# 第70章

# 普通教育

## 第一节 幼儿教育

### 一、发展概况

民国27年（1938年）春，阳朔县在胡文虎小学（今县人民武装部住址）开办幼稚园，招收县城居民学前儿童（5岁左右）1个班40~50人，教师1人。29年后，幼稚园并入阳朔碧莲乡中心校，称幼稚班。白沙、兴坪、福利等乡中心校也开办幼稚班。33年，日军入侵阳朔，幼稚班停办。35年，碧莲乡中心校幼稚班复办，园址设在榕树桥边（今教育局门前），有教师2人，工友1人。

1949年，县城表证中心校附设幼稚园，入园幼儿40人。1953年，成立幼儿园1所，2个班，入园幼儿61人。1958年，教育部门和各乡镇办的幼儿园增加到115所，214个班，入学幼儿6846人，教职员工413人。1960年后，因国民经济困难，农村幼儿教育基本停办。自1972年起，生产队、大队又办起幼儿班，几经起落，1978年有12个班，481个幼儿。至1985年，全县有幼儿园13所，42个班（其中教育部门办17个班，其他部门办8个班，集体单位办17个班），入园幼儿1553人；合计有园长3人，教养员54人。

### 二、县直属机关幼儿园简况

1975年10月，由阳朔县妇女联合会借用阳朔镇小学一教室办一个幼儿班35人（年龄4~6岁），1977年春，正式命名为阳朔县直属机关幼儿园，借县文化馆大厅前两排耳房作教室，入园幼儿2个班90人。课程设置有讲故事、计算、音乐、图画、游戏。1978年底，在县广播站前征地2.06亩，兴建二层楼有8间教室的园舍，1980年竣工，招收大、中、小共5个班200个3~6岁的幼儿入园。1985年,增至9个班398人(对象是县直属机关和企事业单位干部、工人及部分街道居民的子女),教职员19人。课程设置有体育、语言(包括诗歌朗诵、讲故事、看图说话)、常识、计算、音乐、美术、游戏等7科和识字课。

全园有大型玩具如大象滑梯、荡椅、摇船、攀登架、转盘、跷跷板、六面具、大积木等10多种,还有电子琴、手风琴、收录机等。

## 第二节　小学教育

### 一、发展概况

清光绪三十一年(1905年),将寿阳书院改为寿阳高等小学堂后,又分别开办县立初等女子小学校及兴坪、福利、白沙、高田、普益、葡萄、金宝7所区初等小学校,矮山、下莫、青鸟、修和、龙潭、上观、乐响、龙城、思和、广益、翠屏等12所村初等小学校。高等小学校设国文、算术、英语、自然等科目;初等小学校除英语外,其他科目与高等小学校同(但内容深浅不一样)。

民国12年(1923年),耶稣教徒在白沙创办教会小学一所,不久停办。

民国24年(1935年),每乡设中心国民基础学校(完全小学)1所,共14所;每村设国民基础学校(初小)1所,共125所,学生4500人。采用中华书局或商务印书馆出版的课本。高小设国语、算术、自然、社会、公民、美术、音乐、体育等课;初小设国语、算术、常识、唱歌、游戏等课。

民国26年(1937年),华侨巨商胡文虎于阳朔初等女子小学旧址办胡文虎小学,经费全由他负担,后因日军侵华,形势逆转而停办。

1949年,全县共有完全小学14所,村小157所,学生4140人。

中华人民共和国成立初期,因土匪活动猖狂,全县仅有5所完全小学和21所村小复课,学生882人(其中女生275人)。1951年,复课增到完全小学7所、村小106所。1952年学生人数增多,工农和其他劳动人民子女入学人数占学生总数的95%;少数民族学生795人,其中瑶族42人,结束了瑶族子弟不上学的历史。初小开设语文、算术、图画、音乐、体育、劳作等课;高小开设语文、算术、自然、地理、历史、图画、音乐、体育等课,废除公民课,增设政治课,学生参加土地改革、抗美援朝等宣传活动，接受社会教育。

1953年调整学校布局，减少村小和复式班，增加190个全日制班，学校配齐领导，制定学习、备课、上课、会议等各种制度，成立教学研究组，对学生进行爱祖国、爱人民、爱劳动、爱科学、爱护公共财物的教育。

1954年，改100分制为5分制，改春、秋两季招生为秋季招生，贯彻执行教育部制定的《小学生守则》《小学教学计划》《关于小学课外活动的规定》。1955年，开展身体好、学习好、工作好的教育，各校评选三好学生。

1958年，大办小学教育，1959年全县小学猛增到328所，学生24 310人，师资、校舍、设备、经费缺乏等问题愈加严重。强调学生参加劳动，学生每天劳动多达3小时以上，劳动成为学校主课。1961年，财政困难，压缩招生，在校学生减少38%，农村出现112所私塾。

1963年，贯彻教育部颁发的《全日制小学暂行工作条例（草案）》即"小学四十条"，恢复学校教学秩序，保证师生有5/6的时间用于教书和学习。教学运用"十大教学法"，提倡"少而精""启发式"，抓基础知识教学和基本技能训练，同时广泛开展学雷锋活动，尊师爱生，互相帮助，人人做好事，学生的思想和道德品质、文化知识水平明显提高。阳朔镇小学十年制试二班，当年下学期期考取得语文科平均90.2分、数学科平均87.2分的成绩。同时，将社会上的112所私塾整顿，大部分改用教育部编印的课本，并清退一些不合格的私塾教师。

1964年，贯彻全日制和半工（农）半读两种教育制度，兴办耕读小学（简易小学）、民办小学。耕读小学坚持因地制宜、小型分散、方便走读的原则，农闲多学、农忙少学、大忙不学的方法和半日制、早、午、晚班及教师巡回教学等方式，解决一部分需要帮手的农民的子女上学问题，当年入学人数702人，其中女生543人。1965年耕读小学有127所（其中高小23所），学生5466人（女生3650人），全日制小学277所，学生23 887人，合计学生29 353人，超过1958年的学生数。

1966年秋，群众出钱、出力、出材料修建校舍，小学增加171个教学点，共280个班。各生产大队成立贫下中农管理委员会，全县共派出953个农民进驻小学管理学校。后又把小学下放到大队办，教师回原籍，取消工资制，改由贫下中农推选聘用，同生产队社员一样记工分（因加重群众负担，实际没执行）。1969年，进行教材、学制、招生制度"革命",改用自治区编的教材,小学学制由6年改为5年,取消考试制度。1972年,强调上好"社会主义文化课",但不久就被"批回潮"运动压下去。

这种状况一直延续到1976年。阳朔镇小学1976年底文化考试,语文不及格的占40%,算术不及格的占62%,个别班没有一个成绩及格的学生。1977年全县小学统考,参加语文考试的共36 474人,得零分的330人,得1~29分的8223人,及格率为32.2%;参加算术考试的共36 369人,得零分的500人,得1~29分的9343人,及格率为32.9%。

从1977年起,对小学教育进行整顿。把普及五年教育和提高教学质量作为中心任务,撤销进驻学校的贫宣队,配齐学校领导,先后合并165个教学点,学校一律沿用五年学制,改用全国统编教材,恢复和健全教研组织,开展教学改革和教学研究。同时,贯彻"小学四十条"和全县统一的"学生守则""学生奖惩条例";抓"校风、教风、学风"建设,对学生进行"有理想、有道德、有文化、有纪律"的教育,开展学雷锋和"讲文明、讲礼貌、讲卫生、讲秩序、讲道德"及"心灵美、语言美、行为美、环境美"的"五讲四美"活动,改变学校面貌,教学质量有了明显提高。1985年,全县小学毕业考试,语文平均55.3分,比1978年提高20分,及格率为43.5%;数学平均52.3分,比1978年提高23.6分,及格率为41.4%(表70-1、表70-2)。

表70-1 阳朔县小学教育历年情况一览

| 年份 | 学校数/所 | | | 班数/个 | | | 学生数/人 | 教职员工/人 | |
| --- | --- | --- | --- | --- | --- | --- | --- | --- | --- |
| | 合计 | 完小 | 教学点 | 合计 | 全日制 | 复式班 | | 总数 | 其中公办 |
| 1950 | 26 | 5 | 21 | 30 | 12 | 18 | 932 | 295 | |
| 1951 | 113 | 7 | 106 | 159 | 44 | 115 | 6311 | 295 | |
| 1952 | 150 | 7 | 143 | 279 | 79 | 200 | 9953 | 295 | 121 |
| 1953 | 140 | 7 | 133 | 282 | 269 | 13 | 9861 | 259 | 246 |
| 1954 | 140 | 7 | 133 | 266 | 255 | 11 | 10 467 | 310 | 299 |
| 1955 | 127 | 8 | 119 | 232 | 230 | 2 | 8145 | 316 | 314 |
| 1956 | 135 | 18 | 117 | 356 | 355 | 1 | 16 459 | 443 | 442 |
| 1957 | 145 | 18 | 127 | 366 | 357 | 6 | 14 528 | 490 | 480 |

续表

| 年份 | 学校数/所 | | | 班数/个 | | | 学生数/人 | 教职员工/人 | |
|---|---|---|---|---|---|---|---|---|---|
| | 合计 | 完小 | 教学点 | 合计 | 全日制 | 复式班 | | 总数 | 其中公办 |
| 1958 | 312 | 33 | 279 | 560 | 369 | 191 | 23 975 | 649 | 459 |
| 1959 | 328 | 32 | 296 | 648 | 426 | 222 | 24 310 | 725 | 492 |
| 1960 | 157 | 26 | 131 | 417 | 331 | 86 | 19 559 | 663 | 480 |
| 1961 | 222 | 26 | 196 | 431 | 340 | 91 | 15 479 | 579 | 491 |
| 1962 | 214 | 24 | 190 | 409 | 312 | 97 | 15 045 | 521 | 424 |
| 1963 | 202 | 22 | 180 | 413 | 312 | 101 | 15 436 | 540 | 436 |
| 1964 | 207 | 21 | 186 | 484 | 318 | 166 | 20 209 | 612 | 444 |
| 1965 | 277 | 45 | 232 | 587 | 334 | 253 | 23 887 | 700 | 444 |
| 1966 | 449 | 46 | 403 | 852 | 356 | 496 | 23 789 | 896 | 450 |
| 1967 | 313 | 46 | 267 | 650 | 356 | 294 | 26 473 | 754 | 450 |
| 1968 | 293 | 46 | 247 | 575 | 345 | 230 | 22 836 | 721 | 488 |
| 1969 | 350 | 103 | 247 | | | | 21 972 | | |
| 1970 | 364 | 103 | 261 | | | | 26 431 | 701 | |
| 1971 | 458 | 112 | 346 | 607 | 607 | | 22 007 | 833 | 302 |
| 1972 | 430 | 105 | 325 | 856 | 531 | 325 | 31 290 | 1064 | 451 |
| 1973 | 435 | 106 | 329 | 1363 | 1034 | 329 | 36 566 | 1194 | 463 |
| 1974 | 435 | 106 | 329 | 1443 | 1080 | 363 | 40 115 | 1325 | 541 |
| 1975 | 462 | 106 | 356 | 1148 | 758 | 390 | 41 649 | 1387 | 457 |
| 1976 | 464 | 107 | 357 | 1163 | 748 | 415 | 41 268 | 1439 | 433 |
| 1977 | 443 | 106 | 337 | 1117 | 780 | 337 | 39 042 | 1419 | 349 |
| 1978 | 406 | 103 | 303 | 1081 | 713 | 368 | 37 983 | 1454 | 351 |
| 1979 | 381 | 102 | 279 | 1013 | 711 | 302 | 36 323 | 1485 | 483 |
| 1980 | 379 | 103 | 276 | 1192 | 922 | 270 | 35 439 | 1513 | 566 |
| 1981 | 328 | 108 | 220 | 785 | 570 | 215 | 33 485 | 1500 | 612 |
| 1982 | 313 | 108 | 205 | 940 | 754 | 186 | 32 990 | 1531 | 684 |

续表

| 年份 | 学校数/所 | | | 班数/个 | | | 学生数/人 | 教职员工/人 | |
|---|---|---|---|---|---|---|---|---|---|
| | 合计 | 完小 | 教学点 | 合计 | 全日制 | 复式班 | | 总数 | 其中公办 |
| 1983 | 313 | 108 | 205 | 931 | 734 | 197 | 32 749 | 1553 | 682 |
| 1984 | 313 | 107 | 206 | 917 | 727 | 190 | 33 444 | 1445 | 689 |
| 1985 | 299 | 107 | 192 | 1084 | 907 | 177 | 32 381 | 1421 | 776 |

表 70-2　阳朔县几个年份普及初等教育情况

| 年份 | 入学率 | 巩固率 | 毕业率 | 普及率 |
|---|---|---|---|---|
| 1981—1982 | 93.2% | 92.3% | 85.5% | 83.6% |
| 1982—1983 | 94.8% | 94.7% | 86.3% | 85.0% |
| 1983—1984 | 96.5% | 95.3% | 87.7% | 86.0% |
| 1984—1985 | 95.7% | 96.0% | 85.0% | 91.0% |

## 二、阳朔镇小学简况

阳朔镇小学位于县城东北角都荔山下，紧靠漓江，即清代寿阳书院故址。曾先后改称为寿阳高等小学堂、县立高等小学校、阳朔模范小学、碧莲乡中心校、碧莲乡表证中心校、城厢中心校、城关小学，1966年称阳朔镇小学至今。

阳朔镇小学设幼儿部和小学部。1971—1981年，兼办初中班（附设初中），累计毕业17个班共884人。

1978年后，全校贯彻党的教育方针，开展"一人一课一改一经验"（一个教师，一个学期上一节教改试验课，总结一条经验体会）的教改活动，探索电化教学；采取语文情境教学，说话能力培养，数学科的笔珠结合，题组教学，散发性思维能力训练，一题多解，章节过关，及时反馈、及时回授等方法；组织教师到南宁、上海、北京等地学习先进经验，提高了教学质量，先后被评为区、市、县的教育先进单位，获优秀小学奖励。1985年毕业考试，语文平均80.5分，比1978年提高12.8分；数学平均65.4分，比1978年提高13.1分。升学率为90%。

1974—1985年，新建砖混结构教学楼3幢，教室32个，共3064平方米，电化教室534平方米，教工宿舍2幢共2640平方米，全校除保留旧有木料结构教室1幢396平方米外，均为新建校舍。1985年，全校有21个班，学生1017人，教职工57人。校园面积17 322平方米（其中校舍建筑面积7126平方米，活动场地3660平方米，运动场6065平方米），果园4091平方米。有电化教学设备1套，8.75毫米电影机、发电机各1台，电动机、录音机各2台，幻灯投影仪5台，幻灯教学片32套。音乐教学设备有脚踏风琴8部，手风琴4部，打击乐器1套，其他乐器6件。体育教学设备有沙坑2个，单双杠各2副，乒乓球室3间，其他体育设备一批。少先队配备有大队鼓4个，小鼓26个，队号26支，其他乐器12件，队服67套。有图书杂志共3661册。

## 第三节　中学教育

### 一、发展概况

民国27年（1938年）春，阳朔县创办国民中学1所，学制两年，两个班，学生100人，教职员工10余人。课程采用三年制普通初中课本（不开设英语），增授地方行政和农业常识，每年春、秋两季招生。

民国33年（1944年），乡绅黎国钧于木山村广化寺创办私立绍桃中学1所，招收初中生150人，教职员工18人，上课一个月便停课。抗战胜利后，绍桃中学与国民中学合并，改为阳朔县立初级中学，学制三年。到解放前夕，共招收两年制国中班13个班，学生760人，毕业407人；三年制普通初中12个班，学生573人，毕业101人。

1956年，阳朔初中改名为阳朔中学，始招1个高中班，同时在白沙大鹏村开办白沙初中。两校共12个班，学生635人。

1958年，贯彻"教育必须为无产阶级政治服务，必须与生产劳动相结合"的方针，学校强调对学生进行思想政治教育和劳动教育，办工厂、办农场，组织学生修水库，支援生产队抢收抢种，参加大炼钢铁，全年上课时间不到一半。

1959—1960年，先后创办兴坪初中（6个班）、葡萄初中（2个班），1962年停办，分别并入阳朔初中、白沙初中。1964年，贯彻执行全日制和半工半读两种教育制度，开办白沙、福利、兴坪、高田、金宝公社5所农业中学（其中3所为民办初中所改），次年又增办葡萄、普益两所农中。采用普通中学课本，增加农业基础课和劳动课。在校学生共884人，其中女生236人。

自1963年贯彻执行教育部颁发的《全日制中学暂行工作条例（草案）》即中学"五十条"后，中学恢复正常教学秩序。在师生中开展学习雷锋、王杰、欧阳海等英雄人物活动，学校形成较好的校风、教风和学风，促进学生德、智、体全面发展，人人做好事，个个学雷锋。1964年，电厂一名职工工伤严重，学生争先恐后报名献血；县城两次发生洪水，阳朔中学师生奋勇抢救国家财产和遇难的群众。阳朔中学、白沙初中60％的学生达到劳卫制锻炼标准。阳朔中学男篮曾3次获地区中学生比赛冠军，一次获自治区赛第3名，女篮获地区赛亚军。1964年毕业的高七班，29人参加高考，有13人考上高等院校，1人被大专院校录取；未参加考试的21人全部参军、参加工作。

学制改为初、高中各两年，取消升学考试制度，改用推荐办法。各大队小学附设初中班。1969年，农业中学改称"五·七"中学，招收初、高中学生，全县中学生人数比上年增加54％，1970年比1969年再增68％。所需教师层层拔高，小学教师教初中，初中教师教高中，甚至小学教师教高中。推广"劳动大学"经验，劳动课时间与课堂教学时间为1∶1，多的为3∶2。阳朔中学虽规定每周劳动2天，上课4天，但上课时间经常被劳动或批判会挤掉。1973年，提倡"茅棚"学校，阳朔中学在离学校20多千米的葡萄公社办分校，学生每学期轮流到分校劳动1个月。当时上课内容语文主要学"语录"，数学搞实地测量，化学搞沼气（学生挖个坑、割几把草，化学科就算及格），物理学三机一泵（拖拉机、抽水机、碾米机、水轮泵）。1976年，"五·七"中学更改校名。1977年恢复高校升学考试制度，全县3052人参加考试，平均分及格的25人，被大专院校录取12人。

1978年后，逐步恢复初、高中各三年的学制，使用全国统编教材，该县提出《贯彻调整、改革、整顿、提高方针，搞好中学布局设点和中等教育结构改革的初步意见》，整顿、改革中学教育。至1985年，停办71所小学附设初中，增办9所初中，将17所高中、完中实行停、并、转，保留完中（阳朔中学）、高中（白沙高中）、农业高中（葡萄农中）各1所，初中22所，普通中学增设生产技术课，阳朔镇中开办职业班。实行高中由县、初中由乡（镇）办学和管理的办法，加强领导，相对集中和合理使用师资、设备及经费。同时，以"教育要面向现代化、面向世界、面向未来"为指导思想，开展教学研究和教学改革。对学生进行坚持四项基本原则和"有理想、有道德、有文化、有纪律"的教育，开展"五讲四美三热爱"活动，培养学生思想道德品质。1985年下学期，高田初中各班成立学雷锋小组，学生的思想素质有了提高。全校共做好事1700多次，发展共青团员31名。教学上，各学校开展学科专题教学试验，不断改革教学方法和手段，提高课堂教学密度，并开辟第二课堂，扩大学生的知识领域和训练学生的基本技能，提高教学质量。1985—1986年度，全县有98人考上区内外中专，63人考上大专院校，高考录取人数比上年度增加70%，比1978年度增长2.7倍，体育达标率为72.3%（表70-3至表70-5）。

表70-3 阳朔县历年中学教育情况统计

| 年份 | 学校数/所 合计 | 其中 高中 | 其中 初中 | 附设初中 | 班数/个 合计 | 其中 高中 | 其中 初中 | 学生数/人 合计 | 其中 高中 | 其中 初中 | 教职员工数/人 总数 | 其中公办 |
|---|---|---|---|---|---|---|---|---|---|---|---|---|
| 1950 | 1 | | 1 | | 6 | | 6 | 150 | | 150 | 23 | |
| 1951 | 1 | | 1 | | 5 | | 5 | 138 | | 138 | 20 | |
| 1952 | 1 | | 1 | | 6 | | 6 | 264 | | 264 | 24 | |
| 1953 | 1 | | 1 | | 7 | | 7 | 358 | | 358 | 27 | |
| 1954 | 1 | | 1 | | 7 | | 7 | 336 | | 336 | 27 | |
| 1955 | 1 | | 1 | | 8 | | 8 | 399 | | 399 | 33 | |
| 1956 | 2 | 1 | 1 | | 12 | 1 | 11 | 635 | 50 | 585 | 37 | |
| 1957 | 2 | | 2 | | 12 | | 12 | 643 | | 643 | 55 | |
| 1958 | 2 | 1 | 1 | | 18 | 2 | 16 | 836 | 93 | 743 | 47 | |
| 1959 | 3 | 1 | 2 | | 28 | 4 | 24 | 1322 | 166 | 1156 | 61 | |
| 1960 | 4 | 1 | 3 | | 32 | 6 | 26 | 1304 | 216 | 1088 | 99 | |
| 1961 | 3 | 1 | 2 | | 26 | 5 | 21 | 1075 | 194 | 881 | 106 | |
| 1962 | 2 | | 2 | | 18 | 3 | 15 | 824 | 113 | 711 | 75 | |
| 1963 | 2 | | 2 | | 16 | 1 | 15 | 753 | 41 | 712 | 63 | |

续表

| 年份 | 学校数/所 | | | 附设初中 | 班数/个 | | | 学生数/人 | | | 教职员工数/人 | |
|---|---|---|---|---|---|---|---|---|---|---|---|---|
| | 合计 | 其中 | | | 合计 | 其中 | | 合计 | 其中 | | 总数 | 其中公办 |
| | | 高中 | 初中 | | | 高中 | 初中 | | 高中 | 初中 | | |
| 1964 | 2 | 1 | 1 | | 17 | 1 | 16 | 773 | 42 | 731 | 67 | |
| 1965 | 2 | 1 | 1 | | 19 | 2 | 17 | 867 | 80 | 787 | 69 | |
| 1966 | 2 | 1 | 1 | | 26 | 2 | 24 | 1283 | 76 | 1207 | 62 | |
| 1967 | 2 | 1 | 1 | | 25 | 2 | 23 | 1205 | 76 | 1129 | 73 | |
| 1968 | 2 | 1 | 1 | | 25 | 2 | 23 | 935 | 76 | 859 | 74 | |
| 1969 | 26 | 2 | 24 | | 279 | 46 | 233 | 4556 | 748 | 3808 | | |
| 1970 | 35 | 13 | 22 | | 164 | 42 | 122 | 7638 | 2200 | 5438 | 342 | |
| 1971 | 29 | 12 | 17 | 18 | 161 | 42 | 119 | 7113 | 2011 | 5102 | 385 | |
| 1972 | 29 | 12 | 17 | 10 | 140 | 36 | 104 | 6250 | 2133 | 4117 | 384 | |
| 1973 | 40 | 12 | 28 | 10 | 136 | 40 | 96 | 6256 | 2025 | 4231 | 364 | |
| 1974 | 24 | 9 | 15 | 16 | 133 | 31 | 102 | 6898 | 1777 | 5121 | 335 | 277 |
| 1975 | 27 | 8 | 19 | 33 | 181 | 34 | 147 | 9206 | 1902 | 7304 | 472 | 337 |
| 1976 | 29 | 15 | 14 | 64 | 267 | 52 | 215 | 13 599 | 2970 | 10 629 | 652 | 390 |
| 1977 | 30 | 17 | 13 | 79 | 351 | 72 | 279 | 17 463 | 4094 | 13 369 | 895 | 482 |
| 1978 | 32 | 12 | 20 | 74 | 358 | 70 | 288 | 17 475 | 3858 | 13 617 | 904 | 491 |
| 1979 | 25 | 10 | 15 | 44 | 258 | 59 | 199 | 13 338 | 3237 | 10 101 | 836 | 533 |
| 1980 | 30 | 7 | 23 | 22 | 261 | 51 | 210 | 12 495 | 2429 | 10 066 | 833 | 567 |
| 1981 | 24 | 3 | 21 | 15 | 206 | 22 | 184 | 9438 | 1145 | 8293 | 801 | 616 |
| 1982 | 22 | 2 | 20 | 9 | 175 | 27 | 148 | 8155 | 1261 | 6894 | 722 | 605 |
| 1983 | 23 | 2 | 21 | 5 | 170 | 23 | 147 | 7961 | 1023 | 6938 | 740 | 612 |
| 1984 | 23 | 2 | 21 | 5 | 172 | 21 | 151 | 8399 | 1065 | 7334 | 747 | 616 |
| 1985 | 24 | 2 | 22 | 3 | 169 | 23 | 146 | 8238 | 1158 | 7080 | 721 | 612 |

表 70-4　阳朔县几个年份民办、农业中学及职业中学情况

| 年份 | 学校数/所 | | | 班数/个 | | | 学生数/人 学年初学生数 | | | 教职员工数/人 | | | | | |
|---|---|---|---|---|---|---|---|---|---|---|---|---|---|---|---|
| | 合计 | 高中 | 初中 | 合计 | 高中 | 初中 | 合计 | 高中 | 初中 | 合计 | 教员数 小计 | 高中 | 初中 | 职员 | 工勤人员 |
| 1957 | 1 | | 1 | 1 | | 1 | 62 | | 62 | 2 | 2 | | 2 | | |
| 1958 | 8 | | 8 | 12 | | 12 | 544 | | 544 | 25 | 19 | | 19 | 4 | 2 |
| 1959 | 3 | | 3 | 4 | | 4 | 192 | | 192 | 8 | 6 | | 6 | | 2 |
| 1962 | 2 | | 2 | 4 | | 4 | 198 | | 198 | 8 | 8 | | 8 | | |
| 1963 | 3 | | 3 | 6 | | 6 | 331 | | 331 | 15 | 14 | | 14 | | 1 |
| 1964 | 5 | | 5 | 12 | | 12 | 562 | | 562 | 25 | 18 | | 18 | 4 | 3 |
| 1965 | 7 | | 7 | 18 | | 18 | 884 | | 884 | 32 | 29 | | 29 | | 3 |
| 1966 | 22 | | 22 | 41 | | 41 | 1910 | | 1910 | 53 | 47 | | 47 | | 6 |
| 1967 | 22 | | 22 | 41 | | 41 | 1910 | | 1910 | 53 | 53 | | 53 | | |
| 1968 | 22 | | 22 | 41 | | 41 | 1910 | | 1910 | 53 | 53 | | 53 | | |
| 1981 | 1 | 1 | | 3 | 3 | | 149 | 149 | | 12 | 12 | 12 | | | |
| 1982 | 2 | 2 | | 5 | 5 | | 262 | 262 | | 31 | 30 | 30 | | 1 | |
| 1983 | 2 | 2 | | 8 | 8 | | 370 | 370 | | 46 | 43 | 43 | | | 3 |
| 1984 | 2 | 2 | | 9 | 9 | | 367 | 367 | | 43 | 38 | 38 | | | 5 |
| 1985 | 1 | 1 | | 6 | 6 | | 330 | 330 | | 31 | 28 | 28 | | | 3 |

表 70-5　阳朔县几个学年度高中生考试被大中专学校录取人数统计

单位：人

| 学年度 | 1960—1961 | 1961—1962 | 1962—1963 | 1963—1964 | 1976—1977 | 1977—1978 | 1978—1979 | 1979—1980 | 1980—1981 | 1981—1982 | 1982—1983 | 1983—1984 | 1984—1985 | 1985—1986 |
|---|---|---|---|---|---|---|---|---|---|---|---|---|---|---|
| 大专院校 | 9 | 5 | 11 | 1 | 12 | 39 | 17 | 27 | 32 | 47 | 33 | 31 | 37 | 63 |
| 中专 | — | — | — | — | 67 | 115 | 117 | 63 | 70 | 99 | 135 | 137 | 134 | 98 |

注：①1962年阳朔中学停止招收高中班，故1965年无应届高中毕业生参加高考。

②1966年前，中专招收初中毕业生。

③"文化大革命"期间，推荐上高等院校的学生未统计在表内。

## 二、阳朔中学简况

阳朔中学的前身是阳朔县国民中学。创办于 1938 年春，借用阳朔碧莲乡中心校（现阳朔镇小）两个教室为校舍，后得"进德新村"作校址，扩建后，1939 年迁入。每年春、秋两季各招生 1 个班，至 1944 年县城沦陷前，共招生 14 个班。1946 年春改为普通中学，称阳朔县立初级中学，仍春、秋两季招生 1～2 个班。中华人民共和国成立后，学校规模逐步扩大，1952 年，改为每年秋季招生一次。1956 年改称阳朔中学，开始招收高中 1 个班学生 50 人，因条件限制，第二年停止招生，并将高中班学生拨入灵川中学。1958 年恢复高中招生。截至 1985 年，40 年来共招收初中 98 个班，高中 104 个班。

1985 年，有高中 14 个班，学生 659 人；初中 8 个班，学生 437 人。在职教职员 104 人。各种教具、仪器 3000 多件，全校建筑总面积 10 848 平方米，其中教学用房 7516 平方米，宿舍 3332 平方米。图书 13 000 册。当年在学生中发展党员 1 人、共青团员 125 人，被评为该校"三好"学生 74 人，市级"三好"学生、优秀学生干部 28 人，3 个班被评为桂林市中学先进集体（表 70-6）。

## 第十部分 阳朔县教育

表70-6 1985年上半年阳朔县各中学情况一览

| 学校名称 | 班级数/个 | | 学生数/人 | | 教职员工数/人 | | | | | | | 校址 | 附注 | |
|---|---|---|---|---|---|---|---|---|---|---|---|---|---|---|
| | 高中 | 初中 | 高中 | 初中 | 教员数 合计 | 大学 | 大专 | 其他 | 职员 | 工勤人员 | 校长主任 | | 创办年份 | 原来名称 |
| 阳朔中学 | 14 | 8 | 659 | 437 | 104 | 38 | 37 | 5 | 10 | 7 | 7 | 县城 | 1938年春 | 阳朔国中 |
| 白沙高中 | 10 | | 454 | | 63 | 14 | 24 | 14 | 5 | | 6 | 大鹏村 | 1956 | 白沙初中 |
| 葡萄农中 | 5 | | 205 | | 25 | 4 | 7 | 5 | | 6 | 3 | 八塘 | 1982 | 阳朔技校 |
| 城关初中 | | 7 | | 335 | 32 | | 5 | 22 | | 2 | 3 | 水岩门 | 1969 | |
| 矮山初中 | | 2 | | 78 | 9 | | | 7 | | 1 | 1 | 矮山 | 1969 | 城关高中 |
| 阳朔镇中 | | 10 | | 544 | 44 | 9 | 20 | 7 | 1 | 3 | 4 | 北门岺 | 1984 | |
| 白沙九龙初中 | | 8 | | 418 | 34 | | 2 | 28 | | 2 | 2 | 白沙九龙 | 1964 | 白沙农中 |
| 白沙五里店初中 | | 6 | | 263 | 23 | | 7 | 14 | | | 2 | 五里店 | 1969 | |
| 金宝初中 | | 7 | | 325 | 22 | 4 | 4 | 14 | | 1 | 3 | 金宝街 | 1964 | |
| 金宝新村初中 | | 4 | | 154 | 16 | | 3 | 10 | | 1 | 2 | 新村 | 1969 | |
| 金宝大桥初中 | | 2 | | 88 | 12 | | | 10 | | 1 | 1 | 大桥 | 1969 | |
| 葡萄初中 | | 6 | | 320 | 21 | 3 | 3 | 15 | | 1 | 2 | 福旺街 | 1969 | |
| 葡萄八塘初中 | | 7 | | 317 | 28 | 3 | 3 | 20 | | 3 | 2 | 八塘 | 1964 | 葡萄农中 |
| 杨堤初中 | | 6 | | 247 | 21 | 3 | 3 | 15 | | 1 | 2 | 杨堤村 | 1969 | 杨堤高中 |
| 兴坪朝板山初中 | | 6 | | 301 | 22 | 7 | 7 | 11 | | 1 | 3 | 朝板山 | 1969 | |

续表

| 学校名称 | 班级数/个 | | 学生数/人 | | 教职员工数/人 | | | | | | 校长主任 | 校址 | 附注 | |
|---|---|---|---|---|---|---|---|---|---|---|---|---|---|---|
| | 高中 | 初中 | 高中 | 初中 | 合计 | 教员数 | | | 职员 | 工勤人员 | | | 创办年份 | 原来名称 |
| | | | | | | 大学 | 大专 | 其他 | | | | | | |
| 兴坪大坪子初中 | | 6 | | 240 | 22 | | 3 | 15 | | 1 | 3 | 大坪子 | 1964 | 兴坪农中 |
| 兴坪西山初中 | | 6 | | 225 | 22 | | 2 | 17 | | 1 | 2 | 西山村 | 1969 | |
| 福利初中 | | 6 | | 332 | 25 | | 5 | 15 | | 2 | 3 | 福利街 | 1969 | |
| 福利忠和初中 | | 6 | | 246 | 23 | | 6 | 12 | | 3 | 2 | 忠和村 | 1969 | |
| 福利穿井初中 | | 6 | | 313 | 23 | | 8 | 9 | | 4 | 2 | 穿井 | 1964 | 福利农中 |
| 普益初中 | | 6 | | 237 | 23 | | 1 | 19 | | 1 | 2 | 普益街 | 1969 | 普益高中 |
| 普益古乐初中 | | 3 | | 120 | 14 | | 5 | 7 | | | 2 | 古乐村 | 1969 | |
| 高田初中 | | 6 | | 290 | 24 | | 5 | 17 | | | 2 | 高田街 | 1969 | |
| 高田历村初中 | | 5 | | 227 | 21 | | 6 | 13 | | | 2 | 历村 | 1964 | 高田农中 |
| 高田龙村初中 | | 5 | | 221 | 19 | | 3 | 14 | | | 2 | 龙村 | 1969 | |
| 白沙古板初中 | | 3 | | 123 | 11 | | 2 | 8 | | | 1 | 古板村 | 1969 | （附设初中） |
| 白沙遇龙初中 | | 4 | | 174 | 10 | | 2 | 6 | | 1 | 1 | 湛龙村 | 1969 | （附设初中） |
| 福利顺梅初中 | | 3 | | 137 | 11 | | 2 | 8 | | | 1 | 顺梅 | 1969 | （附设初中） |

# 第71章
# 专业教育

## 第一节 师范教育

民国13年（1924年），在县城文庙创办阳朔师范讲习所。这是县境第一所中等专业学校。学制两年，招收学生1期，毕业50多人。15年因财政困难停办。

民国29年（1940年），阳朔国民中学开始附设师训班、简师班，每年招收1个班30~40人。到沦陷前夕，共招收师训、简师6个班，学生273人，毕业211人。

1958年，阳朔中学附设1年制初师班1个班，学生50人。毕业后多数分配在民办小学任教。

1972年，在葡萄乡创办阳朔师范学校。1976年，迁至阳朔镇"五·七"中学旧址。教职工9人，2个班，学生80人。1984年，教职工增至36人，3个班，学员120人。学制两年，系统学习中师课程。校内设附属小学1所，6个班，240名学生，其为培训师资的实习基地。同年改名为"阳朔县教师进修学校"，招收在职小学教师进修班3个班，代桂林市师范学校办一个民办中师班，另招收函授学员108人。学校教学工作坚持系统性、规范性和适用性的原则，采用全国和自治区统编教材，既重视基础课（语文、数学）的教学，又重视专业课（教育学、心理学、教材教法）的传授，注意对学员专业技能（备课、编写教案、板书、口头表达、组织课堂教学等能力）的培养，使学生达到中师毕业生水准。

1972—1985年底，全校先后招收10个班，386人（其中3个班137人为在职教师进修），毕业9个班324人（其中2个班75人为在职进修）；办短训班22期，共培训初中、小学教师和领导1050人次，其中行政干部班3期111人（次），英语班2期71人，体育班1期40人，初中数学、物理、化学教师 3 期 159 人，小学教师班 13 期 669 人。函授部由 1979 年开设，除有中师函授外，1979 年至 1981 年还负责大专函授的辅导工作。1981 年，中师函授单科结业的，有语文专业 226 人，数学专业 175 人；大专函授毕业的，有语文专业 18 人，数学专业 13 人，化学专业 3 人，物理专业 1 人。1981 年，中师函授暂停。1985 年恢复，由自治区统考招生 85 人。

## 第二节　其他专业教育

### 一、农业技术培训

1958 年，在白沙公社九龙村办阳朔县初级技术学校，招收 2 个农业班。1965 年，在葡萄公社八塘村办阳朔县农业初级技术学校，招收 2 个农业班；还办林业中学 1 所，学生 49 人；半农半读农业技术学校 1 所，学生 45 人；养蜂学校 1 所，学生 28 人。1970 年，又在八塘办阳朔县"五·七"劳动学校，招收 2 个农业班。1975 年，在原"五·七"干校旧址办阳朔县"五·七"大学，招收 2 个农业班。这些学校均为农村社、队培训农业技术骨干，实行"社来社去"，国家不包分配。

1985 年秋，阳朔县农业局办农业广播学校，招收学生 40 人，学制两年。学生按时收听广播，自学为主，局里设有专职辅导员 1 人，定期进行辅导。学习结束，由全国统一考试，成绩及格者，国家发给中专毕业文凭，但不负责分配，如有单位录用，则按中专待遇支付月薪。

### 二、农机技术培训

1970 年办县农机校，至 1985 年共培训中型拖拉机手 21 期 604 人，手扶拖拉机手 56 期 2829 人，柴油机手 9 期 373 人。

### 三、工业技术培训

1985 年，阳朔县农械厂开办相当于中专的半工半读工业技术学校 1 所，学生 29 人，毕业后安排在该厂当工人。

### 四、卫生技术培训

1951 年，开始培训接生员 20 人，此后逐年培训，到 1960 年共 421 人。

1962年后，因放松此项工作，全县接生员减少到94名。1973年开办学习班，继续培训154人。1985年，全县共有接生员338人，其中经复训的325人。

1958年，县白沙农业技术学校招收一个卫生班50人，培训一年转县城继续学习，毕业后大部分安排在生产大队做医务工作。1971年，县"五·七"劳动学校招收一个卫生班50人，学习一年后，大多数安排在大队做"赤脚医生"（后改称乡村医生）。1976年、1983年各举办一期"赤脚医生"学习班，共136人，每期学习时间为4个月。

1978年，新建卫校（赤脚医生学校）1所，培养农村卫生人员。首次招生78人，次年招生40人，1981年招收中医学徒、护理员共70人，1983年、1984年共招生111人。

1960年，县培训在职医务干部36人，培训后有15人选送到大专、中专卫生院校继续深造。1970年3月，在高田卫生所开办短期战备外科手术训练班，共8人。1973年5月，开办第一期西医学中医学习班，共12人。1975年，桂林地区卫生局委托阳朔县人民医院举办放射科进修班，共24人。

五、商业供销业务培训

1979年下半年，阳朔县供销合作社在原农药厂开办职工学校1所，配备2名专职教师，2名管理干部。5年共开办财会、商品知识、厨师、农业生产资料商品知识、农副产品收购、商业企业管理等业务培训班19期，新职工培训班2期，职工教育辅导员培训1期，基层领导培训班2期，共培训干部、职工700多人次，其中取得初级业务技术合格证的有352人。

六、旅游业务培训

1980年冬，阳朔县交通局开办一期旅游培训班32人，聘请1名老师授课。1981年5月，县劳动局和劳动服务公司在县化工厂原址办朔县旅游学校，配教职工7人，招收美术、导游各1个班，共121人，学习时间半年，教学课程有绘画、雕刻、编织、盆景、英语、粤语、导游等。结业后，多数被旅游单位优先录用。

# 第72章
# 业余教育

## 第一节　农民业余教育

抗日战争前，阳朔县政府曾开办成人班，推行扫盲教育，但时办时停，收效不大。

1952年冬，阳朔县人民政府成立扫盲委员会，派出工作队下乡推广速成识字法，共有9410人参加学习。自1954年起，各区设扫盲中心校长，每年冬季入学人数均在9000人左右。1956年寒假，全县中心小学教师投入扫盲活动，发动农民学习《记工识字课本》，共有41 070人参加学习。1964年，农村普遍成立政治夜校，学习政治理论。1976年，全县有农村夜校1165间，理论辅导员4148人。1978年，该县12~45岁的青少壮年文盲、半文盲共23 813人，占青少壮年人数的23%。县成立扫盲领导小组，教育局配2名专职干部，学区专干9人，杨堤公社各大队专干1人，并组织中小学教师682人、知识青年420人共1102人的扫盲队伍，通过办夜校，采用定期学习、集中突击或分散包教识字表和扫盲课本等办法，一年中全县共有5670人脱盲。

1979年，桂林地区验收组检查验收，已达"脱盲县"标准，桂林地区行政公署发给合格证书。1983—1985年，继续抓扫盲扫尾工作，3年中又办20个扫盲班，参加学习共536人。并在白沙、兴坪、葡萄3个乡（镇）成立成人教育中心校，组织辅导农民学习科学知识（表72-1）。

表72-1　阳朔县12~40岁农村人口文化情况统计（截至1984年8月31日）

单位：人

| 文化程度 | 小计 | 文盲（识500字以下） | 半文盲（识500~1000字） | 初小 | 高小 | 初中 | 高中 | 中专 | 大学 |
|---|---|---|---|---|---|---|---|---|---|
| 合计 | 114 461 | 5058 | 3323 | 28 065 | 35 726 | 32 657 | 9551 | 70 | 11 |
| 男 | 60 689 | 1111 | 1123 | 12 069 | 20 138 | 19 838 | 6354 | 48 | 8 |
| 女 | 53 772 | 3947 | 2200 | 15 996 | 15 588 | 12 819 | 3197 | 22 | 3 |
| 占比 | 100.00% | 4.42% | 2.90% | 24.52% | 31.21% | 28.53% | 8.34% | 0.06% | 0.01% |

## 第二节　职工业余教育

1956年冬，县成立干部职工业余学校，有专职教师3人，兼职教师4人，办1个识字班，25人；3个高小班，146人；2个初中班，70人。1963年下半年至1965年，县总工会办职工业余夜校，有专职教师4人，学员90人。1982年后，增办职工夜校英语培训班1个班56人，日语、广播英语教材培训班2个班100人，日语、英语柜台对话培训班2个班100人，初中、高中数学补习各1个班共80人，与县文联合办书法培训班65人。1982年后，县工艺美术服务部举办本单位职工日语、英语培训班。

# 第73章
# 管理

## 第一节 行政

前清科举时代,教育行政无专管机关。光绪三十一年(1905年),阳朔县署设教育科,办理教育行政事务,监设劝学所,委所长1人、视学员1人,专管教育行政机关,总理全县学校事务,其职能是执行法令监督学习,筹集办学经费,规劝地方人士建立学堂,发展教育事业。民国2年(1913年),由科改为教育局,11年改为督学局,视学员改为督学员。民国18年,复改为教育局,视学员照章每学年视察学校2次。民国20年,撤销教育局归并县政府第三科,设科长、科员各1人,督学2人,23年裁科长,25年改督学为乡村政务督察员。

中华人民共和国成立后,县人民政府设置文教科(局),其职责是:贯彻执行党的方针政策和上级教育行政部门的指示,并从管理幼儿、小学、业余教育,扩大到管理中学、师范教育和中专、普通高校招生及成人高校招生、自学考试,制定教育发展规划,调整学校布局,管理学校教师,领导各级学校教学活动,发放教育经费,办理教职工福利和离休、退休、退职等工作。至1984年,教育局设教研室、教育股、人事股、计财股、勤工俭学公司,共44人。

## 第二节 经费

### 一、清代

道光十六年(1836年),由知县、地方士绅和民众共捐银11 160余两,创建寿阳书院用去3640两,其余7520两购置学田,每年以出租收入作教学经费,支付教师薪俸和学生伙食费用。光绪三十一年(1905年),书院改为高等小学堂，学校经费仍由学田租银解决。县立初等女子学校由儒学遗产支付，各区初等小学校由各区地方经费支付，各村初等小学校经费由各乡村自筹。

二、民国

民国初年，全县国民基础中心学校经费由学田租银支付，每年为1387.4元。各村国民基础学校经费由各乡村自筹。民国25年（1936年），全县中心学校经费2.9万元（银毫），其中教职员薪俸2.4万元，办公费3960元，设备费1584元。国民基础学校经费1.8万元，成人班经费4993元。民国27年创办的阳朔县国民中学，经费除省府拨给少部分外，余由县教育经费项目支付。民国34年，全县教育经费（含文化经费）支出占全县经费支出总数的4.4%。

三、中华人民共和国成立后

主要由地方财政拨给。1950—1985年，共支出教育经费2623.8万元，占全县财政总支出的25.2%，年平均支出教育经费72.9万元。教育经费主要用于支付教职工工资、购置教学图书仪器和修建校舍。此外，各中、小学勤工俭学收入和群众捐资，也补充一部分教育经费（表73-1）。

表73-1 阳朔县几个年份教育经费收支一览

单位：万元

| 年份 | 预算数 | 经费来源情况 | | 财政实际拨款数 | 比上年增加百分比 | 经费使用情况 | | | | | | | |
|---|---|---|---|---|---|---|---|---|---|---|---|---|---|
| | | 其中 | | | | 工资 | 补助工资 | 民办教师补贴 | 助学金 | 修缮费 | 福利费 | 其他 | 合计 |
| | | 上级预算 | 地方预算 | | | | | | | | | | |
| 1961 | | | | | | 23.1 | 0.1 | | | 0.9 | 0.6 | 2.5 | 27.2 |
| 1966 | | | | 36.3 | | 24.2 | 1.2 | 6.2 | 0.6 | 1.3 | 1.6 | 2.4 | 37.5 |
| 1978 | 118.4 | 118.4 | — | 118.4 | | 47.4 | 6.2 | 22.6 | 4.1 | 22.9 | 2.9 | 12.6 | 118.7 |
| 1979 | 123.8 | 120.3 | 3.5 | 126.8 | 7.1% | 56.5 | 8.3 | 23.7 | 4.0 | 19.8 | 1.5 | 13.8 | 127.6 |
| 1980 | 150.6 | 150.6 | — | 150.6 | 18.8% | 64.0 | 18.2 | 26.9 | 3.7 | 13.0 | 4.8 | 17.5 | 148.1 |
| 1981 | 163.8 | 149.6 | 14.2 | 166.8 | 10.8% | 69.0 | 27.2 | 31.9 | 3.5 | 13.8 | 10.5 | 12.4 | 168.3 |

续表

| 年份 | 经费来源情况 | | | | | 经费使用情况 | | | | | | | |
|---|---|---|---|---|---|---|---|---|---|---|---|---|---|
| | 预算数 | 其中 | | 财政实际拨款数 | 比上年增加百分比 | 工资 | 补助工资 | 民办教师补贴 | 助学金 | 修缮费 | 福利费 | 其他 | 合计 |
| | | 上级预算 | 地方预算 | | | | | | | | | | |
| 1982 | 186.5 | 149.6 | 36.9 | 189.2 | 13.4% | 86.3 | 23.1 | 33.5 | 2.6 | 16.8 | 10.0 | 19.0 | 191.3 |
| 1983 | 226.4 | 172.0 | 54.4 | 212.5 | 12.3% | 85.4 | 27.6 | 35.8 | 1.8 | 14.0 | 7.6 | 21.5 | 193.7 |
| 1984 | 275.8 | 180.0 | 95.8 | 258.5 | 21.6% | 86.3 | 60.9 | 42.5 | 1.8 | 26.3 | 10.1 | 26.4 | 254.3 |
| 1985 | 293.5 | — | — | 315.3 | 22.0% | 140.8 | 37.2 | 47.1 | 1.0 | 28.0 | 8.8 | 19.7 | 282.6 |

注：①福利费中含退休修房遗补。

②1983年后公费医疗实行包干，1983年、1984年、1985年分别另拨医疗费为2.8万元、6.8万元、5.4万元。

## 第三节　教育设备

民国期间，全县各乡中心校有教室、课桌凳、操场等设备，大部分村（街）国民基础学校借祠堂、庙宇为校舍，所需桌凳多由学生自带，阳朔国民中学则以进德新村为校舍，配有课桌凳和少量图书、仪器，另有篮球场、操场。

中华人民共和国成立后，采取国家、集体、群众三结合筹资的办法，断新建修建中、小学校舍，添置图书、仪器和其他教学设备，教学条件有所改善，初步解决学生入学问题。1979年后，采取政府拨款补助和群众、集体集资的办法，陆续兴建中、小学教学楼房，1983—1985年，国家就投入维修费153.2万元，干部、群众捐资40万元，3年共建成新校舍325间，17 981平方米，其中村完小教学楼4幢，乡（镇）中、小学教学楼19幢，县办中、小学教学楼9幢。1985年底，全县中小学校舍总面积124 882平方米。当年，下拨教学仪器价值1.8万多元，其他教学设备也有增添，但与需要尚有较大距离，特别是有危房20 420平方米亟须维修。

附：几所学校图书、仪器设备概况

**阳朔中学**　1949年底至1952年初，有天平2台，地球仪、中国地形示意模型各1个，人体骨骼1具和直尺、三角板、圆规等教具。以后陆续添置，到1985年有包括高中、初中物理、化学课所需的实验室、仪器，生物、地理课所需的标本、模型，电化教学的幻灯、电视机等设备，价值共4万多元。

**白沙高中**　1985年有价值1.5万元的教学仪器，图书馆藏书6767册。

教师进修学校1985年有价值1万元的教学仪器。另有录像机（大）1/2英寸的2台、（小）1/2英寸的1台、彩色电视机4台。

# 第74章
# 教师队伍

## 第一节 概况

清代以前,阳朔县的教师主要是私塾教师。塾师,一般是自己开馆,也有由学生家长(东家)聘任的,每年发聘书一次,不接到聘书的教师即被解雇。塾师多是本地秀才、廪生、贡生,也有举人,偏僻地方还有读过书院或多年在私塾任教的。民国20年(1931年),全县有私塾260多所、塾师260多人。直至解放前夕,还有塾师执教。

县学寿阳书院,设置山长1名(书院的教师)主持书院讲席。

光绪三十一年(1905年),废除科举制度,兴办学校。教师仍沿用聘请制,每年由校长送聘书。民国22年(1933年),全县有教工205人,37年增到269人。

中华人民共和国成立后,县人民政府聘请民主人士徐家耀任阳朔初中副校长,除原来的教师继续任教外,还聘请社会上的知识分子担任中小学教师。1950年2月,县民教科组织100多名小学教师集训半个月后,安排到各校任教,加上聘任部分,年底共有小学教师295人,中学教师23人。

自1951年起,组织教师参加抗美援朝、镇压反革命、土地改革、"三反"、思想改造、肃反等政治运动,整顿和壮大了教师队伍。1956年,全县有中学教工37人,小学教师443人。此后,逐年从中专、大专院校毕业生中选择人员充实教师队伍,选用初高中毕业生、知识青年担任教师;开办师训班、师范学校培养小学教师;同时,各地还推荐录用一批民办教师,扩大教师队伍。

党的十一届三中全会后,对考核合格的1037名民办教师发给任用证书,265名民办教师转为公办教师。广大教师忠诚党的教育事业,全心全意为人民服务。涌现出许多先进教师和优秀教育工作者，1978年后，全县有1名教师被评为全国优秀班主任，8名被评为自治区先进教育工作者，54人次被评为地、市先进教育工作者，1672人次被评为县先进教育工作者。

至1985年末，全县有中学、农中教职员754人，比1950年增长31.8倍，是1978年的83.4%；有小学教职工1421人，比1950年增长3.8倍，是1978年的97.7%，其中公办教师776人。中小学教师中，中共党员414人，占教师总数的19%，比1978年增长1.1倍，比1966年增长5.4倍。

## 第二节　培训提高

1951—1964年，选送80多名中小学校领导和教师到高等院校、中等师范学校和教师进修学校读书或进修。1956年后，县举办各种培训班、组织函授教学，以提高教师水平。当年，参加标准语音训练班112人，为推广普通话打下基础；1961年办一年制小学教师短训班，学员100人；1962—1966年，120人参加中师函授，10人参加大学本科函授。1972—1976年，县师范学校短期培训小学教师5个班212人，中学教师2个班82人。1978年，为适应全国统编教材，组织400多名初中语文、理化、体育、英语教师进行短期培训和进修，举办幼儿教师培训班1期50人。1979年恢复函授教学，有35人大专函授毕业，401人中专函授结业。1980年后，选送386名中小学教师和领导到县师范或大专院校学习。1985年，成人高校自学考试专科毕业12人，结业4科以上78人。此外，自1953年起，县教育局成立教研室，各学区成立辅导组，学校成立各科教研组，组织教师钻研教材、教法，学习苏联教学经验，建立备课、上课、听课制度，举行公开课、试验课、观摩课等。"文化大革命"期间，停止教研活动。1977年恢复县教研室，各学区除设1~2名辅导员外，增设1名指导员，教研活动除在本校、本地区开展外，还组织教师外出参观学习，更新知识、更新教育思想和教育观念。

据1985年统计，全县共有幼儿园教师57人，其中中师、高中毕业的园长2人，教养员34人；高中肄业及初中毕业的园长1人，教养员13人；初中肄业以下教养员7人。小学教师1252人，其中中专、高中毕业以上891人，高中肄业及初师、初中毕业295人，初中肄业以下66人。中学教师 597 人，其中大学本科毕业 65 人，高等专科学校毕业及本科 2 年以上肄业的 126 人，大学本科专科未满 2 年肄业的 49 人，中专、高中毕业的 341 人，高中肄业以下 16 人。

## 第三节　生活待遇

清末民初，塾师束脩（工资），蒙馆每年银毫 20～70 元，开讲教师每年 100～200 元不等，并按月供给大米 30～40 斤，菜金 4～6 元。书院山长薪金按八品官标准支付，计银 40 两。

民国 25 年（1936 年），中心校教职员生活费每月 20 元。

中华人民共和国成立初至 1952 年，中小学校教师实行粮薪制，小学教师每月稻谷 75～100 公斤，中学教师 125～150 公斤。1953 年实行工薪分制，小学教师每月 20 多元至 30 多元，中学教师 30 多元至 50 多元。1956 年工资改革，全县中小学教职员按照当时职务、工作经历、文化业务水平等评定工资级别，工改后每人月增工资 7 元左右。1963 年，全县中小学教职工部分调整工资，平均每人增长工资 5.3 元。1971 年，对一部分工资偏低的中小学教职工调整工资。1977—1982 年，连续 3 次调整工资，中小学教职工工资均有较大幅度的提高。1981 年，1104 名教师调整工资，公办教师每月人均增资 8.32 元，民办教师从 1982 年起实行全县统筹发工资，并增加了补助工资。1985 年改革工资制度，中小学教职工工资有明显提高，以基础工资、职务工资两项计，月平均为 70 元。另外，还有工龄津贴、教龄津贴。

# 第75章

# 勤工俭学

阳朔县开展勤工俭学，始于1957年的民办中学，当时以种养收入弥补学校经费的不足。次年，全日制中、小学开展勤工俭学。全县校办农场76个，耕地644亩，办了一些工厂，生产农具、肥皂、烤胶、土化肥、土农药、教具等。1962年，强调师生有5/6的时间用于教学，停办学校的厂场，勤工俭学一度放松。1969年"五·七"中学提出"头顶青天，脚踏草地，自力更生，艰苦创业"的口号，要求逐步做到经费自给，各校又一哄而起开展勤工俭学活动，大种果树，开办小工厂、小农场。此后，时搞时停。1984年，县教育局成立勤工俭学公司，各学区成立分公司，专管勤工俭学工作。1985年，全县124所中小学有80%开展了勤工俭学活动，共有田地411亩，除种粮食作物外，还种苎麻76亩，办果园21个。并办有5个电影队、3个校办工厂、5个医疗点、6个代销店。当年纯收入9万多元。这些收入，采取4∶4∶2的分配办法，40%用于扩大再生产，40%用于改善办学条件，20%用于改善师生生活。

学校勤工俭学收益较大的，除拿出部分弥补教学经费外，还有一部分用于减免学生的学杂费，这类学校占18%；收益一般，只能弥补部分办学经费的，这类学校占62%；除收回成本外，收益不多的，这类学校占20%。

**附：两所学校勤工俭学概况**

**阳朔镇小学**　1966年前，种植蔬菜作物；此后，养猪、养蚕、养兔、种水稻、蘑菇、烧石灰，开办九二〇厂、算盘厂、胶合板加工厂等。1975年，办学农基地，种植柚、柿、桃、乌桕等果木。1981年，办招待所、饮食店、书画店。勤工俭学总计收入20余万元。1980年后，学校用75 000多元购置10个班的课桌板凳，修整1个田径运动场和3个操场，购置教室电扇等。

**阳朔中学** 1949—1966年，种瓜菜10亩，住校师生食用蔬菜基本自给。"文化大革命"期间，学校办电镀厂；在葡萄乡办学农基地，种植水稻、高粱、花生和果树共200亩。1978年退耕后，开办微生物厂，年产食用和药用菌种10万瓶，销往区内各地和四川、新疆等。同时，在有关部门支持下为社会开办培训班，既使教学联系实际，又增加收入7万多元。先后获自治区勤工俭学先进集体奖，区、市科技成果三等奖和四等奖。教师蒋受铭获全国少数民族地区科技奖。1983年开办鸡场，养鸡4批共6000多只，种柑子4亩360多株，护理原有柚子树130多株。1966—1985年，勤工俭学共收入50余万元。30%用于提高师生福利（开晚会、节日会餐、慰问、奖励、雇人帮教工运煤），30%用于改善办学条件（安电风扇、增添图书、购买电视机、课桌凳、办公桌、修体育运动场），余下40%用于扩大再生产。

# 第十一部分

# 永福县教育[1]

---

[1] 永福县志编纂委员会. 永福县志[M]. 北京：新华出版社，1996：703-739.

自唐朝初年起，永福、古县各设学宫一所。明清时期，永福县、永宁州地方名儒开办了书院3所及社学、义学多处，延续到清末兴办小学堂时才废止。此外，民间多数有钱人家延请秀才开办塾馆。这些官学和私馆，都是为富豪子弟开设，穷苦子弟不得而入。封建时期的学校，主要教习儒学章句、八股文学，以应付科举考试。据旧志载，两县自宋至清末考取进士30人，其中文武状元各1人；明清两朝考取举人147人，其中武举44人。

　　清末，废除了封建科举制度，举办了新型小学堂，但仍以读经、修身为主课，其时教育发展不大。民国年间，改小学堂为学校，各乡村还兴办了部分私立小学和私塾。民国21年（1932年），两县县立小学始设幼稚班，开展幼儿教育。民国31年后，始办初级中学。1949年春，私立月沧中学办起一个高中班，虽是境内最早的高中班，然而未到一年就停办了。整个民国时期，国民政府虽然提倡发展教育，曾推行国民基础教育，但因战乱频繁，学校时兴时衰，到解放前夕，永福、百寿两县仅有小学115所，学生3503人，中学3所，学生295人，每千人只有32人读书。

　　解放后，人民政府对教育事业很重视，兴建了很多学校。中小学遍及城乡，大大方便了工农子弟上学。1956年，开始办起完全中学。1973年，创办了永福师范学校，有了专门培训小学教师的基地，教师队伍逐渐壮大。1984年，扫盲率达87.6%。成为基本扫除文盲县。1977年恢复高考以来，共向高等院校输送708名大学生，向中等专业学校输送800余名中专生。1990年，共有幼儿班94个，入园儿童3261人；小学285所1049个班，在校学生达31 540人，适龄儿童入学率为98.4%。普通中学19所158个班，在校学生8007人；职业中学一所6个班，在校学生216人。

　　随着教育事业的发展，科技队伍不断发展壮大，科学技术水平也不断提高。1958年，县成立科学技术委员会，领导各项科研活动，开展科普宣传和科技成果推广应用，80年代以后，各种科学技术协会、学会相继成立。到1990年，全县共有各种科技协会、学会30个，有科技人员4448人，1983—1990年，全县科研项目达数百项。获地区级以上奖共27项，其中自治区级15项，国家级4项。

# 第76章

# 儒学　塾馆

## 第一节　学宫　书院

一、学宫

（一）永福县学宫

唐朝初年建于县城东关外的仪凤铺。宋淳熙六年（1179年），迁到凤山南麓王世则故宅（今交通局办公处）。清乾隆三十二年（1767年）后，又经数次重修。唐至明代教员、生员名额不详。清代有教谕1人，训导1人，门斗2人，教谕斋膳夫8人，训导斋膳夫8人；县学学额每次岁试取录文学生员8人，武学生员8人；每次科试取录文学生8人，廪膳生限额为14人。光绪三十二年（1906年）废科举时停办。

（二）永宁州学宫

唐朝为纯化县学，宋元时期为古县县学，故址在今百寿镇旧县村。明成化十三年（1477年），县城北迁八里，县学随同迁往，改为古田县学（在今永宁州城处）。弘治五年（1492年），因有韦朝威率领的壮民义军占领县城而停办。隆庆五年（1571年），古田升为永宁州，知州唐执中建州学于州城内西北角，当时有廪生、增生各10名，生员多来源于临桂、全州。万历九年（1581年）后，几经重修，建有大成殿、启圣祠、筹经阁、崇圣宫、明伦堂、学署、文庙、乡贤祠、名宦祠等，规模宏大、壮观，光绪三十二年改为永宁州小学堂。

## 二、书院

### （一）七贤书院

明正德年间，建于锦桥里星洞村（今罗锦乡星洞村）的太平岩前。正德八年（1513年），进士刘魁，举人章润，贡生刘武、张锦、雷显、秦昌、李玢等7人参加太平岩的夏会时相互唱和，并题刻于岩壁上，以此传为美谈，便修建了该书院。当时县内准备参加科举考试的生员，多集于该书院研读经书，练写八股文，章润等人曾任主讲。清嘉庆年间废失。

### （二）云峰书院

创建于乾隆五十三年（1788年），地址在永宁州学宫西侧。建有讲堂一座5间，赏析处两座共10间，置田150余亩以供教员和学生费用。其他情况无考。光绪三十二年改为永宁州小学堂。

### （三）凤台书院

清嘉庆十三年创办，在凤山西南麓。买民房20间改建而成，广西都督府制军阮元题"凤台书院"门额，散文家吕璜赠《韵府鑑》等书，并多次到书院讲学。其他情况不详。光绪三十二年停办。

## 第二节 私塾

私塾的设立，由来久远，详情无考。据《广西年鉴》记载，民国23年（1934年），百寿县有私塾8所，学生129人；永福县有私塾20所，学生214人。解放初期，在边远山区仍有少数私塾，至60年代才完全消失。

## 第三节 社学 义学

### 一、社学

永宁州在明隆庆五年设立社学6处，即州城3处，施龙江、永安里、永盈里各1处。崇祯十三年（1640年），又在长安里、新安里、安宁里各兴办社学1所。到光绪初年，新兴里、吉良里、崇良里、仁良里、安和里也各兴办起社学1所，社师共达23人，清末，所有社学停办。原永福县社学无考。

## 二、义学

永宁州在康熙二十四年（1685年）创办义学1所，校址在州城西北角，乾隆五十三年（1788年）改办为云峰书院。永福县于康熙三十八年（1699年）在县城创办义学1所，光绪初年废。

# 第77章
# 普通教育

## 第一节 幼儿教育

民国21年（1932年）春，永福县第一小学率先附设1个幼稚班，保姆1人，幼儿48人。民国24年，百寿县在县城办起幼稚班1个班，幼儿35人，保姆1人。民国25年，堡里乡国民中心学校办起幼稚班1个班，幼儿23人，只办5年，后因经费不足停办。民国30年，三皇乡国民中心学校开办幼稚班，幼儿30人，保姆1人。1949年春，两县共有幼稚园3所4个班，保姆4人，幼儿128人。其时园内教具只是几条麻绳和几个小皮球，仅永福县城幼稚园有一台脚踏风琴。幼儿活动只教数数、唱歌、跳舞、听故事等。1949年冬，临近解放时所有幼儿班全部停办。

1950年，在城关中心校办起了两个幼儿班。1952年，在县第二小学（罗锦）办起了幼儿园。1954年寿城幼儿班恢复。1956年，为减轻机关干部的负担，在永福镇办起了柳关干部子女托儿所。同年，三皇、堡里两个幼儿班复办，并在县第13小学（喇塔）办起了幼儿班。1958年，执行广西教育厅《关于农村迅速发展与巩固提高幼儿教育工作》的指示，机关、工矿、集镇办起幼儿班206个，农村开办托儿所332所，全县入托幼班儿童26 610人，教养员和保育员533人。1960年，只保留正常的几所幼儿园和县城机关干部子女托儿所，将其余全部解散。1962年，将城关中心校幼儿班迁出，在解放街今址建立县幼儿园，农村有的幼儿园被撤销，有的被迫停办。两年后又逐渐恢复几所。1966—1971年，仅剩县城1所幼儿园和1所托儿所。1972年，农村幼儿教育开始回升，从1976年起，幼儿教育发展较快。据不完全统计，1977年全县入园儿童近万人，单苏桥1个乡就办起托幼班72个，入园儿童1300余人。因师资和教学设施不足，1978年全县进行了大裁撤。1981年，贯彻《全国托幼工作纪要》精神，全县办起了幼儿园28所,此后几年幼儿教育发展比较稳定,1985年,幼儿园28所47个班,入园幼儿1656人,教工54人。1986年,一些大的厂、场和县直单位,为解决本单位干部职工后顾之忧,也办起了托儿所或幼儿园。1988年后,部分完全小学附设学前班,县城几名退休教师自筹资金办起了私立幼儿园2所。1990年,全县共有托儿所和幼儿园63所94个班,入园儿童3261人。其中,教育部门办的有30个班648人,教职工93人。

对幼儿教育,解放初仍按以前教学活动进行。1952年后,改变一些教学方式,教幼儿学话、识物、画图画、做小手工、唱歌、跳舞,不用文字课本,不教识汉字,不测验。1958年一哄而上的托儿班,几乎无教育活动,纯属帮助别人带孩子。1966—1976年,县幼儿园采取了小学教学的方法。1978年后,教学工作逐步改进。幼儿班每周安排体育、口语、常识、计算、音乐、美术等6门课,课外做游戏。

20世纪50年代,幼儿园只有一些木制摇摇板、积木、小皮球、麻绳,后逐年增添风琴、吊船、旋转伞、铁摇摇板、滑梯等。现在县城、罗锦、百寿等几所大的幼儿园添置了收录机、电子琴、幻灯机等电教设备(表77-1)。

表77-1　1950—1990年幼儿园基本情况

| 年份 | 数量/所 | 班数/个 | | 幼儿数/人 | | 教工数/人 | |
|---|---|---|---|---|---|---|---|
| | | 公办 | 民办 | 公办 | 民办 | 公办 | 民办 |
| 1950 | 1 | 2 | | 78 | | 3 | |
| 1951 | 1 | 2 | | 85 | | 3 | |
| 1952 | 3 | 5 | | 215 | | 6 | |
| 1953 | 3 | 5 | | 213 | | 6 | |
| 1954 | 3 | 9 | | 217 | | 13 | |
| 1955 | 3 | 7 | | 221 | | 10 | |
| 1956 | 6 | 12 | | 541 | | 19 | |
| 1957 | 6 | 8 | | 370 | | 14 | |
| 1958 | 7 | 8 | 44 | 379 | 1013 | 12 | 44 |
| 1959 | 6 | 7 | 18 | 309 | 449 | 10 | 27 |
| 1960 | 6 | 8 | 1 | 362 | 21 | 10 | 1 |

续表

| 年份 | 数量/所 | 班数/个 | | 幼儿数/人 | | 教工数/人 | |
|---|---|---|---|---|---|---|---|
| | | 公办 | 民办 | 公办 | 民办 | 公办 | 民办 |
| 1961 | 5 | 7 | 2 | 385 | 97 | 9 | 2 |
| 1962 | 1 | 5 | 2 | 157 | 83 | 8 | 2 |
| 1963 | 4 | 4 | 4 | 145 | 85 | 8 | 4 |
| 1964 | 5 | 9 | 4 | 308 | 101 | 12 | 4 |
| 1965 | 5 | 8 | | 293 | | 12 | |
| 1966 | 4 | 7 | | 269 | | 11 | |
| 1967 | 1 | 5 | | 153 | | 8 | |
| 1968 | 1 | 5 | | 206 | | 6 | |
| 1969 | 1 | 5 | | 172 | | 6 | |
| 1970 | 1 | 5 | | 185 | | 9 | |
| 1971 | 1 | 5 | | 190 | | 8 | |
| 1972 | 2 | 6 | | 200 | | 7 | |
| 1973 | 2 | 7 | | 272 | | 10 | |
| 1974 | 2 | 6 | 1 | 233 | 40 | 9 | 1 |
| 1975 | 2 | 6 | 1 | 247 | 40 | 10 | 1 |
| 1976 | 3 | 7 | 1 | 291 | 40 | 11 | 1 |
| 1977 | 4 | 8 | 1 | 338 | 40 | 9 | 1 |
| 1978 | 5 | 7 | 4 | 258 | 174 | 10 | 4 |
| 1979 | 5 | 7 | 5 | 247 | 194 | 9 | 5 |
| 1980 | 6 | 6 | 6 | 194 | 169 | 9 | 6 |
| 1981 | 28 | 9 | 28 | 359 | 1052 | 13 | 28 |
| 1982 | 22 | 13 | 20 | 380 | 861 | 14 | 23 |
| 1983 | 26 | 10 | 31 | 378 | 1075 | 15 | 31 |
| 1984 | 29 | 10 | 36 | 382 | 1232 | 15 | 38 |
| 1985 | 28 | 12 | 35 | 438 | 1218 | 17 | 37 |

续表

| 年份 | 数量/所 | 班数/个 | | 幼儿数/人 | | 教工数/人 | |
|---|---|---|---|---|---|---|---|
| | | 公办 | 民办 | 公办 | 民办 | 公办 | 民办 |
| 1986 | 43 | 11 | 32 | 433 | 1140 | 16 | 27 |
| 1987 | 40 | 7 | 33 | 471 | 986 | 22 | 26 |
| 1988 | 66 | 14 | 52 | 417 | 1734 | 30 | 9 |
| 1989 | 59 | 15 | 44 | 470 | 1663 | 17 | 44 |
| 1990 | 63 | 30 | 64 | 648 | 2613 | 23 | 70 |

注：① 1958年、1976年、1977年未经教育行政部门批准备案兴办的幼儿班不列于此表。

② 托儿所人数未计入。

# 第二节 小学教育

## 一、小学的设置

清末废科举，兴新学堂。光绪三十二年，永宁州在云峰书院建立两等小学堂，三皇、雅瑶办起了两等小学堂；永福在文庙办起了两等小学堂。接着，法国传教士在广福土养槽办了小学堂，普礼（今堡里）、尚德、培文等两等小学和太平村初级小学也相继创办。宣统元年，永福、永宁共有小学堂10所，学生509人。

民国元年（1912年），小学堂改称学校。民国3年，永福、古化两县共有高等小学3所，两等小学4所，初等小学6所。民国4年，喇塔乡绅丘雨亭创办第一所私立小学——培佳小学。民国6年，基督教罗锦浸信会在罗锦创办了培正初级小学校（后改称储才小学）。民国8年，永福县创办了县立初级女子小学。民国10年，两县乡村发展了一批仅有一个班的国民学校。民国11年，罗锦区创立初级女子小学。同年，由于地方骚乱，绝大部分学校停办。民国15年，学校逐步复课，并创办了堡里区立初级女子小学、古化县立第一、第二、第三初级女子小学。民国20年，永福县有高等小学6所10个班，学生163人，初等小学52所140个班，学生1373人；百寿县有高等小学3所5个班，学生160人，初等小学63所165个班，学生1328人。民国24年，两县开始推行国民基础教育。乡镇小学均称中心国民基础学校。村街小学称国民基础学校。两县共有国民基础学校120所，学校除招收6~12岁儿童外，还强行招收8~12岁与13~16岁的失学儿童，分别施以两学年和一学年的国民基础教育。民国27年，国民政府为了加强对教育的领导，国民基础学校实行"三位一体制"（乡长任民团大队长、校长），教育有较大的发展。民国29年，私立韦超小学开办。民国30年，两县共有国民基础学校234所，学生9076人。民国31年，创办私立松波、成达两所小学。1944年，日军陷境，两县小学全部停课。1945年6月，开始恢复。1949年春，两县共有国民基础学校15所，学生3503人，私立的仅存松波小学，学生236人。冬，全部停办。

1950年，永福有6所完全小学和88所初级小学复课，学生1088人；百寿由于尚未肃清土匪，仅恢复1所完全小学和9所初级小学，学生585人。1952年两县合并后，教育经费由人民政府拨给，小学发展迅速。1953年，土养槽小学改办成瑶族小学。同年，在桃城的银洞，堡里的胜利、德安、和顺，龙江的丹江，古底的太和，广福的上寨等少数民族聚居的地方开办瑶族小学6所，壮族小学10所，全县共有公办小学184所，学生12 953人，其中私立小学10所，学生161人。1956年，随着经济的恢复发展，增办了10所完全小学。1958年，县人民委员会制定《普及小学跃进规划》，提倡"全党全民大办教育"，要求适龄儿童入学率达到90%~95%，先以罗锦下村为试点，开办民办小学14所。接着在全县广泛铺开，共办民办小学160所，年底公办、民办小学达335所，在校学生20 659人，适龄儿童入学率为95%。因学校一时过多，师资、经费和教学设备都缺乏，1960年开始整顿，逐渐撤销不具备办学条件的民办小学103所。1962年，民办小学减至40所，全县民办小学191所，学生12 894人，适龄儿童入学率为51.1%。1964年，在农村又开办了近300所新型耕读小学，分巡回教学班、早晚班和全日制班，至1965年适龄儿童入学率达83.3%。1966—1976年，逐步将原来兴办的耕读小学也全部改办成全日制小学，还逐步在一些山区人口稀少的村庄开办几个年级合为一班的全日制复式班小学，并将一些规模较大的高级小学改办成戴帽初级中学。这一时期学校虽多，但师资及设备不足，教学秩序被打乱、教育质量不高。1980—1981年，对农村小学进行调整，对不具备办高级小学条件的调整为初级小学，撤销73个初级小学教学点。1986年，县教育局制定关于贯彻《中共中央关于教育体制改革的决定》的实施方案，对全县初级小学又进行了全面调整，撤销或合并了村小教学点106个。此后几年，每年都有计划地合并一些办学条件不足的村小。1990年，全县有完全小学128所，初级小学157所，在校学生31 540人，适龄儿童入学率为98.4%。其中县城达100%，农村达98.3%，全县女儿童入学率为95.59%。当年小学毕业生4766人，由于初中校舍和师资力量不足，仅招收2298人，升学率为48.2%。

## 二、主要小学简介

### （一）永福镇小学

光绪三十三年建永福县城高等小学堂，校址在文庙，其时有教员4人，设高、初级班各1个，学生103人。民国元年（1912年）改为铸群小学校，有教员7人，高级班2个，初级班4个，学生150人。民国9年，称永福县立第一小学。民国14年春，中国国民党永福县党部执行委员秦纲兼校长，率领师生参与农民运动，圩日上街宣传反帝反封建及"二五减租"，遭到县政府镇压，被迫停办三学期。民国24年，改名桃城乡中心国民学校，将永福女子小学和第十四小学并入，后又几易其名。1949年有高级、初级班10个，学生600人，教员23人。

1951年，私立松波小学并入，复名永福县立第一小学。1953年，为城关乡中心小学。1966年，改称永福镇东方红小学。1968年，与永福镇民办小学、镇办农中、幼儿园合并，成立永福镇东方红七年制学校，其时有23个班，学生953人，教师38人。1977年，由东方红七年制学校分出，迁至解放街今址，定名永福镇小学，为县重点小学之一。1985年，有5个年级15个班，学生719人，教员41人，入学率达100%，及格率为97%；校舍70间，建筑面积2396平方米，有收录机、投影机、幻灯机、照相机、显微镜、风琴等设备价值2万余元。还有各种体育设施及图书1500册。1990年，校园面积1760平方米；有17个班，在校学生827人，教职工45人，其中小教高级职称17人，小教一级15人，中教二级1人，小教二级7人，中教三级1人。1986年以来，毕业619人，升入初中595人，升学率为96.1%。

### （二）百寿镇中心小学

前身是永宁州小学堂，校址为云峰书院。民国元年（1912年），先后改名城区两等小学、进化两等小学，当年有学生56人。民国3年，永宁县改名古化县,又称古化县高等小学,迁址城西北孔庙旁。民国 11 年,校舍遭洪水淹塌,迁至武营,称古化县城区进化小学,次年因匪祸停办。民国 18 年春复课,民国 20 年,称百寿县附郭乡国民基础小学,后又称中心国民基础学校、表证中心校。日军陷境时,校舍全部被焚毁。民国 35 年重建,解放前夕有 12 个班,410 名学生。

1950 年称百寿县立第一完全小学,两县合并后,列为永福县立第八小学。1955 年易名寿城中心小学。1969 年,附设初中班和幼儿班,称寿城七年制学校。1981 年,小学、初中分开,改称寿城公社中心小学。1984 年,更名为寿城乡中心小学。1985 年,教工 24 人,5 个年级 11 个班,在校学生 575 人。从建校至 1985 年,毕业生总计 21 271 人,升学 12 662 人。1989 年撤寿城乡改百寿镇,小学随之更名为百寿镇中心小学。1990 年校园面积 5194 平方米,建筑面积 1150 平方米,共有 9 个班,在校学生 388 人,有教师 20 人,其中小教高级 6 人,小教一级 4 人,中教三级 1 人,小教二级 4 人,小教三级 2 人。1986—1990 年,毕业学生共 430 人,升入初中 229 人,升学率为 53.3%。

(三) 向阳小学

1971 年创建,校址在东江街,属县立小学。建校初有 3 个班,学生 123 人,教师 4 人。1976 年改为永福县师范附属小学,定为县重点小学。1983 年更名城东小学。1985 年复称向阳小学。校园 6733 平方米,建筑面积 1920 平方米,教学设备与永福镇小基本相同。有教员 34 人,5 个年级 15 个班。学生 687 人,入学率和巩固率均达 100%。1971—1985 年毕业 874 人,升入初中 847 人。1990 年校舍建筑面积 2235 平方米,各种教学仪器共 895 件,价值 2 万余元,全校 15 个班,在校学生 763 人,有教职工 45 人(工人 2 人),其中小教高级 11 人,小教一级 22 人,小教二级 2 人,中教三级 2 人。1986—1990 年,毕业 691 人,升入初中 691 人。1985 年以来,获集体奖励 71 次,其中县级 62 次,地区级 6 次,自治区级 3 次,1986 年被评为"家庭教育先进单位"和"群众体育先进单位",1988 年被自治区授予"文明学校"称号。1990 年被评为自治区"卫生工作先进单位"(表 77-2、表 77-3)。

表77-2 1950—1990年小学发展情况

| 年份 | 学校数/所 | 班数/个 | 学生数/人 | 适龄儿童入学率 |
|---|---|---|---|---|
| 1950 | 104 |  | 1673 |  |
| 1951 | 120 |  | 5381 |  |
| 1952 | 199 | 314 | 13 922 |  |
| 1953 | 184 | 348 | 12 953 |  |
| 1954 | 175 | 323 | 12 189 |  |
| 1955 | 152 | 296 | 10 192 |  |
| 1956 | 180 | 357 | 16 171 |  |
| 1957 | 175 | 382 | 15 828 |  |
| 1958 | 335 | 554 | 20 659 |  |
| 1959 | 340 | 715 | 18 884 | 95.0% |
| 1960 | 187 | 447 | 15 887 |  |
| 1961 | 203 | 423 | 13 111 | 51.1% |
| 1962 | 181 | 351 | 12 894 | 51.1% |
| 1963 | 187 | 355 | 13 586 | 54.7% |
| 1964 | 473 | 737 | 22 630 |  |
| 1965 | 421 | 740 | 25 095 | 83.3% |
| 1966 | 465 | 827 | 26 619 |  |
| 1967 | 457 | 815 | 28 200 |  |
| 1968 | 468 | 835 | 30 125 |  |
| 1969 | 354 | 754 | 21 084 |  |
| 1970 | 413 | 789 | 23 809 |  |
| 1971 | 411 | 946 | 25 869 |  |
| 1972 | 551 | 1104 | 23 996 |  |
| 1973 | 547 | 1148 | 33 722 |  |
| 1974 | 565 | 1148 | 35 499 |  |
| 1975 | 562 | 1287 | 37 036 | 98.5% |

续表

| 年份 | 学校数/所 | 班数/个 | 学生数/人 | 适龄儿童入学率 |
|---|---|---|---|---|
| 1976 | 577 | 1346 | 37 260 | 98.8% |
| 1977 | 556 | 1307 | 35 384 | 98.5% |
| 1978 | 473 | 1195 | 34 745 | 97.1% |
| 1979 | 434 | 1145 | 34 195 | 96.1% |
| 1980 | 399 | 1087 | 34 166 | 85.7% |
| 1981 | 361 | 1002 | 29 926 | 90.3% |
| 1982 | 371 | 1049 | 31 910 | 95.3% |
| 1983 | 372 | 1055 | 31 895 | 96.4% |
| 1984 | 360 | 1049 | 32 410 | 97.1% |
| 1985 | 433 | 1049 | 32 443 | 96.6% |
| 1986 | 327 | 1073 | 34 222 | 96.0% |
| 1987 | 310 | 1077 | 33 630 | 97.0% |
| 1988 | 297 | 1037 | 31 361 | 96.8% |
| 1989 | 289 | 1029 | 31 642 | 97.3% |
| 1990 | 285 | 1049 | 31 540 | 98.4% |

表77-3 1990年小学校名一览

| 乡名 | 完全小学 | 初级小学 |
|---|---|---|
| 桃城乡 | 桃城中心校、南雄、渔润、大苏、上潘、曾村、塘堡、四合、泡口、湾里、坪岭、银洞、上台、大冲口、英石、上塘、下塘、渔村 | 甘村、塔脚、良佳寨、马路、山门口、大田、竹山、崇江、牛头滩、两岔、拉稿、木村、高坪、江西、樟峡、大方、茶山 |
| 罗锦乡 | 罗锦中心校、下村一小、下村二小、上笑、高崇、崇山、岭桥、尚水、星草、林村、古座、江月、金福、永升、大西、米田 | 龙村、星洞、新汀、上笑岭、神湾、的桥、罗锦村、西岔、全山、旸谷岭、石塘、芙蓉、蒙岭、简洞、屯坪、高紫寨、金鸡、北江、大茅洞、西河、屯田 |

| 乡名 | 完全小学 | 初级小学 |
|---|---|---|
| 堡里乡 | 堡里中心校、三多、拉木、罗田、黄元、波塘、清坪、茶料、河东、合顺、胜利、九槽、路芽、六斗、东定 | 甲浪、下槐、大集、杨湾、新仁、半田、上浪冲、车湾、远江、杨杰、香粉、宇庙、拉界、罗岗、岭头、金岗、茅坪、烂泥田、车滩 |
| 广福乡 | 广福中心校、龙溪、大石、龙桥、石祥、矮岭、上寨、德安、亲睦、桥头 | 木桥头、大石山、鱼梁、黄岭、沙坪、大屯、小江、大邦河、一队、山口、古立、马陂口、江行山、红沙沟、泗渭、石葵、上远、下远、翁村、潮水、民和、拉江、大红山、更当、排上、拉站、古面 |
| 苏桥乡 | 苏桥中心校、石门、树桥、大埠、盘洞、黑石岭、大罗、太平、良村 | 于村、珠江口、迁桥、塘料、桐陂、黎塘、安源、大埠村、波村、潦潭、炉村、石村、福定桥、东岗岭、山尾、车头、河交、白鹤村 |
| 百寿镇 | 百寿中心校、东摩、朝兑、朝阳、龙马、茫洞、半洞、大坪、新隆、白果、江岩、三河、大周、石龙、中村、山南、双桥 | 文笔、坪江、岭桥、长镇、大板山、长崋、永尚、陈家、龙泉、尚义、洞源、雷村、熊家、八胆、丁兴、龙攸、花岭、石江、德玉岭、深度、水竹坪、圩上 |
| 三皇乡 | 三皇中心校、荣田、江头、六龙、大路、马鞍、华山、桐木、文明、清水、古城、庙坡 | 东边崋、江北、龙底、拉寨、文家、塘村、大龙、石村、竹胆崋 |
| 永安乡 | 永安中心校、独州、凤凰、军屯、枫木、永富、喇塔、永新、太和、大坦、鸟笼、山林、田村、盘古、下水、阳境 | 良厚、牛皮江、卜台、若崋、下窑、老木崋、小井、杉木、狮美 |
| 龙江乡 | 龙江中心校、丹江、龙隐、上维、保安、驿马、西河、兴隆、双江、仁合、社边、双塘、车田 | 茶坪、板沟、古灯、大利、拉江、奇竹、周村、布扎、瑶尾、龙口坪、拖江、香铺、喇茶、双江口、红星 |
| 县直 | 永福镇小学、向阳小学 | |

### 三、学制及课程

光绪末年,初等学堂的学制5年,高等的学制4年,开设修身、读经、中国文学、算术、历史、地理、格致、体操等课。民国元年(1912年),初级、高级小学皆为3年制。民国3年开始施行四二制(初小四年,高小二年),初小开设修身、国文(包括读经)、算术、手工、体操、艺术等课,高小加英文课。民国12年,受五四运动新思潮影响,废除了读经、修身两科,国文改为国语课,设国语、算术、公民、历史、地理、卫生、社会常识、自然、园艺、音乐、体育等课,高小多加英文。民国17年以后,学制一直为四二制,主要科目未变,先后增加了童子军、劳作等课。解放初至60年代中期,学制仍沿袭四二制。50年代,初小开设语文、算术、周会、音乐、体育、美工、劳作等课。高小开设语文、算术、历史、地理、珠算、自然、音乐、体育、绘画、周会、劳作等课。1961年后,初小不设劳作课,高小停开历史、地理两门课,增设社会常识和农业两门课。1966—1968年,初高小废除了以前绝大部分课程,只开设毛主席著作、算术、唱歌、活动、劳动课,而又以学毛主席著作为主。同时废除考试制度。从1969年起,小学实行5年一贯制,设语文、数学、英语、政治、自然常识、军体、音乐、美术等课,教材采用自治区教育局编订的课本。1978年,改用全国统编教材。1981年后,将政治课改为思想品德课,四、五年级增开历史、地理。1985年,向阳、永福镇和各乡中心小学部分年级开始恢复四二制。1986年秋,全县一年级均采用全国统编的6年制教材,将小学5年制从该届一年级起改为6年制。1989年因经费和师资缺乏,又改为5年制。

### 四、教学内容及方法

#### (一)德育

清末永福县及永宁州的小学堂,以读经、修身为主要课程,向学生灌输儒家思想,以达到"忠君尊孔"的目的。民国初年,对学生进行"自由、平等、博爱"的道德教育。民国3年(1914年),受封建军阀复古主义的影响,恢复对学生进行儒家思想教育。民国12年,废除修身、读经,实行三民主义教育。但当时提倡的"恢复民族精神,发扬固有文化,提高国民道德",实际上是重在陶冶儿童"忠孝、仁爱、信义、和平"的德性和陶冶女子四德。民国28年后,学校贯彻蒋介石在第三次全国教育工作会议的训词。

解放后，县人民政府提出向学生施行"五爱"（爱祖国、爱人民、爱学习、爱劳动、爱清洁）和"三好"（思想品德好、学习成绩好、锻炼身体好）教育。1955年，贯彻教育部颁布的《小学生守则》（二十条），各校对学生全面进行检查评比，使许多学生养成遵守纪律、积极向上的道德品质。1957年，贯彻毛泽东主席提出的学校要培养"有社会主义觉悟的有文化的劳动者"的教育方针，各小学对学生的操行进行评定，以促使学生养成良好品德。1963年，开展向雷锋同志学习活动，组织学生大做好事，培养学生树立为人民服务的思想。1978年后，按县文教局指示，各小学狠抓思想教育，开展反腐蚀、批流氓行为，反对个人主义和无政府主义活动，同时在小学开设思想品德课，以培养学生成为"四有"（有理想、有道德、有知识、有体力）的少年。1981年，教育部颁布《小学生守则》（十条），各校给每个学生订一册，要求都能背诵，并以它作为思想行为规范。1982年后，各小学广泛开展"五讲"（讲文明、讲道德、讲礼貌、讲秩序、讲卫生）、"四美"（心灵美、行为美、语言美、环境美）、"三热爱"（热爱共产党、热爱祖国、热爱社会主义）活动，并制订出创文明学校、文明班级的计划，注重培养学生成为有社会主义精神文明的新一代。校园内外，学生讲文明懂礼貌、遵纪勤学、尊师爱校、学雷锋做好事蔚然成风。向阳小学以尊师爱生思想为基础，教师做好表率，好人好事层出不穷，1988年被自治区授予"文明学校"称号。

（二）智育

清末小学堂智育教育以读经和中国文学为主课，同时注重吟诗作对。教法是教师领读几遍后，要学生死记硬背。民国年间，小学先后实行"实利教育"和"国民基础教育"的方针，教学除语文、算术、常识、卫生等课程外，还适当教一点珠算、应用文写作；注重基础知识的传授和基本技能的训练。但教法是"注入式"和"填鸭式"的，教师照本宣科，学生硬记。

解放初期，永福实施《共同纲领》的文化教育方针，按教育部规定的小学课程开课，学习苏联的方法，应用5个原则（直观性、自觉性与积极性、系统性与一贯性、量力性、巩固性）和5个环节（组织教学、复习旧课、讲授新课、巩固新课、布置作业）教学。至1966年前，除1958年"大跃进"时学生参加砍柴炼铁影响教学外，各小学狠抓"双基"（基础知识、基本技能）教学，学生学得扎实，教学质量普遍较高。1978年以后，小学按全国统编教材教学，恢复考试和升留级制度，县教育局和各乡教育组制定了奖励办法，奖励教学质量好的学校，学校掀起了大抓文化知识教学的热潮。教师大胆改革教学方法，乡中心校和部分完全小学还采用电化教学手段，教学质量比"文化大革命"时大有提高。每年全县统一考试，及格率达到70%以上，向阳、永福镇、百寿镇、三皇中心校等小学及格率达90%以上。但是，有的学校过分追求升学率，搞题海战术，假期也补课，使学生负担过重。

（三）体育

清末小学堂就开设体操课，进行队伍操、唱游、踢毽子、跳绳等项目训练。抗日战争开始后，小学增加了童子军课程，传授军事体育常识，还进行跳高、跳远、单双杠、篮球、乒乓球训练，班际、校际也间或举行比赛。解放后，小学逐渐配备专职或兼职体育教师，50年代按《劳动卫国体育锻炼标准》要求进行教学，开展两课两操一活动（每周两节体育课，每天做早操、课间操和一节课外文体活动）。"文化大革命"期间，体育课一般搞军事体育项目训练，有的用来搞劳动。1978年后，恢复两课两操一活动，还增加了眼保健操，按《国家体育锻炼标准》进行达标训练。

（四）美育

民国年间，小学课程中设艺术科，每周上一节图画和两节音乐课，目的是通过艺术的熏陶感染唤起儿童的美感意识，融乐身心。解放初期，小学美育培养目标是使学生具有爱美的观念和欣赏艺术的初步能力。当时教师在讲课内容上有充分准备，在仪表、语言、姿态及板书、讲课艺术等各个方面相当讲究，在教学过程中注重形象性、感情性，让儿童感知美和爱美。1957年以后相当长一段时间，学校时或偏重德育，时或重视智育，时或偏重劳动，图画、音乐课被列为搭配课，可上可不上，美育教育很不正常。1981年后，落实教育部召开的中小学美育座谈会议精神，各小学逐渐配备有专业知识的音乐、美术教师，增加教学设备，保证教学时数，配合思想品德课和"五讲""四美""三热爱"活动，培养儿童的艺术才能和爱美的观念。

（五）劳动

清末民国初，永福、永宁两县小学开设手工劳作课，每周一节，练习剪纸和编织，培养儿童的手工劳动能力和艺术技巧。民国20年（1931年）以后，高年级开设实业课，学习园艺技术和工用艺术。但学校很少组织学生亲自参加生产劳动，一些学生特别是富豪子弟多数四体不勤、五谷不分。解放初，县人民政府规定在小学实施"爱劳动"教育。各校在高年级的手工劳动课中开展生产技术教学，并结合自然课进行实验活动；向毕业班学生宣传"参加生产劳动光荣""服从祖国需要"，并组织参加农业生产劳动。1957年，堡里、罗锦两区的学校给毕业生的家庭送光荣榜，乡、村敲锣打鼓放鞭炮欢迎毕业生回家参加生产，使当时很多学生增加了参加劳动的光荣感。"文化大革命"期间，把学生以学文化知识为主变成了以学农为主，多数学校开辟了学农基地，学生一周要参加两个半天劳动，有的多到3天。特别是1971年以后，响应教育部"教育学大寨"的号召，学校向生产队要土地，规定每个学生达到两分地，大搞勤工俭学，有的还长时间停上文化课，组织学生到农村去帮插田、割禾、积肥、除草，支援农业生产，影响了文化课的教学。从1981年开始，学校按教育部规定，每周开设两节劳动课，教学生手工制作小工艺品和学习简单的工农业生产知识，还适当安排打扫卫生、植树、除草等美化校园的劳动，着重培养学生热爱劳动的美德。

## 第三节　中学教育

### 一、学校的设立

民国30年（1941年）以前，永福、百寿两县富家子弟读中学皆往桂林、柳州等地。民国31年春，百寿县办起县立国民中学，招收1个初中班35人，同年秋，永福县矮岭乡张莲甫、肖光祚等倡导，用各村庙田租谷和民众捐资在矮岭创办了私立矮岭初级中学。民国32年，永福县立国民中学开办，招初中1个班，学员60人。民国37年秋，侯人松、侯佩尹等人在罗锦圩湖南会馆开办私立月沧中学，招初中班2个，学生90人；次年增招1个高中班，学生51人，是县内最早的高中班，然未办到毕业而解散。至解放前夕两县公、私立中学共招生28个班，学生1500人。

1950年，两县有公办中学2所8个班，学生176人，私立月沧中学1所2个班90人。1951年，因土地改革，私立月沧中学无学田便并入永福县立初级中学。1952年永福、百寿并县，将永福初中和百寿初中分别更名为第一初级中学、第二初级中学。1956年，第一初级中学发展为完全中学，罗锦办起了初中，称第三初中。1958年后，各公社办起了农业中学。1959年，罗锦初中并入永福中学。1962年，三皇中心小学开始设初中班。1965年全县有完中1所，初中一所（寿中），高中1个班，学生42人。初中15个班，学生661人。1966—1968年，由于学生外出串联，中学停止3年招生。1969年，龙山、南雄、寿城办起了初中，罗锦开办1所"五·七"中学，多数大队的小学附设初中班。1971年，在"读高中不出公社，读初中不出大队"口号影响下，永福中学、寿城中学停办初中，专办高中，各公社均办起初中和"五·七"中学。"五·七"中学都招收高中生。1975年，桂林地区"批林批孔、教育革命经验交流会"提出"力争1980年基本实现农村普及初中，城镇普及高中"的要求，全县97个大队的小学有72个增设初中班，从小学抽调543名教师教初中；各个公社将初中或"五·七"中学改办成高中，从初中抽调42名教师教高中。由于师资和教学设备缺乏，学生又多为半工半读，教学效果差。1980年，从有利于小学教育及提高教育质量出发，贯彻"压缩高中、调整初中、发展农中、加强小学"的方针，将各公社所办高中改为初中，撤销一大批小学附设的初中班。1985年，全县有高中2所，其中1所为完全中学，初中15所，小学附设初中2所，在校高中生1012人，初中生5201人。1986年，寿城中学初中部分出，改为寿城第二初级中学，保安初中班原归保安小学管理，也独立出来为保安初级中学。1990年，全县完全中学1所，高中1所，初中17所，高中20个班1023人，初中138个班6984人。当年初中毕业生1671人，升入高中和中等专业学校442人，升学率为26.45%；高中毕业生427人，升入高等院校和中等专业学校107人，升学率为25.06%。

二、主要中学简介

（一）永福中学

民国32年（1943年）创办，原名永福县立国民中学，校址在凤山西麓。开始只招1个班，学生60人，附设国民教育师资短训班1个，学生50人。民国35年私立矮岭初级中学并入，更名为永福县立初级中学。解放以前共招初中9个班，学生615人。1951年，私立月沧中学、临桂县的私立榕门中学并入。1953年冬，迁校今址。1956年，始招高中1个班，学生53人，发展为完全中学，改名为永福中学。1958年，教职工38人，高中 2 个班学生 98 人，附设初级师范班 2 个，学生 89 人。初中 6 个班，学生 228 人。1959 年，罗锦初级中学并入，班级 21 个，学生近 1000 人。此后，罗锦公社中心校附设初中班又并入。1971 年，开办校办工厂，修理广播、电瓶，生产 ZKV 调压器。年均纯收益 1 万余元。1978 年，定为县重点中学，复招初中班。

1990 年，校园占地面积 53 000 平方米，校舍建筑面积 9481 平方米。其中，教室 1940 平方米，教工宿舍 3085 平方米，教师办公楼 1194 平方米，礼堂 525 平方米，还有实验室 3 个、图书室 1 个、食堂 1 个，共计 2737 平方米。教学仪器设备总值近 10 万元，高初中物理、化学实验率可达 100%，生物实验率 95%。有初中 6 个班，学生 357 人，高中 14 个班，学生 709 人。有教职工 103 人，专任教师 73 人，其中，大学本科毕业 36 人，专科毕业 34 人，中专毕业 3 人，取得中教高级职称 8 人，中教一级 22 人，二级 35 人。从建校到 1990 年，毕业学生共 7070 人，其中初中毕业生 2523 人，高中毕业生 4547 人。1980—1990 年高中毕业 2043 人，考取高等院校 606 人；考取中等专业学校 285 人。

（二）百寿中学

民国 31 年（1942 年）在百寿镇回龙山麓建校，名为百寿县立国民中学，当年招生 1 个班 35 人。民国 33 年附设一年制简易师范班 1 个，学生 26 人。民国 35 年更名为百寿县立初级中学。解放前夕，学校仅有校舍 20 间，校园面积 700 平方米。1952 年，改名为永福县第二初级中学。1957 年，更名为永福县第一初级中学。1961 年，称百寿初级中学。1968 年叫永红初级中学。1969 年改名为寿城中学，专门招收高中班。1988 年，复称百寿中学。1990 年学校占地面积 40 000 平方米，建筑面积 7301 平方米，有 3 层办公楼 1 栋，4 层学生宿舍 1 栋，女生宿舍 1 座，教工宿舍 6 座，教室 9 个，礼堂 1 座，还有物理、化学、生物实验室，仪器室、图书室、食堂等。有 9 个班，学生 377 人，教职工 44 人，其中大学本科毕业 15 人、专科毕业 16 人、中专毕业 5 人、高中以下 8 人，取得中教高级职称 1 人、中教一级 12 人、二级 14 人、三级 6 人、小教高级 1 人、小教一级 1 人。自建校至 1990 年，总计毕业 3991 人，其中初中 1194 人，高中 2797 人。1977 年以来，考取高等院校 102 人，中等专业学校 102 人。

### （三）永福镇中学

1968年冬，由永福农业中学、民办镇小、东方红小学和幼儿园四校合一而成，当时称东方红七年制学校，此为永福镇中学前身，校址在凤山南麓。当初有幼儿班5个班206人，小学23个班953人，初中5个班241人，教职工75人。1976年，在城关坪岭开办大茅分校。次年，该分校撤销，同时将小学和学前班析出，留下七年级学生和教师，专办成初中，更名为永福镇中学，有初中班10个，学生507人，教职工38人。1980年，增加高中班，招生仅两年4个班便停办。

1990年，学校面积16 300余平方米，建筑面积3455平方米，有教学大楼两栋，教师宿舍大楼一栋，初中各科教学仪器基本齐备，仪器价值8.6万余元。学生12个班546人，教职工48人，其中大学本科毕业4人，专科毕业31人，中专毕业10人；获得中教一级职称13人；二级23人。

1986—1990年共招生839人，毕业778人，升入高中和中等专业学校共295人，年均毕业率92.72%，升学率37.92%（表77-4、表77-5）。

表77-4　1950—1990年中学发展情况

| 年份 | 学校所数/所 | | | | 班数/个 | | | 在校学生数/人 | | |
|---|---|---|---|---|---|---|---|---|---|---|
| | 完中 | 高中 | 初中 | 小学附设初中 | 合计 | 高中 | 初中 | 合计 | 高中 | 初中 |
| 1950 | | | 2 | | 8 | | 8 | 176 | | 176 |
| 1951 | | | 2 | | 10 | | 10 | 261 | | 261 |
| 1952 | | | 2 | | 9 | | 9 | 402 | | 402 |
| 1953 | | | 2 | | 9 | | 9 | 465 | | 465 |
| 1954 | | | 2 | | 10 | | 10 | 477 | | 477 |
| 1955 | | | 2 | | 11 | | 11 | 509 | | 506 |
| 1956 | 1 | | 2 | | 15 | 1 | 14 | 765 | 53 | 712 |
| 1957 | | | 2 | | 15 | | 15 | 769 | | 769 |
| 1958 | 1 | | 2 | | 20 | 2 | 18 | 941 | 98 | 843 |
| 1959 | 1 | | 2 | | 24 | 4 | 20 | 1186 | 181 | 1005 |

续表

| 年份 | 学校所数/所 | | | | 班数/个 | | | 在校学生数/人 | | |
|---|---|---|---|---|---|---|---|---|---|---|
| | 完中 | 高中 | 初中 | 小学附设初中 | 合计 | 高中 | 初中 | 合计 | 高中 | 初中 |
| 1960 | 1 | | 3 | | 26 | 6 | 20 | 1147 | 208 | 939 |
| 1961 | 1 | | 1 | | 19 | 3 | 16 | 907 | 147 | 760 |
| 1962 | 1 | | 1 | | 15 | 2 | 13 | 518 | 65 | 453 |
| 1963 | 1 | | 1 | | 14 | 1 | 13 | 460 | 33 | 427 |
| 1964 | | | 2 | | 16 | | | 556 | | 556 |
| 1965 | 1 | | 1 | | 16 | 1 | 15 | 703 | 42 | 661 |
| 1966 | 1 | | 1 | | 16 | 1 | 15 | 759 | 41 | 718 |
| 1967 | 1 | | 1 | | 16 | 1 | 15 | 654 | 38 | 616 |
| 1968 | 1 | | 1 | | 16 | 1 | 15 | 760 | 54 | 706 |
| 1969 | 1 | 4 | 4 | 77 | 58 | 15 | 43 | 4134 | 578 | 3556 |
| 1970 | | 9 | 5 | 69 | 173 | 31 | 142 | 6265 | 1523 | 4742 |
| 1971 | | 7 | 4 | 63 | 192 | 41 | 151 | 6815 | 1847 | 4968 |
| 1972 | | 7 | 4 | 23 | 155 | 33 | 122 | 6208 | 1668 | 4540 |
| 1973 | | 6 | 3 | 57 | 149 | 34 | 115 | 5888 | 1688 | 4200 |
| 1974 | | 9 | 2 | 56 | 161 | 33 | 128 | 6193 | 1583 | 4610 |
| 1975 | | 10 | 1 | 59 | 206 | 38 | 168 | 8207 | 1861 | 6346 |
| 1976 | | 10 | 1 | 72 | 284 | 54 | 230 | 11 829 | 2485 | 9344 |
| 1977 | | 10 | 2 | 72 | 331 | 69 | 262 | 14 338 | 3399 | 10 939 |
| 1978 | 1 | 11 | 2 | 84 | 325 | 66 | 259 | 13 444 | 3440 | 10 004 |
| 1979 | 1 | 9 | 2 | 58 | 229 | 52 | 177 | 9681 | 2377 | 7304 |
| 1980 | 1 | 3 | 10 | 29 | 178 | 36 | 142 | 7454 | 1595 | 5859 |
| 1981 | 1 | 2 | 14 | 17 | 134 | 24 | 110 | 5596 | 1012 | 4584 |
| 1982 | 1 | 2 | 15 | 4 | 82 | 23 | 59 | 5405 | 995 | 4410 |
| 1983 | 1 | 1 | 15 | 3 | 119 | 19 | 100 | 5269 | 922 | 4347 |

续表

| 年份 | 学校所数/所 | | | | 班数/个 | | | 在校学生数/人 | | |
|---|---|---|---|---|---|---|---|---|---|---|
| | 完中 | 高中 | 初中 | 小学附设初中 | 合计 | 高中 | 初中 | 合计 | 高中 | 初中 |
| 1984 | 1 | 1 | 16 | 2 | 135 | 20 | 115 | 5850 | 966 | 4884 |
| 1985 | 1 | 1 | 15 | 2 | 133 | 21 | 112 | 6213 | 1012 | 5201 |
| 1986 | 1 | 1 | 17 | | 134 | 20 | 114 | 6785 | 1003 | 5782 |
| 1987 | 1 | 1 | 17 | | 145 | 25 | 120 | 7349 | 1305 | 6044 |
| 1988 | 1 | 1 | 17 | | 151 | 26 | 125 | 7408 | 1238 | 6170 |
| 1989 | 1 | 1 | 17 | | 155 | 21 | 134 | 7832 | 1076 | 6756 |
| 1990 | 1 | 1 | 17 | | 158 | 20 | 138 | 8007 | 1023 | 6984 |

注：1950年含百寿中学，私立月沧中学不包含在内。

表77-5　1990年中学一览

| 类别 | 校名 | 地址 | 类别 | 校名 | 地址 |
|---|---|---|---|---|---|
| 完全中学 | 永福中学 | 永福镇 | 初级中学 | 矮岭初中 | 广福乡矮岭村 |
| 高级中学 | 百寿中学 | 百寿镇回龙山脚 | | 苏桥中学 | 苏桥圩 |
| 初级中学 | 永福镇中学 | 永福镇 | | 百寿一中 | 永宁州城内 |
| | 南雄中学 | 桃城乡南雄村 | | 百寿二中 | 百寿圩 |
| | 湾里中学 | 桃城乡湾里村 | | 三皇中学 | 三皇圩 |
| | 罗锦中学 | 罗锦乡星江屯 | | 永安中学 | 永安乡古底圩 |
| | 月山中学 | 罗锦月山脚 | | 凤凰中学 | 永安乡凤凰圩 |
| | 堡里中学 | 堡里圩 | | 龙江中学 | 龙江乡龙山村 |
| | 胜利中学 | 堡里乡胜利村 | | 保安中学 | 龙江乡保安圩 |
| | 广福中学 | 葡萄车站西南侧 | | | |

### 三、学制及课程

民国31年（1942年），国民中学为二年制初中，设公民、国文、算术、历史、地理、卫生、生物、劳作、体育、童军等课。1945年，国民中学改为县立初中，学制3年，将算术改为数学，增加英语、博物等课。解放初期的初中，仍为3年制，所开设课程与以前无大变动。1954年将英语改为俄语。1956年办起高中班，学制3年，课程为文学、汉语、政治、数学、物理、化学、俄语、历史、地理、人体解剖、植物、生物、体育、劳动。1969年起，县内所有中学皆为"二二制"（初中二年，高中二年）；采用广西壮族自治区教育局编的教材；初中设毛泽东思想教育、数学、工农业基础知识、军体、劳动5门课；高中设毛泽东思想教育、工业基础知识、农业基础知识、英语、农机、军体、劳动7门课。1972年，初高中课程有了改变，均开政治、语文、数学、物理、化学、农业基础知识、文艺、军体、劳动等课，高中多设一门英语课。1978年，改用全国统一教材。次年秋，初、高中招的新生学制开始为"三三制"。初中设语文、数学、政治、英语、物理、化学、中国历史、中国地理、生物、生理卫生、体育、音乐、美术、劳动14门课，高中从二年级起实行文、理分科设班教学，政治、语文、数学、英语、体育5门为公共课，文科班增设历史、地理，理科班增设物理、化学、生物。

四、教学内容及方法

（一）德育

民国后期，永福、百寿兴办的国民中学，以"礼义、廉耻"，"忠孝、仁爱、信义、和平"为校训。学校设训育主任，根据《训育纲要，青年训练大纲》对学生进行德性训练，要求学生在生活上遵守"整洁、静肃、迅速、确实"的信条，思想行为要"明礼义、知廉耻、负责任、守纪律"。在公民课、童军课的教学中，对学生进行三民主义教育，要求学生绝对服从并养成效忠党国和领袖的品德。

解放后，取消了训育主任，废除了公民课和童军课，各班配内容。解放初，进行中国革命常识教学，配合抗美援朝、土地改革和清匪反霸运动，进行爱国主义、国际主义和阶级斗争教育。1963年至"文化大革命"前夕，各中学响应毛主席"向雷锋同志学习"的号召，广泛开展宣传活动，对学生进行热爱共产党、热爱劳动人民、艰苦朴素、勤俭节约、刻苦学习、助人为乐的思想品德教育。接着，各校广泛开展"学雷锋""创三好""五讲四美""文明礼貌"活动，同时加强学习和贯彻《中学生守则》。学校文明礼貌之风大兴，好人好事不断涌现，仅永福镇中学500余名学生，在 1981 年的两个月内就做好事 3300 余件。1983 年以后，进行"清除精神污染"、法律常识、坚持四项基本原则、建设有中国特色社会主义理论、反对资产阶级自由化的教育，使学生树立了刻苦学习科学文化知识将来为建设繁荣富强的社会主义祖国做贡献的思想。

（二）智育

民国时期，中学课程设置及教学计划全部按广西省政府命令办理，各任课教师在教务处的领导下，经教务处审核教学进度计划后进行教学。教学的内容以讲授课本知识为主，适量补充一些地方性和时代性的内容。

解放初至 1966 年春，各中学贯彻教育部颁布的《中学暂行规程（草案）》，对学生实行德、智、体、美全面发展的方针，教学以启发学生学习的自觉性和积极性，培养良好的学习习惯与分析、批判、独立思考的能力为目标。教学内容以中华人民共和国成立后出版的新教材为主，按实际情况适当增加乡土教材。教学学习苏联的经验，遵循"五大原则"和"五大环节"，逐步改"注入式"为"启发式"。在改进教学提高质量中，各中学从 1953 年开始建立学科教研组，开展教学研究，永福中学还建立了以学科教研组为单位的集体备课和互相听课制度。这一时期除 1958 年因师生参加劳动过多影响教学外，其余时间教学较正常，质量也好，共向高等院校输送新生 60 余人。"文化大革命"结束后，教学工作拨乱反正，各中学认真贯彻《全日制中学暂行工作条例》，坚持以文化知识教学为中心，狠抓教学质量，相继建立了教职工岗位责任制和考勤、考核、备课制度及学生考试、升留级、奖惩等规章制度；县教研室增设了中学教研组，加强对中学教学的研究和指导。教学内容以全国统一的全日制中学教材为主，适当增加有利于中考、高考的辅助教材。教师大胆改进教学方法，注重指导学生掌握预习、听课、复习、作业等方法，培养学生的自学能力，加上电化教学手段的运用，使中学教学质量不断提高。自 1977 年恢复高考以来，中学毕业生升入高等院校 708 人，中等专业学校 1200 余人。

（三）体育

两县的国民中学建立之初，体操课由兼职教师上，每周两节，每天一次早操，注重陆军步兵操典中的基本动作和队列操训练。民国 34 年（1945年）后，中学有了专职教师，体育课开始传授田径、球类的规则及基本技能技巧，很少进行比赛。解放初期，根据《体育教学大纲》和全国统编教材的要求，每周开两节体育课，每天早上做一次广播操，各中学还成立了体育锻炼小组，按《劳动卫国体育锻炼标准》开展锻炼，在县内举办中学生运动会，有时校与校、班与班举行篮球、射击、广播操比赛。1964年，教育部颁布《青少年锻炼标准》，各中学开展以游泳为中心的田经、体操、球类运动教学，培养学生的国防观念和掌握初级军事知识。"文化大革命"初期，体育教学被废失。1971年，恢复体育课，教学无教材，多是教一些军事体育，不搞比赛，搞汇报表演，不分优胜名次，不发奖。1978年后，县教育局制定《永福县学校体育事业发展规划（1976—1985）》，规定中学要坚持两课两操一活动，各校上课按《国家体育锻炼标准》进行达标训练和讲授体育基本知识。至1990年，全县19所中学8007人，达标6985人，达标率为87.24%。

（四）美育

解放前，百寿、矮岭、永福3所中学聘请有美术、声乐专长的教师，开设图画课和音乐课，教一些图音基础知识，培养学生欣赏能力。课外还组织学生练习简谱、跳舞、室外写生。解放初至"文化大革命"前夕，各中学的图画课、音乐课除按规定教学外，还结合当时的政治运动和党的方针政策开展宣传活动。"文化大革命"时期，受极"左"思潮的冲击，图画课、音乐课无教材，教学课时也不固定，内容主要是唱"红歌"和"样板戏"，跳"忠字舞"，写"大字报"，画"牛鬼蛇神"。1978年后，初中按教育部颁布的《教学大纲》要求进行图画课、音乐课教学；多数高中没有开图画课、音乐课，只是在文体活动时间适当组织学生唱歌。考艺术院校的学生，利用业余时间自学或请教有关教师。

（五）劳动

民国年间，永福、百寿两所县立中学配有劳作教师，每周开设两课时的劳作课，传授一些农业和手工业基础知识，指导学生开辟园地种植蔬菜，建花圃种花，办小工厂制作布鞋、草鞋、信封、作业本、墨水。解放后，劳动教育的目的是培养学生爱劳动的思想和习惯，掌握一定生产劳动知识和技能。1957年以前，劳动课主要是组织学生整理校园，参加一些建校、修路等义务劳动；各学科教师结合教学，通过颂扬劳动者对学生进行劳动光荣、劳动创造世界的教育。1958年，根据教育部指示，把生产劳动列为正式课程，掀起自办工厂、农场的热潮。永福、寿城、罗锦3所中学种试验田80余亩，开荒150亩，办有土化肥、炼铁等小工厂23个，做到蔬菜自给有余。但劳动过多，占用大量文化课教学时间。直到1962年，劳动教育才纠正过分偏重参加生产劳动的倾向。"文化大革命"期间，大搞开门办学，实行厂校挂钩，以劳代学，如永福、寿城两所中学到农村办分校设厂场，三皇中学办起百亩农场，其余中学都辟有学农基地，一周劳动两天以上。这种因劳误学的做法，引起了社会的不满。1978年后，各中学贯彻《中学工作条例》，坚持以文化教学为主，每周只安排两课时校内劳动，去修整校园、植树造林、开辟花园，适当下校办厂场劳动，开展勤工俭学。但有的中学片面追求升学率，免除毕业班的劳动课，非毕业班的劳动课也用来上文化课，使小部分学生，特别是部分城镇学生思想上轻视劳动。

# 第78章
# 专业教育

## 第一节 师范学校

清光绪三十三年（1907年），永福县团局拨款在县城考棚开办速成师范馆，学制半年，招生1个班50人，毕业后停办。民国15年（1926年），古化县办起师范讲习所，学制二年，教师2人，共办2期，招生97人。民国16年，永福县堡里区开办师资讲习所，仅招班1期，学员27人。民国18年，永福又在县城孔庙开办初级小学教员养成所，各区选送小学教师共42人来学习，只办了1期。民国32年，永福县立国民中学附设师范班1个班。民国34年秋，百寿县立初级中学附设简易师范班1个班。1952—1953年，永福中学开始附设初级师范班，学员45人。1958年，永福中学再次附设两个初级师范班。学制二年。至1962年停办时，共招生4个班，毕业学员116人，1962年停办。

1972年秋，在县"五七"劳动学校（校址苏桥）开设师范专业1个班，学制二年，学员49人。次年元月，迁师范专业班回县城，正式成立永福县师范学校。招收二年制的中等师范班。3月，开始增办师资短训班，语文、数学分科编班培训，学制半年。至1981年，共招收中等师范班9个，毕业学员312人，办半年以上的师资短训班7期，培训教师242人次。1983年秋，县师范学校改为县教师进修学校，专门招收二年制民办教师进修班，学员毕业发给中等师范毕业证书。当年招收两个班，学员86人。1985年，除招两个进修班外，与恭城合招一年制教师英语训练班1个，学员41人（恭城15人），仅招一期便停办。1987年秋，又增招二年制民办教师中师函授生。从改为教师进修学校以来，共招收进修班8个305人，已毕业6个班241人；招收函授班3个，已毕业2个班47人。1990年该校在校生64人，函授生31人，教职工31人，其中专职教师17人。

## 第二节 职业中学

1986年,将永福县农业中学改办为职业中学,校址在南雄村境内的十化洞,为城乡培养专业技术人才。当年招收种植专业、畜牧专业、家电维修3个专业班,学生165人,教职工31人。1988年后,重点招收农科班。1990年有6个班,216人,其中农科53人,医药163人,有教职工31人,专任教师25人,行政2人,后勤4人,教师中大学本科毕业8人,专科毕业11人,中专毕业6人。1986年以来,共毕业685人,其种植专业115人,家电维修专业37人,畜牧专业229人,机电专业39人,林业39人,多种经营专业37人,农村医生39人,普通班150人。

## 第三节 其他专业学校

### 一、卫生学校

1958年秋,由县卫生局在城关公社湾里大队开办永福县卫生学校,培训农村赤脚医生,学制半年至一年不等。开设人体解剖学、病理病源、基础护理、药物、中医基础学、内外科等课。1962年,迁址丁兴硫铁矿矿部。1965年迁回县医院。1972—1973年,桂林地区在该校连办护士班7期,毕业49人。从建校到1977年,共招赤脚医生培训班7期,共结业316人,1978年3月,办一年制中医中专班1个,为桂林地区各县培训中医卫生人员49人,1979年冬以后,办半年制的乡村医生培训班3期,共培训乡村医生133人。

### 二、农业技术学校

1966年创办,校址在今之葡萄酒厂。有正副校长3人,教师7人,招收农业和园艺各1个班,学生65人,学制三年,开设语文、政治、数学、农业技术、园艺等课。为配合教学,县里划给水田80亩、旱地225亩。正常教学仅1学期,"文化大革命"中因学生外出串联,教学时断时续。1968年,两班学生毕业,学校旋即解散。

### 三、"五七"劳动学校

1970年，在罗锦新江农场开办，教职员工33人，初设农业基础知识、农业机械、畜牧兽医、水利电力4个专业班，学生134人，学制一年。1971年，迁校至苏桥农场，1972年又招生194人，年底毕业后停办。两期共毕业328人，不包分配。

### 四、农机技术学校

1974年，县农机局于县城西北4千米处十化洞建校，配中型拖拉机4台、手扶拖拉机7台，还有电焊机、台钻、充气机、电化教学仪器等设备，开学不定时，学制或长或短，1980年以前，学员免费入学，此后逐年增交学费。从建校至1985年，共培养农机管理干部118人，拖拉机手和柴油机手1452人。军地两用人才66人。1986—1990年，共办16期招收学员170人。

### 五、供销学校

1979年5月，县供销社在罗锦鱼种场兴办，当年冬迁至县城，有教职工6人，主要培训供销系统干部、职工。至1982年底，共办25期（班），培训农副产品收购员、售货员、统计物价员、会计、业务辅导员等808人。其中，为自治区供销社代培师资52人，收购员46人。为桂林地区供销社代培统计员32人、业务辅导员28人。1983年，开始配合县职教办举办初中文化补习班。

### 六、中央农业广播电视学校永福分校

1983年，由县科委、科协、农业局等单位联合筹办。1984年3月招收第一期学员，通过考试录取72人。分4个点进行广播函授，学制三年。开设化学、植物生理、土壤肥料、遗传育种、作物栽培、植保、农经管理学、农业气象等课。1987年招第二期，为果树班，经考试入学94人。学习课程有语文、政治、教学、物理、化学、植物生理、土壤、遗传、农经、病虫防治、果树栽培等，该期至1990年毕业35人。1988年招第三期，为会计班，主要招在职会计，学制1年，开设科目有政治经济学、计算技术、会计原则等，1989年毕业38人。1988年还招收了1个畜牧班35人，学制为三年，开设课程有家畜解剖学、家畜卫生环境、家畜饲养学、遗传

育种学、家畜繁殖学、畜牧兽医学、畜牧学、畜牧经济管理等。1989年又招一个农学班，共50人，开设课程与1984年相同。1990年在校学生162人。建成教室2间（1间电教室）、实验室1间。1988年，被农业部评为中央农业广播电视学校学用结合先进集体。

### 七、县委党校中专班函授大专班

1985年秋，经广西壮族自治区党委批准开办中专班，培训在职干部。到1990年共办5期（5个班），招收学员175人，毕业137人。从1987年开始，受自治区党校委托，代培函授大专班共四期6个班，招收学员227人，已毕业18人。

# 第79章
# 业余教育

## 第一节 农民教育

### 一、扫盲班

民国22年（1933年），永福、百寿各办起1所民众学校，共有教职工5人，109名农民参加识字班学习文化。次年，百寿又增办3所。民国20年后，执行《广西各县实施强迫教育办法规定》，逐年增办了农民识字班。据不完全统计，仅桃城、堡里两乡于民国28年就办起成人夜校识字班18个，参加学习500余人。民国35年，推行《民众教育法大纲》，百寿县调派68名国民学校教师兼办学校式社会教育，学员近千人，其时以《农民识字课本》为教材。

1950年，永福县在城关、罗锦、苏桥、堡里等区办起了12个成人识字班。次年，永福各区、乡均成立了冬学运动委员会，广泛开展冬学运动，有11 000人参加，其中6000名转入农民业余初等学校学习；百寿县各区、乡也开办了工农夜校及妇女识字班。1952年两县合并，共办扫盲识字班314个，参加学习13 210人。1954年，全县小学教师和高年级学生投入冬学运动。全县办起识字班578个，17 808人参加学习。至1958年底，全县累计扫除青壮年文盲24 943人，占全县青壮年39 982人的62.39%。1959—1971年，先后因经济困难和"文化大革命"的影响，扫盲工作没有进行。1973年，全县各村大办政治文化夜校，主要学习《毛泽东选集》、时事政治，写村史、家史。参加夜校23 794人，占青壮年文盲53 238人的44.69%。但这时的夜校强调突出政治，学文化少，扫盲收效甚微。1977年，县委制定了《农村扫盲规则》。1978年，办起了130个扫盲班，1045人参加学习。1980年，集中全县扫盲专干和教师30余人在桃城和永福镇进行扫盲试点，经半年努力，使这两个乡（镇）脱盲率分别达到87.3%和91.0%，率先成为基本脱盲乡（镇）。接着抽调扫盲工作队员194人次，加上全体教师和社会知识青年配合，经过两年的努力，办起了识字班444个，扫除文盲6037人，全县青壮年脱盲率达到87.5%。1984年，桂林地区行署批准永福为基本扫除文盲县。

1985年，对未脱盲又复盲的青壮年继续办班扫盲。至1990年，累计抽调扫盲教师376人次，共办起202个识字班，参加学习2773人，扫除文盲1632人。

## 二、业余高小班及初中班

1957年，办起农民初中（简称业中）班1个，学员18人，业余高小（简称业小）班11个，学员295人。1965年夏，凤凰小学办起凤凰共产主义业余夜校1所，初为业中1个班11人。是年秋，发展到2个班108人。该校开设语文、政治、珠算、簿记、唱歌等课，每周逢双日晚上课，1966年停办。1981年初，县人民政府提出"一手抓扫盲，一手抓业小。"县财政拨款3000余元，各乡利用小学教室，由小学教师兼课共办起业小班31个，学员583人。此后，县财政每年增加补助款，业小业中逐年发展。1985年，全县有业小班56个，学员1195人；业中班2个，学员47人。业小、业中学制均为二年，业小开设语文、数学两门课；业中设政治、语文、数学、物理、化学、史地6门课。1986年，业小有73个，参加学习达1275人，兼职教师107人。1987年，业中班增加两个，全县共4个。1986—1990年，共办业小班123个班，招生2696人，毕业1275人；办业中班7个班，招收212人，毕业141人。

## 三、农技班

1983年，三皇乡率先办起农业技术培训中心，办柑橘培训班4期，培训279人次。次年夏，三皇的大路、桃城的银洞、渔洞亦办起了农技班，年底，全县农技班发展到11个，学员447人，1985年，三皇乡创立了成人文化科技中心校；全县各乡（镇）均重视对农民进行农村实用技术教育，办起水稻、柑橘、甘蔗、食用菌、生猪、苎麻、水产等养殖班42个，参加学习2061人次。1986年，贯彻自治区教育厅有关文件精神，业余教育以职业技术教育为重点，培养适合农村需要的各种人才，县里组织各乡学习和推广三皇乡办文化科技中心校的经验，先后有永安、龙江、罗锦、桃城、苏桥5个乡办起了文化科技中心校。1987年，广福、寿城、堡里3个乡也成立文化科技中心校。当年，为推行自治区科技兴农有关"星火计划"项目，全县9个文化科技中心校办了各种类型农业技术培训班106期，参加学习达8880人次，此后3年，各文化科技中心校根据农村需要，开办柑橘、甘蔗、苎麻、水稻、桑叶、罗汉果、葡萄等种植，食用菌栽培、生猪饲养、蚕和水产养殖、农机修理、服装裁剪等农村适用技术培训班共269期，参加学习18 543人次。

## 第二节　职工教育

　　1954年秋，创办县直属机关干部职工业余学校，开扫盲班1个，学员45人，每晚上课2小时，教以《工农识字课本》。1955年增至4个班，其中初中1个班，高小2个班，扫盲班1个班，学员共117人，各区、乡也先后开办职工扫盲识字班。1958年，县属厂矿办起一批红专学校，参加学文化的有542人。1960年，县工交部要求所属各单位办起业余学校，有1119人参加学习。1966年，所有职工业余学校停办。1978年，在县总工会创办职工业余技术学校，聘请有关单位的工程技术人员作教师，招收具有初中文化程度或有一定专业知识的干部职工学习机械零件、机械加工、机械制图、电力、化工等知识，每期招收机械、电力、化工班各1个。学习3个月结业，共2期招222人，后因有技校招生，该校当年停办。

　　1982年6月，成立县职工教育委员会，年末开始组织1968—1980年初高中毕业的在职青壮年职工干部补习文化，由永福中学、教师进修学校、永福镇中学办起初中文化补习班60个，1983年县供销学校也协助办初中文化补习班，1984年开8个高中文化补习班，至1985年共办初中文化补习班106个，高中文化补习班10个，参加学习3266人次，1251人经考试合格，占参加学习人数的38.30%，1986年后，共办高中文化补习班8个，参加学习345人，办初中文化补习班3个，参加学习100人，所有参加学习者均考试合格，1988年底，文化补习基本结束。

　　1979年2月，广西广播电视大学招生，全县有35人考取英语班，15人考入综合班，两个班分别在县师范和县教育局开办，1982年先后有英语班32人结业，综合班3名全科生毕业、12名单科生结业。1982年，第二届电大班招生，永福因录取名额不足，未开班。被录取的学员到桂林学习。

首次高等教育自学考试于1984年6月在镇中设考场，开考党政、中文、英语3科，参加考试57人，及格10人。1985年10月举行第二次考试，除首次考试科目外，还开考政教、哲学、数学、统计4科，参考135人，及格97人，及格率为71.85%。从1986年以后，每年4月和10月分别开考一次。1984—1990年累计报名3795人次，报考8680科次，及格1640人，取得单科合格证2689个，其中取得大专毕业文凭72人。

# 第 80 章
# 教师

## 第一节 队伍与素质

清末,永福、永宁学宫学师,书院山长、义学教员均无考。永宁州社学社师有吴嘉会等23人。两县小学堂教员有莫书田、胡全义等60余人。这些教员多为秀才出身。

民国初年,永福、永宁两县国民学校教员属新旧合璧,既有秀才,又有师范生及其他中专学校毕业生。五四运动提倡新学,永福、古化国民学校师资受师范教育日见增多,新教学人员逐渐形成职业性的队伍。民国10年(1921年)后,两县地方连年骚乱,很多学校停办,教师生活无着落,数量日渐减少。30年代,学校教学稍趋正常,教师队伍也较稳定,据《民国二十三年度下学期广西省教育概况统计》记载,民国32年,永福县国民基础学校教职员73人。其中,高等师范生9人,其他学校毕业的专科生1人,中学生18人,民团干训生8人,其他37人。百寿县国民基础学校教职员131人。其中,高等师范生2人,中等师范生33人,其他专科生21人,中学生44人,民团干训生28人,其他3人。另,百寿县立师范讲习所有教员7人;两县共有私塾教师28人。民国32年,永福有中学教员8人,大专以上学历5人,军校生和高中生3人;百寿有中学教员12人,大专以上学历8人,高中和中师生4人。1949年,两县小学教员405人,中学教员42人。

解放初,县人民政府接管学校后,民国时期的在职教师全部留用,其后,靠分配来的大、中专院校毕业生扩大教师队伍。1952年,全县中小学教师428人,中小学师生的比例分别是1∶10.80和1∶61。从1957年开始,从社会青年中遴选初中毕业或肄业生进校当民办教师。1963年,中小学民办教师643人,其中大专院校毕业仅58人,中专毕业129人,高中毕业 27 人，初中、小学毕业的达 429 人。而民办教师 73 人，没有一个达到高中毕业水平。1965 年，由于小学发展快，又增加了 335 名民办教师，这些民办教师只有个别为高中毕业生，绝大部分是初中、小学生。此后，民办教师逐年增加。1973 年，中小学公民办教师 1624 人，其中大专院校毕业 102 人，中专和高中毕业 281 人，初中、小学毕业 1241 人。1974 年，由于外籍教师纷纷调走，高等院校毕业生分配到教师队伍的不多，到 1980 年，中学教师（含小学附设初中班教师）710 人。大专以上毕业生才 89 人，中师高中毕业生 471 人，初中毕业及以下 150 人，其中不能胜任教学的 67 人，占 9.4％；小学公办任课教师 617 人，中师、高中及以上毕业生 185 人，仅占 29.98％，还有 70.02％是初师初小生，小学民办教师 918 人，中师毕业仅 6 人，高中毕业 398 人。初中毕业及以下文化程度的 306 人，1982 年为保证小学教学质量，对民办教师进行考试、整顿，精简了一批民办教师。1983 年，对全县中小学教师进行考核，考核中学教师 298 人，能胜任教学的仅 5 人，基本胜任的 190 人，不能胜任的 103 人；考核小学教师 697 人，胜任教学的仅 79 人，基本胜任的 486 人，不能胜任的达 132 人。之后由于成人高校对在职教师的培训，普通中等、高等院校毕业生分配到教师队伍的数量逐年增加，中小学教师的文化素质有了提高。1985 年，开始对未达到所教年级相应学历的教师（高中教师非本科毕业，初中教师非专科毕业，小学教师非中专毕业）进行教材教法和专业合格考试。这使应考对象加强了业务自修，教学水平也有了相应提高。1988 年，为补充初中教师之不足，从高中毕业的社会青年中选拔 96 名送上海南市区教育学院进行专科培训，毕业后任初中代课教师。1990 年，全县有中学教职工 589 人，其中专任教师 491 人；中学师生比为 1：13.60。有小学教职工 1425 人，其中专任教师 1334 人，小学师生比为 1：22.13。高中专任教师 88 人中，本科毕业 50 人，专科毕业 31 人，中专毕业 7 人，非本科毕业生已有 6 人取得专业合格证。初中专任教师 403 人中，本科毕业 19 人，专科毕业 164 人，中专和高中毕业 204 人。非专科毕业者已有 84 人取得专业合格证。小学专任教师 1334 人中，中专和高中及以上毕业的 932 人，其中民办教师 517 人中高师毕业 7 人，中师毕业 168 人，高中毕业 197 人。中小学教职工 2014 人中有共产党员 372 人，共青团员 391 人，少数民族教工 294 人。从 1985 年评定职称以来，中学教师获高级职称 20 人，中级 169 人，小学教师获得小教高级教师职称 165 人，小学民办教师获小教一级职称 276 人（表 80-1）。

表 80-1　1950—1990 年中小学教师情况统计

单位：人

| 年份 | 小学 | | | | 中学 | | | |
|---|---|---|---|---|---|---|---|---|
| | 合计 | 公办 | 民办 | 其中专任 | 合计 | 公办 | 民办 | 其中专任 |
| 1950 | | | | | 11 | 11 | | |
| 1951 | | | | | 26 | 26 | | 17 |
| 1952 | 391 | 391 | | 373 | 37 | 37 | | 26 |
| 1953 | 399 | 399 | | 357 | 37 | 37 | | 21 |
| 1954 | 399 | 399 | | 355 | 40 | 40 | | 23 |
| 1955 | 377 | 377 | | 335 | 42 | 42 | | 23 |
| 1956 | 436 | 436 | | 384 | 51 | 51 | | 33 |
| 1957 | 476 | 463 | 13 | 422 | 62 | 62 | | 35 |
| 1958 | 642 | 446 | 196 | 597 | 62 | 62 | | 41 |
| 1959 | 644 | 465 | 179 | 588 | 77 | 77 | | 53 |
| 1960 | 602 | 512 | 90 | 516 | 111 | 111 | | 75 |
| 1961 | 584 | 511 | 73 | 577 | 72 | 72 | | 46 |
| 1962 | 544 | 472 | 72 | | 57 | 57 | | 39 |
| 1963 | 579 | 506 | 73 | | 64 | 64 | | 41 |
| 1964 | 563 | 490 | 73 | | 57 | 57 | | |
| 1965 | 900 | 492 | 408 | | 58 | 58 | | |
| 1966 | 945 | 513 | 432 | 874 | 63 | 63 | | 43 |
| 1967 | 922 | 517 | 405 | 862 | 64 | 64 | | 48 |
| 1968 | 1025 | 563 | 462 | 945 | 65 | 65 | | 46 |
| 1969 | 1087 | 599 | 488 | 932 | 66 | 66 | | 47 |
| 1970 | 1223 | 638 | 585 | 1153 | 70 | 70 | | 52 |
| 1971 | 1371 | 642 | 729 | 1301 | 310 | 247 | 63 | 286 |
| 1972 | 1218 | 470 | 748 | 1146 | 406 | 337 | 69 | 340 |
| 1973 | 1252 | 497 | 755 | 1117 | 372 | 317 | 55 | 329 |

续表

| 年份 | 小学 | | | | 中学 | | | |
|---|---|---|---|---|---|---|---|---|
| | 合计 | 公办 | 民办 | 其中专任 | 合计 | 公办 | 民办 | 其中专任 |
| 1974 | 1278 | 444 | 834 | 1185 | 376 | 319 | 57 | 327 |
| 1975 | 1290 | 458 | 832 | 1171 | 463 | 380 | 83 | 380 |
| 1976 | 1162 | 384 | 778 | 1088 | 605 | 453 | 152 | 560 |
| 1977 | 1329 | 446 | 883 | 1202 | 563 | 438 | 125 | 509 |
| 1978 | 1230 | 375 | 855 | 1137 | 726 | 474 | 252 | 628 |
| 1979 | 1402 | 527 | 875 | 1282 | 717 | 566 | 151 | 594 |
| 1980 | 1535 | 617 | 918 | 1413 | 588 | 505 | 83 | 462 |
| 1981 | 1456 | 722 | 734 | 1292 | 519 | 488 | 31 | 386 |
| 1982 | 1565 | 855 | 710 | 1385 | 492 | 473 | 19 | 371 |
| 1983 | 1512 | 791 | 721 | 1312 | 467 | 451 | 16 | 346 |
| 1984 | 1498 | 789 | 709 | 1316 | 517 | 500 | 17 | 384 |
| 1985 | 1471 | 792 | 679 | 1324 | 529 | 505 | 24 | 456 |
| 1986 | 1488 | 840 | 648 | 1296 | 562 | 538 | 24 | 418 |
| 1987 | 1419 | 884 | 535 | 1342 | 579 | 570 | 9 | 570 |
| 1988 | 1476 | 920 | 556 | 1380 | 618 | 605 | 13 | 527 |
| 1989 | 1426 | 884 | 542 | 1241 | 600 | 537 | 63 | 465 |
| 1990 | 1425 | 908 | 517 | 1334 | 589 | 515 | 74 | 491 |

## 第二节 培训

民国初年，永福、百寿两县教师主要由县政府定期考核送桂林初级师范、两江师范、柳庆师范学校学习。教育成绩卓著者，推荐到高级师范院校培训，民国9年（1920年）后，两县先后兴办了师范讲习所，培训小学教师166人，民国32—34年，两县分别在国中附设简易师范班，培训73名小学教师。

解放初期，县内曾一度盛办星期日学校，大批教师参加学习。此后，教师培训主要途径有：送中等师范、高等师范进修，到县师范学校短训，参加函授学习。

中等师范、高等师范进修：1983年，县师范改为教师进修学校，招收5年以上教龄的民办教师到校进修两年。1984年，全州师范开始向永福定额招生，每年招8~10名民办教师进校学习，到1990年参加两所中等师范学校进修的民办教师共364人，其中到全州进修的59人。

1983年以前，送教师到高等师范进修偶尔一年有一个指标。此后，每年到桂林地区教师进修学院进修的中学公办教师7~15名。从1986年起，每年到广西教育学院、桂林市教师进修学院进修的中学教师4~5人。从1987年开始，每年到河池师专、梧州市教师进修学院、南宁地区教师进修学院进修的有5~8人。至1990年，到上述高等师范进修的共128人。

中师、高师函授：1957年，为培训小学教师，县教育局设立中师函授站，各中心小学设函授辅导站，但一直未进行开班教学。1962年，首次在城关、苏桥两个学区办中师函授班，到1967年参加学习的公民办小学教师共425人。1968年停办，1977年恢复中师函授，桃城、广福、堡里、罗锦、苏桥等5个公社设立一个教学点，寿城、三皇、永安、龙江等4个公社设立一个教学点，要求未达到中师毕业水平的小学教师参加学习。1987年，教师函授工作专由县教师进修学校负责，每年招30人学习。1977—1990年，参加单科学习1247人次。

高师函授始于1956年。1966年前先后有29人参加广西师范学院（今广西师范大学）举办的中文、数学函授。1979年，考取广西函授大学的有79人，考取桂林师范大专函授班的有46人。1982年后，参加广西师范大学、广西师范学院、华中师范大学函授学习的有72人。

短训：1973年，针对部分小学教师业务水平不高的情况，开始由县师范负责对他们进行单科轮流短训，训练时间或一年，或半年，或两个月，每期招收40人左右。至1985年停办时，共办了11期，参加学习的教师390人。

## 第三节　待遇

一、政治待遇

清末及民国初年，永福县、永宁州的教师多是有才学的人或地方绅士，政府比较重视。民国27年（1938年）后，两县实行"三位一体"制，当局号召所谓"好铁打钉、好仔当兵"，重武轻教，虽然小学校长为当选乡民代表，中学校长为当选参议员，但是有部分教师是逃避征兵的小知识分子，职业无保障，当时被称为"自由职业者"，在社会上无地位。

解放后，中小学教师作为国家干部编制被赋予"人民教师"的光荣称号，教育战线成立教育工会和定期召开职工代表大会，教师成为学校的主人翁，有了民主管理学校的权力。很多优秀教师被提任学校领导或被选拔到政府部门担任领导。1983年，由自治区人民政府给县内600名25年以上教龄的教师颁发了"园丁"荣誉纪念章和荣誉证书，1985年以后，每年9月10日教师节，县领导都要到学校去慰问教师。从1955年开始，在教师队伍中发展中共党员，至1990年共发展500余名。从1954年的第一届人民代表大会开始，每次代表大会都有教师代表参加，进行县内大事的审议和决定工作，到1990年第十届，教师代表达10余人。从1984年中国人民政治协商会议永福县委员会第一届委员会开始，到1990年第三届，每届都有10余名教师当选为政协委员。而且每届都选举1名以上教师为常委或者副主席，参与县里的参政议政工作。

二、经济待遇

清末，永福、永宁州公立小学堂教员薪金每月约20元光洋，塾师伙食由学童家长全包，每年还有800斤左右的稻谷。民国初年，小学校长月薪16银圆，教员14银圆。民国10年（1921年）后，两县地方连年骚乱，很多学校停办，教员生活清苦，当时流传着"家有五斗粮，不为孩子王"的谚语。民国29年，永福、百寿两县国民基础学校教员待遇实行定级薪俸制，当时中心校校长月薪最高110元、最低90元，教员月薪最高100元、最低75元，国民基础小学校长和教员月薪最高65元、最低60元。抗日战争后期，时局动荡，物价飞涨，中小学教师生活朝不保夕，当局也曾制定了一些给教师加级加薪的优待规定，但均未实行，当时教师的生活为"一身平价布，两袖粉笔灰，三餐饭不饱，四面卷子堆"。

解放后，公办教师的待遇和行政单位的干部差不多。1950年，教师薪水发给稻谷，中学教师月约90公斤，小学教师月约60公斤。1952年7月，县人民政府取消实物代金，实行以"工资分"为单位的工资制，中学教师每月人均约180分（每分值人民币0.22元），小学教师每月人均约120分。1956年工资改革，实行货币工资制，教师工资人均增长40%。

此后，1964年、1972年、1977年、1979年，4次给工资偏低的教师晋升工资，1982年、1985年、1989年3次给教师进行普调或套改。有别于行政干部的是：1979年后，给当班主任的教师发津贴，中学每人每月6~7元，小学每人每月4~6元；从1985年开始，在教师中实行教龄津贴，按教龄的长短分等级每人每月分别给3元、5元、7元、10元的津贴。1987年，又开始给教师在标准工资基础上增加10%。1990年，全县公办教师月人均工资148元。

民办教师工资，1980年以前，由群众统筹一部分，国家补助一部分，小学民办教师24元，中学民办教师30元。1981年以后，由于公办教师普遍增加了工资，民办教师也相应增加，而农村集体经济组织又无钱，县人民政府规定：谁读书谁出钱，全县统筹，对民办教师实行工资制。1990年，人均月工资为80元左右。

# 第81章
# 教育经费与勤工俭学

## 第一节　教育经费

明清时期，私塾、社学之资无考。学官、书院之费主要来自学田租银米及山税，其情也不尽详。据旧志载，明万历年间，永宁州学田94.5亩；永福县学田318.6亩（其中荒田127亩）。清康熙、乾隆年间，地方官吏又捐出部分学田，永宁州增加47亩，永福县增加22亩。民国初年，主要靠地方财政拨款，辅以学田租资及祠庙产业等。民国22年（1933年），永福国民学校经费11 440银圆，百寿国民学校经费9482银圆。后几年逐年减少，民国24年，两县才9730银圆。民国35年至1949年，由于形势动荡，物价飞涨，钞票不断贬值，经费虽增加了很多，公教人员薪俸虽成数百甚至数千倍增加，但仍无法维持生活。国民政府只好发以食物。

解放后，公办学校以国家财政拨款为主，学生交纳学费为辅；民办学校以集体筹资为主，辅以学生交纳学杂费，国家财政酌情给予补助。1950年，国家及地方财政拨款39 315元，1990年达5 841 854元，是1950年的148倍。解放后40年，财政拨款共49 617 147元，平均每年递增16.72%。80年代以来由于学生增多及教师队伍不断扩大，教师工资增加，学校危房维修量大，经费仍不足，政府动员社会各界集资办学。1980—1990年，社会集资共2 160 978元，勤工俭学补充教育经费达2 448 464元（表81-1）。

表 81-1　历年财政拨放教育经费

单位：元

| 年份 | 教育拨款 | 占财政总拨款比例 | 年份 | 教育拨款 | 占财政总拨款比例 |
|---|---|---|---|---|---|
| 1950 | 39 315 | 26.68% | 1971 | 458 105 | 15.56% |
| 1951 | 46 206 | 11.93% | 1972 | 836 835 | 19.72% |
| 1952 | 139 590 | 19.90% | 1973 | 751 932 | 25.90% |
| 1953 | 215 004 | 34.90% | 1974 | 822 396 | 23.86% |
| 1954 | 181 917 | 29.58% | 1975 | 786 059 | 25.48% |
| 1955 | 181 575 | 25.37% | 1976 | 836 600 | 26.61% |
| 1956 | 206 976 | 22.70% | 1977 | 879 600 | 24.44% |
| 1957 | 280 539 | 24.68% | 1978 | 1 099 222 | 26.86% |
| 1958 | 262 682 | 13.58% | 1979 | 1 237 939 | 25.23% |
| 1959 | 233 578 | 13.81% | 1980 | 1 717 063 | 29.74% |
| 1960 | 341 504 | 11.98% | 1981 | 1 654 565 | 26.22% |
| 1961 | 306 810 | 16.18% | 1982 | 1 865 125 | 28.14% |
| 1962 | 307 461 | 22.27% | 1983 | 2 094 175 | 28.12% |
| 1963 | 302 707 | 21.01% | 1984 | 2 596 047 | 38.96% |
| 1964 | 335 592 | 21.66% | 1985 | 3 582 857 | 31.92% |
| 1965 | 338 660 | 23.99% | 1986 | 3 477 180 | 19.50% |
| 1966 | 370 854 | 19.66% | 1987 | 3 624 700 | 24.59% |
| 1967 | 432 166 | 19.21% | 1988 | 2 022 632 | 23.21% |
| 1968 | 436 012 | 20.81% | 1989 | 4 942 000 | 19.62% |
| 1969 | 369 675 | 16.12% | 1990 | 5 841 854 | 19.98% |
| 1970 | 406 232 | 12.89% | | | |

## 第二节　勤工俭学

1958年春，贯彻团中央《关于在学生中提倡勤工俭学的决定》，在罗锦、苏桥、喇塔等小学进行勤工俭学试点，开办小农场，紧接着全县

3所中学和23所完小都行动起来,当年底,有校办工厂317个,学农基地320个,种植水稻、小麦等作物1279亩,饲养场24个,养猪128头。因厂场过多,影响教学,1960年,将校办工厂压缩为47个,农场也改种杂粮和蔬菜,1969年贯彻毛泽东"五·七"指示,又大办了一阵工厂、农场,但效果不佳。1975—1976年,各学校出现以劳代学现象,全县各中小学校均辟有学农基地,所有中学均办起养猪场,高中还开办小工厂。劳动时间占教学时间近半,严重影响了文化知识教学。1979年,县教育局成立勤工俭学领导小组,勤工俭学开始走向正轨。当年建成教育局粉笔厂。1984年,成立县勤工俭学服务公司,配经理、会计、出纳各1人,管理县中小学勤工俭学活动,沟通产品的产、供、销渠道,该年全县勤工俭学纯收入突破10万元。1988年,部分中小学开办了小商店、饮食店。1990年,全县93所中小学开展勤工俭学活动,有工厂11个,规模大的有永福中学的校办工厂,职业中学的果脯厂;学农基地66个,面积630亩;小商店15个,饮食店11个。1980—1990年勤工俭学纯收入情况如表81-2所示。

表81-2 1980—1990年勤工俭学纯收入表

单位:元

| 年份 | 工厂收入 | 农林场收入 | 其他收入 | 合计 |
| --- | --- | --- | --- | --- |
| 1980 | 25 005 | 33 619 | | 58 624 |
| 1981 | 19 132 | | | 19 132 |
| 1982 | 34 772 | 25 505 | | 60 277 |
| 1983 | 32 357 | 3661 | 32 603 | 68 621 |
| 1984 | 43 358 | 12 231 | 52 840 | 108 429 |
| 1985 | 26 500 | 33 500 | | 60 000 |
| 1986 | 40 000 | 10 000 | 40 000 | 90 000 |
| 1987 | | | | 129 064 |
| 1988 | | | | 223 400 |
| 1989 | | | | 1 385 000 |
| 1990 | | | | 621 000 |

注:1987—1990年,教委统计只有收入合计,无分项数。

# 第 82 章

# 教育设施

## 第一节 校舍

清以前,永福、永宁学宫书院及义学和部分社学有固定校舍,私塾全以富家弟子家舍为课堂。清末小学堂绝大部分是将书院、寺院、庙宇、祠堂等旧舍改为教室。民国 20 年(1931 年)前夕,两县小学共 120 余所,只有普礼小学、培佳小学、悦德中心校等少数学校新建校舍,大部分学校仍以祠堂、庙宇、民房为教室,古化城区进化小学初级班借用武营、高年级班借用参军署;古化城区女子小学先以江西会馆为校舍,后迁到关帝庙;永福县立第一小学以文庙为校舍,第二小学(今罗锦中心校)借用陈家一间房子为教室,4 个年级合在一起上课,民国 27 年推行地方自治,两县政府拨款,同时鼓励私人集资办学,修建了一些学校校舍,民国 33 年日军陷境,各地学校校舍遭到不同程度破坏,百寿附郭乡表证中心校校舍全部被拆毁。

解放初期,各中小学均沿用旧校舍。以后,各级人民政府每年均拨一定基本建设经费,并调动农村劳动力修建、改建校舍。1954 年,在政府号召下,各乡群众捐钱、捐物、捐工,累计折人民币(第一套人民币)4 亿元,修建新校舍 83 间,修缮 82 间。1966—1976 年,全县大搞群众性劳动建校,学生参加建校劳动,群众献工献料,地方财政给小量补贴,10 年间共新建、改建校舍面积 68 110 平方米。因以前建的多为土木结构平房,至 80 年代,大多成了危房。1984 年后,县及上级财政部门每年大幅增加对中小学基本建设投资,各校也争取社会集资建校,至 1986 年自治区财政拨款 88 万元,县财政拨款 75 万元,群众集资 56.96 万元,新建钢筋混凝土结构教学楼房和宿舍 20 栋,计 10 206 平方米,建砖木结构平房 20 120 平方米,修复危房 9910 平方米。1988 年,县人民政府发出

《关于集资抢修中小学危房的紧急通知》，动员全县干部群众积极抢修学校危房。至1989年，自治区、县、乡三级财政共拨款121.67万元，社会集资161万元，学校自筹120万元，推倒严重危房28 900平方米，建新校舍34 970平方米，修复一般危房20 760平方米，粉刷校舍90 000平方米。1990年，全县中学校舍建筑面积55 516平方米，小学校舍建筑面积96 988平方米。其中，中、小学共有钢筋混凝土结构教学大楼和宿舍楼房31栋，18 039平方米。

## 第二节 教学仪器

解放前，中小学只有一些圆规、三角板等简单的器具。

解放后，对利用仪器辅助教育非常重视，逐年拨款给各中小学以增添教学器具。70年代以前，各小学的教学器具有教学用挂式大珠算、三角板、圆规；部分中心小学还有脚踏风琴、手风琴、二胡；中学有烧杯、试管、酒精灯、天平仪、地球仪等。至1970年，永福中学和寿城中学有幻灯机、酸度计、万用表、机械秒表、三相变压器、三棱镜、扬声器、电表、地球运行仪、生物显微镜、弹簧秤等。1971年后，地区教育局和县财政每年均拨一定经费给中小学添置教学仪器。至1990年，共拨款39万余元。1979年，在中学始兴电化教学。1988年，中学有实验室8间，仪器室20间。1989年，地区教育局和县财政拨款6.8万余元，要求各乡中学均配备实验室、仪器室和购置仪器，1990年又拨款5万余元进一步完善中学实验室的修建和仪器配置工作，同时要求各乡中心小学建立实验室。到1990年底，全县中小学有实验室24间，实验桌凳354套，仪器室57间，仪器柜530个，配备仪器总价值407 640元。永福中学和百寿中学的主要仪器有激光光学演示仪、电发火描迹仪、运动轨迹仪、恒温箱、双踪教学示波器、低频Q表、高频U表、电波发射接收演示仪、大屏幕示波器、显微投影器等。其他中小学主要教学仪器有学生示波器、电子秒表、收录机、分析天平、生物显微镜、微安毫伏表、平抛和自由落体运动演示器、马德深圆盘、三相变压器、幻灯机、分光镜等。小学主要教学仪器有生物显微镜、人体半身模型、风琴、捕捞工具等。全县中学实验开出情况为：物理、化学课堂演示实验开出率达100%；学生分组开出率达70%；生物演示实验开出率达90%；学生分组实验开出率为40%。1990年，桂林地区教育局验收中学20所（含职业中学），永福中学实验室、仪器室的装设和仪器配置达到一类，其余19所均达到三类。验收小学18所，向阳小学达到一类，永福镇小学和9所中心小学达到二类，还有7所完全小学达到三类。县教育局验收110所小学，均达到三类。

# 第83章
# 教学管理

## 第一节 管理机构

清代以前的教育管理机构为学政署,至清光绪初,学政署改称教育署,行政长官叫教谕和训导。宣统元年至民国10年(1909—1921年),改称劝学所,置所长1人,主持全县教育行政事宜。民国11年,县劝学所改为教育局。

解放后,永福县人民政府于1950年2月建立教育科,设副科长1人,科员1人。同年5月,百寿县人民政府成立文教科,设副科长1人,办事员2人。12月,永福县人民政府教育科更名为文教科。1952年8月,并县,两县文教科合并,仍称文教科,设副科长1人,办事员3人,1954年3月增派科长1人。

1953年,成立永福县扫除文盲委员会办公室,配扫盲校长和专干各1名。1955年3月,划文教科为文化、教育两个科,教育科设科长、副科长各1人,办事员2人。1958年6月,成立永福县文教局,设局长1人,秘书1人,办事员2人。1965年1月,将文教局分设文化、教育两个科,教育科配正副科长各1人,办事员2人。1966年"文化大革命"开展后,教育机构瘫痪。至1970年8月,设文化教育小组,管理文化、教育行政事务。配组长1人,副组长2人,工作员3人。1972年3月恢复教育局,配局长、副局长、教导员、秘书、人事干部、会计各1人。1985年,配局长1人,副局长1人,工作人员9人。1990年,县教育局共有干部职工52人,其中行政管理干部6人(局长1人、副局长3人、党总支书记1人、人事管理干部1人);事业管理干部44人;下设有教研室、人事股、监察股、基建股、勤工俭学总公司、电教仪器站、成人教育股、计财股、体卫股,另有县招生委员会办公室,办公室由教育局抽员在教育局办公,局秘书室从事业单位股室抽出3人兼秘书及办公室工作人员。乡级教育机构是：乡（原区、公社）政府配有1名文教干事，负责文教事业管理，并配有学区教学辅导员。"文化大革命"结束后，成立公社（乡）教育组，配2~3人具体管理全公社（乡）教育工作。1990年，各乡教育组配员6~8人。

## 第二节　行政职掌

### 一、学校管理

解放初，中学由专署教育行政部门负责，完全小学由县文教科直接领导，受所在区的指导、监督，村校由区直接领导。1953年，贯彻执行《广西省各级教育行政职掌试行草案及实施办法》，县文教科的工作职责有6个方面：①根据省、专署决定，领导县的初等教育、工农业余教育、扫盲等工作，受专署委托，就近指导县中的行政业务及教师的政治学习，并协助专署解决县中、私立中学的问题；②分配县内县立中学、小学、工农业余教育经费，并监督其使用，督促向县财政科报销；③有计划有步骤地贯彻省、专区所布置的工作任务；④经常了解县内各级学校的情况，定期向省、专署汇报；⑤召开全县教育会议，讨论布置、总结全县教育工作；⑥按上级方针、政策、指示、规定处理县内各级学校一般问题。

1958年7月，县人民委员会决定，全县公办、民办小学、农业中学全部下放到乡（镇），由乡（镇）人民委员会直接管理。1969年，执行县革命委员会拟定的《永福县教育革命方案》，废除教育科和学区辅导员及校长负责制的"垂直单线领导"，把中小学下放给公社、大队办，学校党、政、财、文权力一律归公社、大队革命委员会。这两次（1958年7月至1961年9月，1969年1月至1972年12月）学校下放，实际上只侧重财权，至于行政事务，凡公办教师的调动、奖惩等重大问题仍由县委有关部门和县教育行政部门掌管。1978年4月，贯彻执行国务院批转教育部《关于加强中小学教师队伍管理工作的意见》，全县中小学公办教师的管理、调配，在县委一元化领导下，由县教育行政部门负责，选用的民办教师由县教育局统筹规划，民办教师的任用、辞退、调换，均需县教育局批准，改变了以往任意辞退或吸收民办教师的紊乱现象，相对稳定了民办教师队伍。在此期间，重建学区中心小学，恢复县教育行政部门的领导和管理中小学的体制。

## 二、人事任免

1966年"文化大革命"以前,县直各中学的行政领导由专署教育行政部门任免。中学教师的任免,一般由县委组织部门负责,但也有由专署教育行政部门直接任命的。"文化大革命"期间行政机构瘫痪,至1984年上半年,县直各中学的人事任免由县委或县委组织部、宣传部负责,从下半年起,除县直4所中学(永福中学、寿城中学、教师进修学校、县农业中学)正副校长的任免由县人民政府直接掌管外,其余人员任免(含各乡初中及教研室人员)由县教育局负责。公办小学教师(含幼教、农中、区乡中学、成人教育)的人事任免权,下放到区(公社)、大队办(1958年和1969年除外),人事工作由人民公社管理委员会和革委会秉承县局旨意在所辖区域内进行必要的人事调配外,凡公办教师的吸收、任免、奖惩、区外、县外的调动等仍由县教育行政和县人事部门掌握。

## 三、财务管理

1958年上半年以前,县教育行政部门负责分配县立小学、工农业余教育经费,并监督其使用和向县财政报销。1958年7月至1961年8月,全县民办小学及农业中学下放,其经费也随之由区公所或公社管理,中学教育经费的管理体制不变。(1961年8月,因县文教局会计下放农村劳动锻炼,局本身财会业务及县直两所中学经费由县人民委员会财会室代管)。在各公社所在地的中心小学设专职总务,按县文教局的意见,遵循"统一领导,分级管理"的原则,具体负责该公社所属学校的财会事宜。1969年,公办小学下放到大队办,学校财务随之下放到公社革委会管理,后因出现挪用或挤占教育经费现象,县革委会决定从1973年1月起,将小学教育经费收归县文教局统一管理。同时,各公社教育组开始配专职财务会计,在县局的直接领导下,负责管理本公社的教育财务。1986年1月以后,各乡的学校教育经费,改由县财政局直接将款项拨到乡财政所,再由财政所直接支付和督促报销,局本身及县直中小学、幼儿园的教育经费管理体制不变。

## 四、其他

1986年以后,教育局还设有监察股,协助局领导抓廉政建设,调查处理整个教育战线的违纪现象等;设有基建股,统筹管理全县各级各类学校的校舍建设及教学条件的改善；设有勤工俭学公司，指导各学校开展勤工俭学活动。1986年1月，县总工会将原分管教育工会的一名行政编制拨归县教育局，为工会主席，领导各基层教育工会开展工会工作，建立职工之家，协助局领导抓教职工的思想政治工作，开展送温暖活动，维护教职工的合法权益。另外，县招生办公室配专职副主任1名，在教育局办公，属县政府和教育局双重领导，主要负责组织国家、省（区）地区各类高等学校、中等专业学校在县内的考试、招生工作及成人学校（高等、中等）招生考试和高等学校自学考试。

## 第三节　业务管理

民国年间，县教育局按照省政府的旨意制定校历，指导学校教学课程的设置，有时到重点学校视察，检查了解教学情况等。

解放后对教学质量很重视。解放初至1965年以前，主要提倡学习苏联的教学方法和抓"双基"（基础知识、基本技能）教学。设学区辅导员，指导各小学开展教研活动，有时组织观摩课，以提高教师的教学能力。为了检查教学质量，组织期考或段考统一考试和统一评卷，开展教学评比，嘉奖成绩突出者。1965年以后，还着重推广普通话教育。对普通中学，主要贯彻教育部印发的《中学暂行规程（草案）》，在学习苏联经验的同时，引导教师逐步改"注入式"为"启发式"。建立中学各学科教研组，组织教师集体备课，开展互相听课、评课，使教学质量有很大提高。

1966—1976年，由于开展"文化大革命"，受到极"左"路线的影响，批判读书做官论，不重视教学质量，取消升留级制度，不抓教学，教师也不开展业务学习和教研活动。

"文化大革命"结束以后，开始恢复抓教学质量，特别是1978年恢复升留级和高考制度以后，对教学质量抓得更紧，县教育局逐步建立了教研室、普通教育股、成人教育股、电化教育股、体卫股、职业教育股等相应业务管理机构，组织各级各类学校开展教学活动。各股室的职责范围为以下内容。

教研室，主要指导、组织全县普通中小学教研室开展教学研究、进行教学改革、评价教学效果，总结和推广好的教学经验。同时，负责普通中小学期考、毕业考、小学升初中、段考等的命题、评卷等。1978—1990

年，在教改方面，主要抓教学目标管理实验、中学英语听说教学实验、小学注音识字提前读写实验等；在教学方法上，推行以学生为主体以教师为主导的教学模式。经常组织中小学教师上示范研讨课，组织教师听课、评课。

普通教育股，主要负责普通中小学校历的制定、课程设置、学籍管理、政治思想教育、校容校貌建设等，还统筹计划管理中学教师师资的培训、县内小学教师进修计划的制订及小学校长岗位责任培训。

成人教育股，主要指导各乡镇政府实施农民文化技术教育，指导各乡镇农民文化技术学校教学，下达教育计划。

电化教育股，主要指导各级各类学校开展电化教育，统筹计划、管理各学校教学仪器的设置、配制。

体卫股，主要指导各级各类学校开展体育教学，督促学校体育推标、达标的实施和体育竞赛训练，组织县内学校开展体育竞赛。

职业教育股，主要指导县职业中学的教学活动，负责制定校历、学制、招生计划、职中建设及职教教学与研究等。

# 第十二部分

# 资源县教育[①]

---
① 资源县志编纂委员会.资源县志[M].南宁:广西人民出版社,1998:547-574.

# 第 84 章

# 私塾　义学　书院

## 第一节　私塾

### 一、私塾类型

清代、民初，私塾是境内民间教育的主要形式，至民国 17 年（1928 年），境内仍有私塾存在。就主办者分，有村塾、家塾和族塾。

（一）村塾

以村内的小康之家为主，邀馆组建，馆址设在村内。根据学童年龄大小、程度高低、家境贫富情况，议定学童全年学资及油盐、蔬菜、柴炭等物资缴纳的数量，按期供给塾师。此类村塾在私塾中占十之八九。

（二）家塾

分两种：一种是东馆，由豪绅、富户一家或几家聘请塾师，教其子弟，学俸优于村塾。另一种是塾师在自家设馆授徒，称为门馆。

（三）族塾

由某一姓氏的族长、延师训课，塾师薪俸全由家族祠产支付，全族子弟均可入学。馆址一般设在宗族祠堂中，但也有专设私塾馆的。

### 二、私塾教学

（一）教学内容、教材

私塾按教学内容与教材的不同，分为蒙馆和经馆。识字、启蒙的称蒙馆，入学年龄一般在 8～15 岁，教材为《三字经》《百家姓》《千字文》等书，以诵读、识字、写字为主，一般读 3～5 年，学习记账、写便条、借券、契约等应用文。以读"经"为主的称经馆，学童一般年龄在 15 岁以上，学习"四书"、"五经"及《千家诗》、《古文辞类纂》等书。塾师讲解经义，教习作诗、词及八股文等，学习期限无定，目的是参加科举考试，谋取功名。每馆学童人数不定，少则八九人，多则二三十人。民国成立后，教学内容与教材逐步按小学定章改变。

（二）教学方法

蒙馆是按教材逐字逐句由塾师教，学童读，要求读准字音，辨别字形，熟记句子，背完后再新授。把当天读过的书统一重背一次叫背温书，并抽认当天学过的生字。每读完一本，从头到尾背一次叫背通本。读完几本后又要重背一次叫背长书。将读完几本书中的生字抽写出来再认一次叫认长字。要求反复读、反复认，强调书读三百遍，永世不能忘。写字是读私塾最讲究的，初入学者填红，塾师手把手地教会学童汉字书写的笔顺，继而写模本，进而写间模，最后脱手临帖书写。以背、认、写三者来衡量蒙学童学习成绩的优劣。经馆，每天上午一般讲解"四书""五经"的篇章节段，下午习作对联、诗、词或制艺，作文一般为 5 天一次，每月逢三、八日（每月初三、十三、二十三、初八、十八、二十八）写。

## 三、塾师待遇

每馆设塾师 1 人，蒙馆塾师的月薪一般为 100～150 斤稻谷（最低每月 3 斗米）、1 斤油、1 斤盐，学生轮流供给蛋品、猪肉、豆腐或时新蔬菜，柴炭等物亦由学童供给。经馆塾师的月薪一般为 300～500 斤稻谷，每月伙食（大米除外）同样由学童供给，但比蒙馆塾师丰裕。此外，每逢传统节日，如元宵、清明、端午、中秋、重阳……，学童要给塾师送礼品，特别是学童考中生员后，必须设宴谢师。当时各家神龛上都写有"天地君亲师位"，说"一日为师，终身为父"，以示尊师。

## 四、私塾规矩

塾馆墙壁上，贴有"大成至圣先师孔子之神位"，入学学童要焚香化纸，先叩头拜孔子神位，再拜塾师。然后由塾师讲训学规：学童上学、放学须向塾师作揖；在路上或其他场所遇见塾师亦要作揖；学童向塾师质疑，要轻言细语；交递物件必须双手呈递；读错、写错、背错字句或违反学规，根据情节，分别罚以跪拜孔子、揪眼皮、刮鼻孔、打手板或打屁股。学董每月或每季度召集各家长、塾师双方交换对教育学童方面的意见，并聚一次餐，在孔子位前，焚香礼拜，叫作祭学。

## 第二节　义学

雍正十一年（1733年），全州州同（驻西延）开始在中峰黄家塘创建义学。这是境内官办学堂的开始，每年由分州支库银50两为塾师的薪俸及各项经费。但不久该经费被取消，义学亦停办。

乾隆四年（1739年），奉旨在当时兴安县辖区内的风水、车田两地创建瑶地义学，召苗、瑶子弟读书，每年由司库支给塾师银48两（含融江、高田义学在内）。嘉庆初已废。

乾隆三十一年（1766年），全州西延分州州同褚瀚，在大埠头广福王殿余址设立义学，先自捐资为倡，继而劝勉士民捐田数十担作为义学经费。于广福王殿东、西侧，各建书室10间，聘请教师授课。

## 第三节　书院

道光二十年（1840年），全州西延分州州同程庆龄将大埠头义学改为西延书院，设在广福殿余址，有书室20间，他带头为书院捐资，并写出《募西延书院膏火引》一文，劝勉乡绅富户乐捐田亩，四方人士积极响应。程氏每月亲自课士子文艺，手批口授，优加奖赏，授业者盈门。光绪年间改称湘西书院。该书院有学租800余担。民国元年（1912年），湘西书院改称为湘西两等小学。

**附：明、清科举情况**

据《西延轶志》载：明万历二年（1574年），西延额设生员2名，三年增至4名。六年停考。

清雍正七年（1729年），广西巡抚金铁巡边时，西延士子联名呈请准许参加考试，金铁檄令全州知州收考，沿旧例设生员2名。

清代，西延中式举人8名，武举3名。

## 举人名录

**莫应斌** 今大合镇沈滩村人,康熙三十二年癸酉科举人,寄籍灌阳县中式,官屯田知事。

**唐世梁** 今大合镇大埠头人,雍正四年丙午科举人,寄籍临桂中式,历官至湖南沅州知府。

**唐 辅** 今大合镇大埠头人,乾隆元年丙辰恩科举人。

**石应元** 今延东乡修睦村人,乾隆五十一年丙午科举人,官玉林州学正。

**蒋 崧** 今延东乡晓锦村人,嘉庆二十三年戊寅恩科举人。著《俟园集》一卷、诗二卷、《菊谱百篇》一卷。

**蒋震举** 今延东乡晓锦村人,道光二十九年己酉科举人,官广东临皋县知县,升琼州知府,未赴而卒。

**于元焰** 今中峰乡于家田人,同治三年甲子科举人。

**唐凤熹** 今大合镇大埠头人,光绪二十七年庚子、辛丑并科举人。

# 第 85 章
# 普通教育

## 第一节 学前教育

一、发展概况

（一）幼儿教育

民国29年（1940年），延东乡表证中心校设1个幼稚班，有幼儿35人、教师2人，设语言、计算、手工、游戏等课程，设备简陋。为该县有正规幼儿教育之始。

解放后，1952年又于该校附设2个幼儿班，共幼儿50人、教师2人。1957年，县创办县城机关幼儿园1所，办2个班，同时在中峰、车田两区各办1个幼儿班。1958年，因大炼钢铁、大办农业，农村劳动力全部出动，为了解放妇女劳动力，村村寨寨办起了幼儿班。是年，全县共办班150个，入班幼儿达4400人。由各生产队推选出一位身体健壮的老太婆，把幼儿集中到一户群众家里负责看护，没有进行适合幼儿的游戏活动。1960年暂时困难时期，全县减至35个班、幼儿315人。到1961年仅存17个班，幼儿306人。1963—1973年，农村幼儿班停办，仅保留县机关幼儿园。1974年，公社幼儿班又开始恢复。1976年，县成立了幼儿教育领导小组，当年县机关幼儿园扩大招生，并先后新建县商业局幼儿园和县妇联托儿所，农村幼儿园复兴。是年，全县共办243个班，入班幼儿4830人，教职员工280人。由于分布面广，缺乏具体指导，加之没有固定经费，到1978年仅存14个班，入园幼儿280人，教职工18人。1980年，有幼儿园4所、16个班，幼儿403人、教职工49人。1987年，有幼儿园3所、21个班，幼儿802人、教职工55人。1990年，有30个班、幼儿918人、教职工62人，其中专职教养员48人。

## （二）学前班

1980年开始创办。招收6周岁的幼儿，学习一年后进入小学一年级。1982年发展到30个班（30所小学各办1个班），入学人数990人。1983年，学前班教师工资由统筹改为全部由学生家长负担，如中峰公社每生每期交费30元、车田公社交40元。交费多、负担重，导致次年入学率下降。1985年，学前班教师工资采取"三个一点"的办法，即学校拿一点、群众交一点、教育经费挤一点。是年，共有35所小学办有39个班，入学幼儿1138人、教师47人。1990年，135所小学办有136个班，入学人数3513人，占6周岁儿童总数的87.2%，有专任教师138人。

## 二、县机关幼儿园简介

前身是延东乡表证中心校附设幼稚班，创办于民国29年（1940年），初开办时招收1个班，幼儿35人，设备仅有滑梯、跷跷板各1架及几个小皮球。

1952年，仍于该校附设两个班，幼儿50人，教师2人。1957年，创办县直机关幼儿园，将原附设于延东中心校两个班拨入。1965年有5个班，幼儿154人、教师12人，因校舍狭窄，容纳不下，遂迁入原人民医院留医部。1969年9月，又迁至县人民政府后院原人武部，即现在园址。1985年，全园有大、中、小班14个，幼儿399人，托儿班2个、50人，全托1个班、26人，日托3个班、90人，教职员工44人，其中专职教师27人。1990年共16个班，入园（托）幼儿581人，其中大、小班各4个，幼儿数分别为172人和144人，中班5个、195人，日托班3个、70人。

1990年底，园内设备有：滑滑梯、鲤鱼钻、攀登架、小篮球架、摇摇船、跷跷板、飞机转盘各1台（架），脚踏风琴16台、手风琴1部、收录机6台，幻灯机2台、电子琴2台、播音机1套、彩电1台，其他玩具378件，教具1304件，打击乐器74件，总价值约4万元；生活锅炉1座，蒸饮柜1个，电冰箱1台，合计1.47万元。

1982—1990年，全园建筑总投资21.88万元，家长及社会集资建活动场地花费0.55万元。1990年，全园总面积为3705.19平方米，其中建筑面积3164平方米，户外活动面积541.19平方米，幼儿活动面积人均未达到1平方米的起点数。内有活动室16间，620平方米；办公室3间，

150平方米；寝室5间，330平方米；厨房1间，129平方米；厕所84平方米，教学楼为四层楼房。

1986年，该园被评为"全区家庭教育工作先进单位"。1987年，在自治区开创文明园所、争当优秀保教工作者活动中，被评为"文明幼儿园"。1983年和1984年，冯时珍、李钟纯先后被评为"自治区优秀保教员"和"自治区优秀保教工作者"。1989年，园主任黄慧林被评为"自治区优秀教师"和"全国优秀教师"（表85-1、表85-2）。

表85-1 资源县1980—1990年学前班简况

| 年份 | 班数/个 | 教师数/人 | 学生数/人 | 占6周岁儿童总数比例 |
| --- | --- | --- | --- | --- |
| 1980 | 27 | 27 | 677 | 21.0% |
| 1981 | 25 | 26 | 735 | 18.0% |
| 1982 | 30 | 34 | 990 | 30.0% |
| 1983 | 33 | 27 | 996 | 20.0% |
| 1984 | 25 | 33 | 851 | 28.0% |
| 1985 | 39 | 47 | 1138 | 38.0% |
| 1986 | 51 | 53 | 1416 | 45.0% |
| 1987 | 75 | 77 | 2157 | 72.0% |
| 1988 | 81 | 83 | 2134 | 75.0% |
| 1989 | 122 | 124 | 3198 | 75.0% |
| 1990 | 136 | 138 | 3513 | 87.2% |

表85-2 资源县几个年份幼儿教育简况

| 年份 | 班数/个 | 入园幼儿数/人 | 教职工数/人 |
| --- | --- | --- | --- |
| 1952 | 2 | 50 | 2 |
| 1957 | 4 | 104 | 6 |
| 1962 | 11 | 319 | 18 |
| 1965 | 5 | 154 | 12 |
| 1975 | 61 | 1439 | 87 |

续表

| 年份 | 班数/个 | 入园幼儿数/人 | 教职工数/人 |
|---|---|---|---|
| 1978 | 14 | 280 | 18 |
| 1980 | 16 | 403 | 49 |
| 1981 | 24 | 735 | 59 |
| 1982 | 30 | 800 | 59 |
| 1983 | 24 | 523 | 61 |
| 1984 | 26 | 586 | 62 |
| 1985 | 41 | 994 | 75 |
| 1986 | 18 | 569 | 55 |
| 1987 | 21 | 802 | 55 |
| 1988 | 19 | 524 | 53 |
| 1989 | 25 | 789 | 72 |
| 1990 | 30 | 918 | 62 |

## 第二节 小学教育

### 一、发展概况

民国元年（1912年），西延大埠头湘西书院改为湘西两等小学，为境内办新学校之始，乡村各地仍办私塾。7年，湘西两等小学改为西延高等小学。同年，又在车田创办敦本小学，在花果桥办中峰初等小学，在咸水口办五龙庵初等小学。10年以前，公办小学有20余所。此后，因政局混乱，兵匪相乘，停闭者十之八九。民国14年，新桂系统一广西后，各校方陆续恢复。

民国16年（1927年），境内有高小两所（西延高小、浔源完小），共6个班，学生162人，教师8人；初小38所，学生695人，教师38人。

民国24年（1935年），始建资源县制时，正值广西推行普及国民基础教育，规定每乡设一所中心国民基础学校，每村设一所国民基础学校，并实行乡、村主任兼校长又兼民团大、中队长的"三位一体"制。小学教育有所发展，除原有西延、浔源两所中心校外，25年，又增设梅溪、瓜里、车田、龙塘和中峰等5所中心校。

民国26年（1937年），将龙塘中心校并入车田中心校，延中国民基础学校并入延东中心校。

民国29年（1940年），全县有中心校10所，学生416人，国民基础学校71所，学生3808人，教师共计266人。为提高小学教学质量，民国31年，举行了全县第一届小学毕业会考，参加者有表证、梅溪、浔源等中心校。

民国33年（1944年）秋至34年（1945年）上半年，日寇入侵，所经之地，校舍多被毁损，学校停课，直到民国34年下半年才恢复正常。

民国35年（1946年），有中心国民学校6所，40个班、学生793人，教职员76人；国民基础学校67所，110个班、学生3574人，教职员140人。

民国38年（1949年）上半年，中心校6所，学生1105人，国民基础学校113所，学生2201人；共计学校119所，学生3306人。

1949年11月，资源解放，至1950年春，县人民政府先后接管了民国时期的小学学校111所，教师85人。

1958年，有小学174所，学生11 879人，公办教师266人，新增民办教师60人。是年，把生产劳动列为正式课程，提出"以政治挂帅，以生产为纲"，大办厂场。同年10月，小学实行"四集中"（集中吃、住、学习、劳动），全县174所学校合并为38所。11月，师生参加大办农业运动，教学时间大部分参加劳动。结果，只得上"卫星课""双高课"（高速度、高质量），走马观花式地把教材上完。

1959—1961年自然灾害时期，入学人数急剧下降，有的学校只有学生十几人甚至几个人，几乎无法上课。1961年调整小学布局，撤销水头、葱坪2所完小，将社岭、三茶和海棠3所完小，分别并入中峰、义林和龙塘完小，初小压缩至12个班。

1969年3月，公办小学下放到大队办，教师工资改为记工分。同时，各大队都办戴帽初中，把小学的骨干教师提升教初中，既削弱了小学的师资力量，又占用了小学校舍和设备。

1978年，全县有完小72所，教学点282个，在校学生22 976人，教师834人。

党的十一届三中全会后，贯彻"调整、改革、整顿、提高"的八字方针及一系列的政策法规，教育工作有章可循，教育工作的重点转移到以教学为主、提高教学质量上。

1980年，县党政领导反复学习了国务院发出的《关于普及小学教育若干问题的决定》后，把教育列入重要议事日程，县委书记亲自抓教育，还由一名副县长分管教育，并责成学校行政领导和教师大抓入学率、巩固率和合格率。

1982年10月，县委为了开创资源教育新局面，加速普及小学教育，先后发布了《关于当前我县教育工作几个问题的决议》和《关于抓好我县教育工作的几点意见》两个文件。县成立中、小学危房维修基建领导小组，一名副县长抓改善办学条件工作。

1983年3月，县成立了考核、整顿中小学教师队伍领导小组，对教师进行了一次考核和整顿。9月，召开了教育三级干部会议，提出了"要像抓经济工作那样抓好教育工作"的口号，决定1985年在该县基本普及初等教育。还下发了资政发〔1983〕第56、第57号两个文件，同时县教育局先后制定了《资源县教育战线教职工管理条例》和《资源县教学工作常规》，发到各级学校贯彻执行。

1985年，经桂林地区教育局检查核实，全县小学适龄儿童入学率、巩固率均达98.4%，毕业率达89.7%，普及率达98.3%，基本达到普及初等教育的标准，自治区发给了合格证。1986年，被评为全国"普及基础教育先进县"。1990年，全县有小学334所（含完小75所），在校学生21 370人，适龄儿童总人数16 085人，其中入学适龄儿童15 698人，适龄儿童入学率达97.6%。

民国元年（1912年），湘西两等小学课程设置为：高等、初等均设国文、修身、算术、体操、唱歌、图画、手工7科；高等另加设历史、地理、理科、英文4科。民国12年，西延高等小学及敦本、中峰初等小学课程设置为：国语（包括语言、作文、写作）、算术、卫生、公民、历史、地理（初等小学阶段的卫生、公民、历史、地理合并为社会）、自然、园艺、工用艺术、形象艺术、音乐、体育。民国17年，南京国民政府成立之后，小学课程设置为：三民主义、公民、卫生、国语、社会（历史、地理）、自然、算术、手工、体育、美术、音乐。民国22年，广西省政府公布《广西普及国民基础教育六年计划大纲》后，课程设置为：公民（内含三民主义）、卫生、国语、社会、自然、算术、劳作、体育、美术、音乐。

解放后，废除封建买办思想的教育内容，取消了公民课和纪念周。1952年，小学课程设置为：语文、算术、体育、图画、音乐（劳作在课外活动中另行安排)。五、六年级增设自然、历史、地理。1958年,增设体力劳动课。1963年,增设周会和生产常识课。1967年,中央发出《关于小学无产阶级文化大革命的通知》,规定:小学一、二、三、四年级学生学习毛主席语录,兼学识字、唱歌,学习一些算术、科学常识,体育课改称军事体育课。1981年3月,教育部颁发了全日制五年制小学教学计划(修订草案),规定小学课程设置为:思想品德、语文、数学、自然、历史、地理、体育、美术、劳作,有条件的小学四、五年级开设外语课。1984年,教育部又提出农村小学六年级加设农业常识课。该县各小学遵办,唯因缺乏外语教师,除县重点完小——城关完小仅开设过一学期外语课,其他小学均未开设外语课(表85-3)。

表85-3 资源县几个年份小学适龄儿童入学情况

| 年份 | 学校数 | | 在校学生数/人 | | 全县适龄儿童数/人 | 学龄儿童入学率 |
| --- | --- | --- | --- | --- | --- | --- |
| | 村完小/所 | 教学点/个 | 学生总数 | 适龄儿童数 | | |
| 1956 | 13 | 105 | 8376 | 8376 | 10 470 | 80.0% |
| 1958 | 15 | 159 | 11 879 | 9748 | 12 450 | 78.3% |
| 1959 | 22 | 166 | 11 329 | 8157 | 9604 | 84.9% |
| 1960 | 20 | 177 | 8998 | 5887 | 7850 | 75.0% |
| 1963 | 14 | 155 | 8038 | 7037 | 10 600 | 66.4% |
| 1965 | 23 | 131 | 13 482 | 13 287 | 15 381 | 86.4% |
| 1971 | 73 | 265 | 13 972 | 9311 | 13 227 | 70.4% |
| 1976 | 72 | 332 | 23 516 | 19 056 | 19 374 | 98.4% |
| 1978 | 72 | 282 | 22 976 | 19 120 | 19 432 | 98.3% |
| 1980 | 74 | 283 | 23 033 | 18 264 | 18 882 | 96.7% |
| 1981 | 72 | 255 | 23 557 | 18 388 | 18 969 | 96.9% |
| 1982 | 73 | 309 | 23 110 | 18 355 | 18 710 | 98.1% |
| 1983 | 74 | 267 | 22 429 | 17 735 | 18 160 | 97.7% |
| 1984 | 74 | 262 | 21 724 | 16 477 | 16 759 | 98.3% |

续表

| 年份 | 学校数 | | 在校学生数 / 人 | | 全县适龄儿童数 / 人 | 学龄儿童入学率 |
|---|---|---|---|---|---|---|
| | 村完小 / 所 | 教学点 / 个 | 学生总数 | 适龄儿童数 | | |
| 1985 | 74 | 260 | 21 114 | 16 079 | 16 408 | 98.0% |
| 1986 | 75 | 260 | 20 465 | 15 714 | 15 937 | 98.6% |
| 1987 | 75 | 275 | 20 589 | 15 458 | 15 589 | 99.2% |
| 1988 | 75 | 262 | 21 296 | 15 516 | 15 673 | 99.0% |
| 1989 | 75 | 257 | 21 847 | 15 467 | 15 642 | 98.9% |
| 1990 | 75 | 259 | 21 370 | 15 698 | 16 085 | 97.6% |

## 二、城关完小简介

位于县城中心，东临县人民政府大院。其前身为湘西书院、湘西两等小学、西延小学。民国24年（1935年），建立资源县后为延东中心国民学校。民国30年称延东表证中心校。1949年，资源县解放后称延东中心校。1952年，撤销资源县建制后改称全县（今全州县）第十三区中心校。1954年恢复资源县建制，更名为延东完全小学（简称"完小"）。1969年改称城关完小，同年附设2个初中班。1975年附设高中1个班。1978年定为县直属重点小学，撤销附设高中、初中班。

1960年，该校被评为全国文教工作先进单位。1982年和1983年，先后被评为广西壮族自治区学雷锋"五讲四美"先进单位和少先队工作先进单位。自定为县直属重点小学后，端正了办学方向，校风、教风、学风好转，教学中以开发学生智力、培养学生能力为重点，以提高教育质量为目的，改进教学方法，积累了不少教学经验，成为向全县各小学推广教学改革经验的中心。

1990年，全校有教职工46人，24个班、学生1180人，学校总建筑面积4600平方米，有图书1万余册。各种教学仪器价值2.8万元（表85-4）。

表 85-4　1949—1990 年资源县小学在校学生数

| 年份 | 学校数 | | 在校学生数/人 | 年份 | 学校数 | | 在校学生数/人 |
| --- | --- | --- | --- | --- | --- | --- | --- |
| | 村完小/所 | 教学点/个 | | | 村完小/所 | 教学点/个 | |
| 1949 | 6 | 113 | 3306 | 1970 | 25 | 228 | 12 295 |
| 1950 | 6 | 105 | 1680 | 1971 | 73 | 265 | 13 972 |
| 1951 | 6 | 113 | 2278 | 1972 | 72 | 238 | 18 627 |
| 1952 | 6 | 116 | 3736 | 1973 | 73 | 296 | 21 356 |
| 1953 | 6 | 101 | 4951 | 1974 | 72 | 266 | 22 258 |
| 1954 | 6 | 107 | 5835 | 1975 | 71 | 296 | 23 197 |
| 1955 | 6 | 107 | 5499 | 1976 | 72 | 332 | 23 516 |
| 1956 | 13 | 105 | 8376 | 1977 | 72 | 343 | 23 184 |
| 1957 | 13 | 112 | 8350 | 1978 | 72 | 282 | 22 976 |
| 1958 | 15 | 159 | 11 879 | 1979 | 72 | 282 | 22 461 |
| 1959 | 22 | 166 | 11 329 | 1980 | 74 | 283 | 23 033 |
| 1960 | 20 | 177 | 8998 | 1981 | 72 | 255 | 23 557 |
| 1961 | 18 | 174 | 8251 | 1982 | 73 | 309 | 23 110 |
| 1962 | 16 | 164 | 8451 | 1983 | 74 | 267 | 22 429 |
| 1963 | 14 | 155 | 8038 | 1984 | 74 | 262 | 21 724 |
| 1964 | 15 | 134 | 11 942 | 1985 | 74 | 260 | 21 114 |
| 1965 | 23 | 131 | 13 482 | 1986 | 75 | 260 | 20 465 |
| 1966 | 23 | 159 | 18 295 | 1987 | 75 | 275 | 20 589 |
| 1967 | | | | 1988 | 75 | 262 | 21 296 |
| 1968 | 23 | 195 | 10 133 | 1989 | 75 | 257 | 21 847 |
| 1969 | 25 | 228 | 12 383 | 1990 | 75 | 259 | 21 370 |

## 第三节  中学教育

### 一、发展概况

民国31年（1942年）前，县内无中学，高小毕业生继续升学，须长途跋涉至全（州）县、兴安、桂林及湖南省新宁、城步等地就读。民国31年4月，资源县政府遵照广西省政府《广西国民中学办法大纲》规定，创办县国民中学。校址设在县城大埠头唐氏宗祠，有教师9人，其中专职教师3人，招收新生1个班学生60人。一年后迁至合浦街湖南会馆，招收第2班学生60名。民国33年春，招收第3班学生60名，因缺乏教师及日寇入侵，延至民国34年下学期开学时，全校共3个班，学生147人，教师18人。

国民中学学制两年，因未设英语、物理、化学课，学生毕业后报考高中甚难。民国35年（1946年）4月，县政府备文呈请广西省政府批准，将国民中学改为资源县立初级中学，并把原国民中学第3班改为初级中学第1班。鉴于资源初级中学班次逐年增加，原校舍不够用，经县政府批准拨款选择沈滩松山坪为新校址。经一年时间，新建砖木结构的两层教学楼1座，四合院式的教室和宿舍2座，膳厅1座，建筑面积达1825平方米，学校总面积18 295平方米，于36年下学期迁至新校舍上课。38年上学期，全校共6个班，学生239人，教职工31人。

是年（1949年）冬解放，县人民政府接管了资源初级中学，贯彻"维持、整顿、改造"，"教育必须为国家建设服务，学校必须向工农开门"的方针，废除了国民党的教育方针和规章制度。

随着社会主义改造的胜利，该县的中学教育逐年发展，学生的家庭成分有了显著变化。据1953年统计，工农子弟在全校学生中占72.6%，全县一所初中已不能满足人民群众送子女读书的需要，故于1958年秋，将资源初中改为完全中学，同时在苗、瑶人民聚居的车田新办了一所初中，命名为资源县第一中学（简称"一中"，即"五排初中"），1960年秋，又在梅溪咸水口新办一所初中，称为资源二中。全县共有中学生1034人，其中高中生123人，比民国时期学生最多的1948年增加了2.5倍。

1960—1962年，国民经济处于暂时困难时期，对教育的发展采取控制、压缩、合班、并校和清理动员超龄生回农村等措施，撤销了县办咸水口初中，将该校师生全部并入资源中学（完中）。资源中学高中部停止招生，初中毕业升学考试被录取者到兴安高中就读。经调整后，全县仅保留两所中学——资源中学及资源一中，共计12个班，学生416人，教职工精简后只保留50人，尽管减少班次，但学生人数却比1957年略有增加。

1965年国民经济回升，全县又新办了中峰、延东、梅溪、车田的大水岭、两水5所初中，连原有的2所共7所，有学生525人，资中又恢复高中部，招收新生40人。

"文化大革命"初期，中学师生停课"闹革命"，教学秩序混乱。1969年，将车田（原"五排初中"，1968年改名）、梅溪两所初中定为县直接领导的中学，中学学制由"三三制"改为"二二制"，并提出"读初中不出大队、读高中不出公社"的口号，采取完小附设初中班的办法，大力发展中学。1976年9月，全县有中学13所，戴帽初中42处，共79个班；高中9所，34个班；高中、初中共113个班，学生7664人，学生数量比"文化大革命"前的1965年增长了13.7倍。由于发展过快造成缺设备和师资，结果只得将大部分小学骨干教师提上来教中学。被抽上来的教师既不适应中学教学，又削弱了小学的师资力量，使中、小学教学质量严重下降。

党的十一届三中全会后，拨乱反正，清算了"四人帮"破坏教育的罪行。采取县、乡两级办好重点中学的措施，确定资源中学为县重点中学，人力、物力、财力等方面均优先安排，并控制各公社初中和戴帽初中的发展，逐年进行调整。1983年，戴帽初中全部撤销。调整后有完全中学1所，15个班，学生795人；初中18所，95个班、学生4387人。同时加强了师资培训，充实教学设备，健全教学制度，教育质量稳步提高。1987年，全县普通中学已达18所（其中完全中学1所），共116个班（高中16个班），在校学生6366人（其中高中学生825人），教职工467人，与民国时期最高年（1948年）中学1所、学生924人相比，学校增加了17所，学生增加了5442人。1987年，全县小学升初中的比例为51.2%，初中毕业升高中的比例为25.2%，高中毕业升大专院校的比例为24%。1990年，全县有初中16所、完中2所（资源中学、车田中学），共有20个高中班，学生1143人；107个初中班，学生5369人；另有职中、实中各1所，8个班，学生361人；高中、初中教师498人。1977—1990年，为国家输送大专以上学生990人，中专生1380人，同时还为农村培养和输送了大量的有文化科学知识的劳动生力军，有力地支援了社会主义建设事业。

课程设置。民国时期，国民中学开设的课程有：公民、国文、数学、历史、地理、自然（生物、理化、卫生）、农村建设概要、童军、体育、音乐、图画、劳作等。

民国35年（1946年），国中改为初级中学后，开设的课程有：国文、数学、公民、历史、地理、物理、化学、英语、生物、卫生、童军、体育、音乐、图画、劳作等。

解放初期，中学课程有：政治、语文、数学、化学、物理、历史、地理、英语、音乐、美术、体育、自然常识（初中）、生物（高中）等。1956年，语文教材分汉语、文学两科讲授，汉语只在初中开设。1958年，生产劳动列为正式课程。1963年3月，中共中央发出《全日制中学暂行条例》，规定初中增设农业生产知识，高中增设制图、历史文选、逻辑学等选修课。"文化大革命"时期，学制缩短，教材精简，开设课程有：政治、语文、数学、农业基础知识、工业基础知识、军体、文艺等。"文化大革命"初期，语文、政治两课无统一教材，以学毛主席著作或语录为主。1975年，在"学朝农"的影响下，强调实践，忽视数、理、化基础知识教育，增设了实用专业课；教材由教师选编，高中办起了农机班、测绘班、水电班等。

1978年，教育部颁发了《全日制十年制中小学教学计划试行草案》，统一规定中学课程有：政治、语文、数学、英语、物理、化学、历史、地理、生物、生理卫生、农业基础知识、体育、音乐、美术共14门。1981年4月，教育部颁发了《全日制六年制重点中学教学计划（试行草案）》，规定中学学制6年，取消农业基础知识课，增设劳动技术课，从初中二年级开始，数学分代数、几何两科；高中二、三年级设选修课，高中三年级上学期开设人口教育讲座（表85-5）。

表 85-5 1990 年资源县中学（含职中、实中）情况

| 校名 | 地址 | 创建时间 | 初中 | | 高中 | | 合计 | |
|---|---|---|---|---|---|---|---|---|
| | | | 班数/个 | 学生数/人 | 班数/个 | 学生数/人 | 班数/个 | 学生数/人 |
| 资源中学 | 沈滩松山坪 | 1942 年 | 5 | 249 | 18 | 1043 | 23 | 1292 |
| 车田中学 | 松山包 | 1958 年 | 5 | 222 | 2 | 100 | 7 | 322 |
| 梅中学溪 | 南秀亭 | 1967 年 | 7 | 321 | | | 7 | 321 |
| 中学职业 | 县园艺场 | 1983 年 | | | 5 | 207 | 5 | 207 |
| 枫木初中 | 中峰枫木村 | 1990 年 8 月 | 2 | 106 | | | 2 | 106 |
| 育才初中 | 中峰黄家塘 | 1978 年 | 7 | 362 | | | 7 | 362 |
| 中峰中学 | 中峰龙溪 | 1965 年 | 8 | 396 | | | 8 | 396 |
| 延东中学 | 渡船铺 | 1963 年 | 11 | 558 | | | 11 | 558 |
| 马家初中 | 马家完小 | 1967 年 | 3 | 162 | | | 3 | 162 |
| 修睦初中 | 修睦石家包 | 1986 年 | 2 | 102 | | | 2 | 102 |
| 晓锦初中 | 晓锦 | 1967 年 | 3 | 176 | | | 3 | 176 |
| 大合镇中 | 大合镇 | 1973 年 | 9 | 551 | | | 9 | 551 |
| 梅溪初中 | 梅溪坳子背 | 1969 年 | 10 | 532 | | | 10 | 532 |
| 福竹初中 | 福竹村 | 1970 年 | 3 | 157 | | | 3 | 157 |
| 瓜里中学 | 水口山 | 1972 年 | 12 | 604 | | | 12 | 604 |
| 柳城岭实中 | 柳城岭 | 1965 年 | 3 | 154 | | | 3 | 154 |
| 两水中学 | 衙门口 | 1965 年 | 6 | 278 | | | 6 | 278 |
| 车田初中 | 车田村 | 1970 年 | 8 | 344 | | | 8 | 344 |
| 大水岭初中 | 大水岭 | 1965 年 | 3 | 114 | | | 3 | 114 |
| 河口初中 | 河口 | 1973 年 | 3 | 135 | | | 3 | 135 |

二、中学简介

（一）资源中学简介

其前身是资源县国民中学，创建于民国 31 年（1942 年），35 年 4 月改名为资源县立初级中学，36 年迁至沈滩松山坪（今校址）。38 年有 6 个

班,学生239人,教职员工31人,学校总建筑面积1825平方米,每年收学租1000担。

解放后的1950年,有初中5个班,学生123人,1953年2月改称为全(州)县第三初级中学,1954年6月又改称为资源县初级中学。1958年开始招收高中1个班,改称资源中学,校名沿用至今。

党的十一届三中全会后,该校确定为县重点中学。学校贯彻"调整、改革、整顿、提高"的方针及修改后的《中学五十条》,学校领导组织全体教职员工,充分发扬民主,按德、能、勤、绩4个方面定出各类人员的工作范围和工作计量标准,制定出五章80多款的岗位责任制及奖罚、考核等制度,从而形成了良好的校风、教风和学风,把教育工作的重点转移到以教学为主、提高教学质量上来。该校先后被评为广西壮族自治区"基层工会先进集体"、桂林地区"教育先进单位"、"文明学校"和"勤工俭学先进单位"。教师中被评为"自治区先进教育工作者"的有邓建民、黄升益;被评为全国和自治区"模范班主任"的有梁基石;被评为全国"教育模范"的有吴桂兰。1990年,有中学高级教师12人、中学一级教师35人。从该校毕业已考取研究生的有12人,留学生2人。1986—1989年,高考上线率和录取率连续几年居桂林地区第一。

从建校至1990年,全校共培养初中生31届,毕业生3501人;高中毕业26届,毕业生4515人。1990年底,在校学生1292人,其中初中5个班、249人;高中18个班、1043人。教职工总数104人,其中专任教师71人。学校总建筑面积12 873平方米。有室内体育馆1座,面积5113平方米。藏书3.5万册,教学仪器3224件,价值6.14万元。

(二)车田中学简介

为了加速发展少数民族地区教育,改变少数民族地区的落后面貌,县人民政府于1958年秋在车田建立了资源少数民族地区的第一所中学,借用车田完小右侧一栋木房作临时校舍,称为五排初级中学(系县直属中学,即资源县第一中),专招五排地区的学生,每年定招两个班,新生120人。1960年迁址于车田松山包。1968年改称为车田中学,是年秋,开始招高中班。1970年停招初中班。1974年学校开门办体育,成绩突出,1976年自治区教育厅和区体委在该校召开学校群众体育工作现场会,1978年被评为"全国群众体育先进单位"。1979年开始招收初中重点班,将车田、两水两个公社的小学毕业生择优录取到该校。1982年压缩高中时，高中班停招。为振兴少数民族地区的教育事业，1988年秋又复招高中班，每年面向全县招收高中生2个班，新生100人。共有教职工28人，其中专任教师22人。学校占地面积6100平方米，建筑面积2467平方米，有果园场20亩，菜地15亩，图书0.12万册，各种教学仪器价值约1万元。

从1958年建校至1990年，初中毕业25届，毕业生1600人，高中毕业15届，毕业生1250人，其中任县级以上干部的6人，任县科、局级干部的40余人，科技人员100多人。1990年有初中班5个，学生222人；高中班2个，学生100人，其中少数民族学生254人，占全校学生总数的78.9%，有教职工25人（表85-6、表85-7）。

表85-6 资源县1977—1990年考取大专、中专人数统计

单位：人

| 年份 | 参加考试人数 | | 考取大专人数 | | | | | 考取中专人数 | 考取大专、中专总人数 |
|---|---|---|---|---|---|---|---|---|---|
| | 预考 | 统考 | 重点 | 普通 | 专科 | 预科 | 小计 | | |
| 1977 | | 1285 | 1 | 2 | 11 | | 14 | 49 | 63 |
| 1978 | | 1382 | | 6 | 7 | | 13 | 72 | 85 |
| 1979 | | 1227 | 1 | 14 | 9 | | 24 | 90 | 114 |
| 1980 | | 1295 | 3 | 20 | 6 | 3 | 32 | 97 | 129 |
| 1981 | 780 | 353 | 1 | 34 | 1 | 4 | 40 | 76 | 116 |
| 1982 | 519 | 260 | 9 | 35 | 3 | 2 | 49 | 77 | 126 |
| 1983 | 616 | 321 | 12 | 57 | 12 | 4 | 85 | 100 | 185 |
| 1984 | 485 | 301 | 1 | 31 | 11 | 9 | 52 | 117 | 169 |
| 1985 | 448 | 308 | 12 | 51 | 14 | 14 | 91 | 132 | 223 |
| 1986 | 498 | 332 | 16 | 45 | 33 | 8 | 102 | 114 | 216 |
| 1987 | 523 | 334 | 18 | 56 | 50 | 7 | 131 | 123 | 254 |
| 1988 | | 358 | 19 | 53 | 52 | 15 | 139 | 134 | 273 |
| 1989 | | 422 | 6 | 41 | 38 | 13 | 98 | 112 | 210 |
| 1990 | | 506 | 11 | 55 | 41 | 13 | 120 | 87 | 207 |
| 合计 | | 8684 | 110 | 500 | 288 | 92 | 990 | 1380 | 2370 |

表 85-7　1942—1990 年资源县中学数及学生数

| 年份 | 学校数/所 | | | | 学生数/人 | | |
|---|---|---|---|---|---|---|---|
| | 完中 | 高中 | 初中 | 合计 | 高中 | 初中 | 合计 |
| 1942 | | | 1 | 1 | | 60 | 60 |
| 1943 | | | 1 | 1 | | 106 | 106 |
| 1944 | | | 1 | 1 | | 112 | 112 |
| 1945 | | | 1 | 1 | | 147 | 147 |
| 1946 | | | 1 | 1 | | 200 | 200 |
| 1947 | | | 1 | 1 | | 243 | 243 |
| 1948 | | | 1 | 1 | | 294 | 294 |
| 1949 | | | 1 | 1 | | 239 | 239 |
| 1950 | | | 1 | 1 | | 123 | 123 |
| 1951 | | | 1 | 1 | | 177 | 177 |
| 1952 | | | 1 | 1 | | 170 | 170 |
| 1953 | | | 1 | 1 | | 221 | 221 |
| 1954 | | | 1 | 1 | | 196 | 196 |
| 1955 | | | 1 | 1 | | 232 | 232 |
| 1956 | | | 1 | 1 | | 358 | 358 |
| 1957 | | | 1 | 1 | | 393 | 393 |
| 1958 | 1 | | 1 | 2 | 44 | 589 | 633 |
| 1959 | 1 | | 1 | 2 | 128 | 741 | 869 |
| 1960 | 1 | | 2 | 3 | 123 | 911 | 1034 |
| 1961 | 1 | | 1 | 2 | 126 | 597 | 723 |
| 1962 | 1 | | 1 | 2 | 90 | 326 | 416 |
| 1963 | | | 1 | 2 | 23 | 328 | 351 |
| 1964 | | | 2 | 2 | | 402 | 402 |
| 1965 | 1 | | 6 | 7 | 40 | 485 | 525 |
| 1966 | 1 | | 2 | 3 | 38 | 571 | 609 |

续表

| 年份 | 学校数/所 | | | | 学生数/人 | | |
|---|---|---|---|---|---|---|---|
| | 完中 | 高中 | 初中 | 合计 | 高中 | 初中 | 合计 |
| 1968 | 1 | 3 | 6 | 10 | 131 | 1042 | 1173 |
| 1969 | 3 | | 6 | 9 | 318 | 1420 | 1738 |
| 1970 | 3 | | 6 | 9 | 1015 | 2576 | 3591 |
| 1971 | 3 | | 7 | 10 | 1202 | 2565 | 3767 |
| 1972 | 3 | 3 | 6 | 12 | 1248 | 2519 | 3767 |
| 1973 | 1 | 5 | 6 | 12 | 1306 | 2468 | 3774 |
| 1974 | 2 | 4 | 8 | 14 | 1247 | 2362 | 3609 |
| 1975 | 3 | 5 | 8 | 16 | 1436 | 3921 | 5357 |
| 1976 | 4 | 5 | 13 | 22 | 1965 | 5699 | 7664 |
| 1977 | 4 | 6 | 13 | 23 | 2477 | 6973 | 9450 |
| 1978 | 4 | 3 | 25 | 32 | 2558 | 8652 | 11 210 |
| 1979 | 5 | 3 | 13 | 21 | 1863 | 5148 | 7011 |
| 1980 | 2 | 4 | 31 | 37 | 1378 | 4542 | 5920 |
| 1981 | 2 | 2 | 29 | 33 | 964 | 4224 | 5188 |
| 1982 | 2 | 4 | 15 | 21 | 950 | 4279 | 5229 |
| 1983 | 1 | | 18 | 19 | 795 | 4387 | 5182 |
| 1984 | 1 | | 16 | 17 | 829 | 4616 | 5445 |
| 1985 | 1 | | 16 | 17 | 800 | 4658 | 5458 |
| 1986 | 1 | | 16 | 17 | 842 | 5063 | 5905 |
| 1987 | 1 | | 17 | 18 | 825 | 5541 | 6366 |
| 1988 | 2 | | 16 | 18 | 924 | 5346 | 6270 |
| 1989 | 2 | | 16 | 18 | 1043 | 4901 | 5944 |
| 1990 | 2 | | 16 | 18 | 1143 | 5369 | 6512 |

# 第86章
# 专业教育

## 第一节　师范教育

### 一、发展概况

民国29年（1940年）春，该县国民基础教育迅速发展，师资奇缺，为解决这一困难，在县城唐氏宗祠开办国民基础学校师资训练班，招收高小毕业生61人，1年毕业。33年，经广西省教育厅批准，又在县国民中学附设简易师范班，招收新生1个班60人，学制原定1年，到35年上半年毕业时，及格者36人。

1958年，在工农业生产"大跃进"的影响下，中、小学教育迅速发展，师资缺乏，经上级政府批准，在资源中学附设初级师范班，为初师第一班。次年春，又将资源工农业中学与资中合并，把工业和农业两个班合并为1个班，为初师第二班，两个班合计学生105人。

1972年秋，县人民政府决定，在"五·七"劳动学校校址（中峰公社大庄田）创办资源县师范学校，招收新生1个班、51人，教职工共11人。1974年秋，该校迁到沈滩松山坪，历时一年，建成上、下两座各两层的教学楼，招收师范第三班（民办教师班）。从1977年恢复高考制度到1981年，每年招收1个班，即4、5、6、7班（1980年未招生）。1979年，该校成立函授部，开办代培中文专业高师函授班，学员9人（1984年毕业）。1981年又开办代培中文专业高师函授班，学员13人；数学专业高师函授班，学员6人（1985年毕业）。同年秋，面向全县小学教师招收中师函授语文、数学各1个班。1984年10月，经自治区教育厅批准，改为资源教师进修学校，招收第二届语文、数学中师函授班1个，教职工11人。1990年，有中师1个班、40人，函授班176人，教职工25人。

1984—1987年，自治区和县政府共拨款13万元，修建钢筋水泥结构的教学大楼和师生宿舍共计面积2230平方米，有图书2905册，有全套小学实验仪器和中师教学仪器，有彩电、放相机各1台，电子计算机2台，风琴3架。

二、学制与课程设置

民国时期的简易师范班，学制为1年。课程有：国文、算术、历史、地理、公民、卫生、教学原理及方法、学校行政、地方自治、农村经济及合作社、体育、音乐及童军教育。

1958年秋，资中附设的初师班，学制为2年，课程有：政治、语文、数学、历史、地理、教育学、音乐、图画、体育等。

1972年创办的师范学校，学制为2年，课程有：政治、语文、数学、历史、地理、物理、化学、教育学、心理学、体育、音乐、图画、小学行政、小学教材教法等。

1984年，师范改为教师进修学校后，在办学形式上既有离职培训，又有函授培训，学制随办学形式而异。小学行政干部班一般为3~5个月，开设课程有：学校管理学、教育学、心理学等。中师进修班面向40岁以下、教龄两年以上、未达中师水平的在职公办、民办小学教师招生，由自治区统一命题考试，择优录取，学制有两年、一年和半年3种。两年制的课程设有：政治、语文、数学、历史、地理、物理、化学、音乐、体育、图画、教育学、心理学等。一年制的进修对象是参加中师语文函授结业的教师，课程开设仅减少语文一科。半年制的进修对象是中师函授语文、数学均已结业的教师，除语文、数学不开设外，其余课程照开。全县设立3个函授分站，每站一个班，分别配备一名函授教师，定期到站辅导，学员以自学为主，面授为辅。开设课程以语文、数学为主，分科结业，学制4年。

1940—1987年，该县共招收初师4个班，毕业202人；中师7个班，学生298人；中师进修班4个班，学生100人；中师函授班4个班，学生167人。另培训小学行政领导及办教师短训班共5期，计学员471人。

## 第二节　职业教育

### 一、农业中学

1958年4月,第四次全国教育行政会议提出了五大战斗任务,其中第三项就是大办农业中学、工业中学。据此,是年秋,县教育局在中峰大庄田创办资源工农业中学,接着中峰、延东、梅溪、瓜里、车田、两水等6个公社各办农业初级中学1所(简称"农中"),共计8个班,学生375人。1961—1963年,因农村经济困难,学生流动大,除延东农中(1963年10月转为县办农中)和梅溪社办农中继续开办外,其余各公社农中无法上课,均停办。1966年秋,延东农中下放到公社办,中峰、梅溪、瓜里、车田、两水5所原来公社办的农中亦相继恢复。全县共有农中6所,8个班,学生330人。1967年受"文化大革命"影响,停止招生。1968年恢复,增加4个班,学生共574人。1969年,全县各大队完小都附设初中班,小学毕业生全部升入初中班就读,农中也随之停办。1980年3月,将梅溪中学分部(地址在大沙洲)改为社办农中,招收高中1个班,学生59人,教职工7人(其中专任教师3人)。1981年7月,招两年制初中1个班,学生53人。到1983年7月先后共招高中3个班,学生152人,初中1个班,学生36人。同年下半年停办,部分学生转入县职业中学就读。

农业中学的招收对象有高小毕业生(初中班),也有初中毕业生(高中班)。学生毕业后和全日制中学一样,承认其学历,分别发给初中、高中毕业证书。

农中的学制和课程为:1958—1969年学制为3年,1980—1983年学制为2年。开设的课程有:政治、语文、数学、物理、化学、农业知识、卫生常识、会计常识等。在教学方法上采取教学、生产、科研三结合的形式。教学时间一般为半天学习,半天劳动;或间日学习,间日劳动。根据农事情况,农闲多学,农忙少学,做到为农业生产服务。

农业中学都有学农基地,少则几亩,多则几十、几百亩,如梅溪农中有柑橘1200株、水田5亩,既是科研场所,又是办学的经费来源。

## 二、职业中学

创建于 1983 年 9 月。初建时附设于中峰中学内，招收 1 个班，学生 54 人，学制 3 年，开设政治、语文、数学、物理、化学、农业知识、生物、体育、劳动等课，加设养兔、裁剪、油漆等专业课。1984 年 9 月，从中峰中学分出，迁往中峰瓦窑头，单独建制。因办学条件差，1985 年上半年学生减至 38 人，9 月又迁至县城附近原大合完小旧址，计划招生 50 人，后实际入学 36 人。1989 年，再次迁往资中右侧县园艺场新建校舍，同年秋季招生 2 个班，共有学生 144 人，其中养兔 1 个班、33 人。共有教职工 8 人，其中专任教师 13 人。当年毕业生中升大专者 2 人。1990 年办家电、畜牧、种植各 1 个班，养殖专业 2 个班，学生共 207 人。至 1990 年底，该校占地面积共 9 亩，总建筑面积 1822 平方米，其中教学楼 1 座，面积 727 平方米。建筑总投资 26.1 万元，各种教学仪器设备价值 1 万余元。是年，毕业生升入大专院校的增至 5 人。

## 三、林牧中学

1965 年，中共资源县委决定，由县财政科和文教科联合在车田的茨坪创办 1 所半耕半读的林牧中学，学制 3 年。是年，面向全县高小毕业生招生 37 人，有教职工 5 人。1967 年，增至 3 个班，学生 107 人，教职工增至 11 人。开设政治、语文、数学、珠算、畜牧、林业、音乐、体育等 8 门课程。

1967 年秋复课。1968 年秋，第一届学生 33 人毕业，其余未毕业的学生回乡插入公社中学相应的班级，12 月县政府批准停办。在办学期间，师生共造杉树、楠竹、油茶树、茶叶树等用材林和经济林 300 余亩；养马 2 匹、耕牛 5 头、菜牛 300 余头；种红薯、西瓜、玉米等作物 10 余亩。

# 第87章

# 业余教育

该县成人业余教育,在农村以扫除文盲(简称"扫盲")为重点,结合开展业余初等教育和中等教育,进而发展到技术教育;在机关和城镇,由于文化基础较好,则以补习文化课为主,辅以技术教育,并先后组织函大、高等自学考试,举办电大汉语文学专业班。

## 第一节　农民业余教育

### 一、扫盲教育

始于民国16年(1927年)夏,在西延高小附设平民学校,组织失学农民学习文化。25年,国民政府将"厉行识字运动"列为专条,公布了《民众学校办法大纲》和《实施成人补习班的方案》后,资源各地先后开办一批成人班,如同年10月在车田乡龙塘村国民基础学校附设一个成人班,由学校教师负责授课,每天学习一个早上。成人班不但不收书费、学费,且无偿供给学习用品,因此,这个班由原来的20多人发展到两个班60多人。28年,开展"成人教育年"活动,办了一批成人夜校。34年12月,县政府要求中心国民学校举办失学民众补习班,按学员文化程度分初、高两级,初级班学习4～6个月,高级班学习6～12个月。据35年统计,全县18～45岁的文盲有15 017人,占当年总人口的21.8%。据38年统计,成年文盲上升到18 005人,占当年总人口的24.8%。

解放后,中国人民政治协商会议制定的《共同纲领》中指出:"要加强劳动者的业余教育和在职干部教育"。县人民政府及教育行政部门加强了对扫盲工作的领导,1950年冬至1953年,全县农村普遍开展冬学运动,不但组织农民学文化,而且学时事政策。1953年,办农民夜校163个班,学员3780人。同年5月,冬学转为民校。翌年,民校发展到219个班,学员达 5005 人。根据 1956 年 1 月公布的《1956 年至 1967 年全国农业发展纲要（草案）》提出的"要在七年内扫除文盲"的要求，同年 3 月全县建立起一支 1857 人的扫盲专业队，分赴各乡、村大抓扫盲，学员增至 21 109 人。专业队撤走后，学员减到 3000 人。5 月进行了一次扫盲全面检查，采取新的措施，全县 45 个小乡，配备扫盲校长 47 人，并实行"四固定"（固定教师、时间、任务、经费）、"三保证"（领导保证组织好、教师保证教好、学员保证学好）。9 月，学员上升到 7635 人。年底抽测 1300 人，有 700 人脱盲。1958 年 6 月至 8 月 26 日，全县扫除文盲 20 959 人，占青壮年总人数的 84.7%，基本上达到扫盲县标准。但因突击脱盲，复盲人数较多，实效不佳。1960—1962 年，面临经济困难，扫盲工作处于停滞状态。1966—1970 年，因受"文化大革命"影响，扫盲工作长期停顿。1971 年才又恢复。1973 年，全县办有扫盲班 382 个，学员 7487 人。1978 年，县人民政府和教育局根据国务院发布的《关于扫除文盲的指示》精神，号召全县小学教师两副担子（全日制小学和扫盲工作）一肩挑，当年全县办扫盲班 543 个，学员 9362 人，脱盲 1055 人。1979 年，吸取外地"集中突击扫盲"的经验，将全县扫盲专干集中起来，并从每个学区抽 1～3 名小学领导组成扫盲专业队逐社逐队突击。是年底，脱盲 695 人。1980 年脱盲 1826 人。1983 年 12 月，经桂林地区行署检查验收，查证全县 12～45 岁的少、青、壮年农民共 68 286 人，其中：大专文化程度的 51 人，高中文化程度的 6494 人（含在校生，下同），初中文化程度的 18 409 人，小学三年级以上文化程度的 36 476 人（含业余脱盲 1711 人），有文化的共达 61 430 人，占少、青、壮年总人数的 89.96%，全县 71 个村有文化的人均超过 1978 年国务院《关于扫除文盲的指示》中规定的标准，成为脱盲县。1988 年 9 月，被评为广西壮族自治区"农民教育先进县"，同年 11 月又被评为全国"扫除文盲先进县"。

二、业余小学

教育对象是没有条件进小学或没有读完小学的适龄儿童。其办班形式灵活多样，有早、午、晚班，隔日制等。没有专业教师，由小学教师或聘请群众教师上课；学习地点不固定；学习时间采取农闲多学、农忙少学、大忙不学的方式。1980 年前采用区编教材，1980 年后采用南方试用本——《农民业余初等学校课本》。1952 年开始办班 1 个，学生 13 人。1959 年发展到 63 个班，学生 1593 人。1966—1976 年"文化大革命"期间，业余小学停办。1978年后，各地陆续恢复。1980年有业余小学36个班，学生576人；1984年47个班，学生1024人；1987年又增到51个班，学生1217人；1990年达55个班，学生1233人。

### 三、业余初中

1956年开始创办，当年3个班，学员99人。1959年发展到11个班，学员180人。1960—1980年，业余初中停办。1981年恢复，当年有5个班，学员119人。1985年有3个班，学员99人。1987年有6个班，学员229人。1990年底，全县办业余初中18个班，学员502人。1980年前，采用自治区编印的普通中学课本。1981年后，采用全国统编的《工农业余中等学校初中课本》。在教学过程中，从本地实际需要出发，自编了一些农村应用文。

## 第二节　干部、职工业余教育

### 一、业余文化教育

1954年，开始在县直机关单位开办干部职工业余夜校。1955年下半年，县文教科配备1名专职教师。办业余初中班1个，学员36人，学语文、数学两科，采用普通初中课本；办业余小学班1个，学员28人，使用速成班课本。

1957年，干部职工业余文化班由县直机关发展到区（乡）直单位，有初中班3个，学员99人；业余小学班6个，学员105人；扫盲班8个，学员71人。1958年，文化班停办。

据1982年6月统计，全县青、壮年的干部和职工中，有1532人是在1968—1980年初、高中毕业的。这部分青、壮年因在"文化大革命"中耽误了学习，应予补课。除按规定免试、缓试的60人外，应参加文化补课的1472人。当年成立了职工教育委员会。次年，全县共开办脱产学习班9个，学员395人；半脱产学习班2个，学员85人；业余学习班6个，学员653人；总计参加学习人数1133人，占应补课人数的76.9%。1985年开始高中文化课补习。

## 二、业余技术学习

1979年,县总工会举办业余中等技术学习班3个,其中机械班1个,学员29人;电子技术班1个,学员23人;英语学习班1个,学员38人。1981年,县总工会又开办1期英语学习班,学员38人。1987年,县工商局、供销社分别举办3~4期业余技术学习班,学习营业员基础知识、仓库保管、财会等专业知识。

## 第三节 党校

中共资源县委党校创建于1960年5月,校址在中峰乡龙溪村。1970年改称"五·七"干校,1976年复改称党校。1979年上半年由龙溪迁往沈滩松山坪,与县教师进修学校相邻。

开设课程有:哲学、政治经济学、科学社会主义、中共党史、党的建设及一些必修的文化基础课,如写作、法学、逻辑学及经济管理等。

招生对象:主要是国家在职干部(或以工代干人员),学员毕业后除个别由组织根据需要重新安排工作外,绝大多数都回原单位工作。国家承认学历。教学形式有脱产、半脱产及函授3种。由自治区党校统一考试与评卷。

党校教师均具有大专以上文化程度。

为适应改革开放的需要,该校于1986年开办二年制全脱产的政治管理专业中专学习班。至1990年7月,共招收8个班,其中:中专班及中专专修班各1个,函授中专专修班及函授大专班各3个,共计280余人。有教职工16人,其中专任教师10人。

## 第四节 成人高校

### 一、电视大学

1984年,广西电视大学在该县首批招生24人。1985年7月,广西电视大学桂林分校在该县招收汉语言文学专业班1个、44人,其中正取生15人,视听生29人(后因各种原因中途退学24人)。学制3年。1988年7月,参加毕业论文答辩的20人,其中经考试合格毕业19人,结业1人。

该班教学业务由桂林地区电大分校指导，具体事务由县教育局成人教育股办理。以自学为主，每月辅以3~5天面授。开设中共党史、哲学、政治经济学、中国通史、写作、文学概论、现代汉语、古代汉语、中国古代文学、中国现代文学和外国文学等11门必修课。选修课有：中国当代文学、教育学、应用写作和中国近代史等4门。期考与毕业考由中央电大统一命题。1985年，还有13人考入广西电大桂林分校学习。1986年，有3人考入广西电视大学学习。

## 二、函授大学

1980年，广西函授大学开始在资源招生，开设的专业有中文、数学、地理、生物、物理、化学和教育管理等。学制四年。1985年，已有28人领取了大学专科文凭（80届、81届入学）。1989年、1990年获专科文凭的各为35人、13人。

## 三、高等自学考试

县招生办公室于1984年上半年组织考试，当年参加中文、英语、党政干部专修科考试的有32人，次年参加中文、英语、哲学、政治教育、数学、党政干部专修科考试的有93人。到1990年，共有69人获专科文凭。

# 第88章
# 教师队伍

## 第一节 教师的文化素质及培训

清末,品行端正的秀才或举人才可聘为塾师。民国时期,中学教师要求大专毕业或高等师范毕业;小学教师要求中等师范毕业或高中、初中毕业。

因地处偏僻、文化比较落后,在师资的数量与文化素质上都不能满足教育发展的需求。清末所办私塾常从邻县、邻省聘请塾师。民国期间,普及国民义务教育时教师奇缺,虽开办师训班、简易师范班各1个班,仍未满足要求。解放后仍存在中、小学教师缺乏和文化素质不高的问题。1954年,在小学专任教师182人中,大专、中师和高中毕业的仅6人,占3.3%;初中或初中以下毕业的176人,占96.7%。初中专任教师13人中,大专毕业的1人,占7.69%;中师和高中毕业及以下的12人,占92.31%。1978年,在全县小学专任教师782人中,中师和高中毕业的557人,占71.2%;初师和初中毕业的121人,占15.5%,初中肄业及以下的104人,占13.3%。中学专任教师433人中,大学本科毕业以上的44人,占10.2%;专科毕业及本、专科肄业的36人,占8.3%;中师或高中毕业及肄业的299人,占69.1%;初中毕业或初中以下的54人,占12.5%。

为提高中、小学教师的业务素质,1962年县成立教师函授总站,设专职函授辅导员1人,义务辅导员3人,先在延东、中峰搞试点,共办两个班、45人。其他各公社以学区为单位成立函授分站,学习辅导员担任班主任,每两周集中面授一次。1977年,根据教育部下发的《关于加强中、小学在职教师培训工作的意见》,为提高师资水平,采取寒、暑假集中培训,开办教师短训班和输送教师到大、中专学校深造等办法培训在职师资。1980年8月,教育部又印发《关于进一步加强中、小学在职教师培训工作的意见》,要求力争到1985年使小学教师达到中师毕业水平,初中教师达到大专毕业、高中教师达到大学本科毕业程度。为此，县教育局采取一系列具体措施，对现有中、小学教师进行考核。1982年12月至1983年6月，共考核小学教师680人，其中能胜任的153人，基本胜任的375人，教学有困难的129人，不能胜任的23人；考核初中教师255人，其中能胜任的51人，基本胜任的178人，教学有困难的19人，不能胜任的7人；考核高中教师68人，其中能胜任的36人，基本胜任的31人，教学有困难的1人。对教学有困难的教师首先组织学好教材、教法，然后系统进修文化专业知识；对基本胜任教学的教师，根据各自的年龄、教龄及文化程度，有计划、有目的地分别采取在职函授、脱产进修或短期培训等办法，经考试合格者发给相应毕业文凭。1984年，改县师范为教师进修学校。1987年，通过进修、函授获得中师文凭的220余人，大专以上文凭的64人，短期培训200余人。1990年，经考试发给中、小学教师专业合格证书者共600人，参加成人自学考试学习的300人；中学在职脱产培训20人，函授80人；小学教师脱产培训1个班45人，函授70余人。

1990年，全县全日制中、小学专任教师1384人，其中中学494人，小学890人。中学专任教师的学历是：本科毕业65人，占13.2%；专科或本科、专科肄业的241人，占48.8%；中师、高中毕业及肄业的165人，占33.4%；初中毕业及以下的23人，占4.7%。小学专任教师的学历是：大专毕业及肄业的21人，占2.4%；中师或高中毕业及肄业的651人，占73.1%；初中肄业以下的218人，占24.5%。

## 第二节　教师的社会地位

封建社会，民间的神龛上贴着："天地君亲师位"。师位之尊可想而知。民国时期，教师同样普遍受到尊重，在社会上有一定地位。但实际上，家境富有者，皆不愿执教鞭，故有"家有三斗粮，不做孩子王"之说。解放后，党和政府把教师列入国家干部编制，对教师的工作、生活、学习及生、老、病、死都有政策保障，并赋予"人民教师"和"人类灵魂工程师"的尊称。1955年成立了县教育工会，并在教师中发展中共党员。1985年，国务院决定每年的9月10日为"教师节"。据1987年不完全统计，县内中、小学教师中，被选为人大代表的27人，被选为县政协副主席的2人，被选为政协委员的15人，加入共产党组织的282人。

## 第三节 民办教师

1954年，为解决公办中、小学教师之不足，开始吸收民办教师6人。1958年，新开办部分民办小学校，民办教师增至60人，1960年增至100人。1973年，小学民办教师激增至310名，中学民办教师17人（初中6人，高中11人）。1978年民办教师603人，占全县专任教师总数的49.6%。1977—1985年，先后对民办教师进行了整顿。1984年，遵照广西壮族自治区人民政府的指示精神，将属自治区155个贫困乡之一的车田苗族乡的64名民办教师，全部转为公办教师。1985年，全县有民办教师324人，其中中学21人，小学303人。民办教师的比例由1978年的49.6%下降到26.5%。1990年底，全县仍有民办教师185人，其中中学4人、小学181人。

### 民办教师的工资和口粮

自1954年开始任用民办教师至1990年，民办教师的工资除国家补助外，大部分经费和口粮由社、队统筹。1983年，县人民政府发出《关于改变民办教师工资统筹办法的通知》，规定："民办教师的工资除国家补助外，不足部分本着谁读书谁出钱的原则，从全县中、小学生中摊派解决。其标准是：农业人口的小学一至三年级学生每人每期1.3元，四、五、六年级每人每期1.7元，非农业人口的小学生每人每期2元，中学生每人每期2.5元。"统筹的具体情况是：1954—1976年工资以记工分为主，或以工分折算成钱，每月折成定额人民币。口粮和工资标准与当地村干部挂钩。1977—1982年，由社、队统筹，工资分甲、乙、丙三等，分别为30元、28元、25元，口粮与村干部略等。1983—1986年，工资分别提高到36元、34元和32元。从1987年9月1日起，提高到51元、47元和43元，每月加物价差和副食补差10.6元、地区差10元、洗理费4元、奖金6.5元、书报费3元（表88-1）。

第十二部分 资源县教育

表88-1 资源县部分年份中、小学教师人数及其文化程度统计

单位：人

| 年份 | 教师总人数 | | | 其中：专任教师人数及文化程度 | | | | | | | | | |
|---|---|---|---|---|---|---|---|---|---|---|---|---|---|
| | | | | 中学 | | | | | 小学 | | | | |
| | 合计 | 中学 | 小学 | 人数 | 文化程度 | | | | 人数 | 文化程度 | | | |
| | | | | | 本科毕业及以上 | 专科毕业及本、专科肄业 | 中师或高中毕业及肄业 | 初中或初中以下 | | 大专毕业 | 中师或高中毕业及肄业 | 初师或初中毕业 | 未达初中及以下 |
| 1949 | 115 | 28 | 87 | 28 | 10 | 5 | 13 | | 87 | | | | |
| 1952 | 159 | 31 | 128 | 20 | 10 | 1 | 9 | | 101 | | | | |
| 1957 | 311 | 31 | 280 | 25 | 7 | 4 | 14 | | 240 | 2 | 18 | 64 | 156 |
| 1962 | 435 | 53 | 382 | 34 | | | | | 341 | 4 | 95 | 161 | 81 |
| 1965 | 518 | 84 | 434 | 84 | | | | | 389 | 6 | 143 | 169 | 71 |
| 1970 | 128 | 128 | | 128 | | | | | 592 | | | | |
| 1975 | 1136 | 336 | 800 | 280 | 8 | 14 | 147 | 111 | 791 | 1 | 306 | 50 | 434 |
| 1978 | 1375 | 541 | 834 | 433 | 44 | 36 | 299 | 54 | 782 | | 557 | 121 | 104 |
| 1980 | 1467 | 529 | 938 | 361 | 39 | 18 | 280 | 24 | 847 | 5 | 443 | 328 | 71 |
| 1981 | 1474 | 488 | 986 | 363 | 51 | 46 | 227 | 39 | 877 | | 505 | 252 | 120 |

续表

其中：专任教师人数及文化程度

| 年份 | 教师总人数 合计 | 教师总人数 中学 | 教师总人数 小学 | 中学 人数 | 中学 文化程度 本科毕业及以上 | 中学 文化程度 专科毕业及本、专科肄业 | 中学 文化程度 中师或高中毕业及肄业 | 中学 文化程度 初中或初中以下 | 小学 人数 | 小学 文化程度 大专毕业 | 小学 文化程度 中师或高中毕业及肄业 | 小学 文化程度 初师或初中毕业 | 小学 文化程度 未达初中及以下 |
|---|---|---|---|---|---|---|---|---|---|---|---|---|---|
| 1982 | 1480 | 493 | 987 | 353 | 34 | 17 | 231 | 71 | 883 | 8 | 540 | 284 | 51 |
| 1983 | 1475 | 470 | 1005 | 356 | 41 | 52 | 236 | 27 | 898 | 11 | 536 | 132 | 219 |
| 1984 | 1482 | 465 | 1017 | 360 | 39 | 81 | 217 | 23 | 908 | 3 | 590 | 55 | 260 |
| 1985 | 1498 | 472 | 1026 | 353 | 59 | 75 | 201 | 18 | 867 | | 409 | 234 | 224 |
| 1986 | 1260 | 480 | 780 | 466 | 191 | 241 | 34 | 776 | 768 | 492 | 276 | | |
| 1987 | 1329 | 484 | 845 | 470 | 225 | 214 | 31 | 841 | 831 | 550 | 281 | | |
| 1988 | 1356 | 501 | 855 | 487 | 45 | 208 | 222 | 12 | 851 | 19 | 593 | 239 | |
| 1989 | 1376 | 491 | 885 | 477 | 59 | 215 | 180 | 23 | 881 | 16 | 600 | 265 | |
| 1990 | 1392 | 498 | 894 | 494 | 65 | 241 | 165 | 23 | 890 | 21 | 651 | 218 | |

# 第 89 章

# 教学改革

## 第一节　学制、升学及考试制度改革

一、学制改革

（一）小学

民国元年（1912年），湘西两等小学实行初、高等小学各4年学制；民国4年，高等小学改为3年。11年，教育部公布的《壬戌学制》改为初等教育6年，四、二分段（初小4年，高小2年），西延、五排各小学于13年后开始实行，直至38年（1949年）上半年。

解放后的1950—1968年，仍沿用四、二分段的六年制。1969—1982年改用五年制，不再分高级小学和初级小学。1983—1990年，县内五年制与六年制小学并存。

（二）中学

民国31年（1942年），资源国民中学为二年制；35年改资源县立初级中学，实行三年制。解放后的1950—1966年，境内各中学沿用"三三制"，即初、高中各3年。"文化大革命"期间，提出"学制要缩短，教育要革命"，改为"二二制"。1978—1980年改为"三二制"，初中3年，高中2年。1981年4月后改为"三三制"至今。

二、升学及考试制度改革

民国时期，县内中小学为春、秋两季招生。解放后至1952年沿用旧制。1953年改为秋季招生至今。升、留级制度也随之改革，将旧时每学期一次升、留级改为每学年度一次升、留级。小学留级面控制在5%以内。民国时期，中、小学实行月考、期考、毕业考和升学考，其制沿用至

1952年。1953年改月考为段考。为了普及小学教育,废除初小升高小的考试制度,即推行六年一贯制和五年一贯制。"文化大革命"期间,废除各级升学考试,改为由生产队、大队推荐制。1977年又恢复各级升学考试制度。

## 第二节 教材改革

一、小学教材改革

民国25年（1936年）,县内小学采用广西省国民基础教育研究院编写的小学各科教材,一直沿用到1949年。解放后,1951—1958年,县内小学使用全国统一编写的教材。1958年8月,中共中央、国务院《关于教育事业管理权下放问题的规定》下达后,因进行学制改革的试验,对全国通用教材采取了增、删、调、补的办法,进行了修改,并从此使用广西壮族自治区编的教材。小学中的农业常识和珠算,曾于1958年后几年使用过该县教育局编的乡土教材。

二、中学教材改革

民国时期,资源国民中学所采用的教材,除公民、地方自治、农业常识等课为适应当时广西政治、经济建设的需要由广西教育厅编写外,国文、历史、地理、数学、自然等课,采用商务印书馆和世界书局出版的教材。国民中学改为初级中学后,使用教育部审定的"国定本"。

解放后,1951—1955年,使用全国通用的中学教材。1956—1957年,使用第一次编辑的全国通用中学教材。1958—1960年,使用自治区编写的教材。各校根据"以生产为纲"的方针,自编乡土"教材",从而打乱了原中学的教材体系,忽视了基础知识的教材内容。1961—1962年,采用人民教育出版社新编十年制中、小学教材。1964年,对该教材进行了精简。"文化大革命"期间,对原教材全盘否定,采用自治区编写教材,以阶级斗争为主课,片面强调教育与生产劳动相结合,实质上是以劳代课。各学科的科学体系完全被打乱,基础知识严重削弱。取消了物理、化学、生物课,改设"工业基础知识"和"农业基础知识";物理部分讲三机一泵（拖拉机、柴油机、电动机、水泵）;化学讲土壤、农药、化肥;生物部分讲三大作物（稻、麦、棉）一头猪等。1978—1981年,使用全日制、十年制中学教材,把语文课分成阅读和写作,分编讲授,初中数学分为代数和几何。

## 第三节 教法改革和教学研究

清末,蒙馆塾师的教法是逐字点教,经馆则塾师讲,学生听。民国时期,倡导学生自觉、自动、自治之学习精神,反对机械式的学习方法,要求教师"扶之以理,导之以求",提倡"启发""物视"等教法,部分教师重讲解,善引导,但多数教师仍墨守成规,照本宣科。

解放后,1953年开始学习苏联凯洛夫和普希金的教学理论与教学方法,提倡教学要遵守五大原则(直观性、自觉性与积极性、系统性与一贯性、量力性、巩固性)和课堂教学要按5个环节(组织教学、复习旧课、讲授新课、巩固新课、布置作业)进行。1957年贯彻毛主席的"十大教授法"。同年12月,县文教科组织小学领导和骨干教师去湖南新宁和邵阳、双峰等县的学校参观,吸取教改经验。学校成立了教研组,提倡集体备课。1958年,学校以学习、生产、劳动三结合为中心,改课堂教学为开门教学,强调理论联系实际,采取工地上课,边劳动边教学,冲破"五个原则"和"五个环节"的框框,贯彻以社会为课堂的原则,实行"双高课""卫星课"等教法。由于劳动过多,忽视教学规律,教学效果很差。1963年先后总结正、反两方面的经验和教训,提倡切实按教育计划、教学大纲和教科书进行教学。1965年,全县以毛主席的教育思想为指导,贯彻少而精的原则,坚持启发式的教学方法,教学质量有所提高。

党的十一届三中全会后,县教育局加强了对全县中、小学校教学方法改革工作的领导,先后组织了中、小学校的领导和教师,到区内、外参观学习先进经验,回县后结合本地实际,进行改革试验,不断总结推广。教学中以教师为主导,以学生为主体,以练习为主线,精选习题,精讲多练,讲、练结合,让学生动脑、动口、动手,学生的智能和学习主动性得到较好的发展与发挥;并抓住教材重点,突破难点,在"双基"(基础知识、基本技能)的训练上下功夫。从此,教学改革迈出了新的步伐,教学质量逐年有所提高。

# 第90章
# 教育经费与设施

## 第一节 教育经费

民国时期，境内各学校的经费来源有以下几种：一是政府拨款；二是将庵堂、庙宇、祠堂、桥会等公产田租转为学田；三是按田亩派捐；四是靠粮赋附加。民国22年（1933年），《广西各县概况》记载："每所国民基础学校，下拨经费80元。"23年，广西省施政计划中规定："经费的筹集，以全县为范围统筹，如有不足，再由乡村派捐款项或谷米。"《国民基础教育六年计划大纲》中规定："拨用原有粮赋附加二成为义务教育经费。"27年，按田亩多少（十亩起捐）派捐，建立国民基础学校、中心校和中学学校基金田租，由各乡村协进员收学租。37年，《资源县统计提要》记载："全县6个中心校，基金田租4229担，村（街）国民基础学校107所，基金田8378亩，学租谷5944担。"

解放后，教育经费实行以国家财政拨款为主，地方群众筹集为辅的"两条腿走路"的方针。1950年，除资源中学由省拨款外，乡村小学仍用学校基金田租来解决办学经费。1951年土地改革后，除省拨一部分经费外，其余靠公粮附加解决。1954年，教育经费列入国家财政预算。据1954—1990年（缺1966年）36个年度统计，国家共拨款4009.38万元，占全县财政总支出的24.5％。其中，比重在20％以上的有8个年度，以1958年只占11.6％为最低，占30％以上的3个年度都集中在80年代初期，以1982年占37.41％为最高。据1981—1987年7个年度的统计，社会集资总额为143万元，其中乡村筹款27万元，群众集资96万元，学校勤工俭学筹资20万元。

## 第二节 教育设施

### 一、校舍

浔源、车田、中峰、延东、梅溪、瓜里等6个乡,在民国38年(1949年)前,共有乡村小学113所,中心校6所,县立中学一所,有校舍129座,建筑面积20 357平方米。其中新建的54座,利用庵堂44座,庙宇10座,会馆3座,书院2座,其余的借用民房。

解放初,接管民国时期中、小学校舍总面积18 142平方米。此后对旧校舍逐年进行维修,并新建了一批校舍。1981年,县成立了中、小学抢修危房领导小组,同时对全县中、小学危房进行了一次普查,计有严重危房10 464平方米,一般危房11 103平方米。从这年起采取"三个一点"(国家拨一点、群众筹一点、勤工俭学拿一点)的办法来解决抢修经费。1981—1987年,全县共新建、改建校舍64 456平方米,其中钢筋水泥结构的为50 830平方米。全县71个村已有59个村建了新校舍。到1987年,全县中、小学总建筑面积为138 303平方米(其中小学90 207平方米,中学48 096平方米),是民国38年(1949年)中、小学总面积20 357平方米的6.79倍。1988—1990年,用于维修学校危房的社会集资共285.5万元,新建、维修校舍总面积达80 913平方米,实现校校无危房。

### 二、教学设备

民国时期,教育经费不足,教学设备简陋,部分小学连桌凳也残缺不全,更谈不上教学仪器和体育卫生设施。县立中学也只有几件简单仪器和1间简陋图书室,藏书仅1648册。

解放后,教学设备逐年增添、更新,各种教学仪器、直观教具、体育卫生设施及图书资料逐步得到充实。1984年,全县筹资12.85万元,用于学校实验室建设,其中县财政拨款6.8万元,县教育经费挤出4.28万元,机关单位及群众捐款0.89万元,学校勤工俭学抽出0.88万元。建成实验室27间,仪器室109间,仪器柜338个,实验桌274张,实验凳2332条。配备专职实验教师7人,兼职仪器管理员85人。制定出仪器管理条例。经桂林地区教育局检查验收后,发给了实验室建设合格证。据1987年统计,全县中、小学有各种仪器12 074件(台),价值25.8万元,藏书共7万册。1990年底,全县各种仪器总价值达31.8万元。

# 第91章
# 勤工俭学

1958年2月,教育部发出通知,要求各教育行政部门积极支持共青团中央发布的《关于在中学生中提倡勤工俭学的决定》。4月,县文教科召开教育跃进会,会上提出以勤工俭学为纲,大办厂场,向自然挑战,向荒山进军的口号,3个月时间开荒677亩。同年10月,中、小学停课,学生支工、支农,全县学校共办大小"工厂"224个,校校都有学农基地。1962年,全县中、小学大种蔬菜,开荒1411亩,收蔬菜7.5万公斤。1966年"文化大革命"开始,学校"工厂"、农场停办。1970年9月,自治区在桂平县召开教育革命现场会,会后县内勤工俭学又掀起新高潮,全县中、小学学农基地增到1017亩。1975年,掀起"学朝农""赶浦北"高潮,大办厂、场,在梅溪大湾初中开展了人工繁殖草鱼苗科研活动(两年后获得成功)。当年,全县勤工俭学收入突破10万元。1977年是中、小学办果园场最多的一年,办场202个,种植面积1054亩,种蜜橘4.2213万株,自培柑橘苗6万株,种柿子树苗0.7万株,种梨树0.56万株,种葡萄0.2万株。1980年后,随着农业生产责任制的建立,学校对果园场的管理制度有所改革,也采用承包方式:一种是责任承包,三七分成;另一种是价值定额承包。1983年5月,成立资源县勤工俭学公司。1984年,建立了竹针厂、米粉厂、罗汉果场、养鸡场、招待所各1个,良种兔场两个,当年收入10.3万元,中学人均收入7.1元,小学人均收入2.7元。1987年,全县勤工俭学总收入22.37万元。

勤工俭学的收入原则上用于扩大再生产、改善办学条件和发放师生福利等方面。1980—1990年,累计勤工俭学纯收入202.5万元,其中用于扩大再生产的38.34万元,改善办学条件的90.86万元,发放师生福利的73.3万元。

1990年，全县18所中学都有学农基地，育才和瓜里中学各办了一个小厂；全县334所小学有138所有学农基地，总面积1649亩，共种柑橘4705株。全县学校每年产柑橘17.5万公斤。1990年勤工俭学纯收入50.7万元，其中用于扩大再生产的12万元，改善办学条件的26.7万元，发放师生福利的12万元。

# 后记：在历史与现实的交汇处追寻教育之光

《南岭走廊教育资料汇编——桂林分部》的编撰工作历时两年有余，终于即将付梓。回首这段历程，感慨良多。这部资料汇编是拙作《南岭走廊教育资料汇编——贺州、梧州分部》的续编。两部作品不仅是对桂林、贺州和梧州3个区域教育史料的一次系统性整理，还是对厘清南岭走廊教育发展脉络的一次探索尝试。编撰的学术理念是"以史为鉴，面向未来"，力求在历史与现实的交汇处探寻教育发展的规律与启示。

南岭走廊自东向西包括福建西部、江西的赣州，广东的梅州、河源、韶关、清远，广西的贺州、梧州、桂林、桂北、桂西北，湖南的郴州、永州、邵阳、怀化，贵州的黔东南、黔南、黔西南，云南东部等广大地区。费孝通先生提出走廊与板块学说，南岭走廊被赋予丰富的文化内涵。南岭走廊自古以来就是多民族聚居的民族走廊，诸多民族在这里生息繁衍，创造了独具特色的人文环境和丰富多彩的民族文化。

在南岭走廊丰富多彩的民族文化中，教育发展史具有独特的研究价值。桂林—贺州—梧州区域是南岭走廊的核心，而桂林、贺州、梧州则是南岭走廊中重要节点城市，其教育发展历程既体现了区域特色，又折射出南岭走廊多民族区域教育发展的普遍规律。在资料收集过程中，笔者深入桂林市、贺州市、梧州市各级档案馆、图书馆，借鉴网络资源，走访桂林各高校和贺州学院、贺州市博物馆和梧州学院，查阅了大量原始档案、校史资料、地方志等文献。这些珍贵的第一手资料为还原桂林—贺州—梧州3个区域的教育历史真相、把握教育发展规律提供了坚实基础。

关于编排体例，前言中已有简述，这里再简易述之。编年、行政区域与专题三位一体的编排方式是本书编排的内在逻辑。所谓编年，是以时间为线索，系统梳理了桂林—贺州—梧州3个区域自唐宋至1990年的教育发展历程。所谓行政区域，桂林按现有行政管理区域，聚焦12个县市教育发展史；贺州按现有行政管理区域，分列三县两区展示教育发展史；梧州按现有行政管理区域，分列4个县。所谓专题，分旧式教育与新中国成立后的教育。旧式教育专题涉及县学、社学、私塾、义塾、书院和学宫等领域，1949年新中国成立后的专题则聚焦于师资队伍、教学研究、教育的类型（基础教育、普通教育、专业教育、业余教育、成人教育）、教育经费、设备和勤工俭学、教育管理和教育机构等特色领域，深入探讨了桂林—贺州—梧州3个区域教育的独特发展路径。这种编排方式既保证了历史叙述的完整性，又突出了研究的重点与特色。

教育史资料选择坚持"去伪存真"的原则。教育史资料的筛选标准有以下几个方面：一是注重南岭走廊教育史料的原始性，优先选用南岭走廊民间真实的第一手教育史料；二是注重南岭走廊教育史料的代表性，选取桂林12个县、贺州市三县两区和梧州市4个县每个历史阶段中那些能够反映教育时代特征和教育发展规律的典型材料；三是注重南岭走廊教育史料的系统性，力求全面展现桂林12个县、贺州市三县两区和梧州市4个县教育发展阶段的主要方面。同时，这两部汇编还收集了部分南岭走廊教育史口述资料，采访了桂林市、贺州市和梧州市部分教育界前辈，以期进一步丰富桂林—贺州—梧州3个区域的教育文献资料。

这两部汇编的研究方法尝试将微观考证与宏观把握相结合。首先，对重要教育事件、关键人物进行了细致的考证，力求还原历史细节和真相；其次，坚持以全国教育发展史、南岭走廊全域为大背景，考察桂林—贺州—梧州3个区域教育史，揭示其与南岭走廊乃至全国教育发展的内在联系，力求"既见树木又见森林"，更好地把握桂林—贺州—梧州3个区域教育发展的规律。

在这两部汇编的撰写过程中遇到一些困难和挑战。首先是桂林—贺州—梧州3个区域教育史料的分佚与缺失问题。因各种原因，部分重要教育档案已经散失，还原桂林—贺州区域教育历史全貌具有一定难度。其次是对桂林—贺州—梧州3个区域教育史料的解读。一些教育历史文献的表述方式与现在不同，需要文本的历史化和历史的文本化相结合，依据特定时代背景进行准确解读。面对这些困难，唯有扩大桂林—贺州—梧州3个区域的教育史资料收集范围、加强学术考证，力求最大限度地还原桂林—贺州—梧州3个区域的教育历史真相。

这两部汇编的完成，离不开各方支持与帮助。感谢南宁市方志馆、图书馆提供了丰富的资料支持；感谢桂林各高校、贺州学院、贺州市中小学、梧州学院为我们开放校史档案；感谢教育界专家接受采访，分享他们的亲身经历。特别要感谢贺州学院毛芳才教授、刘永红教授在编撰过程中给予的帮助,感谢我的丈夫华有杰教授给予的帮忙。

这两部汇编的价值,不仅在于系统整理了桂林—贺州—梧州3个区域各个县市的教育史料,更在于它为南岭走廊教育史研究提供了一个尝试案例。

南岭走廊教育史研究仍有广阔空间。笔者期待这两部汇编能够成为引玉之砖,推动更多学者关注这一领域,让历史智慧照亮教育发展的未来之路。

教育是民族振兴、社会进步的基石。回望桂林—贺州—梧州3个区域千年教育发展历程,我们既为南岭走廊多民族丰富多彩的教育文化而感叹,也为老一辈教育家的远见卓识和奉献精神所折服,深感南岭走廊教育史研究人员肩负的责任重大。如果本部汇编能够为南岭走廊教育史贡献绵薄之力,吾甚欣慰。

是为后记。

编者

2025年2月